概率论与数理统计学习与考试指导

GAILÜLUN YU SHULI TONGJI
XUEXI YU KAOSHI ZHIDAO

主　编　王榕国
副主编　黄加增　胡世录　高　微
参　编　罗桂生　赖尾英　官明友

北京师范大学出版集团
BEIJING NORMAL UNIVERSITY PUBLISHING GROUP
北京师范大学出版社

图书在版编目(CIP)数据

概率论与数理统计学习与考试指导/王榕国主编. —北京：北京师范大学出版社，2017.1
ISBN 978-7-303-17908-4

I. ①概… Ⅱ. ①王… Ⅲ. ①概率论-高等学校-教学参考资料 ②数理统计-高等学校-教学参考资料 Ⅳ. ①O21

中国版本图书馆 CIP 数据核字(2014)第 184842 号

营 销 中 心 电 话	010-62978190　62979006	
北师大出版社科技与经管分社	www.jswsbook.com	
电 子 信 箱	jswsbook@163.com	

出版发行：北京师范大学出版社　www.bnup.com
北京市海淀区新街口外大街 19 号
邮政编码：100875
印　　刷：三河市东兴印刷有限公司
经　　销：全国新华书店
开　　本：787 mm×1092 mm　1/16
印　　张：21
字　　数：524 千字
版 印 次：2017 年 1 月第 1 版第 4 次印刷
定　　价：42.00 元

策划编辑：刘松弢　　　　责任编辑：胡　宇
美术编辑：焦　丽　　　　装帧设计：焦　丽
责任校对：李　函　　　　责任印制：赵非非

前　言

本书是高等院校本科生数学基础课程"概率论与数理统计"的学习参考书，它有助于辅导读者学好该课程，达到大纲要求，满足有关专业的需要.

全书共分 8 章：随机事件及其概率、一维随机变量及其分布、多维随机变量及其分布、随机变量的数字特征、大数定律与中心极限定理、数理统计的基本概念、参数估计、假设检验，每章分知识要点分析、强化练习两个部分，包括阐述基本概念、归纳主要结论、总结学习技巧和习题解答等. 书末附有 20 套模拟试卷及参考答案，并整理出全部的公式.

本书针对学生在学习过程中经常遇到的诸如对题目的理解、解决问题的思路和方法，以及如何使用公式或理论等问题，精心挑选了一些既符合课程要求，又具有代表性的典型例题，进行了详细的解答，借以向那些在学习中遇到困难的同学展示解决各类问题的一般途径和方法. 编者认为学生需要熟练基本运算，完成一定数量的习题，以培养和提高综合运用以及解决实际问题的能力. 书中对每道习题都进行了详细的分析与解答，习题的数量与类型齐全，通过不断练习，既有利于学生自学和自查对知识点的掌握和理解，又拓宽解题思路，使学生对所学的知识能够融会贯通.

本书由福建农林大学东方学院王榕国担任主编，福建农林大学东方学院黄加增、胡世录、高微老师担任副主编，福建农林大学罗桂生、赖尾英、官明友老师参与了编写工作.

由于作者水平所限，书中难免有不妥和疏漏之处，恳请广大读者提出宝贵意见.

编者
2014 年 6 月

目　录

第一章
随机事件及其概率

一、基本概念

1 ▷ 随机试验

2 ▷ 样本空间

试验所有可能结果的全体称为**样本空间**. 通常用大写的希腊字母 Ω 表示，每个结果叫一个样本点.

3 ▷ 随机事件

Ω 中的元素称为样本点，常用 ω 表示.
（1）样本空间的子集称为随机事件（用 A, B 表示）.
（2）样本空间的单点子集称为基本事件.
（3）试验结果在随机事件 A 中，则称事件 A 发生.
（4）必然事件 Ω.
（5）不可能事件 $\varnothing$.
（6）完备事件组（样本空间的划分）.

4 ▷ 概率的定义（公理化定义）

5 ▷ 古典概型

随机试验若具有下述特征：
（1）样本空间的元素（基本事件）只有有限个；
（2）每个基本事件出现的可能性是相等的，
称这种数学模型为**古典概型**.

$$P(A) = \frac{k}{n} = \frac{\text{事件 } A \text{ 包含的基本事件数}}{\text{基本事件总数}}$$

6 几何概型

$$P(A) = \frac{A\ 的长度（面积、体积）}{\Omega\ 的长度（面积、体积）}$$

7 条件概率

设事件 B 的概率 $P(B) > 0$，对任意事件 A，称 $P(A \mid B) = \dfrac{P(AB)}{P(B)}$ 为在已知事件 B 发生的条件下事件 A 发生的条件概率.

8 条件概率的独立性

$A, B \subset \Omega$，若 $P(AB) = P(A)P(B)$，则称事件 A, B 是相互独立的，简称为 A, B 独立.
设三个事件 A, B, C 满足：
$P(AB) = P(A)P(B), P(AC) = P(A)P(C), P(BC) = P(B)P(C),$
$P(ABC) = P(A)P(B)P(C),$
则称 A, B, C 相互独立.

二、事件的关系与运算

1 事件的包含关系

若事件 A 发生必然导致事件 B 发生，称事件 B 包含了 A，记作 $A \subset B$.

2 事件的相等

设 $A, B \subset \Omega$，若 $A \subset B$，同时有 $B \subset A$，称 A 与 B 相等，记作 $A = B$.

3 并(和) 事件与积(交) 事件

称"A 与 B 中至少有一个发生"为 A 和 B 的和事件或并事件，记作 $A \bigcup B$.
称"A 与 B 同时发生"为 A 和 B 的积事件或交事件，记作 $A \cdot B$ 或 $A \bigcap B$.

4 差事件

称"A 发生 B 不发生"为 A 与 B 的差事件，记作 $A - B$.

5 对立事件

称"$\Omega - A$"为 A 的对立事件或称为 A 的逆事件，记作 $\overline{A}$.
$$A \bigcup \overline{A} = \Omega, A\overline{A} = \varnothing.$$

6 互不相容事件(互斥事件)

若两个事件 A 与 B 不能同时发生，即 $AB = \varnothing$，称 A 与 B 为互不相容事件(或互斥事件).

7 事件的运算法则

(1) 交换律：$A \bigcup B = B \bigcup A, AB = BA$.

(2) 结合律：$(A \bigcup B) \bigcup C = A \bigcup (B \bigcup C), (AB)C = A(BC)$.

(3) 分配律：$(A \bigcup B) \bigcap C = (A \bigcap C) \bigcup (B \bigcap C), (A \bigcap B) \bigcup C = (A \bigcup C) \bigcap (B \bigcup C)$.

(4) 对偶原则：$\overline{A \bigcup B} = \overline{A} \bigcap \overline{B}, \overline{A \bigcap B} = \overline{A} \bigcup \overline{B}$.

三、常用公式

1 加法公式

(1) 对任意两个事件 A, B，有 $P(A \bigcup B) = P(A) + P(B) - P(AB)$.

(2) 对任意三个事件 A, B, C，有
$$P(A \bigcup B \bigcup C) = P(A) + P(B) + P(C) - P(AB) - P(AC) - P(BC) + P(ABC).$$

2 减法公式

若 $A \subset B$，则 $P(B-A) = P(B) - P(A)$，其中 $P(B) \geqslant P(A)$；
$P(A-B) = P(A) - P(AB)$.

3 对立事件概率公式

对任意事件 A，有 $P(\overline{A}) = 1 - P(A)$.

4 乘法公式

当 $P(A) > 0$ 时：$P(AB) = P(A)P(B \mid A), P(ABC) = P(A)P(B \mid A)P(C \mid AB)$.

5 全概率公式

定理 1 设 $B_1, B_2, \cdots, B_n$ 是一列互不相容的事件，且有 $\bigcup\limits_{i=1}^{n} B_i = \Omega$，对任意事件 A，有
$$P(A) = \sum_{i=1}^{n} P(B_i)P(A \mid B_i).$$

6 贝叶斯公式

定理 2 若 $B_1, B_2, \cdots, B_n$ 是一列互不相容的事件，且 $\bigcup\limits_{i=1}^{n} B_i = \Omega$，则对任意事件 A 有
$$P(B_i \mid A) = \frac{P(B_i)P(A \mid B_i)}{\sum\limits_{j=1}^{n} P(B_j)P(A \mid B_j)}.$$

注：两个公式的相同点：相关问题都有两个阶段.

两个公式的不同点：全概率公式用于求第二阶段某事件发生的概率，即"由因求果"；贝叶

斯公式用于已知第二阶段的结果,求第一阶段某事件发生的概率,即"由果求因".

7 ▶ 贝努利概型

贝努利试验:若试验 E 只有两个可能的结果 A 及 $\overline{A}$,称这个试验为贝努利试验.

贝努利概型:

设随机试验 E 具有如下特征:

(1)每次试验是相互独立的;

(2)每次试验有且仅有两种结果:事件 A 和事件 $\overline{A}$;

(3)每次试验的结果发生的概率相同: $P(A) = p > 0, P(\overline{A}) = 1 - p = q$,

称试验 E 表示的数学模型为贝努利概型.若将试验做了 n 次,则这个试验也称为 n 重贝努利试验,记作 E^n.

设事件 A 在 n 次试验中发生了 X 次,则 $P\{X = k\} = C_n^k p^k (1 - p)^{n-k}, k = 0, 1, 2, \cdots, n.$

四、举例

例 1 已知 $P(AB) = P(\overline{AB}), P(A) = p$,求 $P(B)$.

解 $P(AB) = P(\overline{AB}) = P(\overline{A \cup B}) = 1 - [P(A) + P(B) - P(AB)]$,

于是, $P(B) = 1 - P(A) = 1 - p$.

例 2 已知 $P(A) = P(B) = P(C) = \dfrac{1}{4}, P(AB) = P(BC) = 0, P(AC) = \dfrac{1}{8}$,求 $A, B,$ C 至少有一个发生的概率.

解 $P(A \cup B \cup C) = P(A) + P(B) + P(C) - P(AB) - P(AC) - P(BC) + P(ABC)$

$$= \frac{1}{4} + \frac{1}{4} + \frac{1}{4} - 0 - \frac{1}{8} - 0 + 0 = \frac{5}{8}.$$

例 3 (摸球模型不放回用组合问题求解)在盒子中有 6 个球,4 个白球、2 个红球,从中任取两个(不放回).求取出的两个球都是白球的概率、两球颜色相同的概率和至少有一个白球的概率.

解 设 A:两个球都是白球, B:两个球都是红球, C:至少有一个白球.

基本事件总数为 $C_6^2 = 15$,

A 包含的基本事件数为 $C_4^2 = 6, P(A) = \dfrac{6}{15} = \dfrac{2}{5}$,

B 包含的基本事件数为 $C_2^2 = 1, P(B) = \dfrac{1}{15}$,

$P(A + B) = P(A) + P(B) = \dfrac{7}{15}$,

$P(C) = 1 - P(B) = \dfrac{14}{15}$.

例 4 (摸球模型有放回用二项分布求解)在上题中,取球方法改成有放回,结果如何?

解 用 X 表示取到白球数,于是

$$P(A) = P\{X = 2\} = \mathrm{C}_2^2 \left(\frac{2}{3}\right)^2 \left(1 - \frac{2}{3}\right)^0 = \frac{4}{9},$$

$$P(B) = P\{X = 0\} = \mathrm{C}_2^0 \left(\frac{2}{3}\right)^0 \left(1 - \frac{2}{3}\right)^2 = \frac{1}{9},$$

$$P(A + B) = P(A) + P(B) = \frac{5}{9},$$

$$P(C) = 1 - P(B) = \frac{8}{9}.$$

例 5 (抽签原理) 有 a 个上签,b 个下签,2 人依次抽签,采用有放回与无放回抽签,证明每人抽到上签的概率都是 $\dfrac{a}{a+b}$.

证明 放回抽样结论是显然的;

不放回可用全概率公式证明 $p = \dfrac{a}{a+b}$.

例 6 (几何概型) 在区间 $(0,1)$ 中随机选取两个数,则两数之差的绝对值小于 $\dfrac{1}{2}$ 的概率为_____.

解 设 x 和 y 分别表示所抽取的两个数,则 $\Omega = \{(x,y) \mid 0 < x < 1, 0 < y < 1\}$.

A:两数之差的绝对值小于 $\dfrac{1}{2}$,则

$$A = \left\{(x,y) \mid 0 < x < 1, 0 < y < 1, \mid x - y \mid < \frac{1}{2}\right\},$$

$$P(A) = \frac{S_A}{S_\Omega} = \frac{3}{4}.$$

例 7 某工厂有三条流水线生产同一种产品,产量分别占总产量的 $20\%,30\%,50\%$,各流水线的不合格品率分别为 $5\%,4\%,3\%$. 现在从出厂的产品中任取一件:

(1) 恰好抽到不合格品的概率为多少?

(2) 已知抽到不合格品,求该产品来自第一条流水线的概率.

解 (1) 设 B_i:产品来自第 i 条流水线,A:抽到不合格品.

由题意,$P(B_1) = 0.2, P(B_2) = 0.3, P(B_3) = 0.5$,

$P(A \mid B_1) = 0.05, P(A \mid B_2) = 0.04, P(A \mid B_3) = 0.03$.

$$P(A) = \sum_{i=1}^{3} P(B_i) P(A \mid B_i) = 0.2 \times 0.05 + 0.3 \times 0.04 + 0.5 \times 0.03 = 0.037.$$

$$(2) P(B_1 \mid A) = \frac{P(B_1) P(A \mid B_1)}{\sum_{i=1}^{3} P(B_i) P(A \mid B_i)} = \frac{0.2 \times 0.05}{0.2 \times 0.05 + 0.3 \times 0.04 + 0.5 \times 0.03} = \frac{10}{37}.$$

【点评】通过该题细心体会全概率公式和贝叶斯公式的用法.

例 8 甲乙两人同时射击同一目标,甲命中的概率为 0.6,乙命中的概率为 0.5. 已知已命中目标,求是甲命中目标的概率.

【分析】乍看这个题目觉得应用贝叶斯公式求解,但仔细分析其中只有一个过程,应用条件概率求解.

解 设 A:甲命中,B:乙命中,C:命中,则 $C = A \bigcup B$.

$$P(A \mid C) = \frac{P(AC)}{P(C)} = \frac{P(A)}{P(A \bigcup B)} = \frac{P(A)}{P(A) + P(B) - P(A)P(B)}$$

$$= \frac{0.6}{0.6 + 0.5 - 0.6 \times 0.5} = \frac{3}{4}.$$

例 9 一个盒子中有 4 件产品，3 件一等品，1 件二等品，从中任取两件. 设事件 A 表示"第一次取到一等品"，B 表示"第二次取到一等品"，求 $P(B \mid A)$.

解 $P(B \mid A) = \dfrac{P(AB)}{P(A)} = \dfrac{\frac{C_3^2}{C_4^2}}{\frac{3}{4}} = \dfrac{\frac{1}{2}}{\frac{3}{4}} = \dfrac{2}{3}.$

（这一结果的意义是明显的.）

例 10 假定某人做 10 个选择题，每个题做对的概率均为 $\frac{1}{4}$. 求：

(1) 该同学做对 3 道题的概率.

(2) 该同学至少做对 3 道题的概率.

解 $(1) P\{x = 3\} = C_{10}^3 \left(\frac{1}{4}\right)^3 \left(\frac{3}{4}\right)^7$

$(2) 1 - (P\{X = 0\} + P\{X = 1\} + P\{X = 2\})$

$= 1 - C_{10}^0 \left(\frac{1}{4}\right)^0 \left(\frac{3}{4}\right)^{10} - C_{10}^1 \left(\frac{1}{4}\right)^1 \left(\frac{3}{4}\right)^9 - C_{10}^2 \left(\frac{1}{4}\right)^2 \left(\frac{3}{4}\right)^8.$

（二） 强化练习一

1. 写出下列试验的样本空间：

(1) 连续投掷一颗骰子直至 6 个结果中有一个结果出现两次，记录投掷的次数.

(2) 连续投掷一颗骰子直至 6 个结果中有一个结果接连出现两次，记录投掷的次数.

(3) 连续投掷一枚硬币直至正面出现，观察正面 H 和反面 T 出现的情况.

(4) 抛一枚硬币，若出现 H 则再抛一次；若出现 T，则再抛一颗骰子，观察出现的各种结果.

解 $(1) \Omega = \{2,3,4,5,6,7\}$；$(2) \Omega = \{2,3,4,\cdots\}$；$(3) \Omega = \{H, TH, TTH, TTTH, \cdots\}$；

$(4) \Omega = \{HH, HT, T1, T2, T3, T4, T5, T6\}.$

2. 设 A, B 是两个事件，已知 $P(A) = 0.25, P(B) = 0.5, P(AB) = 0.125$，求 $P(A \bigcup B)$，$P(\overline{A}B), P(\overline{AB}), P[(A \bigcup B)(\overline{AB})].$

解 $P(A \bigcup B) = P(A) + P(B) - P(AB) = 0.625,$

$P(\overline{A}B) = P[(\Omega - A)B] = P(B) - P(AB) = 0.375,$

$P(\overline{AB}) = 1 - P(AB) = 0.875,$

$P[(A \bigcup B)(\overline{AB})] = P[(A \bigcup B)(\Omega - AB)] = P(A \bigcup B) - P[(A \bigcup B)(AB)]$
$= 0.625 - P(AB) = 0.5.$

3. 在 $100, 101, \cdots, 999$ 这 900 个三位数中，任取一个三位数，求不包含数字 1 的概率.

解 在 $100, 101, \cdots, 999$ 这 900 个三位数中不包含数字 1 的三位数的个数为 $8 \times 9 \times 9 =$

648,故所求概率为$\dfrac{648}{900}=0.72$.

4. 设 A,B 是两个事件且 $P(A)=0.6,P(B)=0.7$,问:(1) 在什么条件下 $P(AB)$ 取到最大值,最大值是多少?(2) 在什么条件下 $P(AB)$ 取到最小值,最小值是多少?

解 由 $P(A)=0.6,P(B)=0.7$ 即知 $AB\neq\varnothing$.(否则 $AB=\varnothing$ 依互斥事件加法定理,$P(A\bigcup B)=P(A)+P(B)=0.6+0.7=1.3>1$ 与 $P(A\bigcup B)\leqslant 1$ 矛盾.)

从而由加法定理得

$$P(AB)=P(A)+P(B)-P(A\bigcup B) \qquad (*)$$

(1) 从 $0\leqslant P(AB)\leqslant P(A)$ 知,当 $AB=A$,即 $A\bigcap B=A$ 时,$P(AB)$ 取到最大值,最大值为

$$P(AB)=P(A)=0.6.$$

(2) 从 $(*)$ 式知,当 $A\bigcup B=\Omega$ 时,$P(AB)$ 取最小值,最小值为

$$P(AB)=0.6+0.7-1=0.3.$$

5. 在仅由数字 0,1,2,3,4,5 组成且每个数字至多出现一次的全体三位数中,任取一个三位数.(1) 求该数是奇数的概率;(2) 求该数大于 330 的概率.

解 仅由数字 0,1,2,3,4,5 组成且每个数字至多出现一次的全体三位数的个数为 $5\times5\times4=100$.(1) 该数是奇数的可能个数为 $4\times4\times3=48$,所以出现奇数的概率为 $\dfrac{48}{100}=0.48$.

(2) 该数大于 330 的可能个数为 $2\times4+5\times4+5\times4=48$,所以该数大于 330 的概率为 $\dfrac{48}{100}=0.48$.

6. 袋中有 5 只白球,4 只红球,3 只黑球,在其中任取 4 只,求下列事件的概率:

(1) 4 只中恰有 2 只白球,1 只红球,1 只黑球.

(2) 4 只中至少有 2 只红球.

(3) 4 只中没有白球.

解 (1) 所求概率为 $\dfrac{C_5^2 C_4^1 C_3^1}{C_{12}^4}=\dfrac{8}{33}$.

(2) 所求概率为 $\dfrac{C_4^2 C_8^2+C_4^3 C_8^1+C_4^4}{C_{12}^4}=\dfrac{201}{495}=\dfrac{67}{165}$.

(3) 所求概率为 $\dfrac{C_7^4}{C_{12}^4}=\dfrac{35}{495}=\dfrac{7}{99}$.

7. 在一部标准英语字典中具有 55 个由两个不相同字母新组成的单词,若从 26 个英语字母中任取两个字母予以排列,问能排成上述单词的概率是多少?

解 记 A 表示"能排成上述单词".

因为从 26 个字母中任选两个来排列,排法有 A_{26}^2 种,且每种排法等可能,

字典中由两个不同字母组成的单词有 55 个,

因此 $P(A)=\dfrac{55}{A_{26}^2}=\dfrac{11}{130}$.

8. 一公司向 M 个销售点分发 $n(n<M)$ 张提货单,设每张提货单分发给每一销售点是等可能的,每一销售点得到的提货单不限,求其中某一特定的销售点得到 $k(k\leqslant n)$ 张提货单的概率.

解　根据题意，$n(n < M)$ 张提货单分发给 M 个销售点的总的可能分法有 M^n 种，某一特定的销售点得到 $k(k \leqslant n)$ 张提货单的可能分法有 $C_n^k(M-1)^{n-k}$ 种，所以某一特定的销售点得到 $k(k \leqslant n)$ 张提货单的概率为 $\dfrac{C_n^k(M-1)^{n-k}}{M^n}$.

9. 在电话号码簿中任取一个电话号码，求最后四个数全不相同的概率.（设最后四个数中的每一个数都是等可能性地取自 $0,1,2\cdots,9$.）

解　记 A 表示"最后四个数全不同".

最后四个数的排法有 10^4 种，且每种排法等可能，后四个数全不同的排法有 A_{10}^4 种.

因此，$P = \dfrac{A_{10}^4}{10^4} = 0.504$。

10. 从 5 双不同鞋子中任取 4 只，4 只鞋子中至少有 2 只配成一双的概率是多少？

解　记 A 表示"4 只鞋中至少有两只配成一对"，则 $\overline{A}$ 表示"4 只人不配对".

因为从 10 只中任取 4 只，取法有 $\dbinom{10}{4}$ 种，且每种取法等可能，

要 4 只都不配对，可在 5 双中任取 4 双，再在 4 双中的每双里任取一只. 取法有 $C_5^4 \cdot 2^4$ 种，

因此，$P(\overline{A}) = \dfrac{C_5^4 \cdot 2^4}{C_{10}^4} = \dfrac{8}{21}$，$P(A) = 1 - P(\overline{A}) = 1 - \dfrac{8}{21} = \dfrac{13}{21}$.

11. 将 3 个球随机放入 4 个杯子中，求杯子中球的最大个数分别是 1，2，3 的概率各为多少？

解　记 A_i 表示"杯中球的最大个数为 i"，$i = 1,2,3$.

3 个球放入 4 个杯中，放法有 4^3 种，每种放法等可能.

对 A_1：必须 3 个球放入 3 个杯中，每杯只放一球，有 $4 \times 3 \times 2$ 种放法.

（选排列：好比 3 个球在 4 个位置做排列.）

$$P(A_1) = \frac{4 \times 3 \times 2}{4^3} = \frac{6}{16}.$$

对 A_2：必须 3 个球放入 2 个杯中，一杯装一球，一杯装两球，有 $C_3^2 \times 4 \times 3$ 种放法.

（从 3 个球中选 2 个球，选法有 C_3^2 种，再将此两个球放入同一个杯中，选法有 4 种，最后将剩余的一球放入其余的一个杯中，选法有 3 种.）

$$P(A_2) = \frac{C_3^2 \times 4 \times 3}{4^3} = \frac{9}{16}.$$

对 A_3：必须 3 个球都放入一杯中，有 4 种放法.（只需从 4 个杯中选 1 个杯子，放入此 3 个球，选法有 4 种.）

$$P(A_3) = \frac{4}{4^3} = \frac{1}{16}.$$

12. 50 个铆钉随机地取来用在 10 个部件，其中有 3 个铆钉强度太弱，每个部件用 3 只铆钉，若将 3 个强度太弱的铆钉都装在一个部件上，则这个部件强度就太弱. 问发生一个部件强度太弱的概率是多少？

解　记 A 表示"10 个部件中有一个部件强度太弱".

解法一：（利用古典概率）

把随机试验 E 看作是用 3 个钉一组，3 个钉一组去铆完 10 个部件（在 3 个钉的一组中不分

先后次序,但 10 组钉铆完 10 个部件要分先后次序.)

对 E:铆法有 $C_{50}^3 \times C_{47}^3 \times C_{44}^3 \times \cdots \times C_{23}^3$ 种,每种装法等可能;

对 A:3 个钉必须铆在一个部件上,这种铆法有 $[C_3^3 \times C_{47}^3 \times C_{44}^3 \times \cdots \times C_{23}^3] \times 10$ 种.

于是, $$P(A) = \frac{[C_3^3 \times C_{47}^3 \times C_{44}^3 \times \cdots \times C_{23}^3] \times 10}{C_{50}^3 \times C_{47}^3 \times C_{44}^3 \times \cdots \times C_{23}^3} = \frac{1}{1960} = 0.000\,51,$$

解法二:(利用古典概率)

把试验 E 看作是在 50 个钉中任选 30 个钉排成一列,顺次钉下去,直到把部件铆完.(铆钉要计先后次序.)

对 E:铆法有 A_{50}^{30} 种,每种铆法等可能;

对 A:3 个钉必须铆在"1,2,3"位置上,或"4,5,6"位置上,……,或"28,29,30"位置上.这种铆法有 $A_3^3 \times A_{47}^{27} + A_3^3 \times A_{47}^{27} + \cdots + A_3^3 \times A_{47}^{27} = 10 \times A_3^3 \times A_{47}^{27}$ 种.

于是, $$P(A) = \frac{10 \times A_3^3 \times A_{47}^{27}}{A_{50}^{30}} = \frac{1}{1960} = 0.000\,51.$$

13. 已知 $P(\bar{A}) = 0.3, P(B) = 0.4, P(A\bar{B}) = 0.5$,求 $P(B \mid A \bigcup \bar{B})$.

解法一:

$P(A) = 1 - P(\bar{A}) = 0.7, P(\bar{B}) = 1 - P(B) = 0.6, A = A\Omega = A(B \bigcup \bar{B}) = AB \bigcup A\bar{B}.$
注意 $(AB)(A\bar{B}) = \varnothing$,

故有
$$P(AB) = P(A) - P(A\bar{B}) = 0.7 - 0.5 = 0.2.$$

再由加法定理,
$$P(A \bigcup \bar{B}) = P(A) + P(\bar{B}) - P(A\bar{B}) = 0.7 + 0.6 - 0.5 = 0.8.$$

于是, $$P(B \mid A \bigcup \bar{B}) = \frac{P[B(A \bigcup \bar{B})]}{P(A \bigcup \bar{B})} = \frac{P(AB)}{P(A \bigcup \bar{B})} = \frac{0.2}{0.8} = 0.25.$$

解法二:

$$P(A\bar{B}) = P(A)P(\bar{B} \mid A) \xrightarrow{\text{由已知}} 0.5 = 0.7 \cdot P(\bar{B} \mid A),$$

故 $P(\bar{B} \mid A) = \frac{0.5}{0.7} = \frac{5}{7} \Rightarrow P(B \mid A) = \frac{2}{7}$,故 $P(AB) = P(A)P(B \mid A) = \frac{1}{5}.$

$$P(B \mid A \bigcup \bar{B}) \xrightarrow{\text{定义}} \frac{P(BA \bigcup B\bar{B})}{P(A \bigcup \bar{B})} = \frac{P(BA)}{P(A) + P(\bar{B}) - P(A\bar{B})} = \frac{\frac{1}{5}}{0.7 + 0.6 - 0.5} = 0.25.$$

14. $P(A) = \frac{1}{4}, P(B \mid A) = \frac{1}{3}, P(A \mid B) = \frac{1}{2}$,求 $P(A \bigcup B).$

解 由 $P(A \mid B) \xrightarrow{\text{定义}} \frac{P(AB)}{P(B)} = \frac{P(A)P(B \mid A)}{P(B)} \xrightarrow{\text{由已知条件}} \frac{1}{2} = \frac{\frac{1}{4} \times \frac{1}{3}}{P(B)} \Rightarrow P(B) = \frac{1}{6}.$

由乘法公式得,$P(AB) = P(A)P(B \mid A) = \frac{1}{12}.$

由加法公式得,$P(A \bigcup B) = P(A) + P(B) - P(AB) = \frac{1}{4} + \frac{1}{6} - \frac{1}{12} = \frac{1}{3}.$

15. 设 $P(A) = 0.5, P(B) = 0.3, P(AB) = 0.1$,求 $P(A \mid B), P(B \mid A), P(A \mid A \bigcup B),$
$P(AB \mid A \bigcup B), P(A \mid AB).$

解 由题意可得 $P(A \bigcup B) = P(A) + P(B) - P(AB) = 0.7$,所以

$$P(A \mid B) = \frac{P(AB)}{P(B)} = \frac{0.1}{0.3} = \frac{1}{3}, P(B \mid A) = \frac{P(AB)}{P(A)} = \frac{0.1}{0.5} = \frac{1}{5},$$

$$P(A \mid A \bigcup B) = \frac{P[A(A \bigcup B)]}{P(A \bigcup B)} = \frac{P(A)}{P(A \bigcup B)} = \frac{5}{7},$$

$$P(AB \mid A \bigcup B) = \frac{P[AB(A \bigcup B)]}{P(A \bigcup B)} = \frac{P(AB)}{P(A \bigcup B)} = \frac{1}{7},$$

$$P(A \mid AB) = \frac{P[A(AB)]}{P(AB)} = \frac{P(AB)}{P(AB)} = 1.$$

16. 掷两颗骰子,已知两颗骰子点数之和为7,求其中有一颗为1点的概率(用两种方法).

解 解法一:(在缩小的样本空间 S_B 中求 $P(A \mid B)$,即将事件 B 作为样本空间,求事件 A 发生的概率.)

掷两颗骰子的试验结果为一有序数组 $(x,y)(x,y = 1,2,3,4,5,6)$ 并且满足 $x + y = 7$,则样本空间为

$$B = \{(x,y) \mid (1,6),(6,1),(2,5),(5,2),(3,4),(4,3)\},$$

且每种结果 (x,y) 等可能.

$A = \{$掷两颗骰子,点数和为 7 时,其中有一颗为 1 点$\}$. 故 $P(A) = \frac{2}{6} = \frac{1}{3}$.

方法二:(利用公式 $P(A \mid B) = \frac{P(AB)}{P(B)}$)

$S = \{(x,y) \mid x = 1,2,3,4,5,6; y = 1,2,3,4,5,6\}$,且每种结果均可能.

$A = \{$掷两颗骰子,x,y 中有一个为"1"点$\}, B = \{$掷两颗骰子,$x + y = 7\}$,

则 $P(B) = \frac{6}{6^2} = \frac{1}{6}, P(AB) = \frac{2}{6^2}$,

故 $$P(A \mid B) = \frac{P(AB)}{P(B)} = \frac{\frac{2}{6^2}}{\frac{1}{6}} = \frac{2}{6} = \frac{1}{3}.$$

17. 据以往资料表明,某一三口之家,患某种传染病的概率有以下规律:$P(A) = P\{$孩子得病$\} = 0.6, P(B \mid A) = P\{$母亲得病 $\mid$ 孩子得病$\} = 0.5, P(C \mid AB) = P\{$父亲得病 $\mid$ 母亲及孩子得病$\} = 0.4$.求母亲及孩子得病但父亲未得病的概率.

解 所求概率为 $P(AB\bar{C})$(注意:由于"母病","孩病","父病"都是随机事件,这里不是求 $P(\bar{C} \mid AB)$.)

$P(AB) = P(A)P(B \mid A) = 0.6 \times 0.5 = 0.3, P(\bar{C} \mid AB) = 1 - P(C \mid AB) = 1 - 0.4 = 0.6$,

从而 $P(AB\bar{C}) = P(AB) \cdot P(\bar{C} \mid AB) = 0.3 \times 0.6 = 0.18$.

18. 某人忘记了电话号码的最后一个数字,因而随机地拨号,求他拨号不超过三次而接通所需电话的概率是多少?如果已知最后一个数字是奇数,那么此概率是多少?

解 记 H 表示"拨号不超过三次而能接通",A_i 表示"第 i 次拨号能接通".

(注意:第一次拨号不通,第二拨号就不再拨这个号码.)

因为 $H = A_1 + \bar{A}_1 A_2 + \bar{A}_1 \bar{A}_2 A_3$,且三种情况互斥,

所以 $P(H) = P(A_1) + P(\overline{A_1})P(A_2 \mid \overline{A_1}) + P(A_1)P(\overline{A_2} \mid \overline{A_1})P(A_3 \mid \overline{A_1}\overline{A_2})$

$$= \frac{1}{10} + \frac{9}{10} \times \frac{1}{9} + \frac{9}{10} \times \frac{8}{9} \times \frac{1}{8} = \frac{3}{10}.$$

如果已知最后一个数字是奇数(记为事件 B),则此问题变为在 B 已发生的条件下,求 H 再发生的概率.

$P(H \mid B) = P(A_1 \mid B) + P(\overline{A_1}A_2 \mid B) + P(\overline{A_1}\overline{A_2}A_3 \mid B)$

$\quad = P(A_1 \mid B) + P(\overline{A_1} \mid B)P(A_2 \mid B\overline{A_1}) + P(\overline{A_1} \mid B)P(\overline{A_2} \mid B\overline{A_1})P(A_3 \mid B\overline{A_1}\overline{A_2})$

$\quad = \dfrac{1}{5} + \dfrac{4}{5} \times \dfrac{1}{4} + \dfrac{4}{5} \times \dfrac{3}{4} \times \dfrac{1}{3} = \dfrac{3}{5}.$

19. 设有甲、乙两袋,甲袋中装有 n 只白球 m 只红球,乙袋中装有 N 只白球 M 只红球,今从甲袋中任取一球放入乙袋中,再从乙袋中任取一球,问取到(即从乙袋中取到)白球的概率是多少?

解 记 A_1,A_2 分别表示"从甲袋中取得白球放入乙袋"和"从甲袋中取得红球放入乙袋",再记 B 表示"再从乙袋中取得白球".

因为 $B = A_1 B + A_2 B$ 且 A_1,A_2 互斥,

所以 $P(B) = P(A_1)P(B \mid A_1) + P(A_2)P(B \mid A_2)$

$$= \frac{n}{n+m} \times \frac{N+1}{N+M+1} + \frac{m}{n+m} \times \frac{N}{N+M+1} = \frac{nN+mN+n}{(n+m)(N+M+1)}.$$

20. 第一只盒子装有 5 只红球和 4 只白球,第二只盒子装有 4 只红球和 5 只白球.先从第一盒子中任取 2 只球放入第二盒中去,然后从第二盒子中任取一只球,求取到白球的概率.

解 记 C_1 为"从第一盒子中取得 2 只红球",

C_2 为"从第一盒子中取得 2 只白球",

C_3 为"从第一盒子中取得 1 只红球,1 只白球",

D 为"从第二盒子中取得白球",显然 C_1,C_2,C_3 两两互斥,$C_1 \bigcup C_2 \bigcup C_3 = \Omega$,由全概率公式,有

$$P(D) = P(C_1)P(D \mid C_1) + P(C_2)P(D \mid C_2) + P(C_3)P(D \mid C_3)$$

$$= \frac{C_5^2}{C_9^2} \cdot \frac{5}{11} + \frac{C_4^2}{C_9^2} \cdot \frac{7}{11} + \frac{C_5^1 \cdot C_4^1}{C_9^2} \cdot \frac{6}{11} = \frac{53}{99}.$$

21. 一只盒子装有 2 只白球,2 只红球,在盒中取球两次,每次任取一只,做不放回抽样.已知得到的两只球中至少有一只是红球,求另一只也是红球的概率.

解 设"得到的两只球中至少有一只是红球"记为事件 A,"另一只也是红球"记为事件 B.则事件 A 的概率为 $P(A) = 2 \times \dfrac{2}{4} \times \dfrac{2}{3} + \dfrac{2}{4} \times \dfrac{1}{3} = \dfrac{5}{6}$(先红后白,先白后红,先红后红),

所求概率为 $P(B \mid A) = \dfrac{P(AB)}{P(A)} = \dfrac{\dfrac{2}{4} \times \dfrac{1}{3}}{\dfrac{5}{6}} = \dfrac{1}{5}.$

22. 一位医生根据以往的资料得到下面的讯息:他的病人中有 5% 的人以为自己患癌症,且确实患癌症;有 45% 的人以为自己患癌症,但实际上未患癌症;有 10% 的人以为自己未患癌症,但确实患了癌症;最后 40% 的人以为自己未患癌症,且确实未患癌症.以 A 表示事件"一位病人以为自己患癌症",以 B 表示事件"这位病人确实患了癌症",求下列概率.

(1)$P(A),P(B)$;(2)$P(B\mid A)$;(3)$P(B\mid\overline{A})$;(4)$P(A\mid\overline{B})$;(5)$P(A\mid B)$.

解 （1）根据题意可得

$$P(A)=P(AB)+P(A\overline{B})=5\%+45\%=50\%=0.5,$$

$$P(B)=P(BA)+P(B\overline{A})=5\%+10\%=15\%=0.15.$$

（2）根据条件概率公式：$P(B\mid A)=\dfrac{P(AB)}{P(A)}=\dfrac{5\%}{50\%}=0.1$.

（3）$P(B\mid\overline{A})=\dfrac{P(B\overline{A})}{P(\overline{A})}=\dfrac{10\%}{1-50\%}=0.2$.

（4）$P(A\mid\overline{B})=\dfrac{P(A\overline{B})}{P(\overline{B})}=\dfrac{45\%}{1-15\%}=\dfrac{9}{17}$.

（5）$P(A\mid B)=\dfrac{P(AB)}{P(B)}=\dfrac{5\%}{15\%}=\dfrac{1}{3}$.

23. 在 11 张卡片上分别写上单词"engineering"这 11 个字母,从中任意连抽 6 张,求依次排列结果为"ginger"的概率.

解 根据题意,这 11 个字母中共有 2 个"g",2 个"i",3 个"n",3 个"e",1 个"r".从中任意连抽 6 张,由独立性,第一次必须从这 11 张中抽出 2 个"g"中的任意一张来,概率为 $\dfrac{2}{11}$;第二次必须从剩余的 10 张中抽出 2 个"i"中的任意一张来,概率为 $\dfrac{2}{10}$;类似地,可以得到 6 次抽取的概率.最后,所求的概率为

$$\dfrac{2}{11}\times\dfrac{2}{10}\times\dfrac{3}{9}\times\dfrac{1}{8}\times\dfrac{3}{7}\times\dfrac{1}{6}=\dfrac{36}{332640}=\dfrac{1}{9240}\ \text{或者}\ \dfrac{C_2^1 C_2^1 C_3^1 C_1^1 C_3^1 C_1^1}{A_{11}^6}=\dfrac{1}{9\,240}.$$

24. 据统计,对于某一种疾病的两种症状:症状 A、症状 B,有 20% 的人只有症状 A,有 30% 的人只有症状 B,有 10% 的人两种症状都有,其他的人两种症状都没有.在患这种病的人群中随机地选一人,求:

(1) 该人两种症状都没有的概率;

(2) 该人至少有一种症状的概率;

(3) 已知该人有症状 B,求该人有两种症状的概率.

解 （1）根据题意,有 40% 的人两种症状都没有,所以该人两种症状都没有的概率为 $1-20\%-30\%-10\%=40\%=0.4$.

（2）至少有一种症状的概率为 $1-40\%=60\%=0.6$.

（3）已知该人有症状 B,表明该人属于由只有症状 B 的 30% 人群或者两种症状都有的 10% 的人群,总的概率为 $30\%+10\%=40\%$,所以在已知该人有症状 B 的条件下该人有两种症状的概率为 $\dfrac{10\%}{30\%+10\%}=\dfrac{1}{4}=0.25$.

25. 已知男人中有 5% 是色盲患者,女人中有 0.25% 是色盲患者.今从男女人数相等的人群中随机挑选一人,恰好是色盲患者,问此人是男性的概率是多少?

解 $A_1=\{$男人$\}$,$A_2=\{$女人$\}$,$B=\{$色盲$\}$,显然 $A_1\bigcup A_2=\Omega$,$A_1 A_2=\varnothing$.

由已知条件知 $P(A_1)=P(A_2)=\dfrac{1}{2}$,$P(B\mid A_1)=0.05$,$P(B\mid A_2)=0.0025$,

由贝叶斯公式,有 $P(A_1\mid B)=\dfrac{P(A_1 B)}{P(B)}=\dfrac{P(A_1)P(B\mid A_1)}{P(A_1)P(B\mid A_1)+P(A_2)P(B\mid A_2)}$

$$= \frac{\frac{1}{2} \cdot \frac{5}{100}}{\frac{1}{2} \cdot \frac{5}{100} + \frac{1}{2} \cdot \frac{25}{10000}} = \frac{20}{21}.$$

26. 一学生接连参加同一课程的两次考试,第一次及格的概率为 p.若第一次及格,则第二次及格的概率也为 p;若第一次不及格,则第二次及格的概率为 $\frac{p}{2}$.(1) 若至少有一次及格则他能取得某种资格,求他取得该资格的概率;(2) 若已知他第二次已经及格,求他第一次及格的概率.

解 设 $A_i = \{$该学生第 i 次及格$\}$,$i = 1, 2$.

已知 $P(A_1) = P(A_2 \mid A_1) = p$,$p(A_2 \mid \overline{A}_1) = \frac{p}{2}$.

(1) 设 $B = \{$至少有一次及格$\}$,则 $\overline{B} = \{$两次均不及格$\} = \overline{A}_1\overline{A}_2$,

因此,$P(B) = 1 - P(\overline{B}) = 1 - P(\overline{A}_1\overline{A}_2) = 1 - P(\overline{A}_1)P(\overline{A}_2 \mid \overline{A}_1)$

$$= 1 - [1 - P(A_1)][1 - P(A_2 \mid \overline{A}_1)]$$

$$= 1 - (1 - p)\left(1 - \frac{p}{2}\right) = \frac{3}{2}p - \frac{1}{2}p^2.$$

(2) $P(A_1A_2) \overset{\text{定义}}{=\!=\!=} \frac{P(A_1A_2)}{P(A_2)}$ (∗)

由乘法公式,有 $P(A_1A_2) = P(A_1)P(A_2 \mid A_1) = p^2$,

由全概率公式,有 $P(A_2) = P(A_1)P(A_2 \mid A_1) + P(\overline{A}_1)P(A_2 \mid \overline{A}_1)$

$$= p \cdot p + (1 - p) \cdot \frac{p}{2}$$

$$= \frac{p^2}{2} + \frac{p}{2},$$

将以上两个结果代入(∗)得 $P(A_1 \mid A_2) = \dfrac{p^2}{\dfrac{p^2}{2} + \dfrac{p}{2}} = \dfrac{2p}{p+1}$.

27. 一在线计算机系统,有 4 条输入通讯线,其性质如下表.求一随机选择的进入讯号无误差地被接受的概率.

通讯线	通讯量的份额	无误差的讯息的份额
1	0.4	0.999 8
2	0.3	0.999 9
3	0.1	0.999 7
4	0.2	0.999 6

解 设"讯号通过通讯线 i 进入计算机系统"记为事件 A_i($i = 1, 2, 3, 4$),"进入讯号被无误差地接受"记为事件 B,则根据全概率公式有

$$P(B) = \sum_{i=1}^{4} P(A_i)P(B \mid A_i)$$

$$= 0.4 \times 0.999 8 + 0.3 \times 0.999 9 + 0.1 \times 0.999 7 + 0.2 \times 0.999 6$$

$$= 0.999 78.$$

28. 某人下午 5:00 下班,他所积累的资料表明:

到家时间	5:35 ~ 5:39	5:40 ~ 5:44	5:45 ~ 5:49	5:50 ~ 5:54	迟于 5:54
乘地铁到家的概率	0.10	0.25	0.45	0.15	0.05
乘汽车到家的概率	0.30	0.35	0.20	0.10	0.05

某日他抛一枚硬币决定乘地铁还是乘汽车,结果他是 5:47 到家的,试求他是乘地铁回家的概率.

解 设 $A = \{乘地铁\}, B = \{乘汽车\}, C = \{5:45 \sim 5:49 \ 到家\}$,由题意,$AB = \varnothing$,$A \bigcup B = \Omega$.

已知 $P(A) = 0.5, P(B) = 0.5, P(C \mid A) = 0.45, P(C \mid B) = 0.2$,

由贝叶斯公式,有

$$P(A \mid C) = \frac{P(C \mid A)P(A)}{P(C)} = \frac{0.5 \times 0.45}{P(C \mid A)\frac{1}{2} + P(C \mid B)\frac{1}{2}} = \frac{0.45}{0.65} = \frac{9}{13} \approx 0.692\ 3.$$

29. 袋中装有 m 只正品硬币,n 只次品硬币(次品硬币的两面均印有国徽).在袋中任取一只,将它投掷 r 次,已知每次都得到国徽.问这只硬币是正品的概率为多少?

解 设 $B_r = \{出现 \ r \ 次国徽面\}, A = \{任取一只是正品\}$,

由全概率公式,有

$$P(B_r) = P(A)P(B_r \mid A) + P(\overline{A})P(B_r \mid \overline{A}) = \frac{m}{m+n}\left(\frac{1}{2}\right)^r + \frac{n}{m+n} \times 1^r.$$

故 $P(A \mid B_r) = \dfrac{P(A)P(B_r \mid A)}{P(B_r)} = \dfrac{\dfrac{m}{m+n}\left(\dfrac{1}{2}\right)^r}{\dfrac{m}{m+n}\left(\dfrac{1}{2}\right)^r + \dfrac{n}{m+n}} = \dfrac{m}{m+n \cdot 2^r}.$

30. 甲、乙、丙三人同时对飞机进行射击,三人击中的概率分别为 0.4,0.5,0.7.飞机被一人击中而被击落的概率为 0.2,被两人击中而被击落的概率为 0.6,若三人都击中,飞机必定被击落.求飞机被击落的概率.

解 设 H_i 表示飞机被 i 人击中,$i = 1,2,3$,B_1, B_2, B_3 分别表示甲、乙、丙击中飞机,A 表示飞机被击落.

因为 $H_1 = B_1\overline{B_2}\overline{B_3} + \overline{B_1}B_2\overline{B_3} + \overline{B_1}\overline{B_2}B_3$,且三种情况互斥,

$H_2 = B_1B_2\overline{B_3} + B_1\overline{B_2}B_3 + \overline{B_1}B_2B_3$,且三种情况互斥,

$H_3 = B_2B_2B_3$,

又 B_1, B_2, B_3 独立,

因此,$P(H_1) = P(B_1)P(\overline{B_2})P(\overline{B_3}) + P(\overline{B_1})P(B_2)P(\overline{B_3}) + P(\overline{B_1})P(\overline{B_2})P(B_3)$

$\qquad\qquad = 0.4 \times 0.5 \times 0.3 + 0.6 \times 0.5 \times 0.3 + 0.6 \times 0.5 \times 0.7$

$\qquad\qquad = 0.36$,

$P(H_2) = P(B_1)P(B_2)P(\overline{B_3}) + P(B_1)P(\overline{B_2})P(B_3) + P(\overline{B_1})P(B_2)P(B_3)$

$\qquad\qquad = 0.4 \times 0.5 \times 0.3 + 0.4 \times 0.5 \times 0.7 + 0.6 \times 0.5 \times 0.7$

$\qquad\qquad = 0.41$,

$P(H_3) = P(B_1)P(B_2)P(B_3) = 0.4 \times 0.5 \times 0.7 = 0.14.$

又因为 $A = H_1A + H_2A + H_3A$,且三种情况互斥,

故由全概率公式,有

$$P(A) = P(H_1)P(A \mid H_1) + P(H_2)P(A \mid H_2) + P(H_3)P(A \mid H_3)$$
$$= 0.36 \times 0.2 + 0.41 \times 0.6 + 0.14 \times 1 = 0.458.$$

31. 一种用来检验 50 岁以上的人是否患有关节炎的检验法,对于确实患关节炎的病人有 85% 的给出了正确的结果;而对于已知未患关节炎的人有 4% 会认为他患关节炎. 已知人群中有 10% 的人患有关节炎,问一名被检验者经检验,认为他没有关节炎,而他却有关节炎的概率.

解　设"一名被检验者经检验认为患有关节炎"记为事件 A,"一名被检验者确实患有关节炎"记为事件 B. 根据全概率公式,有

$$P(A) = P(B)P(A \mid B) + P(\bar{B})P(A \mid \bar{B}) = 10\% \times 85\% + 90\% \times 4\% = 0.121,$$

所以,根据条件概率得到所求的概率为

$$P(B \mid \bar{A}) = \frac{P(B\bar{A})}{P(\bar{A})} = \frac{P(B)P(\bar{A} \mid B)}{1 - P(A)} = \frac{10\% \times (1 - 85\%)}{1 - 12.1\%} \approx 0.170\,6.$$

即一名被检验者经检验认为没有关节炎而实际却有关节炎的概率为 0.170 6.

32. 计算机中心有三台打字机 A,B,C,程序交予各打字机打字的概率依次为 0.6,0.3,0.1,打字机发生故障的概率依次为 0.01,0.05,0.04. 已知一程序因打字机发生故障而被破坏了,求该程序是在 A,B,C 上打字的概率分别为多少?

解　设"程序因打字机发生故障而被破坏"记为事件 M,"程序在 A,B,C 三台打字机上打字"分别记为事件 N_1,N_2,N_3,则根据全概率公式有

$$P(M) = \sum_{i=1}^{3} P(N_i)P(M \mid N_i) = 0.6 \times 0.01 + 0.3 \times 0.05 + 0.1 \times 0.04 = 0.025.$$

根据贝叶斯公式,该程序是在 A,B,C 上打字的概率分别为

$$P(N_1 \mid M) = \frac{P(N_1)P(M \mid N_1)}{P(M)} = \frac{0.6 \times 0.01}{0.025} = 0.24,$$

$$P(N_2 \mid M) = \frac{P(N_2)P(M \mid N_2)}{P(M)} = \frac{0.3 \times 0.05}{0.025} = 0.60,$$

$$P(N_3 \mid M) = \frac{P(N_3)P(M \mid N_3)}{P(M)} = \frac{0.1 \times 0.04}{0.025} = 0.16.$$

33. 将 A,B,C 三个字母之一输入信道,输出为原字母的概率为 α,而输出为其他字母的概率都是 $(1-\alpha)/2$. 今将字母串 $AAAA,BBBB,CCCC$ 之一输入信道,输入 $AAAA,BBBB,CCCC$ 的概率分别为 $p_1,p_2,p_3(p_1 + p_2 + p_3 = 1)$. 已知输出为 $ABCA$,问输入的是 $AAAA$ 的概率是多少?(设信道传输每个字母的工作是相互独立的.)

解　设 D 表示"输出信号为 $ABCA$",B_1,B_2,B_3 分别表示输入信号为 $AAAA,BBBB,CCCC$,则 B_1,B_2,B_3 为一完备事件组,且 $P(B_i) = p_i,i = 1,2,3$.

再设 $A_发$、$A_收$ 分别表示发出、接收字母 A,其余类推,依题意有

$$P(A_收 \mid A_发) = P(B_收 \mid B_发) = P(C_收 \mid C_发) = \alpha,$$
$$P(A_收 \mid B_发) = P(A_收 \mid C_发) = P(B_收 \mid A_发) = P(B_收 \mid C_发) = P(C_收 \mid A_发) = P(C_收 \mid B_发)$$
$$= \frac{1-\alpha}{2}.$$

又 $P(ABCA \mid AAAA) = P(D \mid B_1) = P(A_收 \mid A_发)P(B_收 \mid A_发)P(C_收 \mid A_发)P(A_收 \mid A_发)$
$$= \alpha^2 \left(\frac{1-\alpha}{2}\right)^2,$$

同样可得，$P(D \mid B_2) = P(D \mid B_3) = \alpha \cdot \left(\dfrac{1-\alpha}{2}\right)^3$.

于是，由全概率公式，得

$$P(D) = \sum_{i=1}^{3} P(B_i) P(D \mid B_i)$$
$$= p_1 \alpha^2 \left(\frac{1-\alpha}{2}\right)^2 + (p_2 + p_3)\alpha \left(\frac{1-\alpha}{2}\right)^3.$$

由贝叶斯公式，得

$$P(AAAA \mid ABCA) = P(B_1 \mid D) = \frac{P(B_1)P(D \mid B_1)}{P(D)}$$
$$= \frac{2\alpha p_1}{2\alpha p_1 + (1-\alpha)(p_2 + p_3)}.$$

34. 在通讯网络中装有密码钥匙，设全部收到的讯息中有 95% 是可信的. 又设全部不可信的讯息中只有 0.1% 是使用密码钥匙传送的，而全部可信讯息是使用密码钥匙传送的. 求由密码钥匙传送的一讯息是可信讯息的概率.

解 设"一讯息是由密码钥匙传送的"记为事件 A，"一讯息是可信的"记为事件 B. 根据贝叶斯公式，所要求的概率为

$$P(B \mid A) = \frac{P(AB)}{P(A)} = \frac{P(B)P(A \mid B)}{P(B)P(A \mid B) + P(\bar{B})P(A \mid \bar{B})}$$
$$= \frac{95\% \times 1}{95\% \times 1 + 5\% \times 0.1\%} = 0.999\,947.$$

35. 将一枚硬币抛两次，以 A, B, C 分别记事件"第一次得 H"，"第二次得 H"，"两次得同一面". 试验证 A 和 B，B 和 C，C 和 A 分别相互独立（两两独立），但 A, B, C 不是相互独立.

证明 根据题意，求出以下概率为

$$P(A) = P(B) = \frac{1}{2}, P(C) = \frac{1}{2} \times \frac{1}{2} + \frac{1}{2} \times \frac{1}{2} = \frac{1}{2},$$

$$P(AB) = P(A)P(B), P(AC) = P(C \mid A) \cdot P(C) = \frac{1}{2} \times \frac{1}{2} = \frac{1}{4},$$

$$P(BC) = P(C \mid B) \cdot P(C) = \frac{1}{2} \times \frac{1}{2} = \frac{1}{4},$$

$$P(ABC) = \frac{1}{2} \times \frac{1}{2} = \frac{1}{4}.$$

所以有

$$P(AB) = P(A)P(B), P(AC) = P(A)P(C), P(BC) = P(B)P(C).$$

即表明 A 和 B，B 和 C，C 和 A 两两独立. 但是

$$P(ABC) \neq P(A)P(B)P(C).$$

所以 A, B, C 不是相互独立.

36. 设 A, B, C 三个运动员在离球门25码处踢进球的概率依次为 $0.5, 0.7, 0.6$，设 A, B, C 各在离球门25码处踢一球，设各人进球与否相互独立，求（1）恰有一人进球的概率；（2）恰有两人进球的概率；（3）至少有一人进球的概率.

解 设"A 进球"，"B 进球"，"C 进球"分别记为事件 $N_i(i = 1, 2, 3)$.

（1）设恰有一人进球的概率为 p_1，则

$$p_1 = P(N_1\overline{N}_2\overline{N}_3) + P(\overline{N}_1N_2\overline{N}_3) + P(\overline{N}_1\overline{N}_2N_3)$$
$$= P(N_1)P(\overline{N}_2)P(\overline{N}_3) + P(\overline{N}_1)P(N_2)P(\overline{N}_3) + P(\overline{N}_1)P(\overline{N}_2)P(N_3)(由独立性)$$
$$= 0.5 \times 0.3 \times 0.4 + 0.5 \times 0.7 \times 0.4 + 0.5 \times 0.3 \times 0.6$$
$$= 0.29.$$

(2) 设恰有两人进球的概率为 p_2,则

$$p_2 = P(N_1N_2\overline{N}_3) + P(\overline{N}_1N_2N_3) + P(N_1\overline{N}_2N_3)$$
$$= P(N_1)P(N_2)P(\overline{N}_3) + P(\overline{N}_1)P(N_2)P(N_3) + P(N_1)P(\overline{N}_2)P(N_3)(由独立性)$$
$$= 0.5 \times 0.7 \times 0.4 + 0.5 \times 0.7 \times 0.6 + 0.5 \times 0.3 \times 0.6$$
$$= 0.44.$$

(3) 设至少有一人进球的概率为 p_3,则

$$p_3 = 1 - P\{\overline{N}_1\overline{N}_2\overline{N}_3\} = 1 - P(\overline{N}_1)P(\overline{N}_2)P(\overline{N}_3) = 1 - 0.5 \times 0.3 \times 0.4 = 0.94.$$

37. 有一危重病人,仅当在 10 分之内能有一供血者供给足量的 A-RH$^+$ 血才能得救.设化验一位供血者的血型需要 2 分,将所需的血全部输入病人体内需要 2 分,医院只有一套验血型的设备,且供血者仅有 40% 的人具有该型血,各人具有什么血型相互独立.求病人能得救的概率.

解 根据题意,医院最多可以验血型 4 次,也就是说最迟可以第 4 个人才验出是 A-RH$^+$ 型血.问题转化为最迟第 4 个人才验出是 A-RH$^+$ 型血的概率是多少?因为

第一次就检验出该型血的概率为 0.4;

第二次才检验出该型血的概率为 $0.6 \times 0.4 = 0.24$;

第三次才检验出该型血的概率为 $0.6^2 \times 0.4 = 0.144$;

第四次才检验出该型血的概率为 $0.6^3 \times 0.4 = 0.086\ 4$;

所以病人得救的概率为 $0.4 + 0.24 + 0.144 + 0.086\ 4 = 0.870\ 4.$

38. 设第一只盒子装有 3 只蓝球,2 只绿球,2 只白球;第二只盒子装有 2 只蓝球,3 只绿球,4 只白球.独立地分别从两只盒子各取一只球.(1) 求至少有一只蓝球的概率;(2) 求有一只蓝球一只白球的概率;(3) 已知至少有一只蓝球,求有一只蓝球一只白球的概率.

解 记 A_1, A_2, A_3 分别表示是从第一只盒子中取到一只蓝球、绿球、白球,B_1, B_2, B_3 分别表示是从第二只盒子中取到一只蓝球、绿球、白球.

(1) 记 $C = \{至少有一只蓝球\}$,则

$C = A_1B_1 + A_1B_2 + A_1B_3 + A_2B_1 + A_3B_1$,且 5 种情况互斥,

由概率有限可加性,得

$$P(C) = P(A_1B_1) + P(A_1B_2) + P(A_1B_3) + P(A_2B_1) + P(A_3B_1) \xrightarrow{独立性} P(A_1)P(B_1) +$$
$$P(A_1)P(B_2) + P(A_1)P(B_3) + P(A_2)P(B_1) + P(A_3)P(B_1)$$
$$= \frac{3}{7} \cdot \frac{2}{9} + \frac{3}{7} \cdot \frac{3}{9} + \frac{3}{7} \cdot \frac{4}{9} + \frac{2}{7} \cdot \frac{2}{9} + \frac{2}{7} \cdot \frac{2}{9} = \frac{5}{9}.$$

(2) 记 $D = \{有一只蓝球一只白球\}$,而且知 $D = A_1B_3 + A_3B_1$,且两种情况互斥,则

$$P(D) = P(A_1B_3) + P(A_3B_1) = P(A_1)P(B_3) + P(A_3)P(B_1)$$
$$= \frac{3}{7} \cdot \frac{4}{9} + \frac{2}{7} \cdot \frac{2}{9} = \frac{16}{63}.$$

(3) $P(D \mid C) = \dfrac{P(CD)}{P(C)} = \dfrac{P(D)}{P(C)} = \dfrac{16}{35}$(注意到 $CD = D$).

39. A,B,C 三人在同一办公室工作,房间有三部电话,据统计知,打给 A,B,C 的电话的概率分别为 $\frac{2}{5},\frac{2}{5},\frac{1}{5}$. 他们三人常因工作外出,$A,B,C$ 三人外出的概率分别为 $\frac{1}{2},\frac{1}{4},\frac{1}{4}$. 设三人的行动相互独立,求:(1) 无人接电话的概率;(2) 被呼叫人在办公室的概率. 若某一时间断打进了 3 个电话,求(3) 这 3 个电话打给同一人的概率;(4) 这 3 个电话打给 3 个不同人的概率;(5) 这 3 个电话都打给 B,而 B 却都不在的概率.

解 记 C_1,C_2,C_3 分别表示打给 A,B,C 的电话,

D_1,D_2,D_3 分别表示 A,B,C 外出.

注意到 C_1,C_2,C_3 独立,且 $P(C_1)=P(C_2)=\frac{2}{5},P(C_3)=\frac{1}{5}$,

$$P(D_1)=\frac{1}{2},P(D_2)=P(D_3)=\frac{1}{4}.$$

(1) $P\{$无人接电话$\}=P(D_1 D_2 D_3)=P(D_1)P(D_2)P(D_3)$

$$=\frac{1}{2}\times\frac{1}{4}\times\frac{1}{4}=\frac{1}{32}.$$

(2) 记 $G=\{$被呼叫人在办公室$\}$,$G=C_1\overline{D_1}+C_2\overline{D_2}+C_3\overline{D_3}$,且 3 种情况互斥,由有限可加性与乘法公式,得

$$P(G)=P(C_1\overline{D_1})+P(C_2\overline{D_2})+P(C_3\overline{D_3})$$
$$=P(C_1)P(\overline{D_1}\mid C_1)+P(C_2)P(\overline{D_2}\mid C_2)+P(C_3)P(\overline{D_3}\mid C_3)$$

（由于某人外出与否和来电话无关,故 $P(\overline{D_k}\mid C_k)=P(\overline{D_k})$.）

$$=\frac{2}{5}\times\frac{1}{2}+\frac{2}{5}\times\frac{3}{4}+\frac{1}{5}\times\frac{3}{4}=\frac{13}{20}.$$

(3) H 为"这 3 个电话打给同一个人",

$$P(H)=\frac{2}{5}\times\frac{2}{5}\times\frac{2}{5}+\frac{2}{5}\times\frac{2}{5}\times\frac{2}{5}+\frac{1}{5}\times\frac{1}{5}\times\frac{1}{5}=\frac{17}{125}.$$

(4) R 为"这 3 个电话打给 3 个不同的人",R 由 6 种互斥情况组成,每种情况为打给 A,B,C 的三个电话,每种情况的概率为

$$\frac{2}{5}\times\frac{2}{5}\times\frac{1}{5}=\frac{4}{125},$$

于是, $$P(R)=6\times\frac{4}{125}=\frac{24}{125}.$$

(5) 由于已知每次打电话都给 B,其概率是 1,所以每一次打给 B 电话而 B 不在的概率为 $\frac{1}{4}$,且各次情况相互独立,于是,

$$P\{3 \text{ 个电话都打给 } B,B \text{ 都不在}\}=\left(\frac{1}{4}\right)^3=\frac{1}{64}.$$

40. 一元件(或系统)能正常工作的概率称为元件(或系统)的可靠性. 如图设有 5 个独立工作的元件 1,2,3,4,5 按先串联再并联的方式连接,设元件的可靠性均为 p,试求系统的可靠性.

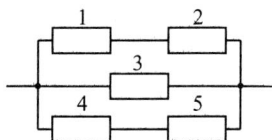

解 设"元件 i 能够正常工作"记为事件 $A_i(i=1,2,3,4,5)$.
于是,系统的可靠性为

$$P((A_1A_2) \bigcup (A_3) \bigcup (A_4A_5))$$
$$= P(A_1A_2) + P(A_3) + P(A_4A_5) - P(A_1A_2A_3) - P(A_1A_2A_4A_5) - P(A_3A_4A_5) +$$
$$P(A_1A_2A_3A_4A_5)$$
$$= P(A_1)P(A_2) + P(A_3) + P(A_4)P(A_5) - P(A_1)P(A_2)P(A_3) - P(A_1)P(A_2)P(A_4) \cdot$$
$$P(A_5) - P(A_3)P(A_4)P(A_5) + P(A_1)P(A_2)P(A_3)P(A_4)P(A_5)$$
$$= p^2 + p + p^2 - p^3 - p^4 - p^3 + p^5$$
$$= p + 2p^2 - 2p^3 - p^4 + p^5.$$

41. 用一种检验法检测产品中是否含有某种杂质的效果如下：若真含有杂质检验结果为含有的概率为 0.8；若真不含杂质检验结果为不含有的概率为 0.9. 据以往的资料知一产品真含有杂质或真不含有杂质的概率分别为 0.4，0.6. 今独立地对一产品进行了 3 次检验，结果是 2 次检验认为含有杂质，而一次检验认为不含有杂质，求此产品真含有杂质的概率.（注：本题较难，灵活应用全概率公式和贝叶斯公式）

解　设"一产品真含有杂质"记为事件 A，"对一产品进行 3 次检验，结果是 2 次检验认为含有杂质，而 1 次检验认为不含有杂质"记为事件 B，则所求概率为 $P(A \mid B)$. 根据贝叶斯公式可得

$$P(A \mid B) = \frac{P(A)P(B \mid A)}{P(A)P(B \mid A) + P(\overline{A})P(B \mid \overline{A})}.$$

又设"产品被检出含有杂质"记为事件 C，根据题意有 $P(A) = 0.4$，而且 $P(C \mid A) = 0.8$，$P(\overline{C} \mid \overline{A}) = 0.9$，所以

$$P(B \mid A) = C_3^2 \times 0.8^2 \times (1-0.8) = 0.384, P(B \mid \overline{A}) = C_3^2 \times (1-0.9)^2 \times 0.9 = 0.027,$$

故 $P(A \mid B) = \dfrac{P(A)P(B \mid A)}{P(A)P(B \mid A) + P(\overline{A})P(B \mid \overline{A})}$

$$= \frac{0.4 \times 0.384}{0.4 \times 0.384 + 0.6 \times 0.027}$$

$$= \frac{0.153\ 6}{0.169\ 8} \approx 0.904\ 6.$$

第二章
一维随机变量及其分布

一、分布函数的定义与性质

1 ▶ 随机变量

定义 1　设随机试验的每一个可能结果（样本点）ω 唯一地对应一个实数 $X(\omega)$，则称实变量 X 为随机变量.通常用大写字母 X,Y,Z 等表示随机变量.

2 ▶ 分布函数

定义 2　定义在样本空间 Ω 上，取值于实数域的函数 $X(\omega)$，称为在样本空间 Ω 上的（实值）随机变量，并称 $F(x) = P\{X \leqslant x\}$ 是随机变量 $X(\omega)$ 的累积分布函数，简称分布函数.

分布函数的性质：

(1) 单调性：若 $x_1 < x_2$，则 $F(x_1) \leqslant F(x_2)$；

(2) $F(-\infty) = \lim\limits_{x \to -\infty} F(x) = 0, F(+\infty) = \lim\limits_{x \to +\infty} F(x) = 1$；

(3) 右连续性：$F(x+0) = F(x)$；

(4) $P\{a < X \leqslant b\} = F(b) - F(a)$.

二、离散型随机变量

1 ▶ 概念

定义 3　只取有限个或可列个值的变量 X 为一维离散型随机变量，简称离散型随机变量.

2 ▶ 分布律及其表示

如果离散型随机变量 X 可能取值为 $a_1, a_2, a_3, \cdots$，相应的概率 $p_i = P\{X = a_i\}$ 为随机变量 X 的分布律，也称为分布列，简称分布.

（1）分布律表示方法 —— 公式法

$$p_i = P\{X = a_i\}$$

（2）分布律表示方法 —— 列表法

也可以用下列表格或矩阵的形式来表示，称为随机变量 X 的分布律：

X	$a_1\,a_2\cdots a_i\cdots$
$p_i = P\{X = a_i\}$	$p_1\,p_2\cdots p_i\cdots$

$$\begin{pmatrix} a_1 & a_2 & \cdots & a_i\cdots \\ p_1 & p_2 & \cdots & p_i\cdots \end{pmatrix}$$

分布律的性质：

非负性：① $p_i \geqslant 0$；

规范性：② $\sum\limits_{i=1}^{\infty} p_i = 1$；

分布函数 $F(x) = \sum\limits_{x_i \leqslant x} p_i$.

例 1　已知 $X \sim \begin{pmatrix} 0 & 1 & 2 \\ \dfrac{1}{4} & -a & a^2 \end{pmatrix}$，（1）求 a；（2）分布函数.

解　$a = -\dfrac{1}{2}$，$F(x) = \begin{cases} 0, & x < 0, \\[2mm] \dfrac{1}{4}, & 0 \leqslant x < 1, \\[2mm] \dfrac{3}{4}, & 1 \leqslant x < 2, \\[2mm] 1, & x \geqslant 2. \end{cases}$

例 2　设袋中有 5 个球（3 个白球 2 个黑球），从中任取两球，X 表示取到的黑球数.（1）求 X 的分布律；（2）求随机变量 X 的分布函数.

解　X 可能取值为 $0, 1, 2$.

$$P\{X=0\} = \frac{3}{10}, P\{X=1\} = \frac{6}{10} = \frac{3}{5}, P\{X=2\} = \frac{1}{10},$$

X 的分布律 $X \sim \begin{pmatrix} 0 & 1 & 2 \\ \dfrac{3}{10} & \dfrac{3}{5} & \dfrac{1}{10} \end{pmatrix}$，

$$F(x) = \begin{cases} 0, & x < 0, \\[2mm] \dfrac{3}{10}, & 0 \leqslant x < 1, \\[2mm] \dfrac{9}{10}, & 1 \leqslant x < 2, \\[2mm] 1, & x \geqslant 2. \end{cases}$$

三、连续型随机变量

1 ▶ 一维连续型随机变量的概念

定义 4　若 X 是随机变量,$F(x)$ 是它的分布函数,如果存在函数 $f(x)$,使对任意的 x,有 $F(x) = \int_{-\infty}^{x} f(t) \mathrm{d}t$,则称 X 为连续型随机变量,相应的 $F(x)$ 为连续型分布函数. 同时称 $f(x)$ 是 $F(x)$ 的概率密度函数或简称为密度.

2 ▶ 密度函数 $f(x)$ 的性质

(1) 非负性:$f(x) \geqslant 0$;

(2) 规范性:$\int_{-\infty}^{+\infty} f(x) \mathrm{d}x = 1$;

(3) $P\{x_1 \leqslant X \leqslant x_2\} = F(x_2) - F(x_1) = \int_{x_1}^{x_2} f(x) \mathrm{d}x$;

(4) $P\{X = x_0\} = 0$;

(5) 由 $F(x) = \int_{-\infty}^{x} f(y) \mathrm{d}y$ 式可知,对 $f(x)$ 的连续点必有

$$\frac{\mathrm{d}F(x)}{\mathrm{d}x} = F'(x) = f(x).$$

例 3　设随机变量 X 的分布函数为 $F(x) = A + B\arctan x$.
(1) 求 $A, B, f(x)$;(2) 求 $P\{X \geqslant 1 \mid X \geqslant -1\}$.

解　由 $F(-\infty) = \lim_{x \to -\infty} F(x) = 0, F(+\infty) = \lim_{x \to +\infty} F(x) = 1$,

得 $A = \dfrac{1}{2}, B = \dfrac{1}{\pi}, f(x) = \dfrac{1}{\pi(1 + x^2)}$.

$$P\{X \geqslant 1 \mid X \geqslant -1\} = \frac{P\{X \geqslant 1, X \geqslant -1\}}{P\{X \geqslant -1\}} = \frac{P\{X \geqslant 1\}}{P\{X \geqslant -1\}} = \frac{1 - F(1)}{1 - F(-1)} = \frac{1}{3}.$$

四、常见分布

1 ▶ 两点(0-1)分布

设离散型随机变量 X 的分布律为

$$\begin{pmatrix} 0 & 1 \\ 1-p & p \end{pmatrix},$$

其中 $0 < p < 1$,则称 X 服从两点分布,亦称 X 服从(0-1)分布,简记为 $X \sim (0-1)$分布.

2 ▶ 二项分布

若离散型随机变量 X 的分布律为

$$P\{X = k\} = C_n^k p^k q^{n-k}, k = 0, 1, 2, \cdots, n,$$

其中 $0 < p < 1, q = 1 - p$，则称 X 服从参数为 n, p 的二项分布，简称 X 服从二项分布，记为 $X \sim B(k; n, p)$.

易验证 $P\{X = k\} \geqslant 0, \sum\limits_{k=0}^{n} C_n^k p^k q^{n-k} = (p+q)^n = 1.$

显然，当 $n = 1$ 时，二项分布就化为两点分布. 可见，两点分布是二项分布的特例.

3 泊松（Poisson）分布

设离散型随机变量 X 的所有可能取值为 $0, 1, 2, \cdots$，且取各个值的概率为

$$P\{X = k\} = \frac{\lambda^k e^{-\lambda}}{k!}, k = 0, 1, 2, \cdots,$$

其中 $\lambda > 0$ 为常数，则称 X 服从参数为 λ 的泊松分布，记为 $X \sim P(k; \lambda)$. 易验证：

(1) $P\{X = k\} > 0, k = 0, 1, 2, \cdots$;

(2) $\sum\limits_{k=0}^{\infty} P\{X = k\} = \sum\limits_{k=0}^{\infty} \frac{\lambda^k}{k!} e^{-\lambda} = 1.$

定理 1 （泊松定理）在 n 重贝努利试验中，事件 A 在一次试验中出现的概率为 p_n（与试验总数 n 有关）. 如果当 $n \to \infty$ 时，$np_n \to \lambda (\lambda > 0$ 为常数），则有

$$\lim_{n \to \infty} b(k; n, p_n) = \frac{\lambda^k}{k!} e^{-\lambda}, k = 0, 1, 2, \cdots$$

4 几何分布

设 X 是一个无穷次贝努利试验序列中事件 A 首次发生时所需的试验次数，且可能的值为 $1, 2, \cdots$，而取各个值的概率为

$$P\{X = k\} = p(1-p)^{k-1} = pq^{k-1}, k = 1, 2, \cdots,$$

其中 $0 < p < 1, q = 1 - p$，则称 X 服从几何分布. 记为 $X \sim G(p)$. 易验证：

(1) $P\{X = k\} = pq^{k-1} > 0, k = 1, 2, \cdots$;

(2) $\sum\limits_{k=1}^{\infty} pq^{k-1} = 1.$

5 均匀分布

若随机变量 X 的概率密度函数为

$$f(x) = \begin{cases} \dfrac{1}{b-a}, & a \leqslant x \leqslant b, \\ 0, & \text{其他} \end{cases}$$

时，则称随机变量 X 服从 $[a, b]$ 上的均匀分布. 显然 $f(x)$ 的两条性质满足. 其分布函数为

$$F(x) = \begin{cases} 0, & x < a, \\ \dfrac{x-a}{b-a}, & a \leqslant x \leqslant b, \\ 1, & x > b, \end{cases}$$

记为 $X \sim U[a, b]$.

6 ▶ 指数分布

若随机变量 X 的分布函数为

$$F(x) = P\{X \leqslant x\} = \begin{cases} 1 - e^{-\lambda x}, & x > 0, \\ 0, & x \leqslant 0, \end{cases}$$

则称 X 服从参数为 λ 的指数分布. 而随机变量 X 的概率密度为

$$f(x) = \begin{cases} \lambda e^{-\lambda x}, & x > 0, \\ 0, & x \leqslant 0. \end{cases}$$

7 ▶ 正态分布

设随机变量 X 的概率密度为

$$f(x) = \frac{1}{\sqrt{2\pi}\sigma} e^{-\frac{(x-\mu)^2}{2\sigma^2}}, \quad -\infty < x < \infty, \qquad (*)$$

$\mu, \sigma(\sigma > 0)$ 是两个常数, 则称设随机变量 X 服从参数为 $\mu, \sigma(\sigma > 0)$ 的正态分布, 记为 $X \sim N(\mu, \sigma^2)$. 相应的分布函数为

$$F(x) = \frac{1}{\sqrt{2\pi}\sigma} \int_{-\infty}^{x} e^{-\frac{(y-\mu)^2}{2\sigma^2}} \mathrm{d}y, \quad -\infty < x < \infty,$$

并且称 $F(x)$ 为正态分布, 记作 $N(\mu, \sigma^2)$. 如果一个随机变量 X 的分布函数是正态分布, 也称 X 是一个正态变量.

$N(0,1)$ 分布常常称为标准正态分布, 其密度函数通常以 $\phi(x)$ 表示, 相应的分布函数则记作 $\Phi(x)$, 所以 $\Phi(x) = \int_{-\infty}^{x} \phi(y)\mathrm{d}y = \frac{1}{\sqrt{2\pi}} \int_{-\infty}^{x} e^{-\frac{y^2}{2}} \mathrm{d}y$.

(1) $\phi(x)$ 是偶函数, 图像关于 y 轴对称, $f(x)$ 关于 $x = \mu$ 对称;

(2) $\phi(x)$ 在 $x = 0$, $f(x)$ 在 $x = \mu$ 取得最大值;

(3) $x = \pm 1$ 是 $\phi(x)$ 的拐点, $x = \mu \pm \sigma$ 是 $f(x)$ 的拐点;

(4) 若 $X \sim N(\mu, \sigma^2)$, 则 $P\{X \leqslant \mu\} = P\{X \geqslant \mu\} = 0.5$;

(5) $\Phi(-x) = 1 - \Phi(x)$.

例 4 设随机变量 X 服从 $N(108, 9)$ 分布.

(1) 求 $P\{101.1 < X < 117.6\}$;

(2) 求常数 a, 使 $P\{X < a\} = 0.90$.

解

$(1)\, P\{101.1 < X < 117.6\} = P\left\{-2.3 < \dfrac{X-108}{3} < 3.2\right\}$

$\qquad\qquad\qquad\qquad\quad = \Phi(3.2) - \Phi(-2.3) = \Phi(3.2) - (1 - \Phi(2.3))$

$\qquad\qquad\qquad\qquad\quad \approx 0.999\,313 - 1 + 0.989\,276 = 0.988\,589;$

$(2)\, P\{X < a\} = P\left\{\dfrac{X-108}{3} < \dfrac{a-108}{3}\right\} = 0.90$, 所以 $\dfrac{a-108}{3} \approx 1.28, a = 111.84.$

五、一维随机变量函数的分布

1 ▶ 一维离散型随机变量函数的分布

例 5　已知 $X \sim \begin{pmatrix} -1 & 0 & 1 & 2 \\ 0.2 & 0.2 & 0.4 & 0.2 \end{pmatrix}$，求 $2X+1, 2X^2$ 的分布律.

解
$$2X+1 \sim \begin{pmatrix} -1 & 1 & 3 & 5 \\ 0.2 & 0.2 & 0.4 & 0.2 \end{pmatrix},$$
$$2X^2 \sim \begin{pmatrix} 0 & 2 & 8 \\ 0.2 & 0.6 & 0.2 \end{pmatrix}.$$

2 ▶ 一维连续型随机变量函数的分布

设 $y = f(x)$ 为一通常的连续函数，令 $Y = g(X)$，其中 X 为随机变量，那么 Y 也是随机变量，并称它为随机变量 X 的函数. 其中，

$$F_Y(y) = P\{Y \leqslant y\} = P\{g(X) \leqslant y\} = \int_{g(X) \leqslant y} f(x) \mathrm{d}x;$$
$$f_Y(y) = F_Y'(y).$$

例 6　已知 $X \sim N(2,4)$，求 $Y = 2X - 1$ 的概率密度.

解
$$f_X(x) = \frac{1}{2\sqrt{2\pi}} \mathrm{e}^{-\frac{(x-2)^2}{8}}$$

$$F_Y(y) = P\{Y \leqslant y\} = P\{2X - 1 \leqslant y\} = P\left\{X \leqslant \frac{y+1}{2}\right\}$$
$$= \frac{1}{2\sqrt{2\pi}} \int_{-\infty}^{\frac{y+1}{2}} \mathrm{e}^{-\frac{(x-2)^2}{8}} \mathrm{d}x,$$
$$f_Y(y) = F_Y'(y) = \frac{1}{4\sqrt{2\pi}} \mathrm{e}^{-\frac{(y-3)^2}{32}}, \quad -\infty < y < \infty.$$

例 7　设随机变量 X 的概率密度为

$$f(x) = \begin{cases} \dfrac{1}{3\sqrt[3]{x^2}}, & \text{若 } x \in [1, 8], \\ 0, & \text{其他}, \end{cases}$$

$F(x)$ 是 X 的分布函数. 求随机变量 $Y = F(X)$ 的分布函数.

解　易见，当 $x < 1$ 时，$F(x) = 0$；当 $x > 8$ 时，$F(x) = 1$. 对于 $x \in [1, 8]$，有

$$F(x) = \int_1^x \frac{1}{3\sqrt[3]{t^2}} \mathrm{d}t = \sqrt[3]{x} - 1.$$

设 $G(y)$ 是随机变量 $Y = F(X)$ 的分布函数. 显然，当 $y < 0$ 时，$G(y) = 0$；当 $y \geqslant 1$ 时，$G(y) = 1$.

对于 $y \in [0, 1)$，$G(y) = P\{Y \leqslant y\} = P\{F(X) \leqslant y\}$
$$= P\{\sqrt[3]{X} - 1 \leqslant y\} = P\{X \leqslant (y+1)^3\} = F[(y+1)^3] = y.$$

于是，$Y = F(X)$ 的分布函数为

$$G(y) = \begin{cases} 0 & \text{若 } y < 0, \\ y & \text{若 } 0 \leqslant y < 1, \\ 1, & \text{若 } y \geqslant 1. \end{cases}$$

例 8 设随机变量 X 的概率密度为

$$f_X(x) = \begin{cases} \dfrac{1}{2}, & -1 < x < 0, \\ \dfrac{1}{4}, & 0 \leqslant x < 2, \\ 0, & \text{其他.} \end{cases}$$

令 $Y = X^2$，求 Y 的概率密度 $f_Y(y)$。

解 设 Y 的分布函数为 $F_Y(y)$，即 $F_Y(y) = P\{Y \leqslant y\} = P\{X^2 \leqslant y\}$，则

(1) 当 $y < 0$ 时，$F_Y(y) = 0$。

(2) 当 $0 \leqslant y < 1$ 时，$F_Y(y) = P\{X^2 < y\} = P\{-\sqrt{y} < X < \sqrt{y}\}$

$$= \int_{-\sqrt{y}}^{0} \frac{1}{2} \mathrm{d}x + \int_{0}^{\sqrt{y}} \frac{1}{4} \mathrm{d}x = \frac{3}{4}\sqrt{y}.$$

(3) 当 $1 \leqslant y < 4$ 时，$F_Y(y) = P\{X^2 < y\} = P\{-1 < X < \sqrt{y}\}$

$$= \int_{-1}^{0} \frac{1}{2} \mathrm{d}x + \int_{0}^{\sqrt{y}} \frac{1}{4} \mathrm{d}x = \frac{1}{4}\sqrt{y} + \frac{1}{2}.$$

(4) 当 $y \geqslant 4$，$F_Y(y) = 1$。

所以

$$f_Y(y) = F_Y'(y) = \begin{cases} \dfrac{3}{8\sqrt{y}}, & 0 < y < 1 \\ \dfrac{1}{8\sqrt{y}}, & 1 \leqslant y \leqslant 4, \\ 0, & \text{其他.} \end{cases}$$

定理 2 设 ξ 是一个连续型随机变量，其密度函数为 $p(x)$，又 $y = f(x)$ 严格单调，其反函数 $h(y)$ 有连续导数，则 $\eta = f(\xi)$ 也是一个连续型随机变量，且其密度函数为

$$\psi(y) = \begin{cases} p[h(y)] \cdot |h'(y)|, & \alpha < y < \beta, \\ 0, & \text{其他,} \end{cases}$$

其中，$\alpha = \min\{f(-\infty), f(+\infty)\}$，$\beta = \max\{f(-\infty), f(+\infty)\}$。

证明 不妨设 $f(x)$ 是严格单调上升函数，这时它的反函数 $h(y)$ 也是严格单调上升函数，于是

$$F_\eta(y) = P\{\eta < y\} = P\{f(\xi) < y\}$$
$$= P\{\xi < h(y)\} = \int_{-\infty}^{h(y)} p(x) \mathrm{d}x, f(-\infty) < y < f(+\infty).$$

由此得 η 的密度为

$$\psi(y) = F_\eta'(y) = \begin{cases} p[h(y)] \cdot h'(y), & f(-\infty) < y < f(+\infty), \\ 0, & \text{其他.} \end{cases}$$

同理可证，当 $f(x)$ 严格单调下降时，有

$$\psi(y) = \begin{cases} -p[h(y)] \cdot h'(y), & f(+\infty) < y < f(-\infty), \\ 0, & \text{其他.} \end{cases}$$

由此定理得证.

（二） 强化练习二

1. 一袋中装有 4 个球,球上分别记有号码 1,2,3,4. 从中任意取 2 个球,以 X 记取出的球中小的号码. 求 X 的分布律和分布函数.

解 X 的分布律: $P\{X=1\} = \dfrac{3}{6}, P\{X=2\} = \dfrac{2}{6}, P\{X=3\} = \dfrac{1}{6}.$

X 的分布函数为

$$F(x) = \begin{cases} 0, & x < 1, \\ \dfrac{3}{6}, & 1 \leqslant x < 2, \\ \dfrac{5}{6}, & 2 \leqslant x < 3, \\ 1, & x \geqslant 3. \end{cases}$$

2. 现有 7 件产品,其中一等品 4 件,二等品 3 件. 从中任取 3 件,求 3 件中所含一等品数的分布律.

解 设所取 3 件产品中所含一等品数为 X,则 X 可能的取值为 0,1,2,3.
由古典概型知

$$P\{X=0\} = \frac{C_3^3}{C_7^3} = \frac{1}{35}, P\{X=1\} = \frac{C_4^1 C_3^2}{C_7^3} = \frac{12}{35},$$

$$P\{X=2\} = \frac{C_4^2 C_3^1}{C_7^3} = \frac{18}{35}, P\{X=3\} = \frac{C_4^3}{C_7^3} = \frac{4}{35},$$

所以 X 的分布律为

X	0	1	2	3
p	$\dfrac{1}{35}$	$\dfrac{12}{35}$	$\dfrac{18}{35}$	$\dfrac{4}{35}$

3. 一个口袋中有 6 个球,分别标有 $-3, -3, 1, 1, 1, 2$ 的数字. 从这个口袋中任取一个球,求取得的球上标明的数字 X 的分布律和分布函数.

解 由古典概型知

$$P\{X=-3\} = \frac{2}{6} = \frac{1}{3}, P\{X=1\} = \frac{3}{6} = \frac{1}{2}, P\{X=2\} = \frac{1}{6},$$

所以 X 的分布律为

X	-3	1	2
p	$\dfrac{1}{3}$	$\dfrac{1}{2}$	$\dfrac{1}{6}$

X 的分布函数为

$$F(x) = \begin{cases} 0, & x < -3, \\ \dfrac{1}{3}, & -3 \leqslant x < 1, \\ \dfrac{5}{6}, & 1 \leqslant x < 2, \\ 1, & x \geqslant 2. \end{cases}$$

4. 一袋中有 5 只乒乓球,编号为 1,2,3,4,5,在其中同时取 3 只,以 X 表示取出的 3 只球中的最大号码,写出随机变量 X 的分布律.

解 X 可以取值 3,4,5,其分布律为

$$P\{X = 3\} = P\{\text{一球为 3 号,两球为 1,2 号}\} = \frac{1 \times C_2^2}{C_5^3} = \frac{1}{10},$$

$$P\{X = 4\} = P\{\text{一球为 4 号,再在 1,2,3 中任取两球}\} = \frac{1 \times C_3^2}{C_5^3} = \frac{3}{10},$$

$$P\{X = 5\} = P\{\text{一球为 5 号,再在 1,2,3,4 中任取两球}\} = \frac{1 \times C_4^2}{C_5^3} = \frac{6}{10}.$$

也可列为下表:

X	3	4	5
p	$\dfrac{1}{10}$	$\dfrac{3}{10}$	$\dfrac{6}{10}$

5. 设在 15 只同类型零件中有 2 只是次品,在其中取 3 次,每次任取一只,作不放回抽样,以 X 表示取出次品的只数.(1) 求 X 的分布律;(2) 画出分布律的图形.

解 任取 3 只,其中新含次品个数 X 可能为 0,1,2.

$$P\{X = 0\} = \frac{C_{13}^3}{C_{15}^3} = \frac{22}{35},$$

$$P\{X = 1\} = \frac{C_2^1 \times C_{13}^2}{C_{15}^3} = \frac{12}{35},$$

$$P\{X = 2\} = \frac{C_2^2 \times C_{13}^1}{C_{15}^3} = \frac{1}{35}.$$

再列为下表:

X	0	1	2
p	$\dfrac{22}{35}$	$\dfrac{12}{35}$	$\dfrac{1}{35}$

(画图略)

6. 随机变量 X 的分布函数为 $F(x) = \begin{cases} 0, & x < 0, \\ A\sqrt{x}, & 0 \leqslant x < 1, \\ 1, & x \geqslant 1, \end{cases}$ 求:(1) 系数 A;(2)X 的概率密度 $f(x)$;(3)$P\{0 \leqslant X \leqslant 0.25\}$.

解 X 为连续型随机变量,其分布函数为连续函数,故有

$$A = F(1 - 0) = F(1) = 1.$$

于是当 $x < 0$ 时，$f(x) = F'(x) = 0$；

当 $x = 0$ 时，$f_-(0) = \lim\limits_{x \to 0^-} \dfrac{F(x) - F(0)}{x} = \lim\limits_{x \to 0^-} \dfrac{0 - 0}{x} = 0$，

$$f_+(0) = \lim\limits_{x \to 0^+} \dfrac{F(x) - F(0)}{x} = \lim\limits_{x \to 0^+} \dfrac{\sqrt{x} - 0}{x} = +\infty;$$

当 $0 < x < 1$ 时，$f(x) = F'(x) = (\sqrt{x})' = \dfrac{1}{2\sqrt{x}}$；

当 $x = 1$ 时，$f_-(1) = \lim\limits_{x \to 1^-} \dfrac{F(x) - F(1)}{x} = \lim\limits_{x \to 1^-} \dfrac{\sqrt{x} - 1}{x} = 0$，

$$f_+(1) = \lim\limits_{x \to 1^+} \dfrac{F(x) - F(1)}{x} = \lim\limits_{x \to 0^+} \dfrac{1 - 1}{x} = 0,$$

故 $f(1) = 0$；

当 $x > 1$ 时，$f(x) = F'(x) = 0$.

所以所求概率密度为 $f(x) = \begin{cases} \text{不存在}, & x = 0, \\ \dfrac{1}{2\sqrt{x}}, & 0 < x < 1, \\ 0, & \text{其他}. \end{cases}$

而 $P\{0 \leqslant X \leqslant 0.25\} = F(0.25) - F(0) = \sqrt{0.25} - 0 = 0.5$.

7. 连续掷一颗骰子，直到出现最大点数 6 为止. 用 X 表示掷骰子的次数，求 X 的概率分布，并求 $P\{X \geqslant 3\}$.

解 设 $A = \{$掷一次骰子出现点数 $6\}$，则 $p = P(A) = \dfrac{1}{6}$，于是 X 为几何分布即 $X \sim G(p) = G\left(\dfrac{1}{6}\right)$，其分布为

$$P\{X = k\} = p(1-p)^{k-1} = \dfrac{1}{6}\left(\dfrac{5}{6}\right)^{k-1}, k = 1, 2, \cdots$$

而 $$P\{X \geqslant 3\} = 1 - P\{X < 3\} = 1 - P\{X = 1\} - P\{X = 2\}$$
$$= 1 - \dfrac{1}{6} - \dfrac{1}{6} \cdot \dfrac{5}{6} = \dfrac{25}{36}.$$

8. 设离散型随机变量 X 的概率分布为 $P\{X = n\} = aq^n, n = 0, 1, 2, \cdots$，而且 X 取奇数值的概率为 $\dfrac{3}{7}$，试求常数 a, q 的值.

解 由 $1 = \sum\limits_{n=0}^{\infty} aq^n = \dfrac{a}{1-q}, \dfrac{3}{7} = \sum\limits_{n=0}^{\infty} aq^{2n+1} = \dfrac{aq}{1-q^2}$，

得 $q = \dfrac{3}{4}, a = \dfrac{1}{4}$.

9. 进行重复独立试验，设每次成功的概率为 p，失败的概率为 $q = 1 - p (0 < p < 1)$.

（1）将试验进行到出现一次成功为止，以 X 表示所需的试验次数，求 X 的分布律.（此时称 X 服从以 p 为参数的几何分布.）

（2）将试验进行到出现 r 次成功为止，以 Y 表示所需的试验次数，求 Y 的分布律.（此时称 Y 服从以 r, p 为参数的巴斯卡分布.）

(3) 一篮球运动员的投篮命中率为 45%，以 X 表示他首次投中时累计已投篮的次数，写出 X 的分布律，并计算 X 取偶数的概率.

解 (1) $P\{X=k\}=pq^{k-1}\quad k=1,2,\cdots$

(2) $Y=r+n=\{$最后一次试验前 $r+n-1$ 次有 n 次失败，且最后一次成功$\}$

$P\{Y=r+n\}=C_{r+n-1}^{n}q^{n}p^{r-1}p=C_{r+n-1}^{n}q^{n}p^{r}$，$n=0,1,2,\cdots$，其中 $q=1-p$，

或记 $r+n=k$，则 $P\{Y=k\}=C_{k-1}^{r-1}(1-p)^{k-r}$，$k=r,r+1,\cdots$

(3) $P\{X=k\}=0.45\cdot(0.55)^{k-1}$，$k=1,2,\cdots$

$$P\{X\text{取偶数}\}=\sum_{k=1}^{\infty}P\{X=2k\}=\sum_{k=1}^{\infty}0.45\,(0.55)^{2k-1}=\frac{11}{31}.$$

10. 某射手有 5 发子弹，射一次，命中率为 0.9. 若命中则停止射击；若未命中则一直射击直到子弹用尽，求耗用子弹数 X 的分布律.

解 设 X 的所有可能取值为 $1,2,3,4,5$，则
$$P\{X=k\}=0.9\,(1-0.9)^{k-1},k=1,2,3,4,$$
即 $P\{X=1\}=0.9$，$P\{X=2\}=0.09$，$P\{X=3\}=0.009$，$P\{X=4\}=0.000\,9$.

而由全概率公式得
$$P\{X=5\}=0.9\,(1-0.9)^{4}+(1-0.9)^{5}=0.000\,1.$$
所以 X 的分布律为

X	1	2	3	4	5
p	0.9	0.09	0.009	0.000 9	0.000 1

11. 在相同条件下相互独立进行 5 次射击，每次射击击中目标的概率为 0.7，求击中目标的次数 X 的分布律及分布函数.

解 显然 $X\sim B(5,0.7)$，由二项分布概率公式可得
$$p_{k}=P\{X=k\}=C_{5}^{k}0.7^{k}(1-0.7)^{5-k},k=0,1,2,3,4,5,$$
故 X 的分布律为
$$p_{0}=0.002\,43,p_{1}=0.028\,35,p_{2}=0.132\,3,$$
$$p_{3}=0.308\,7,p_{4}=0.360\,15,p_{5}=0.168\,07.$$
而根据
$$F(x)=\sum_{k\leqslant x}P\{X=k\}$$
可得 X 的分布函数为
$$F(x)=\begin{cases}0, & x<0,\\ 0.002\,43, & 0\leqslant x<1,\\ 0.030\,78, & 1\leqslant x<2,\\ 0.163\,08, & 2\leqslant x<3,\\ 0.471\,78, & 3\leqslant x<4,\\ 0.831\,93, & 4\leqslant x<5,\\ 1, & x\geqslant 5.\end{cases}$$

12. 一大楼装有 5 个同类型的供水设备，调查表明在任一时刻 t 每个设备使用的概率为 0.1，问在同一时刻:(1) 恰有 2 个设备被使用的概率是多少?(2) 至少有 3 个设备被使用的概率是多少?(3) 至多有 3 个设备被使用的概率是多少?(4) 至少有一个设备被使用的概率是多少?

解 $(1)P\{X=2\}=C_5^2 p^2 q^{5-2}=C_5^2\times(0.1)^2\times(0.9)^3=0.072\ 9.$

$(2)P\{X\geqslant3\}=C_5^3\times(0.1)^3\times(0.9)^2+C_5^4\times(0.1)^4\times(0.9)+C_5^5\times(0.1)^5=0.008\ 56.$

$(3)P\{X\leqslant3\}=C_5^0(0.9)^5+C_5^1\times0.1\times(0.9)^4+C_5^2\times(0.1)^2\times(0.9)^3+$
$$C_5^3\times(0.1)^3\times(0.9)^2$$
$$=0.999\ 54.$$

$(4)P\{X\geqslant1\}=1-P\{X=0\}=1-0.590\ 49=0.409\ 51.$

13. 一房间有 3 扇同样大小的窗子,其中只有一扇是打开的.有一只鸟自开着的窗子飞入房间,它只能从开着的窗子飞出去.鸟在房子里飞来飞去,试图飞出房间.假定鸟是没有记忆的,鸟飞向各扇窗子是随机的.

(1) 以 X 表示鸟为了飞出房间试飞的次数,求 X 的分布律.

(2) 户主声称,他养的一只鸟,是有记忆的,它飞向任一窗子的尝试不多于一次.以 Y 表示这只聪明的鸟为了飞出房间试飞的次数,如户主所说是确实的,试求 Y 的分布律.

(3) 求试飞次数 X 小于 Y 的概率和试飞次数 Y 小于 X 的概率.

解 $(1)X$ 的可能取值为 $1,2,3,\cdots,n,\cdots$

$P\{X=n\}=P\{$前 $n-1$ 次飞向了另 2 扇窗子,第 n 次飞了出去$\}$
$$=\left(\frac{2}{3}\right)^{n-1}\cdot\frac{1}{3},n=1,2,\cdots$$

$(2)Y$ 的可能取值为 $1,2,3.$

$P\{Y=1\}=P\{$第 1 次飞了出去$\}=\frac{1}{3},$

$P\{Y=2\}=P\{$第 1 次飞向另 2 扇窗子中的一扇,第 2 次飞了出去$\}$
$$=\frac{2}{3}\times\frac{1}{2}=\frac{1}{3},$$

$P\{Y=3\}=P\{$前两次飞向了另 2 扇窗子,第 3 次飞了出去$\}$
$$=\frac{2!}{3!}=\frac{1}{3}.$$

$(3)P\{X<Y\}=\sum_{k=1}^{3}P\{Y=k\}P\{X<Y\mid Y=k\}\binom{\text{全概率公式并注意到}}{P\{X<Y\mid Y=1\}=0}$
$$=\sum_{k=2}^{3}P\{Y=k\}P\{X<Y\mid Y=k\}(\text{注意到}X,Y\text{独立})$$
$$=\sum_{k=2}^{3}P\{Y=k\}P\{X<k\}$$
$$=\frac{1}{3}\times\frac{1}{3}+\frac{1}{3}\times\left(\frac{1}{3}+\frac{2}{3}\times\frac{1}{3}\right)=\frac{8}{27}.$$

同上,$P\{X=Y\}=\sum_{k=1}^{3}P\{Y=k\}P\{X=Y\mid Y=k\}$
$$=\sum_{k=1}^{3}P\{Y=k\}P\{X=k\}=\frac{1}{3}\times\frac{1}{3}+\frac{1}{3}\times\frac{2}{9}+\frac{1}{3}\times\frac{4}{27}=\frac{19}{81},$$

故 $P\{Y<X\}=1-P\{X<Y\}-P\{X=Y\}=\frac{38}{81}.$

14. 设一个盒子中有 5 个纪念章,编号为 1,2,3,4,5,在其中等可能地任取 3 个,以 X 表示取出的 3 个纪念章上的最大号码.(1) 求 X 的分布律;(2) 求 $P\{X < 5\}$.

解 由题设 X 的所有可能取值为 3,4,5,而由古典概型可得

$$P\{X=3\} = \frac{C_2^2}{C_5^3} = \frac{1}{10}, P\{X=4\} = \frac{C_3^2}{C_5^3} = \frac{3}{10}, P\{X=5\} = \frac{C_4^2}{C_5^3} = \frac{6}{10} = \frac{3}{5}.$$

所以 X 的分布律为

X	3	4	5
p	$\dfrac{1}{10}$	$\dfrac{3}{10}$	$\dfrac{3}{5}$

且
$$P\{X < 5\} = P\{X=3\} + P\{X=4\} = \frac{1}{10} + \frac{3}{10} = \frac{2}{5}.$$

15. 袋中有 4 个红球,2 个白球,今从中逐个取球,共取 5 次,在下列两种情况下求取得红球数 X 的分布律:(1) 每次取出的球,观其颜色后又放回袋中;(2) 每次取出的球不放回袋中.

解 (1)$X \sim B\left(5, \dfrac{2}{3}\right)$,由二项分布概率公式可得

$$p_k = P\{X=k\} = C_5^k \left(\frac{2}{3}\right)^k \left(1 - \frac{2}{3}\right)^{5-k}, k = 0,1,2,3,4,5,$$

故 X 的分布律为

$$p_0 = \frac{1}{243}, p_1 = \frac{10}{243}, p_2 = \frac{40}{243}, p_3 = \frac{80}{243}, p_4 = \frac{80}{243}, p_5 = \frac{32}{243}.$$

(2) 从 6 个球中不放回地逐个取球 5 次,最后袋中剩下或红或白一球,因此 X 的所有可能取值为 3,4.由古典概型按组合算法可得 X 的分布律为

$$P\{X=3\} = \frac{C_4^3 C_2^2}{C_6^5} = \frac{2}{3}, P\{X=4\} = \frac{C_4^4 C_2^1}{C_6^5} = \frac{1}{3}.$$

若按排列算法,则有

$$P\{X=3\} = \frac{C_4^3 C_2^2 P_5}{A_6^5} = \frac{2}{3}, P\{X=4\} = \frac{C_4^4 C_2^1 P_5}{A_6^5} = \frac{1}{3}.$$

16. 假设随机变量 X 服从正态分布 $N(108,9)$,求满足 $P\{|X-a| \geqslant a\} = 0.01$ 的常数 a.

解 $0.01 = P\{|X-a| \geqslant a\} = P\{X-a \geqslant a\} + P\{X-a \leqslant -a\}$

$= P\{X \geqslant 2a\} + P\{X \leqslant 0\}$

$= P\left\{\dfrac{X-108}{3} \geqslant \dfrac{2a-108}{3}\right\} + P\left\{\dfrac{X-108}{3} \leqslant -36\right\}$

$\approx 1 - \Phi\left(\dfrac{2a-108}{3}\right)$,

故 $\Phi\left(\dfrac{2a-108}{3}\right) \approx 0.99$ 查表得 $\dfrac{2a-108}{3} \approx 2.33, a = 57.4$.

17. 设随机变量 X 的概率密度函数为

$$f(x) = \frac{C}{e^x + e^{-x}},$$

试求:(1) 常数 C;(2)$P(X > 0)$;

(3) 在对 X 进行的 5 次独立观察中,X 的取值都小于 0 的概率.

解 (1) 由 $1 = \int_{-\infty}^{+\infty} f(x)\mathrm{d}x = C\int_{-\infty}^{+\infty} \dfrac{1}{\mathrm{e}^x + \mathrm{e}^{-x}}\mathrm{d}x = C\arctan\mathrm{e}^x\Big|_{-\infty}^{+\infty} = \dfrac{\pi}{2}C,$

得 $C = \dfrac{2}{\pi}.$

(2) $P\{X > 0\} = \int_0^{+\infty} f(x)\mathrm{d}x = \dfrac{2}{\pi}\arctan\mathrm{e}^x\Big|_0^{+\infty} = \dfrac{2}{\pi}\left(\dfrac{\pi}{2} - \dfrac{\pi}{4}\right) = \dfrac{1}{2}.$

(3) $P\{X < 0\} = 1 - P\{X > 0\} = \dfrac{1}{2}.$ 5 次独立观察中,X 的取值都小于 0 的概率为 $\dfrac{1}{2^5}.$

18. 从一批含有 7 件正品及 3 件次品的产品中一件一件地抽取产品,设每次抽取时,所面对的各件产品被抽到的可能性相等. 在下列三种情况下分别求出直到取得正品时抽取产品数 X 的分布律:

(1) 每次取出产品检定后又放回,再取下一件产品;

(2) 每次取出产品后不放回;

(3) 每次取出一件产品后,总以一件正品放回这批产品中.

解 (1) X 为几何分布,即 $X \sim G(p) = G\left(\dfrac{7}{10}\right)$,其分布为

$$P\{X = k\} = p(1-p)^{k-1} = \dfrac{7}{10}\left(\dfrac{3}{10}\right)^{k-1}, k = 1, 2, \cdots$$

(2) 由题设 X 的所有可能取值为 $1, 2, 3, 4$,而由条件概率可得 X 的分布律为

$P\{X = 1\} = \dfrac{7}{10}, P\{X = 2\} = \dfrac{3}{10}\cdot\dfrac{7}{9} = \dfrac{7}{30},$

$P\{X = 3\} = \dfrac{3}{10}\cdot\dfrac{2}{9}\cdot\dfrac{7}{8} = \dfrac{7}{120}, P\{X = 4\} = \dfrac{3}{10}\cdot\dfrac{2}{9}\cdot\dfrac{1}{8}\cdot\dfrac{7}{7} = \dfrac{1}{120}.$

(3) 由题设 X 的所有可能取值为 $1, 2, 3, 4$,而由条件概率可得 X 的分布律为

$P\{X = 1\} = \dfrac{7}{10}, P\{X = 2\} = \dfrac{3}{10}\cdot\dfrac{8}{10} = \dfrac{24}{100} = \dfrac{6}{25},$

$P\{X = 3\} = \dfrac{3}{10}\cdot\dfrac{2}{10}\cdot\dfrac{9}{10} = \dfrac{54}{1\,000} = \dfrac{27}{500}, P\{X = 4\} = \dfrac{3}{10}\cdot\dfrac{2}{10}\cdot\dfrac{1}{10}\cdot\dfrac{10}{10} = \dfrac{3}{500}.$

19. 设随机变量 X 的概率密度为 $f(x) = \begin{cases} a\cos x, & -\dfrac{\pi}{2} \leqslant x \leqslant \dfrac{\pi}{2}, \\ 0, & \text{其他.} \end{cases}$ (1) 求系数 a;(2) 求

分布函数 $F(x)$;(3) 画出 $y = f(x)$ 与 $y = F(x)$ 的图形进行比较.

解 由概率密度的性质,有

$$\int_{-\infty}^{+\infty} f(x)\mathrm{d}x = \int_{-\frac{\pi}{2}}^{\frac{\pi}{2}} a\cos x\,\mathrm{d}x = a\sin x\Big|_{-\frac{\pi}{2}}^{\frac{\pi}{2}} = 2a = 1,$$

得 $a = \dfrac{1}{2}.$ 于是,

当 $x < -\dfrac{\pi}{2}$ 时,$F(x) = \int_{-\infty}^x f(t)\mathrm{d}t = \int_{-\infty}^x 0\mathrm{d}t = 0;$

当 $-\dfrac{\pi}{2} \leqslant x < \dfrac{\pi}{2}$ 时,$F(x) = \int_{-\infty}^x f(t)\mathrm{d}t = \int_{-\infty}^{-\frac{\pi}{2}} 0\mathrm{d}t + \int_{-\frac{\pi}{2}}^x \dfrac{1}{2}\cos t\,\mathrm{d}t = \dfrac{1}{2}(1 + \sin x);$

当 $x \geqslant \dfrac{\pi}{2}$ 时,$F(x) = \int_{-\infty}^x f(t)\mathrm{d}t = \int_{-\infty}^{-\frac{\pi}{2}} 0\mathrm{d}t + \int_{-\frac{\pi}{2}}^{\frac{\pi}{2}} \dfrac{1}{2}\cos t\,\mathrm{d}t + \int_{\frac{\pi}{2}}^x 0\mathrm{d}t = 1.$

$$
\text{故 } F(x) = \begin{cases} 0, & x < -\dfrac{\pi}{2}, \\ \dfrac{1}{2}(1+\sin x), & -\dfrac{\pi}{2} \leqslant x < \dfrac{\pi}{2}, \\ 1, & x \geqslant \dfrac{\pi}{2}. \end{cases}
$$

20. 甲、乙两人投篮,投中的概率各为 0.6,0.7,令各投三次.求:

(1) 两人投中次数相等的概率;

(2) 甲比乙投中次数多的概率.

解 (1) 记 X 表示甲三次投篮中投中的次数, Y 表示乙三次投篮中投中的次数.

由于甲、乙每次投篮独立,且彼此投篮也独立,则

$$
\begin{aligned}
P\{X=Y\} &= P\{X=0,Y=0\} + P\{X=1,Y=1\} + P\{X=2,Y=2\} + P\{X=3,Y=3\} \\
&= P\{X=0\}P\{Y=0\} + P\{X=1\}P\{Y=1\} + P\{X=2\}P\{Y=2\} + \\
&\quad P\{X=3\}P\{Y=3\} \\
&= (0.4)^3 \times (0.3)^3 + [C_3^1 \times 0.6 \times (0.4)^2] \times [C_3^1 \times 0.7 \times (0.3)^2] + \\
&\quad [C_3^2 \times (0.6)^2 \times 0.4] \times [C_3^2 \times (0.7)^2 \times 3] + (0.6)^3 \times (0.7)^3 = 0.321.
\end{aligned}
$$

$$
\begin{aligned}
(2)\, P\{X>Y\} &= P\{X=1,Y=0\} + P\{X=2,Y=0\} + P\{X=2,Y=1\} + \\
&\quad P\{X=3,Y=0\} + P\{X=3,Y=1\} + P\{X=3,Y=2\} \\
&= P\{X=1\}P\{Y=0\} + P\{X=2\}P\{Y=0\} + P\{X=2\}P\{Y=1\} + \\
&\quad P\{X=3\}P\{Y=0\} + P\{X=3\}P\{Y=1\} + P\{X=3\}P\{Y=2\} \\
&= [C_3^1 \times 0.6 \times (0.4)^2] \times (0.3)^3 + [C_3^2 \times (0.6)^2 \times 0.4] \times (0.3)^3 + \\
&\quad [C_3^2 \times (0.6)^2 \times 0.4] \times [C_3^1 \times 0.7 \times (0.3)^2] + (0.6)^3 \times (0.3)^3 + \\
&\quad (0.6)^3 \times [C_3^1 \times 0.7 \times (0.3)^2] + (0.6)^3 \times [C_3^2 \times (0.7)^2 \times 0.3] \\
&= 0.243.
\end{aligned}
$$

21. 有甲、乙两种味道和颜色极为相似的名酒各 4 杯.如果从中挑 4 杯,能将甲种酒全部挑出来,算是试验成功一次.

(1) 某人随机地去猜,问他试验成功一次的概率是多少?

(2) 某人声称他通过品尝能区分两种酒.他连续试验 10 次,成功 3 次.试问他是猜对的,还是他确有区分的能力?(设各次试验是相互独立的.)

解 (1) $P\{\text{一次成功}\} = \dfrac{1}{C_8^4} = \dfrac{1}{70}$.

(2) $P\{\text{连续试验 10 次,成功 3 次}\} = C_{10}^3 \left(\dfrac{1}{70}\right)^3 \left(\dfrac{69}{70}\right)^7 = \dfrac{3}{10\,000}$. 此概率太小,按实际推断原理,就认为他确有区分能力.

22. 设随机变量 X 的概率密度为 $f(x) = \begin{cases} \dfrac{A}{\sqrt{1-x^2}}, & |x| < 1, \\ 0, & |x| \geqslant 1. \end{cases}$

求:(1) 系数 A;(2) $P\left\{-\dfrac{1}{2} < X < \dfrac{1}{2}\right\}$.

解 由概率密度的性质,有 $\displaystyle\int_{-\infty}^{+\infty} f(x)\mathrm{d}x = \int_{-1}^{1} \dfrac{A}{\sqrt{1-x^2}}\mathrm{d}x = A\arcsin x \Big|_{-1}^{1} = A\pi = 1,$

得 $A = \dfrac{1}{\pi}$. 于是,

$$P\left\{-\dfrac{1}{2} < X < \dfrac{1}{2}\right\} = \int_{-\frac{1}{2}}^{\frac{1}{2}} f(x)\mathrm{d}x = \int_{-\frac{1}{2}}^{\frac{1}{2}} \dfrac{1}{\pi} \dfrac{1}{\sqrt{1-x^2}}\mathrm{d}x = \dfrac{1}{\pi}\arcsin x\Big|_{-\frac{1}{2}}^{\frac{1}{2}} = \dfrac{1}{3}.$$

23. 某公共汽车站每隔 8 分有一辆公共汽车通过,乘客到达汽车站的任一时刻是等可能的,求乘客候车时间不超过 5 分的概率.

解 乘客在前后两辆公共汽车到站的间隔 8 分的区间 $(0,8]$ 内到达汽车站的任一时刻是一随机变量,设该随机变量为 X,则 $X \sim U(0,8)$(均匀分布),即 X 的密度函数为

$$f(x) = \begin{cases} \dfrac{1}{8}, & 0 < x < 8, \\ 0, & \text{其他}. \end{cases}$$

而所求概率为

$$P\{0 < X \leqslant 5\} = \int_0^5 f(x)\mathrm{d}x = \int_0^5 \dfrac{1}{8}\mathrm{d}x = \dfrac{5}{8}.$$

24. 假设有 10 台设备,每台的可靠性(无故障工作的概率)为 0.92,每台出现故障时需要由一人进行调整.问为保证在 95% 的情况下当设备出现故障时都能及时得到调整,至少需要安排几个人值班?

解 设 10 台设备中出现故障的台数为 X,则 $X \sim B(0.08,10)$.设保证在 95% 的情况下当设备出现故障时都能及时得到调整,至少需要安排 n 个人值班.需要对不同的 n 进行试算.

$n = 1$ 时,由题意得 $P\{X \leqslant 1\} = 0.92^{10} + 10 \cdot 0.08 \cdot 0.92^9$,

$n = 2$ 时,由题意得 $P\{X \leqslant 2\} = 0.92^{10} + 10 \cdot 0.08 \cdot 0.92^9 + 45 \cdot 0.08^2 \cdot 0.92^8$.

因此,至少需要安排 2 个人值班.

25. 有一大批产品,其验收方案如下,先做第一次检验:从中任取 10 件,经验收无次品接受这批产品,次品数大于 2 拒收;否则做第二次检验,其做法是从中再任取 5 件,仅当 5 件中无次品时接受这批产品.若产品的次品率为 10%,求:

(1)这批产品经第一次检验就能接受的概率;

(2)需作第二次检验的概率;

(3)这批产品按第二次检验的标准被接受的概率;

(4)这批产品在第一次检验未能做决定且第二次检验时被通过的概率;

(5)这批产品被接受的概率.

解 X 表示 10 件中次品的个数,Y 表示 5 件中次品的个数,

由于产品总数很大,故 $X \sim B(10,0.1)$,$Y \sim B(5,0.1)$(近似服从)

(1)$P\{X = 0\} = 0.9^{10} \approx 0.349$.

(2)$P\{X \leqslant 2\} = P\{X = 2\} + P\{X = 1\} = \mathrm{C}_{10}^2 \cdot 0.1^2 \cdot 0.9^8 + \mathrm{C}_{10}^1 \cdot 0.1 \cdot 0.9^9 \approx 0.581$.

(3)$P\{Y = 0\} = 0.9^5 \approx 0.590$.

(4)$P\{0 < X \leqslant 2, Y = 0\}$($X$ 与 Y 独立)

$= P\{0 < X \leqslant 2\} P\{Y = 0\}$

$= 0.581 \times 0.590 \approx 0.343$.

(5)$P\{X = 0\} + P\{0 < X \leqslant 2, Y = 0\}$

$\approx 0.349 + 0.343 = 0.692$.

26. 设电池寿命(单位:时)是一个随机变量,它服从正态分布 $N(300,35^2)$.(1) 求这种电池寿命在 250 时以上的概率;(2) 求一个数 x,使电池寿命在区间 $(300-x,300+x)$ 内取值的概率不小于 0.9.

解 设该随机变量为 X,即 $X \sim N(300,35^2)$.

(1) 所求概率为

$$P\{X > 250\} = P\left\{\frac{X-300}{35} > -\frac{10}{7} = -1.428\ 6\right\} = 1 - P\left\{\frac{X-300}{35} \leqslant -1.428\ 6\right\},$$

因为 $\dfrac{X-300}{35} \sim N(0,1)$,所以

$$P\{X > 250\} = 1 - \Phi(-1.428\ 6) = \Phi(1.428\ 6) \approx 0.923\ 6.$$

(2) 依题设,要求数 x 满足

$$P\{300 - x < X \leqslant 300 + x\} \geqslant 0.9.$$

因为

$$P\{300 - x < X \leqslant 300 + x\} = P\left\{-\frac{x}{35} < \frac{X-300}{35} \leqslant \frac{x}{35}\right\} = \Phi\left(\frac{x}{35}\right) - \Phi\left(-\frac{x}{35}\right)$$

$$= 2\Phi\left(\frac{x}{35}\right) - 1,$$

于是

$$2\Phi\left(\frac{x}{35}\right) - 1 \geqslant 0.9 \ \text{或}\ \Phi\left(\frac{x}{35}\right) \geqslant 0.95.$$

由 $\Phi\left(\dfrac{x}{35}\right) = 0.95$,查标准正态分布表,得 $\Phi(1.645) = 0.95$,所以取

$$\frac{x}{35} = 1.645 \ \text{或}\ x = 1.645 \times 35 \approx 58.$$

27. 某生产线平均每三分生产一件产品,假设不合格品率为 0.01. 问为使至少出现一件不合格品的概率超过 95% 最少需要多长时间?

解 设至少出现一件不合格品的概率超过 95% 最少需要 $3n$ 分. 由题意得

$$0.95 = 1 - 0.99^n,\ 0.05 = 0.99^n,\ n = \frac{\ln 0.05}{\ln 0.99}.$$

28. 以 X 表示某商店从早晨开始营业起直到第一顾客到达的等待时间(单位:分),X 的分布函数是

$$F_X(x) = \begin{cases} 1 - e^{-0.4x}, & x \geqslant 0, \\ 0, & x < 0. \end{cases}$$

求下述概率:

(1) $P\{$至多 3 分$\}$;(2) $P\{$至少 4 分$\}$;(3) $P\{3$ 分至 4 分之间$\}$;

(4) $P\{$至多 3 分或至少 4 分$\}$;(5) $P\{$恰好 2.5 分$\}$.

解 (1) $P\{$至多 3 分$\} = P\{X \leqslant 3\} = F_X(3) = 1 - e^{-1.2}$.

(2) $P\{$至少 4 分$\} = P\{X \geqslant 4\} = 1 - F_X(4) = e^{-1.6}$.

(3) $P\{3$ 分至 4 分之间$\} = P\{3 < X \leqslant 4\} = F_X(4) - F_X(3) = e^{-1.2} - e^{-1.6}$.

(4) $P\{$至多 3 分或至少 4 分$\} = P\{$至多 3 分$\} + P\{$至少 4 分$\} = 1 - e^{-1.2} + e^{-1.6}$.

(5) $P\{$恰好 2.5 分$\} = P\{X = 2.5\} = 0$.

29. 工厂生产某高级电子元件,其寿命 X(以年计) 服从指数分布,X 的概率密度为

$$f(x) = \begin{cases} \dfrac{1}{4}\mathrm{e}^{-\frac{1}{4}x}, & x > 0, \\ 0, & x \leqslant 0, \end{cases}$$ 工厂规定出售的电子元件在一年内损坏可调换. 若工厂出售一个电

子元件盈利 100 元,调换一个需花费 300 元,试解答以下各题:

(1) 求一个电子元件在一年内损坏的概率;

(2) 若某仪器装有 5 个这种电子元件,且它们独立工作,求在使用一年内恰有 3 个元件损坏的概率;

(3) 求出售一个电子元件盈利 Y 元的分布律.

解　(1) 所求概率为

$$P\{0 < X \leqslant 1\} = \int_0^1 f(x)\,\mathrm{d}x = \int_0^1 \frac{1}{4}\mathrm{e}^{-\frac{x}{4}}\,\mathrm{d}x = 1 - \mathrm{e}^{-\frac{1}{4}}.$$

(2) 此系 $n = 5$ 重贝努利试验概型 $B(5, p)$,由(1)知参数 $p = 1 - \mathrm{e}^{-\frac{1}{4}}$,按二项概率公式,所求概率为

$$P_5(3) = \mathrm{C}_5^3\,(1 - \mathrm{e}^{-\frac{1}{4}})^3\,(\mathrm{e}^{-\frac{1}{4}})^2 = 10\mathrm{e}^{-\frac{1}{2}}\,(1 - \mathrm{e}^{-\frac{1}{4}})^3.$$

(3) 由已知出售一个电子元件盈利 $Y = 100$ 元,而出售的电子元件在一年内如损坏,扣除调换花费 300 元,则盈利 $Y = -200$ 元,即 Y 的取值为 $100, -200$,且有

$$P\{Y = -200\} = P\{0 < X \leqslant 1\} = 1 - \mathrm{e}^{-\frac{1}{4}},$$
$$P\{Y = 100\} = 1 - P\{Y = -200\} = \mathrm{e}^{-\frac{1}{4}}.$$

所以 Y 的分布律为

Y	100	-200
p	$\mathrm{e}^{-\frac{1}{4}}$	$1 - \mathrm{e}^{-\frac{1}{4}}$

30. 设人的某项特征(如左手执笔等)由一对基因 d(显性)和 r(隐性)决定,而且有 dd 基因(纯显性)和 dr 基因(混合性)的人,都显露该特性。设一对夫妇两人都是混合性,且每个孩子从父(母)亲的两个基因中继承某一个是等可能的,则该夫妇所生三个孩子中至多有两个显露该特征的概率是多少?

解　当一对夫妇两人都是混合性时,其孩子的基因可能为 dd, dr, rd 和 rr,且继承 dd 基因(纯显性)和 dr 基因(混合性)的概率分别为 $\dfrac{1}{4}$ 和 $\dfrac{1}{2}$,于是显露该特性的概率为 $p = \dfrac{3}{4}$. 因此若设 $X = \{$该夫妇所生三个孩子中显露该特征的个数$\}$,则 $X \sim B\left(3, \dfrac{3}{4}\right)$,于是所求的概率为

$$P\{X \leqslant 2\} = \sum_{k=0}^2 \mathrm{C}_3^k \left(\frac{3}{4}\right)^k \left(\frac{1}{4}\right)^{3-k} = \frac{1}{8}\sum_{k=0}^2 \mathrm{C}_3^k = \frac{37}{64}.$$

31. 设顾客在某银行窗口等待服务的时间 X(以分计) 服从指数分布,其概率密度为

$$f_X(x) = \begin{cases} \dfrac{1}{5}\mathrm{e}^{-\frac{1}{5}x}, & x > 0, \\ 0, & \text{其他.} \end{cases}$$ 某顾客在窗口等候服务,若超过10分,他就离开. 他一个月到该银行

5 次,以 Y 表示一个月内他未等到服务而离开窗口的次数,写出 Y 的分布律,并求 $P\{Y \geqslant 1\}$.

解　该顾客每次到银行未等到服务而离开窗口的概率为

$$p = P\{X > 10\} = 1 - P\{0 < X \leqslant 10\} = 1 - \int_0^{10} f_X(x)\mathrm{d}x = 1 - \int_0^{10} \frac{1}{5}\mathrm{e}^{-\frac{x}{5}}\mathrm{d}x = \mathrm{e}^{-2},$$

于是 $Y \sim B(5,p)$，故 Y 的分布律为

$$P\{Y = k\} = P_5(k) = C_5^k \mathrm{e}^{-2k}(1 - \mathrm{e}^{-2})^{5-k}, k = 0, 1, \cdots, 5.$$

而 $P\{Y \geqslant 1\} = 1 - P\{Y = 0\} = 1 - (1 - \mathrm{e}^{-2})^5$.

32. 设随机变量 X 的分布函数为 $F_X(x) = \begin{cases} 0, x < 1, \\ \ln x, 1 \leqslant x < \mathrm{e}, \\ 1, x \geqslant \mathrm{e}. \end{cases}$

求：$(1) P\{X < 2\}, P\{0 < X \leqslant 3\}, P\left\{2 < X < \dfrac{5}{2}\right\}$；$(2)$ 求概率密度 $f_X(x)$.

解　$(1) P\{X \leqslant 2\} = F_X(2) = \ln 2, P\{0 < X \leqslant 3\} = F_X(3) - F_X(0) = 1,$

$P\left\{2 < X < \dfrac{5}{2}\right\} = F_X\left(\dfrac{5}{2}\right) - F_X(2) = \ln \dfrac{5}{2} - \ln 2 = \ln \dfrac{5}{4}.$

$(2) f(x) = F'(x) = \begin{cases} \dfrac{1}{x}, & 1 < x < \mathrm{e}, \\ 0, & \text{其他.} \end{cases}$

33. 假设一商店每周(7 天)平均售出 56 台电冰箱，其中因为质量问题要求返修的占 5‰. 试求一个季度(90 天)售出的电冰箱中返修件数 X 的概率分布.

解　以 Y 表示一个季度售出的电冰箱数. 可以假设 Y 服从参数为 λ 的泊松分布. 由于每周(7 天)平均售出 56，所以 $\lambda = \dfrac{56}{7} \times 90 = 720$. 由于 56 台电冰箱中返修的占 5‰，所以，可以认为 $X \sim B(Y, 0.005)$.

$$\begin{aligned} P\{X = k\} &= \sum_{n=0}^{\infty} P\{Y = n\} P\{X = k \mid Y = n\} \\ &= \sum_{n=0}^{\infty} \mathrm{e}^{-720} \frac{720^n}{n!} C_n^k \cdot 0.005^k \cdot (1 - 0.005)^{n-k} \\ &= \mathrm{e}^{-720 \times 0.005} \frac{(720 \times 0.005)^k}{k!} = \mathrm{e}^{-3.6} \frac{3.6^k}{k!}, k = 0, 1, 2, \cdots \end{aligned}$$

即返修件数 X 服从参数为 3.6 的泊松分布.

34. 设电源电压 X 服从正态分布 $N(220, 25^2)$，又设在下列三种情况下某种电子元件损坏的概率分别是 0.1,0.001 和 0.2：$(1) X$ 不超过 200 伏；$(2) X$ 在 $200 \sim 240$ 伏之间；$(3) X$ 超过 240 伏.

求：(1) 电子元件损坏的概率；(2) 若已知电子元件损坏，问该电子元件处于何种情况下损坏的可能性最大，为什么？

解　设 $A_1 = \{$不超过 200 伏$\}, A_2 = \{$在 $200 \sim 240$ 伏之间$\}, A_3 = \{$超过 240 伏$\}, B = \{$电子元件损坏$\}$，则 A_1, A_2, A_3 构成一完备事件组，且据已知有

$$P(B \mid A_1) = 0.1, P(B \mid A_2) = 0.001, P(B \mid A_3) = 0.2,$$

及

$$P(A_1) = P\{X \leqslant 200\} = P\left\{\frac{X - 220}{25} \leqslant -0.8\right\} = \Phi(-0.8) = 1 - \Phi(0.8) = 0.211\ 9,$$

$$P(A_2) = P\{200 < X \leqslant 240\} = P\left\{-0.8 < \frac{X-220}{25} \leqslant 0.8\right\}$$

$$= 2\Phi(0.8) - 1 = 2 \times 0.7881 - 1 = 0.5762,$$

$$P(A_3) = P\{X > 240\} = 1 - P\{X \leqslant 240\} = 1 - P\left\{\frac{X-220}{25} \leqslant 0.8\right\}$$

$$= 1 - \Phi(0.8) = 1 - 0.7881 = 0.2119,$$

于是,由全概率公式,可得电子元件损坏的概率

$$P(B) = \sum_{k=1}^{3} P\{A_k\}P\{B \mid A_k\}$$

$$= 0.2119 \times 0.1 + 0.5762 \times 0.001 + 0.2119 \times 0.2 = 0.0641462.$$

而由贝叶斯公式可得

$$P(A_1 \mid B) = \frac{P(A_1)P(B \mid A_1)}{P(B)} = \frac{0.2119 \times 0.1}{0.0641462} = 0.330339,$$

$$P(A_2 \mid B) = \frac{P(A_2)P(B \mid A_2)}{P(B)} = \frac{0.5762 \times 0.001}{0.0641462} = 0.008983,$$

$$P(A_3 \mid B) = \frac{P(A_3)P(B \mid A_3)}{P(B)} = \frac{0.2119 \times 0.2}{0.0641462} = 0.660678.$$

所以,当电子元件损坏时,该电子元件处于 X 超过 240 伏状况的可能性最大.

35. 假设一部机器在一天内发生故障的概率为 0.2,机器发生故障时全天停止工作. 若一周 5 个工作日里无故障,可获利润 10 万元;发生一次故障仍可获利润 5 万元;发生两次故障所获利润 0 元;发生三次或三次以上故障就要亏损 2 万元,求一周内利润的概率分布.

解 设 $X = \{$机器在一周内发生故障的次数$\}$,$Y = \{$一部机器在一周内的利润$\}$,则 $X \sim B(5, 0.2)$,且有

$$P\{X = k\} = C_5^k 0.2^k 0.8^{5-k}, k = 0, 1, \cdots, 5.$$

依题设 Y 的取值(单位:万元)与 X 的关系如下表:

X	0	1	2	$\geqslant 3$
Y	10	5	0	-2

$P\{Y = 10\} = P\{X = 0\} = 0.8^5 = 0.32768,$

$P\{Y = 5\} = P\{X = 1\} = 5 \times 0.2 \times 0.8^4 = 0.4096,$

$P\{Y = 0\} = P\{X = 2\} = 10 \times 0.2^2 \times 0.8^3 = 0.2048,$

$P\{Y = -2\} = P\{X \geqslant 3\} = 10 \times 0.2^3 \times 0.8^2 + 5 \times 0.2^4 \times 0.8 + 0.2^5 = 0.05792,$

故所求概率分布为

Y	-2	0	5	10
p	0.05792	0.2048	0.4096	0.32768

36. 设随机变量 X 的概率密度 $f(x)$ 为

$$(1)\, f(x) = \begin{cases} \dfrac{2}{\pi}\sqrt{1-x^2}, & -1 \leqslant x \leqslant 1, \\ 0, & \text{其他}; \end{cases} \qquad (2)\, f(x) = \begin{cases} x, & 0 \leqslant x < 1, \\ 2-x, & 1 \leqslant x \leqslant 2, \\ 0, & \text{其他}. \end{cases}$$

求 X 的分布函数 $F(x)$,并作出(2)中的 $f(x)$ 与 $F(x)$ 的图形.

解 (1) 当 $-1 \leqslant x \leqslant 1$ 时,

$$F(x) = \int_{-\infty}^{-1} 0 \mathrm{d}t + \int_{-1}^{x} \frac{2}{\pi} \sqrt{1-t^2} \, \mathrm{d}t = \frac{2}{\pi} \left[\frac{1}{2}t \sqrt{1-t^2} + \frac{1}{2} \arcsin t \right] \Big|_{-1}^{x}$$

$$= \frac{1}{\pi} x \sqrt{1-x^2} + \frac{1}{\pi} \arcsin x + \frac{1}{2};$$

当 $1 < x$ 时,$F(x) = \int_{-\infty}^{-1} 0 \mathrm{d}t + \int_{-1}^{1} \frac{2}{\pi} \sqrt{1-t^2} \, \mathrm{d}t + \int_{1}^{x} 0 \mathrm{d}t = 1.$

故分布函数为

$$F(x) = \begin{cases} 0, & x < -1, \\ \dfrac{1}{\pi} x \sqrt{1-x^2} + \dfrac{1}{\pi} \arcsin x + \dfrac{1}{2}, & -1 \leqslant x \leqslant 1, \\ 1, & 1 < x. \end{cases}$$

(2) $F(x) = P\{X \leqslant x\} = \int_{-\infty}^{x} f(t) \mathrm{d}t.$

当 $x < 0$ 时,$F(x) = \int_{-\infty}^{x} 0 \mathrm{d}t = 0;$

当 $0 \leqslant x < 1$ 时,$F(x) = \int_{-\infty}^{0} 0 \mathrm{d}t + \int_{0}^{x} t \mathrm{d}t = \dfrac{x^2}{2};$

当 $1 \leqslant x \leqslant 2$ 时,$F(x) = \int_{-\infty}^{0} 0 \mathrm{d}t + \int_{0}^{1} t \mathrm{d}t + \int_{1}^{x} (2-t) \mathrm{d}t = 2x - \dfrac{x^2}{2} - 1;$

当 $2 < x$ 时,$F(x) = \int_{-\infty}^{0} 0 \mathrm{d}t + \int_{0}^{1} t \mathrm{d}t + \int_{1}^{2} (2-t) \mathrm{d}t + \int_{2}^{x} 0 \mathrm{d}t = 1.$

故分布函数为

$$F(x) = \begin{cases} 0, & x < 0, \\ \dfrac{x^2}{2}, & 0 \leqslant x < 1, \\ 2x - \dfrac{x^2}{2} - 1, & 1 \leqslant x \leqslant 2, \\ 1, & 2 < x. \end{cases}$$

(2) 中的 $f(x)$ 与 $F(x)$ 的图形如下:

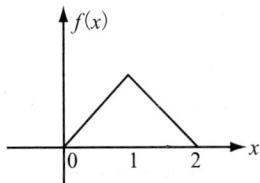

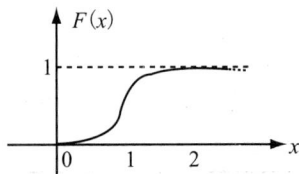

37. 设随机变量 X 的概率密度为

$$f(x) = \frac{1}{\sqrt{\pi}} \mathrm{e}^{-x^2+2x-1}, \quad -\infty < x < \infty,$$

试求:(1) $Y = X^2$ 的概率密度;(2) $P\{1 < X < 1 + \sqrt{2}\}.$

解 (1) 设 X 的分布函数为 $F_X(x).$ $Y = X^2$ 的分布函数为

$$F_Y(y) = P\{X^2 \leqslant y\} = P\{-\sqrt{y} \leqslant X \leqslant \sqrt{y}\} = F_X(\sqrt{y}) - F_X(-\sqrt{y}) \text{(其中 } y \geqslant 0\text{)},$$

$Y = X^2$ 的概率密度为

$$f_Y(y) = F_Y'(y) = \frac{1}{2\sqrt{y}}\left[F_X'(\sqrt{y}) + F_X'(-\sqrt{y})\right]$$

$$= \frac{2}{1\sqrt{\pi y}}\left[e^{-y+2\sqrt{y}-1} + e^{-y-2\sqrt{y}-1}\right](其中\ y \geqslant 0).$$

$(2)\,P\{1 < X < 1+\sqrt{2}\} = \int_1^{1+\sqrt{2}} \frac{1}{\sqrt{\pi}}e^{-x+2x-1}\mathrm{d}x \overset{x-1=\frac{t}{\sqrt{2}}}{=} \frac{1}{\sqrt{2\pi}}\int_0^2 e^{-t^2/2}\mathrm{d}t = \Phi(2) - 0.5.$

38. 设随机变量 X 服从参数为 2 的指数分布,即 $X \sim E(2)$,证明:$Y = 1 - e^{-2X}$ 在区间 $(0,1)$ 上服从均匀分布.

证明 已知

$$f_X(x) = \begin{cases} 2e^{-2x}, & x > 0, \\ 0, & x \leqslant 0, \end{cases}$$

则 $F_Y(y) = P\{Y \leqslant y\} = P\{1 - e^{-2X} \leqslant y\} = P\{e^{-2X} \geqslant 1-y\}.$

于是,

若 $y \geqslant 1$,即 $1 - y \leqslant 0$ 时,恒有 $e^{-2X} \geqslant 1-y$,因此这时有
$$F_Y(y) = 1.$$

若 $y < 1$ 时,有 $F_Y(y) = P\{X \leqslant -\frac{1}{2}\ln(1-y)\} = \int_{-\infty}^{-\frac{1}{2}\ln(1-y)} f_X(x)\mathrm{d}x.$

若 $0 < y < 1$,则有 $-\frac{1}{2}\ln(1-y) > 0$,从而

$$F_Y(y) = \int_{-\infty}^{0} f_X(x)\mathrm{d}x + \int_0^{-\frac{1}{2}\ln(1-y)} f_X(x)\mathrm{d}x = \int_0^{-\frac{1}{2}\ln(1-y)} 2e^{-2x}\mathrm{d}x = 1 - e^{\ln(1-y)} = y;$$

若 $y \leqslant 0$,则有 $-\frac{1}{2}\ln(1-y) \leqslant 0$,从而

$$F_Y(y) = \int_{-\infty}^{-\frac{1}{2}\ln(1-y)} f_X(x)\mathrm{d}x = \int_{-\infty}^{-\frac{1}{2}\ln(1-y)} 0\mathrm{d}x = 0.$$

所以,$f_Y(Y) = F_Y'(y) = \begin{cases} 1, & 0 < x < 1, \\ 0, & 其他. \end{cases}$

即 $Y = 1 - e^{-2X}$ 在区间 $(0,1)$ 上服从均匀分布.

39. 从学校乘汽车到火车站的途中有 3 个交通岗,假设在各个交通岗遇到红灯的事件是相互独立的,并且概率都是 $\frac{2}{5}$.设 X 为途中遇到红灯的次数,求随机变量 X 的分布律.

解 由题设可知 $X \sim B\left(3, \frac{2}{5}\right)$,且 X 的所有可能的取值为 $0,1,2,3$.依二项概率公式 X 的分布律为

$$P\{X=k\} = C_3^k \left(\frac{2}{5}\right)^k \left(1-\frac{2}{5}\right)^{3-k}, k = 0,1,2,3.$$

经计算得

$$P\{X=0\} = \frac{27}{125}, P\{X=1\} = \frac{54}{125}, P\{X=2\} = \frac{36}{125}, P\{X=3\} = \frac{8}{125}.$$

40. 假设随机测量的误差 $X \sim N(0,10^2)$,求在 100 次独立重复测量中,至少三次测量的

绝对误差大于 19.6 的概率 α 的近似值.

解 因 $X \sim N(0,10^2)$,故
$$p = P\{|X| > 19.6\} = 2P\{X > 19.6\} = 2(1 - \Phi(1.96)) = 2(1 - 0.975) = 0.05.$$

以 Y 表示在 100 次独立重复测量中,测量的绝对误差大于 19.6 的次数,则
$$Y \sim B(100, p),$$
$$np = 5, np(1-p) = 5 \times 0.95 = 4.75, \sqrt{4.75} \approx 2.18.$$

至少三次测量的绝对误差大于 19.6 的概率
$$\alpha = P\{Y \geqslant 3\} = P\left\{ \frac{Y - np}{\sqrt{np(1-p)}} \geqslant \frac{3 - np}{\sqrt{np(1-p)}} \right\} \approx 1 - \Phi\left(\frac{3 - np}{\sqrt{np(1-p)}} \right)$$
$$\approx 1 - \Phi\left(-\frac{2}{2.18} \right) = 1 - \Phi(-0.917) = \Phi(0.917) = 0.82.$$

41. 某种型号电子管的寿命 X(单位:时)具有以下的概率密度:
$$f(x) = \begin{cases} \dfrac{1\,000}{x^2}, & x > 1\,000, \\ 0, & \text{其他.} \end{cases}$$

现有一大批此种电子管(设各电子管损坏与否相互独立),任取 5 只,问其中至少有 2 只寿命大于 1 500 时的概率是多少?

解 一个电子管寿命大于 1 500 时的概率为
$$P\{X > 1\,500\} = 1 - P\{X \leqslant 1\,500\} = 1 - \int_{1\,000}^{1\,500} \frac{1\,000}{x^2} dx = 1 - \left[1\,000 \left(-\frac{1}{x} \right) \Big|_{1\,000}^{1\,500} \right]$$
$$= 1 - \left(1 - \frac{2}{3} \right) = \frac{2}{3}.$$

令 Y 表示"任取 5 只此种电子管中寿命大于 1 500 时的个数",则 $Y \sim B\left(5, \dfrac{2}{3}\right)$,
$$P\{Y \geqslant 2\} = 1 - P\{Y < 2\} = 1 - (P\{Y = 0\} + P\{Y = 1\})$$
$$= 1 - \left[\left(\frac{1}{3} \right)^5 + C_5^1 \cdot \left(\frac{2}{3} \right) \cdot \left(\frac{1}{3} \right)^4 \right]$$
$$= 1 - \frac{1 + 5 \times 2}{3^5} = 1 - \frac{11}{243} = \frac{232}{243}.$$

42. 某厂生产的螺栓中次品占 1%,该厂将 10 只螺栓装成一包出售,并保证当某包内的次品数多于一只即可退货.假定每出售一包获利 0.5 元,退货一包亏本 0.1 元.求:

(1) 螺栓被退货的比例多大?

(2) 该厂每生产一包螺栓(获利数额)的分布律.

解 已知螺栓次品占 1%,即每只螺栓为次品的概率为 0.01."将 10 只螺栓装成一包"可看成"从生产的螺栓中随机地取 10 只装成一包",因此若设 $X = \{$一包螺栓中的次品数$\}$,由于螺栓个体之间是相互独立的,则 $X \sim B(10, 0.01)$,且有
$$P\{X = k\} = C_{10}^k 0.01^k \times 0.99^{10-k}, k = 0, 1, \cdots, 10.$$

螺栓被退货的比例即每包螺栓被退货的概率,依题设即为
$$P\{X > 1\} = 1 - P\{X \leqslant 1\} = 1 - 0.99^{10} - 10 \times 0.01 \times 0.99^9$$
$$= 1 - 1.09 \times 0.99^9.$$

其次,设 $Y = \{$每生产一包螺栓的获利数额$\}$,依题设有 $Y = 0.5$ 或 -0.1,所求分布律为

$$P\{Y=-0.1\}=P\{X>1\}=1-1.09\times0.99^9,$$
$$P\{Y=0.5\}=P\{X\leqslant1\}=1.09\times0.99^9.$$

43. 装配成圆珠笔尖的小钢珠的重量 X 服从正态分布 $N(0.05,0.05^2)$,而钢珠直径 Y 是 X 的线性函数 $Y=2X+1$.已知用直径小于 0.972、介于 0.972 和 1.228 之间,以及大于 1.228 的钢珠装配成合格笔尖的概率分别为 $0.12,0.80$ 和 0.08.试求:

(1) 随机变量 Y 的分布密度;

(2) 用这批钢珠中任一个装配成合格笔尖的概率.

解　因为 Y 是 X 的线性函数,所以 Y 也服从正态分布,设 $Y\sim N(\mu,\sigma^2)$,则
$$\mu=2\times0.05+1=1.1,\quad\sigma=2\times0.05=0.1,$$
于是 $Y\sim N(1.1,0.1^2)$,而 Y 的分布密度则为
$$f_Y(y)=\frac{1}{\sqrt{2\pi}\times0.1}\mathrm{e}^{-\frac{(y-1.1)^2}{2\times0.1^2}}=\frac{10}{\sqrt{2\pi}}\mathrm{e}^{-50(y-1.1)^2}.$$

设 $A=\{$任取一个钢珠装配成合格笔尖$\}$,因为已知有
$$P\{A|Y<0.972\}=0.12,P\{A|0.972<Y<1.228\}=0.80,$$
$$P\{A|Y>1.228\}=0.08,$$
且
$$P\{Y<0.972\}=P\{2X+1<0.972\}=P\{X<-0.014\}=P\left\{\frac{X-0.05}{0.05}<-1.28\right\}$$
$$=\Phi(-1.28)=1-\Phi(1.28)=1-0.9=0.1,$$
$$P\{0.972<Y<1.228\}=P\{0.972<2X+1<1.228\}$$
$$=P\{-0.014<X<0.114\}$$
$$=P\left\{-1.28<\frac{X-0.05}{0.05}<1.28\right\}$$
$$=2\Phi(1.28)-1=2\times0.9-1=0.8,$$
$$P\{Y>1.228\}=P\{2X+1>1.228\}=P\{X>0.114\}=1-P\{X\leqslant0.114\}$$
$$=1-P\left\{\frac{X-0.05}{0.05}\leqslant1.28\right\}=1-\Phi(1.28)=1-0.9=0.1,$$
所以
$$P\{A\}=P\{Y<0.972\}P\{A|Y<0.972\}+P\{0.972<Y<1.228\}.$$
$$P\{A|0.972<Y<1.228\}+P\{Y>1.228\}P\{A|Y>1.228\}.$$
$$=0.1\times0.12+0.8\times0.80+0.1\times0.08=0.66.$$

44. 设试验 E 是一贝努利试验,其成功的概率为 p,而失败的概率为 $q=1-p$.现在将 E 独立地一次接一次地进行直到成功或完成 n 次试验为止,其中 $n\geqslant2$ 是给定的自然数.试求所做试验次数 X 的概率分布.

解　$P\{X=k\}=pq^{k-1},k=1,2,\cdots,n-1,P\{X=n\}=q^n.$

45. 在 5 件产品中,正品占 2 件,次品占 3 件.今从中一件一件地取出来检验,检验完不放回,直到把 3 件次品都找到为止.记 X 为 3 件次品都找到时已经做的检验次数.求:

(1)X 的分布律;

(2) 检验次数不少于 4 次的概率.

解　依题设 X 的所有可能的取值为 $3,4,5$.由古典概型可得 X 的分布律:

$$P\{X=3\}=\frac{A_3^3}{A_5^3}=\frac{1}{10},P\{X=4\}=\frac{C_3^1A_2^1A_3^3}{A_5^4}=\frac{3}{10},P\{X=5\}=\frac{C_4^2A_2^2A_3^3}{A_5^5}=\frac{3}{5}.$$

（关于 $P\{X=5\}$ 的计算：这时 5 件产品都做了检验,因此基本事件数为 $n=A_5^5$.而从含 $\{X=5\}$ 的事件数考虑：前 4 次检验中一定有 2 件正品,而 2 件正品在前 4 次检验中的排列法 有 $C_4^2A_2^2$ 种.再考虑到其余 3 件次品的全排列,则含 $\{X=5\}$ 的事件数为 $m=C_4^2A_2^2A_3^3$.类似地 可得出 $P\{X=4\}$ 的计算方法).

检验次数不少于 4 次的概率为

$$P\{X=4\}+P\{X=5\}=\frac{3}{10}+\frac{3}{5}=\frac{9}{10}.$$

46. 某电子元件厂生产一批电子管,电子管的寿命 X（单位:时）具有如下的概率密度

$$f(x)=\begin{cases}\dfrac{1\,000}{x^2},x\geqslant 1\,000,\\0,\qquad x<1\,000.\end{cases}$$ 寿命高于 2 000 时,介于 1 250～2 000 时,以及低于 1 250 时的电

子管分别是一等品、二等品和次等品.用一只一等品或二等品或次等品装配的收音机,成为合格品的概率依次为 0.9,0.8 和 0.5.试求:

（1）从该批产品任取一只电子管是一等品、二等品或次等品件的概率;

（2）从该批产品任取一只装配成合格收音机的概率;

（3）假设销售一只一等品或二等品,厂家可获利 6 元或 4 元,销售一只次品,厂家亏损 3 元,求厂家销售任取的一只电子管可获利润的分布律.

解 设 A_1,A_2,A_3 分别表示任取一只电子管是一等品、二等品或次等品的事件,B 表示任取一只电子管装配成合格收音机的事件,Y 表示销售任取的一只电子管可获的利润.

（1）所求概率分别为

$$P(A_1)=P\{X>2\,000\}=\int_{2\,000}^{+\infty}f(x)\mathrm{d}x=\int_{2\,000}^{+\infty}\frac{1\,000}{x^2}\mathrm{d}x=0.5,$$

$$P(A_2)=P\{1\,250\leqslant X\leqslant 2\,000\}=\int_{1\,250}^{2\,000}f(x)\mathrm{d}x=\int_{1\,250}^{2\,000}\frac{1\,000}{x^2}\mathrm{d}x=0.3,$$

$$P(A_3)=P\{X<1\,250\}=\int_0^{1\,250}f(x)\mathrm{d}x=\int_{1\,000}^{1\,250}\frac{1\,000}{x^2}\mathrm{d}x=0.2.$$

（2）应用全概率公式,所求概率为

$$P(B)=\sum_{k=1}^3 P(A_k)P(B|A_k)=0.5\times 0.9+0.3\times 0.8+0.2\times 0.5=0.79.$$

（3）Y 的分布律为

$$P\{Y=-3\}=P(A_3)=0.2,P\{Y=4\}=P(A_2)=0.3,P\{Y=6\}=P(A_1)=0.5.$$

47. 设随机变量 X 的概率密度函数为

$$f(x)=\begin{cases}\dfrac{1}{3\sqrt[3]{x^2}},\quad 1\leqslant x\leqslant 8,\\0,\qquad\quad 其他.\end{cases}$$

$F(x)$ 是 X 的分布函数,求随机变量 $Y=F(X)$ 的分布函数.

解 $Y=F(X)$ 的分布函数

$$F_Y(y)=P\{F(X)\leqslant y\}=P\{X\leqslant F^{-1}(y)\}=F(F^{-1}(y))=y.$$

48. 由某机器生产的螺栓长度（单位：cm）服从参数为 $\mu = 10.05, \sigma = 0.06$ 的正态分布．规定长度在范围 10.05 cm $\pm$ 0.12 cm 内为合格品，求一螺栓为不合格的概率是多少？

解　设螺栓长度为 X，则 $X \sim N(10.05, 0.06^2)$．

$P\{不属于 (10.05 - 0.12, 10.05 + 0.12)\}$

$= 1 - P\{10.05 - 0.12 < X < 10.05 + 0.12\}$

$= 1 - \left\{ \Phi \left[\dfrac{(10.05 + 0.12) - 10.05}{0.06} \right] - \Phi \left[\dfrac{(10.05 - 0.12) - 10.05}{0.06} \right] \right\}$

$= 1 - [\Phi(2) - \Phi(-2)]$

$= 1 - (0.977\,2 - 0.022\,8)$

$= 0.045\,6$

49. 若连续型随机变量 X 具有概率密度 $f(x)$，求下列各随机变量的概率密度：
(1) $Y = X^3$；(2) $Y = 3X - 1$；(3) $Y = -3X + 2$．

解　(1) 因为

$$F_Y(y) = P\{Y \leqslant y\} = P\{X^3 \leqslant y\} = P\{X \leqslant \sqrt[3]{y}\} = \int_{-\infty}^{\sqrt[3]{y}} f(x)\mathrm{d}x,$$

所以 $f_Y(y) = F'_Y(y) = \dfrac{1}{3\sqrt[3]{y^2}} f(\sqrt[3]{y})$．

(2) 因为

$$F_Y(y) = P\{Y \leqslant y\} = P\{3X - 1 \leqslant y\} = P\left\{X \leqslant \dfrac{y+1}{3}\right\} = \int_{-\infty}^{\frac{y+1}{3}} f(x)\mathrm{d}x,$$

所以 $f_Y(y) = F'_Y(y) = \dfrac{1}{3} f\left(\dfrac{y+1}{3}\right)$．

(3) 因为

$$F_Y(y) = P\{Y \leqslant y\} = P\{-3X + 2 \leqslant y\} = P\left\{X \geqslant \dfrac{2-y}{3}\right\}$$

$$= 1 - P\left\{X \leqslant \dfrac{2-y}{3}\right\} = 1 - \int_{-\infty}^{\frac{2-y}{3}} f(x)\mathrm{d}x,$$

所以 $f_Y(y) = F'_Y(y) = \dfrac{1}{3} f\left(\dfrac{2-y}{3}\right)$．

50. 一工厂生产的电子管寿命 X（单位：时）服从参数为 $\mu = 160, \sigma$（未知）的正态分布，若要求 $P\{120 < X \leqslant 200\} = 0.8$，允许 σ 最大为多少？

解　因为

$$P\{120 < X \leqslant 200\} = \Phi\left(\dfrac{200 - 160}{\sigma}\right) - \Phi\left(\dfrac{120 - 160}{\sigma}\right) = \Phi\left(\dfrac{40}{\sigma}\right) - \Phi\left(-\dfrac{40}{\sigma}\right) = 0.80,$$

又由标准正态分布有 $\Phi(-x) = 1 - \Phi(x)$，

则上式变为 $\Phi\left(\dfrac{40}{\sigma}\right) - \left[1 - \Phi\left(\dfrac{40}{\sigma}\right)\right] \geqslant 0.80$，

解出 $\Phi\left(\dfrac{40}{\sigma}\right)$ 便得：$\Phi\left(\dfrac{40}{\sigma}\right) \geqslant 0.9$．

再查表，得 $\dfrac{40}{\sigma} \geqslant 1.281, \sigma \leqslant \dfrac{40}{1.281} = 31.25$．

51. 设 $P\{X=k\}=\dfrac{1}{2^k}, k=1,2,\cdots,$ 令

$$Y=\begin{cases} 1, & \text{如果 } X \text{ 是偶数}, \\ -1, & \text{如果 } X \text{ 是奇数}. \end{cases}$$

试求二次方程 $2t^2+t+Y=0$ 无实根的概率.

解 $2t^2+t+Y=0$ 无实根,故 $1-8Y<0$,即 $Y>\dfrac{1}{8}$.

$$P\left\{Y>\frac{1}{8}\right\}=P\{Y=1\}=\sum_{k=1}^{\infty}\frac{1}{2^{2k}}=\frac{\dfrac{1}{4}}{1-\dfrac{1}{4}}=\frac{1}{3}.$$

52. 若 $X \sim N(0,1^2)$,求下列各随机变量的概率密度:

(1)$Y=\mathrm{e}^X$;(2)$Y=2X^2+1$;(3)$Y=|X|$.

解 已知 X 服从标准正态分布,其概率密度为 $\phi(x)=\dfrac{1}{\sqrt{2\pi}}\mathrm{e}^{-\frac{x^2}{2}}$,$-\infty<x<+\infty$.

(1) 因为

$$F_Y(y)=P\{Y\leqslant y\}=P\{\mathrm{e}^X\leqslant y\},$$

故当 $y\leqslant 0$ 时,$F_Y(y)=P\{\varnothing\}=0$;

而当 $y>0$ 时,$F_Y(y)=P\{X\leqslant \ln y\}=\displaystyle\int_{-\infty}^{\ln y}\phi(x)\mathrm{d}x,$

所以

$$f_Y(y)=F'_Y(y)=\begin{cases} \dfrac{1}{y}\phi(\ln y), & y>0, \\ 0, & y\leqslant 0 \end{cases}=\begin{cases} \dfrac{1}{\sqrt{2\pi}y}\mathrm{e}^{-\frac{\ln^2 y}{2}}, & y>0, \\ 0, & y\leqslant 0. \end{cases}$$

(2) 因为

$$F_Y(y)=P\{Y\leqslant y\}=P\{2X^2+1\leqslant y\}=P\left\{X^2\leqslant\frac{y-1}{2}\right\},$$

故当 $y<1$ 时,$F_Y(y)=P\{\varnothing\}=0$;

而当 $y\geqslant 1$ 时,$F_Y(y)=P\left\{-\sqrt{\dfrac{y-1}{2}}\leqslant X\leqslant\sqrt{\dfrac{y-1}{2}}\right\}=\displaystyle\int_{-\sqrt{\frac{y-1}{2}}}^{\sqrt{\frac{y-1}{2}}}\phi(x)\mathrm{d}x,$

所以

$$f_Y(y)=F'_Y(y)=\begin{cases} \dfrac{1}{2\sqrt{y-1}}\left[\phi\left(\sqrt{\dfrac{y-1}{2}}\right)+\phi\left(-\sqrt{\dfrac{y-1}{2}}\right)\right], & y>1, \\ 0, & y\leqslant 1 \end{cases}$$

$$=\begin{cases} \dfrac{1}{\sqrt{2\pi(y-1)}}\mathrm{e}^{-\frac{y-1}{4}}, & y>1, \\ 0, & y\leqslant 1. \end{cases}$$

(3) 因为

$$F_Y(y)=P\{Y\leqslant y\}=P\{|X|\leqslant y\},$$

故当 $y<0$ 时,$F_Y(y)=P\{\varnothing\}=0$;

而当 $y\geqslant 0$ 时,$F_Y(y)=P\{-y\leqslant X\leqslant y\}=\displaystyle\int_{-y}^{y}\phi(x)\mathrm{d}x,$

所以

$$f_Y(y) = F'_Y(y) = \begin{cases} \phi(y) + \phi(-y), & y > 0, \\ 0, & y \leqslant 0, \end{cases} = \begin{cases} \dfrac{\sqrt{2}}{\sqrt{\pi}} e^{-\frac{y^2}{2}}, & y > 0, \\ 0, & y \leqslant 0. \end{cases}$$

53. 若连续型随机变量 X 的概率密度

$$f(x) = \begin{cases} \dfrac{2}{\pi(x^2 + 1)}, & x > 0, \\ 0, & \text{其他}. \end{cases}$$

求随机变量 $Y = \ln X$ 的概率密度.

解　因为

$$F_Y(y) = P\{Y \leqslant y\} = P\{\ln X \leqslant y\} = P\{X \leqslant e^y\} = \int_{-\infty}^{e^y} f(x) \mathrm{d}x$$

$$= \int_{-\infty}^{0} 0 \mathrm{d}x + \int_{0}^{e^y} \frac{2}{\pi(x^2 + 1)} \mathrm{d}x = \int_{0}^{e^y} \frac{2}{\pi(x^2 + 1)} \mathrm{d}x,$$

所以　　　　　　　$f_Y(y) = F'_Y(y) = \dfrac{2e^y}{\pi(e^{2y} + 1)}, \quad -\infty < y < +\infty.$

54. 设随机变量 X 具有以下分布律:

X	-2	0	2	3
p	0.2	0.2	0.3	0.3

试求下列各随机变量的分布律: $(1)Y = 2X - 1$; $(2)Y = X^2$.

解　(1)

Y	-5	-1	3	5
p	0.2	0.2	0.3	0.3

(2)

Y	0	4	9
p	0.2	0.5	0.3

55. 设随机变量 X 在 $(0,1)$ 上服从均匀分布,试求:

(1) $y = e^X$ 的分布密度;

(2) $Y = -2\ln X$ 的概率密度.

解　(1) 因为 X 的分布密度为 $f(x) = \begin{cases} 1, & 0 < x < 1, \\ 0, & \text{其他}, \end{cases}$

$$Y = g(X) = e^X \text{ 是单调增函数},$$

又　　　　　　　$X = h(Y) = \ln Y, \text{反函数存在},$

且　　　　　　　$\alpha = \min\{g(0), g(1)\} = \min\{1, e\} = 1,$

$$\beta = \max\{g(0), g(1)\} = \max\{1, e\} = e,$$

所以 Y 的分布密度为 $\varphi(y) = \begin{cases} f[h(y)] \cdot |h'(y)| = \dfrac{1}{y}, & 1 < y < e, \\ 0, & \text{其他}. \end{cases}$

(2) 因为 $Y = g(X) = -2\ln X$ 是单调减函数，

又 $\qquad\qquad X = h(Y) = \mathrm{e}^{-\frac{Y}{2}}$ 反函数存在，

且 $\qquad\quad \alpha = \min\{g(0), g(1)\} = \min\{+\infty, 0\} = 0,$

$\qquad\qquad \beta = \max\{g(0), g(1)\} = \max\{+\infty, 0\} = +\infty,$

所以 Y 的分布密度为

$$\psi(y) = \begin{cases} f[h(y)] \cdot |h'(y)| = \dfrac{1}{2}\mathrm{e}^{-\frac{y}{2}}, & 0 < y < +\infty, \\ 0, & \text{其他.} \end{cases}$$

56. 设 $X \sim N(0,1)$，试求：

(1) $Y = \mathrm{e}^X$ 的概率密度；

(2) $Y = 2X^2 + 1$ 的概率密度；

(3) $Y = |X|$ 的概率密度.

解 (1) 因为 X 的概率密度是 $f(x) = \dfrac{1}{\sqrt{2\pi}}\mathrm{e}^{-\frac{x^2}{2}}, \ -\infty < x < +\infty,$

$\qquad\qquad Y = g(X) = \mathrm{e}^X$ 是单调增函数，

又 $\qquad\qquad X = h(Y) = \ln Y$ 反函数存在，

且 $\qquad\quad \alpha = \min\{g(-\infty), g(+\infty)\} = \min\{0, +\infty\} = 0,$

$\qquad\qquad \beta = \max\{g(-\infty), g(+\infty)\} = \max\{0, +\infty\} = +\infty,$

所以，Y 的分布密度为

$$\psi(y) = \begin{cases} f[h(y)] \cdot |h'(y)| = \dfrac{1}{\sqrt{2\pi}}\mathrm{e}^{-\frac{(\ln y)^2}{2}} \cdot \dfrac{1}{y}, & 0 < y < +\infty, \\ 0, & \text{其他.} \end{cases}$$

(2) 在这里，$Y = 2X^2 + 1$ 在 $(+\infty, -\infty)$ 不是单调函数，没有一般的结论可用.

设 Y 的分布函数是 $F_Y(y)$，

则 $F_Y(y) = P\{Y \leqslant y\} = P\{2X^2 + 1 \leqslant y\} = P\left\{-\sqrt{\dfrac{y-1}{2}} \leqslant X \leqslant \sqrt{\dfrac{y-1}{2}}\right\}.$

当 $y < 1$ 时，$F_Y(y) = 0$；

当 $y \geqslant 1$ 时，$F_y(y) = P\left\{-\sqrt{\dfrac{y-1}{2}} \leqslant X \leqslant \sqrt{\dfrac{y-1}{2}}\right\} = \displaystyle\int_{-\sqrt{\frac{y-1}{2}}}^{\sqrt{\frac{y-1}{2}}} \dfrac{1}{\sqrt{2\pi}}\mathrm{e}^{-\frac{x^2}{2}}\,\mathrm{d}x,$

故 Y 的分布密度 $\psi(y)$：

当 $y \leqslant 1$ 时，$\psi(y) = [F_Y(y)]' = (0)' = 0$；

当 $y > 1$ 时，$\psi(y) = [F_Y(y)]' = \left(\displaystyle\int_{-\sqrt{\frac{y-1}{2}}}^{\sqrt{\frac{y-1}{2}}} \dfrac{1}{\sqrt{2\pi}}\mathrm{e}^{-\frac{x^2}{2}}\,\mathrm{d}x\right)'$

$$= \dfrac{1}{2\sqrt{\pi(y-1)}}\mathrm{e}^{-\frac{y-1}{4}}.$$

(3) 因为 Y 的分布函数为 $F_Y(y) = P\{Y \leqslant y\} = P\{|X| \leqslant y\}.$

当 $y < 0$ 时，$F_Y(y) = 0$；

当 $y \geqslant 0$ 时，$F_Y(y) = P\{|X| \leqslant y\} = P\{-y \leqslant X \leqslant y\} = \displaystyle\int_{-y}^{y} \dfrac{1}{\sqrt{2\pi}}\mathrm{e}^{-\frac{x^2}{2}}\,\mathrm{d}x,$

所以，Y 的概率密度为

当 $y \leqslant 0$ 时，$\psi(y) = [F_Y(y)]' = (0)' = 0$；

当 $y > 0$ 时，$\psi(y) = [F_Y(y)]' = \left(\int_{-y}^{y} \frac{1}{\sqrt{2\pi}} \mathrm{e}^{-\frac{x^2}{2}} \mathrm{d}x \right)' = \sqrt{\frac{2}{\pi}} \mathrm{e}^{-\frac{y^2}{2}}$.

57. 设 X 的概率密度为

$$f(x) = \begin{cases} \dfrac{2x}{\pi^2}, & 0 < x < \pi, \\ 0, & \text{其他}, \end{cases}$$

求 $Y = \sin X$ 的概率密度.

解　因为 $F_Y(y) = P\{Y \leqslant y\} = P\{\sin X \leqslant y\}$，

当 $y < 0$ 时，$F_Y(y) = 0$；

当 $0 \leqslant y \leqslant 1$ 时，$F_Y(y) = P\{\sin X \leqslant y\} = P\{0 \leqslant X \leqslant \arcsin y \ \text{或} \ \pi - \arcsin y \leqslant X \leqslant \pi\}$

$$= \int_0^{\arcsin y} \frac{2x}{\pi^2} \mathrm{d}x + \int_{\pi - \arcsin y}^{\pi} \frac{2x}{\pi^2} \mathrm{d}x；$$

当 $y > 1$ 时，$F_Y(y) = 1$，

所以，Y 的概率密度 $\psi(y)$ 为

当 $y \leqslant 0$ 时，$\psi(y) = [F_Y(y)]' = (0)' = 0$；

当 $0 < y < 1$ 时，$\psi(y) = [F_Y(y)]' = \left(\int_0^{\arcsin y} \frac{2x}{\pi^2} \mathrm{d}x + \int_{\pi - \arcsin y}^{\pi} \frac{2x}{\pi^2} \mathrm{d}x \right)' = \frac{2}{\pi \sqrt{1 - y^2}}$；

当 $y \geqslant 1$ 时，$\psi(y) = [F_Y(y)]' = (1)' = 0$，

即 $\psi(y) = \begin{cases} \dfrac{2}{\pi \sqrt{1 - y^2}}, & 0 < y < 1, \\ 0, & \text{其他}. \end{cases}$

58. 设随机变量 T 服从数学期望为 $\dfrac{1}{2}$ 的指数分布，求方程 $x^2 + Tx + 4 = 0$ 有实根的概率.

解　因 $x^2 + Tx + 4 = 0$ 有实根，所以 $T^2 \geqslant 16$，

$$P\{T^2 \geqslant 16\} = P\{T \geqslant 4\} = \frac{1}{2} \int_4^{+\infty} \mathrm{e}^{\frac{1}{2}t} \mathrm{d}t = 1 - \mathrm{e}^{-2}.$$

59. 设随机变量 X 的概率密度为

$$f(x) = \frac{1}{2} \mathrm{e}^{-|x|}, \ -\infty < x < +\infty,$$

(1) 求 $Y = |X|$ 的分布函数 $F_Y(y)$；

(2) 证明对任意的实数 $a > 0, b > 0$，均有 $P\{Y \geqslant a + b \mid Y \geqslant a\} = P\{Y \geqslant b\}$.

解　(1) $Y = |X|$ 的分布函数为

当 $y > 0$ 时：$F_Y(y) = P\{|X| \leqslant y\} = 2 \int_0^y \frac{1}{2} \mathrm{e}^{-x} \mathrm{d}x = 1 - \mathrm{e}^{-y}$；

当 $y < 0$ 时：$F_Y(y) = P\{|X| \leqslant y\} = 0$.

(2) $P\{Y \geqslant a + b \mid Y \geqslant a\} = \dfrac{P\{Y \geqslant a + b\}}{P\{Y \geqslant a\}} = \dfrac{\displaystyle\int_{a+b}^{+\infty} \frac{1}{2} \mathrm{e}^{-x} \mathrm{d}x}{\displaystyle\int_a^{+\infty} \frac{1}{2} \mathrm{e}^{-x} \mathrm{d}x} = \dfrac{\mathrm{e}^{-(a+b)}}{\mathrm{e}^{-a}} = \mathrm{e}^{-b} = P\{X \geqslant b\}$.

60. 某物体的温度 T°F 是一个随机变量，且有 $T \sim N(98.6, 2)$，试求 θ℃ 的概率密度.（已知 $\theta = \dfrac{5}{9}(T - 32)$）

解

解法一：因为 T 的概率密度为 $f(t) = \dfrac{1}{\sqrt{2\pi}\sqrt{2}} e^{-\frac{(t-98.6)^2}{2\times 2}}$，$-\infty < t < +\infty$，

又 $\theta = g(T) = \dfrac{5}{9}(T - 32)$ 是单调增函数，

$T = h(\theta) = \dfrac{9}{5}\theta + 32$ 反函数存在，

且 $\alpha = \min\{g(-\infty), g(+\infty)\} = \min\{-\infty, +\infty\} = -\infty$，

$\beta = \max\{g(-\infty), g(+\infty)\} = \max\{-\infty, +\infty\} = +\infty$，

所以，θ 的概率密度 $\psi(\theta)$ 为

$$\psi(\theta) = f[h(\theta)] \cdot |h'(\theta)| = \frac{1}{\sqrt{2\pi}\sqrt{2}} e^{-\frac{\left(\frac{9}{5}\theta + 32 - 98.6\right)^2}{4}} \cdot \frac{9}{5}$$

$$= \frac{9}{10\sqrt{\pi}} e^{-\frac{81(\theta - 37)^2}{100}}, \quad -\infty < \theta < +\infty.$$

解法二：根据定理：若 $X \sim N(\alpha_1, \sigma_1)$，则 $Y = aX + b \sim N(a\alpha_1 + b, a^2\sigma_1^2)$.

由于 $T \sim N(98.6, 2)$，

则 $\theta = \dfrac{5}{9}T - \dfrac{160}{9} \sim N\left(\dfrac{5}{9} \times 98.6 - \dfrac{160}{9}, \left(\dfrac{5}{9}\right)^2 \times 2\right) = N\left(\dfrac{333}{9}, \left(\dfrac{5}{9}\right)^2 \times 2\right)$，

故 θ 的概率密度为

$$\psi(\theta) = \frac{1}{\sqrt{2\pi}\,\frac{5}{9}\sqrt{2}} e^{-\frac{\left(\theta - \frac{333}{9}\right)^2}{2\times\left(\frac{5}{9}\right)^2\times 2}} = \frac{9}{10\sqrt{\pi}} e^{-\frac{81(\theta - 37)^2}{100}}, \quad -\infty < \theta < +\infty.$$

第三章
多维随机变量及其分布

一、基本概念

1 ▷ 联合分布函数

设 (X,Y) 是二维离散型随机变量，x,y 是任意实数，称
$$F(x,y) = P\{X \leqslant x, Y \leqslant y\}$$
为二维随机变量 (X,Y) 的联合分布函数.

2 ▷ 联合分布函数的性质

(1) 单调性：$F(x,y)$ 关于 $x(y)$ 单调不减；
(2) $0 \leqslant F(x,y) \leqslant 1, F(x,-\infty) = F(-\infty,y) = 0, F(+\infty,+\infty) = 1$；
(3) $F(x,y)$ 关于 $x(y)$ 右连续；
(4) $P\{x_1 < X \leqslant x_2, y_1 < Y \leqslant y_2\} = F(x_2,y_2) - F(x_1,y_2) - F(x_2,y_1) + F(x_1,y_1)$.

3 ▷ 边缘分布函数

设 (X,Y) 是二维离散型随机变量，其联合分布函数为 $F(x,y)$，则称
$$F_X(x) = P\{X \leqslant x\} = P\{X \leqslant x, Y < +\infty\} = F(x,+\infty) = \lim_{y \to +\infty} F(x,y),$$
$$F_Y(y) = P\{Y \leqslant y\} = P\{X \leqslant +\infty, Y < y\} = F(+\infty,y) = \lim_{x \to +\infty} F(x,y)$$
为二维随机变量 (X,Y) 的边缘分布函数.

二、离散型二维随机变量

1 ▷ 离散型二维随机变量的分布律

设 (X,Y) 是一个二维离散型随机变量，它们一切可能取的值为 $(a_i,b_j), i,j = 1,2,\cdots$ 令
$$p_{ij} = P\{X = a_i, Y = b_j\}, i,j = 1,2,\cdots$$
称 $(p_{ij}; i,j = 1,2,\cdots)$ 为二维离散型随机变量 (X,Y) 的联合分布.

二维联合分布的性质：

(1) $p_{ij} \geqslant 0, i, j = 1, 2, \cdots$；

(2) $\displaystyle\sum_{i=1}^{\infty} \sum_{j=1}^{\infty} p_{ij} = 1$；

(3) $P\{X = a_i\} = \displaystyle\sum_{j=1}^{\infty} p_{ij} = p_i.$

2 ▸ 离散型二维随机变量的分布函数

$$F(x, y) = \sum_{X \leqslant x_i} \sum_{Y \leqslant y_j} p_{ij}$$

3 ▸ 离散型二维随机变量的边缘分布

设二维随机变量 (X, Y) 的联合概率分布 $P\{X = x_i, Y = y_j\} = p_{ij} (i, j = 1, 2, \cdots)$ 中对固定的 i 关于 j 求和而得到

$$P\{X = x_i\} = P\{X = x_i, Y \leqslant +\infty\} = \sum_{j=1}^{\infty} p_{ij} = p_i.,$$

$$P\{Y = y_j\} = P\{X \leqslant +\infty, Y \leqslant y_j\} = \sum_{i=1}^{\infty} p_{ij} = p_{\cdot j}.$$

4 ▸ 离散型二维随机变量的条件概率

对于固定的 j，若 $P\{Y = y_j\} = p_{\cdot j} > 0$，称

$$P\{X = x_i \mid Y = y_j\} = \frac{P\{X = x_i, Y = y_j\}}{P\{Y = y_j\}} = \frac{p_{ij}}{p_{\cdot j}}$$

为在 $Y = y_j$ 的条件下，随机变量 $X = x_i$ 的条件概率.

同样定义 $P\{Y = y_j \mid X = x_i\} = \dfrac{P\{X = x_i, Y = y_j\}}{P\{X = x_i\}} = \dfrac{p_{ij}}{p_i.}$ 为在 $X = x_i$ 的条件下，随机变量 $Y = y_j$ 的条件概率.

条件概率符合概率的性质：

$$P\{X = x_i \mid Y = y_j\} \geqslant 0,$$

$$\sum_{i=1}^{\infty} P\{X = x_i \mid Y = y_j\} = 1.$$

5 ▸ 离散型二维随机变量的独立性

设离散型随机变量 (X, Y) 的联合概率分布律与边缘分布为

$$P\{X = x_i, Y = y_j\} = p_{ij}, P\{X = x_i\} = p_i., P\{Y = y_j\} = p_{\cdot j}.$$

定理 1 离散型随机变量 X, Y 独立的充分必要条件是对于任意的 i, j，都有

$$p_{ij} = p_i. p_{\cdot j}.$$

三、连续型二维随机变量

1 ▸ 定义与性质

如果 $F(x,y)$ 是一个联合分布函数,若存在函数 $p(x,y)$,使对任意的 (x,y),有

$$F(x,y) = \int_{-\infty}^{x} \int_{-\infty}^{y} p(u,v)\mathrm{d}u\mathrm{d}v$$

成立,则称 $F(x,y)$ 是一个连续型的联合分布函数,称其中的 $p(x,y)$ 是 $F(x,y)$ 的联合概率密度函数,简称密度.

如果二维随机变量 (ξ,η) 的联合分布函数 $F(x,y)$ 是连续型分布函数,就称 (ξ,η) 是二维的连续型随机变量.

密度函数的性质:

由分布函数的性质可知,任一二元密度函数 $p(x,y)$ 必具有下述性质:

(1) $p(x,y) \geqslant 0$;

(2) $\int_{-\infty}^{\infty} \int_{-\infty}^{\infty} p(x,y)\mathrm{d}x\mathrm{d}y = F(+\infty,+\infty) = 1$.

反过来,任意一个具有上述两个性质的二元函数 $p(x,y)$,必定可以作为某个二维随机变量的密度函数.此外,密度函数还具有性质:

(3) 若 $p(x,y)$ 在点 (x,y) 连续,$F(x,y)$ 是相应的分布函数,则有

$$\frac{\partial^2 F(x,y)}{\partial x \partial y} = p(x,y).$$

(4) 若 G 是平面上的某一区域,则

$$P\{(\xi,\eta) \in G\} = \iint\limits_{G} p(x,y)\mathrm{d}x\mathrm{d}y.$$

2 ▸ 连续型随机变量的边缘分布

若 (X,Y) 联合分布函数已知,那么,它的两个分量 X 与 Y 的分布函数称为边缘分布函数,可由联合分布函数 $F(x,y)$ 求得.其边缘概率密度为

$$f_X(x) = \int_{-\infty}^{+\infty} f(x,y)\mathrm{d}y, f_Y(y) = \int_{-\infty}^{+\infty} f(x,y)\mathrm{d}x.$$

3 ▸ 连续型随机变量条件分布

若 (X,Y) 概率密度为 $f(x,y)$,边缘概率密度 $f_Y(y) > 0$,称

$$f_{X|Y}(x \mid y) = \frac{f(x,y)}{f_Y(y)}$$

为在 $Y = y$ 的条件下,随机变量 X 的条件概率密度.

类似地,称 $f_{Y|X}(y \mid x) = \dfrac{f(x,y)}{f_X(x)}$　（其中 $f_X(x) > 0$）

为在 $X = x$ 的条件下,随机变量 Y 的条件概率密度.

4 随机变量的独立性

设随机变量 (X,Y) 的联合分布为 $F(x,y)$，如果对任意 x,y，都有
$$F(x,y) = P\{X \leqslant x, Y \leqslant y\} = P\{X \leqslant x\}P\{Y \leqslant y\} = F_X(x)F_Y(y),$$
则称 X,Y 是独立的.

定理 2　如果 (X,Y) 是二维连续型随机变量，则 X 与 Y 也都是连续型随机变量，它们的密度函数分别为 $f_X(x), f_Y(y)$，这时容易验证 X 与 Y 独立的充要条件为
$$f(x,y) = f_X(x)f_Y(y) \text{ 几乎处处成立.}$$

说明：(1) $F(x,y) = F_X(x)F_Y(y)$ 或 $f(x,y) = f_X(x)f_Y(y)$ 点点成立，则 X 与 Y 独立.

(2) X 与 Y 独立，则 $F(x,y) = F_X(x)F_Y(y)$ 点点成立，$f(x,y) = f_X(x)f_Y(y)$ 不一定点点成立.

(3) 在个别点 $f(x,y) \neq f_X(x)f_Y(y)$，则 X 与 Y 可能还独立；在一点 $F(x,y) \neq F_X(x)F_Y(y)$，则 X 与 Y 一定不独立.

例 1　已知随机变量 (X,Y) 在区域 D 上的分布，D 由 $x = 0, y = 0, x + y = 1$ 围成，问 X,Y 是否独立？

解　$f(x,y) = \begin{cases} 2, & (x,y) \in D, \\ 0, & \text{其他.} \end{cases}$

$$F\left(\frac{1}{2}, \frac{1}{2}\right) = \int_0^{\frac{1}{2}} \int_0^{\frac{1}{2}} 2\mathrm{d}x\mathrm{d}y = \frac{1}{2}.$$

$$f_X(x) = \int_{-\infty}^{+\infty} f(x,y)\mathrm{d}y = \begin{cases} \int_0^{1-x} 2\mathrm{d}y, & 0 \leqslant x \leqslant 1, \\ 0, & \text{其他} \end{cases} = \begin{cases} 2-2x, & 0 \leqslant x \leqslant 1, \\ 0, & \text{其他,} \end{cases}$$

$$F_X\left(\frac{1}{2}\right) = \int_{-\infty}^{\frac{1}{2}} f_X(x)\mathrm{d}x = \int_0^{\frac{1}{2}} [2-2x]\mathrm{d}x = \frac{3}{4}.$$

同理，$F_Y\left(\frac{1}{2}\right) = \frac{3}{4}$.

$$F\left(\frac{1}{2}, \frac{1}{2}\right) \neq F_X\left(\frac{1}{2}\right)F_Y\left(\frac{1}{2}\right),$$

所以 X,Y 不独立.

四、二维随机变量函数的分布

1 离散型随机变量函数的分布

例 2　已知二维随机变量 (X,Y) 的分布为

Y\X	1	2
1	$\frac{1}{4}$	$\frac{1}{6}$
2	$\frac{1}{3}$	$\frac{1}{4}$

求：$(1)Z = X + Y;(2)Z = \max\{X,Y\};(3)Z = \min\{X,Y\}$ 的分布律.

解　$(1)Z = X + Y$：

$$P\{Z = 2\} = P\{X = 1,Y = 1\} = \frac{1}{4},$$

$$P\{Z = 3\} = P\{X = 1,Y = 2\} + P\{X = 2,Y = 1\} = \frac{1}{2},$$

$$P\{Z = 4\} = P\{X = 2,Y = 2\} = \frac{1}{4},$$

则
$$Z \sim \begin{pmatrix} 2 & 3 & 4 \\ \frac{1}{4} & \frac{1}{2} & \frac{1}{4} \end{pmatrix}.$$

$(2)Z = \max\{X,Y\}$：$Z \sim \begin{pmatrix} 1 & 2 \\ \frac{1}{4} & \frac{3}{4} \end{pmatrix}.$

$(3)Z = \min\{X,Y\}$：$Z \sim \begin{pmatrix} 1 & 2 \\ \frac{3}{4} & \frac{1}{4} \end{pmatrix}.$

2 ▷ 连续型随机变量函数的分布

已知(X,Y)联合概率密度$f(x,y)$,求$Z = g(X,Y)$的概率密度.这类问题主要通过分布函数法求解.具体过程如下：

(1) 画出$f(x,y) \neq 0$的区域D;

(2) 作等值线$g(x,y) = z$;

(3) 平行移动等值线,寻找等值线与D相交的关键点a,b;

(4) 当$z \leqslant a$时,$F_Z(z) = 0$,当$z \geqslant b$时,$F_Z(z) = 1$,当$a < z < b$时

$$F_Z(z) = \iint\limits_{D_1} f(x,y)\mathrm{d}x\mathrm{d}y;$$

$(5)f(z) = F_Z'(z).$

例3　设二维随机变量(X,Y)的概率密度为

$$f(x,y) = \begin{cases} 1,0 < x < 1, & 0 < y < 2x, \\ 0, & \text{其他}. \end{cases}$$

求$Z = 2X - Y$的概率密度$f_Z(z)$.

解　令$F_Z(z) = P\{Z \leqslant z\} = P\{2X - Y \leqslant z\}$.

当$z < 0$时,$F_Z(z) = P\{2X - Y \leqslant z\} = 0$;

当$0 \leqslant z < 2$时,$F_Z(z) = P\{2X - Y \leqslant z\} = z - \frac{1}{4}z^2$;

当$z \geqslant 2$时,$F_Z(z) = P\{2X - Y \leqslant z\} = 1$.

即分布函数为
$$F_Z(z) = \begin{cases} 0, & z < 0, \\ z - \frac{1}{4}z^2, & 0 \leqslant z < 2, \\ 1, & z \geqslant 2. \end{cases}$$

故所求的概率密度为 $\qquad f_Z(z) = \begin{cases} 1 - \dfrac{1}{2}z, & 0 < z < 2, \\ 0, & \text{其他.} \end{cases}$

例 4 X, Y 独立且都服从 $[0,1]$ 上的均匀分布,求 $Z = X + Y$ 的概率密度.

解 $f_X(x) = \begin{cases} 1, & 0 \leqslant x \leqslant 1, \\ 0, & \text{其他,} \end{cases} \qquad f_Y(y) = \begin{cases} 1, & 0 \leqslant y \leqslant 1, \\ 0, & \text{其他.} \end{cases}$

因为 X, Y 独立,所以

$$f(x, y) = f_X(x) f_Y(y) = \begin{cases} 1, & 0 \leqslant x \leqslant 1, 0 \leqslant y \leqslant 1, \\ 0, & \text{其他.} \end{cases}$$

当 $z \leqslant 0$ 时,$F_Z(z) = P\{X + Y \leqslant z\} = 0$;

当 $0 < z \leqslant 1$ 时,$F_Z(z) = P\{X + Y \leqslant z\} = \dfrac{1}{2} z^2$;

当 $1 < z < 2$ 时,$F_Z(z) = P\{X + Y \leqslant z\}$

$$= 1 - \frac{1}{2}(2 - z)^2;$$

当 $z \geqslant 2$ 时,$F_Z(z) = P\{X + Y \leqslant z\} = 1$.

故 $\qquad f_Z(z) = \begin{cases} z, & 0 \leqslant z < 1, \\ 2 - z, & 1 \leqslant z < 2, \\ 0, & \text{其他.} \end{cases}$

例 5 设随机变量 X 与 Y 独立,其中 X 的概率分布为 $X \sim \begin{pmatrix} 1 & 2 \\ 0.3 & 0.7 \end{pmatrix}$,而 Y 的概率密度为 $f(y)$,求随机变量 $Z = X + Y$ 的概率密度.

解 $F_Z(z) = P\{X + Y \leqslant z\}$

$\qquad = P\{X = 1\}P\{X + Y \leqslant z \mid X = 1\} + P\{X = 2\}P\{X + Y \leqslant z \mid X = 2\}$

$\qquad = 0.3 P\{Y \leqslant z - 1 \mid X = 1\} + 0.7 P\{Y \leqslant z - 2 \mid X = 2\}$

$\qquad = 0.3 P\{Y \leqslant z - 1\} + 0.7 P\{Y \leqslant z - 2\} \qquad$ (因为 X 与 Y 独立)

$\qquad = 0.3 \displaystyle\int_{-\infty}^{z-1} f(y)\mathrm{d}y + 0.7 \int_{-\infty}^{z-2} f(y)\mathrm{d}y$

故 $f_Z(z) = 0.3 f(z - 1) + 0.7 f(z - 2)$.

例 6 求 $Z = \max\{X, Y\}$,$Z = \min\{X, Y\}$ 的分布.

解 $F_Z(z) = P\{\max\{X, Y\} \leqslant z\} = P\{X \leqslant z, Y \leqslant z\}$;

$\qquad F_Z(z) = P\{\min\{X, Y\} \leqslant z\} = 1 - P\{\min\{X, Y\} \geqslant z\} = 1 - P\{X \geqslant z, Y \geqslant z\}$.

例 7 设随机变量 X 与 Y 独立,$F_X(x)$,$F_Y(y)$ 分别是它们的分布函数,$Z = \min\{X, Y\}$,求 $F_Z(z)$.

解 $F_Z(z) = P\{\min\{X, Y\} \leqslant z\} = 1 - P\{\min\{X, Y\} \geqslant z\} = 1 - P\{X \geqslant z, Y \geqslant z\}$

$\qquad = 1 - [1 - F_X(z)][1 - F_Y(z)] = F_X(z) + F_Y(z) - F_X(z)F_Y(z)$

（二）

强化练习三

1. 已知随机变量 (X,Y) 的概率密度为

$$f(x,y) = \begin{cases} A\mathrm{e}^{-2x-y}, & x > 0, y > 0, \\ 0, & \text{其他}. \end{cases}$$

（1）求 A；（2）求分布函数；（3）求 $P\{X \leqslant Y\}$；（4）求边缘概率密度 $f_X(x), f_Y(y)$；

（5）求条件概率密度 $f_{X|Y}(x \mid y)$；（6）求 $P\{X \leqslant 2 \mid Y \leqslant 2\}$.

解

（1）由 $\displaystyle\int_{-\infty}^{+\infty} \int_{-\infty}^{+\infty} f(x,y)\mathrm{d}x\mathrm{d}y = 1$ 得

$$\int_0^{+\infty} \int_0^{+\infty} A\mathrm{e}^{-2x-y}\mathrm{d}x\mathrm{d}y = \frac{1}{2}A = 1, \text{则 } A = 2.$$

（2）当 $x > 0, y > 0$ 时，

$$F(x,y) = \int_{-\infty}^x \int_{-\infty}^y f(u,v)\mathrm{d}u\mathrm{d}v = 2\int_0^x \int_0^y \mathrm{e}^{-2x-y}\mathrm{d}u\mathrm{d}v$$
$$= [1 - \mathrm{e}^{-2x}][1 - \mathrm{e}^{-y}]$$

其他，$F(x,y) = 0$.

故 $\qquad F(x,y) = \begin{cases} (1 - \mathrm{e}^{-2x})(1 - \mathrm{e}^{-y}), & x > 0, y > 0, \\ 0, & \text{其他}. \end{cases}$

（3）$P\{X \leqslant Y\} = \displaystyle\int_0^{+\infty} \int_0^x 2\mathrm{e}^{-2x-y}\mathrm{d}x\mathrm{d}y = \frac{1}{3}$.

（4）$f_X(x) = \displaystyle\int_{-\infty}^{+\infty} f(x,y)\mathrm{d}y = \begin{cases} \int_0^{+\infty} 2\mathrm{e}^{-2x-y}\mathrm{d}y, & x > 0, \\ 0, & \text{其他} \end{cases} = \begin{cases} 2\mathrm{e}^{-2x}, & x > 0, \\ 0, & \text{其他}, \end{cases}$

$f_Y(y) = \displaystyle\int_{-\infty}^{+\infty} f(x,y)\mathrm{d}x = \begin{cases} \int_0^{+\infty} 2\mathrm{e}^{-2x-y}\mathrm{d}x, & y > 0, \\ 0, & \text{其他} \end{cases} = \begin{cases} \mathrm{e}^{-y}, & y > 0, \\ 0, & \text{其他}. \end{cases}$

（5）当 $y \leqslant 0$ 时，$f_{X|Y}(x \mid y)$ 不存在；

当 $y > 0$ 时，

$$f_{X|Y}(x \mid y) = \frac{f(x,y)}{f_Y(y)} = \begin{cases} 2\mathrm{e}^{-2x}, & x > 0, \\ 0, & \text{其他}. \end{cases}$$

（6）$P\{X \leqslant 2 \mid Y \leqslant 2\} = \dfrac{P\{X \leqslant 2, Y \leqslant 2\}}{P\{Y \leqslant 2\}} = \dfrac{F(2,2)}{F_Y(2)} = 1 - \mathrm{e}^{-4}$.

2. 一个袋中装有 8 个球，其中 5 个红球，3 个白球，现从中随机抽取两次，每次取一球，考虑两种抽取方法：（1）不放回取样；（2）放回取样. 今定义随机变量 X, Y 如下：

$$X = \begin{cases} 1, \text{第一次抽出的是红球}, \\ 0, \text{第一次抽出的是白球}, \end{cases} Y = \begin{cases} 1, \text{第二次抽出的是红球}, \\ 0, \text{第二次抽出的是白球}. \end{cases}$$

就（1）（2）两种情况，写出 X 与 Y 的联合分布律、边缘分布律，并判断 X 与 Y 是否独立.

解 （1）由古典概型可知

$$P\{X = 0, Y = 0\} = \frac{A_3^2}{A_8^2} = \frac{3 \cdot 2}{8 \cdot 7} = \frac{6}{56}, P\{X = 0, Y = 1\} = \frac{A_3^1 A_5^1}{A_8^2} = \frac{3 \cdot 5}{8 \cdot 7} = \frac{15}{56},$$

$$P\{X=1,Y=0\}=\frac{A_5^1 A_3^1}{A_8^2}=\frac{5\cdot 3}{8\cdot 7}=\frac{15}{56}, P\{X=1,Y=1\}=\frac{A_5^2}{A_8^2}=\frac{5\cdot 4}{8\cdot 7}=\frac{20}{56},$$

故 X 与 Y 的联合分布律、边缘分布律如下表：

X \ Y	0	1	$p_i.$
0	$\frac{6}{56}$	$\frac{15}{56}$	$\frac{3}{8}$
1	$\frac{15}{56}$	$\frac{20}{56}$	$\frac{5}{8}$
$p._j$	$\frac{3}{8}$	$\frac{5}{8}$	

因为 $p_1.=\frac{3}{8}, p._1=\frac{3}{8}, p_{11}=\frac{6}{56}, p_1.p._1\neq p_{11}$，因此 X 与 Y 不相互独立.

（2）由古典概型可知

$$P\{X=0,Y=0\}=\frac{A_3^1 A_3^1}{N_8^2}=\frac{3\cdot 3}{8\cdot 8}=\frac{9}{64}, P\{X=0,Y=1\}=\frac{A_3^1 A_5^1}{N_8^2}=\frac{3\cdot 5}{8\cdot 8}=\frac{15}{64},$$

$$P\{X=1,Y=0\}=\frac{A_5^1 A_3^1}{N_8^2}=\frac{5\cdot 3}{8\cdot 8}=\frac{15}{64}, P\{X=1,Y=1\}=\frac{A_5^1 A_5^1}{N_8^2}=\frac{5\cdot 5}{8\cdot 8}=\frac{25}{64}.$$

故 X 与 Y 的联合分布律、边缘分布律如下表：

X \ Y	0	1	$p_i.$
0	$\frac{9}{64}$	$\frac{15}{64}$	$\frac{3}{8}$
1	$\frac{15}{64}$	$\frac{25}{64}$	$\frac{5}{8}$
$p._j$	$\frac{3}{8}$	$\frac{5}{8}$	

因为对任意的 $i,j(i=1,2;j=1,2)$，有 $p_i.p._j=p_{ij}$，因此 X 与 Y 相互独立.

3. 一个口袋中有四个球，它们依次标有 $1,2,2,3$. 今从袋中任取一球后，不放回，再从袋中取第二球，以 X,Y 分别记第一、二次取得的球上标有的数字. 求：

（1）(X,Y) 的联合分布律；（2）$P\{X+Y\geqslant 4\}$.

解　（1）由古典概型可知

$$P\{X=1,Y=1\}=0, P\{X=1,Y=2\}=\frac{A_1^1 A_2^1}{A_4^2}=\frac{1}{6}, P\{X=1,Y=3\}=\frac{A_1^1 A_1^1}{A_4^2}=\frac{1}{12},$$

$$P\{X=2,Y=1\}=\frac{A_2^1 A_1^1}{A_4^2}=\frac{1}{6}, P\{X=2,Y=2\}=\frac{A_2^1 A_1^1}{A_4^2}=\frac{1}{6},$$

$$P\{X=2,Y=3\}=\frac{A_2^1 A_1^1}{A_4^2}=\frac{1}{6}, P\{X=3,Y=1\}=\frac{A_1^1 A_1^1}{A_4^2}=\frac{1}{12},$$

$$P\{X=3,Y=2\}=\frac{A_1^1 A_2^1}{A_4^2}=\frac{1}{6}, P\{X=3,Y=3\}=0.$$

故 X 与 Y 的联合分布律为

X \ Y	1	2	3
1	0	$\frac{1}{6}$	$\frac{1}{12}$
2	$\frac{1}{6}$	$\frac{1}{6}$	$\frac{1}{6}$
3	$\frac{1}{12}$	$\frac{1}{6}$	0

$$(2) P\{X+Y \geqslant 4\} = 1 - P\{X+Y < 4\}$$
$$= 1 - P\{X=1,Y=1\} - P\{X=1,Y=2\} - P\{X=2,Y=1\}$$
$$= 1 - 0 - \frac{1}{6} - \frac{1}{6} = \frac{2}{3}.$$

4. 在一箱子里装有 12 只开关,其中 2 只是次品,在其中随机地取两次,每次取一只. 考虑两种试验:(1) 放回抽样,(2) 不放回抽样. 我们定义随机变量 X,Y 如下:

$$X = \begin{cases} 0, & \text{若第一次取出的是正品,} \\ 1, & \text{若第一次取出的是次品,} \end{cases}$$

$$Y = \begin{cases} 0, & \text{若第二次取出的是正品,} \\ 1, & \text{若第二次取出的是次品.} \end{cases}$$

试分别就(1)(2) 两种情况,写出 X 和 Y 的联合分布律.

解 (1) 放回抽样情况:

由于每次取物是独立的. 由独立性定义知:

$$P\{X=i,Y=j\} = P\{X=i\}P\{Y=j\}$$

$$P\{X=0,Y=0\} = \frac{10}{12} \cdot \frac{10}{12} = \frac{25}{36},$$

$$P\{X=0,Y=1\} = \frac{10}{12} \cdot \frac{2}{12} = \frac{5}{36},$$

$$P\{X=1,Y=0\} = \frac{2}{12} \cdot \frac{10}{12} = \frac{5}{36},$$

$$P\{X=1,Y=1\} = \frac{2}{12} \cdot \frac{2}{12} = \frac{1}{36}.$$

或写成

X \ Y	0	1
0	$\frac{25}{36}$	$\frac{5}{36}$
1	$\frac{5}{36}$	$\frac{1}{36}$

(2) 不放回抽样的情况:

$$P\{X=0,Y=0\} = \frac{10}{12} \cdot \frac{9}{11} = \frac{45}{66},$$

$$P\{X=0,Y=1\} = \frac{10}{12} \cdot \frac{2}{11} = \frac{10}{66},$$

$$P\{X=1,Y=0\} = \frac{2}{12} \cdot \frac{10}{11} = \frac{10}{66},$$

$$P\{X=1,Y=1\} = \frac{2}{12} \cdot \frac{1}{11} = \frac{1}{66}.$$

或写成

X \ Y	0	1
0	$\frac{45}{66}$	$\frac{10}{66}$
1	$\frac{10}{66}$	$\frac{1}{66}$

5. 某商品一周的需求量 X 是随机变量,已知其概率密度为

$$f(x) = \begin{cases} x\mathrm{e}^{-x}, & x \geqslant 0, \\ 0, & x < 0. \end{cases}$$

假设各周的需求量相互独立,以 U_k 表示 k 周的总需求量,试求:

(1) U_2 概率密度 $f_2(x)$;

(2) 接连三周中的周最大需求量的概率密度 $f_{(3)}(x)$.

解 以 X_i 表示第 i 周的需求量,X_i 的分布函数为 $F(x)$,$D = \{(x,y) \mid x \geqslant 0, y \geqslant 0\}$.

(1) $U_2 = X_1 + X_2$,U_2 的分布函数为

$$F_2(z) = P\{X_1 + X_2 \leqslant z\} = \iint\limits_{\{x+y \leqslant z\} D} xy\mathrm{e}^{-x-y} \mathrm{d}x\mathrm{d}y = \int_0^z \mathrm{d}x \int_0^{z-x} xy\mathrm{e}^{-x-y} \mathrm{d}y,$$

概率密度 $f_2(z) = F_2'(z) = \dfrac{\mathrm{e}^{-z}z^3}{6}, z \geqslant 0$.

(2) $F(x) = \displaystyle\int_0^x f(x)\mathrm{d}x = \begin{cases} 1 - \mathrm{e}^{-x} - x\mathrm{e}^{-x}, & x > 0, \\ 0, & x < 0. \end{cases}$

接连三周中的周最大需求量的分布函数为

$$F_{(3)}(z) = P\{\max\{X_1, X_2, X_3\} \leqslant z\} = F^3(z),$$

概率密度 $f_{(3)}(z) = F_{(3)}'(z) = 3F^2(z)f(z) = \begin{cases} 3(1 - \mathrm{e}^{-x} - x\mathrm{e}^{-x})^2 2x\mathrm{e}^{-x}, & x > 0, \\ 0, & x < 0. \end{cases}$

6. 两封信随机地投入编号为 10,11 的两个信箱内,用 X 与 Y 分别表示第一封信和第二封信投入的信箱号码,求 (X,Y) 的联合分布律与联合分布函数.

解 (X,Y) 所有可能取的有序数组为 $(10,10), (10,11), (11,10)$ 及 $(11,11)$. 由古典概型可得

$$P\{X=10,Y=10\} = P\{X=10,Y=11\} = P\{X=11,Y=10\} = P\{X=11,Y=11\}$$

$= \dfrac{1}{4}$,故 (X,Y) 的联合分布律为

X \ Y	10	11
10	$\frac{1}{4}$	$\frac{1}{4}$
11	$\frac{1}{4}$	$\frac{1}{4}$

其联合分布函数为

当 $x < 0$ 或 $y < 0$ 时,
$$F(x,y) = P\{X \leqslant x, Y \leqslant y\} = P\{\varnothing\} = 0;$$

当 $10 \leqslant x < 11, 10 \leqslant y < 11$ 时,
$$F(x,y) = P\{X \leqslant x, Y \leqslant y\} = P\{X = 10, Y = 10\} = \frac{1}{4};$$

当 $10 \leqslant x < 11, y \geqslant 11$ 时,
$$F(x,y) = P\{X \leqslant x, Y \leqslant y\} = P\{X = 10, Y = 10\} + P\{X = 10, Y = 11\} = \frac{1}{2};$$

当 $x \geqslant 11, 10 \leqslant y < 11$ 时,
$$F(x,y) = P\{X \leqslant x, Y \leqslant y\} = P\{X = 10, Y = 10\} + P\{X = 11, Y = 10\} = \frac{1}{2};$$

当 $x \geqslant 11, y \geqslant 11$ 时,
$$F(x,y) = P\{X \leqslant x, Y \leqslant y\} = 1.$$

7. 同时掷两枚硬币和两颗骰子,用 X_1 和 X_2 分别表示出现国徽的硬币数和出现点 6 的骰子数,试求 (X_1, X_2) 的联合分布律和 X_1 边缘分布律及 X_2 边缘分布律.

解 X_1, X_2 所有可能取的数值均为 0,1,2,掷硬币和掷骰子是相互独立的,因此由贝努利试验概型可得

$$P\{X_1 = 0, X_2 = 0\} = P\{X_1 = 0\} \cdot P\{X_2 = 0\} = \left(\frac{1}{2}\right)^2 \cdot \left(\frac{5}{6}\right)^2 = \frac{25}{144},$$

$$P\{X_1 = 0, X_2 = 1\} = P\{X_1 = 0\} \cdot P\{X_2 = 1\} = \left(\frac{1}{2}\right)^2 \cdot C_2^1 \frac{1}{6} \cdot \left(\frac{5}{6}\right) = \frac{10}{144},$$

$$P\{X_1 = 0, X_2 = 2\} = P\{X_1 = 0\} \cdot P\{X_2 = 2\} = \left(\frac{1}{2}\right)^2 \cdot C_2^2 \left(\frac{1}{6}\right)^2 = \frac{1}{144}.$$

类似地可求得

$$P\{X_1 = 1, X_2 = 0\} = \frac{50}{144}, P\{X_1 = 1, X_2 = 1\} = \frac{20}{144}, P\{X_1 = 1, X_2 = 2\} = \frac{2}{144},$$

$$P\{X_1 = 2, X_2 = 0\} = \frac{25}{144}, P\{X_1 = 2, X_2 = 1\} = \frac{10}{144}, P\{X_1 = 2, X_2 = 2\} = \frac{1}{144}.$$

故 (X_1, X_2) 的联合分布律为

X_2 \ X_1	0	1	2
0	$\frac{25}{144}$	$\frac{10}{144}$	$\frac{1}{144}$
1	$\frac{50}{144}$	$\frac{20}{144}$	$\frac{2}{144}$
2	$\frac{25}{144}$	$\frac{10}{144}$	$\frac{1}{144}$

由 (X_1, X_2) 的联合分布律可得 X_1 的边缘分布律为

X_1	0	1	2
$p_i.$	$\frac{1}{4}$	$\frac{2}{4}$	$\frac{1}{4}$

及 X_2 的边缘分布律为

X_2	0	1	2
$p_{\cdot j}$	$\dfrac{25}{36}$	$\dfrac{10}{36}$	$\dfrac{1}{36}$

8. 对于任意二事件 A_1,A_2，考虑二随机变量

$$X_i = \begin{cases} 1, & \text{若事件 } A_i \text{ 出现}, \\ 0, & \text{若事件 } A_i \text{ 不出现}, \end{cases} \quad (i=1,2)$$

试证明随机变量 X_1,X_2 独立的充分与必要条件是事件 A_1,A_2 相互独立.

证明 若 A_1,A_2 相互独立,则

$$P\{X_1=0,X_2=0\} = P(\bar{A}_1\bar{A}_2) = P(\bar{A}_1)P(\bar{A}_2) = P\{X_1=0\}P\{X_2=0\},$$
$$P\{X_1=0,X_2=1\} = P(\bar{A}_1A_2) = P(\bar{A}_1)P(A_2) = P\{X_1=0\}P\{X_2=1\},$$
$$P\{X_1=1,X_2=0\} = P(A_1\bar{A}_2) = P(A_1)P(\bar{A}_2) = P\{X_1=1\}P\{X_2=0\},$$
$$P\{X_1=1,X_2=1\} = P(A_1A_2) = P(A_1)P(A_2) = P\{X_1=1\}P\{X_2=1\},$$

即 X_1,X_2 独立. 反之,同理证明.

9. 一射手对同一目标进行射击,每次击中目标的概率为 $p(0<p<1)$，射击进行到第二次击中目标为止,设 X 表示第一次击中目标时所进行的射击次数,Y 表示第二次击中目标时所需要的射击次数,试求 (X,Y) 的联合分布律以及两个条件分布律.

解 设 X_2 表示第一次击中目标后到第二次击中目标时所进行的射击次数,

$$P\{X=m,Y=n\} = P\{X=m,X_2=n-m\}$$
$$= P\{X=m\}P\{X_2=n-m\} = (1-p)^{m-1}p\,(1-p)^{n-m-1}p$$
$$= (1-p)^{n-2}p^2,\ m=1,2,\cdots,n=m+1,m+2,\cdots$$

$$p_m = \sum_{n=m+1}^{\infty} P\{X=m,Y=n\} = \sum_{n=m+1}^{\infty}(1-p)^{n-2}p^2 = p\,(1-p)^{m-1},\ n=1,2,\cdots$$

$$p_n = \sum_{m=1}^{n-1} P\{X=m,Y=n\} = \sum_{m=1}^{n-1}(1-p)^{n-2}p^2 = (n-1)p^2(1-p)^{n-2},\ n=2,3,\cdots$$

故

$$P\{X=m\mid Y=n\} = \frac{(1-p)^{n-2}p^2}{(n-1)p^2(1-p)^{n-2}} = \frac{1}{n-1},\ m=1,2,\cdots,n-1(n\geqslant 2);$$

$$P\{Y=n\mid X=m\} = \frac{(1-p)^{n-2}p^2}{p\,(1-p)^{m-1}} = p\,(1-p)^{n-m-1},\ n=m+1,m+2,\cdots(m\geqslant 1).$$

(X,Y) 的联合分布律 $P\{X=m,Y=n\} = (1-p)^{n-2}p^2,\ m=1,2,\cdots,n=m+1,m+2,\cdots$；

两个条件分布律 $P\{X=m\mid Y=n\} = \dfrac{(1-p)^{n-2}p^2}{(n-1)p^2(1-p)^{n-2}} = \dfrac{1}{n-1},\ m=1,2,\cdots,$

$n-1(n\geqslant 2)$；

$$P\{Y=n\mid X=m\} = \frac{(1-p)^{n-2}p^2}{p\,(1-p)^{m-1}} = p\,(1-p)^{n-m-1},\ n=m+1,m+2,\cdots(m\geqslant 1).$$

10. 一袋色球,其中有三个白球,两个红球和三个黑球,现从中随机任取 4 球. 设 X 为白球数,Y 为红球数,求:(1)(X,Y) 的联合分布律;(2)$P\{(X,Y)\in D\}$, $D=\{(x,y)\mid x+y\leqslant 2\}$.

解 X 的所有可能的取值为 $0,1,2,3$，Y 的所有可能的取值为 $0,1,2$. 由古典概型可得

$$P\{X=0,Y=0\} = P\{\varnothing\} = 0,\ P\{X=0,Y=1\} = \frac{C_3^0 C_2^1 C_3^3}{C_8^4} = \frac{2}{70},$$

$$P\{X=0,Y=2\} = \frac{C_3^0 C_2^2 C_3^2}{C_8^4} = \frac{3}{70},$$

$$P\{X=1,Y=0\} = \frac{C_3^1 C_2^0 C_3^3}{C_8^4} = \frac{3}{70}, P\{X=1,Y=1\} = \frac{C_3^1 C_2^1 C_3^2}{C_8^4} = \frac{18}{70},$$

$$P\{X=1,Y=2\} = \frac{C_3^1 C_2^2 C_3^2}{C_8^4} = \frac{9}{70},$$

$$P\{X=2,Y=0\} = \frac{C_3^2 C_2^0 C_3^2}{C_8^4} = \frac{9}{70}, P\{X=2,Y=1\} = \frac{C_3^2 C_2^1 C_3^1}{C_8^4} = \frac{18}{70},$$

$$P\{X=2,Y=2\} = \frac{C_3^2 C_2^2 C_3^0}{C_8^4} = \frac{3}{70},$$

$$P\{X=3,Y=0\} = \frac{C_3^3 C_2^0 C_3^1}{C_8^4} = \frac{3}{70}, P\{X=3,Y=1\} = \frac{C_3^3 C_2^1 C_3^0}{C_8^4} = \frac{2}{70},$$

$$P\{X=3,Y=2\} = P\{\varnothing\} = 0.$$

故 (X,Y) 的联合分布律为

X \ Y	0	1	2
0	0	$\frac{2}{70}$	$\frac{3}{70}$
1	$\frac{3}{70}$	$\frac{18}{70}$	$\frac{9}{70}$
2	$\frac{9}{70}$	$\frac{18}{70}$	$\frac{3}{70}$
3	$\frac{3}{70}$	$\frac{2}{70}$	0

而

$$P\{(X,Y) \in D\} = \{X+Y \leqslant 2\}$$

$$= \sum_{j=0}^{2} P\{X=0,Y=j\} + \sum_{j=0}^{1} P\{X=1,Y=j\} + P\{X=2,Y=0\} = \frac{1}{2}.$$

11. 盒内 5 个晶体管,其中 2 个次品,3 个正品. 每次取出一个进行检验,直到所有的次品都被检验出为止. 用 X_1 表示直到查出第一个次品所需检验的次数,用 X_2 表示在查出第一个次品后到查出第二个次品所需检验次数,求 (X_1,X_2) 的联合分布律.

解 X_1,X_2 所有可能取的数值均为 $1,2,3,4$,由乘法公式可得

$$P\{X_1=1,X_2=1\} = P\{X_1=1\} \cdot P\{X_2=1 | X_1=1\} = \frac{2}{5} \cdot \frac{1}{4} = \frac{1}{10},$$

$$P\{X_1=1,X_2=2\} = P\{X_1=1\} \cdot P\{X_2=2 | X_1=1\} = \frac{2}{5} \cdot \frac{A_3^1 A_1^1}{A_4^2} = \frac{1}{10},$$

$$P\{X_1=1,X_2=3\} = \frac{1}{10}, P\{X_1=1,X_2=4\} = \frac{1}{10},$$

$$P\{X_1=2,X_2=1\} = P\{X_1=2\} \cdot P\{X_2=1 | X_1=2\} = \frac{A_3^1 A_2^1}{A_5^2} \cdot \frac{1}{3} = \frac{1}{10},$$

$$P\{X_1=2,X_2=2\} = \frac{1}{10}, P\{X_1=2,X_2=3\} = \frac{1}{10}, P\{X_1=2,X_2=4\} = P\{\varnothing\} = 0,$$

$$P\{X_1=3,X_2=1\} = P\{X_1=3\} \cdot P\{X_2=1 | X_1=3\} = \frac{A_3^2 A_2^1}{A_5^3} \cdot \frac{1}{2} = \frac{1}{10},$$

$$P\{X_1 = 3, X_2 = 2\} = P\{X_1 = 3\} \cdot P\{X_2 = 2 \mid X_1 = 3\} = \frac{A_3^2 A_2^1}{A_5^3} \cdot \frac{1}{A_2^2} = \frac{1}{10},$$

$$P\{X_1 = 3, X_2 = 3\} = P\{\varnothing\} = 0, P\{X_1 = 3, X_2 = 4\} = P\{\varnothing\} = 0.$$

注意　关于 $P\{X_2 = 2 \mid X_1 = 3\} = \frac{1}{A_2^2}$ 的解释: $X_1 = 3$ 表明查出第一个次品时,已有两个正品和一个次品通过检验,这时还剩下一个正品和一个次品,它们的排列数为 A_2^2,而符合 "$X_2 = 2$" 的排列数只有一个,故 $P\{X_2 = 2 \mid X_1 = 3\} = \frac{1}{A_2^2}$.

$$P\{X_1 = 4, X_2 = 1\} = P\{X_1 = 4\} \cdot P\{X_2 = 1 \mid X_1 = 4\} = \frac{A_3^3 A_2^1}{A_5^4} \cdot 1 = \frac{1}{10},$$

$$P\{X_1 = 4, X_2 = 2\} = P\{\varnothing\} = 0, P\{X_1 = 4, X_2 = 3\} = P\{\varnothing\} = 0, P\{X_1 = 4, X_2 = 4\} = P\{\varnothing\} = 0.$$

故 (X_1, X_2) 的联合分布律为

X_2 ＼ X_1	1	2	3	4
1	$\frac{1}{10}$	$\frac{1}{10}$	$\frac{1}{10}$	$\frac{1}{10}$
2	$\frac{1}{10}$	$\frac{1}{10}$	$\frac{1}{10}$	0
3	$\frac{1}{10}$	$\frac{1}{10}$	0	0
4	$\frac{1}{10}$	0	0	0

12. 设事件 A, B 满足 $P(A) = \frac{1}{4}, P(B \mid A) = P(A \mid B) = \frac{1}{2}$,令

$$X = \begin{cases} 1, & \text{若 } A \text{ 发生}, \\ 0, & \text{否则}, \end{cases} \qquad Y = \begin{cases} 1, & \text{若 } B \text{ 发生}, \\ 0, & \text{否则}, \end{cases}$$

试求 (X, Y) 的联合分布律,并问 X, Y 是否独立.

解　$P(AB) = P(A)P(B \mid A) = \frac{1}{8}, P(A \mid B) = \frac{1}{2}$,

又 $P(A \mid B) = \frac{P(AB)}{P(B)} = \frac{1}{8P(B)}$,故 $\frac{1}{8P(B)} = \frac{1}{2}, P(B) = \frac{1}{4}$.

$$P\{X = 0, Y = 1\} = P(\bar{A}B) = P(B)P(\bar{A} \mid B) = P(B)(1 - P(A \mid B)) = \frac{1}{8},$$

$$P\{X = 1, Y = 0\} = P(A\bar{B}) = P(A)P(\bar{B} \mid A) = P(A)(1 - P(B \mid A)) = \frac{1}{8},$$

$$P\{X = 1, Y = 1\} = P(AB) = P(A)P(B \mid A) = \frac{1}{8},$$

$$P\{X = 0, Y = 0\} = 1 - \frac{1}{8} - \frac{1}{8} - \frac{1}{8} = \frac{5}{8}.$$

(X, Y) 的联合分布律为

X Y	0	1
0	$\dfrac{5}{8}$	$\dfrac{1}{8}$
1	$\dfrac{1}{8}$	$\dfrac{1}{8}$

由 $P\{X=0,Y=1\}=\dfrac{1}{8}\neq\dfrac{1}{16}=P\{X=0\}P\{Y=1\}$ 知，X,Y 不独立．

13. 设二维随机变量 (X,Y) 的概率密度为

$$f(x,y)=\begin{cases}4.8y(2-x), & 0\leqslant x\leqslant 1,0\leqslant y\leqslant x,\\ 0, & \text{其他},\end{cases}$$

求边缘概率密度．

解　$f_X(x)=\displaystyle\int_{-\infty}^{+\infty}f(x,y)\mathrm{d}y=\begin{cases}\displaystyle\int_0^x 4.8y(2-x)\mathrm{d}y=2.4x^2(2-x), & 0\leqslant x\leqslant 1,\\ 0, & \text{其他},\end{cases}$

$f_Y(y)=\displaystyle\int_{-\infty}^{+\infty}f(x,y)\mathrm{d}x=\begin{cases}\displaystyle\int_y^1 4.8y(2-x)\mathrm{d}x=2.4y(3-4y+y^2), & 0\leqslant y\leqslant 1,\\ 0, & \text{其他}.\end{cases}$

14. 二维随机变量 (X,Y) 的联合概率密度为 $f(x,y)=\begin{cases}2k\mathrm{e}^{-y}, & 0\leqslant x\leqslant 2,y>0,\\ 0, & \text{其他},\end{cases}$

求：(1) 常数 k；(2)X 与 Y 的边缘概率密度，并判别二者是否独立；(3) 求 $P\{(X,Y)$ $\in D\}$，其中区域 $D:x<y<4-x$．

解　由已知的概率密度 $f(x,y)$ 可求得

$$\int_{-\infty}^{+\infty}\int_{-\infty}^{+\infty}f(x,y)\mathrm{d}x\mathrm{d}y=\int_0^2\int_0^{+\infty}2k\mathrm{e}^{-y}\mathrm{d}x\mathrm{d}y=2k\cdot 2\left[-\mathrm{e}^{-y}\right]\Big|_0^{+\infty}=4k,$$

再由概率密度 $f(x,y)$ 具有的性质：$\displaystyle\int_{-\infty}^{+\infty}\int_{-\infty}^{+\infty}f(x,y)\mathrm{d}x\mathrm{d}y=1$，得

$$4k=1,\text{即 }k=\frac{1}{4}.$$

X 的边缘概率密度为　　　$f_X(x)=\displaystyle\int_{-\infty}^{+\infty}f(x,\ y)\mathrm{d}y,$

因为当 $x<0$ 或 $x>2$ 时，$f(x,y)=0$，有 $f_X(x)=0$；

而当 $0\leqslant x\leqslant 2$ 时，$f_X(x)=\displaystyle\int_{-\infty}^{+\infty}f(x,y)\mathrm{d}y=\frac{1}{2}\int_0^{+\infty}\mathrm{e}^{-y}\mathrm{d}y=\frac{1}{2}\left[-\mathrm{e}^{-y}\right]\Big|_0^{+\infty}=\frac{1}{2}.$

所以

$$f_X(x)=\begin{cases}\dfrac{1}{2}, & 0\leqslant x\leqslant 2,\\ 0, & \text{其他}.\end{cases}$$

Y 的边缘概率密度为　　　$f_Y(y)=\displaystyle\int_{-\infty}^{+\infty}f(x,y)\mathrm{d}x,$

因为当 $y\leqslant 0$ 时，$f(x,y)=0$，有 $f_Y(y)=0$；

而当 $y>0$ 时，$f_Y(y)=\displaystyle\int_{-\infty}^{+\infty}f(x,y)\mathrm{d}x=\frac{1}{2}\int_0^2\mathrm{e}^{-y}\mathrm{d}x=\mathrm{e}^{-y}.$

所以

$$f_Y(y) = \begin{cases} e^{-y}, & y > 0, \\ 0, & \text{其他}. \end{cases}$$

容易验证 $f(x,y) = f_X(x)f_Y(y)$，故 X 与 Y 是相互独立的. 而

$$P\{(X,Y) \in D\} = \iint\limits_D f(x,y)\mathrm{d}x\mathrm{d}y = \int_0^2 \mathrm{d}x \int_x^{4-x} \frac{1}{2}e^{-y}\mathrm{d}y$$

$$= \int_0^2 \left[-\frac{1}{2}e^{-y}\right]_x^{4-x} \mathrm{d}x = \frac{1}{2}\int_0^2 (e^{-x} - e^{x-4})\mathrm{d}x$$

$$= \frac{1}{2}(-e^{-x} - e^{x-4})\Big|_0^2 = \frac{1}{2} + \frac{1}{2}e^{-4} - e^{-2}.$$

15. 若 (X,Y) 的联合概率密度为

$$f(x,y) = \begin{cases} \lambda e^{-(3x+4y)}, & x > 0, y > 0, \\ 0, & \text{其他}. \end{cases}$$

求：(1) 常数 λ；(2) (X,Y) 的联合分布函数；(3) 求 $P\{0 < X \leqslant 1, 0 < Y \leqslant 2\}$.

解 由已知的概率密度 $f(x,y)$ 可求得

$$\int_{-\infty}^{+\infty} \int_{-\infty}^{+\infty} f(x,y)\mathrm{d}x\mathrm{d}y = \int_0^{+\infty} \int_0^{+\infty} \lambda e^{-(3x+4y)}\mathrm{d}x\mathrm{d}y = \lambda\left[-\frac{1}{3}e^{-3x}\right]\Big|_0^{+\infty} \left[-\frac{1}{4}e^{-4y}\right]\Big|_0^{+\infty} = \frac{1}{12}\lambda,$$

再由概率密度 $f(x,y)$ 具有的性质：$\int_{-\infty}^{+\infty} \int_{-\infty}^{+\infty} f(x,y)\mathrm{d}x\mathrm{d}y = 1$，得

$$\frac{1}{12}\lambda = 1, \text{即 } \lambda = 12.$$

当 $x \leqslant 0$ 或 $y \leqslant 0$ 时，$f(x,y) = 0$，有 $F(x,y) = 0$；

当 $x > 0, y > 0$ 时，

$$F(x,y) = \int_{-\infty}^{x} \int_{-\infty}^{y} f(x,y)\mathrm{d}x\mathrm{d}y = \int_0^x \int_0^y 12e^{-(3x+4y)}\mathrm{d}x\mathrm{d}y$$

$$= 12\left[-\frac{1}{3}e^{-3x}\right]\Big|_0^x \cdot \left[-\frac{1}{4}e^{-4y}\right]\Big|_0^y = (1 - e^{-3x})(1 - e^{-4y}).$$

所以

$$F(x,y) = \begin{cases} (1 - e^{-3x})(1 - e^{-4y}), & x > 0, y > 0, \\ 0, & \text{其他}, \end{cases}$$

$$P\{0 < X \leqslant 1, 0 < Y \leqslant 2\} = \int_0^1 \int_0^2 f(x,y)\mathrm{d}x\mathrm{d}y = \int_0^1 \int_0^2 12e^{-(3x+4y)}\mathrm{d}x\mathrm{d}y$$

$$= 12\left[-\frac{1}{3}e^{-3x}\right]\Big|_0^1 \cdot \left[-\frac{1}{4}e^{-4y}\right]\Big|_0^2$$

$$= (1 - e^{-3})(1 - e^{-8}).$$

16. 设随机变量 X, Y 的联合密度函数为

$$f(x,y) = \begin{cases} \frac{1}{4}(1 + xy) & -1 < x, \quad y < 1, \\ 0, & \text{其他}. \end{cases}$$

试证明：X, Y 不独立，但 X^2 与 Y^2 独立.

证明 由于 $p(x,y) \neq p_X(x)p_Y(y)$，所以 X 与 Y 不独立. 由于

$$P\{X^2 < x\} = \begin{cases} 1, & x > 1, \\ \int_{-\sqrt{x}}^{\sqrt{x}} \left(\int_{-1}^{1} \frac{1+ty}{4} dy \right) dt = \sqrt{x}, & 0 < x \leqslant 1, \\ 0, & x \leqslant 0, \end{cases}$$

$$P\{Y^2 < y\} = \begin{cases} 1 & y > 1, \\ \int_{-\sqrt{y}}^{\sqrt{y}} \left(\int_{-1}^{1} \frac{1+tx}{4} dx \right) dt = \sqrt{y}, & 0 < y \leqslant 1, \\ 0, & y \leqslant 0, \end{cases}$$

$$P\{X^2 < x, Y^2 < y\} = \begin{cases} 1x, & y > 1, \\ \sqrt{x}, & 0 < x \leqslant 1, y > 1, \\ \sqrt{y}x > 1, & 0 < y \leqslant 1, \\ \sqrt{xy}, & 0 < x, y \leqslant 1, \\ 0, & 其他, \end{cases}$$

所以对一切的 x, y，都有 $P\{X^2 < x, Y^2 < y\} = P\{X^2 < x\}P\{Y^2 < y\}$，故 X^2 与 Y^2 相互独立.

17. 设二维随机变量 (X, Y) 的概率密度为 $f(x, y) = \begin{cases} cx^2y, & x^2 \leqslant y \leqslant 1, \\ 0, & 其他. \end{cases}$

(1) 试确定常数 c；(2) 求边缘概率密度.

解 $1 = \int_{-\infty}^{+\infty} \int_{-\infty}^{+\infty} f(x, y) dx dy = \int_0^1 dy \int_{-\sqrt{y}}^{+\sqrt{y}} cx^2 y dx$

$$= c \int_0^1 \frac{2}{3} y^{\frac{5}{2}} dy = \frac{4}{21}c \Rightarrow c = \frac{21}{4}$$

$$X \sim f_X(x) = \begin{cases} \int_{x^2}^{1} \frac{21}{4} x^2 y dy = \frac{21}{8} x^2 (1 - x^4), & -1 \leqslant x \leqslant 1, \\ 0, & 其他. \end{cases}$$

$$Y \sim f_Y(y) = \begin{cases} \int_{-\sqrt{y}}^{+\sqrt{y}} \frac{21}{4} d^2 y dx = \frac{7}{2} y^{\frac{5}{2}}, & 0 \leqslant y \leqslant 1, \\ 0, & 其他. \end{cases}$$

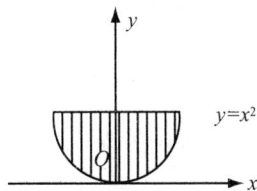

18. 随机变量 (X, Y) 的联合概率密度为

$$f(x, y) = \begin{cases} k(R - \sqrt{x^2 + y^2}), & x^2 + y^2 \leqslant R^2, \\ 0, & x^2 + y^2 > R^2. \end{cases}$$

求:(1) 常数 k；(2) $P\{(X, Y) \in D\}$，其中区域 $D = \{(x, y) | x^2 + y^2 \leqslant r^2, r < R\}$.

解 由已知的概率密度 $f(x, y)$ 可求得

$$\int_{-\infty}^{+\infty} \int_{-\infty}^{+\infty} f(x, y) dx dy = \iint_{x^2 + y^2 \leqslant R^2} k(R - \sqrt{x^2 + y^2}) dx dy$$

$$= k \int_0^{2\pi} d\theta \int_0^R (R - \rho) \rho d\rho$$

$$= 2k\pi \left[\frac{1}{2} R\rho^2 - \frac{1}{3} \rho^3 \right] \Big|_0^R = \frac{1}{3} k\pi R^3.$$

再由概率密度 $f(x, y)$ 具有的性质: $\int_{-\infty}^{+\infty} \int_{-\infty}^{+\infty} f(x, y) dx dy = 1$，得

$$\frac{1}{3}k\pi R^3 = 1, \text{即 } k = \frac{3}{\pi R^3},$$

$$P\{(X,Y) \in D\} = \iint\limits_{D} \frac{3}{\pi R^3}(R - \sqrt{x^2+y^2})\mathrm{d}x\mathrm{d}y$$

$$= \frac{3}{\pi R^3}\int_0^{2\pi}\mathrm{d}\theta\int_0^r(R-\rho)\rho\mathrm{d}\rho = \frac{3}{\pi R^3}\cdot 2\pi\left[\frac{1}{2}R\rho^2 - \frac{1}{3}\rho^3\right]\Big|_0^r$$

$$= \frac{r^2}{R^3}(3R - 2r).$$

19. 随机变量(X,Y)服从B上的均匀分布,其中B为x轴,y轴以及直线$y = 2x+1$所围成的三角形区域.求联合概率密度及两个边缘概率密度.

解 由已知,三角形区域$B = \left\{(x,y) \mid 0 < y < 2x+1, -\frac{1}{2} < x < 0\right\}$,故其面积$S = \frac{1}{4}$,于是$(X,Y)$的联合概率密度为

$$f(x,y) = \begin{cases} 4, & (x,y) \in B, \\ 0, & \text{其他.} \end{cases}$$

X的边缘概率密度为 $\qquad f_X(x) = \int_{-\infty}^{+\infty}f(x,y)\mathrm{d}y.$

因为当$x \leqslant -\frac{1}{2}$或$x \geqslant 0$时,$f(x,y) = 0$,有$f_X(x) = 0$;

而当$-\frac{1}{2} < x < 0$时,$f_X(x) = \int_{-\infty}^{+\infty}f(x,y)\mathrm{d}y = \int_0^{2x+1}4\mathrm{d}y = 4(2x+1).$

所以

$$f_X(x) = \begin{cases} 4(2x+1), & -\frac{1}{2} < x < 0, \\ 0, & \text{其他.} \end{cases}$$

Y的边缘概率密度为 $\qquad f_Y(y) = \int_{-\infty}^{+\infty}f(x,y)\mathrm{d}x.$

因为当$y \leqslant 0$或$y \geqslant 1$时,$f(x,y) = 0$,有$f_Y(y) = 0$;

而当$0 < y < 1$时,$f_Y(y) = \int_{-\infty}^{+\infty}f(x,y)\mathrm{d}x = \int_{\frac{y-1}{2}}^0 4\mathrm{d}x = 2(1-y).$

所以

$$f_Y(y) = \begin{cases} 2(1-y), & 0 < y < 1, \\ 0, & \text{其他.} \end{cases}$$

20. 设$X_1, X_2, \cdots, X_n$均为服从$0-1$分布,参数为p.试对固定正整数$k \leqslant n$,求:

(1)$P\left\{\sum\limits_{i=1}^n X_i = k\right\}$;

(2)$P\left\{\sum\limits_{i=1}^n X_i = k, X_n = 1\right\}$;

(3)$P\{\min\{n: X_n \neq 0, n = 1, 2, \cdots\} = k\}$.

解 (1)$P\left\{\sum\limits_{i=1}^n X_i = k\right\} = \mathrm{C}_n^k p^k (1-p)^{n-k}.$

(2) $P\{\sum_{i=1}^{n} X_i = k, X_n = 1\} = P\{\sum_{i=1}^{n-1} X_i = k-1, X_n = 1\} = P\{\sum_{i=1}^{n-1} X_i = k-1\} P\{X_n = 1\}$

$$= C_{n-1}^{k-1} p^{k-1} (1-p)^{n-k} p, k = 1, 2, \cdots, n.$$

(3) $P\{\min \{n: X_n \neq 0, n = 1, 2, \cdots\} = k\} = P\{X_1 = 0, \cdots, X_{k-1} = 0, X_k = 1\} = (1-p)^{k-1} p, k = 1, 2, \cdots$

21. 设随机变量 X, Y 相互独立，X 的密度函数为 $f(x)$，Y 的分布律为 $P\{Y = a_i\} = p_i$，$i = 1, 2, \cdots, n$，试求 $Z = X + Y$ 的密度函数.

解　设 X 的分布函数为 $F(x)$. Z 的分布函数为

$$F_Z(z) = P\{X + Y \leqslant z\} = \sum_{i=1}^{n} P\{Y = a_i\} P\{X + Y \leqslant z \mid Y = a_i\}$$

$$= \sum_{i=1}^{n} P\{X + Y \leqslant z, Y = a_i\} = \sum_{i=1}^{n} a_i P\{X \leqslant z - a_i\} = \sum_{i=1}^{n} a_i F(z - a_i),$$

Z 的密度函数 $f_Z(z) = F_Z'(z) = \sum_{i=1}^{n} a_i F'(z - a_i) = \sum_{i=1}^{n} a_i f(z - a_i).$

22. 设随机变量 (X, Y) 的联合分布函数为 $F(x, y) = A\left(B + \arctan \dfrac{x}{2}\right)\left(C + \arctan \dfrac{y}{3}\right)$，求：(1) 常数 A, B, C；(2) (X, Y) 的联合概率密度；(3) X 与 Y 的边缘概率密度，并判别 X 与 Y 是否相互独立.

解　由已知的分布函数 $F(x, y)$ 可求得

$$F(+\infty, +\infty) = \lim_{\substack{x \to +\infty \\ y \to +\infty}} A\left(B + \arctan \frac{x}{2}\right)\left(C + \arctan \frac{y}{3}\right) = A\left(B + \frac{\pi}{2}\right)\left(C + \frac{\pi}{2}\right),$$

所以有

$$A\left(B + \frac{\pi}{2}\right)\left(C + \frac{\pi}{2}\right) = 1. \tag{1}$$

又因为

$$F(-\infty, -\infty) = \lim_{\substack{x \to -\infty \\ y \to -\infty}} A\left(B + \arctan \frac{x}{2}\right)\left(C + \arctan \frac{y}{3}\right) = A\left(B - \frac{\pi}{2}\right)\left(C - \frac{\pi}{2}\right),$$

又有

$$A\left(B - \frac{\pi}{2}\right)\left(C - \frac{\pi}{2}\right) = 0, \tag{2}$$

联立式(1) 和式(2)，即得

$$A = \frac{1}{\pi^2}, B = \frac{\pi}{2}, C = \frac{\pi}{2}.$$

(X, Y) 的联合概率密度为

$$f(x, y) = \frac{\partial^2 F(x, y)}{\partial x \partial y} = A \cdot \frac{2}{4 + x^2} \cdot \frac{3}{9 + y^2} = \frac{6}{\pi^2 (4 + x^2)(9 + y^2)},$$

X 的边缘概率密度为

$$f_X(x) = \int_{-\infty}^{+\infty} f(x, y) \mathrm{d}y = \int_{-\infty}^{+\infty} \frac{6 \mathrm{d}y}{\pi^2 (4 + x^2)(9 + y^2)} = \frac{2 \arctan \dfrac{y}{3}}{\pi^2 (4 + x^2)} \Big|_{-\infty}^{+\infty} = \frac{2}{\pi (4 + x^2)},$$

Y 的边缘概率密度为

$$f_Y(y) = \int_{-\infty}^{+\infty} f(x,y)\mathrm{d}y = \int_{-\infty}^{+\infty} \frac{6\mathrm{d}x}{\pi^2(4+x^2)(9+y^2)} = \frac{3\arctan\dfrac{x}{2}}{\pi^2(9+y^2)}\Bigg|_{-\infty}^{+\infty} = \frac{3}{\pi(9+y^2)}.$$

容易验证 $f(x,y) = f_X(x)f_Y(y)$，故 X 与 Y 是相互独立的.

23. 设随机变量 (X,Y) 的联合概率密度为

$$f(x,y) = \begin{cases} \dfrac{\mathrm{e}^{-y+1}}{x^2}, & x > 1, y > 1, \\ 0, & \text{其他}, \end{cases}$$

求 X,Y 的边缘概率密度，并说明 X 与 Y 是否相互独立.

解 X 的边缘概率密度为 $f_X(x) = \int_{-\infty}^{+\infty} f(x,y)\mathrm{d}y.$

因为当 $x \leqslant 1$ 时，$f(x,y) = 0$，有 $f_X(x) = 0$；

而当 $x > 1$ 时，$f_X(x) = \int_{-\infty}^{+\infty} f(x,y)\mathrm{d}y = \int_1^{+\infty} \dfrac{\mathrm{e}^{-y+1}}{x^2}\mathrm{d}y = \dfrac{1}{x^2}\left[-\mathrm{e}^{-y+1}\right]_1^{+\infty} = \dfrac{1}{x^2}.$

所以

$$f_X(x) = \begin{cases} \dfrac{1}{x^2}, & x > 1, \\ 0, & \text{其他}. \end{cases}$$

Y 的边缘概率密度为 $f_Y(y) = \int_{-\infty}^{+\infty} f(x,y)\mathrm{d}x.$

因为当 $y \leqslant 1$ 时，$f(x,y) = 0$，有 $f_Y(y) = 0$；

而当 $y > 1$ 时，$f_Y(y) = \int_{-\infty}^{+\infty} f(x,y)\mathrm{d}x = \mathrm{e}^{-y+1}\int_1^{+\infty} \dfrac{\mathrm{d}x}{x^2} = -\mathrm{e}^{-y+1}\dfrac{1}{x}\Bigg|_1^{+\infty} = \mathrm{e}^{-y+1}.$

所以

$$f_Y(y) = \begin{cases} \mathrm{e}^{-y+1}, & y > 1, \\ 0, & \text{其他}. \end{cases}$$

容易验证 $f(x,y) = f_X(x)f_Y(y)$，故 X 与 Y 是相互独立的.

24. 设某种商品一周的需求量是一个随机变量，其概率密度为

$$f(t) = \begin{cases} t\mathrm{e}^{-t}, & t > 0, \\ 0, & t \leqslant 0, \end{cases}$$

并设各周的需求量是相互独立的，试求：两周、三周各自需求量的概率密度.

解 (1) 设第一周需求量为 X，第二周需求量为 Y，显然它们是随机变量，且为同分布，其分布密度为

$$f(t) = \begin{cases} t\mathrm{e}^{-t}, & t > 0, \\ 0, & t \leqslant 0. \end{cases}$$

$Z = X + Y$ 表示两周需求的商品量，由 X 和 Y 的独立性可知：

$$f(x,y) = \begin{cases} x\mathrm{e}^{-x}y\mathrm{e}^{-y}, & x > 0, y > 0, \\ 0, & \text{其他}. \end{cases}$$

因为 $z \geqslant 0$，所以当 $z < 0$ 时，$f_z(z) = 0$；

当 $z > 0$ 时，由和的概率公式知

$$f_z(z) = \int_{-\infty}^{+\infty} f_x(z-y) f_y(y) \mathrm{d}y$$

$$= \int_0^z (z-y) \mathrm{e}^{-(z-y)} \cdot y\mathrm{e}^{-y} \mathrm{d}y = \frac{z^3}{6} \mathrm{e}^{-z},$$

则 $$f_z(z) = \begin{cases} \dfrac{z^3}{6} \mathrm{e}^{-z}, & z > 0, \\ 0, & z \leqslant 0. \end{cases}$$

（2）设 z 表示前两周需求量，其概率密度为 $f_z(z) = \begin{cases} \dfrac{z^3}{6} \mathrm{e}^{-z}, & z > 0, \\ 0, & z \leqslant 0. \end{cases}$

设 ξ 表示第三周需求量，其概率密度为

$$f_\xi(x) = \begin{cases} x\mathrm{e}^{-x}, & x > 0, \\ 0, & x \leqslant 0. \end{cases}$$

Z 与 ξ 相互独立，令 $\eta = Z + \xi$ 表示前三周需求量，则 $\eta \geqslant 0$.

当 $u < 0$ 时，$f_\eta(u) = 0$；

当 $u > 0$ 时，

$$f_\eta(u) = \int_{-\infty}^{+\infty} f(u-y) f_\xi(y) \mathrm{d}y$$

$$= \int_0^u \frac{1}{6} (u-y)^3 \mathrm{e}^{-(u-y)} \cdot y\mathrm{e}^{-y} \mathrm{d}y$$

$$= \frac{u^5}{120} \mathrm{e}^{-u},$$

所以 η 的概率密度为

$$f_\eta(u) = \begin{cases} \dfrac{u^5}{120} \mathrm{e}^{-u}, & u > 0, \\ 0, & u \leqslant 0. \end{cases}$$

25. 设某种型号的电子管的寿命（单位：时）近似地服从 $N(160, 20^2)$ 分布. 随机地选取 4 只求其中没有一只寿命小于 180 时的概率.

解 设 X_1, X_2, X_3, X_4 为 4 只电子管的寿命，它们相互独立且同分布，其概率密度为

$$f_T(t) = \frac{1}{\sqrt{2\pi} \cdot 20} \mathrm{e}^{-\frac{(t-160)^2}{2 \times 20^2}}.$$

$$P\{X < 180\} = F_X(180) = \frac{1}{\sqrt{2\pi}} \frac{1}{20} \int_{-\infty}^{180} \frac{(t-160)^2}{2 \times 20^2} \mathrm{d}t$$

$$\xrightarrow{\diamondsuit \frac{t-160}{20} = u} \frac{1}{\sqrt{2\pi}} \int_{-\infty}^{1} \mathrm{e}^{-\frac{u^2}{2}} \mathrm{d}u = \Phi\left(\frac{180-60}{20}\right) \xrightarrow{\text{查表}} 0.841\ 3.$$

设 $N = \min\{X_1, X_2, X_3, X_4\}$，则

$$P\{N > 180\} = \{X_1 > 180, X_2 > 180, X_3 > 180, X_4 > 180\}$$

$$= P\{N > 180\}^4 = \{1 - P\{X < 180\}\}^4 = (0.1587)^4 = 0.000\ 63$$

26. 设随机变量 X 与 Y 相互独立，其概率密度分别为

$$f_X(x) = \begin{cases} \dfrac{1}{2} \mathrm{e}^{-\frac{x}{2}}, & x \geqslant 0, \\ 0, & \text{其他}, \end{cases} \qquad f_Y(y) = \begin{cases} \dfrac{1}{3} \mathrm{e}^{-\frac{y}{3}}, & y \geqslant 0, \\ 0, & \text{其他}. \end{cases}$$

求随机变量 $Z = X + Y$ 的概率密度.

解 因为 X 与 Y 相互独立,故 (X,Y) 的联合概率密度为

$$f(x,y) = f_X(x)f_Y(y) = \begin{cases} \dfrac{1}{6}\mathrm{e}^{-\frac{x}{2}-\frac{y}{3}}, & x \geqslant 0, y \geqslant 0, \\ 0, & \text{其他}, \end{cases}$$

为求 Z 的概率密度,先求其分布函数 $F(z)$: $\forall z \in \mathbf{R}$,设 $D = \{(x,y) \mid x + y \leqslant z\}$,有

$$F(z) = P\{Z \leqslant z\} = P\{X + Y \leqslant z\} = \iint\limits_{D} f(x,y)\mathrm{d}x\mathrm{d}y.$$

若 $z < 0$,则在区域 D 内,有 $x < 0$ 或 $y < 0$,于是 $f(x,y) = 0$,从而 $F(z) = 0$;
若 $z \geqslant 0$,则

$$\begin{aligned}
F(z) &= \iint\limits_{D} f(x,y)\mathrm{d}x\mathrm{d}y = \int_0^z \mathrm{d}x \int_0^{z-x} \frac{1}{6}\mathrm{e}^{-\frac{x}{2}-\frac{y}{3}}\mathrm{d}y \\
&= \frac{1}{6}\int_0^z \mathrm{e}^{-\frac{x}{2}}\left[-3\mathrm{e}^{-\frac{y}{3}}\right]_0^{z-x}\mathrm{d}x = \frac{1}{2}\int_0^z \mathrm{e}^{-\frac{x}{2}}(1-\mathrm{e}^{\frac{x-z}{3}})\mathrm{d}x \\
&= \frac{1}{2}\int_0^z \mathrm{e}^{-\frac{x}{2}}(1-\mathrm{e}^{\frac{x-z}{3}})\mathrm{d}x = \frac{1}{2}\left[-2\mathrm{e}^{-\frac{x}{2}}+6\mathrm{e}^{-\frac{x}{6}-\frac{z}{3}}\right]\Big|_0^z \\
&= 1 + 2\mathrm{e}^{-\frac{z}{2}} - 3\mathrm{e}^{-\frac{z}{3}}.
\end{aligned}$$

故

$$F(z) = \begin{cases} 1 + 2\mathrm{e}^{-\frac{z}{2}} - 3\mathrm{e}^{-\frac{z}{3}}, & z \geqslant 0, \\ 0, & \text{其他}, \end{cases}$$

所以随机变量 $Z = X + Y$ 的概率密度为

$$f(z) = F'(z) = \begin{cases} \mathrm{e}^{-\frac{z}{3}} - \mathrm{e}^{-\frac{z}{2}}, & z \geqslant 0, \\ 0, & \text{其他}. \end{cases}$$

27. 若随机变量 X 与 Y 相互独立,其概率密度分别为

$$f_X(x) = \begin{cases} 1, & 0 \leqslant x \leqslant 1, \\ 0, & \text{其他}, \end{cases} \qquad f_Y(y) = \begin{cases} \mathrm{e}^{-y}, & y > 0, \\ 0, & \text{其他}. \end{cases}$$

求随机变量 $Z = X + Y$ 的概率密度.

解 因为 X 与 Y 相互独立,故 (X,Y) 的联合概率密度为

$$f(x,y) = f_X(x)f_Y(y) = \begin{cases} \mathrm{e}^{-y}, & 0 \leqslant x \leqslant 1, y > 0, \\ 0, & \text{其他}. \end{cases}$$

为求 Z 的概率密度,先求其分布函数 $F(z)$: $\forall z \in \mathbf{R}$,设 $D = \{(x,y) \mid x + y \leqslant z\}$,有

$$F(z) = P\{Z \leqslant z\} = P\{X + Y \leqslant z\} = \iint\limits_{D} f(x,y)\mathrm{d}x\mathrm{d}y.$$

若 $z < 0$,则在区域 D 内,有 $x < 0$ 或 $y < 0$,于是 $f(x,y) = 0$,从而 $F(z) = 0$;
若 $0 \leqslant z < 1$,则

$$\begin{aligned}
F(z) &= \iint\limits_{D} f(x,y)\mathrm{d}x\mathrm{d}y = \int_0^z \mathrm{d}x \int_0^{z-x} \mathrm{e}^{-y}\mathrm{d}y \\
&= \int_0^z (1-\mathrm{e}^{x-z})\mathrm{d}x = \left[x-\mathrm{e}^{x-z}\right]\Big|_0^z = z - 1 + \mathrm{e}^{-z};
\end{aligned}$$

若 $z \geqslant 1$,则

$$F(z) = \iint\limits_{D} f(x,y)\mathrm{d}x\mathrm{d}y = \int_0^1 \mathrm{d}x \int_0^{z-x} \mathrm{e}^{-y}\mathrm{d}y$$

$$= \int_0^1 (1-\mathrm{e}^{x-z})\mathrm{d}x = \left[x - \mathrm{e}^{x-z} \right] \Big|_0^1 = 1 + (1-\mathrm{e})\mathrm{e}^{-z}.$$

故

$$F(z) = \begin{cases} 1 + (1-\mathrm{e})\mathrm{e}^{-z}, & z \geqslant 1, \\ z - 1 + \mathrm{e}^{-z}, & 0 \leqslant z < 1, \\ 0, & \text{其他}, \end{cases}$$

所以随机变量 $Z = X + Y$ 的概率密度

$$f(z) = F'(z) = \begin{cases} (\mathrm{e}-1)\mathrm{e}^{-z}, & z \geqslant 1, \\ 1 - \mathrm{e}^{-z}, & 0 \leqslant z < 1, \\ 0, & \text{其他}. \end{cases}$$

28. 设某班车起点站上客人数 X 服从参数为 $\lambda > 0$ 的泊松分布,每位乘客在中途下车的概率为 $p(0 < p < 1)$,且中途下车与否相互独立,以 Y 表示在中途下车的人数,求:

(1) 在发车时有 n 个乘客的条件下,中途有 m 人下车的概率;

(2) 二维随机变量 X,Y 的概率分布.

解 (1) $P\{Y = m \mid X = n\} = \mathrm{C}_n^m p^m (1-p)^{n-m}, 0 \leqslant m \leqslant n, n = 0, 1, \cdots$

(2) $P\{X = n, Y = m\} = P\{X = n\}P\{Y = m \mid X = n\} = \mathrm{e}^{-\lambda} \dfrac{\lambda^n}{n!} \mathrm{C}_n^m p^m (1-p)^{n-m}$,

$0 \leqslant m \leqslant n, n = 0, 1, \cdots$

29. 已知二维随机变量 X,Y 的概率密度为

$$f(x,y) = A\mathrm{e}^{-ax^2+bxy-cy^2}, \quad -\infty < x, y < +\infty.$$

问在什么条件下,X, Y 相互独立,其中 $a > 0, b > 0$.

解 $f_Y(y) = \displaystyle\int_{-\infty}^{+\infty} f(x,y)\mathrm{d}x = A \int_{-\infty}^{+\infty} \mathrm{e}^{-ax^2+bxy-cy^2}\mathrm{d}x \left(\Leftrightarrow \sqrt{a}x - \dfrac{by}{2\sqrt{a}} = \dfrac{t}{\sqrt{2}} \right)$

$$= A\mathrm{e}^{-cy^2 + \left(\frac{by}{2\sqrt{a}}\right)^2} \dfrac{\sqrt{2\pi}}{\sqrt{a}} \int_{-\infty}^{+\infty} \dfrac{1}{\sqrt{2\pi}} \mathrm{e}^{-\frac{t^2}{2}} \dfrac{1}{\sqrt{2}}\mathrm{d}t = A\sqrt{\dfrac{\pi}{a}} \mathrm{e}^{-\left(c-\frac{b^2}{2\sqrt{a}}\right)y^2}$$

同理可求 $f_X(x) = A \cdot \sqrt{\dfrac{\pi}{c}} \mathrm{e}^{-\left(a-\frac{b^2}{4c}\right)x^2}$.

X, Y 相互独立,则 $f_X(x)f_Y(y) = f(x,y)$,即

$$A\mathrm{e}^{-ax^2+bxy-cy^2} = A^2 \cdot \dfrac{\pi}{\sqrt{ac}} \mathrm{e}^{-\left(a-\frac{b^2}{4c}\right)x^2 - \left(c-\frac{b^2}{4a}\right)y^2}$$

比较两边系数得 $b = 0, A = \dfrac{\sqrt{ac}}{\pi}$.

30. 设随机变量 X 与 Y 相互独立,且 $X \sim N(0,1^2)$,Y 服从 $(-b,b)$ 上的均匀分布,求随机变量 $Z = X + Y$ 的概率密度.

解 据已知,有

$$f_X(x) = \dfrac{1}{\sqrt{2\pi}} \mathrm{e}^{-\frac{x^2}{2}}, \quad f_Y(y) = \begin{cases} \dfrac{1}{2b}, & -b < y < b, \\ 0, & \text{其他}. \end{cases}$$

因为 X 与 Y 相互独立,故(X,Y) 的联合概率密度为

$$f(x,y) = f_X(x)f_Y(y) = \begin{cases} \dfrac{1}{2b\sqrt{2\pi}}e^{-\frac{x^2}{2}}, & -\infty < x < +\infty, -b < y < b, \\ 0, & \text{其他}. \end{cases}$$

为求 Z 的概率密度,先求其分布函数 $F(z)$:$\forall z \in \mathbf{R}$,设 $D = \{(x,y)\,|\,x+y \leqslant z\}$,有

$$F(z) = P\{Z \leqslant z\} = P\{X+Y \leqslant z\} = \iint\limits_D f(x,y)\mathrm{d}x\mathrm{d}y.$$

由于区域 $D = D_1 \bigcup D_2 \bigcup D_3$,其中

$$D_1 : -\infty < x \leqslant z-b, -b < y < b,$$
$$D_2 : z-b < x < z+b, -b < y < z-x,$$
$$D_3 : z+b \leqslant x < +\infty, -\infty < y \leqslant z-x \leqslant -b,$$

所以

$$F(z) = \iint\limits_D f(x,y)\mathrm{d}x\mathrm{d}y = \iint\limits_{D_1} f(x,y)\mathrm{d}x\mathrm{d}y + \iint\limits_{D_2} f(x,y)\mathrm{d}x\mathrm{d}y + \iint\limits_{D_3} f(x,y)\mathrm{d}x\mathrm{d}y$$

$$= \int_{-\infty}^{z-b}\mathrm{d}x\int_{-b}^{b}\frac{1}{2b\sqrt{2\pi}}e^{-\frac{x^2}{2}}\mathrm{d}y + \int_{z-b}^{z+b}\mathrm{d}x\int_{-b}^{z-x}\frac{1}{2b\sqrt{2\pi}}e^{-\frac{x^2}{2}}\mathrm{d}y + 0$$

$$= \int_{-\infty}^{z-b}\frac{1}{\sqrt{2\pi}}e^{-\frac{x^2}{2}}\mathrm{d}x + \int_{z-b}^{z+b}\frac{z-x+b}{2b\sqrt{2\pi}}e^{-\frac{x^2}{2}}\mathrm{d}x$$

$$= \int_{-\infty}^{z-b}\frac{1}{\sqrt{2\pi}}e^{-\frac{x^2}{2}}\mathrm{d}x + \int_{z-b}^{z+b}\frac{z-x+b}{2b\sqrt{2\pi}}e^{-\frac{x^2}{2}}\mathrm{d}x,$$

所以随机变量 $Z = X+Y$ 的概率密度为

$$f(z) = F'(z) = \frac{1}{2b\sqrt{2\pi}}\int_{z-b}^{z+b}e^{-\frac{x^2}{2}}\mathrm{d}x = \frac{1}{2b}\big[\phi(z+b) - \phi(z-b)\big].$$

注意 $\dfrac{\mathrm{d}}{\mathrm{d}z}\displaystyle\int_{z-b}^{z+b}\frac{z-x+b}{2b\sqrt{2\pi}}e^{-\frac{x^2}{2}}\mathrm{d}x = \frac{z-(z+b)+b}{2b\sqrt{2\pi}}e^{-\frac{(z+b)^2}{2}} - \frac{z-(z-b)+b}{2b\sqrt{2\pi}}e^{-\frac{(z-b)^2}{2}} +$

$$\int_{z-b}^{z+b}\frac{1}{2b\sqrt{2\pi}}e^{-\frac{x^2}{2}}\mathrm{d}x.$$

31. 设 X,Y 是相互独立的随机变量,且它们都服从参数为 λ_1,λ_2 的泊松分布,求证 $Z = X+Y$ 服从参数为 $\lambda_1 + \lambda_2$ 的泊松分布.

证明 据已知 X,Y 的分布律分别为

$$P\{X=k\} = \frac{\lambda_1^k}{k!}e^{-\lambda_1}, P\{Y=k\} = \frac{\lambda_2^k}{k!}e^{-\lambda_2}\ (k=0,1,2,\cdots),$$

于是

$$P\{Z=k\} = P\{X+Y=k\} = \sum_{i=0}^{k}P\{X=i, Y=k-i\}$$

$$= \sum_{i=0}^{k}P\{X=i\}P\{Y=k-i\} = \sum_{i=0}^{k}\left[\frac{\lambda_1^i}{i!}e^{-\lambda_1} \cdot \frac{\lambda_2^{k-i}}{(k-i)!}e^{-\lambda_2}\right]$$

$$= e^{-(\lambda_1+\lambda_2)}\sum_{i=0}^{k}\frac{\lambda_1^i\lambda_2^{k-i}}{i!(k-i)!} = e^{-(\lambda_1+\lambda_2)}\sum_{i=0}^{k}\frac{C_k^i\lambda_1^i\lambda_2^{k-i}}{k!}$$

$$= \frac{(\lambda_1+\lambda_2)^k}{k!}e^{-(\lambda_1+\lambda_2)}\ (k=0,1,2,\cdots),$$

即 $Z = X + Y$ 服从参数为 $\lambda_1 + \lambda_2$ 的泊松分布.

32. 设二维随机变量 X,Y 的概率密度为

$$f(x,y) = \begin{cases} \sin y, & 0 < x < \dfrac{1}{2}, 0 < y < \pi, \\ 0, & \text{其他}, \end{cases}$$

试求 $Z = \dfrac{X}{Y}$ 的概率密度.

解　先求 $Z = \dfrac{X}{Y}$ 的分布函数 $F_Z(z) = P\{Z \leqslant z\} = P\left\{\dfrac{X}{Y} \leqslant z\right\}$.

当 $z < 0$ 时,由于 $0 < x < \dfrac{1}{2}, 0 < y < \pi$,所以 $F_Z(z) = P\{\varnothing\} = 0$;

当 $0 \leqslant z < \dfrac{1}{2\pi}$ 时,$F_Z(z) = P\left\{\dfrac{X}{Y} \leqslant z\right\} = \int_0^\pi \mathrm{d}y \int_0^{yz} \sin y\,\mathrm{d}x = z\int_0^\pi y\sin y\,\mathrm{d}x = \pi z$;

当 $\dfrac{1}{2\pi} \leqslant z$ 时,$F_Z(z) = P\left\{\dfrac{X}{Y} \leqslant z\right\} = \int_0^{\frac{1}{2}} \mathrm{d}x \int_{\frac{x}{2}}^\pi \sin y\,\mathrm{d}y = z\int_0^{\frac{1}{2}} \left(\cos\left(\dfrac{x}{y}\right) + 1\right)\mathrm{d}x$

$$= \dfrac{1}{2} + z\sin\left(\dfrac{1}{2z}\right),$$

所以 $Z = \dfrac{X}{Y}$ 的分布函数 $F_Z(z) = \begin{cases} 0, & z < 0, \\ \pi \cdot z, & 0 \leqslant z \leqslant \dfrac{1}{2\pi}, \\ \dfrac{1}{2} + z\sin\left(\dfrac{1}{2z}\right), & z > \dfrac{1}{2\pi}, \end{cases}$

$Z = \dfrac{X}{Y}$ 的分布密度为 $F_Z(z) = \begin{cases} 0, & z < 0, \\ \pi, & 0 \leqslant z \leqslant \dfrac{1}{2\pi}, \\ \sin\left(\dfrac{1}{2z}\right) - \dfrac{z}{2}\cos\left(\dfrac{1}{2z}\right), & z > \dfrac{1}{2\pi}. \end{cases}$

33. 设随机变量 (X,Y) 的概率密度为

$$f(x,y) = \begin{cases} b\mathrm{e}^{-(x+y)}, & 0 < x < 1, 0 < y < +\infty, \\ 0, & \text{其他}. \end{cases}$$

(1) 试确定常数 b;(2) 求边缘概率密度 $f_X(x), f_Y(y)$;

(3) 求函数 $U = \max\{X,Y\}$ 的分布函数.

解　(1) $1 = \int_{-\infty}^{+\infty}\int_{-\infty}^{+\infty} f(x,y)\mathrm{d}y\mathrm{d}x = \int_0^1 \int_0^{+\infty} b\mathrm{e}^{-(x+y)}\mathrm{d}y\mathrm{d}x = b[1 - \mathrm{e}^{-1}]$,

故 $b = \dfrac{1}{1 - \mathrm{e}^{-1}}$.

(2) $f_X(x) = \int_{-\infty}^{+\infty} f(x,y)\mathrm{d}y = \begin{cases} 0, & x \leqslant 0 \text{ 或 } x \geqslant 1, \\ \int_0^{+\infty} b\mathrm{e}^{-(x+y)}\mathrm{d}y = \dfrac{\mathrm{e}^{-x}}{1 - \mathrm{e}^{-1}}, & 0 < x < 1, \end{cases}$

$f_Y(y) = \int_{-\infty}^{+\infty} f(x,y)\mathrm{d}x = \begin{cases} 0, & y \leqslant 0, \\ \int_0^1 b\mathrm{e}^{-(x+y)}\mathrm{d}x = \mathrm{e}^{-y}, & y > 0. \end{cases}$

(3) $F_U(u) = P\{U \leqslant u\} = P\{\max\{X, Y\} \leqslant u\} = P\{X \leqslant u, Y \leqslant u\}$

$$= F(u, u) = \int_{-\infty}^{u} \int_{-\infty}^{u} f(x, y) \mathrm{d}x \mathrm{d}y.$$

当 $u < 0$ 时, $F_U(u) = 0$;

当 $0 \leqslant u < 1$ 时, $F_U(u) = \int_0^u \int_0^u b\mathrm{e}^{-(x+y)} \mathrm{d}x\mathrm{d}y = \dfrac{(1 - \mathrm{e}^{-u})^2}{1 - \mathrm{e}^{-1}}$;

当 $u \geqslant 1$ 时, $F_U(u) = \int_0^u \int_0^1 b\mathrm{e}^{-(x+y)} \mathrm{d}x\mathrm{d}y = 1 - \mathrm{e}^{-u}$.

34. 设 X, Y 是相互独立的随机变量, 且它们都服从参数为 n, p 的二项分布, 求证 $Z = X + Y$ 服从参数为 $2n, p$ 的二项分布.

证明 据已知 X, Y 的分布律分别为

$$P\{X = k\} = C_n^k p^k (1-p)^{n-k}, P\{Y = k\} = C_n^k p^k (1-p)^{n-k} (k = 0, 1, \cdots, n),$$

于是

$$P\{Z = k\} = P\{X + Y = k\} = \sum_{i=0}^{k} P\{X = i, Y = k-i\}$$

$$= \sum_{i=0}^{k} P\{X = i\} P\{Y = k-i\}$$

$$= \sum_{i=0}^{k} \left[C_n^i p^i (1-p)^{n-i} \cdot C_n^{k-i} p^{k-i} (1-p)^{n-k+i} \right]$$

$$= \sum_{i=0}^{k} C_n^i C_n^{k-i} p^k (1-p)^{2n-k} = p^k (1-p)^{2n-k} \sum_{i=0}^{k} C_n^i C_n^{k-i}$$

$$= C_{2n}^k p^k (1-p)^{2n-k} (k = 0, 1, \cdots, 2n),$$

即 $Z = X + Y$ 服从参数为 $2n, p$ 的二项分布.

注意 $\sum_{i=0}^{k} C_n^i C_n^{k-i} = C_{2n}^k$, 这是因为从两个各装 n 件事物的盒子中, 任取 k 件事物的组合数既可表示为 C_{2n}^k, 也可表示为 $\sum_{i=0}^{k} C_n^i C_n^{k-i}$.

35. 设随机变量 X_1, X_2, X_3, X_4 相互独立, 且服从同分布 $P\{X_i = 1\} = 0.4, P\{X_i = 0\} = 0.6 (i = 1, 2, 3, 4)$, 求随机变量 $X = X_1 X_4 - X_2 X_3$ 的分布律.

解 因为 X_1, X_2, X_3, X_4 相互独立, 故可得 $(X_1, X_4), (X_2, X_3)$ 的联合分布律分别为

X_4 \ X_1	0	1
0	0.36	0.24
1	0.24	0.16

和

X_3 \ X_2	0	1
0	0.36	0.24
1	0.24	0.16

于是，X_1X_4, X_2X_3 的分布律分别为

X_1X_4	0	1
p	0.84	0.16

和

X_2X_3	0	1
p	0.84	0.16

设 $Z_1 = X_1X_4, Z_2 = X_2X_3$，则 Z_1, Z_2 相互独立，且 (Z_1, Z_2) 的联合分布律为

Z_2 \\ Z_1	0	1
0	0.84^2	0.84×0.16
1	0.84×0.16	0.16^2

从而 $X = X_1X_4 - X_2X_3 = Z_1 - Z_2$ 的分布律为

X	-1	0	1
p	0.84×0.16	$0.84^2 + 0.16^2$	0.84×0.16

36. 设随机变量 ξ, η 独立同分布，其分布律为

ξ	1	2	3
p	$\frac{1}{3}$	$\frac{1}{3}$	$\frac{1}{3}$

又设 $X = \max\{\xi, \eta\}, Y = \min\{\xi, \eta\}$，试写出二维随机变量 (X, Y) 的联合分布律.

解　由已知可得 (ξ, η) 的联合分布律为

ξ \\ η	1	2	3
1	$\frac{1}{9}$	$\frac{1}{9}$	$\frac{1}{9}$
2	$\frac{1}{9}$	$\frac{1}{9}$	$\frac{1}{9}$
3	$\frac{1}{9}$	$\frac{1}{9}$	$\frac{1}{9}$

$P\{X = 1, Y = 1\} = P\{\max\{\xi, \eta\} = 1, \min\{\xi, \eta\} = 1\} = P\{\xi = 1, \eta = 1\} = \frac{1}{9}$,

$P\{X = 1, Y = 2\} = P\{\max\{\xi, \eta\} = 1, \min\{\xi, \eta\} = 2\} = P\{\varnothing\} = 0$,

$P\{X = 1, Y = 2\} = P\{\max\{\xi, \eta\} = 1, \min\{\xi, \eta\} = 3\} = P\{\varnothing\} = 0$,

$P\{X = 2, Y = 1\} = P\{\max\{\xi, \eta\} = 2, \min\{\xi, \eta\} = 1\}$

$$= P\{\xi = 1, \eta = 2\} + P\{\xi = 2, \eta = 1\} = \frac{2}{9},$$

$P\{X = 2, Y = 2\} = P\{\max\{\xi, \eta\} = 2, \min\{\xi, \eta\} = 2\} = P\{\xi = 2, \eta = 2\} = \frac{1}{9}$,

$P\{X = 2, Y = 3\} = P\{\max\{\xi, \eta\} = 2, \min\{\xi, \eta\} = 3\} = P\{\varnothing\} = 0$,

$$P\{X=3,Y=1\} = P\{\max\{\xi,\eta\}=3,\min\{\xi,\eta\}=1\}$$
$$= P\{\xi=1,\eta=3\} + P\{\xi=3,\eta=1\} = \frac{2}{9},$$

$$P\{X=3,Y=2\} = P\{\max\{\xi,\eta\}=3,\min\{\xi,\eta\}=2\}$$
$$= P\{\xi=2,\eta=3\} + P\{\xi=3,\eta=2\} = \frac{2}{9},$$

$$P\{X=3,Y=3\} = P\{\max\{\xi,\eta\}=3,\min\{\xi,\eta\}=3\} = P\{\xi=3,\eta=3\} = \frac{1}{9}.$$

所以 (X,Y) 的联合分布律为

X \ Y	1	2	3
1	$\frac{1}{9}$	0	0
2	$\frac{2}{9}$	$\frac{1}{9}$	0
3	$\frac{2}{9}$	$\frac{2}{9}$	$\frac{1}{9}$

37. 设一电路三个同种电气元件,其工作状态相互独立,且无故障工作时间都服从参数为的指数分布. 当三个元件都无故障时,电路正常工作,否则整个电路不能正常工作. 试求电路正常工作的时间 T 的分布函数.

解 设 X_1,X_2,X_3 分别为三个元件的寿命(无故障工作的时间),则 $T = \min\{X_1,X_2,X_3\}$,依题设 X_i 的概率密度为

$$f_i(x) = \begin{cases} \dfrac{1}{\lambda}\mathrm{e}^{-\frac{x}{\lambda}}, & x>0, \\ 0, & x\leqslant 0, \end{cases} \quad i=1,2,3,$$

而相应的分布函数为

$$F_i(x) = \begin{cases} 1-\mathrm{e}^{-\frac{x}{\lambda}}, & x>0, \\ 0, & 其他, \end{cases}$$

(当 $x>0$ 时,有 $\displaystyle\int_0^x \frac{1}{\lambda}\mathrm{e}^{-\frac{x}{\lambda}}\mathrm{d}x = -\mathrm{e}^{-\frac{x}{\lambda}}\Big|_0^x = 1-\mathrm{e}^{-\frac{x}{\lambda}}.$)

因为 X_1,X_2,X_3 相互独立,当 $t>0$ 时,有

$$F(t) = P\{T\leqslant t\} = 1-P\{T>t\} = 1-P\{\min\{X_1,X_2,X_3\}>t\}$$
$$= 1-P\{X_1>t,X_2>t,X_3>t\}$$
$$= 1-P\{X_1>t\}\cdot P\{X_2>t\}\cdot P\{X_3>t\}$$
$$= 1-[1-P\{X_1\leqslant t\}]\cdot[1-P\{X_2\leqslant t\}]\cdot[1-P\{X_3\leqslant t\}]$$
$$= 1-[1-F_1(t)]\cdot[1-F_2(t)]\cdot[1-F_3(t)]$$
$$= 1-(\mathrm{e}^{-\frac{t}{\lambda}})^3 = 1-\mathrm{e}^{-\frac{3t}{\lambda}},$$

所以 T 的分布函数为

$$F(t) = \begin{cases} 1-\mathrm{e}^{-\frac{3t}{\lambda}}, & t>0, \\ 0, & 其他. \end{cases}$$

38. 假设随机变量 Y 服从参数为 $\lambda = 1$ 的指数分布,随机变量

$$X_k = \begin{cases} 0, & 若 Y \leqslant k, \\ 1, & 若 Y > k, \end{cases}$$

若 $k = 1,2$,求 (X_1, X_2) 的联合分布律和边缘分布律.

解 据已知,有

$$f_Y(y) = \begin{cases} e^{-y}, & y > 0, \\ 0, & y \leqslant 0 \end{cases}$$

且

$$X_1 = \begin{cases} 0, & 若 Y \leqslant 1, \\ 1, & 若 Y > 1, \end{cases} \quad X_2 = \begin{cases} 0, & 若 Y \leqslant 2, \\ 1, & 若 Y > 2, \end{cases}$$

于是

$$P\{X_1 = 0, X_2 = 0\} = P\{Y \leqslant 1, Y \leqslant 2\} = P\{Y \leqslant 1\} = \int_0^1 e^{-y} dy = 1 - e^{-1},$$

$$P\{X_1 = 0, X_2 = 1\} = P\{Y \leqslant 1, Y > 2\} = P\{\varnothing\} = 0,$$

$$P\{X_1 = 1, X_2 = 0\} = P\{Y > 1, Y \leqslant 2\} = P\{1 < Y \leqslant 2\} = \int_1^2 e^{-y} dy = e^{-1} - e^{-2},$$

$$P\{X_1 = 1, X_2 = 1\} = P\{Y > 1, Y > 2\} = P\{Y > 2\} = \int_2^{+\infty} e^{-y} dy = e^{-2}.$$

故 (X_1, X_2) 的联合分布律为

X_2 \ X_1	0	1
0	$1 - e^{-1}$	0
1	$e^{-1} - e^{-2}$	e^{-2}

而 X_1, X_2 的边缘分布律分别为

X_1	0	1
p	$1 - e^{-2}$	e^{-2}

和

X_2	0	1
p	$1 - e^{-1}$	e^{-1}

39. 设随机变量 X 与 Y 相互独立,$X \sim N(0,1)$,$Y \sim N(0,1)$,求 $Z = \sqrt{X^2 + Y^2}$ 的分布函数和概率密度.

解 据已知,有

$$f_X(x) = \frac{1}{\sqrt{2\pi}} e^{-\frac{x^2}{2}}, f_Y(y) = \frac{1}{\sqrt{2\pi}} e^{-\frac{y^2}{2}}.$$

因为 X 与 Y 相互独立,故 (X, Y) 的联合概率密度为

$$f(x, y) = f_X(x) f_Y(y) = \frac{1}{2\pi} e^{-\frac{x^2 + y^2}{2}}.$$

为求 Z 的概率密度,先求其分布函数 $F(z)$:$\forall z \in \mathbf{R}$,设

$$D = \left\{ (x, y) \,\middle|\, \sqrt{x^2 + y^2} \leqslant z \right\},$$

有

$$F(z) = P\{Z \leqslant z\} = P\{\sqrt{X^2 + Y^2} \leqslant z\} = \iint\limits_{D} f(x, y)\mathrm{d}x\mathrm{d}y.$$

当 $z < 0$ 时，$F(z) = P\{Z \leqslant z\} = P\{\varnothing\} = 0$；

当 $z \geqslant 0$ 时，

$$F(z) = \iint\limits_{D} f(x, y)\mathrm{d}x\mathrm{d}y = \frac{1}{2\pi} \iint\limits_{\sqrt{x^2+y^2} \leqslant z} \mathrm{e}^{-\frac{x^2+y^2}{2}} \mathrm{d}x\mathrm{d}y$$

$$= \frac{1}{2\pi} \int_0^{2\pi} \mathrm{d}\theta \int_0^z \mathrm{e}^{-\frac{r^2}{2}} r\mathrm{d}r = \frac{1}{2\pi} \cdot 2\pi \left[-\mathrm{e}^{-\frac{r^2}{2}} \right] \Big|_0^z = 1 - \mathrm{e}^{-\frac{z^2}{2}}.$$

所以 $Z = \sqrt{X^2 + Y^2}$ 分布函数为

$$F(z) = \begin{cases} 1 - \mathrm{e}^{-\frac{z^2}{2}}, & z \geqslant 0, \\ 0, & z < 0, \end{cases}$$

而概率密度为

$$f(z) = F'(z) = \begin{cases} z\mathrm{e}^{-\frac{z^2}{2}}, & z \geqslant 0, \\ 0, & z < 0. \end{cases}$$

40. 两台同样自动记录仪，每台无故障工作的时间都服从参数为 5 的指数分布；首先开动其中一台，当其发生故障工作时停用而另一台自动开动. 试求两台记录仪无故障工作的总时间 T 的概率密度 $f(t)$.

解 设 X, Y 分别为两台记录仪无故障工作的时间，则 $T = X + Y$，依题设有

$$f_X(x) = \begin{cases} \frac{1}{5}\mathrm{e}^{-\frac{x}{5}}, & x > 0, \\ 0, & x \leqslant 0, \end{cases} \qquad f_Y(y) = \begin{cases} \frac{1}{5}\mathrm{e}^{-\frac{y}{5}}, & y > 0, \\ 0, & y \leqslant 0. \end{cases}$$

因为 X 与 Y 相互独立，当 $t > 0$ 时，利用卷积公式，有

$$f(t) = \int_{-\infty}^{+\infty} f_X(x) f_Y(t-x)\mathrm{d}x = \int_0^t f_X(x) f_Y(t-x)\mathrm{d}x$$

$$= \int_0^t \left(\frac{1}{5}\mathrm{e}^{-\frac{x}{5}} \cdot \frac{1}{5}\mathrm{e}^{-\frac{t-x}{5}} \right)\mathrm{d}x = \frac{1}{25}\mathrm{e}^{-\frac{t}{5}} \int_0^t \mathrm{d}x = \frac{1}{25} t\mathrm{e}^{-\frac{t}{5}},$$

所以 T 的概率密度

$$f(t) = \begin{cases} \dfrac{1}{25} t\mathrm{e}^{-\frac{t}{5}}, & t > 0, \\ 0, & t \leqslant 0. \end{cases}$$

第四章
随机变量的数字特征

一、随机变量的数学期望

1 ▶ 数学期望的定义

定义 1 （1）若离散型随机变量 X 可能取值为 a_i，其分布律为 $p_i(i=1,2,\cdots)$，则当 $\sum\limits_{i=1}^{\infty}|a_i|p_i<\infty$ 时，称 X 存在数学期望，并且数学期望为 $E(X)=\sum\limits_{i=1}^{\infty}a_ip_i$.

（2）设 X 是一个连续型随机变量，密度函数为 $p(x)$，当 $\int_{-\infty}^{\infty}|x|p(x)\mathrm{d}x<\infty$ 时，称 X 的数学期望存在，记作 $E(X)=\int_{-\infty}^{\infty}xp(x)\mathrm{d}x$.

2 ▶ 随机变量函数的数学期望

（1）若 X 是一个离散型随机变量，$Y=g(X)$，如果 $\sum\limits_{i=1}^{\infty}|g(a_i)|p_i<\infty$，则有

$$E(Y)=E[g(X)]=\sum\limits_{i=1}^{\infty}g(a_i)p_i.$$

（2）若 X 是连续型随机变量，密度函数为 $p(x)$，$Y=g(X)$，且

$$\int_{-\infty}^{\infty}|f(x)|p(x)\mathrm{d}x<\infty,$$

则有

$$E(Y)=E[g(X)]=\int_{-\infty}^{\infty}f(x)p(x)\mathrm{d}x.$$

（3）若 (X,Y) 是一个二维离散型随机变量，其联合分布律为

$$P\{X=x_i,Y=y_j\}=p_{ij},i,j=1,2,\cdots,Z=g(X,Y),$$

则

$$E(Z)=E[g(X,Y)]=\sum\limits_{i=1}^{\infty}\sum\limits_{j=1}^{\infty}g(a_i,b_j)p_{ij}.$$

（4）设 (X,Y) 是二维连续型随机变量，密度函数为 $p(x,y)$，$Z=g(X,Y)$，

则

$$E(Z)=E[g(X,Y)]=\int_{-\infty}^{\infty}\int_{-\infty}^{\infty}f(x,y)p(x,y)\mathrm{d}x\mathrm{d}y.$$

3 ▷ 随机变量的数学期望的性质

(1) 若 C 是一个常数,则 $E(C) = C$.

(2) 若 $E(X), E(Y)$ 存在,

$$E(CX) = CE(X),$$
$$E(X+Y) = E(X) + E(Y),$$

则对任意的实数 $k_1, k_2, E(k_1X + k_2Y)$ 存在,且

$$E(k_1X + k_2Y) = k_1E(X) + k_2E(Y),$$
$$E(X+C) = E(X) + C.$$

(3) 若 X, Y 相互独立,且 $E(X), E(Y)$ 存在,则 $E(XY)$ 存在且

$$E(XY) = E(X)E(Y).$$

4 ▷ 常见几种分布的数学期望

(1) 两点分布的期望:$E(X) = p$.

(2) 二项分布的期望:

$$E(X) = \sum_{k=0}^{n} k \cdot p_k = \sum_{k=0}^{n} k \cdot C_n^k p^k q^{n-k} = np \sum_{k=1}^{n} C_{n-1}^{k-1} p^{k-1} q^{(n-1)-(k-1)}$$
$$= np \ (p+q)^{n-1} = np.$$

(3) 泊松分布的数学期望: $E(X) = \lambda$.

(4) 均匀分布的数学期望: $E(X) = \dfrac{a+b}{2}$.

(5) 指数分布的数学期望:

$$E(X) = \int_0^\infty x\lambda e^{-\lambda x} dx = -\int_0^\infty x de^{-\lambda x} = \int_0^\infty e^{-\lambda x} dx = \frac{1}{\lambda}.$$

(6) 正态分布的数学期望:$E(X) = \mu$.

例 1　设二维随机变量 (X,Y) 的概率密度为

$$f(x,y) = \begin{cases} 3x, & 0 < y < x, 0 < x < 1, \\ 0, & \text{其他.} \end{cases}$$

(1) 求 $E(X)$;

解法一　$f_X(x) = \int_{-\infty}^{+\infty} f(x,y)dy = \begin{cases} \int_0^x 3x dy, & 0 < x < 1, \\ 0, & \text{其他} \end{cases} = \begin{cases} 3x^2 & 0 < x < 1, \\ 0, & \text{其他.} \end{cases}$

$$E(X) = \int_{-\infty}^{+\infty} x f_X(x)dx = \int_0^1 3x^3 dx = \frac{3}{4}.$$

解法二　$E(X) = \int_{-\infty}^{+\infty}\int_{-\infty}^{+\infty} xf(x,y)dxdy = \int_0^1 \left[\int_0^x 3x^2 dy\right]dx = \frac{3}{4}.$

(2) 求 $E(XY)$.

解　$E(XY) = \int_{-\infty}^{+\infty}\int_{-\infty}^{+\infty} xyf(x,y)dxdy = \int_0^1 \left[\int_0^x 3x^2 y dy\right]dx$

$$= \int_0^1 \frac{3}{2}x^4 dx = \frac{3}{10}.$$

二、方差

1 ▸ 方差的定义

定义 2　设 X 是一个离散型随机变量,数学期望 $E(X)$ 存在,如果 $E(X-E(X))^2$ 存在,则称 $E(X-E(X))^2$ 为随机变量 X 的方差,并记作 $D(X)$.

方差的平方根 $\sqrt{D(X)}$ 称为标准差或根方差,在实际问题中标准差用得很广泛.

常用的计算方差的公式为

$$D(X) = E(X^2) - (E(X))^2.$$

2 ▸ 方差的性质

(1) 若 C 是常数,则 $D(C) = 0$;

(2) 若 C 是常数,则 $D(CX) = C^2 D(X)$;

(3) 若 C 是常数,则 $D(X+C) = D(X)$;

(4) 若 X, Y 相互独立且 $D(X), D(Y)$ 存在,则 $D(X+Y)$ 存在且

$$D(X+Y) = D(X) + D(Y).$$

性质(4)可以推广到 n 维随机变量的情形,并且

$$D(X \pm Y) = D(X) + D(Y) \pm 2Cov(X,Y),$$

$$D(aX \pm bY) = a^2 D(X) + b^2 D(Y) \pm 2abCov(X,Y).$$

3 ▸ 常见分布的方差

(1) 两点分布的方差:

$$D(X) = E(X^2) - (E(X))^2 = p - p^2 = pq.$$

(2) 泊松分布的方差:

$$D(X) = E(X^2) - (E(X))^2 = (\lambda^2 + \lambda) - \lambda^2 = \lambda.$$

(3) 均匀分布的方差:

$$D(X) = \frac{1}{12}(a-b)^2.$$

(4) 指数分布的方差:

$$E(X) = \int_0^\infty x\lambda e^{-\lambda x}\,dx = -\int_0^\infty x\,de^{-\lambda x} = \int_0^\infty e^{-\lambda x}\,dx = \frac{1}{\lambda},$$

$$E(X^2) = \int_0^\infty x^2 \lambda e^{-\lambda x}\,dx = \frac{2}{\lambda^2}, D(X) = \frac{1}{\lambda^2}.$$

(5) 二项分布的方差:

$$D(X) = \sum_{i=1}^n D(\xi_i) = npq.$$

(6) 正态分布的方差:

$$D(X) = \sigma^2.$$

例 2 已知 $X \sim \begin{pmatrix} -1 & 0 & 1 \\ 0.1 & 0.2 & 0.7 \end{pmatrix}$，求 $D(X^2)$.

解 $E(X^2) = (-1)^2 \times 0.1 + 0^2 \times 0.2 + 1^2 \times 0.7 = 0.8$，

$E(X^4) = (-1)^4 \times 0.1 + 0^4 \times 0.2 + 1^4 \times 0.7 = 0.8$，

$D(X^2) = E(X^4) - (E(X^2))^2 = 0.8 - 0.8^2 = 0.16$.

例 3 设二维随机变量 (X, Y) 的概率密度为

$$f(x,y) = \begin{cases} 3x, & 0 < y < x, 0 < x < 1, \\ 0, & \text{其他}. \end{cases}$$

求 $D(X)$.

解 $E(X) = \int_{-\infty}^{+\infty} x f_X(x) \mathrm{d}x = \int_0^1 3x^3 \mathrm{d}x = \frac{3}{4}$，

$E(X^2) = \int_{-\infty}^{+\infty} x^2 f_X(x) \mathrm{d}x = \int_0^1 3x^4 \mathrm{d}x = \frac{3}{5}$，

$D(X) = E(X^2) - (E(X))^2 = \frac{3}{5} - \frac{9}{16} = \frac{3}{80}$.

三、协方差与相关系数

1 ▶ 随机变量的协方差

定义 3 若 (X, Y) 是一个二维随机变量，称 $E[X - E(X)][Y - E(Y)]$ 为 X 与 Y 的协方差，并记作 $Cov(X, Y)$，即 $Cov(X, Y) = E[X - E(X)][Y - E(Y)]$.

公式：$Cov(X, Y) = E(XY) - E(X)E(Y)$.

由协方差的定义即知它具有下述性质：

(1) $Cov(X, c) = 0$；

(2) 对称性：$Cov(X, Y) = Cov(Y, X)$；

(3) 线性性：

$\quad Cov(aX, bY) = abCov(X, Y)$，

$\quad Cov(X_1 + X_2, Y) = Cov(X_1, Y) + Cov(X_2, Y)$，

$\quad Cov(a_1 X_1 + \cdots + a_m X_m, b_1 Y_1 + \cdots + b_n Y_n) = \sum_{i=1}^{m} \sum_{j=1}^{n} a_i b_j Cov(X_i, Y_j)$；

(4) $D(X \pm Y) = D(X) + D(Y) \pm 2Cov(X, Y)$，

$\quad D(aX \pm bY) = a^2 D(X) + b^2 D(Y) \pm 2ab Cov(X, Y)$；

(5) 若 X, Y 独立，则 $Cov(X, Y) = 0$.

2 ▶ 二维随机变量的相关系数

定义 4 若 (X, Y) 是一个二维随机变量，则称

$$\rho_{XY} = \frac{Cov(X, Y)}{\sqrt{D(X)} \cdot \sqrt{D(Y)}}$$

为随机变量 X 与 Y 的相关系数.

相关系数的性质

(1) $|\rho_{XY}| \leqslant 1$;

(2) $|\rho_{XY}| = 1$,当且仅当存在常数 a,b,使得 $P\{Y = aX + b\} = 1$.

说明 (1) $\rho_{XY} = 0$ 时,称 X 与 Y 不相关,$\rho_{XY} = 1$ 时,称 X 与 Y 正相关,$\rho_{XY} = -1$ 时,称 X 与 Y 负相关;

(2) 若 X,Y 独立,则相关系数 $\rho_{XY} = 0$;反过来,相关系数 $\rho_{XY} = 0$,X,Y 不一定独立;

(3) 二维正态分布中的 ρ_{XY} 为 X,Y 的相关系数,$\rho_{XY} = 0$ 当且仅当 X,Y 独立.

例 4 二维随机变量 (X,Y) 的概率分布为

X \ Y	0	1
0	$\frac{2}{3}$	$\frac{1}{12}$
1	$\frac{1}{6}$	$\frac{1}{12}$

求:X 与 Y 的相关系数 ρ_{XY}.

解 因为 $E(X) = \frac{1}{4}, E(Y) = \frac{1}{6}, E(XY) = \frac{1}{12}, E(X^2) = \frac{1}{4}, E(Y^2) = = \frac{1}{6}$,

$$D(X) = E(X^2) - (E(X))^2 = \frac{3}{16}, D(Y) = E(Y^2) - (E(Y))^2 = \frac{5}{36},$$

$$Cov(X,Y) = E(XY) - E(X)E(Y) = \frac{1}{24},$$

所以 X 与 Y 的相关系数 $\rho_{XY} = \frac{Cov(X,Y)}{\sqrt{D(X) \cdot D(Y)}} = \frac{1}{\sqrt{15}} = \frac{\sqrt{15}}{15}$.

例 5 已知随机变量 (X,Y) 的概率密度为 $f(x,y) = \begin{cases} 2, & 0 < x < 1, 0 < y < x, \\ 0, & 其他, \end{cases}$ 求 ρ_{XY}.

解 $E(X) = \int_0^1 \left[\int_0^x 2x dy\right] dx = \int_0^1 2x^2 dx = \frac{2}{3}$,

$E(Y) = \int_0^1 \left[\int_0^x 2y dy\right] dx = \int_0^1 x^2 dx = \frac{1}{3}$,

$E(X^2) = \int_0^1 \left[\int_0^x 2x^2 dy\right] dx = \int_0^1 2x^3 dx = \frac{1}{2}$,

$E(Y^2) = \int_0^1 \left[\int_0^x 2y^2 dy\right] dx = \int_0^1 \frac{2}{3} x^3 dx = \frac{1}{6}$,

$E(XY) = \int_0^1 \left[\int_0^x 2xy dy\right] dx = \int_0^1 x^3 dx = \frac{1}{4}$,

$Cov(X,Y) = E(XY) - E(X)E(Y) = \frac{1}{4} - \frac{2}{9} = \frac{1}{36}$,

$D(X) = E(X^2) - (E(X))^2 = \frac{1}{2} - \frac{4}{9} = \frac{1}{18}$,

$D(Y) = E(Y^2) - (E(Y))^2 = \frac{1}{6} - \frac{1}{9} = \frac{1}{18}$,

$$\rho_{XY} = \frac{Cov(X,Y)}{\sqrt{D(X) \cdot D(Y)}} = \frac{\frac{1}{36}}{\sqrt{\frac{1}{18} \cdot \frac{1}{18}}} = \frac{1}{2}.$$

例6 设 $X \sim N(\mu, \sigma^2), Y \sim N(\mu, \sigma^2), X, Y$ 相互独立,令 $Z_1 = aX + bY, Z_2 = aX - bY$, $a \neq 0, b \neq 0$,求 $\rho_{Z_1 Z_2}$.

解 $D(Z_1) = D(aX + bY) = a^2 D(X) + b^2 D(Y) = (a^2 + b^2)\sigma^2, (X 与 Y 独立)$

$D(Z_2) = D(aX - bY) = a^2 D(X) + b^2 D(Y) = (a^2 + b^2)\sigma^2,$

$Cov(Z_1, Z_2) = Cov(aX + bY, aX - bY)$

$\quad\quad\quad\quad = a^2 Cov(X, X) - ab Cov(X, Y) + ab Cov(Y, X) - b^2 Cov(Y, Y)$

$\quad\quad\quad\quad = (a^2 - b^2)\sigma^2,$

故 $\rho_{Z_1 Z_2} = \dfrac{Cov(Z_1, Z_2)}{\sqrt{D(Z_1) \cdot D(Z_2)}} = \dfrac{a^2 - b^2}{a^2 + b^2}.$

例7 设 A, B 为随机事件,且 $P(A) = \dfrac{1}{4}, P(B \mid A) = \dfrac{1}{3}, P(A \mid B) = \dfrac{1}{2}$,令

$$X = \begin{cases} 1, & A 发生, \\ 0, & A 不发生, \end{cases} \quad\quad Y = \begin{cases} 1, & B 发生, \\ 0, & B 不发生. \end{cases}$$

求:(1)二维随机变量 (X, Y) 的概率分布;

(2) X 和 Y 的相关系数 ρ_{XY}.

解 (1)由于 $P(AB) = P(A)P(B \mid A) = \dfrac{1}{12}$,

$$P(B) = \frac{P(AB)}{P(A \mid B)} = \frac{1}{6},$$

所以,$P\{X = 1, Y = 1\} = P(AB) = \dfrac{1}{12}$,

$P\{X = 1, Y = 0\} = P(A\bar{B}) = P(A) - P(AB) = \dfrac{1}{6}$,

$P\{X = 0, Y = 1\} = P(\bar{A}B) = P(B) - P(AB) = \dfrac{1}{12}$,

$P\{X = 0, Y = 0\} = P(\bar{A}\bar{B}) = 1 - P(A + B)$

$\quad\quad\quad\quad\quad\quad\quad\quad = 1 - P(A) - P(B) + P(AB) = \dfrac{2}{3}$

$\left(或 P\{X = 0, Y = 0\} = 1 - \dfrac{1}{12} - \dfrac{1}{6} - \dfrac{1}{12} = \dfrac{2}{3}\right),$

故 (X, Y) 的概率分布为

X＼Y	0	1
0	$\frac{2}{3}$	$\frac{1}{12}$
1	$\frac{1}{6}$	$\frac{1}{12}$

(2) X,Y 的概率分布分别为

X	0	1
p	$\dfrac{3}{4}$	$\dfrac{1}{4}$

X	0	1
p	$\dfrac{5}{6}$	$\dfrac{1}{6}$

则 $E(X) = \dfrac{1}{4}, E(Y) = \dfrac{1}{6}, D(X) = \dfrac{3}{16}, D(Y) = \dfrac{5}{36}, E(XY) = \dfrac{1}{12}$,

故 $Cov(X,Y) = E(XY) - E(X) \cdot E(Y) = \dfrac{1}{24}$, 从而

$$\rho_{XY} = \frac{Cov(X,Y)}{\sqrt{D(X)} \cdot \sqrt{D(Y)}} = \frac{\sqrt{15}}{15}.$$

例 8　已知 $(X,Y) \sim N(1,0,9,16,-0.5), Z = \dfrac{X}{3} + \dfrac{Y}{2}$, 求 $E(Z), D(Z), \rho_{XZ}$.

解　$X \sim N(1,9), Y \sim N(0,16)$,

$E(Z) = E\left(\dfrac{X}{3} + \dfrac{Y}{2}\right) = \dfrac{1}{3}E(X) + \dfrac{1}{2}E(Y) = \dfrac{1}{3} \times 1 + \dfrac{1}{2} \times 0 = \dfrac{1}{3}$,

$D(Z) = D\left(\dfrac{X}{3} + \dfrac{Y}{2}\right) = \dfrac{1}{9}D(X) + \dfrac{1}{4}D(Y) + 2 \times \dfrac{1}{3} \times \dfrac{1}{2} Cov(X,Y)$,

$D(X) = 9, D(Y) = 16, Cov(X,Y) = \rho_{XY} \sqrt{D(X)} \sqrt{D(Y)} = -0.5 \times 3 \times 4 = -6$

故 $D(Z) = 3$.

$Cov(X,Z) = Cov\left(X, \dfrac{X}{3} + \dfrac{Y}{2}\right) = \dfrac{1}{3}Cov(X,X) + \dfrac{1}{2}Cov(X,Y)$

$\qquad\qquad = \dfrac{1}{3} \times 9 + \dfrac{1}{2} \times (-6) = 0$,

故 $\rho_{XZ} = 0$.

例 9　设随机变量 $U \sim B\left(2, \dfrac{1}{2}\right)$, 令

$$X = \begin{cases} -1, & U \leqslant 1, \\ 0, & U > 0, \end{cases} \qquad Y = \begin{cases} -1, & U < 2, \\ 1, & U \geqslant 2. \end{cases}$$

(1) 求 $D(X-Y), D(X+Y)$;

(2) $Cov(X,Y)$.

解　$U \sim \begin{pmatrix} 0 & 1 & 2 \\ \dfrac{1}{4} & \dfrac{1}{2} & \dfrac{1}{4} \end{pmatrix}$

$$P\{X = -1\} = P\{U \leqslant 0\} = P\{U = 0\} = \dfrac{1}{4}, \left(p = \dfrac{1}{2}\right)$$

$P\{X = 1\} = 1 - \dfrac{1}{4} = \dfrac{3}{4}, X \sim \begin{pmatrix} -1 & 1 \\ \dfrac{1}{4} & \dfrac{3}{4} \end{pmatrix}$, 同理, $Y \sim \begin{pmatrix} -1 & 1 \\ \dfrac{3}{4} & \dfrac{1}{4} \end{pmatrix}$.

$$E(X) = \frac{1}{2}, E(Y) = -\frac{1}{2}, E(X^2) = 1, E(Y^2) = 1, D(X) = \frac{3}{4}, D(Y) = \frac{3}{4},$$

XY 的取值为 $-1, 1$, 于是,

$$
\begin{aligned}
P\{XY = -1\} &= P\{X = -1, Y = -1\} + P\{X = 1, Y = 1\} \\
&= P\{U \leqslant 0, U < 2\} + P\{U > 0, U \geqslant 2\} \\
&= P\{U \leqslant 0\} + P\{U \geqslant 2\} = P\{U = 0\} + P\{U = 2\} = \frac{1}{2},
\end{aligned}
$$

$$P\{XY = 1\} = 1 - \frac{1}{2} = \frac{1}{2},$$

则

$$XY \sim \begin{pmatrix} -1 & 1 \\ \dfrac{1}{2} & \dfrac{1}{2} \end{pmatrix},$$

$E(XY) = 0,$

$Cov(X, Y) = E(XY) - E(X) \cdot E(Y) = \dfrac{1}{4},$

$D(X + Y) = D(X) + D(Y) + 2Cov(X, Y) = 2,$

$D(X - Y) = D(X) + D(Y) - 2Cov(X, Y) = 1.$

（二）　　　　　　　　　　　　　　　　　　　　　　　强化练习四 ▶

1. 自动生产线加工的零件的内径 X(单位:mm) 服从正态分布 $N(\mu, 1)$, 内径小于 10 mm 或大于 12 mm 的为不合格品, 其余为合格品. 每件产品的成本为 10 元, 内径小于 10 mm 的可再加工成合格品, 尚需费用 5 元. 全部合格品在市场上销售, 每件合格品售价 20 元. 问零件的平均内径 μ 取何值时, 一个零件的平均销售利润最大?

解　每件产品的利润为

$$
L(X) = \begin{cases} 5, & x < 10, \\ 10, & 10 \leqslant x \leqslant 12, \\ -10, & x > 12. \end{cases}
$$

所以, 平均利润为

$$
\begin{aligned}
E(L) &= \sum_{i=1}^{3} x_i p_i = 5P\{x < 10\} + 10P\{10 \leqslant x \leqslant 12\} - 10P\{x > 12\} \\
&= 5\Phi(10 - \mu) + 10[\Phi(12 - \mu) - \Phi(10 - \mu)] - 10[1 - \Phi(12 - \mu)] \\
&= 5[4\Phi(12 - \mu) - \Phi(10 - \mu) - 2]
\end{aligned}
$$

由

$$
\begin{aligned}
\frac{\mathrm{d}}{\mathrm{d}\mu}E(L) &= \frac{\mathrm{d}}{\mathrm{d}\mu}\{5[4\Phi(12 - \mu) - \Phi(10 - \mu) - 2]\} \\
&= 5[-4\phi(12 - \mu) + \phi(10 - \mu)] = 0
\end{aligned}
$$

得 $\phi(10 - \mu) = 4\phi(12 - \mu),$

即 $\dfrac{1}{\sqrt{2\pi}}\mathrm{e}^{-\frac{(10 - \mu - \mu)^2}{2}} = 4 \cdot \dfrac{1}{\sqrt{2\pi}}\mathrm{e}^{-\frac{(12 - \mu - \mu)^2}{2}},$

解得 $\mu = \dfrac{11 - \ln 2}{2}.$

所以,当零件的平均内径 $\mu = \dfrac{11 - \ln 2}{2}$ 时,一个零件的平均销售利润最大.

2. 已知随机变量 X 的分布律为

X	1	2	3
p	$\dfrac{1}{2}$	$\dfrac{1}{4}$	$\dfrac{1}{4}$

求 $E(X), E(X^2)$ 及 $E\left[\left(X - \dfrac{7}{4}\right)^2\right]$.

解 $E(X) = \displaystyle\sum_{k=1}^{3} x_k p_k = 1 \cdot \dfrac{1}{2} + 2 \cdot \dfrac{1}{4} + 3 \cdot \dfrac{1}{4} = \dfrac{7}{4}$,

$E(X^2) = \displaystyle\sum_{k=1}^{3} x_k^2 p_k = 1^2 \cdot \dfrac{1}{2} + 2^2 \cdot \dfrac{1}{4} + 3^2 \cdot \dfrac{1}{4} = \dfrac{15}{4}$,

$E\left[\left(X - \dfrac{7}{4}\right)^2\right] = \displaystyle\sum_{k=1}^{3}\left(x_k - \dfrac{7}{4}\right)^2 p_k = \dfrac{9}{16} \cdot \dfrac{1}{2} + \dfrac{1}{16} \cdot \dfrac{1}{4} + \dfrac{25}{16} \cdot \dfrac{1}{4} = \dfrac{15}{4}$.

3. 一批零件中有 9 个合格品与 3 个废品,安装机器时,从这批零件中任取一个,如果取出的是废品就不再放回去. 求在取出合格品前,已经取出的废品数的数学期望.

解 设 A_i 为第 i 个取出的是合格品的事件($i = 1, 2, \cdots, 12$),而 X 为在取出合格品之前已经取出的废品数,则 X 可能的取值为 $0, 1, 2, 3$,且

$p_0 = P\{X = 0\} = P(A_1) = \dfrac{C_9^1}{C_{12}^1} = \dfrac{3}{4}$,

$p_1 = P\{X = 1\} = P(\overline{A}_1 A_2) = P(\overline{A}_1) P(A_2 \mid \overline{A}_1) = \dfrac{C_3^1}{C_{12}^1} \cdot \dfrac{C_9^1}{C_{11}^1} = \dfrac{9}{44}$,

$p_2 = P\{X = 2\} = P(\overline{A}_1 \overline{A}_2 A_3) = P(\overline{A}_1 \overline{A}_2) P(A_3 \mid \overline{A}_1 \overline{A}_2) = \dfrac{C_3^2}{C_{12}^2} \cdot \dfrac{C_9^1}{C_{10}^1} = \dfrac{9}{220}$,

$p_3 = P\{X = 3\} = P(\overline{A}_1 \overline{A}_2 \overline{A}_3 A_4) = P(\overline{A}_1 \overline{A}_2 \overline{A}_3) P(A_4 \mid \overline{A}_1 \overline{A}_2 \overline{A}_3) = \dfrac{C_3^3}{C_{12}^3} \cdot \dfrac{C_9^1}{C_9^1} = \dfrac{1}{220}$,

故

$$E(X) = \sum_{k=0}^{3} k p_k = 0 \cdot \dfrac{3}{4} + 1 \cdot \dfrac{9}{44} + 2 \cdot \dfrac{9}{220} + 3 \cdot \dfrac{1}{220} = \dfrac{3}{10}.$$

4. 假设某季节性商品,适时地售出 1 kg 可以获利 s 元,季后销售每千克净亏损 t 元. 假设一家商店在季节内该商品的销售量 $X(\mathrm{kg})$ 是一随机变量,并且在区间 (a, b) 内均匀分布. 问季初应安排多少这种商品,可以使期望销售利润最大?

解 设季初安排 m kg 这种商品,则利润为

$$L(X) = \begin{cases} sm, & m \leqslant X, \\ sX - t(m - X), & m > X, \end{cases}$$

所以,

$$\begin{aligned} E(L) &= \int_{-\infty}^{+\infty} L(x) f(x) \,\mathrm{d}x = \dfrac{1}{b-a} \int_a^b L(x) \,\mathrm{d}x \\ &= \dfrac{1}{b-a} \left\{ \int_a^m [sx - t(m-x)] \,\mathrm{d}x + \int_m^b sm \,\mathrm{d}x \right\} \\ &= \dfrac{1}{b-a} \left(\dfrac{t-s}{2} m^2 + bsm - \dfrac{t+s}{2} ma^2 \right). \end{aligned}$$

令 $\dfrac{\mathrm{d}}{\mathrm{d}m}E(L)=\dfrac{1}{b-a}\big[(t-s)m+bs\big]=0$,

得 $m=\dfrac{bs}{s-t}$.

5. 独立地重复进行某项试验,直到成功为止,每次试验成功的概率为 p. 假设前 5 次试验每次的试验费用为 10 元,从第 6 次起每次的试验费用为 5 元. 试求这项试验的总费用的期望值 a.

解 设 X 表示试验总次数,则 $X\sim G(p)$,

$P\{X=k\}=pq^{k-1},k=1,2,\cdots$ 其中,$q=1-p$.

用 Y 表示试验总费用,则

$$Y=g(X)=\begin{cases}10X, & X\leqslant 5\\ 50+5(X-5), & X>6\end{cases}=\begin{cases}10X, & X\leqslant 5,\\ 25+5X, & X>6,\end{cases}$$

所以,

$$a=E(Y)=E[g(X)]=\sum_{k=1}^{\infty}g(k)pq^{k-1}=\sum_{k=1}^{5}g(k)pq^{k-1}+\sum_{k=6}^{\infty}g(k)pq^{k-1}$$

$$=\sum_{k=1}^{5}10kpq^{k-1}+\sum_{k=6}^{\infty}(25+5k)pq^{k-1}$$

$$=5p\sum_{k=1}^{5}kq^{k-1}+5p\sum_{k=1}^{\infty}kq^{k-1}+25q^{5}$$

$$=\frac{5}{p}(5q^{6}-6q^{5}+2)+25q^{5}.$$

6. 设随机变量 X 的概率密度为

$$f(x)=\frac{1}{2}\mathrm{e}^{-|x|},-\infty<x<+\infty,$$

求数学期望 $E(X)$.

解 注意到 $xf(x)=x\dfrac{1}{2}\mathrm{e}^{-|x|}\ (-\infty<x<+\infty)$ 为奇函数,有

$$E(X)=\int_{-\infty}^{+\infty}xf(x)\mathrm{d}x=\int_{-\infty}^{+\infty}x\frac{1}{2}\mathrm{e}^{-|x|}\mathrm{d}x=0.$$

7. 设随机变量 X 的概率密度为

$$f(x)=\begin{cases}\dfrac{A}{x^{3}}, & 1<x<+\infty,\\ 0, & \text{其他}.\end{cases}$$

试求 A 及 $E(X)$.

解 因为 $\displaystyle\int_{-\infty}^{+\infty}f(x)\mathrm{d}x=1$,且

$$\int_{-\infty}^{+\infty}f(x)\mathrm{d}x=\int_{1}^{+\infty}\frac{A}{x^{3}}\mathrm{d}x=-\frac{A}{2x^{2}}\Big|_{1}^{+\infty}=\frac{A}{2},$$

故 $A=2$,从而

$$E(X)=\int_{-\infty}^{+\infty}xf(x)\mathrm{d}x=\int_{1}^{+\infty}\Big(x\cdot\frac{2}{x^{3}}\Big)\mathrm{d}x=-\frac{2}{x}\Big|_{1}^{+\infty}=2.$$

8. 假设 n 个信封内分别装有发给 n 个人的通知,但信封上各收信人的地址是随机填写的. 以 X 表示收到自己通知的人数,求 X 的数学期望和方差.

解 设 $X_i = \begin{cases} 1, & \text{第 } i \text{ 人收到自己的通知}, \\ 0, & \text{第 } i \text{ 人未收到自己的通知}, \end{cases} i = 1, 2, \cdots, n,$

则 $X = \sum_{i=1}^{n} X_i$.

易知 $P\{X_i = 1\} = \dfrac{1}{n}, P\{X_i = 0\} = \dfrac{1}{n}, i = 1, 2, \cdots, n,$

所以, $E(X_i) = \dfrac{1}{n}, D(X_i) = \dfrac{n-1}{n^2}, i = 1, 2, \cdots, n,$

从而, $E(X) = \sum_{i=1}^{n} E(X_i) = n \cdot \dfrac{1}{n} = 1,$

$$E(X^2) = E(X_1 + X_2 + \cdots + X_n)^2 = \sum_{i=1}^{n} E(X_i^2) + 2 \sum_{1 \leqslant i < j \leqslant n} E(X_i X_j) = 2,$$

其中, $E(X_i^2) = D(X_i) + [E(X_i)]^2 = \dfrac{1}{n}.$

由于随机变量 $X_i X_j (i \neq j)$ 的所有可能取值为 $0, 1$, 且

$$P\{X_i X_j = 1\} = \dfrac{1}{n(n-1)}, P\{X_i X_j = 0\} = 1 - \dfrac{1}{n(n-1)}, i \neq j,$$

可得 $\qquad E(X_i X_j) = 1 \times \dfrac{1}{n(n-1)} + 0.1 \times \left(- \dfrac{1}{n(n-1)}\right) = \dfrac{1}{n(n-1)}.$

因此, $D(X) = E(X^2) - (E(X))^2 = 1.$

9. 假设随机变量 X 服从柯西分布,其概率密度为

$$f(x) = \dfrac{1}{\pi(1 + x^2)} (-\infty < x < \infty),$$

求 $E[\min\{|X|, 1\}]$.

解 $E[\min\{|X|, 1\}] = \displaystyle\int_{-\infty}^{+\infty} \min\{|X|, 1\} f(x) \mathrm{d}x$

$$= \int_{-\infty}^{-1} \dfrac{1}{\pi(1+x^2)} \mathrm{d}x + \int_{-1}^{1} \dfrac{|x|}{\pi(1+x^2)} \mathrm{d}x + \int_{1}^{+\infty} \dfrac{1}{\pi(1+x^2)} \mathrm{d}x$$

$$= \dfrac{1}{2} + \dfrac{1}{\pi} \ln 2.$$

10. 设随机变量 X 的概率密度为

$$f(x) = \begin{cases} ax, & 0 < x < 2, \\ cx + b, & 2 \leqslant x < 4, \\ 0, & \text{其他}. \end{cases}$$

已知 $E(X) = 2, P\{1 < X < 3\} = \dfrac{3}{4}$, 求 a, b, c 的值.

解 因为

$$\int_{-\infty}^{+\infty} f(x) \mathrm{d}x = \int_{0}^{2} ax \, \mathrm{d}x + \int_{2}^{4} (bx + c) \mathrm{d}x = 2a + 6b + 2c,$$

$$E(X) = \int_{-\infty}^{+\infty} x f(x) \mathrm{d}x = \int_0^2 ax^2 \mathrm{d}x + \int_2^4 (bx+c)x \mathrm{d}x = \frac{8}{3}a + \frac{56}{3}b + 6c,$$

$$P\{1 < X < 3\} = \int_1^3 f(x)\mathrm{d}x = \int_1^2 ax \mathrm{d}x + \int_2^3 (bx+c)\mathrm{d}x = \frac{3}{2}a + \frac{5}{2}b + c,$$

由已知,得

$$\begin{cases} 2a + 2b + 6c = 1 \\ \dfrac{8}{3}a + \dfrac{56}{3}b + 6c = 2 \\ \dfrac{3}{2}a + \dfrac{5}{2}b + c = \dfrac{3}{4} \end{cases}$$

解出
$$a = \frac{1}{4}, b = 1, c = -\frac{1}{4}.$$

11. 设随机变量 X 的分布律为

X	-2	0	2
p	0.4	0.3	0.3

求 $E(X), E(X^2), E(3X^2+5), D(3X^2+5)$ 及 $D(-2X^2-8)$.

解
$$E(X) = \sum_{k=1}^3 x_k p_k = (-2) \times 0.4 + 0 \times 0.3 + 2 \times 0.3 = -0.2,$$

$$E(X^2) = \sum_{k=1}^3 x_k^2 p_k = (-2)^2 \times 0.4 + 0^2 \times 0.3 + 2^2 \times 0.3 = 2.8,$$

$$E(3X^2+5) = 3E(X^2) + 5 = 3 \times 2.8 + 5 = 13.4,$$

又因为

$$E(X^4) = \sum_{k=1}^3 x_k^4 p_k = (-2)^4 \times 0.4 + 0^4 \times 0.3 + 2^4 \times 0.3 = 11.2,$$

故

$$D(3X^2+5) = 9D(X^2) = 9\{E(X^4) - [E(X^2)]^2\} = 30.24,$$

$$D(-2X^2-8) = 4D(X^2) = 4\{E(X^4) - [E(X^2)]^2\} = 13.44.$$

12. 假设一种电器设备的使用寿命 X(单位:时)是一随机变量,服从参数为 $\lambda = 0.01$ 的指数分布.使用这种电器每时的费用为 $C_1 = 3$ 元,当电器工作正常时每时可获利润 $C_2 = 10$ 元.此设备由一名工人操作,每时报酬为 $C_3 = 4$ 元,并且按约定操作时间为 h 时支付报酬.问约定操作时间 h 为多少时,能使期望利润最大?

解 利润函数为

$$L(X) = \begin{cases} (C_2 - C_1 - C_3)h = 3h, & X \geqslant h, \\ (C_2 - C_1)X - C_3 h = 7X - 4h, & X \leqslant h, \end{cases}$$

又 X 的密度函数为
$$f(X) = \begin{cases} \lambda \mathrm{e}^{-\lambda x}, & x \geqslant 0, \\ 0, & x < 0, \end{cases}$$

所以,

$$E(L) = \int_{-\infty}^{+\infty} L(x)f(x)\mathrm{d}x = \int_0^h (7x - 4h)\lambda \mathrm{e}^{-\lambda h}\mathrm{d}x + \int_h^{+\infty} 3h\lambda \mathrm{e}^2 \mathrm{d}x$$

$$= -\frac{7}{\lambda}\mathrm{e}^{-\lambda h} - 4h + \frac{7}{\lambda}.$$

令 $\dfrac{\mathrm{d}}{\mathrm{d}x}E(L) = \dfrac{\mathrm{d}}{\mathrm{d}x}\left(-\dfrac{7}{\lambda}\mathrm{e}^{-\lambda h} - 4h + \dfrac{7}{\lambda}\right) = 7\mathrm{e}^{-\lambda h} - 4 = 0,$

得 $h = \dfrac{\ln 7 - \ln 4}{\lambda} = \dfrac{\ln 7 - \ln 4}{0.01} \approx 504.9.$

13. 一微波线路有两个中间站,其中任何一个出现故障都要引起线路故障. 假设两个中间站无故障的时间都服从指数分布,平均无故障工作的时间相应为 1 和 0.5(单位:千时),试求线路无故障工作时间 X 的数学期望.

解　设 $X_i(i = 1,2)$ 表示第 i 个中间站无故障工作时间,则 $X = \min\{X_1, X_2\}$.

由题设知,$E(X_1) = \dfrac{1}{\lambda} = 1, E(X_2) = \dfrac{1}{\mu} = 0.5$,从而,$\lambda = 1, \mu = 2$,

即 X_1, X_2 的密度函数分别为

$$f_{X_1}(x) = \begin{cases} \mathrm{e}^{-x}, & x \geqslant 0, \\ 0, & x < 0, \end{cases} \quad f_{X_2}(x) = \begin{cases} 2\mathrm{e}^{-2x}, & x \geqslant 0, \\ 0, & x < 0. \end{cases}$$

可认为 X_1, X_2 相互独立,从而 (X_1, X_2) 的联合密度函数为

$$f(x_1, x_2) = f_{X_1}(x_1)f_{X_2}(x_2) = \begin{cases} 2\mathrm{e}^{-x_1-2x_2}, & x_1, x_2 \geqslant 0, \\ 0, & \text{其他,} \end{cases}$$

所以,

$$\begin{aligned}
E(X) &= \int_{-\infty}^{+\infty}\int_{-\infty}^{+\infty} \min\{x_1, x_2\} f(x_1, x_2)\,\mathrm{d}x_1\,\mathrm{d}x_2 \\
&= \iint\limits_{x_1 < x_2} x_1 f(x_1, x_2)\,\mathrm{d}x_1\,\mathrm{d}x_2 + \iint\limits_{x_1 > x_2} x_2 f(x_1, x_2)\,\mathrm{d}x_1\,\mathrm{d}x_2 \\
&= 2\int_0^{+\infty}\mathrm{d}x_1\int_{x_1}^{+\infty} x_1\mathrm{e}^{-x_1-2x_2}\,\mathrm{d}x_2 + 2\int_0^{+\infty}\mathrm{d}x_1\int_0^{x_1} x_2\mathrm{e}^{-x_1-2x_2}\,\mathrm{d}x_2 \\
&= \frac{1}{2}.
\end{aligned}$$

14. 设随机变量 X, Y 相互独立,并且都服从正态分布 $N(\mu, \sigma^2)$,求随机变量 $Z = \min\{X, Y\}$ 的数学期望.

解　$\begin{aligned}[t]
E[\min(X, Y)] &= \int_{-\infty}^{+\infty}\int_{-\infty}^{+\infty} \min(x, y) p(x, y)\,\mathrm{d}x\,\mathrm{d}y \\
&= \int_{-\infty}^{+\infty}\mathrm{d}y\int_{-\infty}^{y} xp(x, y)\,\mathrm{d}x + \int_{-\infty}^{+\infty}\mathrm{d}y\int_{y}^{+\infty} yp(x, y)\,\mathrm{d}x \\
&= \mu + \int_{-\infty}^{+\infty}\mathrm{d}y\int_{-\infty}^{y} (x-\mu)p(x, y)\,\mathrm{d}x + \int_{-\infty}^{+\infty}\mathrm{d}y\int_{y}^{+\infty} (y-\mu)p(x, y)\,\mathrm{d}x \\
&= \mu + \int_{-\infty}^{+\infty}\mathrm{d}x\int_{-\infty}^{x} (y-\mu)p(x, y)\,\mathrm{d}y + \int_{-\infty}^{+\infty}\mathrm{d}x\int_{-\infty}^{x} (y-\mu)p(x, y)\,\mathrm{d}y \\
&= \mu + 2\int_{-\infty}^{+\infty}\mathrm{d}x\int_{-\infty}^{x} (y-\mu)p(x, y)\,\mathrm{d}y \\
&= \mu + 2\int_{-\infty}^{+\infty}\frac{1}{2\pi\sigma^2}\mathrm{e}^{\frac{(x-\mu)^2}{2\sigma^2}}\,\mathrm{d}x\int_{-\infty}^{x} (y-\mu)\mathrm{e}^{\frac{(y-\mu)^2}{2\sigma^2}}\,\mathrm{d}y \\
&= \mu - \frac{1}{\pi}\int_{-\infty}^{+\infty}\mathrm{e}^{\frac{(x-\mu)^2}{\sigma^2}}\,\mathrm{d}x \\
&= \mu - \frac{\sigma}{\sqrt{\pi}}.
\end{aligned}$

15. 假设随机向量 (X,Y) 在以点 $(0,1),(1,0),(1,1)$ 为顶点的三角形区域上服从均匀分布. 试求随机变量 $Z = X + Y$ 的方差.

解　区域 $D = \{(x,y) \mid 1-x \leqslant y \leqslant 1, 0 \leqslant x \leqslant 1\}$,

易知, 区域 D 的面积为 $S_D = \dfrac{1}{2}$,

所以, $f(x,y) = \begin{cases} 2, & (x,y) \in D, \\ 0, & 其他. \end{cases}$

所以, $E(Z) = E(X + Y) = 2 \displaystyle\int_0^1 \mathrm{d}x \int_{1-x}^1 (x+y) \mathrm{d}y = \dfrac{4}{3}$,

$$D(Z) = E[(Z - E(Z))]^2 = E\left(X + Y - \dfrac{4}{3}\right)^2 = 2 \int_0^1 \mathrm{d}x \int_{1-x}^1 \left(x + y - \dfrac{4}{3}\right)^2 \mathrm{d}y = \dfrac{1}{18}.$$

16. 设连续型随机变量 X 的分布函数为

$$F(x) = \begin{cases} 0, & x < 0, \\ kx + b, & 0 \leqslant x \leqslant \pi, \\ 1, & x > \pi. \end{cases}$$

(1) 试确定常数 k,b 的值; (2) 求 $E(X), D(X)$; (3) 若 $Y = \sin X$, 求 $E(Y)$.

解　(1) 因为 $F(x)$ 为连续函数, 有

$$F(0^-) = F(0), F(\pi^+) = F(\pi),$$

故可得 $k = \dfrac{1}{\pi}, b = 0$.

(2) 因为

$$f(x) = F'(x) = \begin{cases} 0, & x \leqslant 0, \\ \dfrac{1}{\pi}, & 0 < x < \pi, \\ 0, & x \geqslant \pi, \end{cases}$$

所以

$$E(X) = \int_{-\infty}^{+\infty} x f(x) \mathrm{d}x = \dfrac{1}{\pi} \int_0^\pi x \mathrm{d}x = \dfrac{\pi}{2},$$

$$E(X^2) = \int_{-\infty}^{+\infty} x^2 f(x) \mathrm{d}x = \dfrac{1}{\pi} \int_0^\pi x^2 \mathrm{d}x = \dfrac{\pi^2}{3},$$

$$D(X) = E(X^2) - [E(X)]^2 = \dfrac{\pi^2}{3} - \left(\dfrac{\pi}{2}\right)^2 = \dfrac{\pi^2}{12}.$$

$$(3) E(Y) = \int_{-\infty}^{+\infty} \sin x f(x) \mathrm{d}x = \dfrac{1}{\pi} \int_0^\pi \sin x \mathrm{d}x = -\dfrac{1}{\pi} \cos x \Big|_0^\pi = \dfrac{2}{\pi}.$$

17. 假设随机变量 X,Y 的数学期望都等于 1, 方差都等于 2, 其相关系数为 0.25, 求随机变量 $U = X + 2Y$ 和 $V = X - 2Y$ 的相关系数 ρ.

解　易知, $Cov(X,Y) = \rho_{XY} \sqrt{D(X)} \sqrt{D(Y)} = 0.5$, 从而

$$D(U) = D(X + 2Y) = D(X) + D(2Y) + 2Cov(X, 2Y)$$

$$= D(X) + 4D(Y) + 4Cov(X,Y) = 12,$$

$$D(V) = D(X - 2Y) = D(X) + D(-2Y) + 2Cov(X, -2Y)$$

$$= D(X) + 4D(Y) - 4Cov(X + Y) = 8,$$

又 $Cov(U,V) = Cov(X+2Y,X-2Y) = D(X) - 4D(Y) = -6,$

所以,$\rho = \dfrac{Cov(U,V)}{\sqrt{D(U)}\sqrt{D(V)}} = -\dfrac{\sqrt{6}}{4}.$

18. 假设随机变量 $X_1,X_2,\cdots,X_{10}$ 独立同分布,且方差存在.求随机变量
$$U = X_1 + X_2 + \cdots + X_6 \ 和 \ V = X_5 + X_6 + \cdots + X_{10}$$
的相关系数 $\rho.$

解 由于诸随机变量的方差为 $D(X)$,则

$D(U) = D(X_1 + X_2 + \cdots + X_6) = 6D(X),$

$D(V) = D(X_5 + X_6 + \cdots + X_{10}) = 6D(X),$

$Cov(U,V) = Cov(X_5,X_5) + Cov(X_6,X_6) = 2D(X),$

所以,$\rho = \dfrac{Cov(U,V)}{\sqrt{D(U)}\sqrt{D(V)}} = \dfrac{1}{3}.$

19. 设 (X,Y) 服从 D 上的均匀分布,其中 D 为 x 轴,y 轴以及直线 $x + \dfrac{y}{2} = 1$ 所围成的三角形区域,求 X,Y,XY 的数学期望和方差.

解 由已知,三角形区域 $D = \{(x,y) \mid 0 < x < 1, 0 < y < 2 - 2x\}$,故其面积 $S = 1$,于是 (X,Y) 的联合概率密度

$$f(x,y) = \begin{cases} 1, & (x,y) \in D, \\ 0, & 其他. \end{cases}$$

(1)X 的数学期望和方差:

X 的边缘概率密度为 $\qquad f_X(x) = \displaystyle\int_{-\infty}^{+\infty} f(x,y)\mathrm{d}y.$

因为当 $x \leqslant 0$ 或 $x \geqslant 1$ 时,$f(x,y) = 0$,有 $f_X(x) = 0$;

而当 $0 < x < 1$ 时,$f_X(x) = \displaystyle\int_{-\infty}^{+\infty} f(x,y)\mathrm{d}y = \int_0^{2-2x} 1\mathrm{d}y = 2 - 2x.$

所以

$$f_X(x) = \begin{cases} 2-2x, & 0 < x < 1, \\ 0, & 其他, \end{cases}$$

于是

$E(X) = \displaystyle\int_{-\infty}^{+\infty} x f_X(x)\mathrm{d}x = \int_0^1 x(2-2x)\mathrm{d}x = \left[x^2 - \dfrac{2}{3}x^3\right]\Big|_0^1 = \dfrac{1}{3},$

$E(X^2) = \displaystyle\int_{-\infty}^{+\infty} x^2 f_X(x)\mathrm{d}x = \int_0^1 x^2(2-2x)\mathrm{d}x = \left[\dfrac{2}{3}x^3 - \dfrac{1}{2}x^4\right]\Big|_0^1 = \dfrac{1}{6},$

$D(X) = E(X^2) - [E(X)]^2 = \dfrac{1}{6} - \left(\dfrac{1}{3}\right)^2 = \dfrac{1}{18}.$

(2)Y 的数学期望和方差:

Y 的边缘概率密度为 $\qquad f_Y(y) = \displaystyle\int_{-\infty}^{+\infty} f(x,y)\mathrm{d}x.$

因为当 $y \leqslant 0$ 或 $y \geqslant 2$ 时,$f(x,y) = 0$,有 $f_Y(y) = 0$;

而当 $0 < y < 2$ 时,$f_Y(y) = \displaystyle\int_{-\infty}^{+\infty} f(x,y)\mathrm{d}x = \int_0^{1-\frac{y}{2}} 1\mathrm{d}x = 1 - \dfrac{y}{2}.$

所以

$$f_Y(y) = \begin{cases} 1 - \dfrac{y}{2}, & 0 < y < 2, \\ 0, & \text{其他}, \end{cases}$$

于是

$$E(Y) = \int_{-\infty}^{+\infty} y f_Y(y)\mathrm{d}y = \int_0^2 y\left(1 - \frac{y}{2}\right)\mathrm{d}y = \left[\frac{1}{2}y^2 - \frac{1}{6}y^3\right]\Big|_0^2 = \frac{2}{3},$$

$$E(Y^2) = \int_{-\infty}^{+\infty} y^2 f_Y(y)\mathrm{d}y = \int_0^2 y^2\left(1 - \frac{y}{2}\right)\mathrm{d}y = \left[\frac{1}{3}y^3 - \frac{1}{8}y^4\right]\Big|_0^2 = \frac{2}{3},$$

$$D(X) = E(X^2) - [E(X)]^2 = \frac{2}{3} - \left(\frac{2}{3}\right)^2 = \frac{2}{9}.$$

（3）XY 的数学期望和方差：

$$E(XY) = \iint_D xy f(x,y)\mathrm{d}x\mathrm{d}y = \int_0^1 \mathrm{d}x \int_0^{2-2x} xy\,\mathrm{d}y$$

$$= \int_0^1 x^2\left[\frac{1}{2}y^2\right]_0^{2-2x}\mathrm{d}x = \int_0^1 \frac{1}{2}x(2-2x)^2\mathrm{d}x$$

$$= \frac{1}{2}\int_0^1 (4x^3 - 8x^2 + 4x)\mathrm{d}x = \frac{1}{2}\left[x^4 - \frac{8}{3}x^3 + 2x^2\right]\Big|_0^1 = \frac{1}{6},$$

$$E[(XY)^2] = \iint_D x^2 y^2 f(x,y)\mathrm{d}x\mathrm{d}y = \int_0^1 \mathrm{d}x \int_0^{2-2x} x^2 y^2\mathrm{d}y$$

$$= \int_0^1 x^2\left[\frac{1}{3}y^3\right]_0^{2-2x}\mathrm{d}x = \frac{1}{3}\int_0^1 x^2(2-2x)^3\mathrm{d}x$$

$$= \frac{8}{3}\int_0^1 (x^2 - 3x^3 + 3x^4 - x^5)\mathrm{d}x$$

$$= \frac{8}{3}\left[\frac{1}{3}x^3 - \frac{3}{4}x^4 + \frac{3}{5}x^5 - \frac{1}{6}x^6\right]\Big|_0^1 = \frac{2}{45},$$

$$D(XY) = E[(XY)^2] - [E(XY)]^2 = \frac{2}{45} - \left(\frac{1}{6}\right)^2 = \frac{1}{60}.$$

20. 对于任意两随机事件 A 和 B，设随机变量

$$X = \begin{cases} 1, & \text{若 } A \text{ 出现}, \\ -1, & \text{若 } A \text{ 不出现}, \end{cases} \qquad Y = \begin{cases} -1, & \text{若 } B \text{ 出现}, \\ 1, & \text{若 } B \text{ 不出现}. \end{cases}$$

试证明"随机变量 X, Y 不相关"当且仅当"事件 A 和 B 独立".

证明 设 X, Y 的分布律如下：

X	-1	1
p	$1 - p_A$	p_A

Y	-1	1
p	p_B	$1 - p_B$

其中，$p_A = P(A)$，$p_B = P(B)$，

从而，$E(X) = 2p_A - 1$，$E(Y) = 1 - 2p_B$，

所以，$E(X) \cdot E(Y) = (2p_A - 1)(1 - 2p_B) = 2p_A + 2p_B - 4p_A p_B - 1$，

因为，XY 的取值只可能是 $1, -1$，且

$$P\{XY = 1\} = P\{X = 1, Y = 1\} + P\{X = -1, Y = -1\}$$
$$= P(\bar{A}B) + P(A\bar{B}) = P(B) + P(A) - 2P(AB)$$
$$= p_A + p_B - 2p_{AB},$$
$$P\{XY = -1\} = P\{X = -1, Y = 1\} + P\{X = 1, Y = -1\}$$
$$= P(AB) + P(\overline{AB}) = 2P(AB) - P(A) - P(B) + 1$$
$$= 2p_{AB} - p_A - p_B + 1,$$

所以，

$$E(XY) = 1 \cdot P\{XY = 1\} + (-1)P\{XY = -1\}$$
$$= 2p_A + 2p_B - 4p_{AB} - 1,$$

于是，$Cov(X, Y) = E(XY) - E(X)E(Y) = 4p_A p_B - 4p_{AB}$，

因此，X, Y 不相关 $\Leftrightarrow Cov(X, Y) = 0 \Leftrightarrow p_{AB} = p_A p_B \Leftrightarrow A, B$ 相互独立.

21. 现有 10 张奖券，其中 8 张为 2 元，2 张为 5 元，今某人从中随机无放回地抽取 3 张，则此人得奖的金额的数学期望为多少？

解　此人得奖的金额可能为 6 元，9 元，12 元，且

X	6	9	12
p	$\dfrac{C_8^3}{C_{10}^3}$	$\dfrac{C_8^2 C_2^1}{C_{10}^3}$	$\dfrac{C_8^1}{C_{10}^3}$

所以，$E(X) = \sum\limits_{i=1}^{3} x_i p_i = 7.8.$

22. 某产品的次品率为 0.1，检验员每天检验 4 次，每次随机地取 10 件产品进行检验，如发现其中的次品数多于 1 个，就去调整设备. 假设各产品是否为次品是相互独立的，以 X 表示一天中调整设备的次数，试求 $E(X)$ 和 $D(X)$.

解　设检验出的次品件数为 Y，则 $Y \sim B(10, 0.1)$，

故一次检验中，需调整设备的概率为

$$p = P\{Y > 1\} = 1 - P\{Y = 0\} - P\{Y = 1\} = 0.263\ 9,$$

由于各次检验相互独立，故 $X \sim B(4, 0.263\ 9)$，所以，

$$E(X) = 4 \times 0.263\ 9 = 1.055\ 6,$$
$$D(X) = 4 \times 0.263\ 9 \times (1 - 0.263\ 9) \approx 0.777.$$

23. 设 X 和 Y 是两个相互独立的随机变量，其概率密度为

$$f_X(x) = \begin{cases} 2e^{-2x}, & x > 0, \\ 0, & x \leqslant 0, \end{cases} \quad f_Y(y) = \begin{cases} 4e^{-4y}, & y > 0, \\ 0, & y \leqslant 0. \end{cases}$$

求 $E(X + Y)$ 和 $E(2X - 3Y^2)$.

解　因为

$$E(X) = \int_{-\infty}^{+\infty} x f_X(x) \mathrm{d}x = \int_0^{+\infty} 2x e^{-2x} \mathrm{d}x = \left[-x e^{-2x} - \frac{1}{2} e^{-2x} \right]\Big|_0^{+\infty} = \frac{1}{2},$$

$$E(Y) = \int_{-\infty}^{+\infty} y f_Y(y) \mathrm{d}y = \int_0^{+\infty} 4y e^{-4y} \mathrm{d}x = \left[-y e^{-4y} - \frac{1}{4} e^{-4y} \right]\Big|_0^{+\infty} = \frac{1}{4},$$

$$E(Y^2) = \int_{-\infty}^{+\infty} y^2 f_Y(y) \mathrm{d}y = \int_0^{+\infty} 4y^2 e^{-4y} \mathrm{d}x = \left[-y^2 e^{-4y} - \frac{1}{2} y e^{-4y} - \frac{1}{8} e^{-4y} \right]\Big|_0^{+\infty} = \frac{1}{8},$$

所以

$$E(X+Y) = E(X) + E(Y) = \frac{3}{4},$$

$$E(2X - 3Y^2) = 2E(X) - 3E(Y^2) = 1 - 3 \cdot \frac{1}{8} = \frac{5}{8}.$$

注意 因为 X 与 Y 相互独立,因此 $E(X+Y)$ 也可作如下计算:

$$E(X+Y) = \int_{-\infty}^{+\infty}\int_{-\infty}^{+\infty}(x+y)f_X(x)f_Y(y)\mathrm{d}x\mathrm{d}y = \int_0^{+\infty}\mathrm{d}x\int_0^{+\infty}8(x+y)\mathrm{e}^{-2x-4y}\mathrm{d}y$$

$$= \int_0^{+\infty}\mathrm{d}x\int_0^{+\infty}8(x+y)\mathrm{e}^{-2x-4y}\mathrm{d}y$$

$$= 8\int_0^{+\infty}\mathrm{e}^{-2x}\left[-\frac{1}{4}(x+y)\mathrm{e}^{-4y} - \frac{1}{16}\mathrm{e}^{-4y}\right]\Big|_0^{+\infty}\mathrm{d}x$$

$$= \frac{1}{2}\int_0^{+\infty}(1+4x)\mathrm{e}^{-2x}\mathrm{d}x = \frac{1}{2}\left[-\frac{3}{2}\mathrm{e}^{-2x} - 2x\mathrm{e}^{-2x}\right]\Big|_0^{+\infty} = \frac{3}{4}.$$

但上述计算较繁.

24. 设 X,Y 相互独立,且 $X \sim N(0,\sigma^2)$, $Y \sim N(0,\sigma^2)$, $Z = \sqrt{X^2+Y^2}$,求 $E(Z)$.

解 由已知,有

$$f_X(x) = \frac{1}{\sqrt{2\pi}\sigma}\mathrm{e}^{-\frac{x^2}{2\sigma^2}}, f_Y(y) = \frac{1}{\sqrt{2\pi}\sigma}\mathrm{e}^{-\frac{y^2}{2\sigma^2}},$$

因为 X 与 Y 相互独立,故

$$E(Z) = \int_{-\infty}^{+\infty}\int_{-\infty}^{+\infty}\sqrt{x^2+y^2}f_X(x)f_Y(y)\mathrm{d}x\mathrm{d}y = \frac{1}{2\pi\sigma^2}\int_{-\infty}^{+\infty}\int_{-\infty}^{+\infty}\sqrt{x^2+y^2}\mathrm{e}^{-\frac{x^2+y^2}{2\sigma^2}}\mathrm{d}x\mathrm{d}y$$

$$= \frac{1}{2\pi\sigma^2}\int_0^{2\pi}\mathrm{d}\theta\int_0^{+\infty}\mathrm{e}^{-\frac{r^2}{2\sigma^2}}r^2\mathrm{d}r = \frac{1}{\sigma^2}\int_0^{+\infty}\mathrm{e}^{-\frac{r^2}{2\sigma^2}}r^2\mathrm{d}r$$

$$= \frac{1}{\sigma^2}\left[-\sigma^2 r\mathrm{e}^{-\frac{r^2}{2\sigma^2}}\Big|_0^{+\infty} + \sigma^2\int_0^{+\infty}\mathrm{e}^{-\frac{r^2}{2\sigma^2}}\mathrm{d}r\right]$$

$$= \frac{1}{\sigma^2}\left[0 + \sqrt{2}\sigma^3\int_0^{+\infty}\mathrm{e}^{-\frac{r^2}{2\sigma^2}}\mathrm{d}\left(\frac{1}{\sqrt{2}\sigma}r\right)\right] = \sqrt{2}\sigma \cdot \frac{\sqrt{\pi}}{2} = \frac{\sqrt{2\pi}}{2}\sigma.$$

25. 有 3 只球,4 只盒子,盒子的编号为 1,2,3,4.将球逐个独立地、随机地放入 4 只盒子中去,以 X 表示其中至少有一只球的最小号码(例如 $X=3$ 表示第 1 号、第 2 号盒子是空的,第 3 号盒子至少有一个球),试求 $E(X)$ 和 $D(X)$.

解 X 的所有可能取值为 4,3,2,1,且

$$P\{X=4\} = \frac{1}{4^3} = \frac{1}{64}, \quad P\{X=3\} = \frac{2^3-1}{4^3} = \frac{7}{64},$$

$$P\{X=2\} = \frac{3^3-2^3}{4^3} = \frac{19}{64}, P\{X=1\} = \frac{4^3-3^3}{4^3} = \frac{37}{64},$$

所以,$E(X) = \sum_{k=1}^4 kp\{X=k\} = \frac{25}{16}$,

$$D(X) = E(X-E(X))^2 = \sum_{k=1}^4\left(k-\frac{25}{16}\right)^2 P\{X=k\} = \frac{2\,989}{8\,192}.$$

26. 某射手每次射击的命中率为 $p(0 < p < 1)$,他有 6 发子弹,准备对一目标进行射击,一旦打中或子弹打完,他就立即转移,求他在转移前平均射击的次数.

解　设 X 表示此人转移前的射击次数,则 X 的所有可能取值为 $1,2,\cdots,6$,且 $X=k(1\leqslant k\leqslant5)$ 表示第 $k-1$ 次未命中,而第 k 次命中,$X=6$ 表示前 5 次未命中,第 6 次的结果不必考虑.所以 X 的分布律为

$$P\{X=k\}=\begin{cases}p(1-p)^{k-1}, & k=1,2,\cdots,5,\\(1-p)^5, & k=6,\end{cases}$$

所以,$E(X)=\sum_{k=1}^{5}kp(1-p)^{k-1}+6(1-p)^5=\dfrac{1-(1-p)^6}{p}$.

27. 已知 $E(X+4)=10,E[(X+4)^2]=116$,求 $E(X)$ 及 $E(X^2)$.

解　因为

$$E(X+4)=E(X)+4,E[(X+4)^2]=E(X^2)+8E(X)+16,$$

所以

$$E(X)=E(X+4)-4=6,$$
$$E(X^2)=E[(X+4)^2]-8E(X)-16=52.$$

28. 设 (X,Y) 服从区域 $D=\{(x,y)\mid 0<x<1,0<y<1\}$ 的均匀分布,求相关系数 ρ_{XY}.

解　因为区域 D 的面积 $S=1$,于是 (X,Y) 的联合概率密度为

$$f(x,y)=\begin{cases}1, & (x,y)\in D,\\0, & \text{其他}.\end{cases}$$

(1) X 的数学期望和方差:

X 的边缘概率密度为　$f_X(x)=\displaystyle\int_{-\infty}^{+\infty}f(x,y)\mathrm{d}y$.

因为当 $x\leqslant0$ 或 $x\geqslant1$ 时,$f(x,y)=0$,有 $f_X(x)=0$;

而当 $0<x<1$ 时,$f_X(x)=\displaystyle\int_{-\infty}^{+\infty}f(x,y)\mathrm{d}y=\int_0^1 1\mathrm{d}y=1$.

所以

$$f_X(x)=\begin{cases}1, & 0<x<1,\\0, & \text{其他},\end{cases}$$

于是

$$E(X)=\int_{-\infty}^{+\infty}xf_X(x)\mathrm{d}x=\int_0^1 x\mathrm{d}x=\frac{1}{2},$$
$$E(X^2)=\int_{-\infty}^{+\infty}x^2f_X(x)\mathrm{d}x=\int_0^1 x^2\mathrm{d}y=\frac{1}{3},$$
$$D(X)=E(X^2)-[E(X)]^2=\frac{1}{3}-\left(\frac{1}{2}\right)^2=\frac{1}{12}.$$

(2) Y 的数学期望和方差:与 X 相同,Y 的边缘概率密度为

$$f_Y(y)=\begin{cases}1, & 0<y<1,\\0, & \text{其他}\end{cases}$$

且

$$E(Y)=\frac{1}{2},E(Y^2)=\frac{1}{3},D(X)=\frac{1}{12}.$$

(3) XY 的数学期望及相关系数 ρ_{XY}:因为

$$f(x,y) = f_X(x)f_Y(y),$$

故 X 与 Y 相互独立,于是

$$E(XY) = E(X)E(Y) = \frac{1}{4},$$

所以

$$\rho_{XY} = \frac{Cov(X,Y)}{\sqrt{D(X)}\sqrt{D(Y)}} = \frac{E(XY) - E(X)E(Y)}{\sqrt{D(X)}\sqrt{D(Y)}} = 0.$$

注意 本题只要验证 $f(x,y) = f_X(x)f_Y(y)$,即有 X 与 Y 相互独立,得 $\rho_{XY} = 0$.

29. 设随机变量 X 的概率密度函数为

$$f(x) = \begin{cases} 2x, & 0 < x < 1, \\ 0, & \text{其他,} \end{cases}$$

试求 $P\{|X - E(X)| \geqslant 2\sqrt{D(X)}\}$.

解 $P\{|X - E(X)| \geqslant 2\sqrt{D(X)}\} \leqslant \dfrac{D(X)}{(2\sqrt{D(X)})^2} = \dfrac{1}{4}$.

30. 试证:(1) 如果随机向量 (X,Y) 的 $D(X),D(Y),Cov(X,Y)$ 存在,则 $D(aX+bY) = a^2D(X) + b^2D(Y) + 2abCov(X,Y)$;(2) 如果随机向量 (X,Y) 具有 $D(X) = 2, D(Y) = 4$,且 $Cov(X,Y) = -2$,求随机变量 $Z = 3X - 4Y + 8$ 的方差.

解 (1) 略.

(2) 利用(1) 的结论,有

$$D(Z) = D(3X - 4Y + 8) = D(3X - 4Y)$$
$$= 3^2D(X) + (-4)^2D(Y) + 2 \times 3 \times (-4)Cov(X,Y) = 130.$$

31. 设随机变量 (X,Y) 的分布律为

Y \ X	1	2
1	$\frac{1}{4}$	$\frac{1}{2}$
-1	0	$\frac{1}{4}$

求 $Cov(X,Y)$ 及 ρ_{XY}.

解 (1)X 的数学期望和方差:X 的边缘分布律为

X	1	-1
p	$\frac{3}{4}$	$\frac{1}{4}$

于是

$$E(X) = 1 \times \frac{3}{4} + (-1) \times \frac{1}{4} = \frac{1}{2},$$

$$E(X^2) = 1^2 \times \frac{3}{4} + (-1)^2 \times \frac{1}{4} = 1,$$

$$D(X) = E(X^2) - [E(X)]^2 = 1 - \left(\frac{1}{2}\right)^2 = \frac{3}{4}.$$

(2)Y 的数学期望和方差:Y 的边缘分布律为

Y	1	2
p	$\frac{1}{4}$	$\frac{3}{4}$

$$E(Y) = 1 \times \frac{1}{4} + 2 \times \frac{3}{4} = \frac{7}{4},$$

$$E(Y^2) = 1^2 \times \frac{1}{4} + 2^2 \times \frac{3}{4} = \frac{13}{4},$$

$$D(Y) = E(Y^2) - [E(Y)]^2 = \frac{13}{4} - \left(\frac{7}{4}\right)^2 = \frac{3}{16}.$$

（3）XY 的数学期望及 $Cov(X,Y)$ 和 ρ_{XY}：因为 XY 的分布律为

XY	-2	-1	1	2
p	$\frac{1}{4}$	0	$\frac{1}{4}$	$\frac{1}{2}$

所以

$$E(XY) = -2 \times \frac{1}{4} + (-1) \times 0 + 1 \times \frac{1}{4} + 2 \times \frac{1}{2} = \frac{3}{4},$$

$$Cov(X,Y) = E(XY) - E(X)E(Y) = -\frac{1}{8},$$

$$\rho_{XY} = \frac{Cov(X,Y)}{\sqrt{D(X)}\sqrt{D(Y)}} = -\frac{1}{3}.$$

32. 设随机变量 X 的分布律为

$$P\{X = n\} = \frac{2}{3^n}, n = 1,2,3,\cdots$$

试求 $Y = 1 + (-1)^X$ 的数学期望与方差.

解　$E[(-1)^X] = \sum_{n=1}^{\infty} (-1)^n \frac{2}{3^n} = -\frac{1}{2},$

所以，$E(Y) = E[1 + (-1)^X] = 1 + E[(-1)^X] = \frac{1}{2},$

$$D(Y) = E(Y - E(Y))^2 = E\left[1 + (-1)^X - \frac{1}{2}\right]^2$$

$$= E\left[\frac{1}{4} + (-1)^X + 1\right] = \frac{5}{4} + E[(-1)^X] = \frac{3}{4}.$$

33. 设随机变量 X,Y 相互独立，且 X 服从 $[0,2]$ 上的均匀分布，$Y \sim N(1,1)$，求 $D(XY)$.

解　因为 $X \sim U[0,2]$，$Y \sim N(1,1)$，且相互独立，

所以，(X,Y) 的联合密度函数为

$$f(x,y) = \begin{cases} \dfrac{1}{2}\dfrac{1}{\sqrt{2\pi}}e^{-\frac{(y-1)^2}{2}}, & 0 \leqslant x \leqslant 2, -\infty < y < +\infty, \\ 0, & 其他, \end{cases}$$

从而，$E(XY)^2 = \int_{-\infty}^{+\infty} x^2 \mathrm{d}x \int_{-\infty}^{+\infty} y^2 f(x,y)\mathrm{d}y = \frac{1}{2}\frac{1}{\sqrt{2\pi}}\int_0^2 x^2 \mathrm{d}x \int_{-\infty}^{+\infty} y^2 e^{-\frac{(y-1)^2}{2}}\mathrm{d}y = \frac{8}{3}.$

又 $E(XY) = E(X) \cdot E(Y) = 1,$

所以,$D(XY) = E(XY)^2 - (E(XY))^2 = \dfrac{5}{3}$.

34. 设 (X,Y) 的概率密度为

$$f(x,y) = \begin{cases} k\cos(x+y), 0 \leqslant x \leqslant \dfrac{\pi}{2}, & -\dfrac{\pi}{2} \leqslant y \leqslant 0, \\ 0, & \text{其他.} \end{cases}$$

求 X,Y 的期望、均方差、协方差与相关系数.

解 因为

$$\int_{-\infty}^{+\infty} \mathrm{d}x \int_{-\infty}^{+\infty} f(x,y)\mathrm{d}y = \int_0^{\frac{\pi}{2}} \mathrm{d}x \int_{-\frac{\pi}{2}}^0 k\cos(x+y)\mathrm{d}y$$

$$= \int_0^{\frac{\pi}{2}} k(\sin x + \cos x)\mathrm{d}x = k \left[\sin x - \cos x\right]\Big|_0^{\frac{\pi}{2}} = 2k,$$

所以 $k = \dfrac{1}{2}$. 于是,

$$E(X) = \int_{-\infty}^{+\infty} \mathrm{d}x \int_{-\infty}^{+\infty} xf(x,y)\mathrm{d}y = \int_0^{\frac{\pi}{2}} \mathrm{d}x \int_{-\frac{\pi}{2}}^0 kx\cos(x+y)\mathrm{d}y$$

$$= \int_0^{\frac{\pi}{2}} kx(\sin x + \cos x)\mathrm{d}x$$

$$= kx\left[\sin x - \cos x\right]\Big|_0^{\frac{\pi}{2}} + k\left[\sin x + \cos x\right]\Big|_0^{\frac{\pi}{2}} = k\frac{\pi}{2} = \frac{\pi}{4},$$

$$E(X^2) = \int_{-\infty}^{+\infty} \mathrm{d}x \int_{-\infty}^{+\infty} x^2 f(x,y)\mathrm{d}y = \int_0^{\frac{\pi}{2}} \mathrm{d}x \int_{-\frac{\pi}{2}}^0 kx^2\cos(x+y)\mathrm{d}y$$

$$= k\int_0^{\frac{\pi}{2}} x^2(\sin x + \cos x)\mathrm{d}x$$

$$= k\left[x^2(\sin x - \cos x) + 2x(\sin x + \cos x) - 2(\sin x - \cos x)\right]\Big|_0^{\frac{\pi}{2}}$$

$$= k\left(\frac{\pi^2}{4} + \pi - 4\right) = \frac{\pi^2}{8} + \frac{\pi}{2} - 2 = 0.804\,5,$$

$$D(X) = E(X^2) - [E(X)]^2 = 0.804\,5 - \left(\frac{\pi}{4}\right)^2 = 0.187\,6,$$

$$E(Y) = \int_{-\infty}^{+\infty} \mathrm{d}y \int_{-\infty}^{+\infty} yf(x,y)\mathrm{d}x = \int_{-\frac{\pi}{2}}^0 \mathrm{d}y \int_0^{\frac{\pi}{2}} ky\cos(x+y)\mathrm{d}x$$

$$= \int_{-\frac{\pi}{2}}^0 ky(\cos y - \sin y)\mathrm{d}y$$

$$= ky\left[\sin y + \cos y\right]\Big|_{-\frac{\pi}{2}}^0 - k\left[\sin y - \cos y\right]\Big|_{-\frac{\pi}{2}}^0 = -k\frac{\pi}{2} = -\frac{\pi}{4},$$

$$E(Y^2) = \int_{-\infty}^{+\infty} \mathrm{d}y \int_{-\infty}^{+\infty} y^2 f(x,y)\mathrm{d}x = \int_{-\frac{\pi}{2}}^0 \mathrm{d}y \int_0^{\frac{\pi}{2}} ky^2\cos(x+y)\mathrm{d}x$$

$$= k\int_{-\frac{\pi}{2}}^0 y^2(\cos y - \sin y)\mathrm{d}y$$

$$= k\left[y^2(\sin y + \cos y) - 2y(\sin y - \cos y) - 2(\sin y + \cos y)\right]\Big|_{-\frac{\pi}{2}}^0$$

$$= k\left(\frac{\pi^2}{4} + \pi - 4\right) = \frac{\pi^2}{8} + \frac{\pi}{2} - 2 = 0.804\,5,$$

$$D(Y) = E(Y^2) - [E(Y)]^2 = 0.804\ 5 - \left(\frac{\pi}{4}\right)^2 = 0.187\ 6,$$

$$E(XY) = \int_{-\infty}^{+\infty} \mathrm{d}x \int_{-\infty}^{+\infty} xyf(x,y)\mathrm{d}y = \int_0^{\frac{\pi}{2}} \mathrm{d}x \int_{-\frac{\pi}{2}}^0 kxy\cos(x+y)\mathrm{d}y$$

$$= k\int_0^{\frac{\pi}{2}}\left[-\frac{\pi}{2}x\cos x + x(\cos x - \sin x)\right]\mathrm{d}x$$

$$= k\left[-\frac{\pi}{2}(x\sin x + \cos x) + x(\sin x + \cos x) - (\sin x - \cos x)\right]\Big|_0^{\frac{\pi}{2}}$$

$$= k\left(-\frac{\pi^2}{4} + \pi - 2\right) = -\frac{\pi^2}{8} + \frac{\pi}{2} - 1 = -0.662\ 9,$$

$$Cov(X,Y) = E(XY) - E(X)E(Y) = -0.662\ 9 + \frac{\pi^2}{16} = -0.046\ 0,$$

$$\rho_{XY} = \frac{Cov(X,Y)}{\sqrt{D(X)}\sqrt{D(Y)}} = \frac{-0.046\ 0}{0.187\ 6} = -0.245\ 2.$$

35. 设随机变量 X 的概率密度为 $f(x) = \begin{cases} \mathrm{e}^{-x}, & x \geqslant 0, \\ 0, & x < 0. \end{cases}$ 求 $E(X^k), \gamma_1, \gamma_2.$

解　$E(X^k) = \displaystyle\int_{-\infty}^{+\infty} x^k f(x)\mathrm{d}x = \int_0^{+\infty} x^k \mathrm{e}^{-x}\mathrm{d}x (= \Gamma(k+1) = k!)$

$$= -x^k\mathrm{e}^{-x}\Big|_0^{+\infty} + k\int_0^{+\infty} x^{k-1}\mathrm{e}^{-x}\mathrm{d}x = k\int_0^{+\infty} x^{k-1}\mathrm{e}^{-x}\mathrm{d}x = k!$$

由于

$v_2 = D(X) = E(X^2) - [E(X)]^2 = 2! - 1^2 = 1,$

$v_3 = E\{(X - E(X))^3\} = E(X^3) - 3E(X)E(X^2) + 2[E(X)]^3$

$\quad = 3! - 3 \times 1 \times 2! + 2 \times 1^3 = 2,$

$v_4 = E\{(X - E(X))^4\} = E(X^4) - 4E(X)E(X^3) + 6[E(X)]^2 E(X^2) - 3[E(X)]^4$

$\quad = 4! - 4 \times 1 \times 3! + 6 \times 1^2 \times 2! - 3 \times 1^4 = 9,$

所以

$$\gamma_1 = \frac{E\{[X - E(X)]^3\}}{[\sqrt{D(X)}]^3} = \frac{v_3}{(\sqrt{v_2})^3} = 2,$$

$$\gamma_2 = \frac{E\{[X - E(X)]^4\}}{[\sqrt{D(X)}]^4} - 3 = \frac{v_4}{(\sqrt{v_2})^4} - 3 = 6.$$

36. 设随机变量 X 的分布律为

X	-2	0	2
p	0.2	0.6	0.2

(1) 试求 $Cov(Y,Z)$, 并问 Y, Z 是否相关;

(2) 求二维随机变量 (Y,Z) 的联合分布律;

(3) 试问 Y, Z 是否独立? 为什么?

解　Y, Z 的分布律如下:

Y	0	4
p	0.6	0.4

Z	-8	0	8
p	0.2	0.6	0.2

(1) 易知 $E(Y)=1.6,E(Z)=0$,

所以，$Cov(Y,Z)=E(YZ)-E(Y)\cdot E(Z)=E(X)^5=(-2)^5\times 0.2+2^5\times 0.2=0$,

从而，Y,Z 不相关.

(2)$P\{Y=0,Z=-8\}=P\{X=0,X=-2\}=0$,

$P\{Y=0,Z=0\}=P\{X=0,X=0\}=P\{X=0\}=0.6$,

$P\{Y=0,Z=8\}=P\{X=0,X=2\}=0$,

$P\{Y=4,Z=-8\}=P\{X=\pm 2,X=-2\}=P\{X=-2\}=0.2$,

$P\{Y=4,Z=0\}=P\{X=\pm 2,X=0\}=0$,

$P\{Y=4,Z=8\}=P\{X=\pm 2,X=2\}=P\{X=2\}=0.2$,

从而，(Y,Z) 的联合分布律为

Z ＼ Y	0	4
-8	0	0.2
0	0.6	0
8	0	0.2

(3)$P\{Y=0\}=0.6,P\{Z=-8\}=0.2$,

$P\{Y=0,Z=-8\}=0\neq P\{Y=0\}P\{Z=-8\}$,

所以，Y,Z 不独立.

37. 已知二维随机变量(X,Y)的概率密度为

$$f(x,y)=\begin{cases}C(1+y+xy), & 0<x,y<1,\\ 0, & \text{其他}.\end{cases}$$

(1) 试确定常数 C;

(2) 试问 X,Y 是否相互独立?为什么?

(3) 试问 X,Y 是否不相关?为什么?如果相关的话,其相关系数是多少?

解 （1）由 $1=\int_{-\infty}^{+\infty}\int_{-\infty}^{+\infty}f(x,y)\mathrm{d}x\mathrm{d}y=C\int_0^1\int_0^1(1+x+xy)\mathrm{d}x\mathrm{d}y=C\dfrac{7}{4}$,得 $C=\dfrac{4}{7}$.

(2)$f_x(x)=\int_{-\infty}^{+\infty}f(x,y)\mathrm{d}y=\begin{cases}\int_0^1\dfrac{4}{7}(1+y+xy)\mathrm{d}y=\dfrac{2(3+x)}{7}, & 0<x<1,\\ 0, & \text{其他},\end{cases}$

$f_Y(y)=\int_{-\infty}^{+\infty}f(x,y)\mathrm{d}x=\begin{cases}\int_0^1\dfrac{4}{7}(1+y+xy)\mathrm{d}x=\dfrac{2(2+3y)}{7}, & 0<y<1,\\ 0, & \text{其他},\end{cases}$

所以，$f_X(y)f_y(y)\neq f(x,y)$,从而，X,Y 不独立.

(3)$E(X)=\int_{-\infty}^{+\infty}xf_X(x)\mathrm{d}x=\dfrac{2}{7}\int_0^1 x(x+3)\mathrm{d}x=\dfrac{11}{21}$,

$E(Y)=\int_{-\infty}^{+\infty}yf_Y(y)\mathrm{d}y=\dfrac{2}{7}\int_0^1 y(2+3y)\mathrm{d}y=\dfrac{4}{7}$,

$$E(XY) = \int_{-\infty}^{+\infty} \int_{-\infty}^{+\infty} xyf(xy)\mathrm{d}x\mathrm{d}y = \frac{4}{7} \int_0^1 \int_0^1 xy(1+y+xy)\mathrm{d}x\mathrm{d}y = \frac{19}{63},$$

所以，$Cov(X,Y) = E(XY) - E(X) \cdot E(Y) = \frac{1}{441} \neq 0$，从而，$X,Y$ 相关.

又 $E(X^2) = \int_{-\infty}^{+\infty} x^2 f_X(x)\mathrm{d}x = \frac{2}{7} \int_0^1 x^2(x+3)\mathrm{d}x = \frac{5}{14}$，

$$E(Y^2) = \int_{-\infty}^{+\infty} y^2 f_Y(y)\mathrm{d}y = \frac{2}{7} \int_0^1 y^2(2+3y)\mathrm{d}y = \frac{17}{42},$$

所以，$D(X) = E(X^2) - (E(X))^2 = \frac{73}{63 \times 14}$，

$$D(Y) = E(Y^2) - (E(Y))^2 = \frac{23}{42 \times 7},$$

所以，$\rho_{XY} = \dfrac{Cov(X,Y)}{\sqrt{D(X)}\,\sqrt{D(Y)}} = 4\sqrt{\dfrac{3}{73 \times 23}}.$

38. 设 $X_1, X_2, \cdots, X_{n+m}(n > m)$ 是独立同分布且方差存在的随机变量，求 $Y = \sum\limits_{i=1}^{n} X_i$ 与 $Z = \sum\limits_{i=m+1}^{m+n} X_i$ 的相关系数.

解　设 $X_i(i=1,2,\cdots,m+n)$ 的数学期望和均方差分别为 μ,σ，由已知 $X_1,X_2,\cdots,X_{n+m}$ 相互独立，故有

$$E(Y) = E\Big[\sum_{i=1}^{n} X_i\Big] = n\mu, E(Z) = E\Big[\sum_{i=m+1}^{m+n} X_i\Big] = n\mu,$$

$$D(Y) = D\Big[\sum_{i=1}^{n} X_i\Big] = n\sigma^2, D(Z) = D\Big[\sum_{i=m+1}^{m+n} X_i\Big] = n\sigma^2.$$

$$E(YZ) = E\Big[\sum_{i=1}^{n} X_i \cdot \sum_{i=m+1}^{m+n} X_i\Big] = E\Big[\sum_{i=1}^{m} X_i \cdot \sum_{i=m+1}^{m+n} X_i + \sum_{i=m+1}^{n} X_i \cdot \sum_{i=m+1}^{m+n} X_i\Big]$$

$$= E\Big[\sum_{i=1}^{m} X_i \cdot \sum_{i=m+1}^{n} X_i + \sum_{i=1}^{m} X_i \cdot \sum_{i=n+1}^{m+n} X_i + \sum_{i=m+1}^{n} X_i \cdot \sum_{i=m+1}^{m+n} X_i\Big].$$

因为 $X_1,X_2,\cdots,X_{n+m}$ 相互独立，于是 $\sum\limits_{i=1}^{m} X_i$ 与 $\sum\limits_{i=m+1}^{m+n} X_i$，$\sum\limits_{i=m+1}^{n} X_i$ 与 $\sum\limits_{i=n+1}^{m+n} X_i$ 分别相互独立，因此

$$E\Big[\sum_{i=1}^{m} X_i \cdot \sum_{i=m+1}^{m+n} X_i\Big] = E\Big[\sum_{i=1}^{m} X_i\Big] \cdot E\Big[\sum_{i=m+1}^{m+n} X_i\Big] = m\mu \cdot n\mu = mn\mu^2,$$

$$E\Big[\sum_{i=m+1}^{n} X_i \cdot \sum_{i=n+1}^{m+n} X_i\Big] = E\Big[\sum_{i=m+1}^{n} X_i\Big] \cdot E\Big[\sum_{i=n+1}^{m+n} X_i\Big] = (n-m)\mu \cdot m\mu = m(n-m)\mu^2$$

$$= E\Big[\sum_{i=m+1}^{n} X_i \cdot \sum_{i=m+1}^{n} X_i\Big] = E\Big[\sum_{i=m+1}^{n} X_i^2\Big] + 2E\Big[\sum_{m+1 \leqslant i < j \leqslant n} X_i X_j\Big]$$

$$= \sum_{i=m+1}^{n} E[X_i^2] + 2\sum_{m+1 \leqslant i < j \leqslant n} \{E[X_i] \cdot E[X_j]\}$$

$$= \sum_{i=m+1}^{n} \{[E(X_i)]^2 + D(X_i)\} + 2C_{n-m}^2\mu^2$$

$$= (n-m)(\mu^2 + \sigma^2) + (n-m)(n-m-1)\mu^2$$

$$= (n-m)(\mu^2 + \sigma^2) + (n-m)(n-m-1)\mu^2,$$

从而

$$E(YZ) = (n-m)\sigma^2 + n^2\mu^2,$$
$$Cov(X,Y) = E(XY) - E(X)E(Y) = (n-m)\sigma^2,$$
$$\rho_{XY} = \frac{Cov(X,Y)}{\sqrt{D(X)}\ \sqrt{D(Y)}} = \frac{n-m}{n}.$$

39. 假设一部机器在一天内发生故障的概率为 0.2,机器发生故障时全天停止工作. 若一周 5 个工作日里无故障,可获利润 10 万元;发生一次故障仍获利润 5 万元;发生二次故障所获利润 0 元;发生三次或三次以上故障就要亏损 2 万元,求一周内期望利润是多少?

解 据题设,一部机器在一周内发生故障的次数 $X \sim B(5,0.2)$,设一周内机器所获利润为 Y(单位:万元),则 Y 的分布律为

$$P\{Y=10\} = P\{X=0\} = (1-0.2)^5 = 0.327\ 68,$$
$$P\{Y=5\} = P\{X=1\} = C_5^1 0.2(1-0.2)^4 = 0.409\ 6,$$
$$P\{Y=0\} = P\{X=2\} = C_5^2 0.2^2(1-0.2)^3 = 0.204\ 8,$$
$$P\{Y=-2\} = P\{X \geqslant 3\} = 1 - 0.8^5 - C_5^1 0.2(1-0.2)^4 - C_5^2 0.2^2(1-0.2)^3$$
$$= 0.057\ 92,$$

于是,

$$E(Y) = 10 \times 0.327\ 68 + 5 \times 0.409\ 6 + 0 \times 0.204\ 8 + (-2) \times 0.057\ 92 = 5.208\ 96.$$

40. 已知二维随机变量 (X,Y) 的概率密度为

$$f(x,y) = \begin{cases} 12y^2, & 0 < y \leqslant x < 1, \\ 0, & \text{其他}, \end{cases}$$

试求:(1) $E(X-Y)^2$;(2) X,Y 的协方差.

解 (1) $E(X-Y)^2 = \int_{-\infty}^{+\infty}\int_{-\infty}^{+\infty}(x-y)^2 f(x,y)\mathrm{d}x\mathrm{d}y = 12\int_0^1 \mathrm{d}y \int_y^1 (x-y)^2 y^2 \mathrm{d}x = \frac{1}{15}.$

(2) $E(X) = \int_{-\infty}^{+\infty}\int_{-\infty}^{+\infty} xf(x,y)\mathrm{d}x\mathrm{d}y = 12\int_0^1 \mathrm{d}y \int_y^1 xy^2 \mathrm{d}x = \frac{4}{5},$

$$E(Y) = \int_{-\infty}^{+\infty}\int_{-\infty}^{+\infty} yf(x,y)\mathrm{d}x\mathrm{d}y = 12\int_0^1 \mathrm{d}y \int_y^1 y^3 \mathrm{d}x = \frac{3}{5},$$

$$E(XY) = \int_{-\infty}^{+\infty}\int_{-\infty}^{+\infty} xyf(x,y)\mathrm{d}x\mathrm{d}y = 12\int_0^1 \mathrm{d}y \int_y^1 xy \cdot y^2 \mathrm{d}x = \frac{1}{2},$$

所以,$Cov(X,Y) = E(XY) - E(X) \cdot E(Y) = \frac{1}{50}.$

41. 设 $X_1, X_2, \cdots, X_n$ 独立且与 X 同分布,且 $E(X) = \mu, D(X) = \sigma^2$ 存在,$\bar{X} = \frac{1}{n}\sum_{i=1}^n X_i,$

试证明 $X_i - \bar{X}$ 与 $X_j - \bar{X}$ 的相关系数为 $\rho = -\frac{1}{n-1}, i \neq j, i,j = 1,2,\cdots,n.$

证明 设 $Y_i = X_i - \bar{X}, Y_j = X_j - \bar{X}.$ 由题设,知

$$E(X_i) = \mu, D(X_i) = \sigma^2 (i = 1,2,\cdots,n), E(\bar{X}) = \mu, D(\bar{X}) = \frac{\sigma^2}{n}.$$

所以,$E(Y_i) = E(X_i - \bar{X}) = E(X_i) - E(\bar{X}) = 0, E(Y_j) = E(X_j - \bar{X}) = E(X_j) - E(\bar{X}) = 0,$

$$D(Y_i) = D(X_i - \bar{X}) = D\left[\left(1 - \frac{1}{n}\right)X_i - \frac{1}{n}\sum_{j \neq i}^n X_j\right]$$

$$= \left(1 - \frac{1}{n}\right)^2 D(X_i) + \frac{1}{n^2} \sum_{j \neq i}^{n} D(X_j)$$

$$= \frac{(n-1)^2}{n^2} \sigma^2 + \frac{1}{n^2} \cdot (n-1) \sigma^2 = \frac{n-1}{n} \sigma^2,$$

同理，$D(Y_j) = \dfrac{n-1}{n} \sigma^2$.

$$E(X_i \overline{X}) = \frac{1}{n} E(X_1 X_i + \cdots + X_{i-1} X_i + X_i^2 + X_{i+1} X_i + \cdots + X_n X_i)$$

$$= \frac{n-1}{n} \mu^2 + \frac{E(X_i^2)}{n} = \frac{n-1}{n} \mu^2 + \frac{\sigma^2 - \mu^2}{n} = \mu^2 + \frac{\sigma^2}{n}, i = 1, 2, \cdots, n,$$

所以，$Cov(Y_i, Y_j) = E(X_i - \overline{X})(X_j - \overline{X}) = E(X_i X_j) - E(X_i \overline{X}) - E(X_j \overline{X}) + E(\overline{X}^2)$

$$= \mu^2 - 2\left(\mu^2 + \frac{\sigma^2}{n}\right) + \mu^2 + \frac{\sigma^2}{n} = -\frac{\sigma^2}{n},$$

从而 $\rho = \dfrac{Cov(Y_i, Y_j)}{\sqrt{D(Y_i) D(Y_j)}} = \dfrac{-\sigma^2/n}{(n-1)\sigma^2/n} = -\dfrac{1}{n-1}, i \neq j, i, j = 1, 2, \cdots, n.$

42. 从学校乘汽车到火车站的途中有 3 个交通岗，假设在各个交通岗遇到红灯的事件是相互独立的，并且概率都是 $\dfrac{2}{5}$. 设 X 为途中遇到红灯的次数，求随机变量 X 的分布律、分布函数和数学期望.

解 由题设可知 $X \sim B\left(3, \dfrac{2}{5}\right)$，且 X 的所有可能的取值为 $0, 1, 2, 3$. 依二项概率公式 X 的分布律为

$$P\{X = k\} = C_3^k \left(\frac{2}{5}\right)^k \left(1 - \frac{2}{5}\right)^{3-k} (k = 0, 1, 2, 3),$$

经计算得

$$P\{X = 0\} = \frac{27}{125}, P\{X = 1\} = \frac{54}{125}, P\{X = 2\} = \frac{36}{125}, P\{X = 3\} = \frac{8}{125}.$$

于是 X 的分布函数为

$$F(x) = \begin{cases} 0, & x < 0, \\ \dfrac{27}{125}, & 0 \leqslant x < 1, \\ \dfrac{81}{125}, & 1 \leqslant x < 2, \\ \dfrac{117}{125}, & 2 \leqslant x < 3, \\ 1, & x \geqslant 3. \end{cases}$$

从而

$$E(X) = 0 \times \frac{27}{125} + 1 \times \frac{54}{125} + 2 \times \frac{36}{125} + 3 \times \frac{8}{125} = \frac{6}{5}.$$

43. 两台同样自动记录仪，每台无故障工作的时间都服从参数为 5 的指数分布；首先开动其中一台，当其发生故障时停用而另一台自动开动. 试求两台记录仪无故障工作的总时间 T 的概率密度 $f(t)$、数学期望 $E(T)$ 和方差 $D(T)$.

解 设 X, Y 分别为两台记录仪无故障工作的时间,则 $T = X + Y$,依题设有

$$f_X(x) = \begin{cases} \dfrac{1}{5}\mathrm{e}^{-\frac{x}{5}}, & x > 0, \\ 0, & x \leqslant 0, \end{cases} \qquad f_Y(y) = \begin{cases} \dfrac{1}{5}\mathrm{e}^{-\frac{y}{5}}, & y > 0, \\ 0, & y \leqslant 0. \end{cases}$$

因为 X 与 Y 相互独立,当 $t > 0$ 时,利用卷积公式,有

$$f(t) = \int_{-\infty}^{+\infty} f_X(x) f_Y(t-x) \mathrm{d}x = \int_0^t f_X(x) f_Y(t-x) \mathrm{d}x$$

$$= \int_0^t \left(\frac{1}{5}\mathrm{e}^{-\frac{x}{5}} \cdot \frac{1}{5}\mathrm{e}^{-\frac{t-x}{5}}\right) \mathrm{d}x = \frac{1}{25}\mathrm{e}^{-\frac{t}{5}} \int_0^t \mathrm{d}x = \frac{1}{25}t\mathrm{e}^{-\frac{t}{5}},$$

所以 T 的概率密度为

$$f(t) = \begin{cases} \dfrac{1}{25}t\mathrm{e}^{-\frac{t}{5}}, & t > 0, \\ 0, & t \leqslant 0, \end{cases}$$

从而

$$E(T) = \int_{-\infty}^{+\infty} tf(t)\mathrm{d}t = \int_0^{+\infty} \frac{1}{25}t^2\mathrm{e}^{-\frac{t}{5}}\mathrm{d}t = \left[-\frac{1}{5}t^2\mathrm{e}^{-\frac{t}{5}} - 2t\mathrm{e}^{-\frac{t}{5}} - 10\mathrm{e}^{-\frac{t}{5}}\right]_0^{+\infty} = 10,$$

$$E(T^2) = \int_{-\infty}^{+\infty} t^2 f(t)\mathrm{d}t = \int_0^{+\infty} \frac{1}{25}t^3\mathrm{e}^{-\frac{t}{5}}\mathrm{d}t$$

$$= \left[-\frac{1}{5}t^3\mathrm{e}^{-\frac{t}{5}} - 3t^2\mathrm{e}^{-\frac{t}{5}} - 30t\mathrm{e}^{-\frac{t}{5}} - 150\mathrm{e}^{-\frac{t}{5}}\right]_0^{+\infty} = 150,$$

所以,

$$D(T) = E(T^2) - [E(T)]^2 = 50.$$

44. 随机的向半圆 $o < y < \sqrt{2ax - x^2}\,(a > 0)$ 抛掷一个点,点落在任何一个区域的概率与该区域的面积成正比,设原点与该点的连线与 x 轴正向的夹角为 θ,试求 θ 的数学期望与方差.

解 先求随机变量 θ 的分布函数.设其分布函数为 $F(\theta)$,则

$$F(\beta) = P\{\theta \leqslant \beta\}, \quad \forall \beta \in \mathbf{R}.$$

当 $\beta < 0$ 时,$F(\beta) = P\{\theta \leqslant \beta\} = 0$;

当 $0 \leqslant \beta \leqslant \dfrac{\pi}{2}$ 时,$F(\beta) = P\{\theta \leqslant \beta\} = \dfrac{\beta a^2 + a\sin\beta \cdot a\cos\beta}{\pi a^2/2} = \dfrac{2\beta + \sin 2\beta}{\pi}$;

当 $\beta > \dfrac{\pi}{2}$ 时,$F(\beta) = P\{\theta \leqslant \beta\} = 1$.

即

$$F(\beta) = \begin{cases} 0, & \beta < 0, \\ \dfrac{2\beta + \sin 2\beta}{\pi}, & 0 \leqslant \beta \leqslant \dfrac{\pi}{2}, \\ 1, & \beta > \dfrac{\pi}{2}, \end{cases}$$

所以,随机变量 θ 的密度函数为 $f(\beta) = F'(\beta) = \begin{cases} \dfrac{2}{\pi}(1 + \cos 2\beta), & 0 \leqslant \beta \leqslant \dfrac{\pi}{2}, \\ 0, & \text{其他}. \end{cases}$

从而,$E(\theta) = \displaystyle\int_{-\infty}^{+\infty} \beta f(\beta)\mathrm{d}\beta = \dfrac{2}{\pi}\int_0^{\frac{\pi}{2}} \beta(1 + \cos 2\beta)\mathrm{d}\beta = \dfrac{\pi}{4} - \dfrac{1}{\pi},$

$$E(\theta^2) = \int_{-\infty}^{+\infty} \beta^2 f(\beta) \mathrm{d}\beta = \frac{2}{\pi} \int_0^{\frac{\pi}{2}} \beta^2 (1 + \cos 2\beta) \mathrm{d}\beta = \frac{\pi^2 - 6}{12},$$

所以 $D(\theta) = E(\theta^2) - [E(\theta)]^2 = \dfrac{\pi^2}{48} - \dfrac{1}{\pi^2} - \dfrac{3}{8}.$

45. 在 5 件产品中,正品占 2 件,次品占 3 件. 今从中一件一件地取出来检验,检验完不放回,直到把三件次品都找到为止. 记 X 为 3 件次品都找到时已经做的检验次数. 求:(1) X 的分布律;(2) $E(X)$;(3) 检验次数不少于 4 次的概率;(4) 若检验一件次品要花 4 分,问平均要花多少时间才能把三件次品都找出来?

解   依题设 X 的所有可能的取值为 3,4,5. 由古典概型可得 X 的分布律:

$$P\{X = 3\} = \frac{A_3^3}{A_5^5} = \frac{1}{10}, \quad P\{X = 4\} = \frac{C_3^1 A_2^1 A_3^3}{A_5^4} = \frac{3}{10}, \quad P\{X = 5\} = \frac{C_4^2 A_2^2 A_3^3}{A_5^5} = \frac{3}{5}.$$

(关于 $P\{X = 5\}$ 的计算:这时 5 件产品都做了检验,因此基本事件数为 $n = A_5^5$. 而从含 $\{X = 5\}$ 的事件数考虑:前 4 次检验中一定有 2 件正品,而 2 件正品在前 4 次检验中的排列法有 $C_4^2 A_2^2$ 种. 再考虑到其余 3 件次品的全排列,则含 $\{X = 5\}$ 的事件数为 $m = C_4^2 A_2^2 A_3^3$. 类似地可得出 $P\{X = 4\}$ 的计算法).

$$E(X) = 3 \times \frac{1}{10} + 4 \times \frac{3}{10} + 5 \times \frac{6}{10} = 4.5,$$

检验次数不少于 4 次的概率为

$$P\{X = 4\} + P\{X = 5\} = \frac{3}{10} + \frac{3}{5} = \frac{9}{10},$$

把三件次品都找出来的平均花费时间为

$$4E(X) = 18(分).$$

46. 某电子元件厂生产一批电子管,电子管的寿命 X(单位:时)具有如下概率密度:

$$f(x) = \begin{cases} \dfrac{1\,000}{x^2}, & x \geqslant 1\,000, \\ 0, & x < 1\,000. \end{cases}$$

寿命高于 2 000 时,介于 1 250 ~ 2 000 时,以及低于 1 250 时的电子管分别是一等品、二等品和次等品. 用一只一等品或二等品或次等品装配的收音机成为合格品的概率依次为 0.9,0.8 和 0.5. 试求:

(1) 从该批产品任取一只电子管是一等品,二等品或次等品件的概率;

(2) 从该批产品任取一只装配成合格收音机的概率;

(3) 假设销售一只一等品或二等品,厂家可获利 6 元或 4 元,销售一只次等品,厂家亏损 3 元,求厂家销售任取的一只电子管可获的平均利润.

解   设 A_1, A_2, A_3 分别表示任取一只电子管是一等品,二等品或次等品的事件,B 表示任取一只电子管装配成合格收音机的事件,Y 表示销售任取的一只电子管可获的利润.

(1) 所求概率分别为

$$P\{A_1\} = P\{X > 2\,000\} = \int_{2\,000}^{+\infty} f(x)\mathrm{d}x = \int_{2\,000}^{+\infty} \frac{1\,000}{x^2}\mathrm{d}x = 0.5,$$

$$P\{A_2\} = P\{1\,250 \leqslant X \leqslant 2\,000\} = \int_{1\,250}^{2\,000} f(x)\mathrm{d}x = \int_{1\,250}^{2\,000} \frac{1\,000}{x^2}\mathrm{d}x = 0.3,$$

$$P\{A_3\} = P\{X < 1\,250\} = \int_0^{1\,250} f(x)\mathrm{d}x = \int_{1\,000}^{1\,250} \frac{1\,000}{x^2}\mathrm{d}x = 0.2.$$

（2）应用全概率公式，所求概率为

$$P\{B\} = \sum_{k=1}^{3} P\{A_k\}P\{B\mid A_k\} = 0.5\times0.9 + 0.3\times0.8 + 0.2\times0.5 = 0.79.$$

（3）Y 的分布律为

$$P\{Y=-3\} = P\{A_3\} = 0.2,\ P\{Y=4\} = P\{A_2\} = 0.3,\ P\{Y=6\} = P\{A_1\} = 0.5,$$

于是，销售任取的一只电子管可获的平均利润（即 Y 的数学期望）为

$$E(Y) = -3\times0.2 + 4\times0.3 + 6\times0.5 = 3.6(元).$$

47. 假设一电路由 3 个同种电子元件，其工作状况相互独立，无故障工作时都服从参数为 $\lambda > 0$ 的指数分布，当 3 个元件都无故障工作时，电路正常工作，否则整个电路不能正常工作，试求电路正常工作时间 T 的概率分布、数学期望和方差.

解　由于 $X_i(i=1,2,3)$ 都服从参数为 $\lambda > 0$ 的指数分布，

所以其密度函数为 $f_X(x) = \begin{cases} \lambda\mathrm{e}^{-\lambda x}, & x\geqslant 0, \\ 0, & x < 0, \end{cases}$ 分布函数为 $F_X(x) = \begin{cases} 1-\mathrm{e}^{-\lambda x}, & x\geqslant 0, \\ 0, & x < 0. \end{cases}$

由题意知，$T = \min\{X_1,X_2,X_3\}$，从而电路正常工作时间 T 的分布函数为

$$\begin{aligned} F_T(t) &= P\{T\leqslant t\} = P\{\min\{X_1,X_2,X_3\}\leqslant t\} = 1-P\{\min\{X_1,X_2,X_3\}>t\} \\ &= 1-P\{X_1>t,X_2>t,X_3>t\} \\ &= 1-P\{X_1>t\}P\{X_2>t\}P\{X_3>t\} \\ &= 1-[(1-P\{X_1\leqslant t\})(1-P\{X_2\leqslant t\})(1-P\{X_3\leqslant t\})] \\ &= 1-[1-F_X(t)]^3, \end{aligned}$$

所以，电路正常工作时间 T 的密度函数为

$$f_T(t) = (F_T(t))' = 3[1-F_X(t)]^2 f_X(t) = \begin{cases} 3\lambda\mathrm{e}^{-3\lambda t}, & t\geqslant 0, \\ 0, & t < 0, \end{cases}$$

即电路正常工作时间 $T \sim E(3\lambda)$，从而，

$$E(T) = \frac{1}{3\lambda},\ D(T) = \frac{1}{(3\lambda)^2} = \frac{1}{9\lambda^2}.$$

48. 编号为 $1,2,\cdots,n$ 的 n 张卡片中随机地抽取 1 张，如果抽出的卡片的号码为 k，则第 2 张卡片从编号为 $1,2,\cdots,k$ 的 k 张卡片中抽取. 记 X 为抽出的第 2 张卡片的号码，试证：$E(X) = \dfrac{n+3}{4}$.

证明　第 1 张卡片的号码 k 的所有可能取值为 $1,2,\cdots,n$，且 $P\{K=s\} = \dfrac{1}{n}$，$s = 1,$
$2,\cdots,n$，第 2 张卡片的号码 X 的所有可能取值为 $1,2,\cdots,k$，所以，(K,X) 的联合分布律为

$$P\{X=t,K=s\} = P\{K=s\}P\{X=t\mid K=s\} = \frac{1}{n}\cdot\frac{1}{s},\ t\leqslant s,\ s = 1,2,\cdots,n,$$

$$P\{X=t,K=s\} = 0,\ t > s,\ s = 1,2,\cdots,n,$$

即

X \ K	1	2	3	⋯	n
1	$\dfrac{1}{n}$	$\dfrac{1}{2n}$	$\dfrac{1}{3n}$	⋯	$\dfrac{1}{n \cdot n}$
2	0	$\dfrac{1}{2n}$	$\dfrac{1}{3n}$	⋯	$\dfrac{1}{n \cdot n}$
3	0	0	$\dfrac{1}{3n}$	⋯	$\dfrac{1}{n \cdot n}$
⋮	⋮	⋮	⋮	⋯	$\dfrac{1}{n \cdot n}$
n	0	0	0	⋯	$\dfrac{1}{n \cdot n}$

所以, X 的边缘分布律为

X	1	2	3	⋯	n
p	$\dfrac{1}{n}\left(1+\dfrac{1}{2}+\cdots+\dfrac{1}{n}\right)$	$\dfrac{1}{n}\left(\dfrac{1}{2}+\dfrac{1}{3}+\cdots+\dfrac{1}{n}\right)$	$\dfrac{1}{n}\left(\dfrac{1}{3}+\dfrac{1}{4}+\cdots+\dfrac{1}{n}\right)$	⋯	$\dfrac{1}{n} \cdot \dfrac{1}{n}$

从而,

$$E(X) = \frac{1}{n}\left[\frac{2}{2}+\frac{3}{2}+\frac{4}{2}+\cdots+\frac{n+1}{2}\right] = \frac{1}{2n}\left[\frac{(n+1)(n+2)}{2}-1\right] = \frac{n+3}{4}.$$

49. 在贝努利试验中,每次试验成功的概率为 p,试验进行到出现首次成功时停止,求试验次数的数学期望.

解　设 X 为试验的次数,则 X 的所有可能取值为 $1,2,\cdots$,并且有
$$P\{X=k\} = p(1-p)^{k-1}, k=1,2,\cdots$$
(前 $k-1$ 次未击中,而第 k 次击中). 于是,试验次数的数学期望

$$E(X) = \sum_{k=1}^{\infty} kp(1-p)^{k-1} = \sum_{k=1}^{\infty} k[1-(1-p)](1-p)^{k-1}$$

$$= \sum_{k=1}^{\infty} k(1-p)^{k-1} - \sum_{k=1}^{\infty} k(1-p)^{k} = \sum_{k=1}^{\infty}(1-p)^{k-1} = \frac{1}{p}.$$

50. 设随机变量 X,Y,Z 相互独立,且 X 服从 $[0,6]$ 上的均匀分布,Y 服从正态分布 $N(0,2^2)$,Z 服从参数为 $\dfrac{1}{3}$ 的指数分布,试求 $E(XY-Z)^2$ 和 $D(X+2Y-3Z)$.

解　$E(X)=3, D(X)=3, E(X^2)=3+3^2=12,$
$E(Y)=0, D(Y)=4=E(Y^2),$
$E(Z)=3, D(Z)=9, E(Z^2)=9+3^2=18,$
故 $E(XY-Z)^2 = E(X^2Y^2-2XYZ+Z^2) = E(X^2)E(Y^2)-2E(X)E(Y)E(Z)+E(Z^2)$
$$= 12\times4-2\times3\times0\times3+18=66,$$
$D(X+2Y-3Z) = D(X)+4D(Y)+9D(Z) = 3+4\times4+9\times9=100,$
(X,Y) 的联合密度函数为

$$f(x,y) = \begin{cases} \dfrac{1}{12\sqrt{2\pi}}e^{-\frac{y^2}{8}}, & 0\leqslant x\leqslant 6, 0\leqslant y<+\infty, \\ 0, & \text{其他}. \end{cases}$$

所以, $E(XY)^2 = \int_{-\infty}^{+\infty}\int_{-\infty}^{+\infty}(xy)^2 f(x,y)\mathrm{d}x\mathrm{d}y = \frac{1}{12\sqrt{2\pi}}\int_0^6 x^2\mathrm{d}x\int_{-\infty}^{+\infty}y^2\mathrm{e}^{-\frac{y^2}{8}}\mathrm{d}y = 48.$

(1) $E(XY-Z)^2 = E[(XY)^2 - 2XYZ + Z^2] = E(XY)^2 - 2E(XYZ) + E(Z^2)$

$\qquad\qquad = 48 - 2E(X)\cdot E(Y)\cdot E(Z) + D(Z) + (EZ)^2 = 66,$

(2) $D(X+2Y-3Z) = D(X) + 4D(Y) + 9D(Z) = 100.$

51. 设 X, Y 相互独立,分别服从参数为 $\lambda > 0$ 和 $\mu > 0$ 的指数分布,令

$$Z = \begin{cases} 1, & 2X \leqslant Y, \\ 0, & 2X > Y, \end{cases}$$

求 Z 的分布函数和方差.

解　(1) 由题意知,(X,Y) 的联合密度函数为

$$f(x,y) = \begin{cases} \lambda\mu\mathrm{e}^{-(\lambda x + \mu y)}, & x,\ y \geqslant 0, \\ 0, & \text{其他}, \end{cases}$$

Z 的所有可能取值为 $0, 1$,且

$$P\{Z=0\} = \int_0^{+\infty}\mathrm{d}y\int_{\frac{y}{2}}^{+\infty}\lambda\mu\mathrm{e}^{-(\lambda x+\mu y)}\mathrm{d}x = \frac{2\mu}{\lambda+2\mu},$$

$$P\{Z=1\} = 1 - P\{Z=0\} = \frac{\lambda}{\lambda+2\mu},$$

从而,Z 的分布函数为

$$F(z) = \begin{cases} 0, & z < 0, \\ \dfrac{2\mu}{\lambda+2\mu}, & 0 \leqslant z < 1, \\ 1, & z > 1. \end{cases}$$

(2) 因为 $E(X) = \dfrac{\lambda}{\lambda+2\mu}, E(X)^2 = \dfrac{\lambda}{\lambda+2\mu},$

所以,$D(X) = E(X^2) - (EX)^2 = \dfrac{2\lambda\mu}{(\lambda+2\mu)^2}, D(Z) = \dfrac{2\lambda\mu}{(\lambda+2\mu)^2}.$

52. 游客乘电梯从底层到电视塔顶层观光,电梯于每个整点的第 5 分、25 分和 55 分从底层起行,假设一游客在早八点的第 X 分到达底层候梯处,且 X 在 $[0,60]$ 上服从均匀分布,求该游客等候时间的数学期望.

解　因为 $X \sim U[0,60]$,所以其密度函数为

$$f(x) = \begin{cases} \dfrac{1}{60}, & x \in [0,60], \\ 0, & \text{其他}. \end{cases}$$

设游客等候时间为 Y,则

$$Y = g(x) = \begin{cases} 5-x, & x \in [0,5], \\ 25-x, & x \in [5,25], \\ 25-x, & x \in [25,55], \\ 60-x+5, & x \in [55,60], \end{cases}$$

所以,

$$E(Y) = \int_{-\infty}^{+\infty}g(x)f(x)\mathrm{d}x = \frac{1}{60}\int_0^{60}g(x)\mathrm{d}x$$

$$= \frac{1}{60}\left[\int_0^5 (5-x)\mathrm{d}x + \int_5^{25}(25-x)\mathrm{d}x + \int_{25}^{55}(55-x)\mathrm{d}x + \int_{55}^{60}(60-x+5)\mathrm{d}x\right]$$

$$= 11.67(分).$$

53. 设 X 为连续型随机变量,概率密度满足:$f(x) \neq 0$,当 $x \in [a,b]$ 时;$f(x) = 0$,当 $x \notin [a,b]$ 时.求证:$a \leqslant E(X) \leqslant b, D(X) \leqslant \left(\dfrac{b-a}{2}\right)^2$.

证明　因为概率密度满足 $f(x) \geqslant 0$,且 $\displaystyle\int_{-\infty}^{+\infty} f(x)\mathrm{d}x = 1$,而由题设,有

$$\int_a^b f(x)\mathrm{d}x = \int_{-\infty}^{+\infty} f(x)\mathrm{d}x = 1$$

及

$$E(X) = \int_{-\infty}^{+\infty} x f(x)\mathrm{d}x = \int_a^b x f(x)\mathrm{d}x$$

且

$$\int_a^b x f(x)\mathrm{d}x \geqslant \int_a^b a f(x)\mathrm{d}x = a, \int_a^b x f(x)\mathrm{d}x \leqslant \int_a^b b f(x)\mathrm{d}x = b,$$

故有 $a \leqslant E(X) \leqslant b$.

其次,$\forall x_0 \in [a,b]$,有

$$E[(X-x_0)^2] = E(X^2) - 2x_0 E(X) + x_0^2 = [x_0 - E(X)]^2 + E(X^2) - [E(X)]^2$$
$$= [x_0 - E(X)]^2 + D(X) \geqslant D(X),$$

且当 $x_0 = E(X)$ 时,$E[(X-x_0)^2]$ 取最小值 $D(X)$.

于是,取 $x_0 = \dfrac{a+b}{2}$ 时,即有

$$D(X) = E[(X-E(X))^2] \leqslant E\left[\left(X-\frac{a+b}{2}\right)^2\right] = \int_a^b \left(x-\frac{a+b}{2}\right)^2 f(x)\mathrm{d}x$$

$$= \int_a^{\frac{a+b}{2}} \left(x-\frac{a+b}{2}\right)^2 f(x)\mathrm{d}x + \int_{\frac{a+b}{2}}^b \left(x-\frac{a+b}{2}\right)^2 f(x)\mathrm{d}x$$

$$\leqslant \left(\frac{b-a}{2}\right)^2 \int_a^{\frac{a+b}{2}} f(x)\mathrm{d}x + \left(\frac{b-a}{2}\right)^2 \int_{\frac{a+b}{2}}^b f(x)\mathrm{d}x$$

$$= \left(\frac{b-a}{2}\right)^2 \int_a^b f(x)\mathrm{d}x = \left(\frac{b-a}{2}\right)^2.$$

54. 平面上点 A 的坐标为 $(0,a)$,其中 $a > 0$,过 A 点的直线 L 与 y 轴的夹角为 θ,L 与 x 轴交于 B 点,已知 θ 在 $[0, \frac{\pi}{4}]$ 上服从均匀分布,求 $\triangle OAB$ 的面积的数学期望.

解　由已知,$\triangle OAB$ 的面积 $Z = \dfrac{1}{2}a^2 \tan\theta$,且由题设知 θ 的概率密度为

$$f(t) = \begin{cases} \dfrac{4}{\pi}, & 0 < t < \dfrac{\pi}{4}, \\ 0, & 其他, \end{cases}$$

于是所求的数学期望为

$$E(Z) = \int_0^{\frac{\pi}{4}} \frac{1}{2}a^2 \tan t \cdot f(t)\mathrm{d}t = \frac{1}{2}a^2 \int_0^{\frac{\pi}{4}} \frac{4}{\pi} \tan t \,\mathrm{d}t$$

$$= \frac{2}{\pi} a^2 \left[- \ln\cos t \right]_0^{\frac{\pi}{4}} = \frac{2}{\pi} a^2 \left(- \ln\frac{1}{\sqrt{2}} \right) = \frac{1}{\pi} a^2 \ln 2.$$

55. 设 $X_1, X_2, \cdots, X_n \overset{\text{i.i.d}}{\sim} N(\mu, \sigma^2)$,求 $E\left(\sum_{i=1}^n |X_i - \overline{X}| \right)$,其中 $\overline{X} = \frac{1}{n} \sum_{i=1}^n X_i$.

解　由题设知,$E(X_i) = \mu, i = 1, 2, \cdots, n$,

$$E(\overline{X}) = E\left(\frac{1}{n} \sum_{i=1}^n X_i \right) = \frac{1}{n} \sum_{i=1}^n E(X_i) = \mu,$$

$$X_1 - \overline{X} = \left(1 - \frac{1}{n} \right) X_1 + \frac{1}{n} X_2 + \cdots + \frac{1}{n} X_n \sim N\left(0, \frac{n+1}{n} \sigma^2 \right)$$

$$E(|X_1 - \overline{X}|) = \sigma \sqrt{\frac{n+1}{n}} E \left| (X_1 - \overline{X}) \frac{1}{\sigma} \sqrt{\frac{n}{n+1}} \right|$$

$$= \sigma \sqrt{\frac{n+1}{n}} \frac{1}{\sqrt{2\pi}} \int_{-\infty}^{+\infty} |x| e^{-\frac{1}{2}x^2} dx = \sigma \sqrt{\frac{n+1}{n}} \frac{\sqrt{2}}{\sqrt{\pi}} \int_0^{+\infty} x e^{-\frac{1}{2}x^2} dx$$

$$= \sigma \sqrt{\frac{2(n+1)}{n\pi}}$$

同样知 $E(|X_i - \overline{X}|) = \sigma \sqrt{\frac{2(n+1)}{n\pi}}, i = 1, 2, \cdots, n$,

故　　　　$E\left(\sum_{i=1}^n |X_i - \overline{X}| \right) = \sum_{i=1}^n E(|X_i - \overline{X}|) = \sigma \sqrt{\frac{2n(n+1)}{\pi}}.$

56. 供电公司每月可以供应某工厂的电力服从 $[10, 30]$(单位:千瓦时)上均匀分布,而该工厂每月实际生产所需要的电力服从 $[10, 20]$ 上的均匀分布.如果工厂能从供电公司得到足够的电力,则每一万度电可创造30万元的利润,若工厂从供电公司得不到足够的电力,则不足部分由工厂通过其他途径自行解决,此时,每一万度电只能产生10万元的利润.问该工厂每月的平均利润为多大?

解　需求量 X 的密度函数为 $f_X(x) = \begin{cases} \frac{1}{10}, & 10 \leqslant x \leqslant 20, \\ 0, & \text{其他.} \end{cases}$

设供电量为 $m(10 \leqslant m \leqslant 20)$,则利润为

$$L(X) = \begin{cases} 30X, & 10 \leqslant X \leqslant m \\ 30m + 10(X - m), & m < X \leqslant 20, \end{cases} = \begin{cases} 30X, & 10 \leqslant X \leqslant m \\ 10X + 20m, & m < X \leqslant 20, \end{cases}$$

所以,平均利润为

$$E(L) = \int_{-\infty}^{+\infty} L(x) f_x(x) dx = \frac{1}{10} \left[\int_{10}^m 30x dx + \int_m^{20} (10x + 20m) dx \right]$$

$$= -m^2 + 40m + 50 = -(m - 20)^2 + 450,$$

从而,当供电量为 20 万千瓦时时,工厂每月的平均利润最大,为 450 万元.

$$E[E(L)] = D(m) = \frac{400}{12} = \frac{100}{3}.$$

57. 在灯谜晚会上,一猜谜者需猜两道谜语(谜语 1 和谜语 2),猜谜者对这两道谜语可以按自己选择的先后顺序去猜测,如果他决定先猜测 $i(i = 1, 2)$,则只有当他猜对了谜 i 时,可让他继续再猜 $j(j \neq i)$,若他一开始就猜错了,那么就不让他再猜另一个谜语了.如果猜谜者猜

对了谜 $i(i=1,2)$，就得奖 V_i 元. 因此，如果谜语他都猜对了，就得 (V_i+V_j) 元，现假定他能猜对谜 i 的概率为 $p_i(i=1,2)$，并设他猜对谜 $i(i=1,2)$ 的这两个事件是相互独立的，试问，他应当先猜哪道谜语才能使他的期望奖金最多？

解 设 A_i 为猜谜者猜对谜语 $i(i=1,2)$ 的事件，V 为他获得的奖金.

(1) 选择先猜谜语 1：依题设，这时 V 的分布律为

$$P\{V=0\} = P(\bar{A}_1) = 1-p_1,$$
$$P\{V=V_1\} = P(A_1\bar{A}_2) = P(A_1)P(\bar{A}_2 \mid A_1) = p_1(1-p_2),$$
$$P\{V=V_2\} = P(\varnothing) = 0,$$
$$P\{V=V_1+V_2\} = P(A_1A_2) = P(A_1)P(A_2 \mid A_1) = p_1p_2,$$

V 的数学期望为

$$\begin{aligned}E_1 = E(V) &= 0\times(1-p_1) + V_1p_1(1-p_2) + V_2\times 0 + (V_1+V_2)p_1p_2\\ &= V_1p_1 + V_2p_1p_2.\end{aligned}$$

(2) 选择先猜谜语 2：依题设，这时 V 的分布律为

$$P\{V=0\} = P(\bar{A}_2) = 1-p_2,$$
$$P\{V=V_1\} = P(\varnothing) = 0,$$
$$P\{V=V_2\} = P(A_2\bar{A}_1) = P(A_2)P(\bar{A}_1 \mid A_2) = p_2(1-p_1),$$
$$P\{V=V_1+V_2\} = P(A_2A_1) = P(A_2)P(A_1 \mid A_2) = p_1p_2,$$

V 的数学期望为

$$\begin{aligned}E_2 = E(V) &= 0\times(1-p_2) + V_1\times 0 + V_2p_2(1-p_1) + (V_1+V_2)p_1p_2\\ &= V_1p_1p_2 + V_2p_2.\end{aligned}$$

因此，若 $E_1 > E_2$，他应当先猜谜语 1；若 $E_1 < E_2$，他应当先猜谜语 2；若 $E_1 = E_2$，则他可以随意确定先猜哪道谜语.

58. 某种产品表面上的疵点服从泊松分布，平均一件上有 0.8 个疵点. 若规定的疵点数不超过 1 个为一等品，价值 10 元；疵点数大于 1 不多于 4 为二等品，价值 8 元；4 个以上者为废品，求 (1) 产品为废品的概率；(2) 产品平均价值.

解 设每件产品表面上的疵点数为 X，则 $X \sim P(\lambda)$，且据已知有

$$\lambda = E(X) = 0.8,$$

于是

$$P\{X=k\} = \frac{\lambda^k}{k!}\mathrm{e}^{-\lambda} = \frac{0.8^k}{k!}\mathrm{e}^{-0.8\lambda}, k=0,1,2,\cdots$$

(1) 所求概率为

$$P\{X>4\} = 1 - P\{X \leqslant 4\} = 1 - \sum_{k=1}^{4} P\{X=k\}$$
$$= 1 - \sum_{k=0}^{4} \frac{0.8^k}{k!}\mathrm{e}^{-0.8\lambda} = 0.001\,4.$$

(2) 设 Y 表示每件产品的价值 (单位：元)，则 Y 的分布律为

$$P\{Y=10\} = P\{X=0\} + P\{X=1\} = (1+0.8)\mathrm{e}^{-0.8} = 0.808\,8,$$
$$P\{Y=8\} = P\{X=2\} + P\{X=3\} + P\{X=4\}$$
$$= \left(\frac{0.8^2}{2!} + \frac{0.8^3}{3!} + \frac{0.8^4}{4!}\right)\mathrm{e}^{-0.8} = 0.189\,8,$$

于是，产品平均价值 (即 Y 的数学期望) 为

$$E(Y) = 10 \times 0.808\ 8 + 8 \times 0.189\ 8 + 0 \times 0.001\ 4 = 9.606\ 4(元).$$

59. 对于任意两事件 $A,B,0 < P(A) < 1, 0 < P(B) < 1,$

$$\rho = \frac{P(AB) - P(A)P(B)}{\sqrt{P(A)(1-P(A))P(B)(1-P(B))}}$$

称为事件 A,B 的相关系数.

(1) 证明事件 A,B 独立的充分必要条件是其相关系数等于 0;

(2) 利用随机变量相关系数的基本性质,证明 $|\rho| \leqslant 1$.

证明 (1) A,B 相互独立 $\Leftrightarrow P(AB) = P(A)P(B)$

$$\Leftrightarrow P(AB) - P(A)P(B) = 0$$

$$\Leftrightarrow \rho = 0$$

(2) 定义随机变量

$$X = \begin{cases} 1, & A\ 发生, \\ 0, & A\ 不发生, \end{cases} \qquad Y = \begin{cases} 1, & B\ 发生, \\ 0, & B\ 不发生, \end{cases}$$

则 X,Y 的分布律分别为

X	0	1
p	$1 - P(A)$	$P(A)$

Y	0	1
p	$1 - P(B)$	$P(B)$

从而,$E(X) = P(A), E(Y) = P(B),$

$D(X) = P(A)(1-P(A)), D(Y) = P(B)(1-P(B)),$

$Cov(X,Y) = P(AB) - P(A)P(B),$

因此,$\rho_{XY} = \dfrac{Cov(X,Y)}{\sqrt{D(X)}\ \sqrt{D(Y)}} = \dfrac{P(AB) - P(A)P(B)}{\sqrt{P(A)(1-P(A))P(B)(1-P(B))}} = \rho,$

所以,$|\rho| = |\rho_{XY}| \leqslant 1$.

60. 设随机变量 X 的具有连续的密度函数为 $f(x)$,令 $h(a) = E|X - a|$,试证明:当 a 满足 $P\{X \leqslant a\} = \dfrac{1}{2}$ 时(此时称 a 为 X 的中位数),$h(a)$ 达到最小.

证明

$$h(a) = E(|X - a|) = \int_{-\infty}^{+\infty} |x - a| f(x) \mathrm{d}x$$

$$= \int_{-\infty}^{a} (a - x) f(x) \mathrm{d}x + \int_{a}^{+\infty} (x - a) f(x) \mathrm{d}x$$

$$= a \int_{-\infty}^{a} f(x) \mathrm{d}x - \int_{-\infty}^{a} x f(x) \mathrm{d}x + \int_{a}^{+\infty} x f(x) \mathrm{d}x a - a \int_{a}^{+\infty} f(x) \mathrm{d}x$$

$$= a \left[\int_{-\infty}^{a} f(x) \mathrm{d}x - \int_{a}^{+\infty} f(x) \mathrm{d}x \right] + \int_{a}^{+\infty} x f(x) \mathrm{d}x - \int_{-\infty}^{a} x f(x) \mathrm{d}x$$

$$= a[P(X \leqslant a) - P(X \geqslant a)] + \int_{a}^{+\infty} x f(x) \mathrm{d}x - \int_{-\infty}^{a} x f(x) \mathrm{d}x$$

$$= a[2P(X \leqslant a) - 1] + \int_{a}^{+\infty} x f(x) \mathrm{d}x - \int_{-\infty}^{a} x f(x) \mathrm{d}x,$$

即 $h(a) = a[2F(a) - 1] + \int_a^{+\infty} x f(x) \mathrm{d}x - \int_{-\infty}^a x f(x) \mathrm{d}x$，其中 $F(x)$ 是 X 的分布函数

故 $h'(a) = [2F(a) - 1] + 2a f(a) - a f(a) - a f(a) = 2F(a) - 1$.

令 $h'(a) = 0$，得 $F(a) = \dfrac{1}{2}$，即 $P\{X \leqslant a\} = \dfrac{1}{2}$. 所以，当 $P\{X \leqslant a\} = \dfrac{1}{2}$ 时，$h(a)$ 达到最小.

61. 假设公共汽车起点站于每时的 10 分，30 分，50 分发车，某乘客出发的时间，在每时内任一时刻到达车站是随机的，求乘客到车站等车时间的数学期望.

解　乘客在每时的 60 分的区间 $(0, 60]$ 内到达汽车站的任一时刻是一随机变量，设为 X，则 $X \sim U(0, 60)$（均匀分布），即 X 的密度函数为

$$f(x) = \begin{cases} \dfrac{1}{60}, & 0 < x < 60, \\ 0, & \text{其他}. \end{cases}$$

设 Y 为乘客到车站等车的时间，则

$$Y = \begin{cases} 10 - X, & 0 < X \leqslant 10, \\ 30 - X, & 10 < X \leqslant 30, \\ 50 - X, & 30 < X \leqslant 50, \\ 60 - X + 10, & 50 < X \leqslant 60, \end{cases}$$

而所求的数学期望为

$$\begin{aligned} E(Y) &= \int_0^{60} y f(x) \mathrm{d}x \\ &= \frac{1}{60} \Big[\int_0^{10} (10 - x) \mathrm{d}x + \int_{10}^{30} (30 - x) \mathrm{d}x + \int_{30}^{50} (50 - x) \mathrm{d}x + \int_{50}^{60} (70 - x) \mathrm{d}x \Big] \\ &= 10 (\text{分}). \end{aligned}$$

62. 设相互独立的两个随机变量 X, Y 具有同一分布律，且 X 的分布律为 $P\{X = 0\} = P\{X = 1\} = \dfrac{1}{2}$，求 $\max\{X, Y\}$ 和 $\min\{X, Y\}$ 的数学期望.

解　因为 X, Y 相互独立，因此有

$$P\{X = i, Y = j\} = P\{X = i\} \cdot P\{Y = j\} = \frac{1}{4}, \ i, j = 1, 2,$$

于是 (X, Y) 的联合分布律为

X＼Y	0	1
0	$\dfrac{1}{4}$	$\dfrac{1}{4}$
1	$\dfrac{1}{4}$	$\dfrac{1}{4}$

而 $\max\{X, Y\}$ 和 $\min\{X, Y\}$ 的分布律分别为

max $\{X,Y\}$	0	1
p	$\frac{1}{4}$	$\frac{3}{4}$
min $\{X,Y\}$	0	1
p	$\frac{3}{4}$	$\frac{1}{4}$

所以

$$E[\max \{X,Y\}] = 0 \times \frac{1}{4} + 1 \times \frac{3}{4} = \frac{3}{4}, E[\max \{X,Y\}] = 0 \times \frac{3}{4} + 1 \times \frac{1}{4} = \frac{1}{4}.$$

63. 据统计,一位40岁的健康者(体检未发现病症者)在五年之内仍然活着或自杀的概率为 $p(0 < p < 1)$, p 为已知,在五年内死亡(非自杀)的概率为 $1-p$. 保险公司开办五年人寿保险,条件是参加者需交保险费 a 元(a 已知),若五年之内死亡,公司赔偿 b 元($b > a$),问 b 的取值定在什么范围内公司才能可望获益.

解 设公司能获益 X(元),则 X 的分布律为

$$P\{X = a\} = p, P\{X = a - b\} = 1 - p,$$

于是

$$E(X) = ap + (a - b)(1 - p) = a - b(1 - p).$$

令 $E(X) > 0$,得 $b < \frac{a}{1-p}$. 因此 b 的取值应定在 $a < b < \frac{a}{1-p}$ 范围内公司才能可望获益.

64. 一辆飞机场的交通车,送25名乘客到9个站,假设每一位乘客都等可能地在任一站下车,并且他们是否下车相互独立. 又知交通车只在有人下车时才停车,求该交通车停车总次数的数学期望.

解 因为有9个站,因此对每一位乘客而言,在任一站下车的概率为 $p = \frac{1}{9}$,而不下车的概率为 $q = \frac{8}{9}$. 若设 X 为任一站下车的人数,则 $X \sim B\left(25, \frac{1}{9}\right)$,且

$$P\{X = 0\} = q^{25} = \left(\frac{8}{9}\right)^{25}, P\{X > 0\} = 1 - P\{X = 0\} = 1 - \left(\frac{8}{9}\right)^{25}.$$

现设 Y_i 为第 $i(i = 1, 2, \cdots, 9)$ 个车站停车的次数,则 Y_i 的取值为 0 或 1,且

$$P\{Y_i = 0\} = P\{X = 0\} = \left(\frac{8}{9}\right)^{25}, P\{Y_i = 1\} = P\{X > 0\} = 1 - \left(\frac{8}{9}\right)^{25},$$

因而

$$E(Y_i) = 0 \times \left(\frac{8}{9}\right)^{25} + 1 \times \left[1 - \left(\frac{8}{9}\right)^{25}\right] = 1 - \left(\frac{8}{9}\right)^{25},$$

于是,停车总次数为 $Y = Y_1 + Y_2 + \cdots + Y_9$,且其数学期望为

$$E(Y) = E(Y_1) + E(Y_2) + \cdots + E(Y_9) = 9\left[1 - \left(\frac{8}{9}\right)^{25}\right] = 8.526\ 4.$$

65. 工厂生产的某种设备的寿命 X(单位:年)服从指数分布,概率密度为

$$f(x) = \begin{cases} \frac{1}{4}e^{-\frac{x}{4}}, & x > 0, \\ 0, & x \leqslant 0. \end{cases}$$

工厂规定,出售的设备若在一年之内损坏可予以调换.若工厂售出一台设备盈利 100 元,调换一台设备厂方需要花费 300 元,试求厂方出售一台设备盈利的数学期望.

解 出售的设备在一年之内损坏的概率为

$$P\{0 < X \leqslant 1\} = \int_0^1 f(x)\mathrm{d}x = \int_0^1 \frac{1}{4}\mathrm{e}^{-\frac{x}{4}}\mathrm{d}x = 1 - \mathrm{e}^{-\frac{1}{4}}.$$

由已知出售一台设备盈利 $Y = 100$ 元,而出售的设备在一年内如损坏,扣除调换花费 300 元,则盈利 $Y = -200$ 元,即 Y 的取值为 $100, -200$,并且有

$$P\{Y = -200\} = P\{0 < X \leqslant 1\} = 1 - \mathrm{e}^{-\frac{1}{4}}, P\{Y = 100\} = 1 - P\{Y = -200\} = \mathrm{e}^{-\frac{1}{4}},$$

故所求的数学期望为

$$E(Y) = -200(1 - \mathrm{e}^{-\frac{1}{4}}) + 100\mathrm{e}^{-\frac{1}{4}} = 300\mathrm{e}^{-\frac{1}{4}} - 200 \approx 33.64(元).$$

66. 设某种商品每周的需求量 X 是服从区间 $[10,30]$ 上均匀分布的随机变量,而经销商店进货量为区间 $[10,30]$ 中的某一整数,商店每销售一单位商品可获利 500 元,若供大于求,则削价处理,每处理一单位商品亏损 100 元,若供不应求,则可从外部调剂供应,此时,单位商品仅利 300 元.为使商品所获利润期望值不少于 9 280 元,试确定最小进货量.

解 设经销商店的进货量为 k,依题设有 $k = 10, 11, \cdots, 30$.若设商店一周销售该商品的利润为 Y(单位:元),则据已知 Y 是需求量 X 的函数:

$$Y = g(X) = \begin{cases} 500a + 300(X - a), & a < X \leqslant 30, \\ 500X - 100(a - X), & 10 \leqslant X \leqslant a \end{cases} = \begin{cases} 300X + 200a, & a < X \leqslant 30, \\ 600X - 100a, & 10 \leqslant X \leqslant a. \end{cases}$$

因为 X 的概率密度为

$$f(x) = \begin{cases} \dfrac{1}{20}, & 10 < x < 30, \\ 0, & 其他, \end{cases}$$

于是,可获利润期望值

$$E(Y) = \int_{10}^{30} g(x)f(x)\mathrm{d}x = \int_{10}^a \frac{1}{20}(600x - 100a)\mathrm{d}x + \int_a^{30} \frac{1}{20}(300x + 200a)\mathrm{d}x$$

$$= \frac{1}{20}(300x^2 - 100ax)\Big|_{10}^a + \frac{1}{20}(150x^2 + 200ax)\Big|_a^{30}$$

$$= 5250 + 350a - 7.5a^2.$$

由题设条件,有 $E(Y) \geqslant 9\,280$,即

$$5\,250 + 350a - 7.5a^2 \geqslant 9\,280 \text{ 或 } 3a^2 - 140a + 1\,612 \leqslant 0,$$

解之,得

$$20\,\frac{2}{3} \leqslant a \leqslant 26.$$

故最小进货量为 $a = 21$,但不能超过 $a = 26$.

67. 某保险公司规定,如果在一年内顾客的投保事件 A 发生,该公司就赔偿顾客 a 元,若一年内事件 A 发生的概率为 p,为使公司收益的期望值等于 a 的 10%,该公司应该要求顾客交多少保险费?

解 设要求顾客交的保险费为 b 元,并设 X(元)为公司相应的投保赔偿或收入,则 X 的分布律为

$$P\{X = b - a\} = P(A) = p, P\{X = b\} = P(\overline{A}) = 1 - p,$$

于是

$$E(X) = (b-a)p + b(1-p).$$

依题设,有 $E(X) = 0.1a$,即

$$(b-a)p + b(1-p) = 0.1a$$

故有

$$b = (p+0.1)a.$$

68. 设 X 服从参数为 λ 的指数分布,当 $k < X \leqslant k+1 (k=0,1,2,\cdots)$ 时,令 $Y = k$. 求 $E(Y)$.

解 Y 的分布律为

$$P\{Y=k\} = P\{k < X \leqslant k+1\} = \int_k^{k+1} f(x)\mathrm{d}x$$

$$= \int_k^{k+1} \frac{1}{\lambda}\mathrm{e}^{-\frac{x}{\lambda}}\mathrm{d}x = -\mathrm{e}^{-\frac{x}{\lambda}}\Big|_k^{k+1} = \mathrm{e}^{-\frac{k}{\lambda}} - \mathrm{e}^{-\frac{k+1}{\lambda}} (k=0,1,2,\cdots),$$

于是

$$E(Y) = \sum_{k=0}^{\infty} k(\mathrm{e}^{-\frac{k}{\lambda}} - \mathrm{e}^{-\frac{k+1}{\lambda}}) = (1 - \mathrm{e}^{-\frac{1}{\lambda}})\sum_{k=0}^{\infty} k\mathrm{e}^{-\frac{k}{\lambda}}. \tag{1}$$

因为

$$\mathrm{e}^{-\frac{1}{\lambda}}E(Y) = (1 - \mathrm{e}^{-\frac{1}{\lambda}})\sum_{k=0}^{\infty} k\mathrm{e}^{-\frac{k+1}{\lambda}}, \tag{2}$$

由 (1) - (2),得

$$(1 - \mathrm{e}^{-\frac{1}{\lambda}})E(Y) = (1 - \mathrm{e}^{-\frac{1}{\lambda}})\sum_{k=1}^{\infty} \mathrm{e}^{-\frac{k}{\lambda}} = \mathrm{e}^{-\frac{1}{\lambda}},$$

所以

$$E(Y) = \frac{\mathrm{e}^{-\frac{1}{\lambda}}}{1 - \mathrm{e}^{-\frac{1}{\lambda}}} = \frac{1}{\mathrm{e}^{\frac{1}{\lambda}} - 1}.$$

69. 假设由自动生产线加工的的某种零件的内径 X(单位:mm) 服从正态分布 $N(\mu,1)$,已知销售每个零件的利润 T(元) 与销售零件的内径 X 有如下关系:

$$T = \begin{cases} -1, & x < 10, \\ 20, & 10 \leqslant x \leqslant 12, \\ -5, & x > 12. \end{cases}$$

问平均内径 μ 为何值时,销售一个零件的平均利润最大?

解 由已知,利润 T 是销售零件的内径 X 的函数:$T = g(X)$,其中 $g(x)$ 就是给定的 T 对 x 的(分段)函数关系. 因为 $X \sim N(\mu,1)$,故 X 的概率密度为

$$f(x) = \frac{1}{\sqrt{2\pi}}\mathrm{e}^{-\frac{(x-\mu)^2}{2}}, \quad -\infty < x < +\infty,$$

于是,销售一个零件的平均利润即的数学期望为

$$E(T) = \int_{-\infty}^{+\infty} g(x)f(x)\mathrm{d}x$$

$$= -\int_{-\infty}^{10} \frac{1}{\sqrt{2\pi}}\mathrm{e}^{-\frac{(x-\mu)^2}{2}}\mathrm{d}x + 20\int_{10}^{12} \frac{1}{\sqrt{2\pi}}\mathrm{e}^{-\frac{(x-\mu)^2}{2}}\mathrm{d}x - 5\int_{12}^{+\infty} \frac{1}{\sqrt{2\pi}}\mathrm{e}^{-\frac{(x-\mu)^2}{2}}\mathrm{d}x.$$

因为

$$\frac{\mathrm{d}E(T)}{\mathrm{d}\mu} = -\int_{-\infty}^{10} \frac{x-\mu}{\sqrt{2\pi}}\mathrm{e}^{-\frac{(x-\mu)^2}{2}}\mathrm{d}x + 20\int_{10}^{12} \frac{x-\mu}{\sqrt{2\pi}}\mathrm{e}^{-\frac{(x-\mu)^2}{2}}\mathrm{d}x - 5\int_{12}^{+\infty} \frac{x-\mu}{\sqrt{2\pi}}\mathrm{e}^{-\frac{(x-\mu)^2}{2}}\mathrm{d}x$$

$$=-\frac{1}{\sqrt{2\pi}}e^{-\frac{(x-\mu)^2}{2}}+\bigg|_{-\infty}^{10}+\frac{20}{\sqrt{2\pi}}e^{-\frac{(x-\mu)^2}{2}}\bigg|_{10}^{12}-\frac{5}{\sqrt{2\pi}}e^{-\frac{(x-\mu)^2}{2}}\bigg|_{12}^{+\infty}$$

$$=-\frac{1}{\sqrt{2\pi}}e^{-\frac{(10-\mu)^2}{2}}+\frac{20}{\sqrt{2\pi}}(e^{-\frac{(12-\mu)^2}{2}}-e^{-\frac{(10-\mu)^2}{2}})+\frac{5}{\sqrt{2\pi}}e^{-\frac{(12-\mu)^2}{2}}$$

$$=-\frac{21}{\sqrt{2\pi}}e^{-\frac{(10-\mu)^2}{2}}+\frac{25}{\sqrt{2\pi}}e^{-\frac{(12-\mu)^2}{2}},$$

令 $\dfrac{\mathrm{d}E(T)}{\mathrm{d}\mu}=0$，得 $21e^{-\frac{(10-\mu)^2}{2}}=25e^{-\frac{(12-\mu)^2}{2}}$，解之，得

$$\mu=11-\frac{1}{2}\ln\frac{25}{21}\approx10.96(\mathrm{mm}).$$

因此，当平均内径 $\mu=11-\dfrac{1}{2}\ln\dfrac{25}{21}\approx10.96$ mm 时，销售一个零件的平均利润最大.

第五章
大数定律与中心极限定理

一、切比雪夫(Chebyshev) 不等式

一个随机变量离差平方的数学期望就是它的方差,而方差又是用来描述随机变量取值的分散程度的.下面我们研究随机变量的离差与方差之间的关系式.

定理1 （切比雪夫不等式）设随机变量 X 的期望 $E(X)$ 及方差 $D(X)$ 存在,则对任意小正数 $\varepsilon > 0$,有

$$P\{\mid X - E(X)\mid \geqslant \varepsilon\} \leqslant \frac{D(X)}{\varepsilon^2}$$

或

$$P\{\mid X - E(X)\mid \leqslant \varepsilon\} \geqslant 1 - \frac{D(X)}{\varepsilon^2}.$$

例1 设 X 是抛掷一枚骰子所出现的点数,若给定 $\varepsilon = 2$ 和 2.5,试分别实际计算 $P\{\mid X - E(X)\mid \geqslant \varepsilon\}$,并验证切比雪夫不等式成立.

解 X 的分布律为

$$P\{X = k\} = \frac{1}{6}, k = 1,2,\cdots,6,$$

所以

$$E(X) = (1 + 2 + \cdots + 6) \times \frac{1}{6} = \frac{7}{2},$$

$$E(X^2) = (1^2 + 2^2 + \cdots + 6^2) \times \frac{1}{6} = \frac{91}{6},$$

$$D(X) = \frac{91}{6} - \left(\frac{7}{2}\right)^2 = \frac{35}{12}.$$

X	1	2	3	4	5	6
$X - \frac{7}{2}$	$\frac{5}{2}$	$\frac{3}{2}$	$\frac{1}{2}$	$\frac{1}{2}$	$\frac{3}{2}$	$\frac{5}{2}$
p	$\frac{1}{6}$	$\frac{1}{6}$	$\frac{1}{6}$	$\frac{1}{6}$	$\frac{1}{6}$	$\frac{1}{6}$

$$P\{\mid X - E(X)\mid \geqslant 2\} = \frac{1}{3}, P\{\mid X - E(X)\mid \geqslant 2.5\} = \frac{1}{3},$$

当 $\varepsilon = 2$ 时,$\dfrac{D(X)}{\varepsilon^2} = \dfrac{1}{4} \times \dfrac{35}{12} > \dfrac{1}{3}$,

当 $\varepsilon = 2.5$ 时，$\dfrac{D(X)}{\varepsilon^2} = \dfrac{1}{6.25} \times \dfrac{35}{12} = \dfrac{7}{15} > \dfrac{1}{3}$.

可见，切比雪夫不等式成立.

例 2 设电站供电网有 10 000 盏灯，夜晚每一盏灯开灯的概率都是 0.7，而假定所有电灯开或关是彼此独立的. 试用切比雪夫不等式估计夜晚同时开着的灯数在 6 800 ～ 7 200 的概率.

解 设 X 表示在夜晚同时开着的电灯的数目，它服从参数 $n = 10\,000$，$p = 0.7$ 的二项分布. 于是有

$E(X) = np = 10\,000 \times 0.7 = 7\,000$,

$D(X) = npq = 10\,000 \times 0.7 \times 0.3 = 2\,100$,

$P\{6\,800 < X < 7\,200\} = P\{| X - 7000 | < 200\} \geqslant 1 - \dfrac{2\,100}{200^2} \approx 0.95$.

可见，虽然有 10 000 盏灯，但是只要有供应 7 000 盏灯的电力就能够以相当大的概率保证够用.

例 3 用切比雪夫不等式估计 $P\{| X - E(X) | > 3\sqrt{D(X)}\}$.

解 $$P\{| X - E(X) | > 3\sqrt{D(X)}\} < \dfrac{D(X)}{[3\sqrt{D(X)}]^2} = \dfrac{1}{9}.$$

可见，随机变量 X 取值与期望 $E(X)$ 的差的绝对值大于其均方差 $\sqrt{D(X)}$ 的 3 倍的可能极小.

二、大数定律

在第一章中曾经提到过，事件发生的频率具有稳定性，即随着试验次数增多，事件发生的频率将逐渐稳定于一个确定的常数值附近. 另外，人们在实践中还认识到大量测量值的算术平均值也具有稳定性，即平均结果的稳定性. 大数定律以严格的数学形式表示证明了在一定的条件下，大量重复出现的随机现象呈现的统计规律性，即频率的稳定性与平均结果的稳定性.

1 贝努利大数定律

定理 2 设 m 是 n 次独立重复试验中事件 A 发生的次数，p 是事件 A 的概率，则对任意正数 ε，有 $\lim\limits_{n \to \infty} P\left\{\left| \dfrac{m}{n} - p \right| < \varepsilon\right\} = 1$.（不证）

贝努利大数定律说明，在大量试验同一事件 A 时，事件 A 的概率是 A 的频率的稳定值.

2 独立同分布随机变量序列的切比雪夫大数定律

先介绍独立同分布随机变量序列的概念.

称随机变量序列 $X_1, X_2, \cdots, X_n, \cdots$ 是相互独立的，若对任意的 $n > 1$，$X_1, X_2, \cdots, X_n, \cdots$ 是相互独立的. 此时，若所有的 X_i 又具有相同的分布，则称 $X_1, X_2, \cdots, X_n, \cdots$ 是独立同分布随

机变量序列.

定理 3 设 $X_1, X_2, \cdots, X_n, \cdots$ 是独立同分布随机变量序列 $E(X_i) = \mu, D(X_i) = \sigma^2 (i = 1, 2, \cdots)$ 均存在,则对于任意 $\varepsilon > 0$,有 $\lim\limits_{n \to \infty} P\left\{ \left| \dfrac{1}{n} \sum\limits_{i=1}^n X_i - \mu \right| < \varepsilon \right\} = 1.$（不证）

这一定理说明:经过算术平均后得到的随机变量在统计上 $\overline{X} = \dfrac{1}{n} \sum\limits_{i=1}^n X_i$ 具有一种稳定性,它的取值将比较紧密聚集在它的期望附近. 这正是大数定律的含义. 在概率论中,大数定律是随机现象的统计稳定性的深刻描述;同时,也是数理统计的重要理论基础.

三、中心极限定理

1 ▷ 独立同分布序列的中心极限定理

定理 4 设 $X_1, X_2, \cdots, X_n, \cdots$ 是独立同分布的随机变量序列,且具有相同数学期望和方差 $E(X_i) = \mu, D(X_i) = \sigma^2 (i = 1, 2, \cdots)$. 记随机变量

$$Y_n = \frac{\sum\limits_{i=1}^n X_i - n\mu}{\sqrt{n}\sigma}$$

的分布函数为 $F_n(x)$,则对于任意实数 x,有

$$\lim_{n \to \infty} F_n(x) = \lim_{n \to \infty} P\{Y_n \leqslant x\} = \lim_{n \to \infty} P\left\{ \frac{\sum\limits_{i=1}^n X_i - n\mu}{\sqrt{n}\sigma} < x \right\}$$

$$= \int_{-\infty}^x \frac{1}{\sqrt{2\pi}} e^{-\frac{1}{2}} dt = \Phi(x),$$

其中 $\Phi(x)$ 为标准正态分布函数.（不证）

由这一定理知道下列结论:

(1) 当 n 充分大时,独立同分布的随机变量之和 $Z_n = \sum\limits_{i=1}^n X_i$ 的分布近似于正态分布 $N(n\mu, n\sigma^2)$. 我们知道,n 个独立同分布的正态随机变量之和服从正态分布. 中心极限定理进一步告诉我们:不论 $X_1, X_2, \cdots, X_n, \cdots$ 独立同服从什么分布,当 n 充分大时,其和 Z_n 近似服从正态分布.

(2) 考虑 $X_1, X_2, \cdots, X_n, \cdots$ 的平均值,有 $\overline{X} = \dfrac{1}{n} \sum\limits_{i=1}^n X_i$,

$$E(\overline{X}) = \frac{1}{n} \sum_{i=1}^n E(X_i) = \frac{1}{n} \cdot n\mu = \mu,$$

$$D(\overline{X}) = \frac{1}{n^2} \sum_{i=1}^n D(X_i) = \frac{n\sigma^2}{n^2} = \frac{\sigma^2}{n},$$

它的标准化随机变量为 $\dfrac{\overline{X} - \mu}{\frac{\sigma}{\sqrt{n}}}$,即为上述 Y_n. 因此 $\dfrac{\overline{X} - \mu}{\frac{\sigma}{\sqrt{n}}}$ 的分布函数即是上述的 $F_n(x)$,因而

有 $\lim\limits_{n \to \infty} F_n(x) = \int_{-\infty}^{x} \dfrac{1}{\sqrt{2\pi}} e^{-\frac{t^2}{2}} dt = \Phi(x).$

由此可见,当 n 充分大时,独立同分布随机变量的平均值 $\overline{X} = \dfrac{1}{n} \sum\limits_{i=1}^{n} X_i$ 的分布近似于正态分布 $N\left(\mu, \dfrac{\sigma^2}{n}\right).$

例 4　对敌人的防御地段进行 100 次射击,每次射击时命中目标的炮弹数是一个随机变量,其数学期望为 2,均方差为 1.5,求在 100 次射击中有 180 颗到 220 颗炮弹命中目标的概率.

解　设 X_i 为第 i 次射击时命中目标的炮弹数 $(i = 1, 2, \cdots, 100)$,则 $X = \sum\limits_{i=1}^{100} X_i$ 为 100 次射击中命中目标的炮弹总数,而且 $X_1, X_2, \cdots, X_{100}$ 同分布且相互独立,于是,

$$E(X_i) = 2, \quad \sqrt{D(X_i)} = 1.5.$$

由定理 4 可知,随机变量 $Y_{100} = \dfrac{X - n\mu}{\sqrt{n}\sigma} = \dfrac{X - 200}{15}$ 近似服从标准正态分布,故有

$$P\{180 \leqslant X \leqslant 220\} = P\left\{\dfrac{180 - 200}{15} \leqslant \dfrac{\sum\limits_{i=1}^{100} x - 100 \times 2}{10 \times 1.5} \leqslant \dfrac{220 - 200}{15}\right\}$$

$$= p\left\{-\dfrac{4}{3} \leqslant Y_{100} \leqslant \dfrac{4}{3}\right\}$$

$$\approx \Phi\left(\dfrac{4}{3}\right) - \Phi\left(-\dfrac{4}{3}\right) = \Phi\left(\dfrac{4}{3}\right) - \left[1 - \Phi\left(\dfrac{4}{3}\right)\right]$$

$$\approx 2\Phi\left(\dfrac{4}{3}\right) - 1 = 0.8165.$$

例 5　某种电器元件的寿命服从均值为 100(单位:时)的指数分布.现随机抽出 16 只,设它们的寿命是相互独立的,求这 16 只元件的寿命的总和大于 1 920 时的概率.

解　设第 i 只电器元件的寿命为 $X_i (i = 1, 2, \cdots, 16)$,

$$E(X_i) = 100, \quad D(X_i) = 100^2 = 10\,000,$$

则 $Y = \sum\limits_{i=1}^{16} X_i$ 是这 16 只元件的寿命的总和,

$$E(Y) = 100 \times 16 = 1\,600, \quad D(Y) = 160\,000,$$

则所求概率为

$$P\{Y \geqslant 1\,920\} = P\left\{\sum\limits_{i=1}^{16} X_i \geqslant 1\,920\right\} = P\left\{\dfrac{\sum\limits_{i=1}^{16} X_i - 1\,600}{\sqrt{16} \times 100} \geqslant \dfrac{1\,920 - 1\,600}{400}\right\}$$

$$\approx 1 - \Phi\left(\dfrac{1\,920 - 1\,600}{400}\right) = 1 - \Phi(0.8) = 0.2119.$$

2 ▶ 棣莫弗(De Moivre)－拉普拉斯(Laplace)中心极限定理

下面介绍另一个中心极限定理,它是定理 4 的特殊情况.

定理 5　(棣莫弗－拉普拉斯中心极限定理)设随机变量 Z_n 是 n 次独立重复试验中事件 A 发生的次数,p 是事件 A 发生的概率,则对于任意实数 x,有

$$\lim_{n \to \infty} P\left\{ \left| \frac{Z_n - np}{\sqrt{npq}} \right| < x \right\} = \int_{-\infty}^{x} \frac{1}{\sqrt{2\pi}} e^{-\frac{t^2}{2}} dt = \Phi(x),$$

其中 $q = 1 - p$，$\Phi(x)$ 为标准正态分布函数.

由棣莫弗－拉普拉斯中心极限定理得到下列结论：

(1) 在贝努利试验中，若事件 A 发生的概率为 p. 又设 Z_n 为 n 次独立重复试验中事件 A 发生的频数，则当 n 充分大时，Z_n 近似服从正态分布 $N(np, npq)$.

(2) 在贝努利试验中，若事件中 A 发生的概率为 p，$\dfrac{Z_n}{n}$ 为 n 次独立重复试验中事件 A 发生的频率，则当 n 充分大时，$\dfrac{Z_n}{n}$ 近似服从正态分布 $N\left(p, \dfrac{pq}{n}\right)$

例 6 用中心极限定理得到求解例 2 的概率.

解 设同时开着的灯数为 X，则

$$X \sim B(1\,000, 0.7), np = 1\,000 \times 0.7 = 7\,000,$$

$$P\{6\,800 \leqslant X \leqslant 7\,200\} = P\left\{ \frac{6\,800 - 7\,000}{45.826} \leqslant \frac{X - 10\,000 \times 0.7}{\sqrt{10\,000 \times 0.7 \times 0.3}} \leqslant \frac{7\,200 - 7\,000}{45.826} \right\}$$

$$\approx \Phi\left(\frac{7\,200 - 7\,000}{45.826}\right) - \Phi\left(\frac{6\,800 - 7\,000}{45.826}\right)$$

$$= 2\Phi(4.364) - 1 = 0.999\,9.$$

例 7 设某单位内部有 1 000 台电话分机，每台分机有 5% 的时间使用外线通话，假定各个分机是否使用外线是相互独立的，该单位总机至少需要安装多少条外线，才能以 95% 以上的概率保证每台分机需要使用外线时不被占用？

解 把观察每一台分机是否使用外线作为一次试验，则各次试验相互独立，设 X 为 1 000 台分机中同时使用外线的分机数，则

$$X \sim B(1\,000, 0.05), np = 1\,000 \times 0.05 = 50,$$

$$\sqrt{npq} = \sqrt{1\,000 \times 0.05 \times 0.95} \approx 6.892.$$

根据题意，设 N 为满足条件的最小正整数，

$$P\{0 \leqslant X \leqslant N\} = P\left\{ \frac{0 - 50}{6.892} \leqslant \frac{X - 1\,000 \times 0.05}{\sqrt{1\,000 \times 0.05 \times 0.95}} \leqslant \frac{N - 50}{6.892} \right\}$$

$$\approx \Phi\left(\frac{N - 50}{6.892}\right) - \Phi\left(\frac{0 - 50}{6.892}\right) = \Phi\left(\frac{N - 50}{6.892}\right) - \Phi(-7.255).$$

由于 $\Phi(-7.255) \approx 0$，故有

$$P\{0 \leqslant X \leqslant N\} \approx \Phi\left(\frac{N - 50}{6.892}\right) \geqslant 0.95.$$

查标准正态分布表得 $\Phi(1.65) = 0.950\,5$，
故有

$$\frac{N - 50}{6.892} \geqslant 1.65,$$

由此

$$N \geqslant 61.37,$$

即该单位总机至少需要 62 条外线，才能以 95% 以上的概率保证每台分机在使用外线时不被占用.

（二）　　　　　强化练习五

1. 设随机变量 $X_1, X_2, \cdots, X_9$ 相互独立且同分布，而且有 $E(X_i) = 1, D(X_i) = 1(i = 1, 2, \cdots, 9)$，令 $X = \sum_{i=1}^{9} X_i$，对于任意给定的 $\varepsilon > 0$ 时，利用切比雪夫不等式求 $P\{|X - 9| < \varepsilon\}$.

解　切比雪夫不等式指出：如果随机变量 X 满足：$E(X) = \mu$ 与 $D(X) = \sigma^2$ 都存在，则对任意给定的 $\varepsilon > 0$，有

$$P\{|X - \mu| \geqslant \varepsilon\} \leqslant \frac{\sigma^2}{\varepsilon^2} \text{ 或者 } P\{|X - \mu| < \varepsilon\} \geqslant 1 - \frac{\sigma^2}{\varepsilon^2}.$$

由于随机变量 $X_1, X_2, \cdots, X_9$ 相互独立且同分布，而且有 $E(X_i) = 1, D(X_i) = 1(i = 1, 2, \cdots 9)$，所以

$$\mu = E(X) = E\left(\sum_{i=1}^{9} X_i\right) = \sum_{i=1}^{9} E(X_i) = \sum_{i=1}^{9} 1 = 9,$$

$$\sigma^2 = D(X) = D\left(\sum_{i=1}^{9} X_i\right) = \sum_{i=1}^{9} D(X_i) = \sum_{i=1}^{9} 1 = 9.$$

故 $P\{|X - 9| \leqslant \varepsilon\} \geqslant 1 - \dfrac{9}{\varepsilon^2}$

2. 设随机变量 X 满足：$E(X) = \mu, D(X) = \sigma^2$，利用切比雪夫不等式，求 $P\{|X - \mu| \geqslant 4\sigma\}$.

解　切比雪夫不等式为：设随机变量 X 满足 $E(X) = \mu, D(X) = \sigma^2$，则对任意的 $\varepsilon > 0$，有 $P\{|X - \mu| \geqslant \varepsilon\} \leqslant \dfrac{\sigma^2}{\varepsilon^2}$. 由此得 $P\{|X - \mu| \geqslant 4\sigma\} \leqslant \dfrac{\sigma^2}{(4\sigma)^2} = \dfrac{1}{16}$.

3. 设 $X_1, X_2, \cdots, X_n$ 是独立同分布随机变量，已知 $E(X) = \mu, D(X) = \sigma^2(i = 1, 2, \cdots, n)$，$\overline{X}_n$ 是其算术平均值. 考虑概率

$$P\{|\overline{X}_n - \mu| \geqslant \Delta\} = \alpha,$$

其中 $\Delta(\Delta > 0)$ 和 $\alpha(0 < \alpha < 1)$ 是给定的实数. 试利用中心极限定理：

（1）由 n 和 Δ，求 α 的近似值；

（2）由 n 和 α，求 Δ 的近似值；

（3）由 Δ 和 α，估计 n.

解　（1）$\alpha = P\{|\overline{X}_n - \mu| \geqslant \Delta\} = 1 - P\{|\overline{X}_n - \mu| \leqslant \Delta\} = 1 - P\left\{\left|\dfrac{\overline{X}_n - \mu}{\sigma}\sqrt{n}\right| \leqslant \dfrac{\Delta\sqrt{n}}{\sigma}\right\}$,

即 $\alpha = 2\left[1 - \Phi\left(\dfrac{\Delta\sqrt{n}}{\sigma}\right)\right]$.

（2）由（1）得，$1 - \alpha/2 = \Phi\left(\dfrac{\Delta\sqrt{n}}{\sigma}\right)$，故 $\dfrac{\Delta\sqrt{n}}{\sigma} = z_{\alpha/2}$，$\Delta = \dfrac{\sigma z_{\alpha/2}}{\sqrt{n}}$.

（3）由（2）得 $n = \dfrac{\sigma^2 z_{\alpha/2}^2}{\Delta^2}$.

4. 设随机变量 $X_1, X_2, \cdots, X_n$ 相互独立，且具有相同分布，它们的均值与方差分别为 μ 与 σ^2. 试证随机变量 $\overline{X} = \dfrac{1}{n}\sum_{i=1}^{n} X_i (\overline{X}$ 称为样本均值)，满足：

$$P\{|\overline{X} - \mu| \geqslant \varepsilon\} \leqslant \frac{\sigma^2}{n\varepsilon^2}.$$

证明
$$E(\overline{X}) = E\left(\frac{1}{n}\sum_{i=1}^{n}X_i\right) = \frac{1}{n}\sum_{i=1}^{n}E(X_i) = \frac{1}{n}\sum_{i=1}^{n}\mu = \mu,$$

$$D(\overline{X}) = D\left(\frac{1}{n}\sum_{i=1}^{n}X_i\right) = \frac{1}{n^2}\sum_{i=1}^{n}D(X_i) = \frac{1}{n^2}\sum_{i=1}^{n}\sigma^2 = \frac{1}{n}\sigma^2,$$

应用切比雪夫不等式,对于任意的 $\varepsilon > 0$,有

$$P\{|\overline{X} - \mu| \geqslant \varepsilon\} \leqslant \frac{D(\overline{X})}{\varepsilon^2} = \frac{\sigma^2}{n\varepsilon^2}.$$

5. 在每次试验中,事件 A 发生的概率为 0.5,利用切比雪夫不等式估计,在 1 000 次独立试验中,事件 A 发生的次数在 450 至 550 次之间的概率.

解 设 X 表示 1 000 次独立试验中事件 A 发生的次数,则 $E(X) = 500, D(X) = 250$,

$$P\{450 \leqslant X \leqslant 550\} = P\{|X - 500| \leqslant 50\}$$
$$= P\{|X - E(X)| \leqslant 50\} \geqslant 1 - \frac{D(X)}{50^2}$$
$$= 1 - \frac{250}{2\ 500} = 0.9.$$

6. 一通信系统拥有 50 台相互独立起作用的交换机. 在系统运行期间,每台交换机能清晰接受信号的概率为 0.90. 系统正常工作时,要求能清晰接受信号的交换机至少 45 台. 求该通信系统能正常工作的概率.

解 设 X 表示系统运行期间能清晰接受信号的交换机台数,则
$$X \sim B(50, 0.90).$$

由此
$$P\{通信系统能正常工作\} = P\{45 \leqslant X \leqslant 50\}$$
$$= P\left\{\frac{45 - 50 \times 0.9}{\sqrt{50 \times 0.9 \times 0.1}} \leqslant \frac{X - 50 \times 0.9}{\sqrt{50 \times 0.9 \times 0.1}} \leqslant \frac{50 - 50 \times 0.9}{\sqrt{50 \times 0.9 \times 0.1}}\right\}$$
$$\approx \Phi(2.36) - \Phi(0) = 0.990\ 9 - 0.5 = 0.490\ 9.$$

7. 据以往经验某种电器元件的寿命服从均值为 100(单位:时)的指数分布,现在随机的抽取 16 只,设它们的寿命是相互独立的,求这 16 只元件寿命总和大于 1 920 的概率.

解 设第 i 只寿命为 $X_i (1 \leqslant i \leqslant 16)$,故 $E(X_i) = 100, D(X_i) = 100^2 (l = 1, 2, \cdots, 16)$. 依定理 1 知

$$P\left\{\sum_{i=1}^{16}X_i \leqslant 1\ 920\right\} = P\left\{\frac{\sum_{i=0}^{16}X_i - 1\ 600}{\sqrt{16} \times 100} \leqslant \frac{1\ 920 - 1\ 600}{\sqrt{16} \times 100}\right\} = P\left\{\frac{\sum_{i=0}^{16}X_i - 1600}{400} \leqslant 0.8\right\}$$
$$\approx \Phi(0.8) = 0.788\ 1.$$

从而 $P\left\{\sum_{i=1}^{16}X_i > 1\ 920\right\} = 1 - P\left\{\sum_{i=1}^{16}X_i \leqslant 1\ 920\right\}$
$$= 1 - 0.788\ 1 = 0.211\ 9.$$

8. 计算机在进行加法时,对每个加数取整(取为最接近它的整数),设所有的取整误差是相互独立的,且它们都在 $(-0.5, 0.5)$ 上服从均匀分布,若将 1500 个数相加,问误差总和的绝对值超过 15 的概率是多少?

解　设取整误差为 $X_i(i=1,2,\cdots,1\,500)$，它们都在$(-0.5,0.5)$上服从均匀分布．

于是，
$$E(X_i)=p=\frac{-0.5+0.5}{2}=0,$$

$$D(X_i)=\frac{[0.5-(-0.5)]^2}{12}=\frac{1}{12},$$

$$nE(X_i)=0,\sqrt{nD(X_i)}=\sqrt{1\,500\times\frac{1}{12}}=\sqrt{125}=11.18,$$

$$
\begin{aligned}
P\left\{\left|\sum_{i=0}^{1\,500}X_i\right|>15\right\}&=1-P\left\{\left|\sum_{i=1}^{1\,500}X_i\right|\leqslant15\right\}\\
&=1-P\left\{-15\leqslant\sum_{i=1}^{1\,500}X_i\leqslant15\right\}\\
&=1-P\left\{\frac{-15}{11.18}\leqslant\frac{\sum_{i=1}^{1\,500}X_i}{11.18}\leqslant\frac{15}{11.18}\right\}\\
&\approx1-[\Phi(1.34)-\Phi(-1.34)]\\
&=2[1-\Phi(1.34)]=2\times[1-0.909\,9]=0.180\,2.
\end{aligned}
$$

9. 独立地测量一个物理量，每次测量产生的随机误差都服从$[-1,1]$的均匀分布．(1) 如果取 n 次测量的算术平均值作为测量结果，求它与真值的差小于一个小的正数 ε 的概率；(2) 计算当 $n=36,\varepsilon=\frac{1}{6}$ 时的近似值；(3) 要使上述概率大于 $\alpha=0.95$，应进行多少次测量？

解　设该物理量为 a，X_i 为第 i 次测量的结果，则依题设，有
$$Y_i=X_i-a\sim U[-1,1]\,(i=1,2,\cdots,n\cdots).$$

(1) 所求的概率为
$$P\left\{\left|\frac{1}{n}\sum_{i=1}^{n}X_i-a\right|<\varepsilon\right\}=P\left\{\left|\frac{1}{n}\sum_{i=1}^{n}(X_i-a)\right|<\varepsilon\right\}=P\left\{\left|\frac{1}{n}\sum_{i=1}^{n}Y_i\right|<\varepsilon\right\}.$$

因为
$$\mu=E(Y_i)=\frac{1}{2}(-1+1)=0,\sigma^2=D(Y_i)=\frac{1}{12}[1-(-1)]^2=\frac{1}{3},$$

且 $Y_i(i=1,2,\cdots,n)$独立同分布，利用中心极限定理，有
$$
\begin{aligned}
P\left\{\left|\frac{1}{n}\sum_{i=1}^{n}X_i-a\right|<\varepsilon\right\}&=P\left\{\left|\frac{1}{\sqrt{n}\sigma}\left(\sum_{i=1}^{n}Y_i-n\mu\right)\right|<\sqrt{3n}\varepsilon\right\}\\
&=P\left\{-\sqrt{3n}\varepsilon<\frac{1}{\sqrt{n}\sigma}\left(\sum_{i=1}^{n}Y_i-n\mu\right)<\sqrt{3n}\varepsilon\right\}\\
&\approx2\Phi(\sqrt{3n}\varepsilon)-1.
\end{aligned}
$$

(2) 当 $n=36,\varepsilon=\frac{1}{6}$ 时，所求概率的近似值为
$$
\begin{aligned}
P\left\{\left|\frac{1}{n}\sum_{i=1}^{n}X_i-a\right|<\varepsilon\right\}&\approx2\Phi\left(\frac{\sqrt{3\times36}}{6}\right)-1=2\Phi(1.732\,1)-1\\
&=2\times0.958\,2-1=0.916\,4.
\end{aligned}
$$

(3) 应进行测量次数 n 的计算：依题设，有

$$P\left\{\left|\frac{1}{n}\sum_{i=1}^{n}X_i - a\right| < \varepsilon\right\} \approx 2\Phi\left(\frac{\sqrt{3n}}{6}\right) - 1 > 0.95, 即 \Phi\left(\frac{\sqrt{3n}}{6}\right) > 0.975.$$

查正态分布表,有 $\Phi(1.96) = 0.975$,于是 $\frac{\sqrt{3n}}{6} > 1.96$,得 $n > 12 \times 1.96^2 = 46.1$,故应进行 47 次测量.

10. 某微机系统有 120 个终端,每个终端有 5% 的时间在使用,若各终端使用与否是相互独立的,试求有不少于 10 个终端在使用的概率.

解 某时刻所使用的终端数 $\xi \sim B(120, 0.05)$,$np = 6$,$npq = 5.7$.

由棣莫弗－拉普拉斯定理知

$$P\{\xi \geqslant 10\} \approx 1 - \Phi\left(\frac{10-6}{\sqrt{5.7}}\right) \approx 1 - \Phi(1.67) = 0.047\,5.$$

11. 某校共有 4 900 个学生,已知每天晚上每个学生到阅览室去学习的概率为 0.1,问阅览室要准备多少个座位,才能以 99% 的概率保证每个去阅览室的学生都有座位?

解 设去阅览室学习的人数为 ξ,要准备 k 个座位.

$\xi \sim B(n, p)$,$n = 4\,900$,$p = 0.1$,$np = 4\,900 \times 0.1 = 490$,$\sqrt{npq} = \sqrt{4\,900 \times 0.1 \times 0.9} = \sqrt{441} = 21$.

$$P\{0 \leqslant \xi \leqslant k\} \approx \Phi\left(\frac{k-np}{\sqrt{npq}}\right) - \Phi\left(\frac{0-np}{\sqrt{npq}}\right) = \Phi\left(\frac{k-490}{21}\right) - \Phi\left(\frac{0-490}{21}\right)$$

$$= \Phi\left(\frac{k-490}{21}\right) - \Phi(-23.23) \approx \Phi\left(\frac{k-490}{21}\right) = 0.99.$$

查正态分布表可得 $\frac{k-490}{21} = 2.326\,3$,$k = 21 \times 2.326\,3 + 490 = 538.852\,3 \approx 539$.

即要准备 539 个座位,才能以 99% 的概率保证每个去阅览室学习的学生都有座位.

12. 随机地掷六颗骰子,试利用切比雪夫不等式估计:六颗骰子出现的点数总和不小于 9 且不超过 33 点的概率.

解 设 η 表示六颗骰子出现的点数总和,

ξ_i 表示第 i 颗骰子出现的点数,$i = 1, 2, \cdots, 6$,$\xi_1, \xi_2, \cdots, \xi_6$ 相互独立,显然 $\eta = \sum_{i=1}^{6}\xi_i$.

$E(\xi_i) = \frac{1}{6}(1 + 2 + 3 + 4 + 5 + 6) = \frac{7}{2}$,

$D(\xi_i) = \frac{1}{6}(1^2 + 2^2 + \cdots + 6^2) - \frac{49}{4} = \frac{35}{12}$,

$E(\eta) = 21$, $D(\eta) = \frac{35}{2}$,

$$P\{9 \leqslant \eta \leqslant 33\} = P\{|\eta - E(\eta)| \leqslant 12\} = 1 - P\{|\eta - E(\eta)| \geqslant 13\}$$

$$\geqslant 1 - \frac{D(\eta)}{169} = 1 - \frac{35}{338} \approx 0.9.$$

13. 假设某单位交换台有 n 部分机,k 条外线,每部分机呼叫外线的概率为 p.利用中心极限定理,解下列问题:

(1) 设 $n=200,k=30,p=0.12$,求每部分机呼叫外线时能及时得到满足的概率 α 的近似值;

(2) 设 $n=200,p=0.12$,问为使每部分机呼叫外线时能及时得到满足的概率 $\alpha \geqslant 95\%$,至少需要设置多少条外线?

(3)$k=30,p=0.12$,问为使每部分机呼叫外线时能及时得到满足的概率 $\alpha \geqslant 95\%$,最多可以容纳多少部分机?

解　(1) 设使用外线数为 X,则 $X \sim B(200,0.12)$,则由中心极限定理,知

$$P\{X \leqslant 30\} \approx \Phi\left(\frac{30-200 \times 0.12}{\sqrt{200 \times 0.12 \times 0.88}}\right) = \Phi(1.31) = 0.940\ 9.$$

(2) 至少需要设置 k 条外线,由

$$0.95 \leqslant P\{x \leqslant k\} \approx \Phi\left(\frac{k-200 \times 0.12}{\sqrt{200 \times 0.12 \times 0.88}}\right) = \Phi\left(\frac{k-24}{4.596}\right) 得$$

$\dfrac{k-24}{4.596} = z_{0.05},24+z_{0.05} \times 4.596 = 24+1.65 \times 4.596 = 31.38$,取 $k=32$.

(3) 由 $0.95 \leqslant P\{X \leqslant 30\} \approx \Phi\left(\dfrac{30-n \times 0.12}{\sqrt{n \times 0.12 \times 0.88}}\right) 得 \left(\dfrac{30-n \times 0.12}{\sqrt{n \times 0.12 \times 0.88}}\right) = 1.65$,从而求得 $n \geqslant 100.69$,故取 $n=101$.

14. 某药厂断言,该厂生产的某种药品对于医治一种疑难的血液病的治愈率为 0.8,医院检验员任意抽查 100 个服用此药品的病人,如果其中多于 75 人治愈,就接受这一断言,否则就拒绝这一断言.(1) 若实际上此药品对这种疾病的治愈率是 0.8,问接受这一断言的概率是多少?(2) 若实际上此药品对这种疾病的治愈率是 0.7,问接受这一断言的概率是多少?

解　设 X 为 100 人中治愈的人数,则 $X \sim B(n,p)$,其中 $n=100$.

$(1)P\{X>75\} = 1-P\{X \leqslant 75\} = 1-P\left\{\dfrac{X-np}{\sqrt{npq}} \leqslant \dfrac{75-np}{\sqrt{npq}}\right\} \approx 1-\Phi\left(\dfrac{75-np}{\sqrt{npq}}\right)$

$$= 1-\Phi\left(\frac{-5}{4}\right) = \Phi\left(\frac{5}{4}\right) = 0.894\ 4.$$

(2)$p=0.7$ 由中心极限定理知

$$P\{X>75\} = 1-P\{X \leqslant 75\} = 1-P\left\{\frac{X-np}{\sqrt{npq}} \leqslant \frac{75-np}{\sqrt{npq}}\right\} \approx 1-\Phi\left(\frac{75-np}{\sqrt{npq}}\right)$$

$$= 1-\Phi\left(\frac{5}{\sqrt{21}}\right) = 1-\Phi(1.09) = 1-0.862\ 1 = 0.137\ 9.$$

15. 设某种电子器件的使用寿命服从参数 $\lambda=10$(单位:时)的指数分布,其使用情况是第一个损坏第二个立即使用,第二个损坏第三个立即使用,等等.已知每个器件为 a 元,那么在年计划中一年至少需要多少元才能有 95% 的概率保证够用(假定一年有 306 个工作日,每个工作日为 8 时).

解　设需要 n 个这样的器件,且第 i 个器件的使用寿命为 $T_i(i=1,2,\cdots,n)$ 时,据已知有 $T_i(i=1,2,\cdots,n)$ 独立同分布,且

$$\mu = E(T_i) = \lambda = 10,\sigma^2 = D(T_i) = \lambda^2 = 100.$$

依题设,要求 $P\left\{\displaystyle\sum_{i=1}^{n} T_i \geqslant 8 \times 306\right\} = 0.95$,因为

$$P\left\{\sum_{i=1}^{n} T_i \geqslant 8 \times 306\right\} = P\left\{\frac{1}{\sqrt{n}\sigma}\left(\sum_{i=1}^{n} T_i - n\mu\right) \geqslant \frac{8 \times 306 - n\mu}{\sqrt{n}\sigma}\right\}$$

$$= 1 - P\left\{\frac{1}{\sqrt{n}\sigma}\left(\sum_{i=1}^{n} T_i - n\mu\right) < \frac{2\,448 - 10n}{10\sqrt{n}}\right\},$$

应有 $8 \times 306 \leqslant n\mu$，即 $2\,448 \leqslant 10n$，于是利用中心极限定理，有

$$P\left\{\frac{1}{\sqrt{n}\sigma}\left(\sum_{i=1}^{n} T_i - n\mu\right) < \frac{2\,448 - 10n}{10\sqrt{n}}\right\} \approx \Phi\left(\frac{2\,448 - 10n}{10\sqrt{n}}\right) = 1 - \Phi\left(\frac{10n - 2\,448}{10\sqrt{n}}\right),$$

故

$$\Phi\left(\frac{2\,448 - 10n}{10\sqrt{n}}\right) = 0.95.$$

查正态分布表，有 $\Phi(1.645) = 0.95$，于是 $\dfrac{10n - 2\,448}{10\sqrt{n}} = 1.645$，即

$$n - 1.645\sqrt{n} - 244.8 = 0,$$

所以

$$\sqrt{n} = \frac{1.645 + \sqrt{1.645^2 + 4 \times 244.8}}{2} = \frac{1.645 + 31.335}{2} = 16.49,$$

即 $n \approx 272$，因此在年计划中一年至少需要 $272a$ 元.

16. 设随机变量 $\xi_1, \xi_2, \cdots, \xi_n$ 相互独立，且均服从指数分布

$$f(x) = \begin{cases} \lambda e^{-\lambda x}, & x > 0, \\ 0, & x \leqslant 0, \end{cases} (\lambda > 0), \text{为使 } P\left\{\left|\frac{1}{n}\sum_{k=1}^{n}\xi_k - \frac{1}{\lambda}\right| < \frac{1}{10\lambda}\right\} \geqslant \frac{95}{100},$$

问：n 的最小值应如何？

解 $E(\xi_k) = \dfrac{1}{\lambda}, D(\xi_k) = \dfrac{1}{\lambda^2},$

$$E\left(\frac{1}{n}\sum_{k=1}^{n}\xi_k\right) = \frac{1}{\lambda}, D\left(\frac{1}{n}\sum_{k=1}^{n}\xi_k\right) = \frac{1}{n^2}\sum_{k=1}^{n}\left[D(\xi_k)\right] = \frac{1}{n\lambda^2}.$$

由切比雪夫不等式得

$$P\left\{\left|\frac{1}{n}\sum_{k=1}^{n}\xi_k - \frac{1}{\lambda}\right| < \frac{1}{10\lambda}\right\} = P\left\{\left|\frac{1}{n}\sum_{k=1}^{n}\xi_k - E\left(\frac{1}{n}\sum_{k=1}^{n}\xi_k\right)\right| < \frac{1}{10\lambda}\right\} \geqslant 1 - \frac{\frac{1}{n\lambda^2}}{\left(\frac{1}{10\lambda}\right)^2} \geqslant \frac{95}{100},$$

即 $1 - \dfrac{100}{n} \geqslant \dfrac{95}{100}$，从而 $n \geqslant 2\,000$，故 n 的最小值是 $2\,000$.

17. 抽样检查产品质量时，如果发现次品多于 10 个，则拒绝接受这批产品，设某批产品次品率为 10%，问至少应抽取多少个产品检查才能保证拒绝接受该产品的概率达到 0.9？

解 设 n 为至少应取的产品数，X 是其中的次品数，则 $X \sim B(n, 0.1)$,

$$P\{X > 10\} \geqslant 0.9, \text{从而 } P\left\{\frac{X - n \times 0.1}{\sqrt{n \times 0.1 \times 0.9}} > \frac{10 - n \times 0.1}{\sqrt{n \times 0.1 \times 0.9}}\right\} \geqslant 0.9,$$

所以 $P\left\{\dfrac{X - n \times 0.1}{\sqrt{n \times 0.1 \times 0.9}} \leqslant \dfrac{10 - 0.1n}{\sqrt{0.09n}}\right\} \leqslant 0.1.$

由中心极限定理知，当 n 充分大时，

有 $P\left\{\dfrac{X-0.1n}{\sqrt{n\times0.1\times0.9}}\leqslant\dfrac{10-0.1n}{\sqrt{0.09n}}\right\}\approx\Phi\left(\dfrac{10-0.1n}{0.3\sqrt{n}}\right)=0.1.$

由 $\Phi\left(\dfrac{10-0.1n}{0.3\sqrt{n}}\right)=0.1$,查表得 $\dfrac{10-0.1n}{0.3\sqrt{n}}=-1.28$,则 $n=147.$

18. 设随机变量 $X_1,X_2,\cdots,X_n$ 相互独立同分布,$E(X_i)=1,D(X_i)=16(i=1,2,\cdots,$ $100)$,求 $P\{|\overline{X}-1|\leqslant1\}$,其中 $\overline{X}=\dfrac{1}{100}\sum\limits_{i=1}^{100}X_i.$

解 设 $\mu=E(X_i)=1,\sigma^2=D(X_i)=16,i=1,2,\cdots,100,$
则

$$P\{|\overline{X}-1|\leqslant1\}=P\{-1\leqslant\overline{X}-1\leqslant1\}=P\left\{-\dfrac{10}{4}\leqslant\dfrac{\sum\limits_{i=1}^{100}X_i-100\mu}{\sqrt{100}\sigma}\leqslant\dfrac{10}{4}\right\}$$

$$\approx\Phi(2.5)-\Phi(-2.5)=2\Phi(2.5)-1$$
$$=2\times0.9938-1=0.9876.$$

19.(1) 一复杂的系统,由 100 个互相独立起作用的部件所组成. 在整个运行期间每个部件损坏的概率为 0.10. 为了整个系统起作用至少必须有 85 个部件工作. 求整个系统工作的概率.

(2) 一个复杂的系统,由 n 个互相独立起作用的部件所组成,每个部件的可靠性(即部件工作的概率) 为 0.90. 且必须至少有 80% 部件工作才能使整个系统工作,问 n 至少为多少才能使系统的可靠性不低于 0.95.

解 (1) 设每个部件为 $X_i(i=1,2,\cdots,100),$

$$X_i=\begin{cases}1,&\text{部件工作},\\0,&\text{部件损坏不工作}.\end{cases}$$

设 X 是 100 个相互独立,服从 $0-1$ 两点分布的随机变量 X_i 之和
$$X=X_1+X_2+\cdots+X_{100}.$$
$P\{X_i=1\}=p=0.9,P\{X_i=0\}=0.1,$
$E(X_i)=p=0.9,D(X_i)=p(1-p)=0.9\times0.1=0.09,n=100,$
$n\cdot E(X_i)=100\times0.9=90,nD(X_i)=100\times0.09=9,$

$$P\left\{\sum\limits_{i=1}^{100}x_i\geqslant85\right\}=P\left\{\dfrac{X-nE(X_i)}{\sqrt{nD(X_i)}}\geqslant\dfrac{85-nE(Xi)}{\sqrt{nD(X_i)}}\right\}$$

$$=P\left\{\dfrac{X-90}{\sqrt{9}}\geqslant\dfrac{85-90}{\sqrt{9}}\right\}=P\left\{\dfrac{X-90}{3}\geqslant\dfrac{-5}{3}\right\}$$

$$=1-P\left\{\dfrac{X-90}{3}<-\dfrac{5}{3}\right\}(\text{由中心极限定理知})$$

$$\approx1-\int_{-\infty}^{\frac{5}{3}}\dfrac{1}{\sqrt{2\pi}}e^{-\frac{t^2}{2}}dt$$

$$=1-\Phi\left(-\dfrac{5}{3}\right)$$

$$=\Phi(1.67).$$

(2) 设每个部件为 $X_i(i=1,2,\cdots,n),$

$$X_i = \begin{cases} 1, & \text{部件工作}, \\ 0, & \text{部件损坏不工作}. \end{cases}$$

$P\{X_i = 1\} = p = 0.9, P\{X_i = 0\} = 1 - p = 0.1,$

$E(X_i) = p = 0.9, D(X_i) = 0.9 \times 0.1 = 0.09,$

由问题知 $P\left\{\sum\limits_{i=1}^{n} X_i > \dfrac{80}{100}n\right\} = 0.95.$

又

$$P\left\{\sum\limits_{i=1}^{n} X_i > \frac{80}{100}n\right\}$$

$$= P\left\{\frac{\sum\limits_{i=1}^{n} X_i - np}{\sqrt{nD(X_i)}} > \frac{\frac{80}{100}n - np}{\sqrt{nD(X_i)}}\right\}$$

$$= P\left\{\frac{\sum\limits_{i=1}^{n} X_i - 0.9n}{0.3\sqrt{n}} > \frac{\frac{80}{100}n - 0.9n}{0.3\sqrt{n}}\right\}$$

$$= 1 - P\left\{\frac{\sum\limits_{i=1}^{n} X_i - 0.9n}{0.3\sqrt{n}} \leqslant \frac{\frac{80}{100}n - 0.9n}{0.3\sqrt{n}}\right\}$$

$$= 1 - \Phi\left(\frac{-0.1n}{0.3\sqrt{n}}\right) = \Phi\left(\frac{0.1n}{0.3\sqrt{n}}\right) \geqslant 0.95,$$

查标准正态分布表得 $\dfrac{0.1n}{0.3\sqrt{n}} \geqslant 1.645$，解得 $n \geqslant 24.35.$

取 $n = 25$，即 n 至少为 25 才能使系统可靠性为 0.95.

20. 某保险公司接受了 10 000 电动自行车的保险，每辆每年的保费为 12 元. 若车丢失，则车主得赔偿金 1 000 元. 假设车的丢失率为 0.006，对于此项业务，试利用中心极限定理，求保险公司:

(1) 亏损的概率 α;

(2) 一年获利润不少于 40 000 元的概率 β;

(3) 一年获利润不少于 60 000 元的概率 γ.

解 设 X 表示一年内死亡的人数，由题意可知:

$X \sim B(10\ 000, 0.006)$，则 $E(X) = np = 60, D(X) = np(1 - P) = 59.64.$

(1) 亏本既入不敷出，公司每年收入 120 000 元，死亡一人支出 1 000 元，死亡 120 人支出 120 000 元，收支才平衡，故 $X > 120$ 时就要亏本，由中心极限定理知，所求的概率为

$$P\{X > 120\} = 1 - P\{X \leqslant 120\} = 1 - P\left\{\frac{X - 60}{\sqrt{59.64}} \leqslant \frac{120 - 60}{\sqrt{59.64}}\right\} \approx 1 - \Phi(7.769) \approx 0,$$

故保险公司亏本的概率近似为 0，即基本上不会亏本.

(2) 利润不少于 40 000 元的概率为

$120\ 000 - 1\ 000X \geqslant 40\ 000$，即 $X \leqslant 80$，因此利润不少于 40 000 元的概率为

$$P\{0 \leqslant X \leqslant 80\} = P\left\{\frac{0 - 60}{\sqrt{59.64}} \leqslant \frac{X - 60}{\sqrt{59.64}} \leqslant \frac{80 - 60}{\sqrt{59.64}}\right\}$$

$$\approx \Phi(2.59) - \Phi(-7.76) \approx \Phi(2.59) \approx 0.995\ 2.$$

（3）利润不少于 60 000 元的概率为

$$P\{0 \leqslant X \leqslant 60\} = P\left\{\frac{0-60}{\sqrt{59.64}} \leqslant \frac{X-60}{\sqrt{59.64}} \leqslant \frac{60-60}{\sqrt{59.64}}\right\}$$

$$\approx \Phi(0) - \Phi(-7.76) \approx \Phi(0) = 0.5.$$

21. 一部件包括 10 部分，每部分的长度是一随机变量，相互独立且具有同一分布，其数学期望为 2 mm，均方差为 0.05 mm，规定总长度为 20±0.1 mm 时产品合格，试求产品合格的概率. 已知：$\Phi(0.6) = 0.725\ 7, \Phi(0.63) = 0.735\ 7.$

解　设每个部分长度为 $X_i (i = 1, 2, \cdots, 10)$，

$E(X_i) = 2 = \mu, D(X_i) = \sigma^2 = (0.05)^2$，依题意得，合格品的概率为

$$P\left\{-0.1 \leqslant \sum_{i=1}^{10} X_i - 20 \leqslant 0.1\right\} = P\left\{-0.63 \leqslant \frac{1}{3.18 \times 0.05}\left(\sum_{i=1}^{10} X_i - 10 \times 2\right) \leqslant 0.63\right\}$$

$$\approx \int_{-0.63}^{0.63} \frac{1}{\sqrt{2\pi}} e^{-\frac{t^2}{2}} dt = 2\int_0^{0.63} \frac{1}{\sqrt{2\pi}} e^{-\frac{t^2}{2}} dt$$

$$= 2 \times \int_{-\infty}^{0.63} \frac{1}{\sqrt{2\pi}} e^{-\frac{t^2}{2}} dt - 1$$

$$= 2 \times 0.735\ 7 - 1 = 0.471\ 4.$$

22. 计算机在进行加法计算时，把每个加数取为最接近它的整数来计算，设所有取整误差是相互独立的随机变量，并且都在区间 [−0.5, 0.5] 上服从均匀分布，求 1 200 个数相加时误差总和的绝对值小于 10 的概率. 已知：$\Phi(1) = 0.841\ 3, \Phi(2) = 0.977.$

解　设 $\xi_1, \xi_2, \cdots, \xi_n$ 表示取整误差，因它们在 [−0.5, 0.5] 上服从均匀分布，

故有 $E(\xi_i) = 0, D(\xi_i) = \dfrac{1}{12}, i = 1, 2, \cdots, n.$

根据中心极限定理，得

$$P\left\{\left|\sum_{i=1}^{1\,200} \xi_i\right| < 10\right\} = P\left\{\frac{-10-0}{\sqrt{1\,200 \times \frac{1}{12}}} < \frac{\sum_{i=1}^{1\,200} \xi_i - 0}{\sqrt{1\,200 \times \frac{1}{12}}} < \frac{10-0}{\sqrt{1\,200 \times \frac{1}{12}}}\right\}$$

$$= P\left\{-1 < \frac{\sum_{i=1}^{1\,200} \xi_i - 0}{\sqrt{1\,200 \times \frac{1}{12}}} < 1\right\} \approx \Phi(1) - \Phi(-1) = 2\Phi(1) - 1$$

$$= 2 \times 0.841\ 3 - 1 = 0.682\ 6.$$

23. 将一枚硬币连掷 100 次，试用棣莫弗－拉普拉斯中心极限定理计算出现正面的次数大于 60 的概率. 已知：$\Phi(1) = 0.841\ 3, \Phi(2) = 0.977\ 2$；当 $x > 4, \Phi(x) = 1.$

解　设 ξ 为 100 次中出现正面的次数，它服从二项分布 $B\left(100, \dfrac{1}{2}\right)$，

这里 $np = 100\ \dfrac{1}{2} = 50, npq = 50\ \dfrac{1}{2} = 25.$

由棣莫弗－拉普拉斯中心极限定理，得

$$P\{60 < \xi \leqslant 100\} = P\left\{\frac{60-50}{\sqrt{25}} < \frac{\xi-50}{\sqrt{25}} \leqslant \frac{100-50}{\sqrt{25}}\right\}$$

$$= P\left\{2 < \frac{\xi - 50}{5} \leqslant 10\right\} \approx \Phi(10) - \Phi(2).$$

查 $N(0,1)$ 分布函数表,得 $P\{60 < \xi \leqslant 100\} = 1 - 0.977 = 0.023$.

24. 已知生男孩的概率为 0.515,求在 $10\ 000$ 个新生婴儿中,女孩不少于男孩的概率.

解法 1 设

$$X_i = \begin{cases} 1, & \text{第 } i \text{ 个新生婴儿是男孩}, \\ 0, & \text{第 } i \text{ 个新生婴儿是女孩}, \end{cases} \quad (i = 1, 2, \cdots, 10\ 000)$$

则 $X_i \sim B(1, 0.515)$,于是

$$\mu = E(X_i) = 0.515, \sigma^2 = D(X_i) = 0.515(1 - 0.615) = 0.499\ 8^2,$$

利用中心极限定理,所求概率为

$$P\left\{\sum_{i=1}^{10\ 000} X_i \leqslant 5000\right\} = P\left\{\frac{\sum\limits_{i=1}^{10\ 000} X_i - 10\ 000\mu}{\sqrt{10\ 000}\sigma} \leqslant \frac{5\ 000 - 5\ 150}{100 \times 0.499\ 8}\right\}$$

$$= P\left\{\frac{\sum\limits_{i=1}^{10\ 000} X_i - 10\ 000\mu}{\sqrt{10\ 000}\sigma} \leqslant -3.00\right\}$$

$$\approx \Phi(-3.00) = 1 - \Phi(3.00) = 1 - 0.998\ 7 = 0.001\ 3.$$

解法 2 (应用棣莫弗－拉普拉斯中心极限定理)设

$$X_i = \begin{cases} 1, & \text{第 } i \text{ 个新生婴儿是男孩}, \\ 0, & \text{第 } i \text{ 个新生婴儿是女孩}, \end{cases} \quad (i = 1, 2, \cdots, 10\ 000)$$

并令 $X = \sum\limits_{i=1}^{10\ 000} X_i$,则 $X \sim B(10\ 000, 0.515)$,于是利用棣莫弗－拉普拉斯中心极限定理,所求概率为

$$P\left\{\sum_{i=1}^{10\ 000} X_i \leqslant 5\ 000\right\} = P\left\{\frac{\sum\limits_{i=1}^{10\ 000} X_i - 10\ 000 \times 0.515}{\sqrt{10\ 000 \times 0.515(1 - 0.515)}} \leqslant \frac{5\ 000 - 5\ 150}{100\sqrt{0.515(1 - 0.515)}}\right\}$$

$$= P\left\{\frac{\sum\limits_{i=1}^{10\ 000} X_i - 10\ 000 \times 0.515}{\sqrt{10\ 000 \times 0.515(1 - 0.515)}} \leqslant -3.0\right\}$$

$$\approx \Phi(-3.00) = 1 - \Phi(3.00) = 1 - 0.998\ 7 = 0.001\ 3.$$

25. 某商店负责供应某地区 $1\ 000$ 人商品,某种产品在一段时间内每人需用一件的概率为 0.6,假定在这一段时间,各人购买与否彼此无关系,问商店应预备多少件这种商品,才能以 99.7% 的概率保证不会脱销(假定该商品在某一段时间内每人最多可以买一件).

解 设商店应预备 a 件这种商品及

$$X_i = \begin{cases} 1, & \text{第 } i \text{ 个人购买该商品}, \\ 0, & \text{第 } i \text{ 个人不购买该商品}, \end{cases} \quad (i = 1, 2, \cdots, 1\ 000)$$

并令 $X = \sum\limits_{i=1}^{1\ 000} X_i$,则 $X \sim B(1\ 000, 0.6)$,则依题设,要求 $P\{X \leqslant a\} = 0.997$.利用棣莫弗－拉普拉斯中心极限定理,有

$$P\{X \leqslant a\} = P\left\{\frac{X - 1\,000 \times 0.6}{\sqrt{1\,000 \times 0.6(1 - 0.6)}} \leqslant \frac{a - 1\,000 \times 0.6}{\sqrt{1\,000 \times 0.6(1 - 0.6)}}\right\}$$

$$= P\left\{\frac{X - 1\,000 \times 0.6}{\sqrt{1\,000 \times 0.6(1 - 0.6)}} \leqslant \frac{a - 600}{\sqrt{240}}\right\} \approx \Phi\left(\frac{a - 600}{\sqrt{240}}\right)$$

查正态分布表,有 $\Phi(2.75) = 0.997$,于是$\dfrac{a - 600}{\sqrt{240}} = 2.75$,即

$$a = 600 + 2.75 \times \sqrt{240} = 642.6.$$

所以,商店应预备 643 件这种商品,才能以 99.7% 的概率保证不会脱销.

26. 随机地取两组学生,每组 80 人,分别在两个实验室里测量某种化合物的 pH,各人测量的结果是随机变量,它们相互独立,且服从同一分布,其数学期望为 5,方差为 0.3,以 $\overline{X}$,$\overline{Y}$ 分别表示第一组和第二组所得结果的算术平均:

(1) 求 $P\{4.9 \leqslant \overline{X} < 5.1\}$;　(2) $P\{-0.1 < \overline{X} - \overline{Y} < 0.1\}$.

解　由中心极限定理知

$$U = \frac{\sum\limits_{i=1}^{80} X_i - 80 \times 5}{\sqrt{80 \times 0.3}} \sim N(0,1), \quad V = \frac{\sum\limits_{j=1}^{80} Y_j - 80 \times 5}{\sqrt{80 \times 0.3}} \sim N(0,1).$$

$$(1)\, P\{4.9 < \overline{X} < 5.1\} = P\left\{\frac{4.9 \times 80 - 80 \times 5}{\sqrt{80 \times 0.3}} < \frac{\sum\limits_{i=1}^{80} X_i - 80 \times 5}{\sqrt{80 \times 0.3}} < \frac{5.1 \times 80 - 80 \times 5}{\sqrt{80 \times 0.3}}\right\}$$

$$= P\left\{-1.63 < \frac{\sum\limits_{i=1}^{80} X_i - 80 \times 5}{\sqrt{24}} < 1.63\right\}$$

$$= 2\Phi(1.63) - 1 = 2 \times 0.948\,4 - 1 = 0.896\,8.$$

(2) 由 X_i,Y_j 相互独立知 $\sum\limits_{i=1}^{80} X_i$ 与 $\sum\limits_{j=1}^{80} Y_j$ 独立,从而 U,V 独立.

于是,$U - V \sim N(0,2)$.

令 $Z = U - V = \dfrac{\sum\limits_{i=1}^{80} X_i - \sum\limits_{j=1}^{80} Y_j}{\sqrt{24}}$,则

$$P\{-0.1 < \overline{X} - \overline{Y} < 0.1\} = P\left\{\frac{-0.1 \times 80}{\sqrt{80 \times 0.3}} < \frac{\sum\limits_{i=1}^{80} X_i - \sum\limits_{j=1}^{80} Y_j}{\sqrt{80 \times 0.3}} < \frac{0.1 \times 80}{\sqrt{80 \times 0.3}}\right\}$$

$$= P\{-1.63 < Z < 1.63\}$$

$$\approx \Phi\left(\frac{1.63}{\sqrt{2}}\right) - \Phi\left(-\frac{1.63}{\sqrt{2}}\right) = 2\Phi(1.15) - 1$$

$$= 2 \times 0.874\,9 - 1 = 0.749\,8.$$

27. 假设贝努利试验成功的概率为 5%.利用中心极限定理估计,进行多少次试验才能以概率 80% 使成功的次数不少于 5 次.

解　设系统部件正常运行的件数为 X,则 $X \sim B(10\,000, 0.9)$,由中心极限定理,知 $X \sim N(9\,000, 900)$,则系统的可靠度为

$$P = P\{X \geqslant 10\ 000 \times 89\%\} = P\{X \geqslant 8\ 900\}$$

$$\approx 1 - \Phi\left(\frac{8\ 900 - 9\ 000}{\sqrt{900}}\right) = 1 - \Phi(-3.33) = \Phi(3.33) = 0.999\ 5.$$

28. 设某保险公司的老年人寿保险一年内有 1 万人参加,每人每年交 40 元,若老人死亡,公司付给家属 2 000 元.设老人死亡率为 0.017,试求保险公司在这次保险中亏本的概率.

解 设

$$X_i = \begin{cases} 1, & \text{第 } i \text{ 个老人当年死亡}, \\ 0, & \text{第 } i \text{ 个老人活过当年}, \end{cases} \quad (i = 1,2,\cdots,10\ 000).$$

并令 $X = \sum_{i=1}^{10\ 000} X_i$,则 $X \sim B(10\ 000,0.017)$,于是利用棣莫弗 — 拉普拉斯中心极限定理,保险公司在这次保险中亏本的概率为

$$P\{2\ 000X > 40 \times 10\ 000\} = P\{X > 200\} = 1 - P\{X \leqslant 200\}$$

$$= 1 - P\left\{\frac{X - 10\ 000 \times 0.017}{\sqrt{10\ 000 \times 0.017(1-0.017)}} \leqslant \frac{200 - 170}{\sqrt{170 \times 0.983}}\right\}$$

$$= 1 - P\left\{\frac{X - 10\ 000 \times 0.017}{\sqrt{10\ 000 \times 0.017(1-0.017)}} \leqslant 2.320\ 7\right\}$$

$$\approx 1 - \Phi(2.320\ 7) = 1 - 0.989\ 8 = 0.010\ 2.$$

29. 有甲、乙两种味道和颜色都极为相似的名酒各 4 杯.如果从中挑 4 杯,能将甲种酒全部挑出来,算是成功一次.

(1) 某人随机地去猜,问他成功一次的概率是多少?

(2) 某人声称他通过品尝能区分两种酒.他连续试验 10 次,成功 3 次.试推断他是猜对的,还是他确有区分的能力(各次试验是相互独立的).

解 (1) 设 $A = \{$试验成功一次$\}$,则有 $P(A) = \dfrac{C_4^4}{C_8^4} = \dfrac{1}{70}$.

(2) 设 X:试验 10 次成功的次数,则 $X \sim B\left(10,\dfrac{1}{70}\right)$.

由于 $P\{X = 3\} = C_{10}^3 \left(\dfrac{1}{70}\right)^3 \left(\dfrac{69}{70}\right)^7 = 3.163\ 3 \times 10^{-4}$.

因此,随机事件 $\{X = 3\}$ 是一个小概率事件,根据"小概率事件在一次试验中是不大可能发生的"的原理,随机事件 $\{X = 3\}$ 是不大可能发生的,但它却发生了,因此,我们要以断定此人确有区分酒的能力.

30. 保险公司新增一个保险品种:每被保险人年交纳保费为 100 元,每被保险人出事赔付金额为 2 万元.根据统计,这类被保险人年出事概率为 0.000 5. 这个新保险品种预计需投入 100 万元的广告宣传费用.在忽略其他费用的情况下,一年内至少需要多少人参保,才能使保险公司在该年度获利超过 100 万元的概率大于 95%?

$$\left(\Phi(x) = \int_{-\infty}^{x} \frac{1}{\sqrt{2\pi}} e^{-\frac{t^2}{2}} \mathrm{d}t, \Phi(1.29) = 0.901\ 5, \Phi(1.65) = 0.950\ 5, \Phi(3.09) = 0.999\ 0,\right.$$

$$\left.\Phi(3.72) = 0.999\ 9, \Phi(4.27) = 0.999\ 99\right)$$

解 设参保人数为 N 人,则

$$\xi_i = \begin{cases} 1, & \text{第 } i \text{ 人出事}, \\ 0, & \text{第 } i \text{ 人不出事}, \end{cases} \quad i = 1,2,\cdots,N, \xi_i \sim \begin{pmatrix} 0 & 1 \\ q & p \end{pmatrix}, E(\xi_i) = p, D(\xi_i) = pq.$$

$$P\left\{20\ 000\sum_{i=1}^{N}\xi_i+1\ 000\ 000\leqslant 100N-1\ 000\ 000\right\}\geqslant 0.95,$$

即 $P\left\{\sum_{i=1}^{N}\xi_i\leqslant N/200-100\right\}\geqslant 0.95,$

$$P\left\{\frac{\sum_{i=1}^{N}\xi_i-Np}{\sqrt{Npq}}\leqslant \frac{\dfrac{100N-2\ 000\ 000}{20\ 000}-Np}{\sqrt{Npq}}\right\}\geqslant 0.95.$$

由 $\dfrac{\dfrac{100N-2\ 000\ 000}{20\ 000}-Np}{\sqrt{Npq}}\geqslant 1.65$ 得

$$N-20\ 000-200Np\geqslant 330\sqrt{Npq},p=0.000\ 5,q=0.999\ 5,$$

即 $0.9N-20\ 000\geqslant 330\sqrt{Npq},9N-2\cdot 10^5\geqslant 3\ 300\sqrt{Npq},$

$81N^2-(36\cdot 10^5+3\ 300^2\,pq)N+4\cdot 10^{10}\geqslant 0,$

$N^2-45\ 068.03N-493\ 827\ 160.49\geqslant 0,$

$N\geqslant 54\ 182.22,$ 即至少应有 $54\ 183$ 人参保.

31. 证明题：设随机变量 X 的密度函数为 $f(x)=\begin{cases}\dfrac{x^n}{n!}\mathrm{e}^{-x}, & x\geqslant 0,\\ 0, & x<0.\end{cases}$

求证：$P\{0<X<2(n+1)\}\geqslant\dfrac{n}{n+1}.$

证明

$$E(X)=\int_{-\infty}^{+\infty}xf(x)\mathrm{d}x=\int_{0}^{+\infty}\frac{x^{n+1}}{n!}\mathrm{e}^{-x}\mathrm{d}x=(n+1)\int_{0}^{+\infty}\frac{x^{n+1}}{(n+1)!}\mathrm{e}^{-x}\mathrm{d}x=n+1,$$

$$E(X^2)=\int_{0}^{+\infty}\frac{x^{n+2}}{n!}\mathrm{e}^{-x}\mathrm{d}x=(n+1)(n+2)\int_{0}^{+\infty}\frac{x^{n+2}}{(n+2)!}\mathrm{e}^{-x}\mathrm{d}x=(n+1)(n+2),$$

$$D(X)=E(X^2)-[E(X)]^2=(n+1)(n+2)-(n+1)^2=n+1.$$

由切比雪夫不等式得

$$\begin{aligned}P\{0<X<2(n+1)\}&=P\{|X-(n+1)|<n+1\}\\&=P\{|X-E(X)|<n+1\}\geqslant 1-\frac{D(X)}{(n+1)^2}\\&=1-\frac{n+1}{(n+1)^2}=\frac{n}{n+1}.\end{aligned}$$

32. 在一家保险公司里有 $10\ 000$ 万人参加保险，每人每年付 12 元保险费，在一年内一个人死亡的概率为 0.006，死亡者其家属可向保险公司领得 $1\ 000$ 元赔偿费，求：(1) 保险公司没有利润的概率为多大？(2) 保险公司一年的利润不少于 $60\ 000$ 元的概率为多大？

解 设

$$X_i=\begin{cases}1, & \text{第 } i \text{ 个人在一年内死亡,}\\ 0, & \text{第 } i \text{ 个人活满一年以上,}\end{cases}\quad (i=1,2,\cdots,10\ 000)$$

并令 $X=\sum_{i=1}^{10\ 000}X_i$，则 $X\sim B(10\ 000,0.006)$，于是利用棣莫弗－拉普拉斯中心极限定理，保险公司没有利润的概率为

$$P\{1\,000X \geqslant 12 \times 10\,000\} = P\{X \geqslant 120\}$$

$$= 1 - P\{X \leqslant 120\} = 1 - P\left\{\frac{X - 10\,000 \times 0.006}{\sqrt{10\,000 \times 0.006(1 - 0.006)}} \leqslant \frac{120 - 60}{\sqrt{60 \times 0.994}}\right\}$$

$$= 1 - P\left\{\frac{X - 10\,000 \times 0.006}{\sqrt{10\,000 \times 0.006(1 - 0.006)}} \leqslant 7.769\,3\right\}$$

$$\approx 1 - \Phi(7.769\,3) \approx 1 - 1 = 0.$$

而一年的利润不少于 60 000 元的概率为

$$P\{12 \times 10\,000 - 1\,000X \geqslant 60\,000\} = P\{X \leqslant 60\}$$

$$= P\left\{\frac{X - 10\,000 \times 0.006}{\sqrt{10\,000 \times 0.006(1 - 0.006)}} \leqslant \frac{60 - 60}{\sqrt{60 \times 0.994}}\right\}$$

$$= P\left\{\frac{X - 10\,000 \times 0.006}{\sqrt{10\,000 \times 0.006(1 - 0.006)}} \leqslant 0\right\}$$

$$\approx \Phi(0) = 0.5.$$

33. 某种电子器件的寿命(单位:时)具有数学期望 μ(未知),方差 $\sigma^2 = 400$ 为了估计 μ,随机地取几只这种器件,在时刻 $t = 0$ 投入测试(设测试是相互独立的)直到失败,测得其寿命 $X_1, \cdots, X_n$,以 $\bar{X} = \frac{1}{n}\sum_{i=1}^{n} X_i$ 作为 μ 的估计,为使 $P\{|\bar{X} - \mu|\} \geqslant 0.95$,问 n 至少为多少?

解 由中心极限定理知,当 n 很大时,

$$\frac{\sum_{i=1}^{n} X_i - n\mu}{\sqrt{n\sigma^2}} = \frac{n\bar{X} - n\mu}{\sqrt{n\sigma^2}} \sim N(0,1).$$

$$P\{|\bar{X} - \mu| < 1\} = P\left\{\frac{-n}{\sqrt{n\sigma^2}} < \frac{n\bar{X} - n\mu}{\sqrt{n\sigma^2}} < \frac{n}{\sqrt{n\sigma^2}}\right\} \approx \Phi\left(\frac{n}{\sqrt{n\sigma^2}}\right) - \Phi\left(-\frac{n}{\sqrt{n\sigma^2}}\right)$$

$$= 2\Phi\left(\frac{\sqrt{n}}{20}\right) - 1 \geqslant 0.95,$$

所以
$$\Phi\left(\frac{\sqrt{n}}{20}\right) \geqslant 0.975.$$

查标准正态分布表知

$$\frac{\sqrt{n}}{20} \geqslant 1.96,$$

$$n \geqslant 1\,536.64.$$

即 n 至少取 1 537.

第六章
数理统计的基本概念

一、总体与样本

1 ▸ 总体与个体

在一个统计问题中,我们把研究对象的全体称为总体,构成总体的每个成员称为个体.对多数实际问题.总体中的个体是一些实在的人或物.比如,我们要研究某大学的学生身高情况,则该大学的全体学生构成问题的总体,而每一个学生即是一个个体.事实上,每个学生有许多特征:性别、年龄、身高、体重、民族、籍贯等.而在该问题中,我们关心的只是该校学生的身高如何,对其他的特征暂不予以考虑.这样,每个学生(个体)所具有的数量指标值 —— 身高就是个体,而将所有身高全体看成总体.这样一来,若抛开实际背景,总体就是一堆数,这堆数中有大有小,有的出现的机会多,有的出现的机会少,因此用一个概率分布去描述和归纳总体是恰当的.从这个意义上看,总体就是一个分布,而其数量指标就是服从这个分布的随机变量.以后说"从总体中抽样"与"从某分布中抽样"是同一个意思.

例 1　考察某厂的产品质量,将其产品只分为合格品与不合格品,并以 0 记合格品,以 1 记不合格品,则总体 ＝〈该厂生产的全部合格品与不合格品〉＝〈由 0 或 1 组成的一堆数〉.

若以 p 表示这堆数中 1 的比例(不合格品率),则该总体可由一个二点分布表示:

X	0	1
p	$1-p$	p

不同的 p 反映了总体间的差异.例如,两个生产同类产品的工厂的商品总体分布为

X	0	1
p	0.983	0.017

X	0	1
p	0.915	0.085

实际中,分布中的不合格品率是未知的,如何对之进行估计是统计学要研究的问题.

2 ▸ 样本

为了了解总体的分布,我们从总体中随机地抽取 n 个个体,记其指标值为 $x_1, x_2, \cdots, x_n$,

则 $x_1, x_2, \cdots, x_n$ 称为总体的一个样本，n 称为样本容量，或简称样本量，样本中的个体称为样品.

我们首先指出，样本具有所谓的二重性：一方面，由于样本是从总体中随机抽取的，抽取前无法预知它们的数值，因此，样本是随机变量，用大写字母 $X_1, X_2, \cdots, X_n$ 表示；另一方面，样本在抽取以后经观测就有确定的观测值，因此，样本又是一组数值. 此时用小写字母 $x_1, x_2, \cdots, x_n$ 表示是恰当的. 简单起见，无论是样本还是其观测值，本书中样本一般均用 $x_1, x_2, \cdots, x_n$ 表示，读者应能从上下文中加以区别.

例 2 啤酒厂生产的瓶装啤酒规定净含量为 640 g，由于随机性，事实上不可能使得所有的啤酒净含量均为 640 g，现从某厂生产的啤酒中随机抽取 10 瓶测定其净含量，得到如下结果：（单位：g）

$$641 \quad 635 \quad 640 \quad 637 \quad 642 \quad 638 \quad 645 \quad 643 \quad 639 \quad 640$$

这是一个容量为 10 的样本的观测值. 对应的总体为该厂生产的瓶装啤酒的净含量.

从总体中抽取样本时，为使样本具有代表性，抽样必须是随机抽样. 通常可以用随机数表来实现随机抽样. 还要求抽样必须是独立的，即每次的结果互不影响. 在概率论中，在有限总体（只有有限个个体的总体）中进行有放回抽样，是独立的随机抽样；然而，若为不放回抽样，则是不独立的抽样. 但当总体容量 N 很大但样本容量 n 较小 $\left(\dfrac{n}{N} \leqslant 10\% \right)$ 时，不放回抽样可以近似地看作放回抽样，即可近似看作独立随机抽样.

下面，我们假定抽样方式总满足独立随机抽样的条件.

从总体中抽取样本可以有不同的抽法，为了能由样本对总体做出较可靠的推断，就希望样本能很好地代表总体. 这就需要对抽样方法提出一些要求，最常用的"简单随机抽样"有如下两个要求：

（1）样本具有随机性，即要求总体中每一个个体都有同等机会被选入样本，这便意味着每一样品 x_i 与总体 X 有相同的分布.

（2）样本要有独立性，即要求样本中每一样品的取值不影响其他样品的取值，这意味着 $x_1, x_2, \cdots, x_n$ 相互独立.

用简单随机抽样方法得到的样本称为简单随机样本，也简称样本. 除非特别指明，本书中的样本皆为简单随机样本.

于是，样本 $x_1, x_2, \cdots, x_n$ 可以看成是相互独立的具有同一分布的随机变量，其共同分布即为总体分布.

设总体 X 具有分布函数 $F(x)$，$x_1, x_2, \cdots, x_n$ 为取自该总体的容量为 n 的样本，则样本联合分布函数为：

$$F(x_1, x_2, \cdots, x_n) = \prod_{i=1}^{n} F(x_i) = F(x_1) F(x_2) \cdots F(x_n).$$

若总体具有密度函数 $f(x)$，则样本的联合密度函数为

$$f(x_1, x_2, \cdots, x_n) = \prod_{i=1}^{n} f(x_i) = f(x_1) f(x_2) \cdots f(x_n).$$

若总体 X 为离散型随机变量，则样本的（联合）概率函数为

$$p(x_1, x_2, \cdots, x_n) = \prod_{i=1}^{n} P\{X = x_i\} = P\{X = x_1\} P\{X = x_2\} \cdots P\{X = x_n\}.$$

显然,通常说的样本分布是指多维随机变量$(x_1,x_2,\cdots,x_n)$的联合分布.

例3　为估计一物件的重量μ,用一架天平重复测量n次,得样本$x_1,x_2,\cdots,x_n$,由于是独立重复测量,$x_1,x_2,\cdots,x_n$是简单随机样本,总体的分布即x_1的分布($x_1,x_2,\cdots,x_n$分布相同).由于称量误差是均值(期望)为零的正态变量,所以x_1可认为服从正态分布$N(\mu,\sigma^2)$(X_1等于物件重量μ(加上称量误差),即x_1的概率密度为

$$f(x) = \frac{1}{\sqrt{2\pi}\sigma}e^{-\frac{(x-\mu)^2}{2\sigma^2}}.$$

这样,样本分布密度为

$$f(x_1,x_2,\cdots,x_n) = \prod_{i=1}^{n} f(x_i) = \frac{1}{(\sqrt{2\pi}\sigma)^n}\exp\left\{-\frac{1}{2\sigma^2}\sum_{i=1}^{n}(x_i-\mu)^2\right\}.$$

例4　设某种电灯泡的寿命X服从指数分布$E(\lambda)$,其概率密度为

$$f(x) = \begin{cases} \lambda e^{-\lambda x}, & x > 0, \\ 0, & x \leqslant 0, \end{cases}$$

则来自这一总体的简单随机样本$x_1,x_2,\cdots,x_n$的样本分布密度为

$$f(x_1,x_2,\cdots,x_n) = f_X(x_1)f_X(x_2)\cdots f_X(x_n) = \begin{cases} \lambda^n e^{-\lambda \sum_{i=1}^{n} x_i}, & x_i > 0, \\ 0, & \text{其他}. \end{cases}$$

例5　考虑电话交换台一时内的呼唤次数X.求来自这一总体的简单随机样本$x_1,x_2,\cdots,x_n$的样本分布.

解　由概率论知识,X服从泊松分布$P(\lambda)$,其概率函数

$$P(x) = P\{X = x\} = \frac{\lambda^x}{x!}e^{-\lambda}$$

(其中x是非负整数$\{0,1,2,\cdots,k,\cdots\}$中的一个).从而,简单随机样本$x_1,x_2,\cdots,x_n$的样本分布为:

$$p(x_1,x_2,\cdots,x_n) = p_X(x_1)p_X(x_2)\cdots p_X(x_n) = P\{X = x_1\}P\{X = x_2\}\cdots P\{X = x_n\}$$

$$= \frac{\lambda^{(x_1+x_2+\cdots+x_n)}}{x_1!x!\cdots x_n!}e^{-n\lambda} = \frac{\lambda^{\sum_{i=1}^{n} x_i}}{x_1!x!\cdots x_n!}e^{-n\lambda}.$$

二、统计量及其分布

1. 统计量与抽样分布

样本来自总体,样本的观测值中含有总体各方面的信息,但这些信息较为分散,有时显得杂乱无章.为将这些分散在样本中有关总体的信息集中起来以反映总体的各种特征,需要对样本进行加工.最常用的加工方法是构造样本的函数,不同的函数反映总体的不同特征.

定义1　设$x_1,x_2,\cdots,x_n$为取自某总体的样本,若样本函数$T = T(x_1,x_2,\cdots,x_n)$中不含有任何未知参数,则称$T$为统计量.统计量的分布称为抽样分布.

按照这一定义,若$x_1,x_2,\cdots,x_n$为样本,则$\sum_{i=1}^{n} x_i$,$\sum_{i=1}^{n} x_i^2$都是统计量,而当μ,σ^2未知时,

$\sum\limits_{i=1}^{n}(x_i-\mu)^2, \dfrac{x_i}{\sigma}$ 等均不是统计量.

2▸ 样本均值及其抽样分布

定义 2　设 $x_1, x_2, \cdots, x_n$ 为取自某总体的样本,其算术平均值称为样本均值,一般用 $\bar{x}$ 表示,即 $\bar{x}=\dfrac{x_1+\cdots+x_n}{n}=\dfrac{1}{n}\sum\limits_{i=1}^{n}x_i$.

例 6　某单位收集到 20 名青年某月的娱乐支出费用数据:

| 79 | 84 | 84 | 88 | 92 | 93 | 94 | 97 | 98 | 99 |
| 100 | 101 | 101 | 102 | 102 | 108 | 110 | 113 | 118 | 125 |

则该月这 20 名青年的平均娱乐支出为

$$\bar{x}=\frac{1}{20}(79+84+\cdots+125)=99.4.$$

对于样本均值 $\bar{x}$ 的抽样分布,我们有下面的定理.

定理 1　设 $x_1, x_2, \cdots, x_n$ 是来自某个总体 X 的样本,$\bar{x}$ 为样本均值.

(1) 若总体分布为 $N(\mu, \sigma^2)$,则 $\bar{x}$ 的精确分布为 $N\left(\mu, \dfrac{\sigma^2}{n}\right)$;

(2) 若总体 X 分布未知(或不是正态分布),且 $E(X)=\mu, D(X)=\sigma^2$,则当样本容量 n 较大时,$\bar{x}=\dfrac{1}{n}\sum\limits_{i=1}^{n}x_i$ 的渐近分布为 $N\left(\mu, \dfrac{\sigma^2}{n}\right)$,这里的渐近分布是指 n 较大时的近似分布.

证明　(1) 由于 $\bar{x}$ 为独立正态变量线性组合,故 $\bar{x}$ 仍服从正态分布.另外,

$$E(\bar{x})=\frac{1}{n}\sum E(x_i)=\frac{1}{n}\cdot n\mu=\mu,$$

$$D(\bar{x})=\frac{1}{n^2}\sum_{i=1}^{x}D(x_i)=\frac{n\sigma^2}{n^2}=\frac{\sigma^2}{n},$$

故

$$\bar{x}\sim N\left(\mu, \frac{\sigma^2}{n}\right).$$

(2) 易知 $\bar{x}=\sum\limits_{i=1}^{n}\dfrac{x_i}{n}$ 为独立同分布的随机变量之和,且

$$E(\bar{x})=\mu, \quad D(\bar{x})=\frac{\sigma^2}{n}.$$

由中心极限定理,有

$$\lim_{n\to\infty}P\left\{\frac{\bar{x}-\mu}{\sigma/\sqrt{n}}\leqslant x\right\}=\Phi(x),$$

其中 $\Phi(x)$ 为标准正态分布.这表明 n 较大时,$\bar{x}$ 的渐近分布为 $N\left(\mu, \dfrac{\sigma^2}{n}\right)$.

3▸ 样本方差与样本标准差

定义 3　设 $x_1, x_2, \cdots, x_n$ 为取自某总体的样本,则它关于样本均值 $\bar{x}$ 的平均偏差平方和

$$s^2 = \frac{1}{n-1} \sum_{i=1}^{n} (x_i - \bar{x})^2$$

称为样本方差,其算术根 $s = \sqrt{s^2}$ 称为样本标准差.相对样本方差而言,样本标准差通常更有实际意义,因为它与样本均值具有相同的度量单位.

在上面定义中,n 为样本容量,$\sum_{i=1}^{n} (x_i - \bar{x})^2$ 称为偏差平方和,

它有 3 个不同的表达式:

$$\sum_{i=1}^{n} (x_i - \bar{x})^2 = \sum_{i=1}^{n} x_i^2 - \frac{1}{n} \left(\sum_{i=1}^{n} x_i \right)^2 = \sum_{i=1}^{n} x_i^2 - n\bar{x}^2.$$

事实上,

$$\sum_{i=1}^{n} (x_i - \bar{x})^2 = \sum_{i=1}^{n} (x_i^2 - 2\bar{x}x_i + \bar{x}^2) = \sum_{i=1}^{n} x_i^2 - 2\bar{x} \sum_{i=1}^{n} x_i + n\bar{x}^2$$

$$= \sum_{i=1}^{n} x_i^2 - 2\bar{x}n \left(\frac{1}{n} \sum_{i=1}^{n} x_i \right) + n\bar{x}^2 = \sum_{i=1}^{n} x_i^2 - n\bar{x}^2,$$

偏差平方和的这 3 个表达式都可用来计算样本方差.

例 7　在例 6 中,我们已经算得 $\bar{x} = 99.4$,其样本方差与样本标准差为

$$s = \sqrt{133.936\ 8} = 11.573\ 1.$$

方法 2　$s^2 = \frac{1}{n-1} \left(\sum_{i=1}^{n} x_i^2 - n\bar{x}^2 \right) = \frac{1}{20-1} \left[(79^2 + 84^2 + \cdots + 125^2) - 20 \times 99.4^2 \right]$

$$= 133.936\ 8$$

故 $s = 11.573\ 1$.

通常用第二种方法计算 s^2 方便许多.

下面的定理给出样本均值的数学期望和方差以及样本方差的数学期望,它不依赖于总体的分布形式.这些结果在后面的讨论中是有用的.

定理 2　设总体 X 具有二阶矩,即

$$E(x) = \mu, D(X) = \sigma^2 < +\infty,$$

$x_1, x_2, \cdots, x_n$ 为从该总体得到的样本,$\bar{x}$ 和 s^2 分别是样本均值和样本方差,则

$$E(\bar{x}) = \mu, D(\bar{x}) = \frac{\sigma^2}{n}, \tag{1}$$

$$E(s^2) = \sigma^2 \tag{2}$$

此定理表明,样本均值的均值与总体均值相同,而样本均值的方差是总体方差的 $\frac{1}{n}$.

证明　由于

$$E(\bar{x}) = \frac{1}{n} E \left(\sum_{i=1}^{n} x_i \right) = \frac{n\mu}{n} = \mu,$$

$$D(\bar{x}) = \frac{1}{n^2} D \left(\sum_{i=1}^{n} x_i \right) = \frac{n\sigma^2}{n^2} = \frac{\sigma^2}{n},$$

故(1)式成立.下证(2)式,注意到

$$\sum_{i=1}^{n} (x_i - \bar{x})^2 = \sum_{i=1}^{n} x_i^2 - n\bar{x}^2, 而$$

$$E(x_i)^2 = (E(x_i))^2 + D(x_i) = \mu^2 + \sigma^2, E(\bar{x}^2) = (E(\bar{x}))^2 + D(\bar{x}) = \mu^2 + \frac{\sigma^2}{n},$$

于是

$$E\left(\sum_{i=1}^{n}(x_i - \bar{x})^2\right) = n(\mu^2 + \sigma^2) - n\left(\mu^2 + \frac{\sigma^2}{n}\right) = (n-1)\sigma^2,$$

两边各除以 $n-1$，即得（2）式.

值得读者注意的是：本定理的结论与总体服从什么分布无关.

4 ▶ 样本矩及其函数

样本均值和样本方差的更一般的推广是样本矩，这是一类常见的统计量.

定义 4 设 $x_1, x_2, \cdots, x_n$ 是样本，则统计量

$$A_k = \frac{1}{n}\sum_{i=1}^{n}x_i^k = \frac{1}{n}(x_1^k + x_2^k + \cdots + x_n^k)$$

称为样本 k 阶原点矩. 特别地，样本一阶原点矩就是样本均值. 统计量

$$B_k = \frac{1}{n}\sum_{i=1}^{n}(x_i - \bar{x})^k$$

称为样本 k 阶中心矩. 常见的是 $k=2$ 的场合，此时称为二阶样本中心矩. 本书中我们将其记为 s_n^2，以区别样本方差 s^2.

$$s_n^2 = B_2 = \frac{1}{n}\sum_{i=1}^{n}(x_i - \bar{x})^2$$

5 ▶ 极大顺序统计量和极小顺序统计量

定义 5 设总体 X 具有分布函数 $F(x)$，分布密度 $f(x)$，$x_1, x_2, \cdots, x_n$ 为其样本，我们分别称 $x_{(1)} = \min\{x_1, x_2, \cdots, x_n\}, x_{(n)} = \max\{x_1, x_2, \cdots, x_n\}$ 为极小顺序统计量和极大顺序统计量.

定理 3 若 $x_{(1)}, x_{(n)}$ 分别为极小、极大顺序统计量，则

(1) $x_{(1)}$ 的分布函数 $F_1(x) = 1 - (1 - F(x))^n$，$x_{(1)}$ 的分布密度 $f_1(x) = n - [1 - F(x)]^{n-1}f(x)$；

(2) $x_{(n)}$ 的分布函数 $F_n(x) = [F(x)]^n$，$x_{(n)}$ 的分布密度 $f_n(x) = n[F(x)]^{n-1}f(x)$.

证明 先求出 $x_{(1)}$ 及 $x_{(n)}$ 的分布函数 $F_1(x)$ 及 $F_n(x)$：

$$F_1(x) = P\{x_{(1)} \leqslant x\} = 1 - P\{x_{(1)} > x\} = 1 - P\{x_1 > x, x_2 > x, \cdots, x_n > x\}$$

$$= 1 - \prod_{i=1}^{n}P\{x_i > x\} = 1 - (1 - F(x))^n,$$

$$F_n(x) = P\{x_{(n)} \leqslant x\} = P\{x_1 \leqslant x, x_2 \leqslant x, \cdots, x_n \leqslant x\} = \prod_{i=1}^{n}P\{x_i \leqslant x\} = (F(x))^n,$$

分别对 $F_1(x), F_n(x)$ 求导即得

$$f_1(x) = [F_1(x)]' = -n(1-F(x))^{n-1}(1-F(x))' = n[1-F(x)]^{n-1}f(x),$$

$$f_n(x) = [F_n(x)]' = n[F(x)]^{n-1}F'(x) = n[F(x)]^{n-1}f(x).$$

6 ▶ 正态总体的抽样分布

有很多统计推断是基于正态总体的假设的，以标准正态变量为基石而构造的三个著名统

计量(其抽样分布分别为 χ^2 分布,t 分布和 F 分布)在实践中有着广泛的应用.这是因为这三个统计量不仅有明确背景,而且其抽样分布的密度函数有"明确的表达式",它们被称为统计中的"三大抽样分布".

(1)χ^2 分布(卡方分布)

定义 6　设 $X_1,X_2,\cdots,X_n$ 独立同分布于标准正态分布 $N(0,1)$,

则 $x^2 = x_1^2 + x_2^2 + \cdots + x_n^2$ 的分布称为自由度为 n 的 χ^2 分布,记为 $\chi^2 \sim \chi^2(n)$.

$\chi^2(n)$ 分布的密度函数见图 1.

当随机变量 $\chi^2 \sim \chi^2(n)$ 时,对给定的 $\alpha(0 < \alpha < 1)$,称满足 $P\{\chi^2 > \chi_\alpha^2(n)\} = \alpha$ 的 $x_\alpha^2(n)$ 是自由度为 n 的卡方分布的 α 分位数.分位数 $\chi_\alpha^2(n)$ 可以从卡方分布表中查到.例如 $n = 10, \alpha = 0.05$,那么从卡方分布表中查得 $\chi^2(10) = 18.307$,

$$P\{\chi^2 > \chi_{0.05}^2(10)\} = P\{\chi^2 > 18.307\} = 0.05.$$

注　请读者注意 $\chi^2 \sim \chi^2(n)$ 时,n 是自由度,不是样本容量.

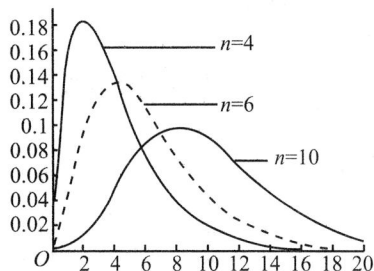

图 1　$\chi^2(n)$ 分布的密度函数

(2)F 分布

定义 7　设 $X_1 \sim \chi^2(m)$,$X_2 \sim \chi^2(n)$,X_1 与 X_2 独立,则称随机变量 $F = \dfrac{X_1/m}{X_2/n}$ 的分布是自由度为 m 与 n 的 F 分布,记为 $F \sim F(m,n)$,其中 m 称为第一自由度,n 称为第二自由度.

自由度为 m 与 n 的 F 分布的密度函数的图像是一个只取非负值的偏态分布(见图 2).

当随机变量 $F \sim F(m,n)$ 时,对给定的 $\alpha(0 < \alpha < 1)$,称满足 $P\{F > F_\alpha(m,n)\} = \alpha$ 的数 $F_\alpha(m,n)$ 是自由度为 m 与 n 的 F 分布的 α 分位数.

当 $F \sim F(m,n)$ 时,有下面性质(不证)

$$P\left\{F > \frac{1}{F_\alpha(n,m)}\right\} = 1 - \alpha.$$

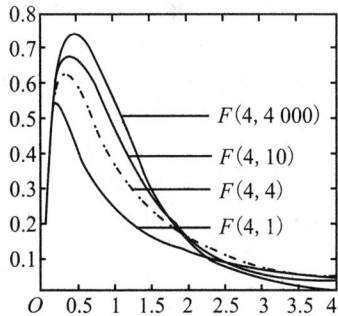

图 2　F 分布的密度函数

这说明

$$F_\alpha(n,m) = \frac{1}{F_{1-\alpha}(m,n)} \Rightarrow F_{1-\alpha}(m,n) = \frac{1}{F_\alpha(n,m)} \quad (*)$$

对小的 α,分位数 $F_\alpha(m,n)$ 可以从 F 分布表中查到,而分位数 $F_{1-\alpha}(m,n)$ 则可通过 $(*)$ 式得到.

例 8　若取 $m = 10$,则 $n = 5, \alpha = 0.05$,那么从 F 分布表上($m = n_1, n = n_2$)查得

$$F_{0.05}(10,5) = 4.74.$$

利用 $(*)$ 式可得到

$$F_{0.95}(10,5) = \frac{1}{F_{0.05}(5,10)} = \frac{1}{3.33} = 0.3.$$

(3)t 分布

定义 8　设随机变量 X_1 与 X_2 独立且 $X_1 \sim N(0,1)$,$X_2 \sim \chi^2(n)$,

则称 $t = \dfrac{X_1}{\sqrt{X_2/n}}$ 的分布为自由度为 n 的 t 分布，记为 $t \sim t(n)$.

t 分布密度函数的图像是一个关于纵轴对称的分布（图 3），与标准正态分布的密度函数形态类似，只是峰比标准正态分布低一些，尾部的概率比标准正态分布的大一些.

当随机变量 $t \sim t(n)$ 时，称满足 $P\{t > t_\alpha(n)\} = \alpha$ 的 $t_\alpha(n)$ 是自由度为 n 的 t 分布的 α 分位数，分位数 $t_\alpha(n)$ 可以从 t 分布表中查到，例如当 $n = 10, \alpha = 0.05$ 时，从 t 分布表上查得

$$t_{0.05}(10) = 1.812\ 5.$$

由于 t 分布的密度函数关于 0 对称，故其分位数有如下关系：

$$t_{1-\alpha}(n) = -t_\alpha(n).$$

例如，

$$t_{0.95}(10) = -t_{0.05}(10) = -1.812\ 5.$$

当 n 很大时，$(n \geqslant 30)$，t 分布可以用 $N(0,1)$ 近似.

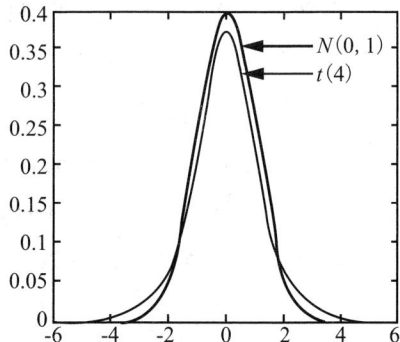

图 3　t 分布与 $N(0,1)$ 的密度函数

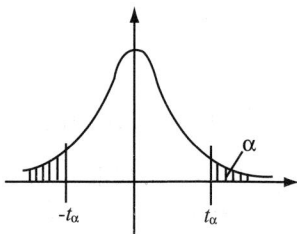

$$P\{t > -t_\alpha\} = 1 - \alpha, P\{t > t_{1-\alpha}\} = 1 - \alpha, \text{则 } t_{1-\alpha} = -t_\alpha$$

（4）一些重要结论

来自一般正态总体的样本均值和样本方差 s^2 的抽样分布是应用最广的抽样分布，下面我们加以介绍.

定理 4　设 $x_1, x_2, \cdots, x_n$ 是来自正态总体 $N(\mu, \sigma^2)$ 的样本，其样本均值和样本方差分别为

$$\bar{x} = \frac{1}{n}\sum_{i=1}^{n} x_i \text{ 和 } s^2 = \frac{1}{n-1}\sum_{i=1}^{n}(x_i - \bar{x})^2,$$

则有：

① $\dfrac{\bar{x} - \mu}{\dfrac{\sigma}{\sqrt{n}}} \sim N(0,1)$;

② $\dfrac{(n-1)s^2}{\sigma^2} \sim \chi^2(n-1)$;

③ $\dfrac{\bar{x} - \mu}{\dfrac{s}{\sqrt{n}}} \sim t(0,1)$;

④ $\dfrac{1}{\sigma^2}\sum_{i=1}^{n}(x_i - \mu)^2 \sim \chi^2(n)$.

特别,若 $\sigma_1^2 = \sigma_2^2$,则 $F = \dfrac{s_x^2}{s_y^2} \sim F(m-1, n-1)$.(不证)

推论:设 $\sigma_1^2 = \sigma_2^2 = \sigma^2$ 并记

$$s_w^2 = \frac{(m-1)s_x^2 + (n-1)s_y^2}{m+n-2} = \frac{\displaystyle\sum_{i=1}^{m}(x_i - \bar{x})^2 + \sum_{i=1}^{n}(y_i - \bar{y})^2}{m+n-2},$$

则

$$t = \frac{(\bar{x} - \bar{y}) - (\mu_1 - \mu_2)}{s_w\sqrt{\dfrac{1}{m} + \dfrac{1}{n}}} \sim t(m+n-2).\text{(不证)}$$

（二） 强化练习六

1. 在总体 $X \sim N(30, 2^2)$ 中随机地抽取一个容量为 16 的样本,求样本均值 X 在 29 到 31 之间取值的概率.

解 因 $X \sim N(30, 2^2)$,故 $\bar{x} \sim N\left(30, \dfrac{2^2}{16}\right)$,即 $\bar{x} \sim N\left(30, \left(\dfrac{1}{2}\right)^2\right)$,

则 $P\{20 < X < 31\} = P\left\{-2 < \dfrac{\bar{X} - 30}{\dfrac{1}{2}} < 2\right\} = \Phi(2) - \Phi(-2) = 2\Phi(2) - 1$

$$= 0.954\,4.$$

2. 设 $x_1, x_2, \cdots, x_{10}$ 为总体 $N(0, 0.3^2)$ 的一个样本,求 $P\left\{\displaystyle\sum_{i=1}^{10} x_i^2 > 1.44\right\}$.

解 因为 $x_1, x_2, \cdots, x_{10}$ 为总体 $N(0, 0.3^2)$ 的一个样本,所以

$$\sum_{i=1}^{10} \frac{x_i^2}{0.3^2} \sim \chi^2(10),$$

$$P\left\{\sum_{i=1}^{10} x_i^2 > 1.44\right\} = P\left\{\sum_{i=1}^{10} \frac{x_i^2}{0.3^2} > \frac{1.44}{0.09}\right\} = P\{\chi^2(10) > 16\} = 0.1.$$

3. 从一正态总体中抽取容量为 10 的一个样本,若有 2% 的样本均值与总体均值之差的绝对值在 4 以上,试求总体的标准差.

解 因为总体 $X \sim N(\mu, \sigma^2)$,所以 $\dfrac{\bar{x} - \mu}{\sigma/\sqrt{10}} \sim N(0,1)$. 由

$$P\{|\bar{x} - \mu| > 4\} = 0.02$$

知

$$P\left\{\left|\frac{\bar{x} - \mu}{\sigma/\sqrt{10}}\right| > \frac{4\sqrt{10}}{\sigma}\right\} = 0.02,$$

即

$$\Phi\left(-\frac{4\sqrt{10}}{\sigma}\right) = 0.01, \Phi\left(\frac{4\sqrt{10}}{\sigma}\right) = 0.99,$$

查表得

$$\frac{4\sqrt{10}}{\sigma} = 2.33, \sigma = \frac{4\sqrt{10}}{2.33} = 5.43.$$

4. 设某厂生产的灯泡的使用寿命 $X \sim N(1\,000, \sigma^2)$(单位:时),抽取一容量为 9 的样本,其均方差 $s = 100$,问 $P\{\bar{x} < 940\}$ 是多少?

解 因 σ^2 未知,不能用 $\overline{x} \sim N\left(1\ 000, \dfrac{\sigma^2}{n}\right)$ 来解题.

而 $T = \dfrac{\overline{x} - \mu}{\dfrac{s}{\sqrt{n}}} \sim t(n-1)$,故 $T = \dfrac{\overline{x} - \mu}{\dfrac{s}{3}} \sim t(8)$.

$P\{\overline{x} < 940\} = P\left\{\dfrac{\overline{x} - \mu}{\dfrac{s}{3}} < \dfrac{940 - \mu}{\dfrac{s}{3}}\right\}$,而 $s = 100, \mu = 1\ 000$,

故 $P\{\overline{x} < 940\} = P\left\{T < \dfrac{(940 - 1\ 000) \times 3}{100}\right\} = P\{T < -1.8\} = P\{T > 1.8\}$,

由表查得 $P\{\overline{x} < 940\} = P\{T > 1.8\} = 0.056$.

5. 设总体 X 服从泊松分布 $P(\lambda)$,求其样本 $x_1, x_2, \cdots, x_n$ 的联合分布.

解 据已知,$x_1, x_2, \cdots, x_n$ 相互独立,且 x_i 的分布律为

$$P\{x_i = k_i\} = \frac{\lambda^{k_i}}{k_i!} \mathrm{e}^{-\lambda} \quad (k_i = 1, 2, \cdots; i = 1, 2, \cdots n),$$

于是,$x_1, x_2, \cdots, x_n$ 的联合分布律为

$$P\{x_1 = k_1, x_2 = k_2, \cdots, x_n = k_n\} = P\{x_1 = k_1\}P\{x_2 = k_2\} \cdots P\{x_n = k_n\}$$

$$= \left[\frac{\lambda^{k_1}}{k_1!}\mathrm{e}^{-\lambda}\right]\left[\frac{\lambda^{k_2}}{k_2!}\mathrm{e}^{-\lambda}\right] \cdots \left[\frac{\lambda^{k_n}}{k_n!}\mathrm{e}^{-\lambda}\right]$$

$$= \frac{\mathrm{e}^{-n\lambda}}{k_1!k_2!\cdots k_n!}\lambda^{\sum\limits_{i=1}^{n} k_i}.$$

6. 在总体 $N(52, 6.3^2)$ 中随机抽一容量为 36 的样本,求样本均值 $\overline{x}$ 落在 50.8 到 53.8 之间的概率.

解 $\overline{x} \sim N\left(52, \dfrac{6.3^2}{36}\right)$,

$$P\{50.8 < \overline{x} < 53.8\} = P\left\{-\frac{1.2}{\dfrac{6.3}{6}} < \frac{\overline{x} - 52}{\dfrac{6.3}{6}} < \frac{1.8}{\dfrac{6.3}{6}}\right\} = \Phi\left(\frac{12}{7}\right) - \Phi\left(\frac{-8}{7}\right) = 0.829\ 3.$$

7. 设 $x_1, x_2, \cdots, x_7$ 为总体 $X \sim N(0, 0.5^2)$ 的一个样本,求 $P\left\{\sum\limits_{i=1}^{7} x_i^2 > 4\right\}$.

解 $X \sim N(0, 0.5^2)$,则 $2x_i \sim N(0, 1)$,

从而 $\sum\limits_{i=1}^{7}(2x_i)^2 = 4\sum\limits_{i=1}^{7}x_i^2 \sim \chi^2(7)$,故 $P\left\{\sum\limits_{i=1}^{7}x_i^2 > 4\right\} = P\left\{4\sum\limits_{i=1}^{7}x_i^2 > 16\right\} \approx 0.025$.

8. 设总体 $X \sim N(72, 100)$,为使样本均值大于 70 的概率不小于 0.95,问样本容量至少应取多大?

解 假设样本容量为 n,则 $\overline{x} \sim N\left(72, \dfrac{100}{n}\right)$, $\dfrac{\overline{x} - 72}{\dfrac{10}{\sqrt{n}}} \sim N(0, 1)$,

由 $P\{\overline{x} > 70\} \geqslant 0.95$ 得

$$P\left\{\frac{\overline{X} - 72}{\dfrac{10}{\sqrt{n}}} > \frac{70 - 72}{\dfrac{10}{\sqrt{n}}}\right\} \geqslant 0.95,$$

所以 $\Phi\left(\dfrac{\sqrt{n}}{5}\right) \geqslant 0.95, \dfrac{\sqrt{n}}{5} \geqslant 1.65, n \geqslant 68.062\ 5.$

9. 设总体 X 服从 $N(\mu, 4)$，样本 $(x_1, x_2, \cdots, x_n)$ 来自 X，$\bar{x}$ 为样本均值. 问样本容量至少应取多大才能使：$(1) E(|\bar{x} - \mu|^2) \leqslant 0.1; (2) P\{|\bar{x} - \mu|^2 \leqslant 0.1\} \geqslant 0.95.$

解　$(1) E(|\bar{x} - \mu|^2) = D(\bar{x}) = \dfrac{1}{n}D(x) = \dfrac{4}{n} \leqslant 0.1,$

所以　　$n \geqslant 40.$

$(2) \bar{x} \sim N\left(\mu, \dfrac{4}{n}\right), \dfrac{\bar{x} - \mu}{\dfrac{2}{\sqrt{n}}} \sim N(0,1)$，所以

$$P\{|\bar{x} - \mu| \leqslant 0.1\} = P\left\{\left|\dfrac{\bar{x} - \mu}{\dfrac{2}{\sqrt{n}}}\right| \leqslant \dfrac{0.1\sqrt{n}}{2}\right\} \geqslant 0.95,$$

即 $\Phi\left(\dfrac{1}{20}\sqrt{n}\right) \geqslant 0.975$，查表得　$\dfrac{1}{20}\sqrt{n} \geqslant 1.96, n \geqslant 1\ 537.$

10. 设总体 $X \sim N(0,1)$，从此总体中取一个容量为 6 的样本 $x_1, x_2, \cdots, x_6$，设 $Y = (x_1 + x_2 + x_3)^2 + (x_4 + x_5 + x_6)^2$，试决定常数 C，使随机变量 CY 服从 χ^2 分布.

解　$x_1 + x_2 + x_3 \sim N(0,3), x_4 + x_5 + x_6 \sim N(0,3),$

则 $\dfrac{x_1 + x_2 + x_3}{\sqrt{3}} \sim N(0,1), \dfrac{x_4 + x_5 + x_6}{\sqrt{3}} \sim N(0,1),$

$$\left(\dfrac{x_1 + x_2 + x_3}{\sqrt{3}}\right)^2 + \left(\dfrac{x_4 + x_5 + x_6}{\sqrt{3}}\right)^2 \sim \chi^2(2),$$

即 $\dfrac{1}{3}(x_1 + x_2 + x_3)^2 + \dfrac{1}{3}(x_4 + x_5 + x_6)^2 \sim \chi^2(2),$

从而 $C = \dfrac{1}{3}$ 时，$CY \sim \chi^2(2).$

11. 在总体 $X \sim N(52, 6.3^2)$ 中随机抽取一容量为 36 的样本，求：

(1) 样本的均值 $\bar{x}$ 落在 50.8 到 53.8 之间的概率；

(2) 样本方差 s^2 大于 52.73 的概率.

解　这时有 $n = 36, \mu = 52, \sigma^2 = 6.3^2.$

(1) 根据题意，有

$$\dfrac{\bar{x} - 52}{6.3/\sqrt{36}} \sim N(0,1),$$

于是所求概率为

$$P\{50.8 < \bar{x} < 53.8\} = P\left\{-\dfrac{1.2}{6.3/\sqrt{36}} < \dfrac{\bar{x} - 52.8}{6.3/\sqrt{36}} < \dfrac{1.8}{6.3/\sqrt{36}}\right\}$$

$$= P\left\{-1.142\ 9 < \dfrac{\bar{x} - 52.8}{6.3/\sqrt{36}} < 1.714\ 3\right\}$$

$$= \Phi(1.714\ 3) + \Phi(1.142\ 9) - 1$$

$$= 0.956\ 4 + 0.872\ 9 - 1 = 0.829\ 3.$$

（2）由于

$$\frac{(n-1)s^2}{\sigma^2} \sim \chi^2(n-1) = \chi^2(35),$$

于是所求概率为

$$P\{s^2 > 52.23\} = P\left\{\frac{(n-1)s^2}{\sigma^2} > \frac{35 \times 52.23}{6.3^2}\right\}$$

$$= P\left\{\frac{(n-1)s^2}{\sigma^2} > 46.0582\right\}$$

查 $\chi^2(35)$，得 $\chi^2_{0.1}(35) = 46.059$，故有 $P\{s^2 > 52.23\} = 0.1$.

12. 在总体 $N(12,4)$ 中随机抽一容量为 5 的样本 x_1, x_2, x_3, x_4, x_5.

（1）求样本均值与总体平均值之差的绝对值大于 1 的概率.

（2）求概率 $P\{\max\{x_1, x_2, x_3, x_4, x_5\} > 15\}$.

（3）求概率 $P\{\min\{x_1, x_2, x_3, x_4, x_5\} < 10\}$.

解　（1）$P\{|\bar{x} - 12| > 1\} = P\left\{\left|\dfrac{\bar{x} - 12}{\sqrt{\dfrac{4}{5}}}\right| > \dfrac{1}{\sqrt{\dfrac{4}{5}}}\right\} = 2P\left\{\left|\dfrac{\bar{x} - 12}{\sqrt{\dfrac{4}{5}}}\right| > \dfrac{\sqrt{5}}{2}\right\}$

$$= 2\left[1 - \Phi\left(\frac{\sqrt{5}}{2}\right)\right] = 0.2628.$$

（2）$P\{\max\{x_1, x_2, x_3, x_4, x_5\} > 15\} = 1 - P\{\max\{x_1, x_2, x_3, x_4, x_5\} \leqslant 15\}$

$$= 1 - \prod_{i=1}^{5} P\{x_i \leqslant 15\} = 1 - \left[\Phi\left(\frac{15-12}{2}\right)\right]^5$$

$$= 0.2923.$$

（3）$P\{\min\{x_1, x_2, x_3, x_4, x_5\} < 10\} = 1 - P\{\min\{x_1, x_2, x_3, x_4, x_5\} \geqslant 10\}$

$$= 1 - \prod_{i=1}^{5} P\{x_i \geqslant 10\}$$

$$= 1 - \left[1 - \Phi\left(\frac{10-12}{2}\right)\right]^5$$

$$= 1 - [\Phi(1)]^5 = 0.5785.$$

13. 设随机变量 T 服从 $t(n)$ 分布，求 T^2 的分布.

解　因为 $T = \dfrac{X}{\sqrt{Y/n}}$，其中 $X \sim N(0,1), Y \sim \chi^2(n)$，

$T^2 = \dfrac{X^2}{Y/n} = \dfrac{X^2/1}{Y/n}, X^2 \sim \chi^2(1)$　故 $T^2 \sim F(1,n)$.

14. 设 $\bar{X} = \dfrac{1}{n}\sum_{i=1}^{n} X_i$，证明：

（1）$\sum_{i=1}^{n}(X_i - \mu)^2 = \sum_{i=1}^{n}(X_i - \bar{X})^2 - n(\bar{X} - \mu)^2$；

（2）$\sum_{i=1}^{n}(X_i - \bar{X})^2 = \sum_{i=1}^{n} X_i^2 - n(\bar{X})^2$.

证明　（1）$\sum_{i=1}^{n}(X_i - \mu)^2 = \sum_{i=1}^{n}(X_i - \bar{X} + \bar{X} - \mu)^2$

$$= \sum_{i=1}^{n} (X_i - \overline{X})^2 + 2 \sum_{i=1}^{n} (X_i - \overline{X})(\overline{X} - \mu) + \sum_{i=1}^{n} (\overline{X} - \mu)^2$$

$$= \sum_{i=1}^{n} (X_i - \overline{X})^2 + 2(\overline{X} - \mu)(\sum_{i=1}^{n} X_i - n\overline{X}) + n (\overline{X} - \mu)^2$$

$$= \sum_{i=1}^{n} (X_i - \overline{X})^2 - n (\overline{X} - \mu)^2.$$

(2) $\displaystyle\sum_{i=1}^{n} (X_i - \overline{X})^2 = \sum_{i=1}^{n} (X_i^2 - 2X_i\overline{X} + \overline{X}^2) = \sum_{i=1}^{n} X_i^2 - 2\overline{X}\sum_{i=1}^{n} X_i + n \overline{X}^2$

$$= \sum_{i=1}^{n} X_i^2 - 2n \overline{X}^2 + n \overline{X}^2 = \sum_{i=1}^{n} X_i^2 - n\overline{X}^2.$$

15. 利用 t 分布性质计算分位数 $t_{0.975}(50)$ 的近似值.(已知 $\xi \sim N(0,1)$,$P\{\xi < 1.96\} = 0.975$)

解 当 n 足够大时,t 分布近似 $N(0,1)$.

当 $u \sim N(0,1)$ 时,分位数 u_{1-a} 近似 $t_{1-a}(n)$.

而 $P\{u \geqslant u_{0.975}\} = 0.025$ 时,$u_{0.975} = 1.926 \approx 2$,$t_{0.975}(50) \approx 2$.

16. 设 $x_1, x_2, \cdots, x_n$ 为来自有均值 μ 和 r 阶中心矩 μ_r 的总体 X 的样本,试证明:

$E\left[\dfrac{1}{n}\displaystyle\sum_{i=1}^{n} (x_i - \mu)^r\right] = \mu_r.$ 又此式说明总体的 r 阶矩与样本 r 阶矩有什么关系?

证明 $E\left[\dfrac{1}{n}\displaystyle\sum_{i=1}^{n} (x_i - \mu)^r\right] = \dfrac{1}{n}\sum_{i=1}^{n} E (x_i - \mu)^r = \dfrac{1}{n}\sum_{i=1}^{n} \mu_r = \mu_r.$

上述结果表明总体的 r 阶矩与样本的 r 阶矩相等,说明样本的 r 阶中心矩是总体 X 的 r 阶中心矩 μ_r 的无偏估计.

17. 求总体 $N(20,3)$ 的容量分别为 $10,15$ 的两独立样本均值差的绝对值大于 0.3 的概率.

解 设 $\overline{x}, \overline{y}$ 分别为这两个样本的均值,则 $\overline{x} \sim N\left(20, \dfrac{3}{10}\right)$,$\overline{y} \sim N\left(20, \dfrac{3}{15}\right)$,于是

$$\overline{x} - \overline{y} \sim N\left(0, \frac{3}{10} + \frac{3}{15}\right) = N(0, 0.5).$$

而 $\dfrac{\overline{x} - \overline{y}}{\sqrt{0.5}} \sim N(0,1)$,因此所求概率为

$P\{|\overline{x} - \overline{y}| > 0.3\} = 1 - P\{|\overline{x} - \overline{y}| \leqslant 0.3\}$

$$= 1 - P\left\{\frac{|\overline{x} - \overline{y}|}{\sqrt{0.5}} \leqslant \frac{0.3}{\sqrt{0.5}}\right\}$$

$$= 1 - P\left\{\frac{|\overline{x} - \overline{y}|}{\sqrt{0.5}} \leqslant 0.424\ 3\right\}$$

$$= 1 - [2\Phi(0.424\ 3) - 1]$$

$$= 2[1 - \Phi(0.424\ 3)]$$

$$= 2(1 - 0.662\ 8) = 0.674\ 4.$$

18. 分别从总体 $X \sim N(\mu, 20^2)$ 和 $Y \sim N(\mu, 30^2)$ 中各取容量为 400 的两独立样本,求常数 $k > 0$,使 $P\{-k < \overline{x} - \overline{y} < k\} = 0.99$.

解 因为 $\overline{x} \sim N\left(\mu, \dfrac{20^2}{400}\right) = N(\mu, 1)$,$\overline{y} \sim N\left(\mu, \dfrac{30^2}{400}\right) = N\left(\mu, \dfrac{9}{4}\right)$,于是

$$\overline{x} - \overline{y} \sim N\left(0, 1 + \frac{9}{4}\right) = N\left(0, \frac{13}{4}\right).$$

而

$$P\{-k < \overline{x} - \overline{y} < k\} = P\left\{-\frac{k}{\sqrt{13}/2} < \frac{\overline{x} - \overline{y}}{\sqrt{13}/2} < \frac{k}{\sqrt{13}/2}\right\} = 2\Phi\left(\frac{k}{\sqrt{13}/2}\right) - 1,$$

因此依题设，有 $2\Phi\left(\dfrac{k}{\sqrt{13}/2}\right) - 1 = 0.99$ 或 $\Phi\left(\dfrac{k}{\sqrt{13}/2}\right) = 0.995$，所以，查表得

$$\frac{k}{\sqrt{13}/2} = 2.575, \text{即有 } k = 4.642\ 1.$$

19. 设 $x_1, x_2 \cdots, x_{10}$ 为 $N(0, 0.3^2)$ 的一个样本，求 $P\left\{\displaystyle\sum_{i=1}^{10} x_i^2 > 1.44\right\}$.

解 $\dfrac{\displaystyle\sum_{i=1}^{10} x_i^2}{0.3^2} \sim \chi^2(10)$，$P\left\{\displaystyle\sum_{i=1}^{10} x_i^2 > 1.44\right\} = P\left\{\displaystyle\sum_{i=1}^{10} \dfrac{x_i^2}{0.3^2} > 16\right\} = 0.1.$

20. 设总体 $X \sim N(0, 2^2)$，$x_1, x_2, \cdots, x_{10}$ 为来自总体 X 的样本. 令

$$Y = \left(\sum_{i=1}^{5} x_i\right)^2 + \left(\sum_{j=6}^{10} x_j\right)^2.$$

试确定常数 C，使 CY 服从 χ^2 分布，并指出其自由度.

解 由 $X \sim N(0, 2^2)$，得 $\dfrac{x_i}{2} \sim N(0, 1)$，$i = 1, 2, \cdots, 10$. 又 $x_1, x_2, \cdots, x_{10}$ 互相独立，

故 $$\frac{1}{2}\sum_{i=1}^{5} x_i \sim N(0, 5), \quad \frac{1}{2}\sum_{j=6}^{10} x_j \sim N(0, 5),$$

$$\frac{\displaystyle\sum_{i=1}^{5} x_i}{2\sqrt{5}} \sim N(0, 1), \quad \frac{\displaystyle\sum_{j=6}^{10} x_j}{2\sqrt{5}} \sim N(0, 1), \text{且二者独立}.$$

从而有 $$\frac{1}{20}\left[\left(\sum_{i=1}^{5} x_i\right)^2 + \left(\sum_{j=6}^{10} x_j\right)^2\right] \sim \chi^2(2),$$

得 $C = \dfrac{1}{20}$，χ^2 分布的自由度为 2.

21. 设 $x_1, x_2, \cdots, x_n$ 是来自总体 $X \sim \chi^2(n)$ 的样本，求样本均值 $\overline{x}$ 的数学期望与方差.

解 $$E(\overline{x}) = E(X) = n, \quad D(\overline{x}) = \frac{1}{n}D(X) = \frac{1}{n} \times 2n = 2.$$

22. 设在总体 $N(\mu, \sigma^2)$ 中抽取一容量为 16 的样本，这里 μ, σ^2 均未知，求：

(1) $P\left\{\dfrac{s^2}{\sigma^2} \leqslant 2.401\right\}$，其中 s^2 为样本方差；(2) 求 $D(s^2)$.

解 (1) 因为 $\dfrac{(n-1)s^2}{\sigma^2} \sim \chi^2(n-1)$，这里 $n = 16$，于是

$$P\left\{\frac{s^2}{\sigma^2} \leqslant 2.401\right\} = P\left\{\frac{(n-1)s^2}{\sigma^2} \leqslant 15 \times 2.401\right\}$$

$$= P\left\{\frac{(n-1)s^2}{\sigma^2} \leqslant 30.615\right\}$$

$$= 1 - P\left\{\frac{(n-1)s^2}{\sigma^2} > 30.615\right\}.$$

查 χ^2 分布表,得 $\chi^2_{0.01}(15) = 30.578$,所以

$$P\left\{\frac{s^2}{\sigma^2} \leqslant 2.401\right\} \approx 1 - 0.01 = 0.99.$$

(2)这里 $n = 16$,因为

$$D(s^2) = \frac{\sigma^4}{15^2} D\left(\frac{n-1}{\sigma^2}s^2\right),$$

而

$$\frac{n-1}{\sigma^2}s^2 \sim \chi^2(15), D(\chi^2) = 2n = 30,$$

所以

$$D(s^2) = \frac{\sigma^4}{15^2} \times 30 = \frac{2\sigma^4}{15}.$$

23. 设 $\bar{x}, \bar{y}$ 是取自母体 $N(\mu, \sigma^2)$,容量为 n 的两个相互独立的样本 $x_1, x_2, \cdots, x_n$ 及 $y_1, y_2, \cdots, y_n$ 的均值,试确定 n,使这两个样本均值之差超过 σ 的概率大约为 0.01.(已知 $\Phi(2.58) = 0.995$)

解 由于 $\bar{x}$ 及 $\bar{y}$ 均服从 $N\left(\mu, \frac{\sigma^2}{n}\right)$ 则 $\bar{x} - \bar{y} \sim N\left(0, \frac{2}{n}\sigma^2\right)$.

要 $P\{|\bar{x} - \bar{y}| > \sigma\} = P\{|\bar{x} - \bar{y}|/(\sqrt{2/n}\sigma) > \sqrt{n/2}\} \approx 0.01$,

即 $P\{|\bar{x} - \bar{y}|/(\sqrt{2/n}\sigma) < \sqrt{n/2}\} \approx 0.99$,

即 $2\Phi(\sqrt{n/2}) - 1 = 0.99, \Phi(\sqrt{n/2}) = 0.995, \sqrt{n/2} = 2.58$,

则取 $n = 14$.

24. 设总体 $X \sim N(\mu, \sigma^2), x_1, \cdots, x_{10}$ 是来自 X 的样本.

(1)写出 $x_1, \cdots, x_{10}$ 的联合概率密度;(2)写出 $\bar{x}$ 的概率密度.

解 (1)$x_1, \cdots, x_{10}$ 的联合概率密度为

$$f(x_1, \cdots x_{10}) = \prod_{i=1}^{10} f(x_i) = \prod_{i=1}^{10} \frac{1}{\sqrt{2\pi}\sigma} e^{-\frac{(x_i-\mu)^2}{2\sigma^2}}$$

$$= (2\pi)^{-\frac{n}{2}} \sigma^{-n} e^{-\frac{\sum_{i=1}^{n}(x_i-\mu)^2}{2\sigma^2}}.$$

(2)因为 $\bar{x} \sim N\left(\mu, \frac{\sigma^2}{n}\right), n = 10$,即 $\bar{X}$ 的概率密度为

$$f(z) = \frac{1}{\sqrt{2\pi} \cdot \frac{\sigma}{\sqrt{n}}} e^{-\frac{n(z-\mu)^2}{2\sigma^2}}.$$

25. 分别从具有方差 $\sigma_1^2 = 12$ 和 $\sigma_2^2 = 18$ 的两正态总体抽取样本容量 $n_1 = 61, n_2 = 31$,样本方差为 s_1^2 和 s_2^2 的两独立样本,求概率 $P\left\{\frac{s_1^2}{s_2^2} > 1.16\right\}$.

解 由定理知

$$\frac{s_1^2 \sigma_2^2}{s_2^2 \sigma_1^2} \sim F(n_1-1, n_2-1),$$

于是所求概率为

$$P\left\{\frac{s_1^2}{s_2^2} > 1.16\right\} = P\left\{\frac{s_1^2 \sigma_2^2}{s_2^2 \sigma_1^2} > 1.16 \times \frac{18}{12}\right\} = P\left\{\frac{s_1^2 \sigma_2^2}{s_2^2 \sigma_1^2} > 1.74\right\} = 0.05.$$

这是因为 $F_\alpha(n_1-1, n_2-1) = F_\alpha(60, 30) = 1.74$，查 F 表：$n_1=61, n_2=31, \alpha=0.05$ 时，

有 $F_\alpha = 1.74$，故 $\alpha = 0.05$，即有 $P\left\{\frac{s_1^2}{s_2^2} > 1.16\right\} = 0.05$.

26. 设 $x_1, x_2, \cdots, x_9$ 为来自正态总体 X 的简单随机样本，记

$$Y_1 = \frac{1}{6}(x_1 + x_2 + x_3 + x_4 + x_5 + x_6), \quad Y_2 = \frac{1}{3}(x_7 + x_8 + x_9),$$

$$S^2 = \frac{1}{2}\sum_{i=7}^{9}(x_i - Y_2)^2, \quad Z = \frac{\sqrt{2}(Y_1 - Y_2)}{S}, \text{证明统计量 } Z \text{ 服从自由度为 2 的 } t \text{ 分布.}$$

证明 设 $X \sim N(\mu, \sigma^2)$，则 $Y_1 \sim N\left(\mu, \frac{\sigma^2}{6}\right), Y_2 \sim N\left(\mu, \frac{\sigma^2}{3}\right)$，于是

$$Y_1 - Y_2 \sim N\left(0, \frac{\sigma^2}{6} + \frac{\sigma^2}{3}\right) = N\left(0, \frac{\sigma^2}{2}\right) \text{或} \quad \frac{Y_1 - Y_2}{\sigma/\sqrt{2}} \sim N(0, 1).$$

而根据定理有 $\frac{2}{\sigma^2}S^2 \sim \chi^2(2)$，从而由 t 分布的定义知

$$\frac{\dfrac{Y_1 - Y_2}{\sigma/\sqrt{2}}}{\sqrt{\dfrac{2S^2}{\sigma^2}/2}} \sim t(2), \text{即 } Z = \frac{\sqrt{2}(Y_1 - Y_2)}{S} \sim t(2).$$

27. 已知总体 $X \sim N(\mu, \sigma^2)$，其样本 $x_1, x_2, \cdots, x_n$ 的方差是 $s^2 = \frac{1}{n-1}\sum_{i=1}^{n}(x_i - \bar{x})^2$，

若 x_{n+1} 是对总体 X 的又一次独立抽样，试证明 $t = \frac{x_{n+1} - \bar{x}}{s}\sqrt{\frac{n}{n+1}} \sim t(n-1)$.

证明 因为 $\bar{x} \sim N\left(\mu, \frac{\sigma^2}{n}\right), x_{n+1} \sim N(\mu, \sigma^2)$，于是

$$x_{n+1} - \bar{x} \sim N\left(0, \sigma^2 + \frac{\sigma^2}{n}\right) = N\left(0, \frac{(n+1)}{n}\sigma^2\right)$$

或

$$\frac{x_{n+1} - \bar{x}}{\sigma\sqrt{\dfrac{n+1}{n}}} \sim N(0, 1).$$

而根据定理有 $\frac{n-1}{\sigma^2}s^2 \sim \chi^2(n-1)$，从而由 t 分布的定义知

$$\frac{\dfrac{x_{n+1} - \bar{x}}{\sigma\sqrt{(n+1)/n}}}{\sqrt{\dfrac{(n-1)s^2}{\sigma^2}/(n-1)}} \sim t(n-1), \text{即 } t = \frac{x_{n+1} - \bar{x}}{s}\sqrt{\frac{n}{n+1}} \sim t(n-1).$$

第七章
参数估计

一、点估计的几种方法

直接用来估计未知参数 θ 的统计量 $\hat{\theta} = \hat{\theta}(x_1, x_2, \cdots, x_n)$ 称为参数 θ 的点估计量,简称为点估计,人们可以运用各种方法构造出很多 θ 的估计,本节介绍两种最常用的点估计方法. 它们是:矩法和极大似然法.

1 ▶ 替换原理和矩法估计

用下面公式表示 $\hat{\theta}$ 的方法叫矩法:

$\hat{E}(x) = \bar{x}$,

$\hat{D}(x) = s_n^2$,

$\hat{p} = f_n(A)$,

$s_n^2 = \dfrac{1}{n} \sum\limits_{i=1}^{n} (x_i - \bar{x})^2$.

例 1　对某型号的 20 辆汽车记录每 5 L 汽油的行驶里程(km),观测数据如下:

29.8　27.6　28.3　27.9　30.1　28.7　29.9　28.0　27.9　28.7

28.4　27.2　29.5　28.5　28.0　30.0　29.1　29.8　29.6　26.9

这是一个容量为 20 的样本观测值,对应总体是该型号汽车每 5L 汽油的行驶里程,其分布形式尚不清楚,可用矩法估计其均值,方差,本例中经计算有

$$\bar{x} = 28.695, s_n^2 = 0.918\,5.$$

由此给出总体均值、方差的估计分别为 $\hat{E}(X) = \bar{x} = 28.695, \hat{D}(X) = s_n^2 = 0.918\,5$.

矩法估计的统计思想(替换原理)十分简单明确,众人都能接受,使用场合甚广.

例 2　设总体为指数分布,其密度函数为 $p(x, \lambda) = \lambda \cdot e^{-\lambda x}, x > 0, x_1, \cdots, x_n$ 是样本,由于 $E(X) = \dfrac{1}{\lambda}$,亦即 $\lambda = \dfrac{1}{E(X)}$,故 λ 的矩法估计为 $\hat{\lambda} = \dfrac{1}{\hat{E}(X)} = \dfrac{1}{\bar{x}}$.

例 3　设 $x_1, x_2 \cdots, x_n$ 是来自服从区间 $U(0, \theta)$ 上的均匀分布 $U(0, \theta)$ 的样本, $\theta > 0$ 为未知参数. 求 θ 的矩估计 $\hat{\theta}$.

解 易知总体 X 的均值为

$$E(X) = \frac{1}{2}(0 + \theta) = \frac{1}{2}\theta \Rightarrow \theta = 2E(X).$$

由矩法 θ 的矩估计为 $\hat{\theta} = 2\hat{E}(X) = 2\bar{x}.$

比如,若样本值为 $0.1, 0.7, 0.2, 1, 1.9, 1.3, 1.8$,则 $\hat{\theta}$ 的估计值为

$$\hat{\theta} = 2 \times \frac{1}{7}(0.1 + 0.7 + 0.2 + 1 + 1.9 + 1.3 + 1.8) = 2.$$

例 4 在一批产品取样 n 件,发现其中有 m 件次品,试用此样本求该批产品的次品率 p 的矩估计.

解 因为 $\hat{p} = f_n(A)$,所以 $\hat{p} = \dfrac{m}{n}.$

例如抽样总数 $n = 100$,其中次品数 $m = 5$,则

$$\hat{p} = \frac{m}{n} = \frac{5}{100} = 0.05.$$

例 5 电话总机在一分间隔内接到呼唤次数 $X \sim P(\lambda)$. 观察一分种接到呼唤次数共观察 40 次,结果如下:

接到呼唤次数	0	1	2	3	4	5
观察次数	5	10	12	8	3	2

求未知参数 λ 的矩估计 $\hat{\lambda}$.

解 (1) 因为 $X \sim P(\lambda)$,

所以 $E(X) = \lambda.$

由矩法 $\hat{E}(X) = \bar{x}$,得 $\hat{\lambda} = \bar{x}.$

(2) 计算 $\bar{x} = \dfrac{1}{40}(0 \times 5 + 1 \times 10 + 2 \times 12 + 3 \times 8 + 4 \times 3 + 5 \times 2) = 2,$

则 $\hat{\lambda} = 2.$

2 ▪ 极大似然估计

为了叙述极大似然原理的直观想法,先看例 6.

例 6 设有外表完全相同的两个箱子,甲箱中有 99 个白球和 1 个黑球,乙箱中有 99 个黑球和 1 个白球,现随机地抽取一箱,并从中随机抽取一球,结果取得白球,问这球是从哪一个箱子中取出的?

解 不管是哪一个箱子,从箱子中任取一球都有两个可能的结果:A 表示取出白球,B 表示取出黑球,如果我们取出的是甲箱,则 A 发生的概率为 0.99,而如果取出的是乙箱,则 A 发生的概率为 0.01,现在一次试验中结果 A 发生了,人们的第一印象就是:"此白球(A)最像从甲箱取出的",或者是说,应该认为试验条件对事件 A 出现有利,从而可以推断这球是从甲箱中取出的,这个推断很符合人们的经验事实,这里"最像"就是"极大似然"之意.

本例中假设的数据很极端,一般地,我们可以这样设想,在两个箱子中各有 100 个球,甲箱中白球的比例是 p_1,乙箱中白球的比例是 p_2,已知 $p_1 > p_2$. 现随机地抽取一个箱子并从中抽

取一球,假定取到的是白球,如果我们要在两个箱子中进行选择,由于甲箱中白球的比例高于乙箱,根据极大似然原理,我们应该推断该球来自甲箱.

下面分别给出离散型随机变量和连续型随机变量的极大似然估计求未知参数的估计的步骤.

(一)离散型随机变量

第一步,从总体 X 取出样本 $x_1, x_2, \cdots, x_n$;

第二步,构造似然函数

$L(x_1, x_2 \cdots x_n, \theta) = P\{X = x_1\} P\{X = x_2\} \cdots P\{X = x_n\}$;

第三步,计算 $\ln L(x_1, x_2 \cdots x_n, \theta)$ 并化简;

第四步,当 $\theta = \theta_0$ 时,$\ln L(x_1, x_2 \cdots x_n, \theta)$ 取最大值,则取 $\hat{\theta} = \theta_0$.

常用方法是微积分求最值的方法.

(二)连续型随机变量

若 $X \sim f(x, \theta)$,

第一步,从总体 X 取出样本 $x_1, x_2, \cdots, x_n$;

第二步,构造似然函数

$$L(x_1, x_2 \cdots x_n, \theta) = f(x_1, \theta) f(x_2, \theta) \cdots f(x_n, \theta);$$

第三步,计算 $\ln L(x_1, x_2 \cdots x_n, \theta)$ 并化简;

第四步,当 $\theta = \theta_0$ 时,$\ln L(x_1, x_2 \cdots x_n, \theta)$ 取最大值,则取 $\hat{\theta} = \theta_0$.

常用方法是微积分求最值的方法.

例 7 设总体 $X \sim B(1, p)$,即 $X = \begin{cases} 1, & \text{若 } A \text{ 发生,} \\ 0, & \text{若 } A \text{ 不发生,} \end{cases}$ 设 $P(A) = p$,从总体 X 中抽样 x_1,

$x_2, \cdots, x_n$,问利用极大似然法求 $\hat{p}$.

解 当 $X \sim B(1, p)$ 时,应有 $P\{X = x_i\} = p^{x_i} (1-p)^{1-x_i}$,

则 $P\{X = 1\} = p, P\{X = 0\} = 1 - p$.

第一步,构造似然函数

$$\begin{aligned} L(x_1, x_2 \cdots x_n, p) &= P\{X = x_1\} P\{X = x_2\} \cdots P\{X = x_n\} \\ &= [p^{x_1} (1-p)^{1-x_1}][p^{x_2} (1-p)^{1-x_2}] \cdots [p^{x_n} (1-p)^{1-x_n}] \\ &= p^{(x_1 + x_2 + \cdots + x_n)} (1-p)^{n-(x_1 + x_2 + \cdots + x_n)}; \end{aligned}$$

第二步,计算 $\ln L(x_1, x_2 \cdots x_n, p)$ 并化简,得

$\ln L(x_1, x_2, \cdots, x_n, p) = (x_1 + x_2 + \cdots + x_n) \ln p + [n - (x_1 + x_2 + \cdots + x_n)] \ln (1-p)$;

第三步,求 $\dfrac{\mathrm{d}}{\mathrm{d}p} \ln L(x_1, x_2, \cdots, x_n, p)$,即

$$\frac{\mathrm{d}}{\mathrm{d}p} \ln L(x_1, x_2, \cdots, x_n, p) = \frac{x_1 + x_2 + \cdots + x_n}{p} - \frac{n - (x_1 + x_2 + \cdots + x_n)}{1-p}.$$

则驻点为 $\dfrac{x_1 + x_2 + \cdots + x_n}{p} = \dfrac{n - (x_1 + x_2 + \cdots + x_n)}{1-p}$,

化简为 $(x_1 + x_2 + \cdots + x_n)(1-p) = p[n - (x_1 + x_2 + \cdots + x_n)]$,

即 $(x_1 + x_2 + \cdots + x_n) = np$,

驻点 $p = \dfrac{1}{n}(x_1 + x_2 + \cdots + x_n) = \overline{x}$.

因为只有一个驻点,所以 $p = \overline{x}$ 是最大点,

故取 $\hat{p} = \overline{x}$.

例抽样 n 次,A 发生 m 次,则在 $x_1, x_2, \cdots, x_n$ 中有 m 个 1,其余为 0,

因此 $\hat{p} = \dfrac{m}{n}$.

例 8 (1) 设总体 X 服从泊松分布 $P(\lambda)$,求 λ 的极大似然估计;(2) 设总体 X 服从指数分布 $E(\lambda)$,求 λ 的极大似然估计.

解 (1) 因为 $X \sim P(\lambda)$,即 $P\{X = k\} = \dfrac{\lambda^k}{k!} \mathrm{e}^{-\lambda}$,

从总体 X 中取样本 $x_1, x_2, \cdots, x_n$,则

$$L(\lambda) = \prod_{i=1}^{n} p(x_i, \lambda) = \prod_{i=1}^{n} P\{X = x_i\}$$

$$= \prod_{i=1}^{n} \frac{\lambda^{x_i}}{x_i!} \mathrm{e}^{-\lambda} = \frac{\lambda^{\sum x_i}}{x_1! x_2! \cdots x_n!} \mathrm{e}^{-n\lambda},$$

$$\ln L(\lambda) = \left(\sum x_i\right) \ln \lambda - n\lambda - \ln(x_1! x_2! \cdots x_n!),$$

$$\frac{\mathrm{d}\ln L(\lambda)}{\mathrm{d}\lambda} = \frac{\sum x_i}{\lambda} - n = 0.$$

则驻点 $\lambda = \dfrac{\sum x_i}{n} = \overline{x}$.

解得 λ 的极大似然估计为

$$\hat{\lambda} = \frac{1}{n} \sum_{i=1}^{n} x_i = \overline{x}.$$

易知 λ 的矩估计亦为 $\overline{x}$.

(2) 由于 $X \sim E(\lambda)$,

则 $x \sim f(x) = \begin{cases} \lambda \mathrm{e}^{-\lambda x}, & x \geqslant 0, \\ 0, & x < 0. \end{cases}$

第一步,从中取样本值 $x_1, x_2, \cdots, x_n$,应有 $x_1 > 0, x_2 > 0, \cdots, x_n > 0$,

则似然函数

$L(x_1, x_2, \cdots, x_n) = f(x_1) f(x_2) \cdots f(x_n) = (\lambda \mathrm{e}^{-\lambda x_1})(\lambda \mathrm{e}^{-\lambda x_2}) \cdots (\lambda \mathrm{e}^{-\lambda x_n}) = \lambda^n \mathrm{e}^{-\lambda(x_1 + x_2 + \cdots + x_n)}$;

第二步,计算 $\ln L(x_1, x_2, \cdots, x_n) = n\ln \lambda - \lambda(x_1 + x_2 + \cdots + x_n)$;

第三步,求 $\dfrac{\mathrm{d}}{\mathrm{d}\lambda} \ln L(x_1, x_2, \cdots, x_n) = \dfrac{n}{\lambda} - (x_1 + x_2 + \cdots + x_n)$.

因此,驻点 $\lambda = \dfrac{n}{x_1 + x_2 + \cdots + x_n} = \dfrac{1}{\overline{x}}$ 是最大点,

故取 $\hat{\lambda} = \dfrac{1}{\overline{x}}$.

在例 2 中用矩法估计也是同样结果 $\hat{\lambda} = \dfrac{1}{\overline{x}}$.

例9 设 $x \sim U(0,\theta)$，即 $x \sim f(x) = \begin{cases} \dfrac{1}{\theta}, & 0 \leqslant x \leqslant \theta, \\ 0, & \text{其他}, \end{cases}$ 从中取样 $x_1, x_2, \cdots, x_n$，试用极

大似然法求 $\hat{\theta}$.

解 因为样本 $x_1, x_2, \cdots, x_n$ 已经取出，

所以应有 $0 \leqslant x_1 \leqslant \theta, 0 \leqslant x_2 \leqslant \theta, \cdots, 0 \leqslant x_n \leqslant \theta$，

故 θ 的取值范围为 $\max \{x_1, x_2, \cdots, x_n\} \leqslant \theta \leqslant +\infty$.

第一步，构造似然函数

$$L(x_1, x_2, \cdots, x_n) = p(x_1)p(x_2)\cdots p(x_n) = \frac{1}{\theta} \cdot \frac{1}{\theta} \cdot \cdots \cdot \frac{1}{\theta} = \frac{1}{\theta^n}.$$

由于 $\theta > 0$，很明显，似然函数 $L(x_1, x_2, \cdots, x_n, \theta)$ 是 θ 的单调减函数，因此当 θ 最小时，似然函数 $L(x_1, x_2 \cdots x_n)$ 最大，由条件 $\max \{x_1, x_2, \cdots, x_n\} \leqslant \theta \leqslant +\infty$ 知，θ 的最小值为

$\theta = \max \{x_1, x_2, \cdots, x_n\}$.

所以，$\theta = \max \{x_1, x_2, \cdots, x_n\}$ 时 $L(x_1, x_2, \cdots, x_n, \theta)$ 最大，取 $\hat{\theta} = \max \{x_1, x_2, \cdots, x_n\}$.

这一结果与用矩法估计（例3）的结果 $\hat{\theta} = 2\bar{x}$ 不同.

例10 若 $X \sim N(\mu, \sigma^2)$，从中抽样 $x_1, x_2, \cdots, x_n$，试用极大似然估计法求：$\hat{\mu}, \sigma^2$.

解 X 的似然函数 $L(x_1, x_2, \cdots, x_n) = f(x_1)f(x_2)\cdots f(x_n)$，

$$L(\mu, \sigma^2) = \prod_{i=1}^{n} \frac{1}{\sqrt{2\pi}\sigma} \exp\left\{-\frac{(x_i - \mu)^2}{2\sigma^2}\right\} = (2\pi\sigma^2)^{-\frac{n}{2}} \exp\left\{-\frac{1}{2\sigma^2} \sum_{i=1}^{n} (x_i - \mu)^2\right\},$$

$$\ln L(\mu, \sigma^2) = -\frac{1}{2\sigma^2} \sum_{i=1}^{n} (x_i - \mu)^2 - \frac{n}{2}\ln \sigma^2 - \frac{n}{2}\ln (2\pi).$$

将 $\ln L(\mu, \sigma^2)$ 分别关于两个分量求偏导并令其为 0，即得到似然方程组：

$$\begin{cases} \dfrac{\partial \ln L(\mu, \sigma^2)}{\partial u} = \dfrac{1}{\sigma^2} \sum_{i=1}^{n} (x_i - \mu) = 0 & (1) \\ \dfrac{\partial \ln L(\mu, \sigma^2)}{\partial \sigma^2} = \dfrac{1}{2\sigma^4} \sum_{i=1}^{n} (x_i - \mu)^2 - \dfrac{n}{2\sigma^2} = 0 & (2) \end{cases}$$

解此方程组，由（1）式可得驻点 $\mu = \bar{x}$，μ 的极大似然估计为 $\hat{\mu} = \dfrac{1}{n} \sum_{i=1}^{n} x_i = \bar{x}$.

将之代入（2）给出 σ^2 的极大似然估计为

$$\hat{\sigma}^2 = \frac{1}{n} \sum_{i=1}^{n} (x_i - \bar{x})^2 = s_n^2.$$

二、点估计的评价标准

我们已经看到，点估计有各种不同的求法，为了在不同的点估计间进行比较选择，就必须对各种点估计的好坏给出评价标准.

数理统计中给出了众多的估计量评价标准，对同一估计量使用不同的评价标准可能会得

到完全不同的结论,因此,在评价某一个估计好坏时,首先要说明是在哪一个标准下,否则所论好坏毫无意义.

但在诸多标准中,有一个基本标准是所有的估计都应该满足的,它是衡量一个估计是否可行的必要条件,这就是估计的相合性,我们就从相合性开始介绍.

1 ⚏ 相合性

我们知道,点估计是一个统计量,因此它是一个随机变量,在样本量一定的条件下,我们不可能要求完全等同于参数的真实取值,但如果我们有足够的观测值,随着样本量的不断增大,经验分布函数逼近真实分布函数,因此完全可以要求估计量随着样本量的不断增大而逼近参数真值,这就是相合性,严格定义如下.

定义 1 设 $\theta \subset \Theta$ 为未知参数,$\hat{\theta}_n = \hat{\theta}_n(x_1, x_2 \cdots, x_n)$ 是 θ 的一个估计量,n 是样本容量,若对任何 $\varepsilon > 0$,有 $\lim\limits_{n \to \infty} P\{|\hat{\theta}_n - \theta| > \varepsilon\} = 0$,则称 $\hat{\theta}_n$ 为参数 θ 的相合估计.

相合性被认为是对估计的一个最基本要求,如果一个估计量,在样本量不断增大时,它都不能把被估参数估计到任意指定的精度,那么这个估计是很值得怀疑的.通常,不满足相合性要求的估计一般不予考虑,证明估计的相合性一般可应用大数定律或直接由定义来证.

例 11 用大数定律证明 $\hat{\mu} = \bar{x}$ 是 μ 的相合估计.

证明 由切比雪夫大数定律,

$$\lim_{n \to \infty} P\left\{\left|\frac{1}{n}\sum x_i - \mu\right| < \varepsilon\right\} = 1,$$

则

$$\lim_{n \to \infty} P\left\{\left|\frac{1}{n}\sum x_i - \mu\right| \geqslant \varepsilon\right\} = 0,$$

即

$$\lim_{n \to \infty} P\{|\bar{x} - \mu| \geqslant \varepsilon\} = 0.$$

因此,$\hat{\mu} = \bar{x}$ 是 μ 的相合估计.

为了避免用定义判断相合性的困难,下面介绍一个判断相合性很有用的定理.

定理 设 $\hat{\theta}_n = \hat{\theta}_n(x_1, x_2, \cdots, x_n)$ 是 θ 的估计量,若(1) $\lim\limits_{n \to \infty} E(\hat{\theta}_n) = \theta$,(2) $\lim\limits_{n \to \infty} D(\hat{\theta}_n) = 0$,则 $\hat{\theta}_n$ 是 θ 的相合估计.

例 12 证明 $\hat{\sigma}^2 = s^2$ 是 σ^2 的相合估计.

证明 在前面我们已经证明:

$E(s^2) = \sigma^2$,

$D(s^2) = D\left[\frac{1}{n-1}\sum(x_i - \bar{x})^2\right] = \frac{1}{(n-1)^2} \cdot D\left[\sum_{i=1}^{n}(x_i - \bar{x})^2\right] \to 0(n \to \infty)$,

故 $\hat{\sigma}^2 = s^2$ 是 σ^2 的相合估计.

2 ⚏ 无偏性

相合性是大样本下估计量的评价标准,对小样本而言,需要一些其他的评价标准,无偏性便是一个常用的评价标准.

设 $\hat{\theta}_n = \hat{\theta}_n(x_1, x_2, \cdots, x_n)$ 是 θ 的一个估计,θ 的参数空间为 Θ,若对任意的 $\theta \subset \Theta$,有 $E(\hat{\theta})$

$= \theta$,则称$\hat{\theta}$是θ的无偏估计,否则称为有偏估计.

例 13　对任一总体而言,样本均值是总体均值的无偏估计,当总体k阶矩存在时,样本k阶原点矩A_k是总体k阶原点矩μ_k的无偏估计,但对k阶中心矩则不一样.例如,二阶样本中心矩s_n^2就不是总体方差σ^2的无偏估计,事实上,$E(s_n^2) = \dfrac{n-1}{n}\sigma^2$.

对此,有如下两点说明:

(1) 当样本量趋于无究时,有$E(s_n^2) = \sigma^2$,我们称s_n^2为σ^2的渐近无偏估计,这表明当样本量较大时,s_n^2可近似看作σ^2的无偏估计.

(2) 若对s_n^2作如下修正:$s^2 = \dfrac{1}{n-1}\sum_{i=1}^{n}(x_i - \bar{x})^2$,则$s^2$是总体方差的无偏估计,这种简单的修正方法在一些场合常被采用,s^2它比s_n^2更常用,这是因为在$n \geqslant 2$时,$s_n^2 < s^2$,因此用s_n^2估计σ^2有偏小的倾向,特别在小样本场合要使用s^2估计σ^2.

无偏性不具有不变性.即若$\hat{\theta}$是θ的无偏估计,一般而言,$g(\hat{\theta})$不是$g(\theta)$的无偏估计,除非$g(\theta)$是θ的线性函数,例如,s^2是σ^2的无偏估计,但s不是σ的无偏估计.

例 14　证明$\hat{\mu} = a_1 x_1 + a_2 x_2 + \cdots + a_n x_n$是$\mu$的无偏估计.
$\Leftrightarrow a_1 + a_2 + \cdots + a_n = 1$,其中$x_1, x_2, \cdots, x_n$是$X$的样本.

证明　
$$\begin{aligned}
E(\hat{\mu}) &= E(a_1 x_1 + a_2 x_2 + \cdots + a_n x_n) \\
&= a_1 E(x_1) + a_2 E(x_2) + \cdots + a_n E(x_n) \\
&= a_1 E(x) + a_2 E(x) + \cdots + a_n E(x) \\
&= (a_1 + a_2 + \cdots + a_n) E(x) \\
&= (a_1 + a_2 + \cdots + a_n)\mu,
\end{aligned}$$

从而$E(\hat{\mu}) = u \Leftrightarrow a_1 + a_2 + \cdots + a_n = 1$.

特别情形,$\hat{\mu} = \bar{x}$是μ的无偏估计.

例 15　证明$\hat{\sigma}^2 = s^2$是σ^2的无偏估计.

证明　因为$\sum_{n=1}^{n}(x_i - \bar{x})^2 = \sum_{1}^{n} x_i^2 - n\bar{x}^2$,

所以
$$\begin{aligned}
E\left[\sum_{i=1}^{n}(x_i - \bar{x})^2\right] &= E\left(\sum_{i=1}^{n} x_i^2 - n\bar{x}^2\right) \\
&= \sum_{i=1}^{n} E(x_i^2) - nE(\bar{x}^2) \\
&= \sum_{i=1}^{n}(\sigma^2 + \mu^2) - n\left[D(\bar{x}) + (E\bar{x})^2\right] \\
&= (n\sigma^2 + n\mu^2) - n\left(\frac{1}{n}\sigma^2 + \mu^2\right) = (n-1)\sigma^2,
\end{aligned}$$

故$E(s^2) = E\left[\dfrac{1}{n-1}\sum(x_i - \bar{x})^2\right] = \dfrac{1}{n-1} \cdot (n-1)\sigma^2 = \sigma^2$.

3 ▪ 有效性

参数的无偏估计可以有很多,那么如何在无偏估计中进行选择?直观的想法是希望该估计围绕参数真值的波动越小越好,波动的大小可以用方差来衡量,因此人们常用无偏估计的方差的大小作为度量无偏估计优劣的标准,这就是有效性.

定义 2 设 $\hat{\theta}_1,\hat{\theta}_2$ 是 θ 的两个无偏估计,如果对任意 $\theta \subset \Theta$,有 $D(\hat{\theta}_1) < D(\hat{\theta}_2)$,则称 $\hat{\theta}_1$ 比 $\hat{\theta}_2$ 有效.

例 16 设 $x_1,x_2,\cdots,x_n$ 是取自某总体的样本,记总体均值为 μ,总体方差为 σ^2,则 $\hat{\mu}_1 = x_1,\hat{\mu}_2 = \bar{x}$ 都是 μ 的无偏估计,但 $D(\hat{\mu}_1) = \sigma^2$,$D(\hat{\mu}_2) = \dfrac{\sigma^2}{n}$. 显然,只要 $n > 1$,$\hat{\theta}_2$ 比 $\hat{\theta}_1$ 有效,这表明,用全部数据的平均估计总体均值要比只使用部分数据更有效.

例 17 比较 $\hat{\mu}_1 = \dfrac{1}{2}x_1 + \dfrac{1}{2}x_2$ 与 $\hat{\mu}_2 = \dfrac{1}{3}x_1 + \dfrac{2}{3}x_2$ 谁有效.

解 $E(\hat{\mu}_1) = E\left(\dfrac{1}{2}x_1 + \dfrac{1}{2}x_2\right) = \dfrac{1}{2}E(x_1) + \dfrac{1}{2}E(x_2) = \dfrac{1}{2}\mu + \dfrac{1}{2}\mu = \mu,$

$E(\hat{\mu}_2) = E\left(\dfrac{1}{3}x_1 + \dfrac{2}{3}x_2\right) = \dfrac{1}{3}E(x_1) + \dfrac{2}{3}E(x_2) = \dfrac{1}{3}\mu + \dfrac{2}{3}\mu = \mu,$

故 $\hat{\mu}_1$ 与 $\hat{\mu}_2$ 都是 μ 的无偏估计.

$$D(\hat{\mu}_1) = D\left(\dfrac{1}{2}x_1 + \dfrac{1}{2}x_2\right) = D\left(\dfrac{1}{2}x_1\right) + D\left(\dfrac{1}{2}x_2\right)$$

$$= \dfrac{1}{4}D(x_1) + \dfrac{1}{4}D(x_2) = \dfrac{1}{4}\sigma^2 + \dfrac{1}{4}\sigma^2 = \dfrac{2}{4}\sigma^2 = \dfrac{1}{2}\sigma^2,$$

$$D(\hat{\mu}_2) = D\left(\dfrac{1}{3}x_1 + \dfrac{2}{3}x_2\right) = D\left(\dfrac{1}{3}x_1\right) + D\left(\dfrac{2}{3}x_2\right)$$

$$= \dfrac{1}{9}D(x_1) + \dfrac{4}{9}D(x_2) = \dfrac{1}{9}\sigma^2 + \dfrac{4}{9}\sigma^2 = \dfrac{5}{9}\sigma^2,$$

由于 $D(\hat{\mu}_1) < D(\hat{\mu}_2)$,则 $\hat{\mu}_1$ 比 $\hat{\mu}_2$ 有效.

例 18 设 $x \sim U(\theta,2\theta)$,从总体中取样 $x_1,x_2,\cdots,x_n$,证明 $\hat{\theta} = \dfrac{2}{3}\bar{x}$ 是 θ 的无偏估计和相合估计.

证明 由于 $E(x) = \dfrac{\theta + 2\theta}{2} = \dfrac{3}{2}\theta$,则 $\theta = \dfrac{2}{3}\mu$.

即 $\mu = \dfrac{3}{2}\theta$.

$$E(\hat{\theta}) = E\left(\dfrac{2}{3}\bar{x}\right) = \dfrac{2}{3}E(\bar{x}) = \dfrac{2}{3}E(x) = \dfrac{2}{3} \cdot \dfrac{3}{2}\theta = \theta,$$

故 $\hat{\theta} = \dfrac{2}{3}\bar{x}$ 是 θ 的无偏估计.

又 $$D(\hat{\theta}) = D\left(\dfrac{2}{3}\bar{x}\right) = \dfrac{4}{9}D(\bar{x}) = \dfrac{4}{9} \cdot \dfrac{1}{n}D(x)$$

$$= \dfrac{4}{9n} \cdot \dfrac{1}{12}\theta^2 = \dfrac{1}{27n}\theta^2 \to 0(n \to \infty),$$

因此,$\hat{\theta} = \dfrac{2}{3}\bar{x}$ 是 θ 的相合估计.

三、参数的区间估计

用点估计去估计总体的参数,即使是无偏且有效的,也会由于样本的随机性,使得从一个样本 $x_1,x_2,\cdots,x_n$ 算得的估计值不一定是被估计的参数的真实值,而且估计值的可靠性并不知道,这是一个重大的问题,因此,必须解决根据估计量的分布,在一定可靠性的程度下指出被估计的总体参数的取值范围,这正是本节要介绍的参数的区间估计问题.

1 ▶ 置信区间概念

为了引入置信区间的概念,请看下面的引例.

引例　设某种绝缘子抗扭强度 X 服从正态分布 $N(\mu,\sigma^2)$,其中 μ 未知,σ^2 已知($\sigma=45$),试对总体均值 μ 作区间估计.

对于区间估计,要选择一个合适的统计量,若在该总体取一个容量为 n 的样本 $x_1,x_2,\cdots,x_n$,样本均值为 $\bar{x}$ 即为 μ 的点估计,然而我们要给出 μ 的一个区间估计,以体现出估计的误差. 我们知道 $\bar{x}\sim N\left(\mu,\dfrac{\sigma^2}{n}\right)$. 在区间估计问题中,要选取一个合适的估计函数. 这时,可取 $u=\dfrac{\bar{x}-\mu}{\sigma}\sqrt{n}$,它是 $\bar{x}$ 的标准化随机变量,且具备下面两个特点:

(1)u 中包含所要估计的未知参数 μ(其中 σ 已知);

(2)u 的分布为 $N(0,1)$,它与未知参数 μ 无关.

根据 $u\sim N(0,1)$ 的概率密度 $\phi(x)$ 的对称性(见图),可得 $P\{|u|>u_{\frac{\alpha}{2}}\}=\alpha.(0<\alpha<1)$

当 $\alpha=0.05$ 时,$1-\alpha=0.95$,$u_{\frac{\alpha}{2}}=1.96$,将不等式 $|u|\leqslant u_{\frac{\alpha}{2}}$ 转化为 $-u_{\frac{\alpha}{2}}\leqslant u\leqslant u_{\frac{\alpha}{2}}$,亦即 $\bar{x}-u_{\frac{\alpha}{2}}\dfrac{\sigma}{\sqrt{n}}\leqslant\mu\leqslant\bar{x}+u_{\frac{\alpha}{2}}\dfrac{\sigma}{\sqrt{n}}$,因此有

$$P\left\{\bar{x}-u_{\frac{\alpha}{2}}\frac{\sigma}{\sqrt{n}}\leqslant\mu\leqslant\bar{x}+u_{\frac{\alpha}{2}}\frac{\sigma}{\sqrt{n}}\right\}=1-\alpha.$$

当 $\alpha=0.05$ 时,$u_{\frac{\alpha}{2}}=u_{0.025}=1.96$,

$$P\left\{\bar{x}-1.96\frac{\sigma}{\sqrt{n}}\leqslant\mu\leqslant\bar{x}+1.96\frac{\sigma}{\sqrt{n}}\right\}=0.95.$$

说明未知参数 μ 包含在区间中 $\left[\bar{x}-1.96\dfrac{\sigma}{\sqrt{n}},\bar{x}+1.96\dfrac{\sigma}{\sqrt{n}}\right]$ 的概率是 95%,这里,不仅给出了 μ 的区间估计,还给出了这一区间估计的置信度(或置信概率). 事实上,当置信度为 $1-\alpha$ 时,区间估计为 $\left[\bar{x}-u_{\frac{\alpha}{2}}\dfrac{\sigma}{\sqrt{n}},\bar{x}+u_{\frac{\alpha}{2}}\dfrac{\sigma}{\sqrt{n}}\right]$.

在引例中,若 $\bar{x}=160$,$\sigma=40$,$n=16$,则有

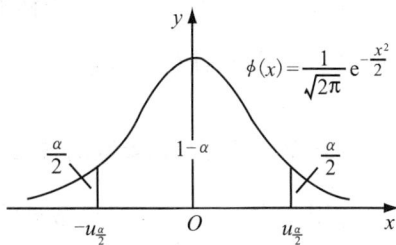

$$\bar{x} - 1.96\frac{\sigma}{\sqrt{n}} = 160 - 1.96 \times \frac{40}{\sqrt{16}} = 140.4,$$

$$\bar{x} + 1.96\frac{\sigma}{\sqrt{n}} = 160 + 1.96 \times \frac{40}{\sqrt{16}} = 179.6,$$

故 $P\{140.4 < \mu < 179.6\} = 0.95.$

说明该绝缘子抗扭强度 X 的期望 μ 在 $(140.4, 179.6)$ 内的可靠度为 $0.95.$

下面,引出置信区间的概念.

定义 3 设 θ 为总体的未知参数 $\hat{\theta}_1 = \hat{\theta}_1(x_1, x_2, \cdots, x_n), \hat{\theta}_2 = \hat{\theta}_2(x_1, x_2, \cdots, x_n)$ 是由样本 $x_1, x_2, \cdots, x_n$ 定出的两个统计量,若对于给定的概率 $1 - \alpha(0 < \alpha < 1)$,有 $P\{\hat{\theta}_1 \leqslant \theta \leqslant \hat{\theta}_2\} = 1 - \alpha$,则随机区间 $[\hat{\theta}_1, \hat{\theta}_2]$ 称为参数 θ 的置信度为 $1 - \alpha$ 的置信区间,$\hat{\theta}_1 = \hat{\theta}_1(x_1, x_2, \cdots, x_n)$,为置信下限,$\hat{\theta}_2 = \hat{\theta}_2(x_1, x_2, \cdots, x_n)$ 称为置信上限.

置信区间的意义可作如下解释:θ 被包含在随机区间 $[\hat{\theta}_1, \hat{\theta}_2]$ 中的概率为 $100(1-\alpha)\%$;或者说,随机区间 $[\hat{\theta}_1, \hat{\theta}_2]$,以 $100(1-\alpha)\%$ 的概率包含 $\theta.$ 粗略地说,当 $\alpha = 0.05$ 时,在 100 次的抽样中,大致有 95 次 θ 被包含在 $[\hat{\theta}_1, \hat{\theta}_2]$ 中,而其余 5 次可能不在该区间中.

α 常取的数值为 $0.05, 0.01$,此时置信度 $1 - \alpha$ 分别为 $0.95, 0.99.$

置信区间的长度可视为区间估计的精度,下面分析置信度与精度的关系.

(1)当置信度 $1 - \alpha$ 增大,又样本容量 n 固定时,置信区间长度增大,即区间估计精度减低;当置信度 $1 - \alpha$ 减小,又样本容量 n 固定,置信区间长度减小,即区间估计精度提高.

(2)设置信度 $1 - \alpha$ 固定,当样本容量 n 增大时,置信区间减小(如引例中,置信区间长度为 $2u_{\frac{\alpha}{2}}\frac{\sigma}{\sqrt{n}}$),区间估计精度提高.

2 单个正态总体参数的置信区间

正态总体 $N(\mu, \sigma^2)$ 是最常见的分布,本小节中我们讨论它的两个参数的置信区间.

(1)σ 已知时 μ 的置信区间

设总体 X 服从正态分布 $N(\mu, \sigma^2)$,其中 σ^2 已知,而 μ 未知,求 μ 的置信度 $1 - \alpha$ 的置信区间.这一问题实际上已在引例中的讨论中解决,得到

$$P\left\{\bar{x} - u_{\frac{\alpha}{2}}\frac{\sigma}{\sqrt{n}} \leqslant \mu \leqslant \bar{x} + u_{\frac{\alpha}{2}}\frac{\sigma}{\sqrt{n}}\right\} = 1 - \alpha.$$

所以 μ 的置信度 $1 - \alpha$ 的置信区间为

$$\left[\bar{x} - u_{\frac{\alpha}{2}}\frac{\sigma}{\sqrt{n}}, \bar{x} + u_{\frac{\alpha}{2}}\frac{\sigma}{\sqrt{n}}\right].$$

当 $\alpha = 0.05, u_{\frac{\alpha}{2}} = 1.96$;当 $\alpha = 0.01, u_{\frac{\alpha}{2}} = 2.576.$

例 19 某车间生产滚珠,从长期实践知道,滚珠直径 X 服从正态分布.从某天产品里随机抽取 6 个,测得直径为(单位:mm):$14.6, 15.1, 14.9, 14.8, 15.2, 15.1.$

若总体方差 $\sigma^2 = 0.06$,求总体均值 μ 的置信区间(α 分别取 0.05 和 0.01).

解 $\bar{x} = 14.95, \alpha = 0.05$ 时,置信度为 95% 的置信区间为

$$\left[\overline{x}-u_{\frac{\alpha}{2}}\frac{\sigma}{\sqrt{n}},\overline{x}+u_{\frac{\alpha}{2}}\frac{\sigma}{\sqrt{n}}\right]=\left[14.95-1.96\frac{\sqrt{0.06}}{\sqrt{6}},14.95+1.96\frac{\sqrt{0.06}}{\sqrt{6}}\right]$$

$$\approx[14.75,15.21].$$

$\alpha=0.01$ 时,置信度为 99% 的置信区间为

$$\left[\overline{x}-2.576\frac{\sigma}{\sqrt{n}},\overline{x}+2.576\frac{\sigma}{\sqrt{n}}\right]\approx[14.69,15.21].$$

从此例知,在样本容量 n 固定时,当置信度 $1-\alpha$ 较大时,置信区间长度较大;当置信度 $1-\alpha$ 较小时,置信区间较小.

例 20 用天平称量某物体的质量 9 次,得平均值为 $\overline{x}=15.4(\mathrm{g})$,已知天平称量结果为正态分布,其标准差为 0.1 g,试求该物体质量的 0.95 置信区间.

解 此处 $1-\alpha=0.95,\alpha=0.05$,查表知 $u_{0.025}=1.96$,于是该物体质量 μ 的 0.95 的置信区间为

$$\overline{x}\pm u_{\frac{\alpha}{2}}\frac{\sigma}{\sqrt{n}}=15.4\pm1.96\times\frac{0.1}{9}=15.4\pm0.065\ 3,$$

从而该物体质量的 0.95 置信区间为 $[15.334\ 7,15.465\ 3]$.

例 21 设总体为正态分布 $N(\mu,1)$,为得到 μ 的置信水平为 0.95 的置信区间长度不超过 1.2,样本容量应为多大?

解 由题设条件知 μ 的 0.95 置信区间为 $\left[\overline{x}-\dfrac{u_{\frac{\alpha}{2}}}{\sqrt{n}},\overline{x}+\dfrac{u_{\frac{\alpha}{2}}}{\sqrt{n}}\right]$,

其区间长度为 $2\dfrac{u_{\frac{\alpha}{2}}}{\sqrt{n}}$,它仅依赖于样本容量 n 而与样本具体取值无关. 现要求 $2\dfrac{u_{\frac{\alpha}{2}}}{\sqrt{n}}\leqslant1.2$,

即有 $n\geqslant\dfrac{2}{1.2}u_{\frac{\alpha}{2}}^{2}$. 现 $1-\alpha=0.95$,故 $u_{\frac{\alpha}{2}}=1.96$,从而 $n\geqslant\left(\dfrac{5}{3}\right)^{2}\times1.96^{2}=10.67\approx11$. 即样本容量至少为 11 时,才能使得 μ 的置信水平为 0.95 的置信区间长度不超过 1.2.

(2)σ 未知时 μ 的置信区间

这时可用 t 统计量,因为 $t=\dfrac{\sqrt{n}(\overline{x}-\mu)}{s}\sim t(n-1)$,完全类似于上一小节.

由于 $t(n-1)$ 分布的概率密度 $f(x)$ 的对称性有(见下图):

$$P\{t>t_{\frac{\alpha}{2}}\}=\frac{\alpha}{2},$$

故 $P\{|t|>t_{\frac{\alpha}{2}}\}=\alpha,P\{|t|\leqslant t_{\frac{\alpha}{2}}\}=1-\alpha.$

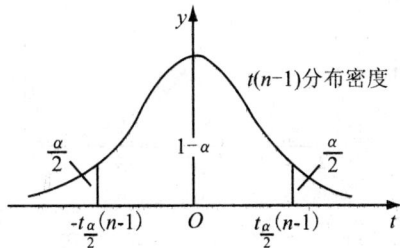

解得

$$P\{-t_{\frac{\alpha}{2}}(n-1)\leqslant t\leqslant t_{\frac{\alpha}{2}}(n-1)\}=1-\alpha,$$

$$P\left\{-t_{\frac{\alpha}{2}}(n-1) \leqslant \frac{\bar{x}-\mu}{s} \leqslant t_{\frac{\alpha}{2}}(n-1)\right\}=1-\alpha,$$

$$P\left\{\bar{x}-t_{\frac{\alpha}{2}}(n-1)\frac{s}{\sqrt{n}} \leqslant \mu \leqslant \bar{x}+t_{\frac{\alpha}{2}}(n-1)\frac{s}{\sqrt{n}}\right\}=1-\alpha,$$

其中 $s^2=\dfrac{1}{n-1}\sum\limits_{i=1}^{n}(x_i-\bar{x})^2$ 是 σ^2 的无偏估计.

例 22 假设轮胎的寿命服从正态分布. 为估计某种轮胎的平均寿命, 现随机地抽 12 只轮胎试用, 测得它们的寿命(单位:万千米) 如下:

4.68　4.85　4.32　4.85　4.61　5.02　5.20　4.60　4.58　4.72　4.38　4.70.

试求平均寿命的 0.95 置信区间.

解 此处正态总体标准差未知, 可使用 t 分布求均值的置信区间. 本例中经计算有 $\bar{x}=4.7092, s^2=0.0615$. 取 $\alpha=0.05$, 查表知 $t_{0.025}(11)=2.2010$, 于是平均寿命的 0.95 置信区间为(单位:万千米)

$$4.7092 \pm 2.2010 \cdot \frac{\sqrt{0.0615}}{\sqrt{12}}=[4.5516, 4.8668].$$

(3) σ^2 的置信区间

此时虽然也可以就 μ 是否已知分两种情况讨论 σ^2 的置信区间, 但在实际问题中 σ^2 未知时 μ 已知的情况是极为罕见的, 所以我们只在 μ 未知的条件下讨论 σ^2 的置信区间.

设 $x_1, x_2, \cdots, x_n$ 为来自总体 X 的样本, 样本方差 s^2 可作为 σ^2 的点估计. 由

$$\chi^2=\frac{(n-1)s^2}{\sigma^2} \sim \chi^2(n-1),$$

χ^2 中包含未知参数 σ^2, 又它的分布与 σ^2 无关, 以 χ^2 作为估计函数, 可用于 σ^2 的区间估计. 由于卡方分布是偏态分布, 寻找平均长度最短区间很难实现, 一般都改为寻找等尾置信区间:把 α 平分为两部分, 在卡方分布两侧各截面积为 $\dfrac{\alpha}{2}$ 的部分, 即采用 χ^2 的两个分位数 $\chi^2_{\frac{\alpha}{2}}(n-1)$ 和 $\chi^2_{1-\frac{\alpha}{2}}(n-1)$, 它们满足:

$$P\left\{\chi^2>\chi^2_{\frac{\alpha}{2}}(n-1)\right\}=\frac{\alpha}{2}, P\left\{\chi^2>\chi^2_{1-\frac{\alpha}{2}}(n-1)\right\}=1-\frac{\alpha}{2}. \text{(见下图)}$$

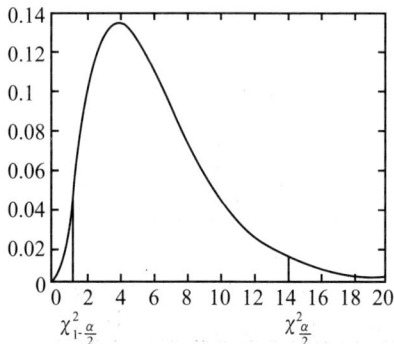

$$P\left\{\chi^2 \leqslant \chi^2_{1-\frac{\alpha}{2}}(n-1)\right\}=\frac{\alpha}{2},$$

$$P\left\{\chi^2_{1-\frac{\alpha}{2}}(n-1) \leqslant \chi^2 \leqslant \chi^2_{\frac{\alpha}{2}}(n-1)\right\}=1-\alpha,$$

$$P\left\{\chi^2_{1-\frac{\alpha}{2}}(n-1) \leqslant \frac{(n-1)s^2}{\sigma^2} \leqslant \chi^2_{\frac{\alpha}{2}}(n-1)\right\} = 1-\alpha,$$

故 $P\left\{\dfrac{1}{\chi^2_{\frac{\alpha}{2}}(n-1)}x^2 \leqslant \dfrac{\sigma^2}{(n-1)s^2} \leqslant \dfrac{1}{\chi^2_{1-\frac{\alpha}{2}}(n-1)}\right\} = 1-\alpha,$

即 $P\left\{\dfrac{(n-1)s^2}{\chi^2_{\frac{\alpha}{2}}(n-1)} \leqslant \sigma^2 \leqslant \dfrac{(n-1)s^2}{\chi^2_{1-\frac{\alpha}{2}}(n-1)}\right\} = 1-\alpha.$

将上式开方即可得标准差 σ 的置信区间.

例 23　某厂生产的零件质量 X 服从正态分布 $N(\mu,\sigma^2)$. 现从该厂生产的零件中抽取 9 个,测得其质量为(单位:g)

　　　　45.3　45.4　45.1　45.3　45.5　45.7　45.4　45.3　45.6

试求总体标准差 σ 的 0.95 置信区间.

解　由数据可算得 $s^2 = 0.032\,5$,$(n-1)s^2 = 8 \times 0.032\,5 = 0.26$,这里 $\alpha = 0.95$,查表知 $\chi^2_{1-\frac{\alpha}{2}}(8) = 2.179\,7$,$\chi^2_{\frac{\alpha}{2}}(8) = 17.534\,5$ 代入公式可得 σ^2 的 0.95 置信区间为

$$\left[\frac{0.26}{17.534\,5}, \frac{0.26}{2.179\,7}\right] = [0.014\,8, 0.119\,3].$$

从而 σ 的 0.95 置信区间为 $[0.121\,8, 0.345\,4]$.

以上关于正态总体参数的区间估计的讨论列表如下表所示.

正态总体参数的区间估计表

所估参数	条件	估计参数	置信区间
μ	σ^2 已知	$u = \dfrac{(\bar{x}-\mu)}{\sigma}\sqrt{n}$	$\left[\bar{x} - u_{\frac{\alpha}{2}}\dfrac{\sigma}{\sqrt{n}}, \bar{x} + u_{\frac{\alpha}{2}}\dfrac{\sigma}{\sqrt{n}}\right]$
	σ^2 未知	$t = \dfrac{(\bar{x}-\mu)}{s}\sqrt{n}$	$\left[\bar{x} - t_{\frac{\alpha}{2}}(n-1)\dfrac{s}{\sqrt{n}}, \bar{x} + t_{\frac{\alpha}{2}}(n-1)\dfrac{s}{\sqrt{n}}\right]$
σ^2	σ^2 未知	$\chi^2 = \dfrac{(n-1)s^2}{\sigma^2}$	$\left[\dfrac{(n-1)s^2}{\chi^2_{\frac{\alpha}{2}}(n-1)}, \dfrac{(n-1)s^2}{\chi^2_{1-\frac{\alpha}{2}}(n-1)}\right]$

（二）　　　　　　　　　　　　　　　　　　**强化练习七** ▶

1. 假设随机变量 X 在区间 $[a,b]$ 上均匀分布,试求区间端点 a 和 b 极大似然估计量.

解　先写出似然函数

$$L(\theta_1,\theta_2) = \begin{cases} \left[\dfrac{1}{\theta_2 - \theta_1}\right]^n, & 若 \theta_1 \leqslant X_{(1)} \leqslant X_{(n)} \leqslant \theta_2, \\ 0, & 其他. \end{cases}$$

本例似然函数不连续,不能用似然方程求解的方法,只有回到极大似然估计的原始定义,注意到最大值只能发生在

$$\theta_1 \leqslant X_{(1)} \leqslant X_{(n)} \leqslant \theta_2 \qquad\qquad (*)$$

时;而欲 $L(X;\theta_1,\theta_2)$ 最大,只有使 $\theta_2 - \theta_1$ 最小,即使 $\hat{\theta}_2$ 尽可能小,$\hat{\theta}_1$ 尽可能大,但在式 $(*)$ 的约束下,只能取 $\hat{\theta}_1 = X_{(1)}$,$\hat{\theta}_2 = X_{(n)}$.

2. 使用一测量仪器对同一量进行 12 次测量，其结果为（单位：cm）：

$$232.53,232.45,232.47,232.45,232.30,232.48,$$
$$232.30,232.50,232.48,232.05,232.45,232.15.$$

又设测量仪器无系统误差，试用矩估计法估计测量值的真值和方差.

解 这里，测量值的真值即测量值的数学期望 μ，而方差为 σ^2. 按矩估计法有

$$\begin{cases} \hat{\mu} = \dfrac{1}{12}\sum_{i=1}^{12} x_i = \overline{x} \\ \hat{\sigma}^2 = s_n^2 = \dfrac{1}{12}\sum_{i=1}^{12} x_i^2 - \overline{x}^2 \end{cases}$$

所以，$\hat{\mu},\hat{\sigma}^2$ 的观察值分别是

$$\overline{x} = \frac{1}{12}(232.53 + 232.45 + \cdots + 232.15) = 232.384,$$

$$s_n^2 = \frac{1}{12}(232.53^2 + 232.45^2 + \cdots + 232.15^2) - 232.384^2 = 0.021\ 17.$$

它们分别是 μ 和 σ^2 的估计值.

3. 设 $x_1,x_2,\cdots,x_n$ 为总体的一个样本，求下列总体的概率密度或分布律中的参数的矩估计量和极大似然估计量.

(1) $f(x) = \begin{cases} \lambda e^{-\lambda x}, & x > 0, \\ 0, & x \leqslant 0, \end{cases}$ 其中 $\lambda > 0$ 为未知参数；

(2) $f(x) = \begin{cases} \theta x^{\theta-1}, & 0 < x < 1, \\ 0, & 其他, \end{cases}$ 其中 $\theta > 0$ 为未知参数；

(3) $f(x) = \begin{cases} \dfrac{1}{\theta} e^{-(x-\mu)/\theta}, & x \geqslant \mu, \\ 0, & 其他, \end{cases}$ 其中 $\theta > 0, \theta, \mu$ 为未知参数；

(4) $P\{X = x\} = \dbinom{m}{x} p^x (1-p)^{m-x}, x = 0,1,2,\cdots,m, 0 < p < 1, p$ 为未知参数；

(5) $P\{X = x\} = \dfrac{\lambda^x}{x!} e^{-\lambda}, x = 0,1,2,\cdots,$ 其中 $\lambda > 0$ 为未知参数.

解 (1) 先求 λ 的矩估计量. 因为

$$\mu = E(X) = \int_{-\infty}^{+\infty} x f(x)\mathrm{d}x = \int_0^{+\infty} \lambda x e^{-\lambda x}\mathrm{d}x = \left[-xe^{-\lambda x} - \frac{1}{\lambda}e^{-\lambda x}\right]\Big|_0^{+\infty} = \frac{1}{\lambda},$$

而 μ 的矩估计量为

$$\hat{\mu} = \overline{x} = \frac{1}{n}\sum_{i=1}^{n} x_i,$$

于是，有

$$\frac{1}{\hat{\lambda}} = \overline{x},$$

所以

$$\hat{\lambda} = \frac{1}{\overline{x}}.$$

其次,求极大似然估计量. 因为似然函数为

$$L = \prod_{i=1}^{n} \lambda e^{-\lambda x_i} = \lambda^n e^{-\lambda \sum\limits_{i=1}^{n} x_i} \text{ 或 } \ln L = n \ln \lambda - \lambda \sum_{i=1}^{n} x_i,$$

令 $\dfrac{\mathrm{d}\ln L}{\mathrm{d}\lambda} = 0$,得

$$\frac{n}{\lambda} - \sum_{i=1}^{n} x_i = 0.$$

于是,有

$$\lambda = \frac{n}{\sum\limits_{i=1}^{n} x_i}, \text{ 即有 } \hat{\lambda} = \frac{n}{\sum\limits_{i=1}^{n} x_i} = \frac{1}{\bar{x}}.$$

(2) 先求 θ 的矩估计量. 因为

$$\mu = E(X) = \int_{-\infty}^{+\infty} x f(x) \mathrm{d}x = \int_{0}^{1} x \theta x^{\theta-1} \mathrm{d}x = \frac{\theta}{\theta+1} x^{\theta+1} \Big|_{0}^{1} = \frac{\theta}{\theta+1},$$

而 μ 的矩估计量为

$$\hat{\mu} = \bar{x} = \frac{1}{n} \sum_{i=1}^{n} x_i,$$

于是,有

$$\frac{\hat{\theta}}{\hat{\theta}+1} = \bar{x},$$

所以

$$\hat{\theta} = \frac{\bar{x}}{1-\bar{x}}.$$

其次,求极大似然估计量. 因为似然函数为

$$L = \prod_{i=1}^{n} \theta x_i^{\theta-1} = \theta^n \prod_{i=1}^{n} x_i^{\theta-1} \text{ 或 } \ln L = n \ln \theta + (\theta-1) \sum_{i=1}^{n} \ln x_i,$$

令 $\dfrac{\mathrm{d}\ln L}{\mathrm{d}\theta} = 0$,得

$$\frac{n}{\theta} + \sum_{i=1}^{n} \ln x_i = 0,$$

于是,有

$$\theta = - \frac{n}{\sum\limits_{i=1}^{n} \ln x_i}, \text{ 即有 } \hat{\theta} = - \frac{n}{\sum\limits_{i=1}^{n} \ln x_i}.$$

(3) 先求 θ, μ 的矩估计量. 因为

$$E(X) = \int_{-\infty}^{+\infty} x f(x) \mathrm{d}x = \int_{\mu}^{+\infty} \frac{1}{\theta} x e^{-(x-\mu)/\theta} \mathrm{d}x$$

$$= \left[-x e^{-(x-\mu)/\theta} - \theta e^{-(x-\mu)/\theta} \right] \Big|_{\mu}^{+\infty} = \mu + \theta,$$

$$E(X^2) = \int_{-\infty}^{+\infty} x^2 f(x) \mathrm{d}x = \int_{\mu}^{+\infty} \frac{1}{\theta} x^2 e^{-(x-\mu)/\theta} \mathrm{d}x$$

$$= \left[-x^2 \mathrm{e}^{-(x-\mu)/\theta} - 2\theta x \mathrm{e}^{-(x-\mu)/\theta} - 2\theta^2 \mathrm{e}^{-(x-\mu)/\theta} \right] \Big|_{\mu}^{+\infty} = \mu^2 + 2\theta\mu + 2\theta^2,$$

$$D(X) = E(X^2) - \left[E(X) \right]^2 = \theta^2,$$

于是，θ, μ 的矩估计量 $\hat{\theta}, \hat{\mu}$ 适合

$$\begin{cases} \hat{\theta} + \hat{\mu} = \bar{x}, \\ \hat{\theta}^2 = s_n^2, \end{cases} \quad 即 \begin{cases} \hat{\mu} = \bar{x} - s_n^2, \\ \hat{\theta} = s_n, \end{cases}$$

其中，$\bar{x} = \dfrac{1}{n} \sum\limits_{i=1}^{n} x_i, s_n^2 = \dfrac{1}{n} \sum\limits_{i=1}^{n} (x_i - \bar{x})^2$.

其次，求极大似然估计量. 因为似然函数为

$$L(x_1, x_2, \cdots, x_n) = \prod_{i=1}^{n} \frac{1}{\theta} \mathrm{e}^{-(x_i-\mu)/\theta} = \frac{1}{\theta^n} \mathrm{e}^{\frac{n\mu}{\theta}} \mathrm{e}^{\frac{1}{\theta} \sum\limits_{i=1}^{n} x_i} \quad 或 \quad \ln L = -n\ln\theta + \frac{n\mu}{\theta} - \frac{1}{\theta} \sum_{i=1}^{n} x_i,$$

它随 μ 的增加而增加，且对每一个 x_i，都有 $x_i \geqslant \mu$，即 $\mu \in (-\infty, \min\limits_{1 \leqslant i \leqslant n} \{x_i\}]$. 因此，当取 $\mu = \min\limits_{1 \leqslant i \leqslant n} \{x_i\}$ 时，似然函数才有可能达到最大. 为求 θ 的估计量，令 $\dfrac{\mathrm{d}\ln L}{\mathrm{d}\theta} = 0$，得

$$-n \frac{1}{\theta} - \frac{n\mu}{\theta^2} + \frac{1}{\theta^2} \sum_{i=1}^{n} x_i = 0 \quad 或 \quad \theta = \frac{1}{n} \sum_{i=1}^{n} x_i - \mu,$$

于是，有

$$\hat{\mu}_L = x_{(1)} = \min\{x_1, x_2, \cdots, x_n\}, \hat{\theta}_L = \bar{x} - x_{(1)}.$$

(4) 先求 p 的矩估计量. 因为 $X \sim B(m, p)$，有

$$\mu = E(X) = mp,$$

而 μ 的矩估计量为

$$\hat{\mu} = \bar{x} = \frac{1}{n} \sum_{i=1}^{n} x_i,$$

故有

$$m\hat{p} = \bar{x}, \quad 即 \quad \hat{p} = \frac{\bar{x}}{m}.$$

其次，求极大似然估计量. 因为似然函数为

$$L = \prod_{i=1}^{n} \binom{m}{x_i} p^{x_i} (1-p)^{m-x_i} = p^{\sum\limits_{i=1}^{n} x_i} (1-p)^{\sum\limits_{i=1}^{n} (m-x_i)} \prod_{i=1}^{n} \binom{m}{x_i}$$

或

$$\ln L = \left(\sum_{i=1}^{n} x_i \right) \ln p + \left[\sum_{i=1}^{n} (m-x_i) \right] \ln(1-p) + \sum_{i=1}^{n} \ln \binom{m}{x_i},$$

令 $\dfrac{\mathrm{d}\ln L}{\mathrm{d}p} = 0$，得

$$\frac{1}{p} \sum_{i=1}^{n} x_i - \frac{1}{1-p} \sum_{i=1}^{n} (m-x_i) = 0 \quad 或 \quad (1-p) \sum_{i=1}^{n} x_i - p \sum_{i=1}^{n} (m-x_i) = 0,$$

于是，有

$$p = \frac{\sum\limits_{i=1}^{n} x_i}{mn} = \frac{\bar{x}}{m}, \quad 即 \quad \hat{p}_L = \frac{\bar{x}}{m}.$$

（5）先求 λ 的矩估计量. 因为 $X \sim P(\lambda)$,有

$$\mu = E(X) = \lambda,$$

而 μ 的矩估计量为

$$\hat{\mu} = \bar{x} = \frac{1}{n}\sum_{i=1}^{n} x_i,$$

故有

$$\hat{\lambda} = \bar{x}.$$

其次,求极大似然估计量. 因为似然函数为

$$L = \prod_{i=1}^{n} \frac{\lambda^{x_i}}{x_i!} e^{-\lambda} = e^{-n\lambda}\prod_{i=1}^{n} \frac{\lambda^{x_i}}{x_i!}$$

或

$$\ln L = -n\lambda + \ln \lambda \cdot \sum_{i=1}^{n} x_i - \sum_{i=1}^{n} \ln(x_i!),$$

令 $\dfrac{\mathrm{d}\ln L}{\mathrm{d}\lambda} = 0$,得

$$-n + \frac{1}{\lambda}\sum_{i=1}^{n} x_i = 0,$$

于是,有

$$\lambda = \frac{\sum_{i=1}^{n} x_i}{n} = \bar{x},\text{即}\hat{\lambda}_L = \bar{x}.$$

4. 随机地取 8 只活塞环,测得它们的直径为（单位:mm）

74.001　74.005　74.003　74.001　74.000　73.998　74.006　74.002

求总体均值 μ 及方差 σ^2 的矩估计,并求样本方差 s^2.

解　μ,σ^2 的矩估计是 $\hat{\mu} = \bar{x} = 74.002,\hat{\sigma}^2 = \dfrac{1}{n}\sum_{i=1}^{n}(x_i - \bar{x})^2 = 6\times 10^{-6}$,

$$s^2 = 6.86\times 10^{-6}.$$

5. 设 $x_1,x_2,\cdots,x_n$ 为来自同一总体的一个样本. 求下列各总体的密度函数或分布律中的未知参数的矩估计量.

（1）$f(x) = \begin{cases} \theta c^{\theta} x^{-(\theta+1)}, & x > c, \\ 0, & \text{其他}, \end{cases}$　其中 $c > 0$ 为已知,$\theta > 1, \theta$ 为未知参数.

（2）$f(x) = \begin{cases} \sqrt{\theta} x^{\sqrt{\theta}-1}, & 0 \leqslant x \leqslant 1, \\ 0, & \text{其他}, \end{cases}$　其中 $\theta > 0, \theta$ 为未知参数.

（3）$P\{X = x\} = \dbinom{m}{x} p^x (1-p)^{m-x}, x = 0,1,2,\cdots,m, 0 < p < 1, p$ 为未知参数.

解　（1）$E(X) = \displaystyle\int_{-\infty}^{+\infty} xf(x)\mathrm{d}x = \int_{c}^{+\infty} \theta c^{\theta} x^{-\theta}\mathrm{d}x = \frac{\theta c^{\theta}}{\theta-1} c^{-\theta+1} = \frac{\theta c}{\theta-1}$,令 $\dfrac{\theta c}{\theta-1} = \bar{x}$,得 $\theta =$

$\dfrac{\bar{x}}{\bar{x}-c}$.

(2)$E(X) = \int_{-\infty}^{+\infty} x f(x) \mathrm{d}x = \int_0^1 \sqrt{\theta} x^{\sqrt{\theta}} \mathrm{d}x = \dfrac{\sqrt{\theta}}{\sqrt{\theta}+1}$，令 $\dfrac{\sqrt{\theta}}{\sqrt{\theta}+1} = \bar{x}$，得 $\theta = \left(\dfrac{\bar{x}}{1-\bar{x}}\right)^2$.

(3)$E(X) = mp$，令 $mp = \bar{x}$，解得 $\hat{p} = \dfrac{\bar{x}}{m}$.

6.(1) 设 $x_1, x_2, \cdots, x_n$ 是取自参数未知的正态总体的随机样本，试求 $P\{X < t\}$ 的极大似然估计；

(2) 已知某种白炽灯泡寿命服从正态分布，在某星期所生产的该种灯泡中随机取出 10 只，测得寿命（单位：时）为

1 067, 919, 1 196, 785, 1 126, 936, 918, 1 156, 920, 948.

若总体参数都为未知，试用极大似然法估计这个星期中生产的灯泡能使用 1 300 时以上的概率.

解　(1) 设 $X \sim N(\mu, \sigma^2)$，则问题的关键在于估计参数 μ, σ^2. 因为 X 的密度为

$$f(x) = \frac{1}{\sqrt{2\pi}\sigma} \mathrm{e}^{-\frac{(x-\mu)^2}{2\sigma^2}},$$

故其似然函数为

$$L = \prod_{i=1}^n \frac{1}{\sqrt{2\pi}\sigma} \mathrm{e}^{-\frac{(x_i-\mu)^2}{2\sigma^2}} = (\sqrt{2\pi}\sigma)^{-n} \prod_{i=1}^n \mathrm{e}^{-\frac{(x_i-\mu)^2}{2\sigma^2}}$$

或

$$\ln L = -n\ln(\sqrt{2\pi}\sigma)^{-n} - \frac{1}{2\sigma^2} \sum_{i=1}^n (x_i - \mu)^2.$$

令 $\begin{cases} \dfrac{\partial \ln L}{\partial \mu} = 0, \\ \dfrac{\partial \ln L}{\partial \sigma^2} = 0, \end{cases}$ 得

$$\begin{cases} \dfrac{1}{\sigma^2} \sum_{i=1}^n (x_i - \mu) = 0, \\ -\dfrac{n}{\sigma} + \dfrac{1}{\sigma^3} \sum_{i=1}^n (x_i - \mu)^2 = 0, \end{cases}$$

于是，有

$$\begin{cases} \mu = \dfrac{1}{n} \sum_{i=1}^n x_i, \\ \sigma^2 = \dfrac{1}{n} \sum_{i=1}^n (x_i - \mu)^2, \end{cases} \quad \text{即有} \quad \begin{cases} \hat{\mu} = \dfrac{1}{n} \sum_{i=1}^n x_i = \bar{x}, \\ \hat{\sigma}^2 = \dfrac{1}{n} \sum_{i=1}^n (x_i - \bar{x})^2 = s_n^2, \end{cases}$$

所以 $P\{X < t\}$ 的极大似然估计为

$$P\{X < t\} = P\left\{\frac{X - \bar{x}}{s_n} < \frac{t - \bar{x}}{s_n}\right\} = \Phi\left(\frac{t - \bar{x}}{s_n}\right).$$

(2) 由题设，可得

$$\bar{x} = \frac{1}{10} \sum_{i=1}^{10} x_i = 997.1, \quad s_n^2 = \frac{1}{n} \sum_{i=1}^n (x_i - \bar{x})^2 = 124.797^2,$$

于是，应用(1)的结果，所求概率为

$$P\{X > 1\,300\} = 1 - P\{X \leqslant 1\,300\} = 1 - \Phi\left(\frac{1\,300 - 997.1}{124.797}\right)$$

$$= 1 - \Phi(2.427) = 1 - 0.992\,4 = 0.007\,6.$$

7. 假设随机变量 X 服从区间 $(0, \theta)$ 上的均匀分布,其中端点 θ 是未知参数,设 $x_1, x_2, \cdots, x_n$ 是来自 X 的简单随机样本,$x_{(n)} = \max\{x_1, x_2, \cdots, x_n\}$ 是最大顺序统计量,我们用 $x_{(n)}$ 作 θ 的估计量,试将其修正为无偏估计量.

解　已知 $X \sim U(0, \theta)$,则 $x_i \sim U(0, \theta)$,即

$$f_{x_i}(x) = \begin{cases} \dfrac{1}{\theta}, & 0 < x < \theta, \\ 0, & \text{其他.} \end{cases}$$

于是,有

$$\begin{aligned} F_{x_{(n)}}(x) &= P\{x_{(n)} \leqslant x\} = P\{\max\{x_1, x_2, \cdots, x_n\} \leqslant x\} \\ &= P\{x_1 \leqslant x, x_2 \leqslant x, \cdots, x_n \leqslant x\} \\ &= P\{x_1 \leqslant x\} P\{x_2 \leqslant x\} \cdots P\{x_n \leqslant x\} \\ &= \left[\int_{-\infty}^{x} f_{x_1}(t)\,\mathrm{d}t\right]\left[\int_{-\infty}^{x} f_{x_2}(t)\,\mathrm{d}t\right]\cdots\left[\int_{-\infty}^{x} f_{x_n}(t)\,\mathrm{d}t\right], \end{aligned}$$

因此,当 $x \leqslant 0$ 时,有 $F_{x_{(n)}}(x) = 0$;当 $x > 0$ 时,有

$$F_{x_{(n)}}(x) = \left[\int_0^x \frac{1}{\theta}\,\mathrm{d}t\right]^n = \frac{x^n}{\theta^n},$$

从而

$$f_{x_{(n)}}(x) = \begin{cases} \dfrac{n}{\theta^n}x^{n-1}, & 0 < x < \theta, \\ 0, & \text{其他.} \end{cases}$$

若取 $\hat{\theta} = x_{(n)}$,则有

$$E(\hat{\theta}) = E[x_{(n)}] = \int_{-\infty}^{+\infty} x f_{x_{(n)}}(x)\,\mathrm{d}x = \int_0^{\theta} \frac{n}{\theta^n} x^n\,\mathrm{d}x = \frac{n\theta}{n+1},$$

于是应修正为 $\hat{\theta} = \dfrac{n+1}{n}x_{(n)}$,这时有

$$E(\hat{\theta}) = E\left[\frac{n+1}{n}x_{(n)}\right] = \frac{n+1}{n}E[x_{(n)}] = \theta,$$

即 $\hat{\theta} = \dfrac{n+1}{n}x_{(n)}$ 为 θ 的无偏估计量.

8. 设来自总体 X 的简单随机样本 $x_1, x_2, \cdots, x_n$,总体 X 的概率分布为

$$X \sim \begin{pmatrix} 1 & 2 & 3 \\ \theta^2 & 2\theta(1-\theta) & (1-\theta)^2 \end{pmatrix},$$

其中 $0 < \theta < 1$. 分别以 V_1, V_2 表示 $x_1, x_2, \cdots, x_n$ 中 1,2 出现的次数,试求:

(1) 未知参数 θ 的极大似然估计量;

(2) 未知参数 θ 的矩估计量;

(3) 当样本值为 $(1, 1, 2, 1, 3, 2)$ 时的极大似然估计值和矩估计值.

解　(1) 似然函数

$$L(\theta) = [\theta^2]^{v_1} [2\theta(1-\theta)]^{v_2} [(1-\theta)^2]^{n-v_1-v_2}$$

$$= \theta^{2v_1+v_2}(1-\theta)^{2n-2v_1-v_2} \cdot 2^{v_2},$$

$$\ln L(\theta) = (2v_1 + v_2)\ln \theta + (2n - 2v_1 - v_2)\ln(1-\theta) + \ln 2^{v_2},$$

由 $\dfrac{\mathrm{d}\ln L(\theta)}{\mathrm{d}\theta} = \dfrac{2v_1 + v_2}{\theta} - \dfrac{2n - 2v_1 - v_2}{1-\theta} = 0,$

得 θ 的极大似然估计量为 $\hat{\theta} = \dfrac{2v_1 + v_2}{2n}.$

(2) $E(X) = \theta^2 + 4\theta(1-\theta) + 3(1-\theta)^2 = 3 - 2\theta.$

令 $E(X) = \overline{X}$ 得 θ 的矩估计量为 $\hat{\theta} = \dfrac{3 - \overline{x}}{2}.$

(3) θ 的极大似然估计值为 $\hat{\theta} = \dfrac{2 \times 3 + 2}{2 \times 6} = \dfrac{2}{3}$，$\theta$ 的矩估计值为 $\hat{\theta} = \dfrac{3 - \dfrac{5}{3}}{2} = \dfrac{2}{3}.$

9. 假设一批产品的不合格品数与合格品数之比 R(未知常数). 现在按还原抽样方式随意抽取的 n 件中发现 k 件不合格品. 试求 R 的极大似然估计值.

解 $x_1, x_2, \cdots, x_n$ 是取自总体的样本，总体不合格品率 p 的极大似然估计为

$$\hat{p} = \frac{1}{n}\sum_{i=1}^{n} x_i = \frac{k}{n}.$$

由于总体不合格品数与合格品数之比 $R = \dfrac{p}{1-p}$，故 R 的极大似然估计值为

$$\hat{R} = \frac{\hat{p}}{1-\hat{p}} = \frac{\dfrac{k}{n}}{1-\dfrac{k}{n}} = \frac{k}{n-k}.$$

10. 设 $x_1, x_2, \cdots, x_n$ 为泊松分布 $P(\lambda)$ 的一个样本.

(1) 试求参数 λ 的极大似然估计，并检验其无偏性；

(2) 验证样本方差 s^2 也是 λ 的无偏估计；

(3) 证明对于任一值 $\alpha(0 \leqslant \alpha \leqslant 1)$，$\alpha\overline{x} + (1-\alpha)s^2$ 也是 λ 的无偏估计.

解 (1) 因为泊松分布 $P(\lambda)$ 的分布律为

$$P\{X = x\} = \frac{\lambda^{x_i}}{x_i!}\mathrm{e}^{-\lambda},$$

所以其似然函数为

$$L = \prod_{i=1}^{n} \frac{\lambda^{x_i}}{x_i!}\mathrm{e}^{-\lambda} = \mathrm{e}^{-n\lambda}\prod_{i=1}^{n}\frac{\lambda^{x_i}}{x_i!}$$

或 $\quad \ln L = \prod_{i=1}^{n}\frac{\lambda^{x_i}}{x_i!}\mathrm{e}^{-\lambda} = -n\lambda + \ln \lambda \cdot \sum_{i=1}^{n}x_i - \sum_{i=1}^{n}\ln(x_i!).$

令 $\dfrac{\mathrm{d}\ln L}{\mathrm{d}\lambda} = 0$，得

$$-n + \frac{1}{\lambda}\sum_{i=1}^{n}x_i = 0,$$

于是，有

$$\lambda = \frac{\sum_{i=1}^{n}x_i}{n} = \overline{x},$$

即 λ 的极大似然估计为 $\hat{\lambda} = \bar{x}$. 由于

$$E(\hat{\lambda}) = E(\bar{x}) = \frac{1}{n}\sum_{i=1}^{n}E(x_i) = \frac{1}{n}\sum_{i=1}^{n}\lambda = \lambda,$$

因此 $\hat{\lambda} = \bar{x}$ 是 λ 的无偏估计.

（2）因为

$$E(\bar{x}) = E\left(\frac{1}{n}\sum_{i=1}^{n}x_i\right) = \frac{1}{n}\sum_{i=1}^{n}E(x_i) = \frac{1}{n}\sum_{i=1}^{n}\lambda = \lambda,$$

$$D(\bar{x}) = D\left(\frac{1}{n}\sum_{i=1}^{n}x_i\right) = \frac{1}{n^2}\sum_{i=1}^{n}D(x_i) = \frac{1}{n^2}\sum_{i=1}^{n}\lambda = \frac{\lambda}{n},$$

所以

$$E(s^2) = E\left[\frac{1}{n-1}\left(\sum_{i=1}^{n}x_i^2 - n\bar{x}^2\right)\right] = \frac{1}{n-1}\left[\sum_{i=1}^{n}E(x_i^2) - nE(\bar{x}^2)\right]$$

$$= \frac{1}{n-1}\left\{\sum_{i=1}^{n}\left[D(x_i) + (E(x_i))^2\right] - n\left[D(\bar{x}) + (E(\bar{x}))^2\right]\right\}$$

$$= \frac{1}{n-1}\left[\sum_{i=1}^{n}(\lambda + \lambda^2) - n\left(\frac{\lambda}{n} + \lambda^2\right)\right] = \lambda,$$

故样本方差 s^2 也是 λ 的无偏估计.

（3）因为

$$E[\alpha\bar{x} + (1-\alpha)s^2] = \alpha E(\bar{x}) + (1-\alpha)E(s^2) = \alpha\lambda + (1-\alpha)\lambda = \lambda,$$

所以 $\alpha\bar{x} + (1-\alpha)s^2$ 也是 λ 的无偏估计.

11. 设 $x_1, x_2, \cdots, x_n$ 为总体 $N(\mu, \sigma^2)$ 的一个样本. 试适当选择常数 C, 使 $C\sum_{i=1}^{n-1}(x_{i+1} - x_i)^2$ 为 σ^2 的无偏估计量.

解　因为 x_i 与总体有相同的分布, 即 $x_i \sim N(\mu, \sigma^2)$, 故

$$E(x_i) = \mu, D(x_i) = \sigma^2, E(x_i^2) = \mu^2 + \sigma^2, i = 1, 2, \cdots, n,$$

于是,

$$E[(x_{i+1} - x_i)^2] = E(x_{i+1}^2) - 2E(x_i)E(x_{i+1}) + E(x_i^2) = 2(\mu^2 + \sigma^2) - 2\mu^2 = 2\sigma^2,$$

所以

$$E\left[C\sum_{i=1}^{n-1}(x_{i+1} - x_i)^2\right] = C\sum_{i=1}^{n-1}E[(x_{i+1} - x_i)^2] = C\sum_{i=1}^{n-1}2\sigma^2 = 2(n-1)C\sigma^2.$$

依题设, 要求

$$E\left[C\sum_{i=1}^{n-1}(x_{i+1} - x_i)^2\right] = C\sum_{i=1}^{n-1}E[(x_{i+1} - x_i)^2] = \sigma^2, 即 2(n-1)C\sigma^2 = \sigma^2,$$

所以 $C = \dfrac{1}{2(n-1)}$.

12. 设 $x_1, x_2, \cdots, x_n$ 是来自参数为 λ 的泊松分布总体的一个样本, 试求 λ 的极大似然估计量及矩估计量.

解　（1）矩估计

由于 $X \sim P(\lambda), E(X) = \lambda$, 故 $\hat{\lambda} = \bar{x}$ 为矩估计量.

（2）极大似然估计

似然函数 $L(\lambda) = \prod\limits_{i=1}^{n} p(x_i;\lambda) = \dfrac{\lambda^{\sum\limits_{i=1}^{n} x_i}}{x_1!x_2!\cdots x_n!}e^{-n\lambda}$，

$$\ln L(\lambda) = \sum_{i=1}^{n} x_i \ln \lambda - \sum_{i=1}^{n} \ln x_i! - n\lambda,$$

$\dfrac{\mathrm{d}\ln L(\lambda)}{\mathrm{d}\lambda} = \dfrac{\sum\limits_{i=1}^{n} x_i}{\lambda} - n = 0$，解得 $\hat{\lambda} = \bar{x}$ 为极大似然估计量.

（其中 $p(x_i;\lambda) = P\{X = x_i\} = \dfrac{\lambda^{x_i}}{x_i!}e^{-\lambda}$.）

13. 已知 $x_1, x_2, \cdots, x_n, x_{n+1}$ 为指数分布 $f(x) = \begin{cases} \dfrac{1}{\theta}e^{-x/\theta}, & x > 0, \\ 0, & \text{其他} \end{cases}$ 的一个样本.

（1）证明 $\hat{\theta}_1 = \bar{x} = \dfrac{1}{n}\sum\limits_{i=1}^{n} x_i$ 是 θ 的一个极大似然估计量，而 $\hat{\theta}_2 = x_{n+1}$ 是 θ 的无偏估计量；

（2）试求常数 k_1 和 k_2，使 $\hat{\theta} = k_1\hat{\theta}_1 + k_2\hat{\theta}_2$ 为 θ 的无偏估计量，并且在所有这样线性估计中方差为最小.

解 首先，x_i 与总体有相同的分布，即 $x_i \sim f(x)$，故
$$E(x_i) = \theta, D(x_i) = \theta, i = 1, 2, \cdots, n, n+1.$$

（1）因为似然函数为
$$L = \prod_{i=1}^{n} \frac{1}{\theta}e^{-\frac{x_i}{\theta}} = \frac{1}{\theta^n}e^{-\frac{1}{\theta}\sum\limits_{i=1}^{n} x_i} \text{ 或 } \ln L = -n\ln\theta - \frac{1}{\theta}\sum_{i=1}^{n} x_i,$$

令 $\dfrac{\mathrm{d}\ln L}{\mathrm{d}\theta} = 0$，得 $-\dfrac{n}{\theta} + \dfrac{1}{\theta^2}\sum\limits_{i=1}^{n} x_i = 0$，

于是，
$$\theta = \frac{\sum\limits_{i=1}^{n} x_i}{n}, \text{ 即 } \hat{\theta} = \frac{1}{n}\sum_{i=1}^{n} x_i = \bar{x}.$$

从而 $\hat{\theta}_1 = \bar{x} = \dfrac{1}{n}\sum\limits_{i=1}^{n} x_i$ 是 θ 的一个极大似然估计量. 又因为 $E(x_{n+1}) = \theta$，因此
$$E(\hat{\theta}_2) = E(x_{n+1}) = \theta,$$

即 $\hat{\theta}_2 = x_{n+1}$ 是 θ 的无偏估计量.

（2）因为
$$E(\hat{\theta}_1) = \frac{1}{n}\sum_{i=1}^{n} E(x_i) = \frac{1}{n}\sum_{i=1}^{n}\theta = \theta,$$

即 $\hat{\theta} = \dfrac{1}{n}\sum\limits_{i=1}^{n} x_i = \bar{x}$ 也是 θ 的无偏估计量. 题设要求 $E(\hat{\theta}) = \theta$，但
$$E(\hat{\theta}) = k_1 E(\hat{\theta}_1) + k_2 E(\hat{\theta}_2) = k_1\theta + k_2\theta = (k_1 + k_2)\theta,$$

因此有 $k_1 + k_2 = 1$ 或 $k_2 = 1 - k_1$. 由于

$$D(\hat{\theta}_1) = \frac{1}{n^2}\sum_{i=1}^{n}D(X_i) = \frac{1}{n^2}\sum_{i=1}^{n}\theta = \frac{\theta}{n}, D(\hat{\theta}_2) = D[X_{n+1}] = \theta,$$

故

$$D(\hat{\theta}) = k_1^2 D(\hat{\theta}_1) + k_2^2 D(\hat{\theta}_2) = \left(\frac{k_1^2}{n} + k_2^2\right)\theta = \left[\frac{k_1^2}{n} + (1-k_1)^2\right]\theta.$$

令 $\dfrac{\mathrm{d}D(\hat{\theta})}{\mathrm{d}k_1} = 0$,得

$$\frac{2k_1}{n} - 2(1-k_1) = 0 \text{ 或 } k_1 = \frac{n}{n+1}.$$

于是,当 $k_1 = \dfrac{n}{n+1}, k_2 = \dfrac{1}{n+1}$ 时,$\hat{\theta} = k_1\hat{\theta}_1 + k_2\hat{\theta}_2$ 为 θ 的无偏估计量,并且在所有这样线性估计中方差最小.

14. 假定随机变量 X 和 Y 作了 n_1 和 n_2 次独立抽样得样本 $x_1, x_2, \cdots, x_{n_1}$ 与 $y_1, y_2, \cdots, y_{n_2}$,相应的样本均值分别为 $\bar{x}$ 与 $\bar{y}$,样本方差为 s_x^2 与 s_y^2. 试证明 $X-Y$ 的数学期望与方差的无偏估计分别是 $\bar{x} - \bar{y}$ 及 $s_x^2 + s_y^2$.

证明 因为 $\bar{x}$ 与 $\bar{y}$ 分别是总体 X 和 Y 的数学期望的无偏估计,即

$$E(\bar{x}) = E(X), E(\bar{y}) = E(Y),$$

于是

$$E(\bar{x} - \bar{y}) = E(\bar{x}) - E(\bar{y}) = E(X) - E(Y) = E(X - Y),$$

故 $\bar{x} - \bar{y}$ 是 $X - Y$ 的数学期望的无偏估计.

同样,s_x^2 与 s_y^2 分别是总体 X 和 Y 的方差的无偏估计,即

$$E(s_x^2) = D(X), E(s_y^2) = D(Y),$$

于是

$$E(s_x^2 + s_y^2) = E(s_x^2) + E(s_y^2) = D(X) + D(Y) = D(X - Y),$$

故 $s_x^2 + s_y^2$ 是 $X - Y$ 的方差的无偏估计.

15. 一地质学家研究密歇根湖地区的岩石成分,随机地自该地区取 100 个样品,每个样品有 10 块石子,记录了每个样品中属石灰石的石子数. 假设这 100 次观察相互独立,并由过去经验知,它们都服从参数为 $n = 10, p$ 的二项分布. p 是该地区一块石子是石灰石的概率. 求 p 的极大似然估计值,该地质学家所得的数据如下:

样品中属石灰石的石子数	0	1	2	3	4	5	6	7	8	9	10
观察到石灰石的样品个数	0	1	6	7	23	26	21	12	3	1	0

解 $\hat{p}$ 的极大似然估计值为 $\hat{p} = \dfrac{1}{10}\bar{x} = 0.499$.

16. 设 $\hat{\theta}_1$ 与 $\hat{\theta}_2$ 是参数 θ 的两个独立的无偏估计,且 $D(\hat{\theta}_1) = 2D(\hat{\theta}_2)$. 试求常数 k_1 和 k_2,使 $k_1\hat{\theta}_1 + k_2\hat{\theta}_2$ 也是 θ 的无偏估计,并且是所有这种形式的估计量中方差最小的.

解 据已知有

$$E(k_1\hat{\theta}_1 + k_2\hat{\theta}_2) = \theta.$$

又因为 $E(\hat{\theta}_1) = E(\hat{\theta}_2) = \theta$,因而

$$E(k_1\hat{\theta}_1 + k_2\hat{\theta}_2) = k_1 E(\hat{\theta}_1) + k_2 E(\hat{\theta}_2) = k_1\theta + k_2\theta = (k_1 + k_2)\theta,$$

故有

$$k_1 + k_2 = 1 \text{ 或 } k_2 = 1 - k_1.$$

再由 $D(\hat{\theta}_1) = 2D(\hat{\theta}_2)$，可得

$$D(k_1\hat{\theta}_1 + k_2\hat{\theta}_2) = k_1^2 D(\hat{\theta}_1) + k_2^2 D(\hat{\theta}_2) = 2k_1^2 D(\hat{\theta}_2) + (1 - k_1)^2 D(\hat{\theta}_2)$$

$$= (3k_1^2 - 2k_1 + 1)D(\hat{\theta}_2).$$

于是，当 $f(k_1) = 3k_1^2 - 2k_1 + 1$ 取最小值时，方差 $D(k_1\hat{\theta}_1 + k_2\hat{\theta}_2)$ 达到最小. 为此，令 $\dfrac{\mathrm{d}f(k_1)}{\mathrm{d}k_1} = 0$，得

$$6k_1 - 2 = 0, \text{ 即 } k_1 = \frac{1}{3},$$

所以当 $k_1 = \dfrac{1}{3}$，$k_2 = \dfrac{2}{3}$ 时，$k_1\hat{\theta}_1 + k_2\hat{\theta}_2$ 为 θ 的无偏估计量，并且是所有这种形式的估计量中方差最小的.

17. 设总体 $X \sim N(\mu, \sigma^2)$，μ 与 σ^2 均未知，s_1^2 与 s_2^2 分别是来自该总体的两个样本容量分别为 n_1 与 n_2 的样本方差，且 $n_1 > n_2$，试利用卡方分布证明 σ^2 的无偏估计量 s_1^2 比 s_2^2 更有效.

证明　因为当 $X \sim N(\mu, \sigma^2)$ 时，有　$\dfrac{n_1 - 1}{\sigma^2}s_1^2 \sim \chi^2(n_1 - 1)$，而且

$$D\left(\frac{n_1 - 1}{\sigma^2}s_1^2\right) = \left(\frac{n_1 - 1}{\sigma^2}\right)^2 D(s_1^2) = 2(n_1 - 1),$$

即

$$D(s_1^2) = \left(\frac{\sigma^2}{n_1 - 1}\right)^2 \cdot 2(n_1 - 1) = \frac{2\sigma^4}{n_1 - 1}.$$

同理，可得 $D(s_2^2) = \dfrac{2\sigma^4}{n_2 - 1}$. 由于 $n_1 > n_2$，有

$$\frac{2\sigma^4}{n_1 - 1} < \frac{2\sigma^4}{n_2 - 1}, \text{ 即 } D(s_1^2) < D(s_2^2),$$

因此 s_1^2 比 s_2^2 更有效.

18. 设总体 X 具有分布律为

X	1	2	3
p	θ^2	$2\theta(1-\theta)$	$(1-\theta)^2$

其中 $\theta(0 < \theta < 1)$ 为未知参数. 已知取得了样本值 $x_1 = 1, x_2 = 2, x_3 = 1$，试求 θ 的矩估计值和极大似然估计值.

解　(1) 求 θ 的矩估计值.

$$E(X) = 1 \times \theta^2 + 2 \cdot 2\theta(1-\theta) + 3(1-\theta)^2$$

$$= [\theta + 3(1-\theta)][\theta + (1-\theta)] = 3 - 2\theta.$$

令 $E(X) = 3 - 2\theta$，

则得到 θ 的矩估计值为 $\hat{\theta} = \dfrac{3 - \bar{x}}{2} = \dfrac{3 - \dfrac{1 + 2 + 1}{3}}{2} = \dfrac{5}{6}.$

（2）求 θ 的最大似然估计值.

似然函数 $L(\theta) = \prod\limits_{i=1}^{3} P\{X_i = x_i\} = P\{X_1 = 1\}P\{X_2 = 2\}P\{X_3 = 1\}$

$$= \theta^2 \cdot 2\theta(1-\theta) \cdot \theta^2$$

$$= 2\theta^5(1-\theta),$$

$$\ln L(\theta) = \ln 2 + 5\ln\theta + \ln(1-\theta),$$

求导

$$\frac{\mathrm{d}\ln L(\theta)}{\mathrm{d}\theta} = \frac{5}{6} - \frac{1}{1-\theta} = 0,$$

得到唯一解为 $\hat\theta = \dfrac{5}{6}$.

19. 假设随机变量 X 在区间 $[\theta, \theta+1]$ 上均匀分布,其中 θ 未知;$x_1, x_2, \cdots, x_n$ 是来自 X 的简单随机样本,$\bar{x}$ 是样本均值,而 $x_{(n)} = \max\{x_1, x_2, \cdots, x_n\}$ 是最大观测值. 记

$$\hat\theta_1 = \bar{x} - \frac{1}{2}, \quad \hat\theta_2 = x_{(n)} - \frac{n}{n+1}.$$

（1）证明 $\hat\theta_1$ 和 $\hat\theta_2$ 都是 θ 的无偏估计量;（2）证明 $\hat\theta_2$ 比 $\hat\theta_1$ 更有效,即 $D(\hat\theta_2) \leqslant D(\hat\theta_1)$.

证明　X 的概率密度和分布函数分别为

$$f(x) = \begin{cases} 1, & \theta < x < \theta+1, \\ 0, & \text{其他}, \end{cases} \qquad F(x) = \begin{cases} 0, & x \leqslant \theta, \\ x-0, & 0 < x \leqslant \theta+1, \\ 1, & x > \theta+1, \end{cases}$$

$x_{(n)}$ 的概率密度为 $f_n(x) = n[F(x)]^{n-1} f(x) = \begin{cases} n(x-\theta)^{n-1}, & \theta < x < \theta+1, \\ 0, & \text{其他}, \end{cases}$

所以 $E(x_{(n)}) = \displaystyle\int_{\theta}^{\theta+1} xn(x-\theta)^{n-1}\,\mathrm{d}x = \frac{n}{n+1} + \theta$,

$E(x_{(n)}^2) = \displaystyle\int_{\theta}^{\theta+1} x^2 n(x-\theta)^{n-1}\,\mathrm{d}x = \frac{n}{n+1} + \frac{2n}{n+1}\theta + \theta^2$,

$D(x_{(n)}) = E(x_{(n)}^2) - [E(x_{(n)})]^2 = \dfrac{n}{(n+2)(n+1)^2}$,

于是,$E(\hat\theta_1) = E(\bar{x}) - \dfrac{1}{2} = \theta$,$E(\hat\theta_2) = E(x_n) - \dfrac{n}{n+1} = \theta$,

所以 $\hat\theta_1$ 和 $\hat\theta_2$ 都是 θ 的无偏估计量.

又

$$D(\hat\theta_1) = D(\bar{x}) = \frac{1}{12n}, \quad D(\hat\theta_2) = D(x_{(n)}) = \frac{n}{(n+2)(n+1)^2},$$

所以 $\hat\theta_2$ 比 $\hat\theta_1$ 更有效.

20. 设总体 $X \sim N(\mu, \sigma^2)$,$x_1, x_2, \cdots, x_n$ 是来自 X 的一个样本. 试确定常数 c 使 $c\displaystyle\sum_{i=1}^{n-1}(x_{i+1} - x_i)^2$ 为 σ^2 的无偏估计.

解　由于

$$E\Big[c\sum_{i=1}^{n-1}(x_{i+1} - x_i)^2\Big] = c\Big[\sum_{i=1}^{n-1} E(x_{i+1} - x_i)^2\Big] = c\Big[\sum_{i=1}^{n-1} D(x_{i+1} - x_i) + (E(x_{i+1} - x_i))^2\Big]$$

$$= c \sum_{i=1}^{n-1} \{ D(x_{i+1}) + D(x_i) + [E(x_{i+1}) - E(x_i)]^2 \}$$

$$= c \sum_{i=1}^{n-1} (2\sigma^2 + 0^2) = c2(n-1)\sigma^2,$$

当 $c = \dfrac{1}{2(n-1)}$ 时,$c \sum_{i=1}^{n-1} (x_{i+1} - x_i)^2$ 为 σ^2 的无偏估计.

21. 设 x_1, x_2, x_3, x_4 是来自均值为 θ 的指数分布总体的样本,其中 θ 未知,设有估计量

$$T_1 = \frac{1}{6}(x_1 + x_2) + \frac{1}{3}(x_3 + x_4),$$

$$T_2 = \frac{(x_1 + 2x_2 + 3x_3 + 4x_4)}{5},$$

$$T_3 = \frac{(x_1 + x_2 + x_3 + x_4)}{4}.$$

(1) 指出 T_1, T_2, T_3 哪几个是 θ 的无偏估计量;

(2) 在上述 θ 的无偏估计中指出哪一个较为有效.

解 (1) 由于 x_i 服从均值为 θ 的指数分布,所以

$E(x_i) = \theta, D(x_i) = \theta^2, i = 1, 2, 3, 4,$ 于是,

$$E(T_1) = \frac{1}{6}[E(x_1) + E(x_2)] + \frac{1}{3}[E(x_3) + E(x_4)] = \theta,$$

$$E(T_2) = \frac{1}{5}[E(x_1) + 2E(x_2) + 3E(x_3) + 4E(x_4)] = 2\theta,$$

$$E(T_3) = \frac{1}{4}[E(x_1) + E(x_2) + E(x_3) + E(x_4)] = \theta,$$

即 T_1, T_3 是 θ 的无偏估计量.

(2) 注意到 x_1, x_2, x_3, x_4 独立,知

$$D(T_1) = \frac{1}{36}[D(x_1) + D(x_2)] + \frac{1}{9}[D(x_3) + D(x_4)] = \frac{5}{18}\theta^2,$$

$$D(T_3) = \frac{1}{16}[D(x_1) + D(x_2) + D(x_3) + D(x_4)] = \frac{1}{4}\theta^2,$$

$D(T_1) > D(T_3)$,所以 T_3 较为有效.

22. 设某种清漆的 9 个样品,其干燥时间(单位:时)分别为

6.0 5.7 5.8 6.5 7.0 6.3 5.6 6.1 5.0.

设干燥时间总体服从正态分布 $N \sim (\mu, \sigma^2)$,试在下列不同情形中,求 μ 的置信度为 0.95 的置信区间:(1) 若由以往经验知 $\sigma = 0.6$(时);(2) 若 σ 为未知.

解 (1) μ 的置信度为 0.95 的置信区间为 $\left(\bar{x} \pm \dfrac{\sigma}{\sqrt{n}} u_{\frac{\alpha}{2}} \right)$,

计算得 $\bar{x} = 6.0$,查表 $u_{0.025} = 1.96$,$\sigma = 0.6$,即为 $\left(6.0 \pm \dfrac{0.6}{\sqrt{9}} \times 1.96 \right) = (5.608, 6.392)$.

(2) μ 的置信度为 0.95 的置信区间为 $\left(\bar{x} \pm \dfrac{s}{\sqrt{n}} t_{\frac{\alpha}{2}}(n-1) \right)$,计算得 $\bar{x} = 6.0$,查表 $t_{0.025}(8) =$

$2.3060, s^2 = \dfrac{1}{8} \sum_{i=1}^{9} (x_i - \bar{x})^2 = \dfrac{1}{8} \times 2.64 = 0.33,$

故为 $\left(6.0 \pm \dfrac{\sqrt{0.33}}{3} \times 2.306\ 0\right) = (5.558, 6.442)$.

23. 设总体 X 具有概率密度 $f(x) = \begin{cases} \dfrac{3x^2}{\theta^3}, & 0 < x < \theta, \\ 0, & \text{其他}, \end{cases}$ $x_1, x_2, \cdots, x_n$ 为一样本, 未知参数 $\theta > 0$, 求 θ 的矩估计量.

解 $\qquad E(X) = \displaystyle\int_0^\theta x \cdot \dfrac{3x^2}{\theta^3}\,\mathrm{d}x = \dfrac{3}{4}\theta \Rightarrow \dfrac{3}{4}\hat\theta = \bar{x} \Rightarrow \hat\theta = \dfrac{4}{3}\bar{x}.$

24. 设总体 $X \sim N(\mu, \sigma^2)$, 如果 σ^2 已知, 问样本容量 n 取多大时方能保证 μ 的 95% 的置信区间的长度不大于 L.

解 设 $\alpha = 0.05$, 则 $1 - \alpha = 95\%$, 该置信区间

$$\left(\bar{x} - \dfrac{\sigma}{\sqrt{n}} u_{\frac{\alpha}{2}},\ \bar{x} + \dfrac{\sigma}{\sqrt{n}} u_{\frac{\alpha}{2}}\right)$$

的长度为

$$\dfrac{2\sigma}{\sqrt{n}} u_{\frac{\alpha}{2}} \leqslant L.$$

于是, 样本容量 n 满足

$$n \geqslant \dfrac{4\sigma^2}{L^2} (u_{\frac{\alpha}{2}})^2$$

查得 $u_{\frac{\alpha}{2}} = u_{0.025} = 1.96$, 代入上式, 得

$$n \geqslant 15.37 \dfrac{\sigma^2}{L^2}.$$

25. 某厂用自动包装机包装葡糖, 每袋净重 $X \sim N(\mu, \sigma^2)$, 现随机抽取 10 袋, 测得各袋净重 $x_i(g)$, $i = 1, 2, \cdots, 10$, 计算得 $\displaystyle\sum_{i=1}^{10} x_i = 5\ 020$, $\displaystyle\sum_{i=1}^{10} x_i^2 = 2\ 520\ 420$.

(1) 已知 $\sigma = 5$, 求 μ 的置信度为 95% 的置信区间;

(2) σ 未知, 求 μ 的置信度为 95% 的置信区间;

(3) 已知 $\mu = 500$, 求 σ^2 的置信度为 95% 的置信区间;

(4) μ 未知, 求 σ^2 的置信度为 95% 的置信区间.

解 (1) 取统计量

$$z = \dfrac{\bar{x} - \mu}{\sigma / \sqrt{n}} \sim N(0, 1),$$

$\alpha = 1 - 95\% = 0.05$, 相应的 μ 的置信区间为

$$\left(\bar{x} - \dfrac{\sigma}{\sqrt{n}} z_{\frac{\alpha}{2}},\ \bar{x} + \dfrac{\sigma}{\sqrt{n}} z_{\frac{\alpha}{2}}\right).$$

将 $n = 10$, $\sigma = 5$, $\bar{x} = \dfrac{1}{10} \displaystyle\sum_{i=1}^{10} x_i = 502$, $z_{\frac{\alpha}{2}} = z_{0.025} = 1.96$ 代入上式, 即得所求的置信区间: $(498.901, 505.099)$.

(2) 取统计量

$$t = \dfrac{\bar{x} - \mu}{s / \sqrt{n}} \sim t(n - 1)$$

$\alpha = 1 - 95\% = 0.05$，相应的 μ 的置信区间为

$$\left(\bar{x} - \frac{s}{\sqrt{n}}t_{\frac{\alpha}{2}}(n-1), \bar{x} + \frac{s}{\sqrt{n}}t_{\frac{\alpha}{2}}(n-1)\right).$$

将 $n = 10, t_{\frac{\alpha}{2}}(n-1) = t_{0.025}(9) = 2.262\,2$ 及 $s = \sqrt{\frac{1}{n-1}\left(\sum\limits_{i=1}^{n} x_i^2 - n\bar{x}^2\right)} =$

$\sqrt{\frac{1}{10-1}(2\,520\,420 - 10 \times 502^2)} = \sqrt{42.222\,2} = 6.497\,9$ 代入上式，即得所求的置信区间：

$(497.352, 506.648)$.

（3）取统计量

$$\chi^2 = \frac{1}{\sigma^2}\sum_{i=1}^{n}(x_i - \mu)^2 \sim \chi^2(n),$$

$\alpha = 1 - 95\% = 0.05$，相应的 σ^2 的置信区间为

$$\left(\frac{\sum\limits_{i=1}^{n}(x_i - \mu)^2}{\chi_{\frac{\alpha}{2}}^2(n)}, \frac{\sum\limits_{i=1}^{n}(x_i - \mu)^2}{\chi_{1-\frac{\alpha}{2}}^2(n)}\right).$$

将 $n = 10, \chi_{\frac{\alpha}{2}}^2(n) = \chi_{0.025}^2(10) = 20.483, \chi_{1-\frac{\alpha}{2}}^2(n) = \chi_{0.975}^2(10) = 3.247$ 及

$$\sum_{i=1}^{n}(x_i - \mu)^2 = \sum_{i=1}^{10} x_i^2 - 2\mu\sum_{i=1}^{10} x_i + n\mu^2 = 420$$

代入上式，即得所求的置信区间：$(20.504\,8, 129.350)$.

（4）取统计量

$$\chi^2 = \frac{(n-1)s^2}{\sigma^2} \sim \chi^2(n-1),$$

$\alpha = 1 - 95\% = 0.05$，相应的 σ^2 的置信区间为

$$\left(\frac{(n-1)s^2}{\chi_{\frac{\alpha}{2}}^2(n-1)}, \frac{(n-1)s^2}{\chi_{1-\frac{\alpha}{2}}^2(n-1)}\right).$$

将 $n = 10, \chi_{\frac{\alpha}{2}}^2(n-1) = \chi_{0.025}^2(9) = 19.023, \chi_{1-\frac{\alpha}{2}}^2(n-1) = \chi_{0.975}^2(9) = 2.700$ 及 $s^2 = 42.222\,2$ 代入上式，即得所求的置信区间：$(19.976, 140.741)$.

26. 为了估计湖中有多少条鱼，从湖中捞出 1 000 条鱼，标上记号后又放回湖中，过一段时间后，再捞出 150 条鱼，发现其中有 10 条带有标记，估计湖中鱼的总数为多少是使上述事件的概率最大.

解 设湖中有 N 条鱼，现捕出 r 条，做上记号后放回.一段时间后，再从湖中捕起 n 条鱼，其中有标记的有 k 条，试据此信息估计湖中鱼的条数 N.

解法一：湖中有记号的鱼的比例是 $\frac{r}{N}$（概率），而在捕出的 n 条中，有记号的鱼为 k 条，有记号的鱼的比例是 $\frac{k}{n}$（频率），我们设想捕鱼完全是随机的，每条鱼被捕到的机会都相等，于是根据频率近似概率的道理，便有 $\frac{r}{N} = \frac{k}{n}$，即得 $N = \frac{nr}{k}$. 因为 N 为整数，故取 $N = \left[\frac{nr}{k}\right]$（最大整数部分）.

解法二：设捕出的 n 条中标有记号的鱼数为 X，则 X 是一个随机变量，显然 X 只能取 $0, 1,$

$2,\cdots,r$ 且 $P\{X=i\}=\dfrac{C_r^i C_{N-r}^{n-i}}{C_N^n}, i=0,1,2,\cdots,r.$ 因而捕出的 n 条出现 k 条有标记的鱼,其概率为

$$P\{X=k\}=\frac{C_r^k C_{N-r}^{n-k}}{C_N^n}=L(N).$$

式中 N 是一个未知参数,根据极大似然估计法,取参数 N 的估计值 $\hat{N}$,使得 $L(\hat{N})=\max L(N)$,为此考虑

$$\frac{L(N)}{L(N-1)}=\frac{C_r^k C_{N-r}^{n-k}}{C_N^n}\frac{C_{N-1}^n}{C_r^k C_{N-1-r}^{n-k}}=\frac{C_{N-r}^{n-k} C_{N-1}^n}{C_N^n C_{N-1-r}^{n-k}}$$

$$=\frac{(N-r)(N-n)}{N(N-r-n+k)}=\frac{N^2-Nr-Nn+rn}{N^2-Nr-Nn+rk}$$

所以,当 $nr<Nk$ 时,$\dfrac{L(N)}{L(N-1)}<1$,$L(N)$ 是 N 的下降函数;

当 $nr<Nk$ 时,$\dfrac{L(N)}{L(N-1)}<1$,$L(N)$ 是 N 的上升函数.

于是当 $N=\dfrac{nr}{k}$ 时,$L(N)$ 达到最大值,取 $N=\left[\dfrac{nr}{k}\right]$.

解法三:用矩估法. 因为 X 服从超几何分布,而超几何分布的数学期望为 $EX=\dfrac{nr}{N}$,此即捕 N 条鱼得到有标记的鱼的总体平均数,而现在只捕一次出现 k 条有标记的鱼,故由矩估计法,令总体一阶原点矩等于样本一阶原点矩,即 $k=\dfrac{nr}{N}$,于是 $N=\left[\dfrac{nr}{k}\right]$.

27. $x_1,x_2,\cdots,x_n$ 是正态总体 $X\sim N(\mu,\sigma^2)$ 的简单随机样本,μ,σ^2 为未知参数,求 $P\{X>2\}$ 的极大似然估计.

解 似然函数

$$L(\mu,\sigma^2)=\frac{1}{(2\pi)^{\frac{n}{2}}(\sigma^2)^{\frac{n}{2}}}\exp\left\{-\frac{\sum\limits_{i=1}^{n}(x_i-\mu)}{2\sigma^2}\right\},$$

$$\ln L(\mu,\sigma^2)=-\frac{n}{2}\ln 2\pi-\frac{n}{2}\ln\sigma^2-\frac{\sum\limits_{i=1}^{n}(x_i-\mu)^2}{2\sigma^2},$$

$$\frac{\partial\ln L(\mu,\sigma^2)}{\partial\sigma^2}=-\frac{n}{2\sigma^2}+\frac{1}{2\sigma^4}\sum\limits_{i=1}^{n}(x_i-\mu)^2=0,$$

解似然方程组,即得

$$\hat{\mu}=\frac{1}{n}\sum_{i=1}^{n}x_i=\bar{x},$$

$$\hat{\sigma}^2=\frac{1}{n}\sum_{i=1}^{n}(x_i-\bar{x})^2=s^2.$$

由于 $P\{X>2\}=P\left\{\dfrac{X-\mu}{\sigma}>\dfrac{2-\mu}{\sigma}\right\}=1-\Phi\left(\dfrac{2-\mu}{\sigma}\right),$

所以 $P\{X>2\}$ 的极大似然估计为 $1-\Phi\left(\dfrac{2-\bar{x}}{s}\right).$

28. 为了检验一种杂交作物的两种处理方案,在同一地区随机地选择 8 块地段,在各试验地段,按两种方案处理作物,这 8 块地段的单位面积产量(单位:kg):

一号方案产量:56　　86　　87　　93　　84　　93　　75　　79

二号方案产量:66　　80　　79　　58　　91　　77　　82　　72

假设两种产量都服从正态分布,分别为 $X \sim N(\mu_1, \sigma^2)$,$Y \sim N(\mu_2, \sigma^2)$,$\sigma^2$ 未知,求 $\mu_1 - \mu_2$ 的置信度为 95% 的置信区间.

解　取统计量

$$t = \frac{(\bar{x} - \bar{y}) - (\mu_1 - \mu_2)}{s_w \sqrt{\dfrac{1}{n_1} + \dfrac{1}{n_2}}} \sim t(n_1 + n_2 - 2),$$

$\alpha = 1 - 95\% = 0.05$,相应的 $\mu_1 - \mu_2$ 的置信区间为

$$\left(\bar{x} - \bar{y} - s_w \sqrt{\frac{1}{n_1} + \frac{1}{n_2}} \cdot t_{\frac{\alpha}{2}}(n_1 + n_2 - 2), \bar{x} - \bar{y} + s_w \sqrt{\frac{1}{n_1} + \frac{1}{n_2}} \cdot t_{\frac{\alpha}{2}}(n_1 + n_2 - 2) \right).$$

已知 $n_1 = n_2 = 8$,而

$$\bar{x} = \frac{1}{n_1} \sum_{i=1}^{n_1} x_i = 81.625, \bar{y} = \frac{1}{n_2} \sum_{i=1}^{n_2} y_i = 75.875, \bar{x} - \bar{y} = 5.75,$$

$$s_1^2 = \frac{1}{n_1 - 1} \sum_{i=1}^{n_1} (x_i - \bar{x})^2 = 145.696, s_2^2 = \frac{1}{n_2 - 1} \sum_{i=1}^{n_2} (y_i - \bar{y})^2 = 102.125,$$

$$s_w^2 = \frac{(n_1 - 1)s_1^2 + (n_2 - 1)s_2^2}{n_1 + n_2 - 2} = 123.911, s_w = 11.131\,5,$$

查表得 $t_{\frac{\alpha}{2}}(n_1 + n_2 - 2) = t_{0.025}(14) = 2.144\,8$,

$$s = \sqrt{\frac{1}{n-1} \left[\sum_{i=1}^{n} x_i^2 - n\bar{x}^2 \right]} = \sqrt{\frac{1}{10-1} [2\,520\,420 - 10 \times 502^2]} = \sqrt{42.222\,2} = 6.497\,9,$$ 代入上式,即得所求的置信区间:$(497.352, 506.648)$.

29. 对方差 σ^2 为已知的正态总体,要使均值 μ 的 $1 - \alpha$ 置信区间长度不大于 2δ,抽取的样本容量 n 至少为多大?

解　由于 μ 的置信区间为 $\left(\bar{x} - \frac{\sigma}{\sqrt{n}} u_{\frac{\alpha}{2}}, \bar{x} + \frac{\sigma}{\sqrt{n}} u_{\frac{\alpha}{2}} \right)$,故 μ 的置信区间长度为 $2 \frac{\sigma}{\sqrt{n}} u_{\frac{\alpha}{2}} \leqslant 2\delta$. 所以,有 $\sqrt{n} > \frac{\sigma}{\delta} u_{\frac{\alpha}{2}}$,即 $n > \left(\frac{\sigma}{\delta} u_{\frac{\alpha}{2}} \right)^2$.

30. 设总体 X 的概率密度函数为

$$f(x) = \begin{cases} \lambda e^{-\lambda(x-\mu)}, & x \geqslant \mu, \\ 0, & x < \mu, \end{cases}$$

这里 μ 和 $\lambda(\lambda > 0)$ 都是参数. 又设 $x_1, x_2, \cdots, x_n$ 为该总体的简单样本.

(1) 设 λ 已知,求 μ 的极大似然估计量 $\hat{\mu}_L$;

(2) 设 μ 已知,求 λ 的矩估计量 $\hat{\lambda}_M$.

(3) μ 的极大似然估计 $\hat{\mu}_L$ 是 μ 的无偏估计吗?为什么?

解　(1) λ 已知,写出似然函数

$$L_n(x_1, x_2, \cdots, x_n) = \begin{cases} \lambda^n \cdot e^{-\lambda \sum\limits_{i=1}^{n}(x_i-\mu)^2}, & x_i \geqslant \mu, \\ 0, & \text{其他}, \end{cases}$$

$$\ln L_n = \begin{cases} n\ln\lambda - \lambda\left(\sum\limits_{i=1}^{n} x_i - n\mu\right), & x_i \geqslant \mu, \\ -\infty, & \text{其他}, \end{cases}$$

$$\frac{d\ln L_n}{d\mu} = n\lambda > 0.$$

这说明 $\ln L_n$ 是随 μ 的增加而增加的. 由于 $x_1, x_2, \cdots, x_n$ 均大于等于 μ, 所以要使 $\ln L_n$ 最大, 只须 μ 最大, 而 $\hat{\mu}_{\max} = \min\{x_1, x_2, \cdots, x_n\}$ 此值即为 μ 的极大似然估计, 即

$$\hat{\mu}_L = \min\{x_1, x_2, \cdots, x_n\}.$$

(2) 直接求 $E(X)$.

$$E(X) = \int_{\mu}^{+\infty} x\lambda e^{-\lambda(x-\mu)} dx = \int_{0}^{+\infty} (y+\mu)\lambda e^{-\lambda y} dy = \frac{1}{\lambda} + \mu,$$

由矩估计法, 这里 μ 已知, 故 λ 的矩估计为 $\hat{\lambda} = \dfrac{1}{\bar{x}-\mu}$, 其中 $\bar{x} = \dfrac{1}{n}\sum\limits_{i=1}^{n} x_i$.

(3) $\hat{\mu}_L$ 的分布密度为 $f_{(1)}(x) = \begin{cases} n\lambda e^{-\lambda(x-\mu)}, & \mu < x, \\ 0, & \text{其他}. \end{cases}$

$E(\hat{\mu}_L) = \mu + \dfrac{1}{\lambda n} \neq E(X)$, 故 $\hat{\mu}_L$ 不是 μ 的无偏估计.

31. 设两位化验员 A, B 独立地对某种聚合物含氮量相同的方法个作 10 次测定, 其测定值的样本方差依次为 $s_A^2 = 0.5419, s_B^2 = 0.6065$. 设 σ_A^2, σ_B^2 分别为 A, B 所测定的测定值总体的方差, 若总体均为正态的, 求方差比 $\dfrac{\sigma_A^2}{\sigma_B^2}$ 的置信度为 0.95 的置信区间.

解 取统计量

$$F = \frac{s_A^2 \cdot \sigma_B^2}{s_B^2 \cdot \sigma_A^2} \sim F(n_1-1, n_2-1),$$

$\alpha = 1 - 0.95 = 0.05$, 相应的 $\dfrac{\sigma_A^2}{\sigma_B^2}$ 的置信区间为

$$\left(\frac{s_A^2}{s_B^2 F_{\frac{\alpha}{2}}(n_1-1, n_2-1)}, \frac{s_A^2}{s_B^2 F_{1-\frac{\alpha}{2}}(n_1-1, n_2-1)}\right).$$

因为已知 $n_1 = n_2 = 10, s_A^2 = 0.5419, s_B^2 = 0.6065$, 而查表得

$$F_{\frac{\alpha}{2}}(n_1-1, n_2-1) = F_{0.025}(9,9) = 4.03,$$

$$F_{1-\frac{\alpha}{2}}(n_1-1, n_2-1) = F_{0.975}(9,9) = \frac{1}{F_{0.025}(9,9)} = \frac{1}{4.03},$$

故所求的置信区间为: $(0.222, 3.601)$.

32. 设 $x_1, x_2, \cdots, x_{2n}$ 是来自方差有限的总体 X 的大小为 $2n$ 的简单随机样本, 令 $T_1 = \bar{x} = \dfrac{1}{2n}\sum\limits_{i=1}^{2n} x_i, T_2 = \dfrac{1}{n}\sum\limits_{i=1}^{n} x_{2i}$.

(1) 对总体期望作估计时, T_1 和 T_2 是否无偏? T_1 是否比 T_2 有效? 说明上述结论的理由;

（2）证明 T_2 是总体期望的一致估计（即相合估计）.

解 （1）由 $E(T_1) = E(T_2) = E(X)$ 知，T_1 和 T_2 是总体期望无偏估计.

由 $D(T_1) = \dfrac{1}{4n^2} \cdot 2nD(X) = \dfrac{D(X)}{2n}, D(T_2) = \dfrac{1}{n^2} \cdot nD(X) = \dfrac{D(X)}{n}$ 知，T_1 比 T_2 有效.

（2）$\forall \varepsilon > 0, P_\theta\{|T_2 - E(X)| > \varepsilon\} \leqslant \dfrac{DT_2}{n\varepsilon^2} \to 0 (n \to \infty)$,

故 T_2 是总体期望的一致估计.

33. 设某电子元件的寿命服从正态分布 $N(\mu, \sigma^2)$，抽样检查 10 个元件，得样本均值 $\overline{x} = 1\,200$（时），样本标准差 $s = 14$（时）. 求：

（1）总体均值 μ 置信水平为 99% 的置信区间；

（2）用 $\overline{x}$ 作为 μ 的估计值，求绝对误差值不大于 10（时）的概率.

解 （1）由于 σ 未知，$s = 14$，根据求置信区间的公式得

$$\left(\overline{x} - \frac{s}{\sqrt{n}}t_{\frac{\alpha}{2}}(n-1), \overline{x} + \frac{s}{\sqrt{n}}t_{\frac{\alpha}{2}}(n-1)\right),$$

$$\left(1\,200 - \frac{14}{\sqrt{10}}t_{0.005}(9), 1\,200 + \frac{14}{\sqrt{10}}t_{0.005}(9)\right).$$

查表得 $t_{0.005}(9) = 3.25$，故总体均值 μ 置信水平为 99% 的置信区间为

$$(1\,200 - 14.388, 1\,200 + 14.388) = (1\,185.612, 1\,214.388).$$

$$(2) P\{|\overline{x} - \mu| < 10\} = P\left\{\frac{|\overline{x} - \mu|}{s/\sqrt{n}} < \frac{10}{s/\sqrt{n}}\right\} = P\left\{|t(n-1)| < \frac{10\sqrt{10}}{14}\right\}$$

$$= P\{|t(9)| < 2.258\,8\} \approx P\{|t(9)| < t_{0.025}(9)\}$$

$$= 1 - 2\alpha = 1 - 0.05 = 0.95.$$

34. 在一批货物的容量为 100 的样本中，经检验发现有 16 只次品，试求这批货物次品率的置信度为 95% 的置信区间.

解 此为大样本的区间估计. 设这批货物次品率为 $p, X \sim B(1, p)$ 为随机抽取的一件货物中含次品的数目，则 $X \sim B(1, p)$. 取统计量

$$Z = \frac{\sum\limits_{i=1}^{n} x_i - np}{\sqrt{np(1-p)}} = \frac{n\overline{x} - np}{\sqrt{np(1-p)}},$$

其渐近服从于 $N(0, 1)$. $\alpha = 1 - 95\% = 0.05$，相应的 p 置信区间为

$$(p_1, p_2) = \left(\frac{-b - \sqrt{b^2 - 4ac}}{2a}, \frac{-b + \sqrt{b^2 - 4ac}}{2a}\right),$$

其中 $a = n + z_{\frac{\alpha}{2}}^2, b = -(2n\overline{x} + z_{\frac{\alpha}{2}}^2), c = n\overline{x}^2$. 这里 $n = 100, \overline{x} = \dfrac{1}{n}\sum\limits_{i=1}^{n}x_i = \dfrac{16}{100} = 0.16$, $z_{\frac{\alpha}{2}} = z_{0.025} = 1.96$. 于是，$a = 103.8416, b = -35.8416, c = 2.56$，故所求的置信区间为：$(p_1, p_2) = (0.101, 0.244)$.

35. 为了比较 A, B 两种灯泡的寿命，从 A 型号中随机抽取 80 只，测得平均寿命 $\overline{x} = 2\,000$（时），样本标准差 $s_1 = 80$（时）；从 B 形号中随机抽取 100 只，测得平均寿命 $\overline{y} = 1\,900$（时），样本标准差 $s_2 = 100$（时）. 假设两种型号灯泡的寿命均服从正态分布且相互独立，试求置信度为 0.99 的的 $\mu_1 - \mu_2$ 置信区间.

解 因为是大样本,可取统计量为

$$Z = \frac{(\bar{x} - \bar{y}) - (\mu_1 - \mu_2)}{\sqrt{\frac{s_1^2}{n_1} + \frac{s_2^2}{n_2}}},$$

它渐近服从于 $N(0,1)$。$\alpha = 1 - 95\% = 0.05$,相应的 $\mu_1 - \mu_2$ 的置信区间为

$$\left(\bar{x} - \bar{y} - u_{\frac{\alpha}{2}} \cdot \sqrt{\frac{s_1^2}{n_1} + \frac{s_2^2}{n_2}}, \bar{x} - \bar{y} + u_{\frac{\alpha}{2}} \cdot \sqrt{\frac{s_1^2}{n_1} + \frac{s_2^2}{n_2}} \right).$$

已知 $n_1 = 80, n_2 = 100, \bar{x} = 2\,000, \bar{y} = 1\,900, s_1 = 80, s_2 = 100$,有 $\bar{x} - \bar{y} = 100$,且查表得 $u_{\frac{\alpha}{2}} = u_{0.005} = 2.575$,代入上式,即得所求的置信区间:$(65.453, 134.547)$。

36. 某厂分别从两条流水生产线上抽取样本:$x_1, x_2, \cdots, x_{12}$ 及 $y_1, y_2, \cdots, y_{17}$,测得 $\bar{x} = 10.6$(克),$\bar{y} = 9.5$(克),$s_1^2 = 2.4, s_2^2 = 4.7$。设两个正态总体的均值分别为 μ_1 和 μ_2,且有相同方差,试求 $\mu_1 - \mu_2$ 的置信度为 95% 的置信区间。

解 由 $s^2 = \frac{(n_1 - 1)s_1^2 + (n_1 - 1)s_2^2}{n_1 + n_2 - 2} = \frac{11 \times 2.4 + 16 \times 4.7}{12 + 17 - 2} = 3.763$,得 $s = \sqrt{3.763} = 1.94$。查表得 $t_{\frac{\alpha}{2}}(n_1 + n_2 - 2) = t_{0.025}(27) = 2.051\,8, \bar{x} - \bar{y} = 10.6 - 9.5 = 1.1$,故

$$t_{0.025}(27)s\sqrt{\frac{1}{n_1} + \frac{1}{n_2}} = 2.051\,8 \times 1.94 \sqrt{\frac{1}{12} + \frac{1}{17}} \approx 1.50.$$

根据求置信区间的公式得,$\mu_1 - \mu_2$ 的置信度为 95% 的置信区间为

$$(\bar{x} - \bar{y}) \pm t_{0.025}(27)s\sqrt{\frac{1}{n_1} + \frac{1}{n_2}} = (1.1 \pm 1.50) = (-0.40, 2.60).$$

37. 随机地取某种炮弹 9 发做试验,得炮弹口速度的样本标准差为 $s = 11$(m/s)。设炮口速度服从正态分布,求这种炮弹的炮口速度的标准差 σ 的置信度为 0.95 的置信区间。

解 σ 的置信度为 0.95 的置信区间为

$$\left(\sqrt{\frac{(n-1)s^2}{\chi_{\frac{\alpha}{2}}^2(n-1)}}, \sqrt{\frac{(n-1)s^2}{\chi_{1-\frac{\alpha}{2}}^2(n-1)}} \right) = \left(\frac{\sqrt{8} \times 11}{\sqrt{17.535}}, \frac{\sqrt{8} \times 11}{\sqrt{2.18}} \right) = (7.4, 21.1),$$

其中 $\alpha = 0.05, n = 9$。查表知 $\chi_{0.025}^2(8) = 17.535, \chi_{0.975}^2(8) = 2.180$。

38. 研究两种固体燃料火箭推进器的燃烧率。设两者都服从正态分布,并且已知燃烧率的标准差均近似为 0.05 cm/s,取样本容量为 $n_1 = n_2 = 20$。得燃烧率的样本均值分别为 $\bar{x}_1 = 18$ cm/s,$\bar{x}_2 = 24$ cm/s。设两样本独立,求两燃烧率总体均值差 $\mu_1 - \mu_2$ 的置信度为 0.99 的置信区间。

解 $\mu_1 - \mu_2$ 的置信度为 0.99 的置信区间为

$$\left(\bar{x}_1 - \bar{x}_2 \pm u_{\frac{\alpha}{2}} \sqrt{\frac{\sigma_1^2}{n_1} + \frac{\sigma_2^2}{n_2}} \right) = \left(18 - 24 + 2.58 \sqrt{\frac{0.05^2 \times 2}{20}} \right) = (-6.04, -5.96).$$

其中 $\alpha = 0.01, u_{0.005} = 2.58, n_1 = n_2 = 20, \sigma_1^2 = \sigma_2^2 = 0.05^2, \bar{x}_1 = 18, \bar{x}_2 = 24$。

39. 设两位化验员 A, B 独立地对某中聚合物含氯两用同样的方法各做 10 次测定,其测定值的样本方差依次为 $s_A^2 = 0.541\,9, s_B^2 = 0.606\,5$。设 σ_A^2, σ_B^2 分别为 A, B 所测定的测定值总体的方差,设总体均为正态的。设两样本独立,求方差比 $\frac{\sigma_A^2}{\sigma_B^2}$ 的置信度为 0.95 的置信区间。

解　σ_A^2/σ_B^2 的置信度为 0.95 的置信区间为

$$\left(\frac{s_A^2}{s_B^2 F_{\frac{\alpha}{2}}(n_1-1,n_2-1)},\frac{s_A^2}{s_B^2 F_{1-\frac{\alpha}{2}}(n_1-1,n_2-1)}\right)$$

$$=\left(\frac{0.541\ 9}{0.606\ 5\times 4.03},\frac{0.541\ 9\times 4.03}{0.606\ 5}\right)=(0.222,3.601).$$

其中 $n_1=n_2=10,\alpha=0.05,F_{0.025}(9.9)=4.03,F_{0.975}(9,9)=\dfrac{1}{F_{0.025}(9,9)}=\dfrac{1}{4.03}.$

第八章
假设检验

一、假设检验的基本思想

对总体的分布形式或分布中某些未知参数作出某种假设，然后构造合适的统计量，通过对样本的有关计算，对假设的正确性进行判断．这样的问题称为假设检验问题．

二、假设检验的一般步骤

假设检验一般可按如下的基本步骤进行：

（1）根据实际问题提出原假设 H_0 及备择假设 H_1．这里要求 H_0 与 H_1 有且仅有一个为真．

（2）选取样本 $(x_1, x_2, \cdots, x_n)$ 的合适的统计量，即要求所选的统计量与假设 H_0 无关且服从某种分布．常见的有正态分布，t 分布、χ^2 分布及 F 分布．

（3）规定小概率标准 α 的大小，也叫显著性水平，通常可取 $\alpha = 0.01, \alpha = 0.05$ 或 $\alpha = 0.1$．

（4）在显著水平 α 下，根据统计量的分布将样本空间划分为两部分：其一是接受 H_0 的，叫接受域；另一个是拒绝 H_0 的，叫拒绝域，记为 W．

（5）根据样本值计算统计量的大小．

（6）作出判断：若统计量的观测值落在拒绝域 W 内，则认为小概率事件发生了，拒绝 H_0，而接受 H_1；

若统计量的观测值落在接受域内，则认为小概率事件没有发生，可以接受 H_0，而拒绝 H_1．

说明　统计量服从标准正态分布（t 分布、χ^2 分布、F 分布）的假设检验称为 u 检验（t 检验、χ^2 检验、F 检验）．

三、单个正态总体的假设检验

1 ▷ 总体均值的假设检验

（1）方差已知时，总体均值的检验 ——u 检验

设 $x_1, x_2, \cdots, x_n$ 是从正态总体 $N(\mu, \sigma_0^2)$ 中抽取的一个样本, σ_0^2 是已知常数, 欲检验假设:
$$H_0 : \mu = \mu_0 \text{ v.s. } H_1 : \mu \neq \mu_0,$$
其中 μ_0 为已知数. 检验步骤为:

① 检验假设: $H_0 : \mu = \mu_0 \text{ v.s. } H_1 : \mu \neq \mu_0$.

② 构造统计量: $u = \dfrac{\overline{x} - \mu_0}{\sigma_0 / \sqrt{n}} \sim N(0, 1)$.

③ 确定拒绝域: 规定显著性水平 α, 查标准正态分布表, 求 $\dfrac{\alpha}{2}$ 的上侧分位数 $u_{\frac{\alpha}{2}}$ 作为临界值, 写出相应的拒绝域
$$W : (-\infty, -u_{\frac{\alpha}{2}}), (u_{\frac{\alpha}{2}}, +\infty).$$

④ 计算: 根据样本值 $x_1, x_2, \cdots, x_n$ 计算统计量
$$u = \frac{\overline{x} - \mu_0}{\sigma_0 / \sqrt{n}}, \text{ 其中 } \overline{x} = \frac{1}{n} \sum_{i=1}^{n} x_i.$$

⑤ 判断: 若 u 落入拒绝域 W 内时, 则拒绝 H_0, 接受 H_1; 若 u 落入接受域内时, 则接受 H_0, 而拒绝 H_1.

(2) 方差未知时, 总体均值的检验——t 检验

设 $x_1, x_2, \cdots, x_n$ 是从正态总体 $N(\mu, \sigma^2)$ 中抽取的一个样本, 其中 σ^2 未知, 欲检验假设:
$$H_0 : \mu = \mu_0 \text{ v.s. } H_1 : \mu \neq \mu_0,$$
其中 μ_0 为已知数. 检验步骤为:

① 检验假设: $H_0 : \mu = \mu_0 \text{ v.s. } H_1 : \mu \neq \mu_0$.

② 构造统计量: $t = \dfrac{\overline{x} - \mu_0}{s / \sqrt{n}} \sim t(n-1)$.

③ 确定拒绝域: 规定显著性水平 α, 查 $t(n-1)$ 表, 求分位数 $t_{\frac{\alpha}{2}}(n-1)$, 则拒绝域
$$W : (-\infty, -t_{\frac{\alpha}{2}}(n-1)), (t_{\frac{\alpha}{2}}(n-1), +\infty).$$

④ 计算: 根据样本 $x_1, x_2, \cdots, x_n$ 计算统计量
$$u = \frac{\overline{x} - \mu_0}{s / \sqrt{n}}, \text{ 其中 } \overline{x} = \frac{1}{n} \sum_{i=1}^{n} x_i, s^2 = \frac{1}{n-1} \sum_{i=1}^{n} (x_i - \overline{x})^2.$$

⑤ 判断: 若 t 落在拒绝域 W 内, 则拒绝 H_0, 接受 H_1; 若 t 未落在拒绝域内, 则接受 H_0, 拒绝 H_1.

2 ▶ 总体方差的假设检验

(1) 均值已知时, 总体方差的检验——χ^2 检验

设总体 $X \sim N(\mu, \sigma^2)$, σ^2 未知, $x_1, x_2, \cdots, x_n$ 为取自 X 的样本, μ 是已知常数, 欲检验假设:
$$H_0 : \sigma^2 = \sigma_0^2 \text{ v.s. } H_1 : \sigma^2 \neq \sigma_0^2$$
其中 σ_0^2 为已知数. 检验步骤为:

① 检验假设: $H_0 : \sigma^2 = \sigma_0^2 \text{ v.s. } H_1 : \sigma^2 \neq \sigma_0^2$.

② 构造统计量: $\chi^2 = \dfrac{1}{\sigma_0^2} \sum_{i=1}^{n} (x - \mu)^2 \sim \chi^2(n)$.

③ 确定拒绝域: 规定显著性水平 α, 查 $\chi^2(n)$ 表, 求分位数 $\chi^2_{1-\frac{\alpha}{2}}(n), \chi^2_{\frac{\alpha}{2}}(n)$, 则拒绝域

$$W:(0,\chi^2_{1-\frac{\alpha}{2}}(n))\ 或(\chi^2_{\frac{\alpha}{2}}(n),+\infty).$$

④ 计算:根据样本 $x_1,x_2,\cdots,x_n$ 计算统计量

$$\chi^2=\frac{1}{\sigma_0^2}\sum_{i=1}^{n}(x-\mu)^2.$$

⑤ 判断:若 χ^2 落在拒绝域 W 内,则拒绝 H_0,接受 H_1;若 χ^2 未落在拒绝域内,则接受 H_0,拒绝 H_1.

(2) 均值未知时,总体方差的检验 ——χ^2 检验

设总体 $X\sim N(\mu,\sigma^2)$,σ^2 未知,$x_1,x_2,\cdots,x_n$ 为取自 X 的样本,欲检验假设:

$$H_0:\sigma^2=\sigma_0^2\ \text{v.s.}\ \ H_1:\sigma^2\neq\sigma_0^2.$$

其中 σ_0^2 为已知数. 检验步骤为:

① 检验假设:$H_0:\sigma^2=\sigma_0^2$ v.s. $H_1:\sigma^2\neq\sigma_0^2$.

② 构造统计量:$\chi^2=\dfrac{(n-1)s^2}{\sigma_0^2}\sim\chi^2(n-1)$.

③ 确定拒绝域:规定显著性水平 α,查 $\chi^2(n-1)$ 表,求分位数 $\chi^2_{1-\frac{\alpha}{2}}(n-1)$,$\chi^2_{\frac{\alpha}{2}}(n-1)$,则拒绝域

$$W:(0,\chi^2_{1-\frac{\alpha}{2}}(n-1))\ 或(\chi^2_{\frac{\alpha}{2}}(n-1),+\infty).$$

④ 计算:根据样本 $x_1,x_2,\cdots,x_n$ 计算统计量

$$\chi^2=\frac{(n-1)s^2}{\sigma_0^2},其中\ \bar{x}=\frac{1}{n}\sum_{i=1}^{n}x_i,s^2=\frac{1}{n-1}\sum_{i=1}^{n}(x_i-\bar{x})^2.$$

⑤ 判断:若 χ^2 落在拒绝域 W 内,则拒绝 H_0,接受 H_1;若 χ^2 未落在拒绝域内,则接受 H_0,拒绝 H_1.

四、两个正态总体的假设检验

1 ▶ 总体均值差的假设检验

(1) 方差已知时,两个总体均值差的检验 ——u 检验

设 $X\sim N(\mu_1,\sigma_1^2)$,$Y\sim N(\mu_2,\sigma_2^2)$,其中 σ_1^2 和 σ_2^2 为已知常数. $x_1,x_2,\cdots,x_m$ 和 $y_1,y_2,\cdots y_n$ 分别是取自 X 和 Y 的样本且相互独立. 欲检验假设:

$$H_0:\mu_1=\mu_2\ \text{v.s.}\ \ H_1:\mu_1\neq\mu_2.$$

检验假设 $\mu_1=\mu_2$,等价于检验假设 $\mu_1-\mu_2=0$. 检验步骤为:

① 检验假设:$H_0:\mu_1=\mu_2$ v.s. $H_1:\mu_1\neq\mu_2$.

② 构造统计量:$\mu=\dfrac{\bar{x}-\bar{y}}{\sqrt{\dfrac{\sigma_1^2}{m}+\dfrac{\sigma_2^2}{n}}}\sim N(0,1)$.

③ 确定拒绝域:规定显著性水平 α,查标准正态分布表,求 $\dfrac{\alpha}{2}$ 的上侧分位数 $u_{\frac{\alpha}{2}}$ 作为临界值,写出相应的拒绝域

$$W = (-\infty, -u_{\frac{\alpha}{2}}) \bigcup (u_{\frac{\alpha}{2}}, +\infty).$$

④ 计算:根据样本值 $x_1, x_2, \cdots, x_m$ 和 $y_1, y_2, \cdots, y_n$ 计算统计量

$$u = \frac{\bar{x} - \bar{y}}{\sqrt{\dfrac{\sigma_1^2}{m} + \dfrac{\sigma_2^2}{n}}}, \text{其中} \bar{x} = \frac{1}{m} \sum_{i=1}^{m} x_i, \bar{y} = \frac{1}{n} \sum_{i=1}^{n} y_i.$$

⑤ 判断:若 u 落入拒绝域 W 内时,则拒绝 H_0,接受 H_1;若 u 落入接受域内时,则接受 H_0,而拒绝 H_1.

(2) 方差 $\sigma_1^2 = \sigma_2^2 = \sigma^2$ 未知时,两个总体均值差的检验——t 检验

设 $X \sim N(\mu_1, \sigma^2)$,$Y \sim N(\mu_2, \sigma^2)$,其中 σ^2 为未知常数.$x_1, x_2, \cdots, x_m$ 和 $y_1, y_2, \cdots, y_n$ 分别是取自 X 和 Y 的样本且相互独立.欲检验假设:

$$H_0: \mu_1 = \mu_2 \text{ v.s. } H_1: \mu_1 \neq \mu_2,$$

检验步骤为:

① 检验假设:$H_0: \mu_1 = \mu_2$ v.s. $H_1: \mu_1 \neq \mu_2$.

② 构造统计量:$t = \dfrac{\bar{x} - \bar{y}}{s_\omega \sqrt{\dfrac{1}{m} + \dfrac{1}{n}}} \sim t(m+n-2)$,

其中,

$$s_\omega^2 = \frac{(m-1)s_1^2 + (n-1)s_2^2}{m+n-2}, s_1^2, s_2^2 \text{ 分别为总体 } X \text{ 和 } Y \text{ 的样本方差.}$$

③ 确定拒绝域:规定显著性水平 α,查 t 分布表,求 $\dfrac{\alpha}{2}$ 的上侧分位数 $t_{\frac{\alpha}{2}}(m+n-2)$ 作为临界值,写出相应的拒绝域

$$W: (-\infty, -t_{\frac{\alpha}{2}}(m+n-2)) \text{ 或} (t_{\frac{\alpha}{2}}(m+n-2), +\infty).$$

④ 计算:根据样本值 $x_1, x_2, \cdots, x_m$ 和 $y_1, y_2, \cdots, y_n$ 计算统计量

$$t = \frac{\bar{x} - \bar{y}}{s_\omega \sqrt{\dfrac{1}{m} + \dfrac{1}{n}}} \sim t(m+n-2).$$

⑤ 判断:若 t 落入拒绝域 W 内时,则拒绝 H_0,接受 H_1;若 t 落入接受域内时,则接受 H_0,而拒绝 H_1.

2 ▶ 总体方差差异性的检验 ——F 检验

设有两个正态总体 $X \sim N(\mu_1, \sigma_1^2)$,$Y \sim N(\mu_2, \sigma_2^2)$,$\mu_1, \mu_2$ 为已知常数,$x_1, x_2, \cdots, x_m$ 和 $y_1, y_2, \cdots, y_n$ 分别是取自 X 和 Y 的样本且相互独立.欲检验统计假设:

$$H_0: \sigma_1^2 = \sigma_2^2 \text{ v.s. } H_1: \sigma_1^2 \neq \sigma_2^2.$$

检验步骤为:

① 检验假设:$H_0: \sigma_1^2 = \sigma_2^2$ v.s. $H_1: \sigma_1^2 \neq \sigma_2^2$.

② 构造统计量:$F = \dfrac{s_1^2}{s_2^2} \sim F(m-1, n-1)$,

其中 s_1^2, s_2^2 分别为总体 X 和 Y 的样本方差.

③ 确定拒绝域:规定显著性水平 α,查 F 分布表,求分位数 $F_{1-\frac{\alpha}{2}}(m-1, n-1)$,$F_{\frac{\alpha}{2}}(m-1,$

$n-1$),则拒绝域

$$W:(0,F_{1-\frac{a}{2}}(m-1,n-1))或(F_{\frac{a}{2}}(m-1,n-1),+\infty).$$

④ 计算:根据样本值 $x_1,x_2,\cdots,x_m$ 和 $y_1,y_2,\cdots,y_n$ 计算统计量

$$F=\frac{s_1^2}{s_2^2}.$$

⑤ 判断:若 F 落入拒绝域 W 内时,则拒绝 H_0,接受 H_1;若 F 落入接受域内时,则接受 H_0,而拒绝 H_1.

五、总体分布的假设检验 ——χ^2 拟合优度检验法

在实际问题中,随机变量是否服从某种特定的分布是需要检验的.一般可以根据以往的经验,或者按照实际观测值的分布情况,推断总体 x 可能服从某种分布,其分布函数为 $F(x)$.这时就可以利用样本观测值对这种推断进行检验,推断总体 x 的分布函数 $F(x)$ 是否为真.

对总体分布的假设检验一般采用 χ^2 拟合优度检验法,其原理与步骤如下:

(1) 检验假设与检验统计量:检验假设

$H_0:x$ 的分布函数为 $F(x)$(备择假设 H_1 可以不必写出)

检验统计量

$$\chi^2=\sum_{i=1}^{k}\frac{(n_i-n\hat{p}_i)^2}{n\hat{p}_i}=\sum_{i=1}^{k}\frac{n_i^2}{n\hat{p}_i}-n\sim\chi^2(n-r-1),其中 n 为样本容量,r 为未知参数$$

的个数.

(2) 将 x 可能取值的全体 Ω 分成若干个互不相交的子集 $E_1,E_2,\cdots,E_k$,并求出样本值落入各个子集的频数 $n_1,n_2,\cdots,n_k$.

(3) 用极大似然估计法估计各未知参数的估计值.

(4) 把上述估计值当作未知参数的真值,并在 H_0 成立的条件下计算总体 x 落入 E_i 的概率 $\hat{p}_i$.

(5) 求出 χ^2 的观测值 $\sum_{i=1}^{k}\frac{(n_i-n\hat{p}_i)^2}{n\hat{p}_i}$.

(6) 按显著性水平 α 查出临界点 $\chi_\alpha^2(n-r-1)$ 的值,若 $\sum_{i=1}^{k}\frac{(n_i-n\hat{p}_i)^2}{n\hat{p}_i}\geqslant\chi_\alpha^2(n-r-1)$,

则拒绝 H_0,否则接受 H_0.

说明 (1) 若没有未知的参数,则 $r=0$,且 $\hat{p}_i=p_i$(即不用加尖号).

(2) 如果 Ω 只分成两个区间,每个区间的期望观察值数目必须不小于 5;

(3) 要是分成两个以上的区间时,其中期望观察值数目小于 5 的区间不应超过区间总数的 20%,这样的区间若过多时宜适当合并.

六、单侧检验

前面提到的假设检验,除总体分布的假设检验外,都是双侧检验,它只关心总体的均值或方差是否有变化.实际问题中,有时只关心总体的均值是否会增大.例如,试验新工艺以提高产品的质量、材料的强度、元件的使用寿命等,当然,总体的均值越大越好.此时,需要检验假设:

$$H_0 : \mu \leqslant \mu_0 \text{ v.s. } H_1 : \mu > \mu_0,$$

其中 μ_0 是已知常数.类似地,如果只关心总体的均值是否变小,就需要检验假设:

$$H_0 : \mu \leqslant \mu_0 \text{ v.s. } H_1 : \mu > \mu_0,$$

这就是所谓单侧检验.

一般假设检验的类型有:

双侧检验:$H_0 : \theta = \theta_0$ v.s. $H_1 : \theta \neq \theta_0$

右侧检验:$H_0 : \theta \leqslant \theta_0$ v.s. $H_1 : \theta > \theta_0$

左侧检验:$H_0 : \theta \geqslant \theta_0$ v.s. $H_1 : \theta < \theta_0$

各种统计假设检验情况(检验水平为 α)如下表所示.

各种统计假设检验表

检验法	H_0	H_1	检验统计量	自由度	拒绝域	条件
u 检验	$\mu = \mu_0$ $\mu \geqslant \mu_0$ $\mu \leqslant \mu_0$	$\mu = \mu_0$ $\mu > \mu_0$ $\mu < \mu_0$	$u = \dfrac{\bar{x} - \mu_0}{\sigma_0 / \sqrt{n}}$			σ_0^2, μ_0 已知
	$\mu_1 = \mu_2$ $\mu_1 \leqslant \mu_2$ $\mu_1 \geqslant \mu_2$	$\mu_1 \neq \mu_2$ $\mu_1 < \mu_2$ $\mu_1 > \mu_2$	$u = \dfrac{\bar{x} - \bar{y}}{\sqrt{\dfrac{\sigma_1^2}{m} + \dfrac{\sigma_2^2}{n}}}$			已知
t 检验	$\mu = \mu_0$ $\mu \leqslant \mu_0$ $\mu \geqslant \mu_0$	$\mu \neq \mu_0$ $\mu > \mu_0$ $\mu < \mu_0$	$t = \dfrac{\bar{x} - \mu_0}{s / \sqrt{n}}$	$n-1$	$\|t\| > t_{\frac{\alpha}{2}}$ $t > t_\alpha$ $t < -t_\alpha$	μ_0 已知 σ^2 未知
	$\mu_1 = \mu_2$ $\mu_1 \leqslant \mu_2$ $\mu_1 \geqslant \mu_2$	$\mu_1 \neq \mu_2$ $\mu_1 > \mu_2$ $\mu_1 < \mu_2$	$t = \dfrac{\bar{x} - \bar{y}}{s_w \sqrt{\dfrac{1}{m} + \dfrac{1}{n}}}$	$m+n-2$	$\|t\| > t_{\frac{\alpha}{2}}$ $t > t_\alpha$ $t < -t_\alpha$	未知但相等
χ^2 检验	$\sigma^2 = \sigma_0^2$ $\sigma^2 \leqslant \sigma_0^2$ $\sigma^2 \geqslant \sigma_0^2$	$\sigma^2 \neq \sigma_0^2$ $\sigma^2 > \sigma_0^2$ $\sigma^2 < \sigma_0^2$	$\chi^2 = \dfrac{1}{\sigma_0^2} \sum\limits_{i=1}^{n} (x_i - \mu_0)^2$	n	$(0, \chi_{1-\frac{\alpha}{2}}^2) \bigcup (\chi_{1-\frac{\alpha}{2}}^2, +\infty)$ $\chi^2 > \chi_\alpha^2$ $\chi^2 < \chi_{1-\alpha}^2$	σ_0^2, μ_0 已知
	$\sigma^2 = \sigma_0^2$ $\sigma^2 \leqslant \sigma_0^2$ $\sigma^2 \geqslant \sigma_0^2$	$\sigma^2 \neq \sigma_0^2$ $\sigma^2 > \sigma_0^2$ $\sigma^2 < \sigma_0^2$	$\chi^2 = \dfrac{(n-1)s^2}{\sigma_0^2}$	$n-1$	对应重复上面	σ_0^2 已知 μ_0 未知

续表

检验法	H_0	H_1	检验统计量	自由度	拒绝域	条件
F 检验	$\sigma_1^2 = \sigma_2^2$ $\sigma_1^2 \leqslant \sigma_2^2$ $\sigma_1^2 \geqslant \sigma_2^2$	$\sigma_1^2 \neq \sigma_2^2$ $\sigma_1^2 > \sigma_2^2$ $\sigma_1^2 < \sigma_2^2$	$F = \dfrac{\dfrac{1}{m}\sum\limits_{i=1}^{n}(x_i - \mu_1)^2}{\dfrac{1}{n}\sum\limits_{i=1}^{n}(y_i - \mu_2)^2}$	(m, n)	$(0, F_{1-\frac{a}{2}}) \bigcup (F_{1-\frac{a}{2}}, +\infty)$ $F > F_a$ $F < F_{1-a}$	μ_1, μ_2 已知
	$\sigma_1^2 = \sigma_2^2$ $\sigma_1^2 \leqslant \sigma_2^2$ $\sigma_1^2 \geqslant \sigma_2^2$	$\sigma_1^2 \neq \sigma_2^2$ $\sigma_1^2 > \sigma_2^2$ $\sigma_1^2 < \sigma_2^2$	$F = \dfrac{s_1^2}{s_2^2}$	$(m-1, n-1)$	对应重复上面	μ_1, μ_2 未知

如何选择假设检验的类型与研究者最初的立场有关,着眼点决定假设检验的类型选择. 如果从问题的表述来看,一般而言,若问"是否相等""是否一致""是否有差异",则用双侧检验;若问"是否低于""是否小于""是否差于",则用单侧检验中的右侧检验;若问"是否高于""是否大于""是否优于",则用单侧检验中的左侧检验.

读者需要注意,单侧检验问题与相应的双侧检验问题一样,其所用的检验统计量和检验步骤完全相同,不同的只是拒绝域,这时显著性水平 α 一定"不能对分". 在此着重指出:单侧检验问题的拒绝域,其不等式的取向,与备择假设的不等式取向完全一致. 这一特有的性质使得无需特别记忆单侧检验的拒绝域.

七、两类错误

通过上面分析可知,一个假设检验问题,是要先给定一个原假设 H_0 与备择假设 H_1,选出一个合适的检验统计量 T,由此给出拒绝域 W. 再根据在总体抽样得到的样本值 $(x_1, x_2, \cdots, x_n)$,看它是否落入拒绝域 W 内. 当 $(x_1, x_2, \cdots, x_n) \in W$ 时,就拒绝 H_0(即接受 H_1);而当 $(x_1, x_2, \cdots, x_n) \in W$ 时,接受 H_0.

这样的假设检验有可能犯两类错误,见下表.

假设检验问题可能出现的情况表

判断 真实情况	接受 H_0 $((x_1, x_2, \cdots, x_n) \notin W)$	拒绝 H_0 $((x_1, x_2, \cdots, x_n) \in W)$
H_0 成立	正确	第一类错误
H_1 成立	第二类错误	正确

第一类错误:原假设 H_0 符合实际情况,但因样本统计量的值落入了拒绝域 W,因而原假设 H_0 被否定了. 称这种错误为弃真错误,并记犯第一类的概率为 α.

第二类错误:原假设 H_0 不符合实际情况,但因样本统计量的值未落入拒绝域 W,因而原假设 H_0 被接受. 称这种错误为取伪错误,并记犯第二类错误的概率为 β.

显著性检验会犯错误的主要原因:一是它只是通过样本信息,获得对局部的了解来推断总体,因而不可能绝对正确;二是其推断根据是实际推断原理,即小概率事件在一次试验中一般不应该发生,但在理论上小概率事件在一次试验中则有可能发生;三是从显著性假设检验的思路看,作出接受原假设的决定是缺乏逻辑依据的,只是规定没有理由拒绝就接受.

对于两类错误的概率,一般地有

$$P\{(x_1,x_2,\cdots,x_n)\in W\mid H_0\text{ 成立}\}\leqslant\alpha,$$

也就是对于给定的显著性水平 α,要寻找合适的检验统计量 T,使得由它定出的拒绝域 W 满足犯第一类错误的概率不超过 α,而犯第二类错误的概率则为

$$P\{(x_1,x_2,\cdots,x_n)\notin W\mid H_1\text{ 成立}\}=\beta.$$

由于第二类错误的前提是备择假设 H_1 成立,并且 H_1 不像原假设 H_0 那样只是一个点,而是一个范围,因此第二类错误的概率 β 通常不容易求得.在本章的强化练习部分的最后,有两道计算第二类错误概率 β 的题目,请读者细心揣摩其求法,领会其中的要义.

人们当然希望在假设检验问题中犯两类错误的概率 α,β 都尽可能小,然而在样本容量固定时是做不到的.人们发现:

(1)两类错误的概率是相互关联的.当样本容量 n 固定时,某一类错误的概率的减少将导致另一类错误的概率的增加.

(2)要同时降低两类错误的概率,需要增大样本容量 n.

（二）　　　　　　　　　　　　　　　　强化练习八

1. 某批矿砂的 5 个样品中的镍含量,经测定为(％)3.25,3.27,3.24,3.26,3.24.设测定值总体服从正态分布,问在显著性水平 $\alpha=0.01$ 下能否接受假设:这批矿砂的含镍量的均值为 3.25.

解　设测定值总体 $X\sim N(\mu,\sigma^2)$,其中 μ,σ^2 均未知,采用 t 检验:

(1)检验假设:$H_0:\mu=3.25$ v. s. $H_1:\mu\neq3.25$.

(2)检验统计量:$t=\dfrac{\overline{x}-3.25}{s/\sqrt{n}}\sim t(n-1)$.

(3)H_0 的拒绝域:$\mid t\mid\geqslant t_{\frac{\alpha}{2}}(n-1)$.

(4)计算:$n=5,\alpha=0.01$,查表 $t_{\frac{\alpha}{2}}(n-1)=t_{0.005}(4)=4.604\ 1$,由计算知

$$\overline{x}=3.252,s=\sqrt{\frac{1}{n-1}\sum_{i=1}^{5}(x_i-\overline{x})^2}=0.013\ 04,$$

$$\mid t\mid=\left|\frac{3.252-3.25}{\dfrac{0.013\ 04}{\sqrt{5}}}\right|=0.343<4.604\ 1.$$

(5)判断:在 $\alpha=0.01$ 下,接受假设 H_0,即认为这批矿砂的含镍量的均值为 3.25.

2. 某种零件的长度服从正态分布,方差 $\sigma^2=1.21$,随机抽取6件,记录其长度(单位:mm)分别为

$$32.46,31.54,30.10,29.76,31.67,31.23.$$

在显著性水平 $\alpha=0.01$ 下,能否认为这批零件的平均长度为 32.50 mm?

解　设该种零件的长度 $X\sim N(\mu,\sigma^2)$,因方差已知,故采用 u 检验.

(1)检验假设:$H_0:\mu=\mu_0=32.50$ v. s. $H_1:\mu\neq\mu_0$.

（2）检验统计量：$z = \dfrac{\overline{x} - \mu_0}{\sigma/\sqrt{n}}$.

（3）H_0 的拒绝域：$|z| \geqslant u_{\frac{\alpha}{2}}$.

（4）计算：$n = 6, \alpha = 0.01$，查表得 $u_{\frac{\alpha}{2}} = u_{0.005} = 2.5758$，由计算得

$$\overline{x} = \frac{1}{n} \sum_{i=1}^{n} x_i = 31.1267, \sigma = 1.1,$$

$$|z| = \frac{|\overline{x} - \mu_0|}{\sigma/\sqrt{n}} = \frac{|31.1267 - 32.5|}{1.1/\sqrt{6}} = 3.0582 > 2.5758.$$

（5）判断：z 落入拒绝域中，故在 $\alpha = 0.01$ 的显著水平下，拒绝 H_0，即不能认为这批零件的平均长度为 32.50 mm.

3. 某地八月份气温 $X \sim N(\mu, \sigma^2)$，观察 9 天，得 $\overline{x} = 30℃, s = 0.9℃$，求：

（1）此地八月份平均气温的置信区间（置信度 $1 - \alpha = 0.95$）；

（2）能否据此样本认为该地区八月份平均气温为 31.5℃（$\alpha = 0.05$）；

（3）从（1）和（2）可以得出什么结论？

解 （1）此系 σ^2 未知而求 μ 的置信区间的情形，因此取统计量

$$t = \frac{\overline{x} - \mu}{s/\sqrt{n}} \sim t(n-1).$$

依题设有 $n = 9, \overline{x} = 30, s = 0.9, \alpha = 0.05$，查表 $t_{\frac{\alpha}{2}}(n-1) = t_{0.025}(8) = 2.306$，于是平均气温置信度为 0.95 的置信区间为

$$\left(\overline{x} \pm t_{\frac{\alpha}{2}}(n-1) \frac{s}{\sqrt{n}}\right) = \left(30 \pm 2.306 \times \frac{0.9}{\sqrt{9}}\right) = (30 \pm 0.6918) = (29.3082, 30.6918).$$

（2）检验假设：$H_0 : \mu = \mu_0 = 31.5$ v.s. $H_1 : \mu \neq \mu_0 = 31.5$.

检验统计量：$t = \dfrac{\overline{x} - \mu_0}{s/\sqrt{n}} \sim t(n-1)$.

拒绝域：显著性水平为 $\alpha = 0.05$ 的拒绝域为

$$\left|\frac{\overline{x} - \mu_0}{s/\sqrt{n}}\right| \geqslant t_{\frac{\alpha}{2}}(n-1) = t_{0.025}(8) = 2.306.$$

由于

$$\left|\frac{\overline{x} - \mu_0}{s/\sqrt{n}}\right| = \left|\frac{30 - 31.5}{0.9/\sqrt{9}}\right| = 5 > 2.306,$$

故拒绝 H_0，不能认为该地区八月份平均气温是 31.5℃，即与 31.5℃ 有显著差异.

（3）从（1）和（2）可以得知，在相同的显著水平 α 下，拒绝 $H_0 : \mu = \mu_0$ 与 μ_0 的值落在置信度为 $1 - \alpha$ 的置信区间之外是一致的.

4. 如果一个矩形的宽度 ω 与长度 l 的比 $\dfrac{\omega}{l} = \dfrac{1}{2}(\sqrt{5} - 1) \approx 0.618$，这样的矩形称为黄金矩形，这种尺寸的矩形使人们看上去有良好的感觉. 现代建筑构件（如窗架）、工艺品（如镜框）、甚至司机的执照、商业的信用卡等常常都采用黄金矩形. 下面列出某工艺品工厂随机抽取的 20 个矩形的宽度与长度的比值为

0.693, 0.749, 0.654, 0.670, 0.662, 0.672, 0.615, 0.606, 0.690, 0.628,
0.668, 0.611, 0.606, 0.609, 0.601, 0.553, 0.570, 0.844, 0.576, 0.933.

设这一工厂生产的矩形的宽度与长度的比值总体服从正态分布,其均值为 μ,试检验假设(取 $\alpha = 0.05$)

$$H_0 : \mu = 0.618 \text{ v. s. } H_1 : \mu \neq 0.618.$$

解 设比值总体总体 $X \sim N(\mu, \sigma^2)$,其中 σ^2 未知,采用 t 检验.

(1) 检验假设:$H_0 : \mu = 0.618$ v. s. $H_1 : \mu \neq 0.618$.

(2) 检验统计量:$t = \dfrac{\overline{x} - 0.618}{s / \sqrt{n}} \sim t(n-1)$.

(3) H_0 的拒绝域:$|t| \geqslant t_{\frac{\alpha}{2}}(n-1)$.

(4) 计算:$n = 20$,$\alpha = 0.05$,查表 $t_{\frac{\alpha}{2}}(n-1) = t_{0.025}(19) = 2.093\,0$,由计算知

$$\overline{x} = \frac{1}{n}\sum_{i=1}^{n} x_i = 0.660\,5, \quad s = \sqrt{\frac{1}{n-1}\sum_{i=1}^{n}(x_i - \overline{x})^2} = 0.092\,5,$$

$$|t| = \left| \frac{0.660\,5 - 0.618}{0.092\,5 / \sqrt{20}} \right| = 2.055 < 2.093\,0.$$

(5) 判断:在 $\alpha = 0.05$ 下,接受 H_0,即认为这批矩形的宽度和长度的比值为 0.618.

5. 糖厂用自动打包机打包,每包标准重量为 100 千克,每天开工后要检验一次打包机工作是否正常,某日开工后测得 9 包重量(单位:千克)如下:

$$99.3, 98.7, 100.5, 101.2, 98.3, 99.7, 99.5, 102.1, 100.5.$$

问该日打包机工作是否正常?($\alpha = 0.05$;已知包重服从正态分布,方差 $\sigma^2 = 0.81$)

解 设每包重量 $X \sim N(\mu, \sigma^2)$,因方差 $\sigma^2 = 0.81$ 已知,故采用 u 检验.

(1) 检验假设:$H_0 : \mu = \mu_0 = 100$ v. s. $H_1 : \mu \neq \mu_0$

(2) 检验统计量:$z = \dfrac{\overline{x} - \mu_0}{\sigma / \sqrt{n}}$.

(3) H_0 的拒绝域:$|z| \geqslant u_{\frac{\alpha}{2}}$.

(4) 计算:$n = 9$,$\alpha = 0.05$,查表得 $u_{\frac{\alpha}{2}} = u_{0.025} = 1.96$,由计算得

$$\overline{x} = \frac{1}{n}\sum_{i=1}^{n} x_i = 99.98, \quad \sigma = 0.9,$$

$$|z| = \frac{|\overline{x} - \mu_0|}{\sigma / \sqrt{n}} = \frac{|99.98 - 100|}{0.9 / \sqrt{9}} = 0.066\,7 < 1.96.$$

(5) 判断:z 未落入拒绝域中,故在 $\alpha = 0.05$ 的显著水平下,接受 H_0,即认为这9包糖的重量符合标准,因此该日打包机工作正常.

6. 某厂生产的某种型号的电池,其寿命长期以来服从方差 $\sigma^2 = 5\,000$(时^2)的正态分布,现有一批这种电池,从它生产情况来看,寿命的波动性有所变化.现随机抽取 26 只电池,测出其寿命的样本方差 $s^2 = 9\,200$(时^2).问根据这一数据能否推断这批电池的寿命的波动性较以往的有显著的变化?(显著性水平 $\alpha = 0.05$)

解 按题意需检验

$$H_0 : \sigma^2 = \sigma_0^2 = 5\,000 \text{ v. s. } H_1 : \sigma^2 \neq 5\,000.$$

因均值 μ 未知,应采取 χ^2 检验,取检验统计量

$$\chi^2 = \frac{(n-1)s^2}{\sigma_0^2}.$$

在显著水平 $\alpha = 0.05$ 下，H_0 的拒绝域为

$$\{\chi^2 \leqslant \chi^2_{1-\frac{\alpha}{2}}(n-1)\} \bigcup \{\chi^2 \geqslant \chi^2_{\frac{\alpha}{2}}(n-1)\},$$

即 $\{\chi^2 \leqslant \chi^2_{0.975}(25)\} \bigcup \{\chi^2 \geqslant \chi^2_{0.025}(25)\}$.

查表得

$$\chi^2_{0.975}(25) = 13.119\ 72,\ \chi^2_{0.025}(25) = 40.646\ 47.$$

由 $n = 26,\sigma_0^2 = 5\ 000,s^2 = 9\ 200$,计算得

$$\chi^2 = \frac{(n-1)s^2}{\sigma_0^2} = \frac{25 \times 9\ 200}{5\ 000} = 46 > 40.646\ 47,$$

从而落入了 H_0 的拒绝域,应该拒绝 H_0,即认为这批电池的寿命的波动性较以往的有显著的变化.

7. 设某次考试的学生成绩服从正态分布,从中随机地抽取 36 位考生的成绩,算得平均成绩为 66.5 分,标准差为 15 分.

(1) 问在显著水平 $\alpha = 0.05$ 下,是否可以认为这次考试全体考生的平均成绩为 70 分?

(2) 在显著水平 $\alpha = 0.05$ 下,是否可以认为这次考试考生的成绩的方差为 16^2?

解 (1) 按题意需检验

$$H_0 : \mu = \mu_0 = 70 \text{ v. s. } H_1 : \mu \neq 70.$$

由于方差未知,应选用 t 检验.已知 $n = 36$,在显著水平 $\alpha = 0.05$ 下,H_0 的拒绝域为

$$|t| = \left|\frac{\bar{x} - \mu_0}{s/\sqrt{n}}\right| \geqslant t_{\frac{\alpha}{2}}(n-1),$$

即 $|t| \geqslant t_{0.025}(35) = 2.030\ 1$.

再由 $\bar{x} = 66.5,s = 15,\mu_0 = 70$,计算得到

$$|t| = \left|\frac{\bar{x} - \mu_0}{s/\sqrt{n}}\right| = 1.4 < 2.030\ 1.$$

可知 t 落入拒绝域中,故在 0.05 的显著水平下应接受 H_0,可以认为这次考试全体考生的平均成绩为 70 分.

(2) 按题意需检验

$$H_0 : \sigma^2 = \sigma_0^2 = 16^2 \text{ v. s. } H_1 : \sigma^2 \neq 16^2.$$

取检验统计量

$$\chi^2 = \frac{(n-1)s^2}{\sigma_0^2}.$$

由 $n = 36$,在显著水平为 $\alpha = 0.05$ 下,H_0 的拒绝域为

$$\chi^2 \leqslant \chi^2_{1-\frac{\alpha}{2}}(n-1) \text{ 或 } \chi^2 \geqslant \chi^2_{\frac{\alpha}{2}}(n-1),$$

即

$$\chi^2 \leqslant \chi^2_{0.975}(35) = 20.569 \text{ 或 } \chi^2 \geqslant \chi^2_{0.025}(35) = 53.203.$$

再由 $\bar{x} = 66.5,s = 15,\sigma_0^2 = 16^2$,计算得

$$\chi^2 = \frac{(n-1)s^2}{\sigma_0^2} = \frac{35 \times 15 \times 15}{16 \times 16} = 30.761\ 72.$$

由于 $20.569 < 30.761\ 72 < 53.203$,统计量 χ^2 没有落入拒绝域中,不能拒绝 H_0,可以认为这次考试考生的成绩的方差为 16^2.

8. 要求一种元件使用寿命不得低于 1 000 时,今从一批这种元件中随机抽取 25 件,测得其寿命的平均值为 950 时,已知这种元件寿命服从标准差为 $\sigma = 100$ 时的正态分布.试在显著水平 $\alpha = 0.05$ 下确定这批元件是否合格?

解 这是单个正态总体均值比较的问题,为单侧检验的左侧检验.设该元件使用寿命 $X \sim N(\mu, \sigma^2)$.

(1) 检验假设:$H_0 : \mu \geqslant \mu_0 = 1\,000$ v. s. $H_1 : \mu < \mu_0$.

(2) 检验统计量($\sigma = 100$ 已知,采用 u 检验):

$$z = \frac{\bar{x} - \mu_0}{\sigma / \sqrt{n}} \sim N(0, 1).$$

(3) H_0 的拒绝域:$z = \dfrac{\bar{x} - \mu_0}{\sigma / \sqrt{n}} \leqslant - u_\alpha = - u_{0.05} = - 1.645$.

(4) 计算:由 $n = 25, \alpha = 0.05, \bar{x} = 950$,计算得

$$z = \frac{\bar{x} - 1\,000}{100 / \sqrt{25}} = - 2.5 < - u_{0.05} = - 1.645.$$

(5) 判断:z 落入拒绝域,故在显著水平 $\alpha = 0.05$ 下,拒绝 H_0,即认为这批元件不合格.

9. 从某种试验物中取出 24 个样品,测量其发热量,算得平均值 $\bar{x} = 11\,958$,样本均方差 $s = 316$.设发热量服从正态分布,在显著性水平 $\alpha = 0.05$ 下,是否可认为该试验物发热量的平均值不大于 12 100?

解 这是单个正态总体均值比较的问题,该试验物发热量 $X \sim N(\mu, \sigma^2)$,则需要检验:

$$H_0 : \mu \leqslant \mu_0 = 12\,100 \text{ v. s. } H_1 : \mu > \mu_0.$$

此为右侧检验,由于方差未知,应采用 t 检验,检验统计量为

$$t = \frac{\bar{x} - \mu_0}{s / \sqrt{n}} \sim t(n - 1).$$

已知 $n = 24$,在显著水平 $\alpha = 0.05$ 下,H_0 的拒绝域为

$$t \geqslant t_\alpha(n - 1) = t_{0.05}(23) = 1.714.$$

再由 $\bar{x} = 11\,958, s = 316, \mu_0 = 12\,100$,计算得到

$$t = \frac{\bar{x} - \mu_0}{s / \sqrt{n}} = - 2.201\,44 < 1.714.$$

可知,t 未落入拒绝域中,故在 0.05 的显著水平下应接受 H_0,认为该试验物发热量的平均值不大于 12 100.

10. 某种导线,要求其电阻的标准差不得超过 0.005(欧姆).今在生产的一批导线中取样品 9 根,测得 $s = 0.007$(欧姆).设总体为正态分布,问在水平 $\alpha = 0.05$ 能否认为这批导线的标准差显著地偏大?

解 这是单个正态总体标准差比较的问题,为单侧检验的右侧检验.设该种导线的电阻 $X \sim N(\mu, \sigma^2)$.

(1) 检验假设:$H_0 : \sigma \leqslant \sigma_0 = 0.005$ v. s. $H_1 : \sigma > \sigma_0$.

(2) 检验统计量:$\chi^2 = \dfrac{(n-1)s^2}{\sigma_0^2} \sim \chi^2(n - 1)$.

(3) H_0 的拒绝域: $\chi^2 \geqslant \chi_\alpha^2(n-1) = \chi_{0.005}^2(8)$.

(4) 计算: 由 $n=9, \alpha=0.05, s=0.007$, 查表得 $\chi_{0.05}^2(8) = 15.507$, 计算得

$$\chi^2 = \frac{8 \times 0.007^2}{0.005^2} = 15.68 > 15.507.$$

(5) 判断: 在 $\alpha=0.05$ 下, 拒绝 H_0, 认为这批导线的标准差显著地偏大.

11. 按照规定, 每 100 克罐头番茄汁中, 维生素 C 的含量不得少于 21 毫克, 现从某厂生产的一批罐头中抽取 17 个, 测得维生素 C 的含量(单位:毫克) 如下:

$$22,21,20,23,21,19,15,13,16,23,17,20,29,18,22,16,25.$$

已知维生素 C 的含量服从正态分布, 试检验这批罐头的维生素含量是否合格. $(\alpha=0.025)$

解　这是单个正态总体均值比较的问题, 设维生素 C 的含量 $X \sim N(\mu, \sigma^2)$, 则需要检验:

$$H_0:\mu \geqslant \mu_0 = 21 \text{ v.s. } H_1:\mu < \mu_0.$$

此为左侧检验. 由于总体方差未知, 应采用 t 检验, 检验统计量为

$$t = \frac{\bar{x}-\mu_0}{s/\sqrt{n}} \sim t(n-1).$$

已知 $n=17$, 在显著水平 $\alpha=0.025$ 下, H_0 的拒绝域为

$$t \leqslant -t_\alpha(n-1) = -t_{0.025}(16) = -2.2.$$

再由 $\bar{x} = \sum_{i=1}^n x_i = 20, s^2 = \frac{1}{n-1}\sum_{i=1}^n (x_i-\bar{x})^2 = 15.875, s = 3.984, \mu_0 = 21$, 计算得到

$$t = \frac{\bar{x}-\mu_0}{s/\sqrt{n}} = -1.035 > -2.2.$$

可见, t 未落入拒绝域中, 故在 0.025 的显著水平下应接受 H_0, 即认为维生素含量合格.

12. 假设某厂生产的缆绳, 其抗拉强度 x 服从正态分布 $N(10\,600, 82^2)$, 现在从改进工艺后生产的一批缆绳中随机抽取 10 根, 测量其抗拉强度, 算得样本均值 $\bar{x} = 10\,653$, 方差 $s^2 = 6\,992$. 当显著水平 $\alpha=0.05$ 时, 能否据此样本认为:

(1) 新工艺生产的缆绳抗拉强度比过去生产的缆绳抗拉强度有显著提高;

(2) 新工艺生产的缆绳抗拉强度, 其方差有显著变化.

解　(1) 检验假设: $H_0:\mu \leqslant \mu_0 = 10\,600 \text{ v.s. } H_1:\mu > \mu_0$.

这时 σ^2 未知, 取统计量 $t = \frac{\bar{x}-\mu_0}{s/\sqrt{n}} \sim t(n-1)$.

已知 $n=10$, 显著性水平为 $\alpha=0.05$ 的拒绝域为

$$\frac{\bar{x}-\mu_0}{s/\sqrt{n}} \geqslant t_\alpha(n-1) = t_{0.05}(9) = 1.833\,1.$$

再由 $\bar{x} = 10\,653, s^2 = 6\,992$, 计算得

$$\frac{\bar{x}-\mu_0}{s/\sqrt{n}} = \frac{10\,653-10\,600}{\sqrt{6\,992}/\sqrt{10}} = 2.004 > 1.833\,1.$$

故拒绝接受 H_0, 即认为抗拉强度比过去有显著提高.

(2) 检验假设: $H_0:\sigma^2 = \sigma_0^2 = 82^2 \text{ v.s. } H_1:\sigma^2 \neq \sigma_0^2$.

这时 μ 未知, 取检验统计量 $\chi^2 = \frac{(n-1)s^2}{\sigma_0^2} \sim \chi^2(n-1)$.

已知 $n = 10$,显著性水平为 $\alpha = 0.05$ 的拒绝域为

$$\frac{n-1}{\sigma_0^2}s^2 \geqslant \chi_{\frac{\alpha}{2}}^2(n-1) = \chi_{0.025}^2(9) = 19.023 \text{ 或 } \frac{n-1}{\sigma_0^2}s^2 \leqslant \chi_{1-\frac{\alpha}{2}}^2(n-1) = \chi_{0.975}^2(9) = 2.700.$$

再由 $s^2 = 6\ 992, \sigma^2 = \sigma_0^2 = 82^2$,计算得

$$\frac{n-1}{\sigma_0^2}s^2 = \frac{10-1}{82^2} \times 6\ 992 = 9.358\ 7,$$

有 $2.700 < \dfrac{(n-1)s^2}{\sigma_0^2} < 19.023$,故接受 H_0,即认为新工艺生产的缆绳抗拉强度,其方差没有显著变化.

13. 某自动车床生产的产品尺寸服从正态分布,按规定产品尺寸的方差 σ^2 不得超过 0.1,为检验该自动车床的工作精度,随机抽取 25 件产品,测得样本方差 $s^2 = 0.197\ 5, \bar{x} = 3.86$. 问该车床生产的产品是否达到所要求的精度?(显著性水平 $\alpha = 0.05$)

解 按题意需进行单侧(右侧)检验

$$H_0: \sigma^2 \leqslant \sigma_0^2 = 0.1 \text{ v.s. } H_1: \sigma^2 > \sigma_0^2.$$

取统计量

$$\chi^2 = \frac{(n-1)s^2}{\sigma_0^2}.$$

已知 $n = 25$,在显著性水平 $\alpha = 0.05$ 下,H_0 的拒绝域为

$$\chi^2 \geqslant \chi_\alpha^2(n-1) = \chi_{0.05}^2(24) = 36.415\ 0.$$

由观测数据 $\bar{x} = 3.86, s^2 = 0.197\ 5$ 及 $\sigma_0^2 = 0.1$,计算得

$$\chi^2 = \frac{(n-1)s^2}{\sigma_0^2} = \frac{(25-1) \times 0.197\ 5}{0.1} = 47.4 > 36.415\ 0,$$

即落入 H_0 的拒绝域中,故在 0.05 的显著水平下应拒绝 H_0,认为该车床生产的产品没有达到所要求的精度.

14. 从一批保险丝中抽取 10 根试验其熔化时间 x,结果为

$$42, 65, 75, 78, 71, 59, 57, 68, 54, 55.$$

问是否可以认为这批保险丝熔化时间的方差不大于 80?($\alpha = 0.05$,熔化时间 x 服从正态分布)

解 这是方差的单侧(右侧)检验.

(1) 检验假设:$H_0: \sigma^2 \leqslant \sigma_0^2 = 80$ v.s. $H_1: \sigma^2 > \sigma_0^2$.

(2) 检验统计量:$\chi^2 = \dfrac{(n-1)s^2}{\sigma_0^2} \sim \chi^2(n-1)$.

(3) 拒绝域:对于给定的 $n = 10$ 和显著性水平 $\alpha = 0.05$,拒绝域为

$$\chi^2 \geqslant \chi_\alpha^2(n-1) = \chi_{0.05}^2(9) = 16.919.$$

(4) 计算与判断:据已知数据计算得 $\bar{x} = 62.4, s^2 = 121.82$,于是,

$$\chi^2 = \frac{(n-1)s^2}{\sigma_0^2} = \frac{9 \times 121.82}{80} = 13.705 < 16.919.$$

故接受 H_0,即可以认为方差不大于 80.

15. 某部门对当前市场的价格情况进行调查. 以鸡蛋为例,所抽查的全省 20 个集市上,售价分别为(单位:元 /500 克)

| 3.05 | 3.31 | 3.34 | 3.82 | 3.30 | 3.16 | 3.84 | 3.10 | 3.90 | 3.18 |
| 3.88 | 3.22 | 3.28 | 3.34 | 3.62 | 3.28 | 3.30 | 3.22 | 3.54 | 3.30 |

已知往年的平均售价一直稳定在 3.25 元 /500 克左右,假设鸡蛋的销售价格服从正态分布,能否认为全省当前的鸡蛋售价明显高于往年?(显著水平 $\alpha = 0.05$)

解法一:这是单个正态总体均值比较的问题.若设鸡蛋的销售价 $X \sim N(\mu,\sigma^2)$,按题意需检验

$$H_0:\mu \leqslant \mu_0 = 3.25 \ \text{v.s.} \ H_1:\mu > \mu_0.$$

这是右侧检验问题.由于方差未知,应选用 t 检验,在 $n = 20$,显著水平 $\alpha = 0.05$ 下,拒绝域为

$$t = \frac{\overline{x} - \mu_0}{s/\sqrt{n}} \geqslant t_\alpha(n-1) = t_{0.05}(19) = 1.729\,1.$$

由样本观测值计算得到

$$\overline{x} = \frac{1}{n}\sum_{i=1}^n x_i = 3.40, s^2 = \frac{1}{n-1}\sum_{i=1}^n (x_i - \overline{x})^2 = 0.072\,4, s = 0.269\,1,$$

$$t = \frac{\overline{x} - \mu_0}{s/\sqrt{n}} = \frac{3.40 - 3.25}{0.269\,1/\sqrt{20}} = 2.493\,1 > 1.729\,1.$$

由于 $t = 2.493\,1$ 落入拒绝域中,故在 0.05 的显著水平下应拒绝 H_0,可以认为全省当前的鸡蛋售价明显高于往年.

解法二:若设鸡蛋的销售价 $X \sim N(\mu,\sigma^2)$,则需要检验:

$$H_0:\mu \geqslant \mu_0 = 3.25 \ \text{v.s.} \ H_1:\mu < \mu_0.$$

这是左侧检验问题.由于方差未知,应选用 t 检验,在 $n = 20$,显著水平 $\alpha = 0.05$ 下,拒绝域为:

$$t = \frac{\overline{x} - \mu_0}{s/\sqrt{n}} \leqslant -t_\alpha(n-1) = -t_{0.05}(19) = -1.729\,1.$$

现由

$$\overline{x} = \frac{1}{n}\sum_{i=1}^n x_i = 3.40, s^2 = \frac{1}{n-1}\sum_{i=1}^n (x_i - \overline{x})^2 = 0.072\,4, s = 0.269\,1,$$

计算得

$$t = \frac{\overline{x} - \mu_0}{s/\sqrt{n}} = \frac{3.40 - 3.25}{0.269\,1/\sqrt{20}} = 2.4931 > -1.729\,1.$$

可知,t 未落入拒绝域中,故在 0.05 的显著水平下不能拒绝 H_0,可以认为全省当前的鸡蛋售价明显高于往年.

16. 设 $x_1,x_2,\cdots,x_n$ 是从总体 X 中抽出的样本,假设 X 服从参数为 λ 的指数分布,λ 未知,给定 $\lambda_0 > 0$ 和显著性水平 $\alpha(0 < \alpha < 1)$,试求假设 $H_0:\lambda \geqslant \lambda_0$ 的 χ^2 检验统计量及拒绝域.

解 检验假设 $\qquad\qquad H_0:\lambda \geqslant \lambda_0,$

选统计量 $\qquad\qquad \widetilde{\chi}^2 = 2\lambda_0\sum_{i=1}^n x_i = 2\lambda_0 n\overline{x} \sim \chi^2(2n).$

记 $\widetilde{\chi}^2 = 2\lambda\sum_{i=1}^n x_i$,则 $\widetilde{\chi}^2 \sim \chi^2(2n)$,对于给定的显著性水平 α,查 χ^2 分布表求出临界值 $\chi^2_\alpha(2n)$,

使
$$P\left\{\widetilde{\chi}^2 \geqslant \chi_a^2(2n)\right\} = \alpha.$$

因 $\widetilde{\chi}^2 > \chi^2$,所以
$$(\widetilde{\chi}^2 \geqslant \chi_a^2(2n)) \supset (\chi^2 \geqslant \chi_a^2(2n)),$$

从而
$$\alpha = P\{\widetilde{\chi}^2 \geqslant \chi_a^2(2n)\} \geqslant P\{\chi^2 \geqslant \chi_a^2(2n)\}$$

可见 $H_0 : \lambda \geqslant \lambda_0$ 的拒绝域为 $\chi^2 \geqslant \chi_a^2(2n)$.

说明 由指数分布 $E(\lambda)$ 与 $\Gamma(\alpha,\beta)$ 分布以及 $\chi^2(n)$ 分布密度之间的关系,可以证明:若 $x_1, x_2, \cdots, x_n$ 是从总体 X 中抽出的样本,且 X 服从参数为 λ 的指数分布,则 $\widetilde{\chi}^2 = 2\lambda \sum\limits_{i=1}^{n} x_i \sim \chi^2(2n)$.

17. 对两种羊毛织品进行强度试验,所得结果如下:

第一种:138,127,134,125;

第二种:134,137,135,140,130,134.

问是否一种羊毛较另一种好?设两种羊毛织品的强度都服从方差相同的正态分布. $(\alpha = 0.05)$

解 设第一、二种织品的强度分别为 X 和 Y,则 $X \sim N(\mu_1, \sigma^2)$, $Y \sim N(\mu_2, \sigma^2)$.

(1) 检验假设:$H_0 : \mu_1 = \mu_2$ v.s. $H_1 : \mu_1 \neq \mu_2$.

(2) 检验统计量:因为两总体方差相同但未知,故采取 t 检验,取统计量
$$t = \frac{\bar{x} - \bar{y}}{s_w \sqrt{\dfrac{1}{n_1} + \dfrac{1}{n_2}}} \sim t(n_1 + n_2 - 2),\text{其中 } s_w^2 = \frac{(n_1-1)s_1^2 + (n_2-1)s_2^2}{n_1 + n_2 - 2}.$$

(3) 拒绝域:
$$|t| = \left| \frac{\bar{x} - \bar{y}}{s_w \sqrt{\dfrac{1}{n_1} + \dfrac{1}{n_2}}} \right| \geqslant t_{\frac{\alpha}{2}}(n_1 + n_2 - 2).$$

(4) 计算与判断:已知 $n_1 = 4, n_2 = 6$,计算得
$$\bar{x} = 131, s_1^2 = 36.667, \bar{y} = 135, s_2^2 = 11.2,$$
$$s_w^2 = \frac{(n_1-1)s_1^2 + (n_2-1)s_2^2}{n_1 + n_2 - 2} = \frac{3 \times 36.667 + 5 \times 11.2}{4 + 6 - 2} = 20.7501, s_w = 4.5552,$$

查 t 分布表得临界值 $t_{\frac{\alpha}{2}}(n_1 + n_2 - 2) = t_{0.025}(8) = 2.3069$,于是有
$$|t| = \left| \frac{\bar{x} - \bar{y}}{s_w \sqrt{\dfrac{1}{n_1} + \dfrac{1}{n_2}}} \right| = \left| \frac{131 - 135}{4.5552 \times \sqrt{\dfrac{1}{4} + \dfrac{1}{6}}} \right| = 1.3604 < 2.3069,$$

所以接受假设 H_0,即不能说一种羊毛较另一种好.

18. 在20块条件相同的土地上,同时试种新旧两个品种的作物各十块土地,其产量(单位:kg)分别为

旧品种:78.1,72.4,76.2,74.3,77.4,78.4,76.0,75.5,76.7,77.3;

新品种:79.1,81.0,77.3,79.1,80.0,79.1,79.1,77.3,80.2,82.1.

设这两个样本相互独立,并都来自正态总体(方差相等),问新品种的产量是否高于旧品种?$(\alpha = 0.01)$

解 设 X 为新品种产量,Y 为旧品种产量,且 $X \sim N(\mu_1, \sigma^2), Y \sim N(\mu_2, \sigma^2)$,问题是检验假设

$$H_0: \mu_1 \geqslant \mu_2 \text{ v.s. } H_1: \mu_1 < \mu_2.$$

选统计量

$$t = \frac{\bar{x} - \bar{y}}{s_w \sqrt{\frac{1}{n_1} + \frac{1}{n_2}}} \sim t(n_1 + n_2 - 2), \text{其中 } s_w^2 = \frac{(n_1-1)s_1^2 + (n_2-1)s_2^2}{n_1 + n_2 - 2}.$$

此为左侧检验,拒绝域为

$$t = \frac{\bar{x} - \bar{y}}{s_w \sqrt{\frac{1}{n_1} + \frac{1}{n_2}}} \leqslant -t_\alpha(n_1 + n_2 - 2).$$

由已知可得

$n_1 = 10, \bar{x} = 79.43, s_1^2 = 2.2246, n_2 = 10, \bar{y} = 76.23, s_2^2 = 3.3246,$

$s_w^2 = \frac{(n_1-1)s_1^2 + (n_2-1)s_2^2}{n_1 + n_2 - 2} = \frac{9 \times 2.2246 + 9 \times 3.3246}{10 + 10 - 2} = 2.7746, s_w = 1.6657.$

查 t 分布表得临界值 $t_\alpha(n_1 + n_2 - 2) = t_{0.01}(18) = 2.5524, t_{0.025}(18) = 2.3069$,于是有

$$t = \frac{\bar{x} - \bar{y}}{s_w \sqrt{\frac{1}{n_1} + \frac{1}{n_2}}} = \frac{79.43 - 76.23}{1.6657 \times \sqrt{\frac{1}{10} + \frac{1}{10}}} = 4.2957 > -2.5524,$$

故接受 H_0,即新品种的产量高于旧品种.

19. 甲、乙两台机床加工同样产品,从它们加工的产品中各抽取若干,测得直径(单位:mm)为

甲:20.5,19.8,19.7,20.4,20.1,20.0,19.0,19.9;

乙:19.7,20.8,20.5,19.8,19.4,20.6,19.2.

问甲、乙两台机床加工的精度有无显著差异?$(\alpha = 0.05,$产品直径服从正态分布)

解 设甲加工的直径为 X,乙为 Y,且 $X \sim N(\mu_1, \sigma_1^2), Y \sim N(\mu_2, \sigma_2^2)$.问题为检验假设

$$H_0: \sigma_1^2 = \sigma_2^2,$$

选统计量

$$F = \frac{s_1^2}{s_2^2} \sim F(n_1 - 1, n_2 - 1),$$

拒绝域为

$$F = \frac{s_1^2}{s_2^2} \leqslant F_{1-\frac{\alpha}{2}}(n_1 - 1, n_2 - 1) \text{ 或 } F = \frac{s_1^2}{s_2^2} \geqslant F_{\frac{\alpha}{2}}(n_1 - 1, n_2 - 1).$$

对于给定的 $n_1 = 8, n_2 = 7, \alpha = 0.05$,查 F 分布表得临界值

$$F_{\alpha/2}(n_1 - 1, n_2 - 1) = F_{0.025}(7, 6) = 5.70,$$

$$F_{1-\frac{\alpha}{2}}(n_1 - 1, n_2 - 1) = F_{0.975}(7, 6) = \frac{1}{F_{0.025}(6, 7)} = \frac{1}{5.12} = 0.1953.$$

由已知可计算得

$$\bar{x} = 19.925, s_1^2 = 0.2164, \bar{y} = 20, s_2^2 = 0.3967,$$

$$F = \frac{s_1^2}{s_2^2} = \frac{0.216\ 4}{0.396\ 7} = 0.545\ 5.$$

因 $F_{0.975}(7,6) = 0.195\ 3 < 0.545\ 5 = F < F_{0.025}(7,6) = 5.70$，故接受 H_0，即两者精度无显著差异.

20. 一台机床大修前曾加工一批零件，共 $n_1 = 10$ 件，加工尺寸的样本方差为 $s_1^2 = 25(\text{mm}^2)$. 大修后加工一批零件，共 $n_2 = 12$ 件，加工尺寸的样本方差为 $s_2^2 = 4(\text{mm}^2)$. 设加工尺寸服从正态分布，问此机床大修后，精度有无明显提高？（显著性水平 $\alpha = 0.05$）

解 按题意需检验

$$H_0 : \sigma_1^2 \geqslant \sigma_2^2 \ \text{v. s.} \ H_1 : \sigma_1^2 < \sigma_2^2,$$

取检验统计量

$$F = \frac{s_1^2}{s_2^2} \sim F(n_1 - 1, n_2 - 1).$$

因为这是单侧检验中的左侧检验，故拒绝域为

$$F = \frac{s_1^2}{s_2^2} \leqslant F_{1-\alpha}(n_1 - 1, n_2 - 1).$$

对于给定的 $n_1 = 10, n_2 = 12, \alpha = 0.05$，查 F 分布表得临界值

$$F_{1-\alpha}(n_1 - 1, n_2 - 1) = F_{0.95}(9,11) = \frac{1}{F_{0.05}(11,9)} = \frac{1}{3.105} = 0.322\ 1.$$

由观测数据 $s_1^2 = 25, s_2^2 = 4$，可得

$$F = \frac{s_1^2}{s_2^2} = \frac{25}{4} = 6.25,$$

未落在 H_0 的拒绝域中，故在 0.05 显著水平下，应接受 H_0，可认为此机床大修后，精度有明显提高.

21. 有若干人参加一个减肥锻炼，在一年后测量了他们的身体脂肪含量，结果如下表所示：

男生组	13.3	19	20	8	18	22	20	31	21	12	16	12	24
女生组	22	26	16	12	21.7	23.2	21	28	30	23			

假设身体脂肪含量服从正态分布，试比较男生和女生的身体脂肪含量有无显著差异.（显著水平 $\alpha = 0.05$）

解 依题意，男女生的脂肪含量是分别来自正态总体 $X \sim N(\mu_1, \sigma_1^2)$ 和 $Y \sim N(\mu_2, \sigma_2^2)$，$\mu_1, \mu_2, \sigma_1^2, \sigma_2^2$ 均未知，故首先要验证方差齐性，为此先对两组数据做假设检验

$$H_0 : \sigma_1^2 = \sigma_2^2 \ \text{v. s.} \ H_1 : \sigma_1^2 \neq \sigma_2^2.$$

检验统计量为

$$F = \frac{s_1^2}{s_2^2} \sim F(n_1 - 1, n_2 - 1),$$

拒绝域为

$$F = \frac{s_1^2}{s_2^2} \leqslant F_{1-\frac{\alpha}{2}}(n_1 - 1, n_2 - 1) \ \text{或} \ F = \frac{s_1^2}{s_2^2} \geqslant F_{\frac{\alpha}{2}}(n_1 - 1, n_2 - 1).$$

对于给定的 $n_1 = 13, n_2 = 10, \alpha = 0.05$，查 F 分布表得临界值

$$F_{\frac{\alpha}{2}}(n_1 - 1, n_2 - 1) = F_{0.025}(12,9) = 3.87,$$

$$F_{1-\frac{\alpha}{2}}(n_1-1,n_2-1)=F_{0.975}(12,9)=\frac{1}{F_{0.025}(9,12)}=\frac{1}{3.44}=0.290\ 7,$$

由样本观测值计算得

$$\bar{x}=\frac{1}{n_1}\sum_{i=1}^{n_1}x_i=18.176\ 9,\bar{y}=\frac{1}{n_2}\sum_{i=1}^{n_2}y_i=22.29,$$

$$s_1^2=\frac{1}{n_1-1}\sum_{i=1}^{n_1}(x_i-\bar{x})^2=36.390\ 3,s_2^2=\frac{1}{n_2-1}\sum_{i=1}^{n_2}(y_i-\bar{y})^2=28.298\ 8,$$

$$F=\frac{s_1^2}{s_2^2}=\frac{36.390}{28.299}=1.29,0.290\ 7<F=1.29<3.87,$$

故不能拒绝 H_0，可以认为两总体方差相等.

接下来进行两独立正态总体的均值比较.

若设男生脂肪含量 $X\sim N(\mu_1,\sigma^2)$，女生脂肪含量 $X\sim N(\mu_2,\sigma^2)$，则需要检验：

$$H_0:\mu_1=\mu_2\ \text{v. s.}\ H_1:\mu_1\neq\mu_2.$$

检验统计量则为

$$t=\frac{\bar{x}-\bar{y}}{s_w\sqrt{\dfrac{1}{n_1}+\dfrac{1}{n_2}}}\sim t(n_1+n_2-2),\text{其中}\ s_w^2=\frac{(n_1-1)s_1^2+(n_2-1)s_2^2}{n_1+n_2-2},$$

拒绝域为

$$|t|=\left|\frac{\bar{x}-\bar{y}}{s_w\sqrt{\dfrac{1}{n_1}+\dfrac{1}{n_2}}}\right|\geqslant t_{\frac{\alpha}{2}}(n_1+n_2-2)=t_{0.025}(21).$$

查表得 $t_{0.025}(21)=2.079\ 6$，再由

$$s_w=\sqrt{\frac{(n_1-1)s_1^2+(n_2-1)s_2^2}{n_1+n_2-2}}=\sqrt{\frac{(13-1)\times36.390\ 3+(10-1)\times28.298\ 8}{13+10-2}}=5.737\ 8,$$

计算得到

$$|t|=\frac{|\bar{x}-\bar{y}|}{s_w\sqrt{\dfrac{1}{n_1}+\dfrac{1}{n_2}}}=\frac{|18.176\ 9-22.29|}{5.737\ 8\times\sqrt{\dfrac{1}{13}+\dfrac{1}{10}}}=1.704\ 2<2.079\ 6.$$

可知，t 未落入拒绝域中，故在 0.05 的显著水平下应接受 H_0，可以认为男生和女生的身体脂肪含量无显著差异.

22. 由 10 名学生组成一个随机样本，让他们分别采用 A 和 B 两套数学试卷进行测试，成绩如下表：

试卷 A	78	63	72	89	91	49	68	76	85	55
试卷 B	71	44	61	84	74	51	55	60	77	39

假设学生成绩服从正态分布，试检验两套数学试卷是否有显著差异.（显著性水平 $\alpha=0.05$）

解 这是所谓配对 t 检验.

本题中的每一行数据虽然是同一张试卷的成绩，但 10 个数据的差异是由 10 个不同学生造成的，因此表中的每一行都不能看成是一个样本的观察值.

再者，对每一对数据而言，它们是同一个学生做不同试卷的成绩，因此不是两个独立随机

变量的观察结果,故不能用两独立样本均值的 t 检验法作检验.

而同一对中两个数据的差异则可看成是仅由这两套试卷本身的差异所引起的.所以,构造新的随机变量 $Z = X - Y$,有 $Z \sim N(\mu, \sigma^2)$,其中 $\mu = \mu_1 - \mu_2$,$\sigma^2 = \sigma_1^2 + \sigma_2^2$,则 $z_i = x_i - y_i$,$i = 1, 2, \cdots, n$,为 Z 的简单随机样本,可以看成是来自一个总体的样本观察值.

如果两种方法测量结果无显著差异,则各对数据的差异 $z_1, z_2, \cdots, z_n$ 属于随机误差,随机误差可以认为服从标准正态分布,且其均值为零.故问题可以转化为检验假设

$$H_0 : \mu = 0 \quad \text{v. s.} \quad H_1 : \mu \neq 0.$$

设 $z_1, z_2, \cdots, z_n$ 的样本均值为 $\bar{z}$ 样本方差为 s^2,采用单个正态分布均值的 t 检验,拒绝域为

$$|t| = \left| \frac{\bar{z} - 0}{s / \sqrt{n}} \right| \geqslant t_{\alpha/2}(9) = t_{0.025}(9) = 2.262\,2.$$

由

$$n = 10, \bar{z} = 11, s^2 = 42.667,$$

可得 $|t| = 5.325 > 2.2622$,所以拒绝 H_0,即在显著性水平 $\alpha = 0.05$ 下,认为两套数学试卷有显著差异.

注意 本例若用两独立样本均值的 t 检验法作检验,将得出相反的结论.请看下面的错误解法.

解 设试卷 A 的成绩 $X \sim N(\mu_1, \sigma_1^2)$,试卷 B 的成绩 $X \sim N(\mu_2, \sigma_2^2)$,根据题意,需要进行两总体的均值比较,但由于两总体方差未知,需要首先进行方差齐性检验,即 σ_1^2 和 σ_2^2 是否有显著差异,然后再检验 μ_1 和 μ_2 是否有显著差异.

(1) 方差齐性检验:检验假设

$$H_0 : \sigma_1^2 = \sigma_2^2 \quad \text{v. s.} \quad H_1 : \sigma_1^2 \neq \sigma_2^2.$$

由于 μ_1 和 μ_2 未知,选取统计量

$$F = \frac{s_x^2}{s_y^2}.$$

在 $n_1 = n_2 = 10$ 及显著性水平 $\alpha = 0.05$ 下,拒绝域为

$$F \leqslant F_{1-\frac{\alpha}{2}}(n_1 - 1, n_2 - 1) = F_{0.975}(9, 9) \text{ 或 } F \geqslant F_{\frac{\alpha}{2}}(n_1 - 1, n_2 - 1) = F_{0.025}(9, 9).$$

查 F 分布表得 $F_{0.975}(9, 9) = 0.248\,386$,$F_{0.025}(9, 9) = 4.025\,994$,由观测数据得到

$$\bar{x} = 72.6, \bar{y} = 61.6, s_x^2 = 198.044\,4, s_y^2 = 217.822\,2,$$

$$F = \frac{s_x^2}{s_y^2} = \frac{198.044\,4}{217.822\,2} = 0.909\,202.$$

由于 $0.248\,386 < 0.909\,202 < 4.025\,994$,$F$ 未落入 H_0 的拒绝域中,不能拒绝 H_0,因此在 0.05 的显著水平下,可以认为两试卷成绩的方差无显著差异.

(2) 均值差异性检验:根据(1)的结论,可以在 $\sigma_1^2 = \sigma_2^2$ 的条件下检验假设

$$H_0 : \mu_1 = \mu_2 \quad \text{v. s.} \quad H_1 : \mu_1 \neq \mu_2.$$

检验统计量为

$$t = \frac{\bar{x} - \bar{y}}{s_\omega \sqrt{\frac{1}{n_1} + \frac{1}{n_2}}}, \text{其中} \quad s_\omega = \frac{(n_1 - 1) s_x^2 + (n_2 - 1) s_y^2}{n_1 + n_2 - 2}.$$

在显著性水平 $\alpha = 0.05$ 下,H_0 的拒绝域为

$$|t| \geqslant t_{\frac{\alpha}{2}}(n_1 + n_2 - 2) = t_{0.025}(18).$$

查 t 分布表得 $t_{0.025}(18)=2.1009$，计算得

$$|t|=\left|\frac{\bar{x}-\bar{y}}{s_{\omega}\sqrt{\frac{1}{n_1}+\frac{1}{n_2}}}\right|=1.7058<2.1009.$$

可知，t 未落入 H_0 的拒绝域中，故在 0.05 的显著水平下应接受 H_0，认为两套试卷的成绩无显著差异.

23. 为了考察两种测量萘含量的液体分析方法：标准方法和高压方法的测量结果有无显著差异，取了 10 份试样，每份分为两半，一半用标准方法测量，一半用高压方法测量，每个试样的两个结果（单位：mg）如下表，假设萘含量服从正态分布，试检验这两种化验方法有无显著差异.（显著水平 $\alpha=0.05$）

标准	14.7	14.0	12.9	16.2	10.2	12.4	12.0	14.8	11.8	9.7
高压	12.1	10.9	13.1	14.5	9.6	11.2	9.8	13.7	12.0	9.1

解　采用配对 t 检验. 构造新的随机变量 $Z=X-Y$，有 $Z\sim N(\mu,\sigma^2)$，其中

$$\mu=\mu_1-\mu_2,\sigma^2=\sigma_1^2+\sigma_2^2,$$

则

$$z_i=x_i-y_i,1,2,\cdots,n.$$

为 $Z\sim N(0,\sigma^2)$ 的简单随机样本，其中 x_i,y_i 分别来自标准方法和高压方法的测量结果. 于是问题可以转化为检验假设

$$H_0:\mu=0 \text{ v. s. } H_1:\mu\neq0.$$

设 $z_1,z_2,\cdots,z_n$ 的样本均值为 $\bar{z}$，样本方差为 s^2，采用单个正态分布均值的 t 检验，拒绝域为

$$|t|=\left|\frac{\bar{z}-0}{s/\sqrt{n}}\right|\geqslant t_{\alpha/2}(9)=t_{0.025}(9)=2.2622.$$

由 $n=10,\bar{z}=1.27,s^2=1.269$ 可得

$$|t|=3.565>2.2622,$$

所以拒绝 H_0，在显著性水平 $\alpha=0.05$ 下，可以认为两种测试方法有显著差异.

24. 将一枚硬币掷 100 次，结果正面向上的有 60 次. 试问可否认为硬币是均匀的.（取显著性水平 $\alpha=0.05$）

解　此系总体分布类型的假设检验. 设 $A_1=\{$硬币正面向上$\}$，$A_2=\{$硬币正面向下$\}$，且

$$p_i=P\{A_i\}(i=1,2).$$

（1）检验假设：$H_0:p_i=\dfrac{1}{2}(i=1,2)$ v. s. $H_1:H_0$ 不成立.

（2）取统计量：

$$\chi^2=\sum_{i=1}^{k}\frac{n_i^2}{np_i}-n\overset{\cdot}{\sim}\chi^2(k-1).$$

（3）确定拒绝域：在显著水平 α 下，有（采用单侧检验，因为 χ^2 越小硬币越均匀）

$$P\left\{\sum_{i=1}^{k}\frac{n_i^2}{np_i}-n\geqslant\chi_{\alpha}^2(k-1)\right\}=\alpha,$$

故拒绝域为 $[\chi_{\alpha}^2(k-1),+\infty)$.

(4) 计算与判断：因为 $k=2,\alpha=0.05$，查表，有

$$\chi_\alpha^2(k-1)=\chi_{0.05}^2(1)=3.841\,5.$$

于是由 $n=100$ 及

$$n_1=60,n_2=40,p_1=p_2=\frac{1}{2},$$

得

$$\sum_{i=1}^k \frac{n_i^2}{np_i}-n=\sum_{i=1}^2 \frac{n_i^2}{np_i}-n=\frac{1}{50}(60^2+40^2)-100=4>3.841\,5,$$

所以拒绝接受 H_0，即认为硬币不是均匀的.

25. 一颗骰子掷了 120 次，得下列结果：

点数	1	2	3	4	5	6
出现次数	23	26	21	20	15	15

问骰子是否匀称？($\alpha=0.05$)

解 用 X 表示掷一次骰子出现的点数，其可能值为 $1,2,3,4,5,6$.需要检验假设

$$H_0:p_i=P\{X=i\}=\frac{1}{6},i=1,2,\cdots,6.$$

这里 $k=6,p_i=\frac{1}{6},n=120,np_i=20$，故

$$\chi^2=\sum_{i=1}^k \frac{(n_i-np_i)^2}{np_i}=\sum_{i=1}^6 \frac{(n_i-20)^2}{20}=\frac{96}{20}=4.8.$$

查 χ^2 分布表，得临界值

$$\chi_\alpha^2(k-1)=\chi_{0.05}^2(5)=11.071.$$

因为 $\chi^2=4.8<11.071=\chi_{0.05}^2$，故接受 H_0，即骰子匀称.

26. 检查了一本书的 100 页，记录各页中印刷错误的个数，其结果为

错误个数 f_i	0	1	2	3	4	5	6	$\geqslant 7$
含 f_i 个错误的页数 n_i	36	40	19	2	0	2	1	0

问能否认为一页的印刷错误个数服从泊松公布.(取 $\alpha=0.05$)

解 (1) 检验假设：$H_0:$ 总体 $X\sim P(\lambda)$（λ 未知）；$H_1:X$ 不服从泊松分布.

(2) 检验统计量：当 H_0 成立时，λ 的极大似然估计为

$$\hat{\lambda}=\bar{x}=\frac{1}{100}(0\times36+1\times40+2\times19+3\times2+4\times0+5\times2+6\times1)=1.$$

(3) 确定 H_0 的拒绝域为

$$\chi^2=\sum_{i=1}^k \frac{n_i^2}{n\hat{p_i}}-n\geqslant \chi_\alpha^2(k-r-1),\text{其中 } r \text{ 为未知参数的个数}.$$

(4) 计算：$n=100$，

$$\hat{p_0}=P\{X=0\}=\frac{e^{-1}}{0!}=0.367\,9,\hat{p_1}=P\{X=1\}=\frac{1^1e^{-1}}{1!}=0.367\,9,$$

$$\hat{p_2}=P\{X=2\}=\frac{1^2e^{-1}}{2!}=0.183\,97,\hat{p_3}=P\{X=3\}=\frac{1^3e^{-1}}{3!}=0.061\,32,$$

$$\hat{p}_4 = P\{X=4\} = \frac{1^4 \mathrm{e}^{-1}}{4!} = 0.015\ 33, \hat{p}_5 = P\{X=5\} = \frac{1^5 \mathrm{e}^{-1}}{5!} = 0.003\ 066,$$

$$\hat{p}_6 = P\{X=6\} = \frac{1^6 \mathrm{e}^{-1}}{6!} = 0.000\ 511, \hat{p}_7 = P\{X=7\} = 1 - \sum_{i=0}^{6} \hat{P}_i = 0.000\ 083.$$

对于 $j > 3$, $n\hat{p}_j < 5$,将其合并得 $\sum_{j=3}^{7} n\hat{p}_j = 8.031$. 合并后,$k=4$,查表知

$$\chi^2_{0.05}(k-r-1) = \chi^2_{0.05}(2) = 5.991\ 5.$$

由计算知

$$\chi^2 = \frac{36^2}{36.79} + \frac{40^2}{36.79} + \frac{19^2}{18.397} + \frac{5^2}{8.031} - 100 = 1.453 < \chi^2_{0.05}(2) = 5.991\ 5.$$

(5)判断:在 $\alpha = 0.05$ 下,接受 H_0,认为一页的印刷错误个数服从泊松分布.

27. 从一批滚珠中随机抽取 50 个,测得它们的直径(单位:mm)为

15.0	15.8	15.2	15.1	15.9	14.7	14.8	15.5	15.6	15.3
15.1	15.3	15.0	15.6	15.7	14.8	14.5	14.2	14.9	14.9
15.2	15.0	15.3	15.6	15.1	14.9	14.2	14.6	15.8	15.2
15.9	15.2	15.0	14.9	14.8	14.5	15.1	15.5	15.5	15.1
15.1	15.0	15.3	14.7	14.5	15.5	15.0	14.7	14.6	14.2

是否可以认为这批钢珠的直径服从正态分布?($\alpha = 0.05$)

解 数据中最小的为 14.2,最大者为 15.9,设 $a = 14.05$, $b = 16.15$,欲把 $[a, b]$ 分成 7 个(相等的)区间,则区间长度(组距)为

$$\frac{16.15 - 14.05}{7} = 0.3.$$

得分点 $y_1 = 14.35$, $y_2 = 14.65$, $y_3 = 14.95$, $y_4 = 15.25$, $y_5 = 15.55$, $y_6 = 15.85$,它们把实数轴分成 7 个不相交的区间,样本值分成了 7 组:

i	$y_{i-1} \sim y_i$	n_i
1	$-\infty \sim 14.35$	3
2	$14.35 \sim 14.65$	5
3	$14.65 \sim 14.95$	10
4	$14.95 \sim 15.25$	16
5	$15.25 \sim 15.55$	8
6	$15.55 \sim 15.85$	6
7	$15.85 \sim +\infty$	2

设钢珠的直径为 X,其分布函数 $F(x)$,则问题为检验假设:

$$H_0 : F(x) = \Phi\left(\frac{x-\mu}{\sigma}\right). \text{其中} \mu, \sigma^2 \text{未知}.$$

在 H_0 成立之下,μ 和 σ^2 的极大似然估计为 $\hat{\mu} = \bar{x} = 15.1$, $\hat{\sigma}^2 = \frac{1}{n}\sum_{i=1}^{n}(x_i - \bar{x})^2 = 0.1849$,

$\hat{\sigma} = 0.43.$

在上面的表中第 1 组和第 7 组的频数过小,把它们并入相邻的组内,即分成 5 组,分点为

$t_1 = 14.65, t_2 = 14.95, t_3 = 15.25, t_4 = 15.55.$

$$\hat{p}_1 = F(t_1) = \Phi\left(\frac{14.65 - 15.1}{0.43}\right) = 1 - \Phi(1.04) = 0.149\,2,$$

$$\hat{p}_2 = F(t_2) - F(t_1) = \Phi\left(\frac{14.95 - 15.1}{0.43}\right) - 0.149\,2 = 1 - \Phi(0.35) - 0.149\,2 = 0.214,$$

$$\hat{p}_3 = F(t_3) - F(t_2) = \Phi\left(\frac{15.25 - 15.1}{0.43}\right) - 0.363\,2 = \Phi(0.35) - 0.363\,2 = 0.273\,6,$$

$$\hat{p}_4 = F(t_4) - F(t_3) = \Phi\left(\frac{15.55 - 15.1}{0.43}\right) - 0.636\,8 = \Phi(1.04) - 0.636\,8 = 0.218,$$

$$\hat{p}_5 = 1 - F(t_4) = 1 - \Phi\left(\frac{15.55 - 15.1}{0.43}\right) = 0.145\,2.$$

统计量

$$\chi^2 = \sum_{i=1}^{k} \frac{(n_i - n\hat{p}_i)^2}{n\hat{p}_i} \sim \chi^2(k-r-1),\text{其中 } k = 5, r = 2,$$

其值计算如下表:

i	n_i	$\hat{p}_i$	$n\hat{p}_i$	$n_i - n\hat{p}_i$	$(n_i - n\hat{p}_i)^2$	$(n_i - n\hat{p}_i)^2/n\hat{p}_i$
1	8	0.149 2	7.46	0.54	0.291 6	0.039 09
2	10	0.214 0	10.7	−0.7	0.49	0.045 79
3	16	0.273 6	13.68	2.32	5.382 4	0.393 45
4	8	0.218 0	10.9	−2.9	8.41	0.771 56
5	8	0.145 2	7.26	0.74	0.547 6	0.075 43
$\sum$	50	1	50	0	15.121 6	1.249 97

即 $\chi^2 = 1.249\,97$, 对于 $\alpha = 0.05$ 查 χ^2 分布表得临界值 $\chi_\alpha^2(k-r-1) = \chi_{0.05}^2(2) = 5.991\,5$. 因 $\chi^2 = 1.249\,97 < 5.991 = \chi_{0.05}^2(2)$, 故接受 H_0, 即认为钢珠直径服从正态分布.

28. 设 $A_i = \left(\frac{i-1}{2}, \frac{i}{2}\right], i = 1,2,3, A_4 = \left(\frac{3}{2}, 2\right)$, 假设随机变量 X 在 $(0,2)$ 上是均匀分布的, 今对 X 进行 100 次独立观察, 发现其值落入 $A_i(i=1,2,3,4)$ 的频数分别为 30, 20, 36, 14, 问 X 服从均匀分布的假设, 在显著性水平为 0.05 下是否可信.

解 检验假设: $H_0 : X \sim U[0,2]$.

检验计算表如下:

i	n_i	p_i	np_i	$n_i - np_i$	$\dfrac{(n_i - np_i)^2}{np_i}$
1	30	$\dfrac{1}{4}$	25	5	1
2	20	$\dfrac{1}{4}$	25	−5	1
3	36	$\dfrac{1}{4}$	25	11	4.84
4	14	$\dfrac{1}{4}$	25	−11	4.84
$\sum$	100	1	100	0	11.68

统计量

$$\chi^2 = \sum_{i=1}^{4} \frac{(n_i - np_i)^2}{np_i} = 11.68, \chi^2 \sim \chi^2(k-1), 其中 k = 4.$$

对于 $\alpha = 0.05$,查得 $\chi_\alpha^2(k-1) = \chi_{0.05}^2(3) = 7.815$.

因为 $\chi^2 = 11.68 > 7.815 = \chi_{0.05}^2(3)$,

所以不接受 H_0,即不能相信 $X \sim U[0,2]$.

29. 设 $x_1, x_2, \cdots, x_n$ 是来自正态总体 $N(\mu, 1)$ 的随机样本. 总体的均值只可能取 1 或 2,对假设问题:$H_0 : \mu = \mu_0 = 1$ v.s. $H_1 : \mu = \mu_1 = 2$ 及显著水平 $\alpha = 0.05$,并且已知 $\Phi(1.96) = 0.975$,$\Phi(1.65) = 0.95$. 那么该问题犯第二类错误的概率 β 是(   ).

(A)$\Phi(1.96 - \sqrt{n})$　　　　　(B)$\Phi(1.65 - \sqrt{n})$

(C)$\Phi(1.96 + \sqrt{n})$　　　　　(D)$\Phi(1.65 + \sqrt{n})$

解   因为总体的均值只可能取 1 或 2,故该问题属单侧检验问题,且拒绝域为

$$u = \frac{\bar{x} - 1}{1/\sqrt{n}} \geqslant u_\alpha = u_{0.05} = 1.65.$$

第二类错误是取伪错误,即 H_0 不真时接受了 H_0. 实际计算时则是出现了

$$\frac{\bar{x} - 1}{1/\sqrt{n}} < u_{0.05} = 1.65$$

的情形,这时应将 $H_1 : \mu = \mu_1 = 2$ 视为真的,即有

$$\frac{\bar{x} - 2}{1/\sqrt{n}} \sim N(0,1),$$

于是,犯第二类错误即接受 $H_0 : \mu = \mu_0 = 1$ 的错误的概率为

$$\beta = P\left\{ -\infty < \frac{\bar{x} - 1}{1/\sqrt{n}} < 1.65 \right\} = P\left\{ -\infty < \bar{x} < 1 + \frac{1.65}{\sqrt{n}} \right\}$$

$$= P\left\{ -\infty < \frac{\bar{x} - 2}{1/\sqrt{n}} < 1.65 - \sqrt{n} \right\} = \Phi(1.65 - \sqrt{n}).$$

30. 设随机变量 x 服从正态分布 $N(\mu, 1)$,若对于 μ 的二者必居其一的假设为 $H_0 : \mu = 0$ v.s. $H_1 : \mu = 1$,其中 $\bar{x}$ 是容量为 n 的样本均值. 试求以 W 为拒绝域的检验法犯第二类错误的概率.(答案用标准正态分布函数 $\Phi(z)$ 表示)

解   因为总体的均值只可能取 0 或 1,故该问题属单侧检验问题,且拒绝域为

$$W : \bar{x} \geqslant c, (0 < c < 1),$$

于是,犯第二类错误即接受 $H_0 : \mu = \mu_0 = 0$ 的错误的概率为

$$\beta = P\{\bar{x} < c\} = P\left\{ \frac{\bar{x} - 1}{1/\sqrt{n}} < (c-1)\sqrt{n} \right\} = \Phi((c-1)\sqrt{n}).$$

注意   这时应将 H_1 视为真的,因此有 $\frac{\bar{x} - 1}{1/\sqrt{n}} \sim N(0,1)$.

模拟试卷一

一、选择题

1. 设随机变量 X,Y 相互独立,且 $X \sim N(0,1)$,$Y \sim N(1,1)$,则( ).

(A)$P\{X+Y \leqslant 1\} = \dfrac{1}{2}$ (B)$P\{X+Y \leqslant 0\} = \dfrac{1}{2}$

(C)$P\{X-Y \leqslant 1\} = \dfrac{1}{2}$ (D)$P\{X-Y \leqslant 0\} = \dfrac{1}{2}$

2. 已知随机变量 X 的概率密度为 $f_X(x)$,令 $Y=-2X$,则 Y 的概率密度 $f_Y(y)$ 为( ).

(A)$2f_X(-2y)$ (B)$f_X\left(-\dfrac{y}{2}\right)$

(C)$-\dfrac{1}{2}f_X\left(-\dfrac{y}{2}\right)$ (D)$\dfrac{1}{2}f_X\left(-\dfrac{y}{2}\right)$

3. 样本 $x_1,x_2,\cdots,x_n(n \geqslant 3)$ 取自总体 X,则下列估计量中,不是总体期望 μ 的无偏估计量有( ).

(A)$\bar{x}$ (B)$x_1+x_2+\cdots+x_n$

(C)$0.1(6x_1+4x_n)$ (D)$x_1+x_2-x_3$

4. 假设随机变量 X 服从分布 $t(n)$,则 $\dfrac{1}{X^2}$ 服从分布( ).

(A)$\dfrac{1}{X^2} \sim F(n,2)$ (B)$\dfrac{1}{X^2} \sim F(n,1)$

(C)$\dfrac{1}{X^2} \sim t(n-1)$ (D)$\dfrac{1}{X^2} \sim F(1,n)$

5. 设总体 $X \sim N(\mu,\sigma^2)$,σ^2 未知,通过样本 $x_1,x_2,\cdots,x_n$ 检验:$H_0:\mu=\mu_0(H_1:\mu \neq \mu_0)$ 时,采用的统计量是( ).

(A)$z=\dfrac{\bar{x}-\mu_0}{\sigma/\sqrt{n}}$ (B)$z=\dfrac{\bar{x}-\mu_0}{\sigma/\sqrt{n-1}}$

(C)$t=\dfrac{\bar{x}-\mu_0}{s/\sqrt{n}}$ (D)$t=\dfrac{\bar{x}-\mu_0}{s/\sqrt{n-1}}$

二、填空题

1. 已知设 $P(B)=0.3$,$P(\bar{A} \bigcup B)=0.7$,且 A 与 B 相互独立,则 $P(A)=$ _____.

2. 设随机变量 X 的分布密度函数为 $f(x)=\begin{cases} A\sin x, & 0 \leqslant x \leqslant \pi, \\ 0, & \text{其他,} \end{cases}$ 则 $A=$ _____.

3. 一袋中装有 5 只球,编号为 1,2,3,4,5.从袋中同时取 3 只球,以 X 表示取出的 3 只球的最大号码,则随机变量 X 的数学期望 $E(X)=$ _____.

4. 设二维随机变量(X,Y)的联合分布律为

Y \ X	0	1
0	0.4	a
1	b	0.1

已知随机事件$\{X=0\}$与$\{X+Y=1\}$相互独立,则$a=$_____,$b=$_____.

5. 设随机变量X的方差$D(X)=9$,且由切比雪夫不等式有$P\{|X-E(X)|\geq\varepsilon\}\leq\dfrac{1}{9}$,则$\varepsilon=$_____.

6. 设$\hat{\theta}_1,\hat{\theta}_2$是总体未知参数$\theta$的两个无偏估计量,且$\hat{\theta}_1$比$\hat{\theta}_2$有效,则_____.

7. 设总体X的概率分布为

X	0	1	2	3
p	θ^2	$2\theta(1-\theta)$	θ^2	$1-2\theta$

其中θ未知,利用总体的如下样本观察值:3,1,3,0,3,1,2,3,可得θ的矩估计值为_____.

三、计算题

1. 设随机变量X的概率密度为$f(x)=\begin{cases}\dfrac{1}{\pi}, & 0<x<\pi,\\ 0, & \text{其他},\end{cases}$求(1)$X$的数学期望$E(X)$和方差$D(X)$;(2)$D(2-3X)$;(3)概率$P\left\{\dfrac{\pi}{3}<X<\dfrac{\pi}{2}\right\}$.

2. 二维随机变量(X,Y)的联合概率密度为$f(x,y)=\begin{cases}12\mathrm{e}^{-(3x+4y)}, & x>0,y>0,\\ 0, & \text{其他}.\end{cases}$
求:(1)X的边缘概率密度$f_X(x)$;(2)(X,Y)的联合分布函数;
(3)$P\{0<X\leq1,0<Y\leq2\}$.

四、应用题

1. 为估计某零件的长度,现从工厂产品库中随机抽取9个零件,测得各零件长度x_i(cm),$i=1,2,\cdots,9$,计算得$\bar{x}=\dfrac{1}{9}\sum_{i=1}^{9}x_i=503.64,s^2=11.11^2$. 由经验知道,该零件的长度服从正态分布$N(\mu,\sigma^2)$.
(1) 求均值μ的置信度为0.95的置信区间;(2)求总体方差σ^2的置信度为0.95的置信区间.(附:$t_{0.025}(8)=2.306,\chi^2_{0.025}(8)=17.535,\chi^2_{0.975}(8)=2.180$)

2. 已知某炼铁厂的铁水含碳量$X(\%)$在正常情况下服从正态分布$N(4.55,0.108^2)$,现在测定了9种铁水,其平均含碳量为4.616. 若估计方差没有变化,可否认为现在生产的铁水平均含碳量仍为4.55$(\alpha=0.05)$?(附:$u_{0.025}=1.96$)

五、应用题

假设有两箱同种零件:第一箱内装 50 件,其中 10 件为一等品;第二箱内装 30 件,其中 18 件一等品,现从两箱中随意挑出一箱,然后从该箱中先后随机取出两个零件(取出的零件均不放回),试求:

(1) 先取出的零件是一等品的概率 p;

(2) 在先取出的零件是一等品的条件下,第二次取出的零件仍然是一等品的概率.

六、证明题

设总体 X 具有概率密度为 $f(x;\theta)=\begin{cases}\theta x^{\theta-1}, & 0<x<1,\\ 0, & 其他,\end{cases}$ 其中 $\theta>0$ 为未知参数,x_1,

$x_2,\cdots,x_n$ 为取自总体 X 的简单随机样本,试证:θ 的极大似然估计量 $\hat{\theta}=\dfrac{-n}{\displaystyle\sum_{i=1}^{n}\ln x_i}$.

模拟试卷二

一、选择题

1. 设事件 A 和 B 满足 $A \subset B, P(B) > 0$,则下列选项一定成立的是( ).

(A)$P(A) < P(A \mid B)$

(B)$P(A) \leqslant P(A \mid B)$

(C)$P(A) > P(A \mid B)$

(D)$P(A) \geqslant P(A \mid B)$

2. 掷一颗骰子 600 次,求"一点"出现次数的均值为( ).

(A)50

(B)100

(C)120

(D)150

3. 随机变量 X 的分布函数为 $F(x)$,则 $Y = 3X + 1$ 的分布函数 $G(y) = ($).

(A)$F\left(\dfrac{1}{3}y - \dfrac{1}{3}\right)$

(B)$F(3y + 1)$

(C)$3F(y) + 1$

(D)$\dfrac{1}{3}F(y) - \dfrac{1}{3}$

4. 设连续型随机变量 X 的密度函数有 $f(-x) = f(x)$,$F(x)$ 是 X 的分布函数,则下列成立的有( ).

(A)$F(-a) = F(a)$

(B)$F(-a) = \dfrac{1}{2}F(a)$

(C)$F(-a) = 1 - F(a)$

(D)$F(-a) = \dfrac{1}{2} - F(a)$

5. 设二维随机变量 (X, Y) 服从 G 上的均匀分布,G 的区域由曲线 $y = x^2$ 与 $y = x$ 所围,则 (X, Y) 的联合概率密度函数为( ).

(A)$f(x, y) = \begin{cases} 6, & (x, y) \in G, \\ 0, & \text{其他} \end{cases}$

(B)$f(x, y) = \begin{cases} 1/6, & (x, y) \in G, \\ 0, & \text{其他} \end{cases}$

(C)$f(x, y) = \begin{cases} 2, & (x, y) \in G, \\ 0, & \text{其他} \end{cases}$

(D)$f(x, y) = \begin{cases} 1/2, & (x, y) \in G, \\ 0, & \text{其他} \end{cases}$

6. 设随机变量 X 服从正态分布 $N(\mu_1, \sigma_1^2)$,随机变量 Y 服从正态分布 $N(\mu_2, \sigma_2^2)$,且 $P\{|X - \mu_1| < 1\} > P\{|Y - \mu_2| < 1\}$,则必有( ).

(A)$\sigma_1 < \sigma_2$

(B)$\sigma_1 > \sigma_2$

(C)$\mu_1 < \mu_2$

(D)$\mu_1 > \mu_2$

7. 设随机变量 $X_1, X_2, \cdots, X_n$ 独立同分布,且方差为 $\sigma^2 > 0$. 令 $Y = \dfrac{1}{n}\sum_{i=1}^{n} X_i$,则( ).

(A)$Cov(X_1, Y) = \sigma^2/n$

(B)$Cov(X_1, Y) = \sigma^2$

(C)$D(X_1 + Y) = (n + 2)\sigma^2/n$

(D)$D(X_1 - Y) = (n + 1)\sigma^2/n$

二、填空题

1. 某家庭有两个孩子,在已知其中 1 个为女孩子的前提下,另一个孩子为男孩的概率

为 _____ .

2. 已知事件 A,B 有概率 $P(A) = 0.3, P(B) = 0.7$, 条件概率 $P(\bar{B} \mid A) = 0.3$, 则 $P(A \bigcup B) =$ _____ .

3. 设 X 服从参数为 2 的泊松分布, 则 $E(X^2 + 2X - 4) =$ _____ .

4. 设随机变量 $X \sim N(2, \sigma^2)$ 且 $P\{2 < X < 4\} = 0.3$, 则 $P\{X < 0\} =$ _____ .

5. 设随机变量的密度函数为 $f(x) = \begin{cases} \lambda e^{-3x}, & x \geqslant 0, \\ 0, & x < 0, \end{cases}$ 则 $\lambda =$ _____ .

6. 设 $X \sim N(1,2), Y \sim N(0,1)$, 且 X, Y 相互独立, $Z = 2X - Y$, 则 Z 服从分布 _____ .

7. 随机变量 (X,Y) 的联合分布律为

(X,Y)	$(0,0)$	$(0,1)$	$(1,0)$	$(1,1)$
p	0.4	a	b	0.1

若事件 $\{X = 0\}$ 与 $\{X + Y = 1\}$ 相互独立, 则 $a =$ _____ .

三、判断题

1. 二维正态分布的边缘分布是正态分布.(　　)

2. 设有分布律: $P\{X = (-1)^{n+1} 2^n / n\} = 1/2^n (n = 1, 2, \cdots)$, 则 X 的期望存在.(　　)

3. 设 n 次独立重复试验中, 事件 A 出现的次数为 m, 则 $4n$ 次独立重复试验中, A 出现的次数为 $4m$.(　　)

4. 若 $AB = \varnothing$, 则事件 A, B 一定相互独立.(　　)

5. X 与 Y 相互独立且都服从指数分布 $E(\lambda)$, 则 $X + Y \sim E(2\lambda)$.(　　)

四、解答题

1. 设二维随机变量 (X,Y) 的联合概率密度为
$$f(x,y) = \begin{cases} k(6 - x - y), & 0 < x < 2, 0 < y < 4, \\ 0, & \text{其他}. \end{cases}$$
求 (1) 常数 k; (2) $P\{X + Y \leqslant 4\}$.

2. 已知随机变量 X, Y 分别服从 $N(1, 4^2), N(0, 3^2)$, 它们的相关系数 $\rho_{XY} = -\dfrac{1}{2}$, 设 $Z = \dfrac{X}{2} + \dfrac{Y}{3}$.

(1) 求随机变量 Z 的数学期望和方差;

(2) 求随机变量 X 与 Z 的相关系数.

3. 设某人从外地赶来参加紧急会议, 他乘火车、轮船、汽车或者飞机来的概率分别为 $\dfrac{3}{10}$, $\dfrac{1}{5}, \dfrac{1}{10}$ 及 $\dfrac{2}{5}$. 他若乘飞机来, 不会迟到; 而乘火车、轮船、汽车赶来迟到的可能性分别为 $\dfrac{1}{4}, \dfrac{1}{3}$, $\dfrac{1}{12}$. 若此人已迟到, 请判断他是怎么来的.

4. 设随机变量 X 在 $[1,6]$ 上服从均匀分布, 现对 X 进行三次独立观测, 试求至少有两次观测值大于 4 的概率.

5. 设二维随机变量 (X,Y) 的联合概率密度为

$$f(x,y) = \begin{cases} 12e^{-(3x+4y)}, & x > 0, y > 0, \\ 0, & \text{其他}. \end{cases}$$

(1) 求 X, Y 的边缘密度函数并判断 X 与 Y 是否独立？

(2) 试求 $Z = X + Y$ 的密度函数 $f_Z(z)$.

6. 某商店拥有某产品共计 12 件，其中 4 件次品，已经售出 2 件，现从剩下的 10 件产品中任取一件，求这件是正品的概率.

模拟试卷三

一、选择题

1. 设随机变量 X,Y 的相关系数 $\rho_{XY}=0$,则下面结论正确的是(　　).

(A)X,Y 一定独立

(B)X,Y 一定不独立

(C)X,Y 不一定独立

(D) 以上结论都不对

2. 设每次试验成功的概率为 $p(0<p<1)$,则在 3 次重复试验中,至多失败 1 次的概率为(　　).

(A)$p^3+3p^2(1-p)$

(B)p^3

(C) $(1-p)^3$

(D)$1-p^3$

3. 下列二元函数中,(　　) 可以作为连续型随机变量的联合概率密度.

(A)$f(x,y)=\begin{cases} \cos x, & -\dfrac{\pi}{2}\leqslant x\leqslant \dfrac{\pi}{2}, \quad 0\leqslant y\leqslant 1, \\ 0, & \text{其他} \end{cases}$

(B)$g(x,y)=\begin{cases} \cos x, & -\dfrac{\pi}{2}\leqslant x\leqslant \dfrac{\pi}{2}, \quad 0\leqslant y\leqslant \dfrac{1}{2}, \\ 0, & \text{其他} \end{cases}$

(C)$\varphi(x,y)=\begin{cases} \cos x, & 0\leqslant x\leqslant \pi, \quad 0\leqslant y\leqslant 1, \\ 0, & \text{其他} \end{cases}$

(D)$h(x,y)=\begin{cases} \cos x, & 0\leqslant x\leqslant \pi, \quad 0\leqslant y\leqslant \dfrac{1}{2}, \\ 0, & \text{其他} \end{cases}$

4. 设总体 $X\sim N(2,\sigma^2)$,随机取一样本:$x_1,x_2,\cdots,x_{16}$,$\bar{x}=\dfrac{1}{n}\sum\limits_{i=1}^{16}x_i$,则 $\dfrac{4\bar{x}-8}{\sigma}\sim$(　　).

(A)$t(15)$

(B)$t(16)$

(C)$\chi^2(15)$

(D)$N(0,1)$

5. 进行假设检验时要减少犯两类错误的概率,则应(　　) 样本容量.

(A) 增大

(B) 减少

(C) 不变

(D) 一个增大,一个减少

二、填空题

1. 已知设 $P(B)=0.3,P(A\bigcup B)=0.7$,且 A 与 B 相互独立,则 $P(A)=$ _____.

2. 设随机变量 X 的概率密度为 $f(x)=\begin{cases} Ae^x, & x<0, \\ \dfrac{1}{4}, & 0\leqslant x<2, \\ 0, & x\geqslant 2, \end{cases}$ 设其分布函数为 $F(x)$,则

$A=$ _____,$F(1)=$ _____.

3. 一袋中装有 5 只球，编号为 $1,2,3,4,5$. 从袋中同时取 3 只球，以 X 表示取出的 3 只球的最大号码，则随机变量 X 的分布律为 _____，数学期望 $E(X) =$ _____，$D(X) =$ _____.

4. 设随机变量 X_1 与 X_2 相互独立，其概率分布相应为

X_1	0	1
p	0.6	0.4

X_2	1	2	3
p	0.5	0.3	0.2

则 $Y = X_1 X_2$ 的分布律为 _____.

5. 设随机变量 X 的方差 $D(X) = 9$，且由切比雪夫不等式有 $P\{|X - E(X)| \geqslant \varepsilon\} \leqslant \dfrac{1}{9}$，则 $\varepsilon =$ _____.

6. 设总体 X 的密度函数为 $f(x;\theta) = \begin{cases} \theta x^{\theta-1}, & 1 > x > 0, \\ 0, & \text{其他} \end{cases}$ $(\theta > 0)$，$\overline{X}$ 为总体 X 的样本 $x_1, x_2, \cdots, x_n$ 的均值，则参数 θ 的的矩估计量 $\hat{\theta} =$ _____.

三、计算题

1. 设随机变量 X 的概率密度为 $f(x) = \begin{cases} 2x, & 0 < x < 1, \\ 0, & \text{其他}, \end{cases}$ 求（1）X 的数学期望 $E(X)$ 和方差 $D(X)$；（2）概率 $P\{X < 0.1\}$.

2. 某食品包装流水线最后一道工序是在外包装上打印日期标志，此项工作由甲、乙两人承担，他们对日期的漏打率分别是 3% 和 2%，已知经过两人的食品外包装件数之比为 $8:10$，试求：

（1）任意抽查一件产品，发现外包装上无日期标志的概率是多少？

（2）这件无日期标志的产品是乙漏打的概率是多少？

四、应用题

1. 设总体 $X \sim N(\mu, \sigma^2)$ 的样本的一组观察值为：$5,4,6,5$. 若已知 $\sigma^2 = 1$，求总体均值 μ 的置信度为 0.95 的置信区间.（附：$u_{0.025} = 1.96$）

2. 设学生某次数学考试的成绩服从正态分布，从中任取 36 位学生的成绩，其平均成绩为 75.5 分，标准差为 15 分. 问：在 0.01 的显著性水平下，能否否定全体学生的数学平均成绩低于 70 分的结论？（附：$t_{0.01}(35) = 2.4377$）

五、证明题

1. 设总体 X 的期望 $E(X) = 0$，方差 $D(X) = \sigma^2$，$x_1, x_2, \cdots, x_n$ 是来自总体 X 的简单随机样本，记 $\overline{x} = \dfrac{1}{n} \sum_{i=1}^{n} x_i$，方差为 s^2. 试证：$\dfrac{1}{2}(n\overline{x}^2 + s^2)$ 为 σ^2 的无偏估计.

2. 如果 $P(A|B) = P(A|\overline{B})$，则事件 A 与 B 独立.

模拟试卷四

一、选择题

1. 已知事件 A,B 满足 $P(AB) = P(\overline{AB})$，且 $P(A) = 0.4$，则 $P(B) = ($ $)$.

   (A)0.4   (B)0.5   (C)0.6   (D)0.7

2. 离散型随机变量 X 的概率分布为 $P\{X = k\} = A\lambda^k (k = 1,2,\cdots)$ 的充要条件是(   ).

   (A)$\lambda = (1+A)^{-1}$ 且 $A > 0$ (B)$A = 1-\lambda$ 且 $0 < \lambda < 1$

   (C)$A = \lambda^{-1} - 1$ 且 $\lambda < 1$ (D)$A > 0$ 且 $0 < \lambda < 1$

3. 设 A,B,C 三事件两两独立，则 A,B,C 相互独立的充分必要条件是(   ).

   (A)A 与 BC 独立   (B)AB 与 $A \bigcup C$ 独立

   (C)AB 与 AC 独立   (D)$A \bigcup B$ 与 $A \bigcup C$ 独立

4. 设 10 个电子管的寿命 $X_i(i = 1,2,\cdots,10)$ 独立同分布，且 $D(x_i) = A(i = 1,2,\cdots,10)$，则 10 个电子管的平均寿命 Y 的方差 $D(Y) = ($ $)$.

   (A)A (B)0.1A (C)0.2A (D)10A

5. 设随机变量 $X \sim N(\mu_1, \sigma_1^2)$，随机变量 $Y \sim N(\mu_2, \sigma_2^2)$，且 $P\{|X-\mu_1| < 1\} > P\{|Y-\mu_2| < 1\}$，则必有(   ).

   (A)$\sigma_1 < \sigma_2$ (B)$\sigma_1 > \sigma_2$ (C)$\mu_1 < \mu_2$ (D)$\mu_1 > \mu_2$

6. 设 X 与 Y 为任意随机变量，若 $E(XY) = E(X)E(Y)$，则下述结论中一定成立的为(   ).

   (A)X 与 Y 相互独立   (B)X 与 Y 不独立

   (C)$D(X+Y) = D(X)+D(Y)$ (D)$D(XY) = D(X)D(Y)$

7. 设总体 $X \sim N(3,16)$，$x_1,x_2,\cdots,x_{16}$ 为来自总体 X 的一个样本，$\bar{x}$ 为样本均值，则(   ).

   (A)$\dfrac{\bar{x}-3}{4} \sim N(0,1)$ (B)$4(\bar{x}-3) \sim N(0,1)$

   (C)$\dfrac{\bar{x}-3}{2} \sim N(0,1)$ (D)$\bar{x}-3 \sim N(0,1)$

8. 设 $x_1,x_2,\cdots,x_8$ 和 $y_1,y_2,\cdots,y_{10}$ 分别是来自两个相互独立的正态总体 $N(-1,4)$ 和 $N(2,5)$ 的样本，s_1^2 和 s_2^2 分别是其样本方差，则下列服从 $F(7,9)$ 的统计量是(   ).

   (A)$\dfrac{2s_1^2}{5s_2^2}$ (B)$\dfrac{4s_1^2}{5s_2^2}$ (C)$\dfrac{5s_1^2}{4s_2^2}$ (D)$\dfrac{5s_1^2}{2s_2^2}$

二、填空题

1. 设随机事件 A,B 互不相容，且 $P(A) = 0.3$，$P(\overline{B}) = 0.6$，则 $P(B|\overline{A}) = $ _____.

2. 已知 $X \sim N(2,4)$，Y 服从标准正态分布，X 与 Y 相互独立，则 $P\{X+Y \geqslant 2\} = $ _____.

3. 设随机变量 X 服从 $(-2,2)$ 上的均匀分布，则随机变量 $Y = X^2$ 的概率密度函数为 $f_Y(y) = $ _____.

4. 设二维随机变量 (X,Y) 的联合分布律为

(X,Y)	$(1,0)$	$(1,1)$	$(2,0)$	$(2,1)$
p	0.4	0.2	a	b

若 $E(XY) = 0.8$,则 $Cov(X,Y) = $ _____.

5. 设 X,Y 独立同分布,且 $X \sim \begin{pmatrix} 0 & 1 \\ 0.25 & 0.75 \end{pmatrix}$,则 $\max\{X,Y\}$ 的分布_____.

6. 设 s^2 是从 $N(0,1)$ 中抽取容量为 16 的样本方差,则 $D(s^2) = $ _____.

三、判断题

1. 设 $P(A) = 0$,则随机事件 A 与任何随机事件 B 一定相互独立.(　　)

2. 设有分布律:$P\{X = (-1)^{n+1} 2^n/n\} = 1/2^n,(n=1,2,\cdots)$,则 X 的期望存在.(　　)

3. 若随机变量 X 与 Y 独立,它们取 1 与 -1 的概率均为 0.5,则 $X = Y$.(　　)

4. 随机变量 X 与 Y 独立同分布,令 $\xi = X - Y$,$\eta = X + Y$,则随机变量 ξ 和 η 的相关系数为 0.(　　).

5. 若 $(X,Y) \sim N(0,0,\sigma^2,\sigma^2,0)$ 令 $U = \frac{1}{2}X + Y$,$V = X - \frac{1}{2}Y$,则 U 和 V 一定是独立同分布且服从正态分布.(　　)

6. 设随机变量序列 $X_1,X_2,\cdots,X_n$ 相互独立,且均服从参数为 λ 的指数分布,则 $\overline{X} = \frac{1}{n}\sum_{i=1}^{n} X_i$ 依概率收敛于 λ.(　　)

四、解答题

1. 某工厂由甲、乙、丙三个车间生产同一种产品,每个车间的产量分别占全厂的 25%,35%,40%,各车间产品的次品率分别为 5%、4%、2%,求全厂产品的次品率.

2. 设随机变量 X 在区间 $[1,6]$ 上服从均匀分布,现在对 X 进行 3 次独立观察,求这 3 次观察中至少有两次观察值大于 4 的概率.

3. 某彩电公司每月生产20万台背投彩电,次品率为0.000 5. 检验时每台次品未被查出的概率为0.01. 试用中心极限定理求检验后出厂的彩电中次品数超过 3 台的概率.(附:$\Phi(2) = 0.977\ 2$)

4. 已知二维随机变量 (X,Y) 的分布律为

Y \ X	1	2
0	0.15	0.15
1	α	β

且 X 与 Y 独立.(1) 求 α,β 的值;(2) 令 $Z = X - 2Y$,求 X 与 Z 的相关系数.

5. 随机变量 X 服从参数为 λ 的指数分布,设 $x_1,x_2,\cdots,x_n$ 是一组简单随机样本,求 λ 的极大似然估计和矩估计.

五、证明题

1. 如果 $P(A|C) \geqslant P(B|C), P(A|\bar{C}) \geqslant P(B|\bar{C})$,试证明 $P(A) \geqslant P(B)$.

2. 设 A,B 表示随机事件,如果 $P(A|B) = P(B|A)$ 且 $P(A \cup B) = 1, P(A \cap B) > 0$,试证 $P(A) > 0.5$.

模拟试卷五

一、选择题

1. 设 X 与 Y 相互独立且都服从标准正态分布,则( ).

(A) $P\{X-Y\geqslant 0\}=\dfrac{1}{4}$ (B) $P\{X+Y\geqslant 0\}=\dfrac{1}{4}$

(C) $P\{\min\{X,Y\}\geqslant 0\}=\dfrac{1}{4}$ (D) $P\{\max\{X,Y\}\geqslant 0\}=\dfrac{1}{4}$

2. 若 $E(XY)=E(X)E(Y)$,则下列命题不正确的是( ).

(A) $Cov(X,Y)=0$ (B) X 与 Y 相互独立

(C) $\rho_{XY}=0$ (D) $D(X-Y)=D(X+Y)$

3. 设 x_1,x_2,x_3 是取自 $N(\mu,1)$ 的样本,以下 μ 的四个估计量中最有效的是( ).

(A) $\hat{\mu}_1=\dfrac{1}{5}x_1+\dfrac{3}{10}x_2+\dfrac{1}{2}x_3$ (B) $\hat{\mu}_2=\dfrac{1}{3}x_1+\dfrac{2}{9}x_2+\dfrac{4}{9}x_3$

(C) $\hat{\mu}_3=\dfrac{1}{3}x_1+\dfrac{1}{6}x_2+\dfrac{1}{2}x_3$ (D) $\hat{\mu}_4=\dfrac{1}{3}x_1+\dfrac{1}{4}x_2+\dfrac{5}{12}x_3$

4. 若要 $\varphi(x)=\cos x$ 可以成为随机变量 X 的分布密度,则 X 的可能取值区间为( ).

(A) $\left[0,\dfrac{\pi}{2}\right]$ (B) $\left[\dfrac{\pi}{2},\pi\right]$

(C) $[0,\pi]$ (D) $\left[\dfrac{3\pi}{2},\dfrac{7\pi}{4}\right]$

5. 设随机变量 X 的密度函数 $f(x)=\dfrac{1}{\pi(1+x^2)}$,则 $Y=2X$ 的概率密度为 $f_Y(y)=($).

(A) $\dfrac{1}{\pi(1+4x^2)}$ (B) $\dfrac{2}{\pi(4+x^2)}$

(C) $\dfrac{1}{\pi(1+x^2)}$ (D) $\dfrac{1}{\pi}\arctan x$

二、填空题

1. 假设 $P(A)=0.4,P(A\bigcup B)=0.7$,且 A 与 B 相互独立,则 $P(B)=$ _____ .

2. 已知二维随机变量 (X,Y) 的联合分布函数为 $F(x,y)$,试用 $F(x,y)$ 表示概率 $P\{X>a,Y>b\}=$ _____ .

3. 已知离散型随机变量 X 服从参数为 2 的泊松分布,即 $P\{X=k\}=\dfrac{2^k\mathrm{e}^{-2}}{k!}(k=0,1,2,\cdots)$,则随机变量 $Y=3X-2$ 的数学期望 $E(Y)=$ _____ ,方差 $D(Y)=$ _____ .

4. 设 $X\sim N(3,2^2)$,若 $P\{X>C\}=P\{X\leqslant C\}$,则 $C=$ _____ .

5. 设随机变量 X 的数学期望 $E(X)=\mu$,方差 $D(X)=\sigma^2$,则由切比雪夫不等式 $P\{|X-\mu|\geqslant 3\sigma\}\leqslant$ _____ .

6. 设随机变量 X 服从参数为 1 的泊松分布，则 $P\{X = E(X^2)\} =$ _____.

7. 设 (X,Y) 的联合分布律为

Y \ X	0	1	2
-1	$\frac{1}{15}$	t	$\frac{1}{5}$
1	s	$\frac{1}{5}$	$\frac{3}{10}$

若 X 和 Y 相互独立，则 $s =$ _____, $t =$ _____.

8. 设总体 X 服从参数为 p 的几何分布，即 $P\{X = k\} = (1-p)^{k-1}p(k = 1,2,\cdots)$，且 x_1, $x_2,\cdots,x_n$ 是 X 的一个简单样本，则参数 p 的矩估计量为 _____.

三、计算题

1. 若 ξ 是离散型随机变量，$P\{\xi = x_1\} = \frac{3}{5}$，$P\{\xi = x_2\} = \frac{2}{5}$，且 $x_1 < x_2$. 又已知 $E(\xi) = \frac{7}{5}$，$D(\xi) = \frac{6}{25}$，求 ξ 的分布律.

2. 设 (ξ,η) 的联合密度为 $f(x,y) = \begin{cases} 4xy, & 0 \leqslant x, \quad y \leqslant 1, \\ 0, & \text{其他}. \end{cases}$

求：(1) 边际密度函数 $f_\xi(x)$，$f_\eta(y)$；(2) $E(\xi)$，$D(3 - 6\eta)$；(3) ξ 与 η 是否独立.

四、应用题

1. 为考察某大学成年女性的脂肪水平，现抽取了样本容量为 25 的一样本，并测得样本均值 $\bar{x} = 186$，修正的样本标准差 $s = 12$，假定所论脂肪水平 $X \sim N(\mu,\sigma^2)$，μ 与 σ^2 均未知，试分别求出 μ 及 σ^2 的置信水平为 0.90 的置信区间.

（附：$t_{0.05}(24) = 1.711,\chi^2_{0.05}(24) = 36.415,\chi^2_{0.95}(24) = 13.848$）

2. 为改建某学院的中央绿地，该学院有 5 位学生彼此独立地测量了中央绿地的面积，得如下数据（单位：km^2）：

$$1.23 \quad 1.22 \quad 1.20 \quad 1.26 \quad 1.23.$$

设测量误差服从正态分布. 试检验（$\alpha = 0.05$）：

(1) 以前认为这块绿地的面积是 $\mu = 1.23\ km^2$，是否有必要修改以前的结果？

(2) 若要求这次测量的标准差不超过 $\sigma = 0.015$，能否认为这次测量的标准差显著偏大？

（附：$t_{0.025}(4) = 2.776\ 4,\chi^2_{0.025}(4) = 9.488$）

五、应用题

从以往的资料分析得知，在出口罐头导致索赔的事件中，有 50% 是质量问题；有 30% 是数量短缺问题；有 20% 是产品包装问题. 又知在质量问题的争议中，经过协商解决的占 40%；在数量短缺问题的争议中，经过协商解决的占 60%；在产品包装问题的争议中，经过协商解决的占 75%. 如果在发生的索赔事件中，经过协商解决了，问这一事件不属于质量问题的概率是多少？

六、证明题

设 $\hat{\theta}$ 是参数 θ 的无偏估计，且有 $D(\hat{\theta}) > 0$，试证：$\hat{\theta}^2 = (\hat{\theta})^2$ 不是 θ^2 的无偏估计.

模拟试卷六

一、选择题

1. 已知 $P(A) = 0.5, P(B) = 0.4, P(A \cup B) = 0.6$，则 $P(A \mid B) = ($).

(A)0.75　　　　(B)0.6　　　　(C)0.45　　　　(D)0.2

2. 设随机变量 X 的密度函数为 $f(x)$，且 $f(-x) = f(x)$，$F(x)$ 为 X 的分布函数，则对任意实数 a，则下面式子成立的是( ).

(A)$F(-a) = \dfrac{1}{2} - \int_0^a f(x)\mathrm{d}x$　　　　(B)$F(-a) = F(a)$

(C)$F(-a) = 1 - \int_0^a f(x)\mathrm{d}x$　　　　(D)$F(-a) = 2F(a) - 1$

3. 设二维随机变量 (X,Y) 的概率密度函数为

$$f(x,y) = \begin{cases} a(x+y), & 0 < x < 1, 0 < y < 2, \\ 0, & \text{其他}, \end{cases}$$

则常数 $a = ($).

(A)3　　　　(B)2　　　　(C)$\dfrac{1}{2}$　　　　(D)$\dfrac{1}{3}$

4. 已知 $X \sim B(n,p)$，且 $E(X) = 8, D(X) = 4.8$，则 $n = ($).

(A)10　　　　(B)20　　　　(C)15　　　　(D)25

5. 离散型随机变量 X 的分布函数 $F(x)$ 一定是( ).

(A) 奇函数　　　　(B) 偶函数　　　　(C) 周期函数　　　　(D) 有界函数

6. 随机变量 X 的分布函数为 $F(x) = \begin{cases} 0, & x < 0, \\ x^4, & 0 \leqslant x < 1, \\ 1, & x \geqslant 1, \end{cases}$ 则 $E(X) = ($).

(A)$\int_0^1 4x^4 \mathrm{d}x$　　(B)$\int_0^1 3x^3 \mathrm{d}x$　　(C)$\int_0^1 4x^3 \mathrm{d}x$　　(D)$\int_0^1 x^5 \mathrm{d}x$

7. 设 $X \sim N(2,4)$，且 $aX + b \sim N(0,1)$，则( ).

(A)$a = 2, b = -2$　　　　(B)$a = -2, b = -1$

(C)$a = 0.5, b = -1$　　　　(D)$a = 0.5, b = 1$

8. 设 X,Y 为两个随机变量，$D(X) = 1, D(Y) = 4, Cov(X,Y) = 1$，令 $Z_1 = X - 2Y$，$Z_2 = 2X - Y$，则 Z_1 与 Z_2 的相关系数为( ).

(A)0　　　　(B)1　　　　(C)$\dfrac{5}{\sqrt{13}}$　　　　(D)$\dfrac{5}{2\sqrt{13}}$

9. 设随机变量 $X \sim N(0,1)$，$Y = 2X + 1$，则 $Y \sim ($).

(A)$N(1,4)$　　　　(B)$N(0,1)$　　　　(C)$N(1,1)$　　　　(D)$N(1,2)$

二、填空题

1. 设 A,B 为随机事件，$P(A) = 0.6$，$P(A - B) = 0.3$，则 $P(\overline{AB}) = $ _____.

2. 设随机变量 X 的分布律为

X	0	1	2	3	4	5
p	0.1	0.13	0.3	0.17	0.25	0.05

则 $P\{2 \leqslant X \leqslant 5\} = $ _____，$P\{X \neq 3\} = $ _____.

3. 设随机变量 Y 服从参数为 1 的指数分布，令随机变量 $X_k = \begin{cases} 0, & 若 Y \leqslant k, \\ 1, & 若 Y > k, \end{cases} k = 1,2,$ 则 X_1 与 X_2 的联合分布律为 _____.

4. 设随机变量 X 服从参数为 λ 的泊松分布，且已知 $E[(X-1)(X-2)] = 1$，则 $\lambda = $ _____.

5. 设随机变量 X 与 Y 相互独立，且均服从区间上 $[0,3]$ 的均匀分布，则 $P\{\min\{X,Y\} \leqslant 1\} = $ _____.

6. 设随机变量 X 的分布函数为 $F(x) = \begin{cases} 0, & x < 0, \\ 0.3, & 0 \leqslant x < 1, \\ 0.6, & 1 \leqslant x < 2, \\ 1, & x \geqslant 2, \end{cases}$ 其分布律为

X			
p			

7. 若 $X \sim N(3, \sigma^2)$，且 $P\{3 < X < 6\} = 0.36$，则 $P\{X < 0\} = $ _____.

8. 袋中装有 10 个球，其中 3 个红球，7 个白球，每次从中任取一个球，不放回，直到第 3 次才取到红球的概率为 _____.

三、解答题

1. 甲、乙两个城市都位于长江下游，根据一百余年来的气象记录，可知甲、乙两城市一年中雨天占的比例分别为 20% 和 18%，两地同时下雨的比例为 12%. 问：

(1) 乙市是雨天时，甲市为雨天的概率是多少？

(2) 甲市是雨天时，乙市为雨天的概率是多少？

(3) 甲、乙两城市至少有一个为雨天的概率是多少？

2. 设随机变量 X 的密度函数为 $f_X(x) = \begin{cases} \dfrac{x}{8}, & 0 < x < 4, \\ 0, & 其他. \end{cases}$

求：随机变量 $Y = e^X - 1$ 的概率密度函数.

3. 设 X 与 Y 是两个相互独立的随机变量，其概率密度分别为

$$f_X(x) = \begin{cases} 1, & 0 \leqslant x \leqslant 1, \\ 0, & 其他, \end{cases} \qquad f_Y(y) = \begin{cases} e^{-y}, & y > 0, \\ 0, & 其他. \end{cases}$$

求随机变量 $Z = X + Y$ 的分布函数.

4. 设 X 与 Y 为两个随机变量,已知 $E(X) = 2, E(X^2) = 20, E(Y) = 3, E(Y^2) = 34$, $\rho_{XY} = 0.5$. 试求:$(1)E(X+Y)$,$(2)D(X-Y)$.

5. 设连续型随机变量 X 的分布函数为

$$F(x) = \begin{cases} 0, & x < -1, \\ a + b\arcsin x, & -1 \leqslant x < 1, \\ 1, & x \geqslant 1. \end{cases}$$

试确定常数 a, b,并求出 $E(X), D(X)$.

6. 设随机变量 (X, Y) 的概率密度为 $f(x, y) = \begin{cases} 1, & |y| < x, 0 < x < 1, \\ 0, & 其他. \end{cases}$

试求:$(1)f_X(x)$,$(2)f_{Y|X}(y \mid x)$,$(3)P\left\{X > \dfrac{1}{2} \middle| Y > 0\right\}$.

7. 设相互独立随机变量 X, Y 分别服从参数为 λ_1, λ_2 的泊松分布,其中 $\lambda_1 > 0, \lambda_2 > 0$,证明 $Z = X + Y$ 服从参数为 $\lambda_1 + \lambda_2$ 的泊松分布.

模拟试卷七

一、选择题

1. 将 3 个人以相同的概率分配到 4 个房间的每一间中,恰有 3 个房间各有一人的概率为( ).

(A)0.125　　　　(B)0.187 5　　　　(C)0.375　　　　(D)0.75

2. 已知两随机变量 X 与 Y 有关系 $Y = 0.8X + 0.7$,则 X 与 Y 间的相关系数为( ).

(A)-1　　　　(B)1　　　　(C)-0.8　　　　(D)0.7

3. 已知随机变量 X 服从正态分布 $N(2, 2^2)$,且 $Y = aX + b$ 服从标准正态分布 $N(0, 1)$,则( ).

(A)$a = 2, b = -2$　　(B)$a = -2, b = -1$　　(C)$a = \dfrac{1}{2}, b = 1$　　(D)$a = -\dfrac{1}{2}, b = 1$

4. 已知 X 服从正态分布,$E(X) = -1$,$E(X^2) = 4$,$\overline{X} = \dfrac{1}{n}\sum\limits_{i=1}^{n} X_i$,则 $\overline{X}$ 服从的分布为( ).

(A)$N\left(-1, \dfrac{3}{n}\right)$　　(B)$N\left(-1, \dfrac{4}{n}\right)$　　(C)$N\left(-\dfrac{1}{n}, \dfrac{4}{n}\right)$　　(D)$N\left(-\dfrac{1}{n}, \dfrac{3}{n}\right)$

5. 若 $\chi_1^2 \sim \chi^2(n_1)$,$\chi_2^2 \sim \chi^2(n_2)$,且 χ_1^2 与 χ_2^2 相互独立,则下列结论正确的是( ).

(A)$D(\chi_1^2 + \chi_2^2) = n_1^2 + n_2^2$　　　　　　(B)$D(\chi_1^2 + \chi_2^2) = n_1 + n_2$

(C)$D(\chi_1^2 + \chi_2^2) = (n_1 + n_2)^2$　　　　　(D)$D(\chi_1^2 + \chi_2^2) = 2(n_1 + n_2)$

二、填空题

1. 假设 $P(A) = 0.4$,$P(A + B) = 0.7$,且 A 与 B 互不相容,则 $P(B) = $ _____.

2. 设随机变量 X 的分布律为 $\begin{pmatrix} 1 & 2 & 3 & 4 \\ 0.2 & 0.1+a & 0.4-b & c \end{pmatrix}$,则常数 a, b, c 应满足的条件为_____.

3. 设 X 表示 10 次独立重复射击命中目标的次数,每次射中目标的概率为 0.4,则 X 的数学期望 $E(X) = $ _____,方差 $D(X) = $ _____.

4. 设 $X \sim N(10, \sigma^2)$,且 $P\{10 < X < 20\} = 0.3$,则 $P\{0 < X < 10\} = $ _____.

5. 设随机变量 X 的方差为 2,则根据切比雪夫不等式估计 $P\{|X - E(X)| \geqslant 2\} \leqslant$ _____.

6. 设 (X, Y) 的联合分布律为

Y\X	1	2	3
1	$\dfrac{1}{6}$	$\dfrac{1}{9}$	$\dfrac{1}{18}$
2	$\dfrac{1}{3}$	α	β

若 X 和 Y 相互独立,则 $\alpha =$ _____ , $\beta =$ _____ .

7. 设总体 X 具有分布律为

X	1	2	3
p	θ	θ	$1-2\theta$

$\theta(\theta > 0)$ 未知. 今有样本 $1,1,1,3,2,1,3,2,2,1,2,2,3,1,1,2$,则 θ 的矩估计值为 _____ ,极大似然估计值为 _____ .

三、计算题

1. 设随机变量 X 的分布律为

X	-1	2	3
p	$\dfrac{1}{4}$	$\dfrac{1}{2}$	$\dfrac{1}{4}$

求:(1)X 的数学期望 $E(X)$ 和方差 $D(2-2X)$;(2)X 的分布函数;(3) 概率 $P\{2 \leqslant x \leqslant 3\}$.

2. 二维随机变量 (X,Y) 的联合概率密度为 $f(x,y) = \begin{cases} ce^{-(x+y)}, & x > 0, \\ 0, & \text{其他}. \end{cases}$

(1) 确定常数 c;(2) 求 $P\{X+Y<1\}$;(3) 求 (X,Y) 的联合分布函数 $F(x,y)$.

四、应用题

1. 零件尺寸与规定尺寸的偏差 $X \sim N(\mu,\sigma^2)$,今测得 10 个零件,得偏差值(单位:微米):$2,1,-2,3,2,4,-2,5,3,4$,试分别求 μ 及 σ^2 的置信水平为 0.90 的置信区间.

(附:$t_{0.05}(9) = 1.833,\chi_{0.05}^2(9) = 16.919,\chi_{0.95}^2(9) = 3.325$)

2. 水泥厂用自动包装机包装水泥,每袋额定重量是 50 千克,某日开工后随机抽查了 9 袋,称得重量如下:(单位:千克)

$$49.6,49.3,50.1,50.0,49.2,49.9,49.8,51.0,50.2.$$

设每袋重量服从正态分布,问包装机工作是否正常?($\alpha = 0.05$)(附:$t_{0.025}(8) = 2.306$)

五、应用题

自动包装机把白色和淡黄色的乒乓球混装入盒子,每盒装 12 只,已知每盒内装有的白球的个数是等可能的,为检查某一盒子内装有白球的数量,从盒中任取一球发现是白球,求此盒中装的全是白球的概率.

六、证明题

设 x_1,x_2,x_3,x_4 是来自均值为 θ 的指数分布总体的样本,其中 θ 未知.试证明估计量

$$T_1 = \frac{x_1+x_2}{6} + \frac{x_3+x_4}{3}, T_2 = \frac{x_1+x_2+x_3+x_4}{4}$$ 都是 θ 的无偏估计量且统计量 T_2 比 T_1 有效.

模拟试卷八

一、选择题

1. 以事件 A 表示"甲同学考试合格,乙同学考试不合格",则事件 $\bar{A}$ 为( ).

(A) 甲、乙两同学考试均合格　　　　　(B) 甲同学考试不合格,乙同学考试合格

(C) 甲同学考试合格　　　　　　　　　(D) 甲同学考试不合格或乙同学考试合格

2. 设总体 X 服从正态分布 $N(\mu,\sigma^2)$,其中 μ 已知,σ^2 未知,x_1,x_2,x_3 是从中抽取的一个样本,请指出下列表达式中不是统计量的是( ).

(A) $\dfrac{x_1+x_2+x_3}{3}$ 　　　　　　　(B) $x_1+2\mu$

(C) $\min\{x_1,x_2,x_3\}$ 　　　　　　　(D) $\dfrac{x_1^2+x_2^2+x_3^2}{\sigma^2}$

3. 设随机变量 X 和 Y 的关系为 $Y=3X+2011$,若 $D(X)=3$,则 $D(Y)=$ ( ).

(A) 27　　　　　(B) 9　　　　　(C) 2 020　　　　　(D) 2 038

4. 若事件 A,B,C 满足 $P(C)=\sqrt{P(A)P(B)-1}$,则事件 A,B,C 不满足( ).

(A) $A=B=C$ 　　　　　　　　　　　(B) $A\neq B\neq C$

(C) $A=B=\Omega,C=\varnothing$ 　　　　　(D) $A=B=\Omega,P(C)=0$

5. 设随机变量 $X\sim N(\mu,4^2),Y\sim N(\mu,5^2),p_1=P\{X\leqslant\mu-4\},p_2=P\{Y\geqslant\mu+5\}$,则 p_1 与 p_2 的关系是( ).

(A) $p_1>p_2$ 　　　(B) $p_1=p_2$ 　　　(C) $p_1<p_2$ 　　　(D) 与 μ 相关

6. 设 $x_1,x_2,\cdots,x_n(n\geqslant2)$ 为来自总体 $N(\mu,\sigma^2)$ 的简单随机样本,$\bar{x}$ 为样本均值,记

$$s_1^2=\frac{1}{n-1}\sum_{i=1}^{n}(x_i-\bar{x})^2,\quad s_2^2=\frac{1}{n-1}\sum_{i=1}^{n}(x_i-\bar{x})^2,$$

$$s_3^2=\frac{1}{n-1}\sum_{i=1}^{n}(x_i-\mu)^2,\quad s_4^2=\frac{1}{n-1}\sum_{i=1}^{n}(x_i-\mu)^2.$$

则服从自由度 $n-1$ 的 t 分布的随机变量 $T=$ ( ).

(A) $\dfrac{\bar{x}-\mu}{s_1/\sqrt{n-1}}$ 　　(B) $\dfrac{\bar{x}-\mu}{s_2/\sqrt{n-1}}$ 　　(C) $\dfrac{\bar{x}-\mu}{s_3/\sqrt{n}}$ 　　(D) $\dfrac{\bar{x}-\mu}{s_4/\sqrt{n}}$

二、填空题

1. 如果随机变量 X 的分布律为 $P\{X=k\}=\dfrac{A}{N},k=1,2,\cdots,N$.则常数 $A=$ _____.

2. 某家庭有两个孩子,在已知其中 1 个为女孩子的前提下,两个孩子均为女孩的概率为_____.

3. 已知事件 A,B 有概率 $P(A)=0.3,P(B)=0.7$,条件概率 $P(\bar{B}\mid A)=0.3$,则 $P(A\bigcup B)=$ _____.

4. 设随机变量 X 服从参数为 2 的指数分布,则 $E(X-E(X))^2=$ _____.

5. 设随机变量 $X \sim N(2,\sigma^2)$ 且 $P\{2 < X < 4\} = 0.3$，则 $P\{X < 0\} = $ _____.

6. 从某学校中抽取 $n = 50$ 个学生进行考察，确定等级数 x_i 与该等级人数 n_i 如下表

等级数 x_i	2	5	7	10
频数 n_i	16	12	8	14

则总体均值的无偏估计是 _____.

三、判断题

1. 样本空间 $\Omega = \{A,B,C,D,E\}$，事件 $\pi = \{B,C,D\}$，则 $P(\pi) = 0.60$.（   ）

2. 两事件相互独立必定互不相容.（   ）

3. 设随机变量 X 的分布律为 $P\left\{X = (-1)^i \frac{2^i}{i}\right\} = \frac{1}{2^i}(i = 1,2,\cdots)$，则

$$E(X) = \sum_{i=1}^{+\infty} x_i p_i = \sum_{i=1}^{+\infty} (-1)^i \frac{2^i}{i} \cdot \frac{1}{2^i} = -\sum_{i=1}^{+\infty} (-1)^{i-1} \frac{1}{i} = -\ln 2.（   ）$$

4. 大数定律以严格的数学形式证明了"频率"和"平均值"的稳定性.（   ）

5. "一位同学与一位猎人一起外出打猎，一只野兔从前方窜过，只听一声枪响，野兔应声倒下". 若你推测这一枪是猎人打的，事实上你无形中应用了"极大似然法基本思想".（   ）

四、解答题

1. 调查显示，某城市老人活到80岁的约有 60%，活到85周岁的可能性减少到 40%，试求现年80岁的该城市老人能活到85周岁的概率？

2. 设二维随机变量 (X,Y) 的联合分布律为

Y \ X	0	1
0	0.4	β
1	α	0.1

确定常数 α 和 β，使得随机事件 $\{X = 0\}$ 与 $\{X + Y = 1\}$ 相互独立.

3. 已知随机变量 X,Y 分别服从 $N(1,3^2)$，$N(0,4^2)$，它们的相关系数 $\rho_{XY} = -\frac{1}{2}$，设 $Z = \frac{X}{3} + \frac{Y}{2}$.

（1）求随机变量 Z 的数学期望和方差；

（2）求随机变量 X 与 Z 的相关系数.

4. 对某大学学生的数学水平考核的抽样结果表明，考生的数学水平测试成绩（按百分制计）近似服从正态分布，平均 72 分，且 96 分以上的考生数占 2.3%，求考生的数学水平测试成绩在 $60 \sim 84$ 分之间的概率.

（附：$\Phi(1) = 0.841$，$\Phi(2) = 0.977$）

5. 已知某在读大学生为提高其某门课程的考试成绩，他准备参加这门课程的"重考（第二次）"考试. 他估计第一次考试有 60% 的把握超过80分；即使他第一次考试就超过了80分，此时他感觉参加"重考"超过80分也只有 60% 的把握；若他第一次考试未达到80分，他觉得第二次考试超过80分的可能性只有 0.3. 现已知他重考分数达到了80分以上，请估计该学生第

一次考试就超过 80 分的概率.

6. 设 $x_1, x_2, \cdots, x_9$ 是来自总体 $X \sim N(0, 2^2)$ 的简单随机样本,若 $X = a(x_1 + x_2)^2 + b(x_3 + x_4 + x_5)^2 + c(x_6 + x_7 + x_8 + x_9)^2 \sim \chi^2(n)$,求常数 a, b, c, n 的值.

7. 设 $x_1, x_2, \cdots, x_{100}$ 是来自总体 X 的一个样本,总体 X 服从参数为 λ 的泊松分布,概率分布为 $P(k; \lambda) = \dfrac{\lambda^k}{k!} e^{-\lambda}$,其中 $k = 0, 1, 2, \cdots, \lambda > 0$,试求未知参数 λ 的极大似然估计值.

模拟试卷九

一、选择题

1. 设随机变量 X,Y 相互独立,且 $X \sim N(0,1),Y \sim N(1,1)$ 则( ).

(A)$P\{X-Y \leqslant 1\} = \dfrac{1}{2}$ 　　　　(B)$P\{X+Y \leqslant 0\} = \dfrac{1}{2}$

(C)$P\{X+Y \leqslant 1\} = \dfrac{1}{2}$ 　　　　(D)$P\{X-Y \leqslant 0\} = \dfrac{1}{2}$

2. 设 x_1,x_2,x_3 是总体 X 的一个样本,则下列均值 μ 的无偏估计量中,最有效的估计是( ).

(A)$\dfrac{1}{3}(x_1+x_2+x_3)$ 　　　　(B)$\dfrac{1}{2}x_1 + \dfrac{1}{4}x_2 + \dfrac{1}{4}x_3$

(C)$\dfrac{1}{4}x_1 + \dfrac{1}{2}x_2 + \dfrac{1}{4}x_3$ 　　　　(D)$\dfrac{1}{5}x_1 + \dfrac{2}{5}x_2 + \dfrac{2}{5}x_3$

3. 设 x_1,x_2,x_3,x_4 是正态总体 $N(1,2)$ 的样本,则 $\dfrac{x_1-x_2}{|x_3+x_4-2|}$ 的分布为( ).

(A)$N(0,1)$ 　　　　(B)$\chi^2(1)$

(C)$t(1)$ 　　　　(D)$F(1,1)$

4. 设随机变量 X 服从参数 $\lambda = 1$ 的指数分布,则 $Y = 2X$ 的概率密度函数是( ).

(A)$f_Y(y) = \begin{cases} 0.5\mathrm{e}^{-0.5y}, & y > 0, \\ 0, & y \leqslant 0 \end{cases}$ 　　(B)$f_Y(y) = \begin{cases} 2\mathrm{e}^{-2y}, & y > 0, \\ 0, & y \leqslant 0 \end{cases}$

(C)$f_Y(y) = \begin{cases} \mathrm{e}^{-y^2}, & y > 0, \\ 0, & y \leqslant 0 \end{cases}$ 　　(D)$f_Y(y) = \begin{cases} \mathrm{e}^{-y}, & y > 0, \\ 0, & y \leqslant 0 \end{cases}$

5. 设 H_0 表示假设 H_0 真,H_1 表示假设 H_0 假,拒绝域为 B,则犯第一类错误的概率为( ).

(A)$P(\bar{B} \mid H_0)$ 　　　　(B)$P(B \mid H_0)$

(C)$P(\bar{B} \mid H_1)$ 　　　　(D)$P(B \mid H_1)$

6. 设 $E(X) = 2,D(X) = 1$,二次方程 $x^2 - Xx + X = 0$ 有实根的概率为 p,则利用切比雪夫不等式估算 p 的值有( ).

(A)$\geqslant \dfrac{1}{4}$ 　　　　(B)$\leqslant \dfrac{1}{4}$

(C)$\geqslant \dfrac{3}{4}$ 　　　　(D)$\leqslant \dfrac{3}{4}$

二、填空题

1. 已知设 $P(A) = 0.5, P(A-B) = 0.3$,则 $P(\bar{A}+\bar{B}) = $ _____.

2. 设随机变量 X 的分布密度函数为 $f(x) = \begin{cases} A\sin x, & 0 \leqslant x \leqslant \pi, \\ 0, & 其他, \end{cases}$ 则 $A = $ _____.

3. 设 $X \sim B(10, 0.1)$, $Y \sim P(1)$, 且 X 与 Y 相互独立, $D(2X - Y - 3) = $ _____.

4. 设总体 $X \sim N(\mu, \sigma^2)$, x_1, x_2, x_3 为来自 X 的样本, $\hat{\mu} = 0.3x_1 + 0.4x_2 + cx_3$ 是未知参数 μ 的无偏估计, 则 $c = $ _____.

5. 设 $X \sim N(\mu, \sigma^2)$, 其概率密度 $f(x) = Ae^{\frac{-x^2 + 4x + B}{32}}$, 则 $B = $ _____.

三、计算题

1. 设二维随机变量 (X, Y) 的联合分布律为

X \ Y	1	2	3
1	$\frac{1}{6}$	$\frac{1}{9}$	$\frac{1}{18}$
2	$\frac{1}{3}$	A	B

且 X 与 Y 独立, 求 $(1) A, B$; $(2) Z = X + Y$ 的分布律.

2. 设随机变量 X 的概率密度为 $f(x) = \begin{cases} a + bx^2, & 0 < x < 1, \\ 0, & \text{其他}, \end{cases}$ 如果 $E(X) = \frac{1}{2}$, 求:
$(1) a, b$; $(2) D(X)$; (3) 概率 $P\{X \geqslant 0.5\}$.

3. 设总体 X 的分布密度为: $f(x; \theta) = \begin{cases} \theta(\theta + 1)x^{\theta-1}(1-x), & 0 < x < 1, \\ 0, & \text{其他}, \end{cases}$ 其中 $\theta > 0$ 为未知参数. 若 $x_1, x_2, \cdots, x_n$ 是来自总体 X 的样本, 试求:

(1) 参数 θ 的矩估计量;

(2) 参数 θ 的极大似然估计量. (只须写出关系式)

四、应用题

1. 现有两批球, 第一批 10 个球中有 2 个为白球, 其余为黑球; 第二批 15 个球中有 3 个为白球, 其余为黑球. 先从第一批中随机地取 2 个球混入第二批中, 再从混合后的球中随机地取出 1 个球, 发现取出的是白球. 求: 第一批中随机地取 2 个球是一白一黑的概率.

2. 设某自动车床加工的一种零件的长度 $X \sim N(\mu, \sigma^2)$. 现从产品中随机抽取 5 件, 测得它们的长度(单位: mm) 为

$$1\ 215, 1\ 212, 1\ 201, 1\ 228, 1\ 208.$$

(1) 若已知 $\sigma = 11$, 求平均长度 μ 的置信度为 0.95 的置信区间;

(2) 若 σ 未知, 求平均长度 μ 的置信度为 0.95 的置信区间.

(附: $u_{0.025} = 1.96$, $t_{0.025}(4) = 2.776\ 4$)

3. 设原工艺生产的每包盐巴的重量 $X \sim N(4.4, 0.05^2)$, 今改用新工艺生产, 从其产品中随机抽取了 6 包, 测得它们的质量(单位: g) 为

$$2.15 \quad 2.12 \quad 2.13 \quad 2.11 \quad 2.14 \quad 2.13,$$

且 $\alpha = 0.05$. 问: 新工艺产品的均方差是否有显著变化?(附: $\chi^2_{0.975}(5) = 0.831$, $\chi^2_{0.025}(5) = 12.833$)

模拟试卷十

一、选择题

1. 以 A 表示事件"甲种产品畅销,乙种产品滞销"则事件 $\overline{A}$ 为( ).

(A) 甲种产品滞销,乙种产品畅销　　　　(B) 甲、乙两种产品均畅销

(C) 甲种产品滞销　　　　(D) 甲种产品滞销或乙种产品畅销

2. n 张奖券中有 m 张可以中奖,现有 k 个人每人购买一张,其中至少有一个人中奖的概率为( ).

(A) $\dfrac{C_m^1 C_{n-m}^{k-1}}{C_n^k}$ 　　　　(B) $\dfrac{m}{C_n^k}$ 　　　　(C) $1-\dfrac{C_{n-m}^k}{C_n^k}$ 　　　　(D) $\sum\limits_{i=1}^{k}\dfrac{C_m^i}{C_n^k}$

3. 设随机变量 X 服从参数为 2 的指数分布,则随机变量 $Y=1-e^{-2X}$( ).

(A) 服从 $(0,1)$ 上的均匀分布　　　　(B) 仍服从指数分布

(C) 服从正态分布　　　　(D) 服从参数为 2 的泊松分布

4. 设 $F(x)=P(X\leqslant x)$ 是连续型随机变量 X 的分布函数,则下列结论中不正确的是( ).

(A) $F(x)$ 不是不减函数　　　　(B) $F(x)$ 是不减函数

(C) $F(x)$ 是右连续的　　　　(D) $F(-\infty)=0,F(+\infty)=1$

5. 设随机变量 (X,Y) 的概率分布为

Y \\ X	0	1
0	0.4	a
1	b	0.1

已知随机事件 $\{X=0\}$ 与 $\{X+Y=1\}$ 相互独立,则( ).

(A) $a=0.2,b=0.3$ 　　　　(B) $a=0.4,b=0.1$

(C) $a=0.3,b=0.2$ 　　　　(D) $a=0.1,b=0.4$

6. 设 $X\sim B(10,0.2)$,$Y\sim B(20,0.2)$ 且 X,Y 相互独立,则 $X+Y\sim$( ).

(A) $B(10,0.2)$ 　　　　(B) $B(30,0.4)$

(C) $B(30,0.2)$ 　　　　(D) $B(10,0.4)$

7. 已知随机变量 $X\sim N(9,4)$,则下列随机变量中服从标准正态分布的有( ).

(A) $\dfrac{X-9}{4}$ 　　　　(B) $\dfrac{X-9}{2}$

(C) $\dfrac{X-3}{4}$ 　　　　(D) $\dfrac{X-3}{2}$

8. 设 X,Y 为任意随机变量,若 $E(XY) = E(X)E(Y)$,则下述结论中成立的是(　　).

(A)$D(X+Y) = D(X)+D(Y)$　　　　(B)$D(XY) = D(X)D(Y)$

(C)X,Y 相互独立　　　　(D)X,Y 不独立

二、填空题

1. 设两厂产品的次品率分布为 1% 与 2%,现从 A,B 两厂产品分别占 60% 与 40% 的一批产品中任取一件是次品,则此次品是 A 厂生产的概率为 _____.

2. 已知随机变量 X 的分布律为

X	1	2	3	4	5
p	0.1	$0.4a$	$0.3+a$	a	0.3

则常数 $a =$ _____.

3. 设随机变量 $X \sim N(2,\sigma^2)$,若 $P\{0 < X < 4\} = 0.3$,则 $P\{X < 0\} =$ _____.

4. 设事件 A,B 满足 $P(A) = \dfrac{1}{4}$,$P(A \mid B) = P(B \mid A) = \dfrac{1}{2}$,令

$$X = \begin{cases} 1, & 若 A 发生, \\ 0, & 若 A 不发生, \end{cases} \qquad Y = \begin{cases} 1, & 若 B 发生, \\ 0, & 若 B 不发生, \end{cases}$$

则 $P\{X = 0, Y = 1\} =$ _____.

5. 设随机变量 $X \sim P(\lambda)$,已知 $E((X-1)(X-2)) = 1$,则 $\lambda =$ _____.

6. 设二维随机变量 (X,Y) 的联合概率分布为

Y ＼ X	0	1
0	$\dfrac{2}{3}$	$\dfrac{1}{12}$
1	$\dfrac{1}{6}$	$\dfrac{1}{12}$

则 X 与 Y 的相关系数 $\rho_{XY} =$ _____.

7. 设随机变量 X 的概率密度为 $f(x) = \begin{cases} x e^{-x}, & x > 0, \\ 0, & x \leqslant 0, \end{cases}$ 试用切比雪夫不等式估计 $P\{0 < X < 4\}$ _____.

三、解答题

1. 甲、乙两城市都位于长江下游,根据一百余年来气象的记录,知道甲、乙两城市一年中雨天占的比例分别为 20% 和 18%,两地同时下雨的比例为 12%,问:

(1) 乙市为雨天时,甲市为雨天的概率是多少?

(2) 甲市为雨天时,乙市为雨天的概率是多少?

(3) 甲、乙两市至少有一个为雨天的概率是多少?

2. 顾客在某银行窗口等待的时间 X 服从参数为 $\dfrac{1}{5}$ 的指数分布,X 的计时单位为分.若等待时间超过 10 分,则他就离开.设他一个月内要来银行 5 次,以 Y 表示一个月内他没有等到服务而离开窗口的次数,求 Y 的概率及至少有一次没有等到服务的概率 $P\{Y \geqslant 1\}$.

3. 设二维随机变量(X,Y)的概率密度为

$$f(x,y) = \begin{cases} kxy, x^2 \leqslant y \leqslant 1, & 0 \leqslant x \leqslant 1, \\ 0, & \text{其他}. \end{cases}$$

(1) 求 k 的值；(2) 设 $G = \{x^2 \leqslant y \leqslant x, 0 \leqslant x \leqslant 1\}$，求 $P\{(X,Y) \in G\}$.

4. 设二维随机变量(X,Y)的联合密度函数为 $f(x,y) = \begin{cases} 2x, & 0 < x < y < \sqrt{3}, \\ 0, & \text{其他}. \end{cases}$

求：(1)X,Y 的边缘密度函数；(2)$P\{\max\{X,Y\} < \dfrac{1}{2}\}$.

5. 设两个相互独立的随机变量 X 和 Y 均服从正态分布 $N(1,0.5)$，若随机变量 $X - aY + 2$ 满足条件 $D(X - aY + 2) = E(X - aY + 2)^2$.

求：(1)a 的值；(2)$E(|X - aY + 2|)$.

6. 一商店经销某种商品，每周进货量 X 与顾客对该种商品的需求量 Y 是相互独立的随机变量，且都服从区间$[0,20]$上的均匀分布.商店每售出一单位商品可得利润 1 000 元；若需求量超过了进货量，商店可从其他商店调剂供应，这时每单位商品可得利润 500 元，试计算此商店经销该种商品每周所得利润的期望值.

模拟试卷十一

一、选择题

1. 设随机变量 X,Y 相互独立,且 $X \sim N(1,1)$,$Y \sim N(-1,1)$,则( ).

   (A) $P\{X+Y \leqslant 1\} = \dfrac{1}{2}$ (B) $P\{X+Y \leqslant 0\} = \dfrac{1}{2}$

   (C) $P\{X-Y \leqslant 1\} = \dfrac{1}{2}$ (D) $P\{X-Y \leqslant 0\} = \dfrac{1}{2}$

2. 设 x_1,x_2 是总体 X 的一个样本,则下列均值 μ 的无偏估计量中,最有效的为( ).

   (A) $\dfrac{1}{3}x_1 + \dfrac{2}{3}x_2$ (B) $\dfrac{1}{4}x_1 + \dfrac{3}{4}x_2$

   (C) $\dfrac{1}{2}x_1 + \dfrac{1}{2}x_2$ (D) $\dfrac{2}{5}x_1 + \dfrac{3}{5}x_2$

3. 设 $x_1,x_2,\cdots,x_9$ 是正态总体 $N(0,9)$ 的样本,则在下列各式中,正确的是( ).

   (A) $\dfrac{1}{3}\displaystyle\sum_{i=1}^{9} x_i^2 \sim \chi^2(9)$ (B) $\dfrac{1}{9}\displaystyle\sum_{i=1}^{9} x_i^2 \sim \chi^2(9)$

   (C) $\dfrac{1}{3}\displaystyle\sum_{i=1}^{9} x_i^2 \sim \chi^2(8)$ (D) $\dfrac{1}{9}\displaystyle\sum_{i=1}^{9} x_i^2 \sim \chi^2(8)$

4. 已知随机变量 X 的概率密度为 $f_X(x)$,令 $Y=-2X$,则 Y 的概率密度 $f_Y(y)$ 为( ).

   (A) $2f_X(-2y)$ (B) $f_X\left(-\dfrac{y}{2}\right)$

   (C) $-\dfrac{1}{2}f_X\left(-\dfrac{y}{2}\right)$ (D) $\dfrac{1}{2}f_X\left(-\dfrac{y}{2}\right)$

5. 设 H_0 表示假设 H_0 真,H_1 表示假设 H_0 假,拒绝域为 B,则犯二类错误的概率为( ).

   (A) $P(\bar{B}|H_0)$ (B) $P(B|H_0)$ (C) $P(\bar{B}|H_1)$ (D) $P(B|H_1)$

6. 设 X_1,X_2 的分布函数分别为 $F_1(x),F_2(x)$,分布密度分别为 $f_1(x),f_2(x)$,则( ).

   (A) $F_1(x)+F_2(x)$ 必是某随机变量的分布函数

   (B) $F_1(x) \cdot F_2(x)$ 必是某随机变量的分布函数

   (C) $f_1(x)+f_2(x)$ 必是某随机变量的分布密度

   (D) $f_1(x)-f_2(x)$ 必是某随机变量的分布密度

二、填空题

1. 设 A 与 B 互不相容,$P(A)=\dfrac{1}{6}$,$P(B)=\dfrac{1}{2}$,则 $P(B-A)=$ _____ .

2. 设随机变量 X 的概率密度为 $f(x)=\begin{cases} kx^2, & 0<x<2, \\ 0, & \text{其他,} \end{cases}$ 则 $k=$ _____ .

3. 设 X 与 Y 独立,$X \sim U(-1,1)$(均匀分布),$Y \sim E(3)$(指数分布),则 $E(X-Y)=$ _____ ,$E(XY)=$ _____ ,$D(3Y-1)=$ _____ .

4. 设总体 $X \sim N(\mu, \sigma^2)$，x_1, x_2, x_3 为来自 X 的样本，$\hat{\mu} = \frac{1}{4}x_1 + bx_2 + \frac{1}{2}x_3$ 是未知参数 μ 的无偏估计，则 $b =$ _____.

5. 设 $E(X^2) = 1.1$，$D(X) = 0.1$，$E(X) > 0$，用切比雪夫不等式估计概率 $P\{0 < X < 2\}$ _____.

三、计算题

1. 二维随机变量 (X, Y) 的联合密度函数为

$$f(x, y) = \begin{cases} Ke^{-(2x+3y)}, & x > 0, y > 0, \\ 0, & \text{其他}. \end{cases}$$

(1) 求 K；(2) 判断 X 和 Y 是否相互独立.

2. 从含有 4 个白球，2 个黑球的袋子中任取 3 个.

(1) 求所取 3 个球中白球数 X 的分布律；

(2) 求 X 的分布函数；

(3) 求 $E(1 + 2X)$ 和 $D(X)$.

3. 设总体 X 的密度函数 $\quad f(x) = \begin{cases} \lambda x^{\lambda-1}, & 0 < x < 1, \\ 0, & \text{其他}, \end{cases}$

其中 $\lambda > 0$ 为未知参数，$x_1, x_2, \cdots, x_n$ 为取自总体 X 的样本. 试求：

(1) 参数 λ 的矩估计量；

(2) 参数 λ 的极大似然估计量.

四、应用题

1. 甲、乙、丙三台自动车床加工同种零件，经同一条传送带陆续送走. 设三台车床产量比例为 3:3:4，不合格率分别为 5%，4%，3%.

(1) 求在传送带上任取一件是不合格品的概率；

(2) 已知取到一件是不合格零件，问这件不合格品是甲车床生产的可能性多大 >（必须写出设题和已知的概率，并写出所用的概率公式）.

2. 有一大批糖果. 现从中随机抽取 6 袋，称得重量（单位：克）如下：

$$214, 210, 213, 216, 212, 213.$$

设袋装糖果的重量分布为正态的.

(1) 若已知 $\sigma^2 = 1$，求总体均值 μ 的置信度为 0.95 的置信区间；

(2) 若 σ^2 未知，求总体均值 μ 的置信度为 0.95 的置信区间.

（附：$u_{0.025} = 1.96$，$t_{0.025}(5) = 2.57$）

3. 已知某炼铁厂的铁水含碳量 X 在正常情况下服从正态分布 $N(4.5, 0.1^2)$. 一天测了 4 炉铁水，其含碳量为：4.2，4.4，4.5，4.1. 假定期望不变，在显著性水平 $\alpha = 0.05$ 下，能否认为这天铁水含碳量的均方差有显著变化？（附：$\chi^2_{0.975}(3) = 0.216$，$\chi^2_{0.025}(3) = 9.348$）

模拟试卷十二

一、选择题

1. 掷一颗骰子 600 次,求"一点"出现次数的均值为(   ).

(A)50   (B)100   (C)120   (D)150

2. 5 个人以摸彩的方式决定谁得一张电影票,设 A_i 表示"第 i 个人摸到", $i = 1, 2, \cdots, 5$. 则下列结论不正确是(   ).

(A)$P(A_2) = \dfrac{1}{5}$ (B)$P(\overline{A}_1 \overline{A}_2) = \dfrac{3}{5}$

(C)$P(\overline{A}_1 A_2) = \dfrac{1}{5}$ (D)$P(\overline{A}_1 A_2) = \dfrac{1}{4}$

3. 设连续型随机变量 X 的分布函数为 $F(x)$,密度函数为 $f(x)$,且 X 与 $-X$ 具有相同的分布函数,则下列正确的是(   ).

(A)$F(x) = F(-x)$ (B)$F(x) = -F(-x)$

(C)$f(x) = f(-x)$ (D)$f(x) = -f(-x)$

4. 设随机变量 $X_1, X_2, \cdots, X_n, \cdots$ 相互独立且同服从参数为 λ 的指数分布,其中 $\Phi(x)$ 是标准正态分布的分布函数,则(   ).

(A) $\lim\limits_{n \to \infty} P\left\{ \dfrac{\lambda \sum\limits_{i=1}^{n} X_i - n}{\sqrt{n}} \leqslant x \right\} = \Phi(x)$ (B) $\lim\limits_{n \to \infty} P\left\{ \dfrac{\sum\limits_{i=1}^{n} X_i - n}{\sqrt{n}} \leqslant x \right\} = \Phi(x)$

(C) $\lim\limits_{n \to \infty} P\left\{ \dfrac{\sum\limits_{i=1}^{n} X_i - \lambda}{\sqrt{n\lambda}} \leqslant x \right\} = \Phi(x)$ (D) $\lim\limits_{n \to \infty} P\left\{ \dfrac{\sum\limits_{i=1}^{n} X_i - \lambda}{n\lambda} \leqslant x \right\} = \Phi(x)$

5. 设随机变量 X 与 Y 相互独立且均服从 $N(0,1)$ 分布,则(   ).

(A)$P\{X + Y \geqslant 0\} = 0.25$ (B)$P\{X - Y \geqslant 0\} = 0.25$

(C)$P\{\min\{X, Y\} \geqslant 0\} = 0.25$ (D)$P\{\max\{X, Y\} \geqslant 0\} = 0.25$

6. 设两个独立的随机变量 $X \sim N(0,1)$, $Y \sim \chi^2(9)$,则 $\dfrac{3X}{\sqrt{Y}}$ 服从(   ).

(A)$N(0,1)$ (B)$t(3)$

(C)$t(9)$ (D)$F(1,9)$

7. 设总体 X 的数学期望为 μ,方差为 σ^2, x_1, x_2 是从 X 中抽取的样本,则在下述对 μ 的 4 个估计量中,(   )是最优的.

(A)$\hat{\mu}_1 = \dfrac{1}{3} x_1 + \dfrac{2}{3} x_2$ (B)$\hat{\mu}_2 = \dfrac{3}{4} x_1 + \dfrac{1}{4} x_2$

(C)$\hat{\mu}_3 = \dfrac{1}{2} x_1 + \dfrac{1}{2} x_2$ (D)$\hat{\mu}_4 = \dfrac{1}{2} x_1 + \dfrac{1}{3} x_2$

二、填空题

1. 设事件 A,B 满足 $P(A)+P(B)=1$，且 A,B 均不发生的概率等于 A,B 恰有一个发生的概率，则 A,B 同时发生的概率为_____．

2. X 服从参数为 λ 的泊松分布，且 $E(X^2+2X-4)=0$，则 $\lambda=$ _____．

3. 设二维随机变量 (X,Y) 的概率密度为 $f(x,y)=\begin{cases}6x, & 0\leqslant x\leqslant y\leqslant 1, \\ 0, & \text{其他},\end{cases}$

则 $P\{X+Y\leqslant 1\}=$ _____．

4. 随机变量 (X,Y) 的联合分布律为

(X,Y)	$(0,0)$	$(0,1)$	$(1,0)$	$(1,1)$
p	0.4	a	b	0.1

若事件 $\{X=0\}$ 与 $\{X+Y=1\}$ 相互独立，则 $a=$ _____．

5. 设 $X\sim U(0,1)$，则概率 $P\left\{X^2-\dfrac{3}{4}X+\dfrac{1}{8}\geqslant 0\right\}=$ _____．

6. 已知 X 的期望为 5，方差为 2，估计 $P\{2<X<8\}\geqslant$ _____．

7. 设 $X\sim U[1,a]$，$x_1,x_2,\cdots,x_n$ 是从总体 X 中抽取的随机样本，则 a 的矩估计量为_____．

三、判断题

1. 连续型随机变量取任何给定实数值的概率都为零.（   ）

2. 二维均匀分布的边缘分布仍是均匀分布.（   ）

3. 若 $AB=\varnothing$，则事件 A,B 一定相互独立.（   ）

4. 若随机变量 X 的方差存在，则 X 的数学期望也存在.（   ）

5. 若随机变量 X 与 Y 独立，且都服从 $p=0.1$ 的 $(0-1)$ 分布，则 $X=Y$.（   ）

四、解答题

1. 设随机变量 X_1,X_2 满足：

$$X_i\sim\begin{pmatrix} -1 & 0 & 1 \\ 0.25 & 0.5 & 0.25 \end{pmatrix}(i=1,2)，且 P\{X_1X_2=0\}=1.$$

试求概率 $P\{X_1=X_2\}$．

2. 若随机变量 X,Y 相互独立，X 的概率分布为 $X\sim\begin{pmatrix} 0 & 1 \\ 0.5 & 0.5 \end{pmatrix}$，$Y$ 的概率密度函数

$f(y)=\begin{cases}1, & y\in[0,1], \\ 0, & y\notin[0,1].\end{cases}$ 试求随机变量 $Z=X+Y$ 的概率密度函数．

3. 设某人从外地赶来参加紧急会议，他乘火车、轮船、汽车或者飞机来的概率分别为 $\dfrac{3}{10}$，$\dfrac{1}{5}$，$\dfrac{1}{10}$ 及 $\dfrac{2}{5}$．他若乘飞机来，不会迟到；而乘火车、轮船、汽车赶来迟到的可能性分别为 $\dfrac{1}{4}$，$\dfrac{1}{3}$，$\dfrac{1}{12}$．若此人已迟到，请判断他是怎么来的．

4. 客商将一批香蕉运往北方，香蕉成箱打包．假设每箱重量随机，若每箱平均重 50 千克，标准差为 5 千克，现用最大载重为 5 吨的汽车承运，试用中心极限定理说明每车最多装多少

箱，才能保证不超载的概率大于 0.977.

（附：$\Phi(2) = 0.977$，其中 $\Phi(x)$ 为标准正态分布函数）

5. 设 $x_1, x_2, \cdots, x_n (n \geq 2)$ 为来自总体 $N(0,1)$ 的简单随机样本，$\bar{x}$ 为样本均值，设 $Y_i = x_i - \bar{x}(i = 1, 2, \cdots, n)$，试求：(1)$Y_i$ 的方差 $D(Y_i)$；(2)Y_1 与 Y_n 的协方差 $Cov(Y_1, Y_n)$.

6. 设总体 X 的分布函数为 $F(x;\beta) = \begin{cases} 1 - \dfrac{1}{x^\beta}, & x > 1, \\ 0, & x \leq 1, \end{cases}$ 其中未知参数 $\beta > 1$，设 $x_1, x_2, \cdots, x_n$ 是从总体中抽取的随机样本. 试求 β 的极大似然估计和矩估计量.

7. 设总体 X 服从参数为 λ 的泊松分布，$x_1, x_2, \cdots, x_n$ 是 X 的简单随机样本，试证：$\dfrac{1}{2}(\bar{x} + s^2)$ 是 λ 的无偏估计.（其中 $\bar{x}, s^2$ 分别是样本均值和样本方差）

模拟试卷十三

一、选择题

1. n 张奖券中有 m 张是有奖的, k 个人购买, 每人 1 张, 其中至少有一个人中奖的概率是(   ).

(A) $1 - \dfrac{C_{n-m}^{k}}{C_n^k}$

(B) $\dfrac{m}{C_n^k}$

(C) $\dfrac{C_m^1 C_{n-m}^{k-1}}{C_n^k}$

(D) $\displaystyle\sum_{r=1}^{k} \dfrac{C_m^r}{C_n^k}$

2. 设随机变量 ξ 的密度函数为 $\varphi(x) = \dfrac{1}{\pi(1+x^2)}$, 则 $\eta = 2\xi$ 的概率密度为(   ).

(A) $\dfrac{1}{\pi(4+x^2)}$

(B) $\dfrac{1}{\pi(1+x^2)}$

(C) $\dfrac{1}{\pi}\arctan x$

(D) $\dfrac{2}{\pi(4+x^2)}$

3. 设 $0,1,0,1,1$ 为来自二项分布 $B(1,p)$ 的样本观察值, 则 p 的矩估计值为(   ).

(A) $\dfrac{1}{5}$

(B) $\dfrac{2}{5}$

(C) $\dfrac{3}{5}$

(D) $\dfrac{4}{5}$

4. 在假设检验中, 原假设 H_0, 备择假设 H_1, 则称(   ) 为犯第二类错误.

(A) H_0 为真, 接受 H_0

(B) H_0 不真, 接受 H_0

(C) H_0 为真, 拒绝 H_0

(D) H_0 不真, 拒绝 H_0

5. 设 $P\{\xi = k\} = \dfrac{1}{2k(k+1)}$ $(k=1,2,\cdots)$, 则 $E(\xi) = ($ $)$.

(A) 0

(B) 1

(C) 0.5

(D) 不存在

二、填空题

1. 设甲、乙两人独立地射击同一目标, 其命中率分别为 0.6 和 0.5, 则已命中的目标是被甲射中的概率为_____.

2. 设随机变量 ξ 的分布律为 $\begin{pmatrix} 0 & 1 & 2 & 3 \\ 0.2 & 0.3 & c & 0.1 \end{pmatrix}$, 则 $c = $ _____.

3. 设二维随机变量 (ξ,η) 的密度函数为 $f(x,y) = \begin{cases} a(x+y), & 0 < x < 1, \ 0 < y < 2, \\ 0, & \text{其他}, \end{cases}$ 则 $a = $ _____.

4. 设 ξ, η 为两个随机变量, 已知 $D(\xi) = 2, D(\eta) = 3, Cov(\xi,\eta) = 0.3$, 则 $D(\xi - \eta) = $ _____.

5. 设 $\xi_1, \xi_2, \cdots, \xi_n$ 是来自总体 $N(\mu,\sigma^2)$ 的样本, 则 $E\displaystyle\sum_{i=1}^{n} \left(\dfrac{\xi_i - \bar{\xi}}{\sigma} \right)^2 = $ _____.

三、判断题

1. 设 A,B 相互独立,则 $P(\overline{A \cup B}) = P(\overline{A}) + P(\overline{B})$.（　　）

2. 设 $\xi_1,\xi_2,\cdots,\xi_n$ 是来自总体 $N(\mu,\sigma^2)$ 的样本,则 $\sum_{i=1}^{n}\left(\dfrac{\xi_i - \mu}{\sigma}\right)^2 \sim \chi^2(n-1)$.（　　）

3. 设 ξ,η 均服从正态分布,且相关系数 $\rho = 0$,则 ξ,η 相互独立.（　　）

4. 设 $[\hat{\theta}_1(x_1,x_2,\cdots,x_n),\hat{\theta}_2(x_1,x_2,\cdots,x_n)]$ 是参数 θ 的置信度为 95％ 的一个置信区间,则 θ 落在该区间的概率为 0.95.（　　）

5. 在显著性假设检验中,显著性水平 α 就是控制犯弃真错误的概率.（　　）

四、计算题

1. 罐中有 6 个红球,4 个白球,从中每次任取一球后放入一个红球,直到取得红球为止,用 ξ 表示抽取次数,求 ξ 的分布律.

2. 设 ξ 服从参数为 1 的指数分布,即 ξ 的密度函数为 $f(x) = \begin{cases} e^{-x}, & x > 0, \\ 0, & \text{其他} \end{cases}$ 且 $\eta = 2\xi + e^{-3\xi}$,求 $E(\eta)$ 与 $D(\eta)$.

3. 设总体 ξ 的密度函数为 $f(x) = (\alpha+1)x^\alpha, 0 < x < 1$,求参数 α 的矩估计量与极大似然估计量.

4. 设随机变量 ξ 的分布律为 $P\{\xi = k\} = C\left(\dfrac{1}{4}\right)^k, k = 0,1,2,\cdots$,求（1）$C$ 的值;（2）$P\{1 \leqslant \xi \leqslant 2\}$.

五、证明题

设总体 ξ 服从 Γ 分布,其密度函数为 $f(x,\theta) = \begin{cases} \dfrac{\theta^\alpha}{\Gamma(\alpha)}e^{-\theta x}x^{\alpha-1}, & x > 0, \\ 0, & \text{其他}, \end{cases}$ 其中 α 为已知常数.设 $\xi_1,\xi_2,\cdots,\xi_n$ 为来自总体的一个样本,$g(\theta) = \dfrac{1}{\theta}$,试证 $\dfrac{\overline{\xi}}{\alpha}$ 是 $g(\theta)$ 的无偏、有效估计.

模拟试卷十四

一、选择题

1. 一批产品的一、二、三等品各占 60%，30%，10%，从中任意取出一件，结果不是三等品，则该产品为二等品的概率为（　　）.

(A) $\dfrac{1}{2}$ 　　　　　　(B) $\dfrac{1}{4}$ 　　　　　　(C) $\dfrac{1}{3}$ 　　　　　　(D) $\dfrac{2}{3}$

2. 若两事件 A 和 B 同时出现的即率 $P(AB)=0$，则（　　）.

(A) A 和 B 不相容 　　　　　　　　　(B) AB 是不可能事件

(C) AB 未必是不可能事件 　　　　　　(D) $P(A)=0$ 或 $P(B)=0$

3. 设随机变量 X 的密度函数为 $f(x)=\dfrac{1}{\pi(1+x^2)}$，则 $Y=2X$ 的概率密度函数为（　　）.

(A) $\dfrac{1}{\pi(1+4y^2)}$ 　　(B) $\dfrac{2}{\pi(4+y^2)}$ 　　(C) $\dfrac{2}{\pi(1+y^2)}$ 　　(D) $\dfrac{1}{\pi(4+y^2)}$

4. 设随机变量 $X \sim N(\mu,\sigma^2)$，则随 σ 的增大，概率 $P\{|X-\mu|<\sigma\}$（　　）.

(A) 单调增大 　　　　(B) 单调减少 　　　　(C) 保持不变 　　　　(D) 增减不定

5. 设 $X \sim N(0,1)$，$Y \sim N(1,2)$，X,Y 相互独立，令 $Z=2X-Y$，则 $Z \sim$（　　）.

(A) $N(-2,5)$ 　　　(B) $N(-1,6)$ 　　　(C) $N(0,5)$ 　　　(D) $N(2,9)$

6. 设二维随机变量 (X,Y)，的概率密度函数为

$$f(x,y)=\begin{cases}4xy, & 0<x<1, \ \ 0<y<1, \\ 0, & \text{其他},\end{cases}$$

则 $P\{X<Y\}=$（　　）.

(A) $\displaystyle\int_0^1\left(\int_0^1 4xy\,\mathrm{d}y\right)\mathrm{d}x$ 　　　　　(B) $\displaystyle\int_0^1\left(\int_x^1 4xy\,\mathrm{d}y\right)\mathrm{d}x$

(C) $\displaystyle\int_0^1\left(\int_0^x 4xy\,\mathrm{d}y\right)\mathrm{d}x$ 　　　　　(D) $\displaystyle\int_0^1\left(\int_{-\infty}^x 4xy\,\mathrm{d}y\right)\mathrm{d}x$

7. 设 X 与 Y 为任意随机变量，则下列等式中成立的是（　　）.

(A) $D(X+Y)=D(X)+D(Y)$ 　　　　(B) $E(X+Y)=E(X)+E(Y)$

(C) $D(XY)=D(X)D(Y)$ 　　　　　　(D) $E(XY)=E(X)E(Y)$

8. n 个随机变量 $X_i(i=1,2,3,\cdots,n)$ 相互独立且具有相同的分布，且 $E(x_i)=a$，$D(x_i)=b^2$，则 $\overline{X}=\dfrac{1}{n}\sum\limits_{i=1}^n X_i$ 的数学期望和方差分别为（　　）.

(A) $a,\dfrac{b^2}{n}$ 　　　　(B) $a,\dfrac{b^2}{n^2}$ 　　　　(C) $\dfrac{a}{n},b^2$ 　　　　(D) $\dfrac{a}{n},\dfrac{b^2}{n}$

二、填空题

1. 设 $P(A)=\dfrac{1}{3}$，$P(B)=\dfrac{1}{2}$，$P(AB)=\dfrac{1}{8}$，则 $P(B\overline{A})=$ _____.

2. 甲闹钟闹响的概率为 0.7,乙闹钟闹响的概率是 0.8,某人怕误点,同时定甲、乙两闹钟,则有闹钟闹响的概率是_____.

3. 设随机变量 X 的分布函数为 $F(x) = \begin{cases} 0, & x < 0, \\ x^2, & 0 < x < 1, \\ 1, & x > 1, \end{cases}$ 则 $P\{0.3 < X < 0.7\} =$

_____, X 的概率密度 $f(x) = $ _____.

4. 设二维随机变量 (X, Y) 的概率分布律如下:

X＼Y	1	2	3
1	0.1	0.05	0.10
2	0	0.15	0.20
3	0.05	0.05	0.05
4	0.15	0	0.10

则 $P\{X > 2\} = $ _____.

5. 一般地,在大量重复试验中,随机事件发生的频率总是在某个确定的值附近摆动,而且试验次数越多,事件的频率就越接近该值,这种现象称为频率具有_____.

6. 设随机变量 X 的分布律为

X	-1	0	0.5	1	2
p	0.35	0.15	0.10	0.15	0.25

则 $E(X^2) = $ _____.

7. 随机变量 X 的分布未知,但已知 X 的期望为 5,方差为 2,利用切比雪夫不等式也能估计事件的概率,如 $P\{2 < X < 8\} \geqslant$ _____.

三、解答题

1. 袋中有 10 只球,其中白球 4 只,红球 6 只,从中任取 2 只,求恰好取到一只白球一只红球的概率.

2. 某工厂由甲、乙、丙三个车间生产同一种产品,每个车间的产量分别占全厂的 25%,35%,40%,各车间的次品率分别为 5%,4%,2%,现抽验到该厂一只次品,求该次品是由甲车间生产的概率.

3. 设随机变量 X 的概率密度为 $f(x) = ce^{-|x|}, -\infty < x < \infty$,求(1) 常数 C;(2) X 落在 $(-1,1)$ 内的概率;(3) X 的分布函数.

4. 设 X, Y 相互独立,分别在 $[0,1]$ 上服从均匀分布,求 $Z = X + Y$ 的概率密度函数.

5. 设 $P(A), P(B)$ 分别表示事件 A、B 出现的概率,随机变量

$$X = \begin{cases} 1, & \text{若 } A \text{ 出现}, \\ -1, & \text{若 } A \text{ 不出现}, \end{cases} \qquad Y = \begin{cases} 1, & \text{若 } B \text{ 出现}, \\ -1, & \text{若 } B \text{ 不出现}. \end{cases}$$

(1) 列出 X, Y 及 XY 的分布律(用 $P(A), P(B)$ 及 $P(AB)$ 表示);

(2) 若 X 和 Y 不相关,证明 A 与 B 是相互独立的.

6. 市场上对某种产品每年的需求量为 X 吨,$X \sim U[2\ 000,4\ 000]$(即 2 000 到 4 000 的均匀分布),每出售 1 吨,可获利 3 万元,售不出去,则每吨需付保管费 1 万元,问每年应该生产这种产品多少吨,才能使平均利润最大?

模拟试卷十五

一、选择题

1. 现考察某教室一多媒体使用情况,事件 $A = \{$多媒体正常工作 2 年$\}$,$B = \{$多媒体正常工作 3 年$\}$,下列正确的是(   ).

(A)$A \subset B$ (B)$B \subset A$

(C)A 与 B 互不相关   (D)$A \cap B = \varnothing$

2. 设总体 X 服从正态分布 $N(\mu, \sigma^2)$,其中 μ 已知,σ^2 未知,x_1, x_2, x_3 是从中抽取的一个样本.请指出下列表达式中不是统计量的是(   ).

(A)$x_1 + x_2 + x_3$ (B)$\dfrac{x - \mu}{s / \sqrt{3}}$

(C)$\min \{X_1, X_2, X_3\}$ (D)$\dfrac{x - \mu}{\sigma / \sqrt{3}}$

3. 下列数组中可以作为离散型随机变量 X 的分布律的是(   ).

(A)p, p^2(p 为任意实数)   (B)$0.1, 0.2, 0.3, 0.4$

(C)$p, 1 - p$($|p| < 1$)   (D)$\dfrac{2^n}{n!}$($n = 0, 1, 2, \cdots$)

4. 如果 $P(A) + P(B) > 1$,则事件 A 与 B 必定(   ).

(A) 独立   (B) 不独立   (C) 相容   (D) 不相容

5. 设随机变量 X 服从正态分布 $N(\mu_1, \sigma_1^2)$,随机变量 Y 服从正态分布 $N(\mu_2, \sigma_2^2)$,且 $P\{|X - \mu_1| < 1\} > P\{|Y - \mu_2| < 1\}$,则必有(   ).

(A)$\sigma_1 < \sigma_2$ (B)$\sigma_1 > \sigma_2$ (C)$\mu_1 < \mu_2$ (D)$\mu_1 > \mu_2$

6. 设 $x_1, x_2, \cdots, x_n$($n \geqslant 2$)为来自总体 $N(0, 1)$ 的简单随机样本,$\bar{x}$ 为样本均值,s^2 为样本方差,则(   ).

(A)$n\bar{x} \sim N(0, 1)$ (B)$ns^2 \sim \chi^2(n)$

(C)$\dfrac{(n-1)\bar{x}}{s} \sim t(n-1)$ (D)$\dfrac{(n-1)x_1^2}{\sum\limits_{i=2}^{n} x_i^2} \sim F(1, n-1)$

二、填空题

1. 如果随机变量 X 的概率密度为 $f(x) = ce^{-|x|}$,$-\infty < x < +\infty$.则常数 $c = $ _____.

2. 把长为 a 的棒任意折成三段,则它们可以构成三角形的概率是_____.

3. 已知事件 A, B 有概率 $P(A) = 0.4$,$P(B) = 0.5$,条件概率 $P(\bar{B} \mid A) = 0.3$,则 $P(A \cup B) = $ _____.

4. 设随机变量 X 服从参数为 3 的指数分布,$P\{X > \sqrt{D(X)}\} = $ _____.

5. 设 $X \sim N(1, 2)$,$Y \sim N(0, 1)$,且 X, Y 相互独立,$Z = 2X - Y$,则 Z 的概率密度函数 $f(z) = $ _____.

6. 总体 X 服从参数为 $p(0 < p < 1)$ 的 $0-1$ 分布,$x_1, x_2, \cdots, x_{2010}$ 为总体 X 的样本,$\bar{x}$ 和 s^2 分别为样本均值和样本方差,若 $\bar{x}^2 + ks^2$ 为 p^2 的无偏估计量,则 $k =$ _____.

三、判断题

1. 样本空间 $\Omega = \{\omega_1, \omega_2, \omega_3, \omega_4\}$,事件 $A = \{\omega_1, \omega_3, \omega_4\}$,则 $P(A) = 0.75.$ （　　）

2. 设 10 次独立重复试验中,事件 A 出现的次数为 3,则 100 次独立重复试验中,事件 A 出现的次数未必为 30. （　　）

3. $E(XY) = E(X)E(Y)$ 是 X 与 Y 相互独立的充要的条件. （　　）

4. 置信度 $1-\alpha$ 确定以后,参数的置信区间是唯一的. （　　）

5. $x_1, x_2, \cdots, x_n(n \geqslant 2)$ 是总体 X 的随机样本,则在 $E(X)$ 的估计量中,样本均值 $\bar{x}$ 比单个样本 x_1 更优. （　　）

四、解答题

1. 某大学声称,学生期末考试作弊者有 60% 可以被教室监控器发现,有 40% 作弊者被监考教师发现,有 20% 被监控器和监考教师同时发现,试求作弊考生被发现的概率.

2. 设 (X, Y) 的联合分布律为

Y \ X	1	2
1	$\dfrac{1}{8}$	$\dfrac{3}{8}$
2	$\dfrac{1}{12}$	A
3	$\dfrac{1}{24}$	B

确定常数 A, B,使得随机变量 X 与 Y 相互独立.

3. 设 $E(X) = 2, E(Y) = 4, D(X) = 4, D(Y) = 9, \rho_{XY} = -0.5$,试求:

(1) $Z = 3X^2 - 2XY + Y^2 - 2$ 的数学期望;

(2) $W = 2X - Y + 5$ 的方差.

4. 已知某工科大学同学为提高其某门课程的考试成绩,他准备参加这门课程的"重考(第二次)"考试. 他估计第一次考试有 60% 的把握超过 80 分;即使他第一次考试就超过了 80 分,此时他感觉参加"重考"超过 80 分也只有 60% 的把握;若他第一次考试未达到 80 分,他觉得第二次考试超过 80 分的可能性只有 0.3. 现已知他重考分数达到了 80 分以上,请估计该学生第一次考试就超过 80 分的概率.

5. 设随机变量 X 在 $[1, 5]$ 上服从均匀分布,现对 X 进行三次独立观测,试求至少有两次观测值大于 3 的概率.

6. 设总体 X 的概率密度为 $f(x, \theta) = \begin{cases} (\theta+1)x^\theta, & x \in (0, 1), \\ 0, & x \notin (0, 1), \end{cases}$ $\theta > -1$ 为未知参数. 已知 $x_1, x_2, \cdots, x_n$ 是取自总体 X 的一个样本. 求:

(1) 未知参数 θ 的矩估计量;(2) 未知参数 θ 的极大似然估计量.

7. 分布用切比雪夫不等式与中心极限定理确定:当抛掷一枚硬币时,需要掷多少次,才能保证出现正面的频率在 $0.4 \sim 0.6$ 之间的概率不小于 90%. (附:$\Phi(1.605) = 0.95$)

模拟试卷十六

一、选择题

1. 设当事件 A 和 B 同时发生时，事件 C 必发生，则下列选项正确的是（　　）.

(A) $P(C) = P(AB)$ 　　　　　　　　　　(B) $P(C) = P(A \bigcup B)$

(C) $P(C) \leqslant P(A) + P(B) - 1$ 　　　(D) $P(C) \geqslant P(A) + P(B) - 1$

2. 将 3 个人以相同的概率分配到 4 个房间的每一间中，恰有 3 个房间各有一人的概率为（　　）.

(A) $\dfrac{3}{4}$ 　　　　　(B) $\dfrac{3}{8}$ 　　　　　(C) $\dfrac{3}{16}$ 　　　　　(D) $\dfrac{1}{8}$

3. 设随机变量 X 服从参数为 2 的指数分布，则随机变量 $Y = 1 - \mathrm{e}^{-2X}$（　　）.

(A) 服从 $(0,1)$ 上的均匀分布 　　　　(B) 仍服从指数分布

(C) 服从正态分布 　　　　　　　　　　(D) 服从参数为 2 的泊松分布

4. 设区域 G 由曲线 $y = x^2$ 与 $y = x$ 所围，二维随机变量 (X,Y) 服从 G 上的均匀分布，则 (X,Y) 的联合概率密度函数为（　　）.

(A) $f(x,y) = \begin{cases} 1/2, & (x,y) \in G, \\ 0, & \text{其他} \end{cases}$ 　　(B) $f(x,y) = \begin{cases} 2, & (x,y) \in G, \\ 0, & \text{其他} \end{cases}$

(C) $f(x,y) = \begin{cases} 1/6, & (x,y) \in G, \\ 0, & \text{其他} \end{cases}$ 　　(D) $f(x,y) = \begin{cases} 6, & (x,y) \in G, \\ 0, & \text{其他} \end{cases}$

5. 设随机变量 X 的概率密度为 $f(x) = \dfrac{1}{2\sqrt{\pi}} \mathrm{e}^{-\frac{(x+3)^2}{4}}, -\infty < x < +\infty$，则服从 $N(0,1)$ 的随机变量是（　　）.

(A) $\dfrac{X+3}{2}$ 　　　　(B) $\dfrac{X+3}{\sqrt{2}}$ 　　　　(C) $\dfrac{X-3}{2}$ 　　　　(D) $\dfrac{X-3}{\sqrt{2}}$

6. 设随机变量 X,Y 相互独立，且都服从 $p = 0.5$ 的 $(0-1)$ 分布，则必有（　　）.

(A) $X = Y$ 　　　　　　　　　　　　　(B) $P\{X = Y\} = 0$

(C) $P\{X = Y\} = 0.5$ 　　　　　　　　(D) $P\{X = Y\} = 1$

7. 设随机变量 X 与 Y 不相关，即 $\rho_{XY} = 0$，则与之等价的条件是（　　）.

(A) $D(XY) = D(X)D(Y)$ 　　　　　　(B) $D(XY) \neq D(X)D(Y)$

(C) $D(X+Y) = D(X-Y)$ 　　　　　　(D) $D(X+Y) \neq D(X-Y)$

8. 设随机变量序列 $X_1, X_2, \cdots, X_n, \cdots$ 相互独立同分布，$E(x_i) = 0, D(x_i) = \sigma^2$，且 $E(X_i^4)$ 存在，则对任意 $\varepsilon > 0$，下列选项正确的是（　　）.

(A) $\lim\limits_{n \to \infty} P\left\{ \left| \dfrac{1}{n} \sum\limits_{i=1}^{n} X_i - \sigma^2 \right| < \varepsilon \right\} = 1$ 　　(B) $\lim\limits_{n \to \infty} P\left\{ \left| \dfrac{1}{n} \sum\limits_{i=1}^{n} X_i^2 - \sigma^2 \right| < \varepsilon \right\} = 0$

(C) $\lim\limits_{n \to \infty} P\left\{ \left| \dfrac{1}{n} \sum\limits_{i=1}^{n} X_i^2 - \sigma^2 \right| < \varepsilon \right\} = 1$ 　　(D) $\lim\limits_{n \to \infty} P\left\{ \left| \dfrac{1}{n} \sum\limits_{i=1}^{n} X_i^2 - \sigma^2 \right| < \varepsilon \right\} \leqslant 1$

二、填空题

1. 甲、乙、丙三位同学同时独立参加"概率论与数理统计"考试,不及格的概率分别为 0.4, 0.3, 0.5, 则恰有两位同学不及格的概率为_____.

2. 设随机变量 X, Y 相互独立且都服从标准正态分布 $N(0,1)$, 则 $P\{\min\{X,Y\} \leqslant 0\} =$ _____

3. 设随机变量 X_1, X_2 相互独立, 且 $X_1 \sim P(3)$, $X_2 \sim U(0,1)$, 记 $Y = X_1 - 2X_2 + 3$, 则 $D(Y) =$ _____.

4. 设随机变量 X 的方差为 3, 则根据切比雪夫不等式有估计 $P(|X - EX| \geqslant 2) \leqslant$ _____.

5. 设随机变量 $X_1, X_2, \cdots, X_n$ 独立同分布, 且方差 $\sigma^2 > 0$, 令 $Y = \dfrac{1}{n}\sum_{i=1}^{n} X_i$, 则 $Cov(X_1, Y) =$ _____.

6. 已知 $P(A \bigcup B) = 0.8$, $P(B) = 0.4$, 则 $P(A \mid \bar{B}) =$ _____.

7. 设随机变量 X 的概率密度 $f(x) = \begin{cases} 2\mathrm{e}^{-2x}, & x > 0, \\ 0, & \text{其他}, \end{cases}$ 则对 X 独立观察 3 次, 3 次的结果都大于 $\dfrac{1}{2}$ 的概率为_____.

8. 设 X 服从参数为 $\dfrac{1}{2}$ 的指数分布, 则 $E[(X-1)(X-2)] =$ _____.

三、判断题

1. 设 $P(A) = 0$, 则事件 A 和任何事件 B 一定相互独立.(   )

2. 若事件 A 和 B 为对立事件, 则 A 和 B 互不相容, 反之不真.(   )

3. $F(x)$ 是正态随机变量的分布函数, 则一定有 $F(-x) = 1 - F(x)$.(   )

4. X 与 Y 服从标准正态分布, 则 $X + Y \sim N(0,2)$.(   )

5. 二维均匀分布的边缘分布不一定是均匀分布.(   )

6. 设随机变量 X 的分布律为 $P\left\{X = (-1)^{n+1}\dfrac{2^n}{n}\right\} = \dfrac{1}{2^n}(n = 1, 2, \cdots)$, 则 X 的数学期望存在.(   )

四、解答题

1. 某保险公司把被保险人分成三类:"谨慎的""一般的"和"冒险的", 他们在被保险人中依次占 20%, 50% 和 30%, 一年内他们出事故的概率分别为 0.05, 0.15 和 0.30, 现有一投保人出了事故, 求其是"谨慎的"客户的概率.

2. 设二维随机变量 (X,Y) 的联合概率分布为

Y \ X	0	1
0	$\dfrac{2}{3}$	$\dfrac{1}{12}$
1	a	b

且 $E(XY) = \dfrac{1}{12}$, 求 (1) a, b 的值; (2) X 和 Y 的相关系数 ρ_{XY}.

3. 设二维随机变量 (X, Y) 的联合概率密度为

$$f(x, y) = \begin{cases} k, & 0 < x < 1, \ 0 < y < x, \\ 0, & \text{其他}. \end{cases}$$

试确定常数 k, 并求 $E(X + Y)$.

4. 设二维随机变量 (X, Y) 的联合概率密度为

$$f(x, y) = \begin{cases} 6x, & 0 < x < y < 1, \\ 0, & \text{其他}. \end{cases}$$

求: (1) X, Y 的边缘概率密度; (2) $P\{X + Y < 1\}$.

5. 某商店出售某种贵重商品, 根据经验, 该商品每周销售量服从参数 $\lambda = 1$ 的泊松分布, 假定各周的销售量是相互独立的, 用中心极限定理计算该商店在 36 周内共售出该商品的件数在 30 件到 42 件之间的概率. (附: $\Phi(1) \approx 0.841\ 3$)

模拟试卷十七

一、选择题

1. 如果 $P(A) + P(B) > 1$,则事件 A 与 B 必定( ).

(A) 独立   (B) 不独立   (C) 相容   (D) 不相容

2. 已知人的血型为 O,A,B,AB 的概率分别是 $0.4,0.3,0.2,0.1$. 现任选 4 人,则 4 人血型全不相同的概率为( ).

(A)$0.002\,4$ (B) $0.002\,4^4$ (C)0.24 (D) 0.24^2

3. 某人射击直到中靶为止,已知每次射击中靶的概率为 0.75. 则射击次数的数学期望与方差分别为( ).

(A)$\dfrac{4}{3}$ 与 $\dfrac{9}{4}$ (B) $\dfrac{4}{3}$ 与 $\dfrac{9}{16}$ (C) $\dfrac{1}{4}$ 与 $\dfrac{9}{4}$ (D) $\dfrac{4}{3}$ 与 $\dfrac{4}{9}$

4. 如果函数 $f(x) = \begin{cases} x, & a \leqslant x \leqslant b, \\ 0, & \text{其他} \end{cases}$ 是某连续随机变量 X 的概率密度,则区间 $[a,b]$ 可以是( ).

(A)$[0,1]$ (B)$[0,2]$ (C)$[0,\sqrt{2}]$ (D)$[1,2]$

5. 下列各函数中是随机变量分布函数的为( ).

(A)$F_1(x) = \dfrac{1}{1+x^2}, -\infty < x < +\infty$

(B)$F_2(x) = \begin{cases} 0, & x \leqslant 0, \\ \dfrac{x}{1+x}, & x > 0 \end{cases}$

(C)$F_3(x) = \mathrm{e}^{-x}, -\infty < x < +\infty$

(D)$F_4(x) = \dfrac{3}{4} + \dfrac{1}{2\pi}\arctan x, -\infty < x < +\infty$

6. 已知随机变量 X 和 Y 相互独立,且它们分别在区间 $[-1,3]$ 和 $[2,4]$ 上服从均匀分布,则 $E(XY) = ($).

(A)3 (B)6 (C)10 (D)12

7. 设 $\Phi(x)$ 为标准正态分布函数,$X_i = \begin{cases} 1, & \text{事件 } A \text{ 发生}, \\ 0, & \text{事件 } A \text{ 不发生}, \end{cases} i = 1,2,\cdots,100,$ 且 $P(A) = 0.8, X_1, X_2, \cdots, X_{100}$ 相互独立. 令 $Y = \sum_{i=1}^{100} X_i$,则由中心极限定理知 Y 的分布函数 $F(y)$ 近似于( ).

(A)$\Phi(y)$ (B)$\Phi\left(\dfrac{y-80}{4}\right)$

(C)$\Phi(16y + 80)$ (D)$\Phi(4y + 80)$

8. 设 $X \sim N(0,1)$，$Y \sim N(1,2)$，X,Y 相互独立，令 $Z = Y - 2X$，则 $Z \sim$（　　）.

(A)$N(-2,5)$　　　　(B)$N(1,5)$　　　　(C)$N(1,6)$　　　　(D)$N(2,9)$

9. θ 为总体 X 的未知参数，θ 的估计量为 $\hat{\theta}$，则有（　　）.

(A)$\hat{\theta}$ 是一个数，近似等于 θ　　　　(B) 当 n 越大，$\hat{\theta}$ 的值可任意靠近 θ

(C)$\hat{\theta}$ 是一个统计量，且 $E(\hat{\theta}) = \theta$　　　　(D)$\hat{\theta}$ 是一个随机变量

10. 设 $x_1, x_2, \cdots, x_n (n > 1)$ 来自总体 $X \sim N(0,1)$，$\bar{x}$ 与 s 分别为样本均值和样本标准差，则有（　　）.

(A)$\bar{x} \sim N(0,1)$　　(B)$n\bar{x} \sim N(0,1)$　　(C)$\sum_{i=1}^{n} x_i^2 \sim \chi^2(n)$　　(D)$\dfrac{\bar{x}}{s} \sim t(n-1)$

二、填空题

1. 已知事件 A,B 有概率 $P(A) = 0.4$，$P(B) = 0.5$，条件概率 $P(\bar{B} \mid A) = 0.3$，则 $P(A \cup B) = \underline{\qquad}$.

2. 已知二维随机变量 (X,Y) 的联合分布函数为 $F(x,y)$，试用 $F(x,y)$ 表示概率 $P\{X > a, Y > b\} = \underline{\qquad}$.

3. 设 $x_1, x_2, \cdots, x_n$ 为正态总体 $N(\mu, \sigma^2)$（σ^2 未知）的一个样本，则 μ 的置信度为 $1-\alpha$ 的双侧置信区间的下限为 $\underline{\qquad}$.

4. 已知 $X \sim N(2,6)$，Y 服从标准正态分布，X 与 Y 相互独立，则 $P\{X + Y \geqslant 2\} = \underline{\qquad}$.

5. 已知随机变量 X 的分布律为

X	1	2	3	4	5
p	0.2	a	0.1	0.3	a

则常数 $a = \underline{\qquad}$.

6. 已知连续型随机变量 X 的分布函数为

$$F(x) = \begin{cases} \dfrac{1}{3}\mathrm{e}^x, & x < 0, \\ \dfrac{1}{3}\left(\dfrac{1}{4}x^3 + 1\right), & 0 \leqslant x < 2, \\ 1, & x \geqslant 2. \end{cases}$$

设 X 的概率密度为 $f(x)$，则当 $x < 0$ 时，$f(x) = \underline{\qquad}$.

7. 设随机变量 X 服从参数为 2 的泊松分布，则 $E(X^2) = \underline{\qquad}$.

8. 设随机变量 X 与 Y 相互独立，且 $D(X) = 1$，$D(Y) = 2$，则 $D(X - Y) = \underline{\qquad}$.

9. 设随机变量 $X \sim U[0,1]$，由切比雪夫不等式可得 $P\{| X - \dfrac{1}{2} | \geqslant \dfrac{1}{\sqrt{3}}\} \leqslant \underline{\qquad}$.

10. 设总体 $X \sim N(\mu, \sigma^2)$，$x_1, x_2, \cdots, x_n$ 为来自总体 X 的样本，$\bar{x}$ 为样本均值，则 $D(\bar{x}) = \underline{\qquad}$.

三、计算题

1. 设随机变量 X 的概率密度为

$$f(x) = \begin{cases} cx^{\alpha}, & 0 < x < 1, \\ 0, & \text{其他} \end{cases} \quad 且 \, E(X) = 0.75,$$

求常数 c 和 α.

2. 设二维随机向量 (X,Y) 的联合概率密度为 $f(x,y) = \begin{cases} e^{-y}, & 0 < x < y, \\ 0, & \text{其他}. \end{cases}$

(1) 求 (X,Y) 关于 X 和 Y 的边缘概率密度 $f_X(x), f_Y(y)$;

(2) 判断 X 与 Y 是否相互独立,并说明理由;

(3) 计算 $P\{X+Y \leqslant 1\}$.

3. 设 $x_1, x_2, \cdots, x_{10}$ 为 $N(0,0.3^2)$ 的一个样本,求 $P\left\{\sum\limits_{i=1}^{10} x_i^2 > 1.44\right\}$.

(附:$\chi_{0.1}^2(10) \approx 16, \chi_{0.9}^2(10) = 4.865\,2$)

4. 某公司估计在一定时间内完成某项任务的概率如下表:

天数	1	2	3	4	5
概率	0.05	0.20	0.35	0.30	0.10

(1) 求完成该任务的期望天数;

(2) 求完成天数的方差和标准差;

(3) 该任务的费用由两部分组成:20 000 元的固定费用加每天 2 000 元,求整个项目费用的期望值.

5. 学校食堂出售盒饭,共有三种价格:4 元、4.5 元、5 元,出售哪一种盒饭是随机的,售出三种价格盒饭的概率分别为 0.3,0.2 和 0.5. 已知某天共售出 200 盒,试用中心极限定理求这天收入在 910 ~ 930 元之间的概率.

(附:$\Phi(1.62) = 0.947\,4, \Phi(2.62) = 0.995\,6, \Phi(0.62) = 0.732\,4$)

6. 设总体 X 的密度函数为 $f(x) = \begin{cases} (\lambda+1)x^{\lambda}, & 0 < x < 1, \\ 0, & \text{其他}, \end{cases}$ 求 λ 的极大似然估计量.

模拟试卷十八

一、选择题

1. 设 A,B 是两个随机事件,且 $0 < P(A) < 1, P(B) > 0, P(B|A) = P(B|\bar{A})$,则必有( ).

(A)$P(A|B) = P(\bar{A}|B)$ (B)$P(A|B) \neq P(\bar{A}|B)$

(C)$P(AB) = P(A)P(B)$ (D)$P(AB) \neq P(A)P(B)$

2. 某人向同一目标独立重复射击,每次射击命中目标的概率为 $p(0<p<1)$,则此人 4 次射击恰好第 2 次命中目标的概率为( ).

(A)$3p(1-p)^2$ (B)$6p(1-p)^2$

(C)$3p^2(1-p)^2$ (D)$6p^2(1-p)^2$

3. 设两个相互独立的随机变量 X 和 Y 分别服从正态分布 $N(0,1)$ 和 $N(1,1)$,则( ).

(A)$P\{X+Y \leqslant 0\} = \dfrac{1}{2}$ (B)$P\{X+Y \leqslant 1\} = \dfrac{1}{2}$

(C)$P\{X-Y \leqslant 0\} = \dfrac{1}{2}$ (D)$P\{X-Y \leqslant 1\} = \dfrac{1}{2}$

4. 设总体 X 的均值 μ 与方差 σ^2 都存在,$x_1, x_2, \cdots, x_n$ 是该总体的一个样本,记 $\bar{x} = \dfrac{1}{n}\sum_{i=1}^{n} x_i$,则总体方差 σ^2 的矩估计为( ).

(A)$\bar{x}$ (B)$\dfrac{1}{n}\sum_{i=1}^{n}(x_i - \bar{x})^2$

(C)$\dfrac{1}{n}\sum_{i=1}^{n}(x_i - \mu)^2$ (D)$\dfrac{1}{n}\sum_{i=1}^{n} x_i^2$

5. 假设检验中,一般情况下,( )错误.

(A) 只犯第一类   (B) 只犯第二类

(C) 既可犯第一类也可能犯第二类   (D) 不犯第一类也不犯第二类

二、填空题

1. 已知 A,B 两个事件满足条件 $P(AB) = P(\bar{A}\bar{B})$,且 $P(A) = p$,则 $P(B) =$ _____.

2. 袋中有 50 个乒乓球,其中 20 个是黄球,30 个是白球,今有两人依次随机地从袋中各取一球,取后不放回,则第二个人取得黄球的概率是_____.

3. 设两个相互独立的事件 A 和 B 都不发生的概率为 $\dfrac{1}{9}$,A 发生 B 不发生的概率与 B 发生 A 不发生的概率相等,则 $P(A) =$ _____.

4. 设随机变量 X 服从正态分布 $N(\mu, \sigma^2)(\sigma > 0)$,且二次方程 $y^2 + 4y + X = 0$ 无实根的概率为 $\dfrac{1}{2}$,则 $\mu =$ _____.

5. 设相互独立的两个随机变量 X,Y 具有同一分布律,且 X 的分布律为

X	0	1
p	$\dfrac{1}{2}$	$\dfrac{1}{2}$

则随机变量 $Z = \max\{X,Y\}$ 的分布律为_____.

6. 设平面区域 D 由曲线 $y = \dfrac{1}{x}$ 及直线 $y = 0, x = 1, x = e^2$ 所围成,二维随机变量(X, Y) 在区域 D 上服从均匀分布,则(X,Y) 关于 X 的边缘概率密度在 $x = 2$ 处的值为_____.

7. 设总体 X 服从 $(0,\theta)$ 上均匀分布,其中 $\theta > 0$ 为未知参数,$x_1, x_2, \cdots, x_n$ 为其样本,$\bar{x} = \dfrac{1}{n}\sum\limits_{i=1}^{n} x_i, s_n^2 = \dfrac{1}{n}\sum\limits_{i=1}^{n}(x_i - \bar{x})^2$,则 θ 的矩估计为_____.

8. 设总体 X 的概率密度 $f(x;\theta) = \begin{cases} \dfrac{x}{\theta^2}e^{-x/\theta}, & x > 0, \\ 0, & x \leqslant 0. \end{cases}$ $x_1, x_2, \cdots, x_n$ 是其样本,则 θ 的极大似然估计量是_____.

9. 进行假设检验时,若样本容量固定,那么减少犯一类错误的概率,往往会使犯另一类错误的概率_____.

10. 设样本 $x_1, x_2, \cdots, x_n$ 来自正态总体 $N(\mu,\sigma^2)$ 且 $\sigma^2 = 1.44$,则对检验 $H_0 : \mu = 10$ 时,采用的统计量是_____.

三、计算题

1. 设随机变量 X 的概率密度为 $f_X(x) = \begin{cases} e^{-x}, & x \geqslant 0, \\ 0, & x < 0, \end{cases}$ 求随机变量 $Y = e^X$ 的概率密度 $f_Y(y)$.

2. 设某班车起点站上客人数 X 服从参数为 $\lambda(\lambda > 0)$ 的泊松分布,每位乘客在中途下车的概率为 $p(0 < p < 1)$,且中途下车与否相互独立,以 Y 表示在中途下车的人数,求:(1)在发车时有 n 个乘客的条件下,中途有 m 人下车的概率;(2)二维随机变量(X,Y) 的概率分布.

四、应用题

1. 使用一测量仪器对同一量进行 12 次独立测量,其结果为(单位:cm):

232.53, 232.45, 232.47, 232.45, 232.30, 232.48,

232.30, 232.50, 232.48, 232.05, 232.45, 232.15

又设测量仪器无系统偏差,试用矩估计法估计测量值的真值和方差.

2. 环境保护条例,在排放的工业废水中,某有害物质不得超过 0.5‰,现在取 5 份水样,测定该有害物质含量,得如下数据:

0.530‰, 0.542‰, 0.510‰, 0.495‰, 0.515‰.

能否据此抽样结果说明有害物质含量超过了规定?($\alpha = 0.05$)

(附:$t_{0.05}(4) = 2.1318, t_{0.025}(4) = 2.7764$)

五、应用题

某流水生产线上每个产品不合格的概率为 $p(0 < p < 1)$,各产品合格与否相互独立,当出现一个不合格产品时即停机检修.设开机后第一次停机时已生产了产品个数为 X,求 X 的数学期望 $E(X)$.

六、证明题

如果 $P(A|B) = P(A|\bar{B})$,求证事件 A 与 B 互相独立.

模拟试卷十九

一、选择题

1. 若事件 A,B 满足 $P(A)+P(B)>1$,则事件 A 与 B 一定满足(　　).

(A) 不相互独立　　　　　　　　　　　　(B) 相互独立

(C) 互不相容　　　　　　　　　　　　　(D) 不互斥

2. 设 $F(x)=P\{X\leqslant x\}$ 是连续型随机变量 X 的分布函数,则下列结论中不正确的是(　　).

(A)$F(x)$ 不是不减函数　　　　　　　　(B)$F(x)$ 是不减函数

(C)$F(x)$ 是右连续的　　　　　　　　　(D)$F(-\infty)=0,F(+\infty)=1$

3. 如果随机变量 X 服从指数分布,则随机变量 $Y=\min\{X,2\}$ 的分布函数(　　).

(A) 是连续函数　　　　　　　　　　　　(B) 至少有两个间断点

(C) 是阶梯函数　　　　　　　　　　　　(D) 恰好有一个间断点

4. 由 $D(X+Y)=D(X)+D(Y)$ 即可断定(　　).

(A)X 与 Y 不相关

(B)(X,Y) 的联合分布函数 $F(x,y)=F_X(x)F_Y(y)$

(C)X 与 Y 相互独立

(D) 相关系数 $\rho_{XY}=1$

5. 设二维随机变量 (X,Y) 的联合概率分布为

(x,y)	$(0,0)$	$(0,1)$	$(1,0)$	$(1,1)$
$P\{X=x,Y=y\}$	$\dfrac{3}{8}$	$\dfrac{1}{4}$	$\dfrac{1}{8}$	$\dfrac{1}{4}$

则协方差 $Cov(X,Y)=($　　$)$.

(A) $\dfrac{1}{16}$　　　　(B) $\dfrac{3}{4}$　　　　(C) $\dfrac{4}{3}$　　　　(D)0

6. 设随机变量 X 的期望与方差都存在,则对任意常数 $\varepsilon>0$,有(　　).

(A)$P\{|X-E(X)|\leqslant\varepsilon\}\leqslant\dfrac{D(X)}{\varepsilon^2}$　　　　(B)$P\{|X-E(X)|\leqslant\varepsilon\}\geqslant\dfrac{D(X)}{\varepsilon^2}$

(C)$P\{|X-E(X)|\geqslant\varepsilon\}\leqslant\dfrac{D(X)}{\varepsilon^2}$　　　　(D)$P\{|X-E(X)|\geqslant\varepsilon\}\geqslant\dfrac{D(X)}{\varepsilon^2}$

7. $x_1,x_2,\cdots,x_n$ 独立同分布 $N(\mu,\sigma^2)$,则 $\bar{x}=\dfrac{1}{n}\sum_{i=1}^{n}x_i$ 服从(　　)分布.

(A)$N(\mu,\sigma^2)$　　　(B)$N\left(\mu,\dfrac{\sigma^2}{n}\right)$　　　(C)$N(0,1)$　　　(D)$N(\mu,n\sigma^2)$

8. 掷一颗骰子600次,求"一点"出现次数的均值为(　　).

(A)50　　　　　　　(B)100　　　　　　(C)120　　　　　　(D)150

二、填空题

1. 设随机事件 A,B 互不相容,且 $P(A)=0.3,P(\overline{B})=0.6$,则 $P(B\mid\overline{A})=$ _____.

2. 设在一次试验中,事件 A 发生的概率为 p,现进行 n 次独立试验,则事件 A 至少发生一次的概率为 _____.

3. 已知随机变量 X 的分布函数为 $F(x)$,则 $P\{X=x_0\}=$ _____.

4. 随机变量 $X\sim N(4,9)$,则其中位数为 _____.

5. 随机变量 X 服从参数为 $\lambda=2\,008$ 的泊松分布,则 $\dfrac{D(X)}{E(X)}=$ _____.

6. 设 $X_1,X_2,\cdots,X_n$ 为独立同分布的随机变量序列,均值为 μ,方差为 σ^2,则当 n 比较大时 $P\left\{\dfrac{X_1+X_2+\cdots+X_n-n\mu}{\sigma\sqrt{n}}\leqslant x\right\}\approx$ _____.

三、判断题

1. 若 X 与 Y 都是标准正态随机变量,则 $X+Y\sim N(0,2)$.（　　）

2. 边缘分布是均匀分布的二维随机变量一定是二维均匀分布.（　　）

3. 假设随机变量 X 的分布函数为 $F(x)$ 且 X 与 $-X$ 有相同的分布函数,则 $F(x)=F(-x)$.（　　）

4. 将一枚硬币重复掷 $1\,000$ 次,以 X 与 Y 分别表示出现正面与反面的次数.则 X 与 Y 的相关系数为 -1.（　　）

5. 如果有 5% 的人是左撇子,而你和你的兄弟都是左撇子.那么你和你兄弟都是左撇子这样事件的概率是 $0.05\times0.05=0.002\,5$.（　　）

四、解答题

1. 某一学生考试时做一道有四个选项的选择题,他会做该题的概率为 0.5. 该题只有一个答案正确,他不会做时将从四个备选答案中任选一个.问该同学答对该题的概率是多少?

2. 你知道某一封信等可能地在 3 个不同的文件夹的任意一个之中.若此信实际上在文件夹 i 中$(i=1,2,3)$ 而你经过对文件夹 i 的快速翻阅发现了你的信的概率记为 a_i（我们假定 $a_i<1$）.假定你查看了文件夹 1 且没有发现此信.问信在文件夹 1 中的概率是多少?

3. 设(X,Y) 的分布律为

Y \ X	-1	1	2
-1	$\dfrac{1}{10}$	$\dfrac{2}{10}$	$\dfrac{3}{10}$
2	$\dfrac{2}{10}$	$\dfrac{1}{10}$	$\dfrac{1}{10}$

试求:(1)$Z=X+Y$ 的分布律;(2)$W=XY$ 的分布律;(3)$Cov(X,Z)$.

4. 设随机变量 X 的分布密度函数为

$$f(x)=\begin{cases} a\sin x, & 0<x<\pi, \\ 0, & \text{其他}. \end{cases}$$

求:(1) 常数 a;(2)X 的分布函数;(3)使 $P\{X\geqslant k\}=P\{X\leqslant k\}$ 的数 k;(4)X 的期望和方差.

5. 一个电子器件的寿命 X（年）服从参数为 3 的指数分布.（1）求该电子器件寿命超过 2 年的概率;（2）如果该电子器件已经用了 2 年,求它还能再用 2 年的概率.

五、证明题

若 $P(A) = 0.9, P(B) = 0.8$,证明 $P(AB) \geqslant 0.7$.

模拟试卷二十

一、选择题

1. 设事件 A 和 B 满足 $A \subset B$，$P(B) > 0$，则下列选项一定成立的是（   ）．

(A) $P(A) < P(A \mid B)$ 　　　　　　　　(B) $P(A) \leqslant P(A \mid B)$

(C) $P(A) > P(A \mid B)$ 　　　　　　　　(D) $P(A) \geqslant P(A \mid B)$

2. 设随机变量 $X_1, X_2, \cdots, X_n$ 独立同分布，且方差为 $\sigma^2 > 0$．令 $Y = \dfrac{1}{n} \sum\limits_{i=1}^{n} X_i$，则（   ）．

(A) $Cov(X_1, Y) = \sigma^2/n$ 　　　　　　(B) $Cov(X_1, Y) = \sigma^2$

(C) $D(X_1 + Y) = (n+2)\sigma^2/n$ 　　　　(D) $D(X_1 - Y) = (n+1)\sigma^2/n$

3. 设事件 A, B 满足 $P(A) = \dfrac{1}{4}$，$P(A \mid B) = P(B \mid A) = \dfrac{1}{2}$．令 $X = \begin{cases} 1, & \text{若 } A \text{ 发生}, \\ 0, & \text{若 } A \text{ 不发生}, \end{cases}$

$Y = \begin{cases} 1, & \text{若 } B \text{ 发生}, \\ 0, & \text{若 } B \text{ 不发生}, \end{cases}$ 则 $P\{X = 0, Y = 0\} = ($ $)$．

(A) $\dfrac{1}{8}$ 　　　　(B) $\dfrac{3}{8}$ 　　　　(C) $\dfrac{5}{8}$ 　　　　(D) $\dfrac{7}{8}$

4. 随机变量 X 的分布函数为 $F(x)$，则 $Y = 3X + 1$ 的分布函数 $G(y) = ($ $)$．

(A) $F\left(\dfrac{1}{3}y - \dfrac{1}{3}\right)$ 　　(B) $F(3y + 1)$ 　　(C) $3F(y) + 1$ 　　(D) $\dfrac{1}{3}F(y) - \dfrac{1}{3}$

5. 设 $X_1, X_2, \cdots, X_n, \cdots$ 相互独立且都服从参数为 λ 的指数分布，则下述选项中成立的是（   ）．

(A) $\lim\limits_{n \to \infty} P\left\{ \dfrac{\sum\limits_{i=1}^{n} X_i - \lambda}{\lambda \sqrt{n}} \leqslant x \right\} = \Phi(x)$ 　　(B) $\lim\limits_{n \to \infty} P\left\{ \dfrac{\sum\limits_{i=1}^{n} X_i - n}{\sqrt{n}} \leqslant x \right\} = \Phi(x)$

(C) $\lim\limits_{n \to \infty} P\left\{ \dfrac{\lambda \sum\limits_{i=1}^{n} X_i - n}{\sqrt{n}} \leqslant x \right\} = \Phi(x)$ 　　(D) $\lim\limits_{n \to \infty} P\left\{ \dfrac{\sum\limits_{i=1}^{n} X_i - \lambda}{n\lambda} \leqslant x \right\} = \Phi(x)$

6. 设 X 为非负随机变量且 $E(X^2) = 1.1$，$D(X) = 0.1$，则由切比雪夫不等式知（   ）．

(A) $P\{-1 < X < 1\} \geqslant 0.9$ 　　　　(B) $P\{0 < X < 2\} \geqslant 0.9$

(C) $P\{X + 1 \geqslant 1\} \leqslant 0.9$ 　　　　(D) $P\{|X| \geqslant 1\} \leqslant 0.1$

7. 设随机变量 $X \sim N(\mu, \sigma^2)$，$Y \sim \chi^2(n)$，且相互独立，记统计量 $T = \sqrt{n}\,\dfrac{X - \mu}{\sigma\sqrt{Y}}$，

则（   ）．

(A) T 服从 $t(n-1)$ 分布 　　　　(C) T 服从 $t(n)$ 分布

(C) T 服从 $N(0,1)$ 分布 　　　　(D) T 服从 $F(1,n)$ 分布

8. 设随机变量 X 有概率密度 $f(x) = \begin{cases} 4x^3, & 0 < x < 1, \\ 0, & \text{其他,} \end{cases}$ 则使概率 $P\{X > a\} = P\{X < a\}$ 的常数 $a = ($ 　　 $)$.

(A) $\sqrt[4]{2}$ 　　　　 (B) $\dfrac{1}{\sqrt[4]{2}}$ 　　　　 (C) $\dfrac{1}{\sqrt[3]{2}}$ 　　　　 (D) $1 - \dfrac{1}{\sqrt[4]{2}}$

二、填空题

1. 已知 $P(B) = 0.3, P(\overline{A} \bigcup B) = 0.7$, 且 A 与 B 相互独立, 则 $P(A) = $ _____.

2. 设平面区域 D 由 $y = x, y = 0, x = 2$ 所围成, (X, Y) 服从区域 D 上的均匀分布, 则 (X, Y) 关于 X 的边缘概率密度在 $X = 1$ 处的值为 _____.

3. 设随机变量 X_1, X_2, X_3 相互独立, 且 $X_1 \sim U(0, 6), X_2 \sim N(0, 2), X_3 \sim P(3)$, 记 $Y = X_1 - 2X_2 + 3X_3 + 4$, 则 $D(Y) = $ _____.

4. 设 $X \sim N(\mu, \sigma^2)$, 而 $1.70, 1.75, 1.70, 1.65, 1.75$ 是从总体 X 中抽取的样本, 则 μ 的矩估计值为 _____.

5. 设 s^2 是从 $N(0, 1)$ 中抽取容量为 16 的样本方差, 则 $D(s^2) = $ _____.

6. 已知在 10 件产品中有 2 件次品, 从中不放回地取两次, 每次随机取 1 件, 则两件都是正品的概率为 _____.

7. 设 $X \sim t(m)$, 则 $Y = X^2$ 服从的分布为 _____（需写出自由度）.

8. 设 $X \sim N(0, 1), Y \sim N(1, 2)$ 且 X, Y 相互独立, 令 $Z = Y - 2X$, 则 Z 的概率密度函数 $f(z) = $ _____.

三、判断题

1. 如果 X, Y 满足 $D(X + Y) = D(X - Y)$, 则必有 X 与 Y 不相关.（　　）

2. 设事件 A, B 同时发生的概率 $P(AB) = 0$, 则 A 和 B 不相容.（　　）

3. 如果 $X \sim N(\mu_1, \sigma_1^2), Y \sim N(\mu_2, \sigma_2^2)$, 那么 (X, Y) 的联合分布为二维正态分布.（　　）

4. 设随机变量 X 的概率密度为 $f(x) = \dfrac{1}{2} e^{-|x|}, -\infty < x < +\infty$, 则当 $x \geqslant 0$ 时, X 的分布函数 $F(x) = \dfrac{1}{2} - \dfrac{1}{2} e^{-x}$.（　　）

5. 样本二阶中心矩 $\dfrac{1}{n} \sum\limits_{i=1}^{n} (x_i - \overline{x})^2$ 不是总体方差的无偏估计.（　　）

6. X 与 Y 相互独立且都服从指数分布 $E(\lambda)$, 则 $X + Y \sim E(2\lambda)$.（　　）

四、解答题

1. 某工厂的车床、钻床、磨床、刨床的台数之比为 $9 : 3 : 2 : 1$, 它们在一定时间内需要修理的概率之比为 $1 : 2 : 3 : 1$. 当一台机床需要修理时, 求这台机床是车床的概率.

2. 设二维随机变量 (X, Y) 的概率分布为

Y ＼ X	0	1
0	$\dfrac{2}{3}$	$\dfrac{1}{12}$
1	$\dfrac{1}{6}$	$\dfrac{1}{12}$

求 X 和 Y 的相关系数 ρ_{XY}.

3. 设随机变量 X 的概率密度函数为 $f(x) = \begin{cases} 2x, & 0 \leqslant x \leqslant 1, \\ 0, & \text{其他}, \end{cases}$ 用 N 表示对 X 的三次独立重复观察中事件 $\{X \leqslant \frac{1}{2}\}$ 出现的次数,求 $P\{N = 2\}$.

4. 设随机变量 (X, Y) 的联合概率密度为

$$f(x, y) = \begin{cases} k(6 - x - y), & 0 < x < 2, \quad 0 < y < 4, \\ 0, & \text{其他}. \end{cases}$$

求(1) 常数 k;(2) $P\{X + Y \leqslant 4\}$.

5. 已知红黄两种番茄杂交的第二代结红果的植株与结黄果的植株的比率为3:1,现种植杂交种 400 株,试用中心极限定理求结黄果的植株介于 85 与 115 之间的概率.(附:$\Phi(\sqrt{3}) \approx 0.958\ 2$)

6. 设 $x_1, x_2, \cdots, x_n$ 是取自总体 x 的一个样本 $X \sim f(x) = \begin{cases} \theta x^{\theta-1}, & 0 < x < 1, \\ 0, & \text{其他}, \end{cases}$ 其中 $\theta > 0$,求 θ 的极大似然估计.

模拟试卷一答案

一、选择题

1. A； 2. D； 3. B； 4. B； 5. C.

二、填空题

1. $\dfrac{3}{7}$； 2. $\dfrac{1}{2}$； 3. 4.5； 4. $a=0.4,b=0.1$； 5. $\varepsilon=9$； 6. $D(\hat\theta_1)<D(\hat\theta_2)$；

7. $\dfrac{1}{4}$.

三、计算题

1. 解 （1）由随机变量的函数的数学期望的计算公式,有

$$E(X)=\int_{-\infty}^{+\infty}xf(x)\mathrm{d}x=\int_0^\pi x\frac{1}{\pi}\mathrm{d}x=\frac{1}{\pi}\int_0^\pi x\mathrm{d}x=\frac{1}{2\pi}x^2\Big|_0^\pi=\frac{\pi}{2},$$

$$E(X^2)=\int_{-\infty}^{+\infty}x^2f(x)\mathrm{d}x=\int_0^\pi x^2\frac{1}{\pi}\mathrm{d}x=\frac{1}{\pi}\int_0^\pi x^2\mathrm{d}x=\frac{1}{3\pi}x^3\Big|_0^\pi=\frac{\pi^2}{3},$$

故方差 $D(X)=E(X^2)-[E(X)]^2=\dfrac{\pi^2}{3}-\dfrac{\pi^2}{4}=\dfrac{\pi^2}{12}.$

（2）由方差性质得

$$D(2-3X)=9D(X)=\frac{3\pi^2}{4}.$$

（3）$P\left\{\dfrac{\pi}{3}<X<\dfrac{\pi}{2}\right\}=\int_{\frac{\pi}{3}}^{\frac{\pi}{2}}\dfrac{1}{\pi}\mathrm{d}x=\dfrac{1}{\pi}\int_{\frac{\pi}{3}}^{\frac{\pi}{2}}=\dfrac{1}{6}.$

2. 解 （1）X 的边缘概率密度

$$f_X(x)=\begin{cases}\int_{-\infty}^{+\infty}12\mathrm{e}^{-(3x+4y)}\mathrm{d}y,&x>0,y>0,\\0,&其他\end{cases}=\begin{cases}12\mathrm{e}^{-3x}\int_0^{+\infty}\mathrm{e}^{-4y}\mathrm{d}y,&x>0,\\0,&其他\end{cases}$$

$$=\begin{cases}3\mathrm{e}^{-3x},&x>0,\\0,&其他.\end{cases}$$

（2）(X,Y) 的联合分布函数 $F(x,y)$：

$$F(x,y)=\int_{-\infty}^{y}\int_{-\infty}^{x}f(s,t)\mathrm{d}s\mathrm{d}t=\begin{cases}\int_0^y\int_0^x12\mathrm{e}^{-(3s+4t)}\mathrm{d}s\mathrm{d}t,&x>0,y>0,\\0,&其他\end{cases}$$

$$=\begin{cases}(1-\mathrm{e}^{-3x})(1-\mathrm{e}^{-4y}),&x>0,y>0,\\0,&其他.\end{cases}$$

（3）$P\{0<X\leqslant1,0<Y\leqslant2\}=F(1,2)-F(1,0)-F(0,2)+F(0,0)$

$=(1-\mathrm{e}^{-3})(1-\mathrm{e}^{-8})-0-0+0=(1-\mathrm{e}^{-3})(1-\mathrm{e}^{-8}).$

四、应用题

1. 解 （1）因为 σ^2 未知,采用统计量 $t=\dfrac{\overline{x}-\mu}{s/\sqrt{n}}$.

相应地，μ 的置信区间为

$$\left(\bar{x} - \frac{s}{\sqrt{n}}t_{\frac{\alpha}{2}}(n-1), \bar{x} + \frac{s}{\sqrt{n}}t_{\frac{\alpha}{2}}(n-1)\right),$$

所求 μ 的置信区间为

$$\left(\bar{x} \pm \frac{s}{\sqrt{n}}t_{\frac{\alpha}{2}}(n-1)\right) = \left(503.64 \pm 2.306 \times \frac{11.11}{\sqrt{9}}\right) = (495.100, 512.080).$$

（2）因为 μ 未知，采用统计量 $\dfrac{(n-1)s^2}{\sigma^2} \sim \chi^2(n-1)$.

相应地，σ^2 的置信区间为

$$\left(\frac{(n-1)s^2}{\chi^2_{\frac{\alpha}{2}}(n-1)}, \frac{(n-1)s^2}{\chi^2_{1-\frac{\alpha}{2}}(n-1)}\right),$$

所求 σ^2 的置信区间为

$$\left(\frac{(n-1)s^2}{\chi^2_{\frac{\alpha}{2}}(n-1)}, \frac{(n-1)s^2}{\chi^2_{1-\frac{\alpha}{2}}(n-1)}\right) = \left(\frac{8 \times 11.11^2}{17.535}, \frac{8 \times 11.11^2}{2.180}\right) = (56.313, 452.962).$$

2. 解　根据题意，建立检验假设

$H_0: \mu = \mu_0 = 4.55$ v. s. $H_1: \mu \neq \mu_0$.

由于已知 $\sigma^2 = 0.108^2$，故在 H_0 成立条件下选取统计量：

$$u = \frac{\bar{x} - \mu_0}{\sigma/\sqrt{n}} \sim N(0,1).$$

又由于 $\bar{x} = 4.616, n = 9, \sigma = 0.108$. 故 u 的观测值为

$$|u| = 1.833 < 1.96 = u_{0.025}.$$

因此接受 H_0，即认为现生产的铁水平均含碳量仍为 4.55.

五、应用题

解　设 $A_i = \{$取到第 i 个箱子$\}, i = 1,2, B_i = \{$第 i 次取到一等品$\}, i = 1,2$.

（1）由全概率公式可得先取出的零件是一等品的概率为

$$P(B_1) = P(A_1)P(B_1|A_1) + P(A_2)P(B_1|A_2)$$

$$= \frac{1}{2} \times \frac{10}{50} + \frac{1}{2} \times \frac{18}{30} = \frac{2}{5}.$$

（2）由条件概率公式有

$$P(B_2|B_1) = \frac{P(B_1B_2)}{P(B_1)}.$$

分母 $P(B_1)$ 在（1）中已求出，而分子 $P(B_1B_2)$ 又可由全概率公式得到，即

$$P(B_1B_2) = P(A_1)P(B_1B_2|A_1) + P(A_2)P(B_1B_2|A_2)$$

$$= \frac{1}{2} \times \frac{10 \times 9}{50 \times 49} + \frac{1}{2} \times \frac{18 \times 17}{30 \times 29} = 0.1942,$$

故 $P(B_2|B_1) = \dfrac{0.1942}{\dfrac{2}{5}} \approx 0.4856$.

六、证明题

证明　由题意得:未知参数 θ 的似然函数为

$$L(\theta) = \prod_{i=1}^{n} f(x_i, \theta) = \theta^n x_1^{\theta-1} x_2^{\theta-1} \cdots x_n^{\theta-1},$$

$$\ln L(\theta) = n \ln \theta + (\theta - 1) \sum_{i=1}^{n} \ln x_i$$

$(0 < x_1, x_2, \cdots, x_n < 1)$.

由此,得似然方程

$$\frac{\partial \ln L(\theta)}{\partial \theta} = \frac{n}{\theta} + \sum_{i=1}^{n} \ln x_i = 0.$$

所以,其唯一解就是未知参数 θ 的极大似然估计量:

$$\hat{\theta} = \frac{-n}{\ln(x_1 x_2 \cdots x_n)} = \frac{-n}{\sum_{i=1}^{n} \ln x_i}.$$

模拟试卷二答案

一、选择题

1. B;　2. B;　3. A;　4. C;　5. A;　6. A;　7. A.

二、填空题

1. $\frac{2}{3}$;　2. 0.79;　3. 6;　4. 0.2;　5. 3;　6. $N(2,9)$;　7. 0.4.

三、判断题

1. √;　2. ×;　3. ×;　4. ×;　5. ×.

四、解答题

1. **解**　因为 $\int_0^2 dx \int_0^4 k(6-x-y)dy = 1$,所以 $k = \frac{1}{24}$.

$$P\{X+Y \leqslant 4\} = \int_0^2 dx \int_0^{4-x} \frac{1}{24}(6-x-y)dy = \frac{8}{9}.$$

2. **解**　(1) 依题意,有

$E(X) = 1, D(X) = 16, E(Y) = 0, D(Y) = 9,$

$$E(Z) = E\left(\frac{X}{2} + \frac{Y}{3}\right) = \frac{1}{2}E(X) + \frac{1}{3}E(Y) = \frac{1}{2},$$

$$D(Z) = D\left(\frac{X}{2} + \frac{Y}{3}\right) = \frac{1}{4}D(X) + \frac{1}{9}D(Y) + \frac{1}{3}Cov(X,Y)$$

$$= 5 + \frac{1}{3}\rho_{XY}\sqrt{D(X)} \cdot \sqrt{D(Y)} = 5 + \frac{1}{3} \times \left(-\frac{1}{2}\right) \times 4 \times 3 = 3.$$

$$(2) Cov(X,Z) = Cov\left(X, \frac{X}{2} + \frac{Y}{3}\right)$$

$$= \frac{1}{2}Cov(X,X) + \frac{1}{3}Cov(X,Y)$$

$$= \frac{1}{2}D(X) + \frac{1}{3}\rho_{XY}\sqrt{D(X)} \cdot \sqrt{D(Y)} = 8 - 2 = 6,$$

故 $\rho_{XZ} = \dfrac{Cov(X,Z)}{\sqrt{D(X)} \cdot \sqrt{D(Z)}} = \dfrac{\sqrt{3}}{2}.$

3. 解 设 $A_i(i = 1,2,3,4)$ 分别表示此人乘坐火车、轮船、汽车、飞机事件,而 B 表示此人迟到事件. 则

$$P(A_1) = \frac{3}{10}, P(A_2) = \frac{1}{5}, P(A_3) = \frac{1}{10}, P(A_4) = \frac{2}{5},$$

$$P(B \mid A_1) = \frac{1}{4}, P(B \mid A_2) = \frac{1}{3}, P(B \mid A_3) = \frac{1}{12}, P(B \mid A_4) = 0,$$

从而根据贝叶斯公式有:

$$P(A_1 \mid B) = \frac{P(A_1 B)}{P(B)} = \frac{P(B \mid A_1)P(A_1)}{P(B)} = \frac{\frac{1}{4} \times \frac{3}{10}}{\frac{3}{20}} = \frac{1}{2}.$$

同理可得:

$$P(A_2 \mid B) = \frac{4}{9}, P(A_3 \mid B) = \frac{1}{18}, P(A_4 \mid B) = 0.$$

从而可以判断此人乘火车来此地的可能性最大.

4. 解 由已知条件得 X 的概率密度函数为

$$f(x) = \begin{cases} \dfrac{1}{5}, & 1 \leqslant x \leqslant 6, \\ 0, & \text{其他}. \end{cases}$$

令 Y 表示三次独立观测中观测值大于 4 的次数,则

$$Y \sim B(3,p), \text{其中 } p = P\{X > 4\} = \int_4^6 \frac{1}{5}\mathrm{d}x = \frac{2}{5}.$$

故 $P\{Y \geqslant 2\} = C_3^2 \left(\dfrac{2}{5}\right)^2 \left(1 - \dfrac{2}{5}\right) + \left(\dfrac{2}{5}\right)^3 = 0.352.$

5. 解 (1)

$$f_X(x) = \int_{-\infty}^{+\infty} f(x,y)\mathrm{d}y = \int_0^{+\infty} 12\mathrm{e}^{-(3x+4y)}\mathrm{d}y = 3\mathrm{e}^{-3x}, x > 0 \Rightarrow f_X(x) = \begin{cases} 3\mathrm{e}^{-3x}, & x > 0, \\ 0, & x \leqslant 0. \end{cases}$$

$$f_Y(y) = \int_{-\infty}^{+\infty} f(x,y)\mathrm{d}x = \int_0^{+\infty} 12\mathrm{e}^{-(3x+4y)}\mathrm{d}x = 4\mathrm{e}^{-4y}, y > 0 \Rightarrow f_Y(y) = \begin{cases} 4\mathrm{e}^{-4y}, & y > 0, \\ 0, & y \leqslant 0. \end{cases}$$

$$f_X(x) \times f_Y(y) = \begin{cases} 12\mathrm{e}^{-(3x+4y)}, & x > 0, y > 0, \\ 0, & \text{其他}, \end{cases} \quad \text{即 } f(x,y) = f(x)f(y),$$

所以 X 与 Y 相互独立.

(2) $F_Z(z) = P\{Z \leqslant z\} = P\{X + Y \leqslant z\} = \begin{cases} \displaystyle\int_0^z \mathrm{d}x \int_0^{z-x} 12\mathrm{e}^{-(3x+4y)}\mathrm{d}y, & z > 0, \\ 0, & z \leqslant 0 \end{cases}$

$$= \begin{cases} 3\mathrm{e}^{-4z} - 4\mathrm{e}^{-3z} + 1, & z > 0, \\ 0, & z \leqslant 0, \end{cases}$$

故 $f_Z(z) = \dfrac{\mathrm{d}F_Z(z)}{\mathrm{d}z} = \begin{cases} 12\mathrm{e}^{-3z} - 12\mathrm{e}^{-4z}, & z > 0, \\ 0, & z \leqslant 0. \end{cases}$

6. 解 $p = \dfrac{C_8^2}{C_{12}^2} \times \dfrac{6}{10} + \dfrac{C_8^1 C_4^1}{C_{12}^2} \times \dfrac{7}{10} + \dfrac{C_4^2}{C_{12}^2} \times \dfrac{8}{10} = 0.67.$

模拟试卷三答案

一、选择题

1. C； 2. A； 3. B； 4. D； 5. A.

二、填空题

1. $\dfrac{4}{7}$； 2. $A = \dfrac{1}{2}, F(1) = \dfrac{3}{4}$；

3.

X	3	4	5
p	0.1	0.3	0.6

$E(X) = 4.5, D(X) = 0.45$；

4.

X	0	1	2	3
p	0.6	0.20	0.12	0.08

5. $\varepsilon = 9$； 6. $\hat{\theta} = \dfrac{\bar{x}}{1 - \bar{x}}$.

三、计算题

1. 解 $(1) E(X) = \int_{-\infty}^{+\infty} x f(x) \mathrm{d}x = \int_0^1 x \cdot 2x \mathrm{d}x = \dfrac{2}{3} x^3 \Big|_0^1 = \dfrac{2}{3}$,

$E(X^2) = \int_{-\infty}^{+\infty} x^2 f(x) \mathrm{d}x = \int_0^1 x^2 \cdot 2x \mathrm{d}x = \dfrac{1}{2} x^4 \Big|_0^1 = \dfrac{1}{2}$,

$D(X) = E(X^2) - E^2(X) = \dfrac{1}{2} - \left(\dfrac{2}{3} \right)^2 = \dfrac{1}{18}.$

$(2) P\{X < 0.1\} = \int_0^{0.1} f(x) \mathrm{d}x = \int_0^{0.1} 2x \mathrm{d}x = x^2 \Big|_0^{0.1} = 0.01.$

2. 解 设 B 为"任抽查一件产品,外包装上无日期标志",A_1 为"甲包装的产品",A_2"乙包装的产品".

(1) 由全概率公式可得先取出的零件是一等品的概率为

$P(B) = P(A_1)P(B|A_1) + P(A_2)P(B|A_2) = \dfrac{8}{18} \times 3\% + \dfrac{10}{18} \times 2\% = \dfrac{11}{450} \approx 0.024\ 4.$

(2) 由条件概率公式有 $P(A_2 | B) = \dfrac{P(A_2 B)}{P(B)}.$

分母 $P(B)$ 在(1)中已求出,而分子 $P(A_2 B)$ 可得到:

$P(A_2 B) = = \dfrac{10}{18} \times 2\% = \dfrac{1}{90},$

故 $P(A_2 \mid B) = \dfrac{\dfrac{1}{90}}{\dfrac{11}{450}} \approx 0.455\ 3$.

四、应用题

1. **解** 已知 $\sigma^2 = 1$, 采用统计量 $\dfrac{\bar{x} - \mu}{\sigma / \sqrt{n}} \sim N(0,1)$,

相应地, μ 的置信区间为 $\left(\bar{x} - \dfrac{\sigma}{\sqrt{n}} u_{\frac{\alpha}{2}}, \bar{x} + \dfrac{\sigma}{\sqrt{n}} u_{\frac{\alpha}{2}} \right)$.

由已知可算得 $\alpha = 1 - 0.95 = 0.05$ 及 $\bar{x} = \dfrac{1}{4}(5 + 4 + 6 + 5) = 5$,

于是, $\dfrac{\sigma}{\sqrt{n}} u_{\frac{\alpha}{2}} = \dfrac{1}{\sqrt{4}} \times 1.96 = 0.98$,

所求 μ 的置信区间为 $\left(\bar{x} \pm \dfrac{\sigma}{\sqrt{n}} u_{\frac{\alpha}{2}} \right) = (5 \pm 0.98) = (4.02, 5.98)$.

2. **解** 设 X 为某次数学考试的成绩, 则 $X \sim N(\mu, \sigma^2)$.

检验假设: $H_0 : \mu \geqslant 70$ v.s. $H_1 : \mu < 70$,

检验统计量(σ^2 未知, 采用 t-检验): $t = \dfrac{\bar{x} - \mu}{s / \sqrt{n}} \sim t(n-1)$,

显著性水平为 $\alpha = 0.01$ 的拒绝域为: $\left| \dfrac{\bar{x} - \mu}{s / \sqrt{n}} \right| < t_\alpha(n-1) = t_{0.01}(35) = 2.437\ 7$.

由已知可算得 $\left| \dfrac{\bar{x} - 70}{s / \sqrt{n}} \right| \approx 2.17 < 2.437\ 7$,

故拒绝 H_0, 即不能否定全体学生的数学平均成绩低于 70 分.

五、证明题

1. **证明** 由于 $E(\bar{x}) = E(X) = 0$, $E(\bar{x}^2) = D(\bar{x}) + E^2(X)$,

$D(\bar{x}) = \dfrac{\sigma^2}{n}$, $E(s^2) = \sigma^2$,

所以 $E(n\bar{x}^2 + s^2) = n \cdot \dfrac{\sigma^2}{n} + \sigma^2 = 2\sigma^2$,

则 $E\left(\dfrac{1}{2} n \bar{x}^2 + \dfrac{1}{2} s^2 \right) = \dfrac{1}{2} \left(n \cdot \dfrac{\sigma^2}{n} + \sigma^2 \right) = \dfrac{1}{2} \cdot 2\sigma^2 = \sigma^2$,

故 $\dfrac{1}{2}(n \bar{x}^2 + s^2)$ 为 σ^2 的无偏估计.

2. **证明** 因为 $P(A \mid B) = P(A \mid \bar{B})$, 即 $\dfrac{P(AB)}{P(B)} = \dfrac{P(A\bar{B})}{P(\bar{B})}$,

于是, $\dfrac{P(\bar{B})}{P(B)} = \dfrac{P(A\bar{B})}{P(AB)}$.

两边同时加 1, 可得 $\dfrac{1}{P(B)} = \dfrac{P(A)}{P(AB)}$,

所以 $P(AB) = P(A) \cdot P(B)$,

即事件 A 与 B 相互独立.

模拟试卷四答案

一、选择题

1. C； 2. A； 3. A； 4. B； 5. A； 6. C； 7. D； 8. C.

二、填空题

1. $\dfrac{4}{7}$； 2. 0.5； 3. $f_Y(y) = \begin{cases} \dfrac{1}{4\sqrt{y}}, & 0 < y < 4, \\ 0, & 其他; \end{cases}$

4. $Cov(X,Y) = 0.1$； 5. $\max\{X,Y\} \sim \begin{pmatrix} 0 & 1 \\ \dfrac{1}{16} & \dfrac{15}{16} \end{pmatrix}$； 6. $\dfrac{2}{15}$.

三、判断题

1. √； 2. ×； 3. ×； 4. √； 5. √； 6. ×.

四、解答题

1. **解** A：产品是次品，$B_k:k=1,2,3$ 分别表示事件：任取一件产品是甲、乙、丙车间生产的产品. 易知 $P(B_1) = 25\%,P(B_2) = 35\%,P(B_3) = 40\%$，

$P(AB_1) = 5\%,P(AB_2) = 4\%,P(AB_3) = 2\%$.

由全概率公式：

$$P(A) = P(B_1)P(A \mid B_1) + P(B_2)P(A \mid B_2) + P(B_3)P(A \mid B_3)$$
$$= 25\% \times 5\% + 35\% \times 4\% + 40\% \times 2\%$$
$$= 3.45\% = 0.003\,45.$$

2. **解** X 的密度函数为 $f(x) = \begin{cases} 0.2, & 1 \leqslant x \leqslant 6, \\ 0, & 其他. \end{cases}$

一次观察中观察值大于 4 的概率为

$$p = P\{X > 4\} = \int_4^6 0.2\mathrm{d}x = 0.4,$$

在三次观察中至少有两次观察值大于 4 的概率为

$$C_3^2 \times 0.4^2 \times (1 - 0.4) + 0.4^3 = 0.352.$$

3. **解** 设 $X_i = \begin{cases} 1, & 第 i 台彩电为次品且未被查出, \\ 0, & 其他, \end{cases}$ $i = 1,2,\cdots,2 \times 10^5$，

$E(X_i) = 5 \times 10^{-6}, D(X_i) = 5 \times 10^{-6}(1 - 5 \times 10^{-6})$.

经检验后的次品数 $Y = \sum_{i=1}^{2 \times 10^5} X_i, E(Y) = 1, D(Y) = 1 - 5 \times 10^{-6}$，

由中心极限定理,近似地有 $Y \sim N(1, 1 - 5 \times 10^{-6})$，

$$P\{Y > 3\} = 1 - P\{Y \leqslant 3\} \approx 1 - \Phi\left(\frac{3 - 1}{\sqrt{1 - 5 \times 10^{-6}}}\right) \approx 1 - \Phi(2) = 0.022\,8.$$

4. **解** (1) 由已知得 $P\{X = 0\} = 0.3, P\{X = 1\} = \alpha + \beta$，

$P\{Y = 1\} = 0.15 + \alpha, P\{Y = 2\} = 0.15 + \beta$.

因为 X 与 Y 独立,则

$P\{X=0, Y=1\} = P\{X=0\}P\{Y=1\}$,

$P\{X=0, Y=2\} = P\{X=0\}P\{Y=2\}$,

即 $\begin{cases} 0.3(0.15+\alpha)=0.15 \\ 0.3(0.15+\beta)=0.15 \end{cases}$

解得 $\alpha = \beta = 0.35$.

(2) 由(1)知:

$E(XY) = 1 \times \alpha + 2 \times \beta = 1.05$,

$E(X) = 1 \times (\alpha+\beta) = 0.7, E(Y) = 1 \times (0.15+\alpha) + 2 \times (0.15+\beta) = 1.5$,

$Cov(X,Z) = Cov(X, X-2Y) = Cov(X,X) - 2Cov(X,Y)$

$\qquad\qquad = D(X) - 2[E(XY) - E(X)E(Y)] = 0.21 - 2 \times (1.05 - 0.7 \times 1.5) = 0.21$,

$\rho = \dfrac{Cov(X,Z)}{\sqrt{D(X)}\sqrt{D(Z)}} = \dfrac{0.21}{\sqrt{0.21}\sqrt{1.21}} = \sqrt{\dfrac{21}{121}}$.

5. 解 设 $x_1, x_2, \cdots, x_n$ 是子样观察值,

极大似然估计:

$L(\lambda) = \displaystyle\prod_{i=1}^{n} \lambda e^{-\lambda x_i} = \lambda^n \cdot e^{-\lambda \sum\limits_{i=1}^{n} x_i}$,

$\ln L(\lambda) = n \cdot \ln\lambda - \lambda \displaystyle\sum_{i=1}^{n} x_i$,

$\dfrac{\partial \ln L(\lambda)}{\partial \lambda} = \dfrac{n}{\lambda} - \displaystyle\sum_{i=1}^{n} x_i = 0$,

则 $\hat{\lambda} = \dfrac{1}{\bar{x}}$.

矩估计:

$E(X) = \displaystyle\int_{0}^{+\infty} x \cdot \lambda \cdot e^{-\lambda x} \,\mathrm{d}x = \dfrac{1}{\lambda}$,

样本的一阶原点矩为 $\bar{x} = \dfrac{1}{n} \displaystyle\sum_{i=1}^{n} x_i$,

所以, $\dfrac{1}{\hat{\lambda}} = \bar{x} \Rightarrow \hat{\lambda} = \dfrac{1}{\bar{x}}$.

五、证明题

证明 (1) $P(A \mid C) \geqslant P(B \mid C) \Rightarrow P(AC) \geqslant P(BC)$ (i)

$P(A \mid \bar{C}) \geqslant P(B \mid \bar{C}) \Rightarrow P(A\bar{C}) \geqslant P(B\bar{C})$ (ii)

由(i),(ii)式,易得

$P(A) = P(AC) + P(A\bar{C}) \geqslant P(BC) + P(B\bar{C}) = P(B)$,

即 $P(A) \geqslant P(B)$.

(2) 因为 $P(A \mid B) \geqslant P(B \mid A) \Rightarrow P(A) = P(B)$,

所以 $P(A \bigcup B) = P(A) + P(B) - P(A \bigcap B) = 2P(A) - P(A \bigcap B) = 1$,

即 $P(A) = \dfrac{1 + P(A \bigcap B)}{2} = \dfrac{1}{2} + \dfrac{P(A \bigcap B)}{2}$.

又由于 $P(A \bigcap B) > 0$,

故 $P(A) > \dfrac{1}{2}$.

模拟试卷五答案

一、选择题

1. C; 2. B; 3. D; 4. A; 5. B.

二、填空题

1. 0.5; 2. $1 + F(a,b) - F(a, +\infty) - F(+\infty, b)$; 3. $E(Y) = 4, D(Y) = 18$;

4. $C = 3$; 5. $P\{|X - \mu| \geqslant 3\sigma\} \leqslant 1/9$; 6. $P\{X = E(X^2)\} = \dfrac{1}{2} e^{-1}$;

7. $s = \dfrac{1}{10}, t = \dfrac{2}{15}$; 8. $\hat{p} = 1/\bar{x}$.

三、计算题

1. 解 由下表

ξ	x_1	x_2
p	$\dfrac{3}{5}$	$\dfrac{2}{5}$

ξ^2	x_1^2	x_2^2
p	$\dfrac{3}{5}$	$\dfrac{2}{5}$

可知,$E(\xi) = \dfrac{3}{5} x_1 + \dfrac{2}{5} x_2 = \dfrac{7}{5}, E(\xi^2) = \dfrac{3}{5} x_1^2 + \dfrac{2}{5} x_2^2$,

故 $D(\xi) = E(\xi^2) - [E(\xi)]^2 = \left(\dfrac{3}{5} x_1^2 + \dfrac{2}{5} x_2^2 \right) - \left(\dfrac{7}{5} \right)^2 = \dfrac{6}{25}$.

于是,有 $\begin{cases} 3x_1 + 2x_2 = 7 \\ 3x_1^2 + 2x_2^2 = 11 \end{cases}$,

解之得 $\begin{cases} x_1 = 1 \\ x_2 = 2 \end{cases}$ 或 $\begin{cases} x_1 = 9/5 \\ x_2 = 4/5 \end{cases}$.

因 $x_1 < x_2$,故舍去后一组解值,得到 $x_1 = 1, x_2 = 2$.

于是,有

ξ	1	2
p	$\dfrac{3}{5}$	$\dfrac{2}{5}$

2. 解 (1)X, Y 的边缘概率密度分别为

$$f_\xi(x) = \begin{cases} \displaystyle\int_{-\infty}^{+\infty} f(x,y)\,\mathrm{d}y, & 0 \leqslant x, \\ 0, & \text{其他} \end{cases} = \begin{cases} \displaystyle\int_0^1 4xy\,\mathrm{d}y, & 0 \leqslant x \leqslant 1, \\ 0, & \text{其他} \end{cases}$$

$$= \begin{cases} 2x, & 0 \leqslant x \leqslant 1, \\ 0, & \text{其他}. \end{cases}$$

同理：$f_\eta(y) = \begin{cases} 2y, & 0 \leqslant y \leqslant 1, \\ 0, & \text{其他.} \end{cases}$

(2) $E(\xi) = \int_{-\infty}^{+\infty} x f_\xi(x) \mathrm{d}x = \int_0^1 2x^2 \mathrm{d}x = \dfrac{2}{3}$,

同理：$E(\eta) = \dfrac{2}{3}$.

又 $E(\eta^2) = \int_{-\infty}^{+\infty} y^2 f_\eta(y) \mathrm{d}y = \int_0^1 2y^3 \mathrm{d}y = \dfrac{1}{2}$,

所以 $D(3 - 6\eta) = 36D(\eta) = 36[E(\eta^2) - E^2(\eta)] = 2$.

(3) 因为 $f(x,y) = f_\xi(x)f_\eta(y)$, 所以 ξ 与 η 独立.

四、应用题

1. **解** (1) 因为 σ^2 未知, 采用统计量 $t = \dfrac{\overline{x} - \mu}{s/\sqrt{n}}$,

相应地, μ 的置信区间为

$$\left(\overline{x} - \frac{s}{\sqrt{n}} t_{\frac{\alpha}{2}}(n-1), \overline{x} + \frac{s}{\sqrt{n}} t_{\frac{\alpha}{2}}(n-1) \right).$$

$\overline{x} = 186, s = 12, n = 25, \alpha = 0.1, t_{0.05}(24) = 1.711$,

所求 μ 的置信区间为

$$\left(\overline{x} \pm \frac{s}{\sqrt{n}} t_{\frac{\alpha}{2}}(n-1) \right) = (186 \pm 4.106) = (181.89, 190.11).$$

(2) 因为 μ 未知, 采用统计量 $\dfrac{(n-1)s^2}{\sigma^2} \sim \chi^2(n-1)$,

相应地, σ^2 的置信区间为 $\left(\dfrac{(n-1)s^2}{\chi^2_{\frac{\alpha}{2}}(n-1)}, \dfrac{(n-1)s^2}{\chi^2_{1-\frac{\alpha}{2}}(n-1)} \right).$

所求 σ^2 的置信区间为

$$\left(\frac{(n-1)s^2}{\chi^2_{\frac{\alpha}{2}}(n-1)}, \frac{(n-1)s^2}{\chi^2_{1-\frac{\alpha}{2}}(n-1)} \right) = \left(\frac{24 \times 12^2}{36.415}, \frac{24 \times 12^2}{13.848} \right) = (94.906, 249.567).$$

2. **解** (1) 根据题意, 建立检验假设

$H_0: \mu = \mu_0 = 1.23$ v. s. $H_1: \mu \neq \mu_0$.

当 H_0 为真, 故在 H_0 成立条件下选取统计量：$t = \dfrac{\overline{x} - \mu_0}{s/\sqrt{n}} \sim t(n-1)$.

$t_{\frac{\alpha}{2}}(n-1) = t_{0.025}(4) = 2.7764$, 拒绝域 $W = (-\infty, -2.7764] \bigcup [2.7764, +\infty)$.

又由于 $\overline{x} = 1.246, s^2 = 0.0288^2$.

故 $t = 1.242 \notin W$, 因此接受 H_0, 即认为不必要修改结果.

(2) 假设 $H_0: \sigma^2 = 0.015^2$ v. s. $H_1: \sigma^2 > 0.015^2$;

当 H_0 为真, 检验统计量：$\chi^2 = \dfrac{(n-1)s^2}{\sigma_0^2} \sim \chi^2(n-1)$.

$\chi^2_\alpha(n-1) = \chi^2_{0.025}(4) = 9.488$, 拒绝域 $W = [9.488, +\infty)$,

故 $\chi^2 = 14.86 \in W$, 因此拒绝 H_0, 即认为显著偏大.

五、应用题

解　设 $A_1 = $ "事件属于质量问题"，$A_2 = $ "事件属于数量短缺问题"，

$A_3 = $ "事件属于产品包装问题"，$B = $ "事件经过协商解决"．所求概率为 $P(\overline{A}_1 B)$．

由贝叶斯公式，得

$$P(A_1 B) = \frac{P(A_1)P(BA_1)}{P(A_1)P(BA_1) + P(A_2)P(BA_2) + P(A_3)P(BA_3)}$$

$$= \frac{0.5 \times 0.40}{0.5 \times 0.40 + 0.3 \times 0.60 + 0.2 \times 0.75} = 0.377\ 358\ 49.$$

所以，$P(\overline{A}_1 B) = 1 - P(A_1 B) = 1 - 0.377\ 358\ 49 = 0.622\ 641\ 51.$

六、证明题

证明　由 $E(\hat{\theta}) = \theta$，得到

$$E(\hat{\theta}^2) = E[(\hat{\theta})^2] = D(\hat{\theta}) + [E(\hat{\theta})]^2 = D(\hat{\theta}) + \theta^2.$$

又因 $D(\hat{\theta}) > 0$，故 $E(\hat{\theta}^2) > \theta^2$，

即 $E(\hat{\theta}^2) \neq \theta^2$，因而 $\hat{\theta}^2 = (\hat{\theta})^2$ 不是 θ^2 的无偏估计.

模拟试卷六答案

一、选择题

1. A；　2. A；　3. D；　4. B；　5. D；　6. A；　7. C；　8. D；　9. A.

二、填空题

1. 0.7；　2. 0.77，0.83；

3.

X_1＼X_2	0	1
0	$1 - e^{-1}$	0
1	$e^{-1} - e^{-2}$	e^{-2}

4. 1；　5. $\dfrac{5}{9}$；

6.

X	0	1	2
p	0.3	0.3	0.4

7. 0.14；　8. $\dfrac{7}{40}$.

三、解答题

1. **解**　设事件 A，B 分别表示甲、乙城市下雨．

(1) 由已知，所求概率为 $P(A \mid B)$，则

$$P(A \mid B) = \frac{P(AB)}{P(B)} = \frac{0.12}{0.18} = \frac{2}{3}.$$

(2) 由已知，所求概率为 $P(B \mid A)$，则

$$P(B \mid A) = \frac{P(AB)}{P(A)} = \frac{0.12}{0.20} = \frac{3}{5}.$$

(3) 由已知,所求概率为 $P(A \bigcup B)$,

$$P(A \bigcup B) = P(A) + P(B) - P(AB) = 0.20 + 0.18 - 0.12 = 0.26.$$

2. **解**　先求 Y 的分布函数 $F_Y(y)$,再求其密度函数 $f_Y(y)$.

$$F_Y(y) = P\{Y \leqslant y\} = P\{e^X - 1 \leqslant y\} = P\{X \leqslant \ln(1+y)\}.$$

当 $y+1 < 0$ 或 $\begin{cases} y+1 \geqslant 0 \\ \ln(y+1) \leqslant 0 \end{cases}$ 时,即 $y \leqslant 0$ 时,$F_Y(y) = 0$;

当 $0 < \ln(y+1) < 4$ 时,即 $0 < y < e^4 - 1$ 时,

$$F_Y(y) = \int_{-\infty}^{\ln(1+y)} f_X(x) \mathrm{d}x = \int_0^{\ln(1+y)} \frac{x}{8} \mathrm{d}x = \frac{1}{16} \ln^2(y+1);$$

当 $\ln(y+1) \geqslant 4$ 时,即 $y \geqslant e^4 - 1$ 时,

$$F_Y(y) = \int_{-\infty}^{\ln(1+y)} f_X(x) \mathrm{d}x = \int_0^4 \frac{x}{8} \mathrm{d}x = 1.$$

综上,$F_Y(y) = \begin{cases} 0, & y \leqslant 0, \\ \dfrac{1}{16} \ln^2(y+1), & 0 < y < e^4 - 1, \\ 1, & y \geqslant e^4 - 1, \end{cases}$

故 Y 的密度函数 $f_Y(y)$ 为 $f_Y(y) = \begin{cases} \dfrac{\ln(1+y)}{8(1+y)}, & 0 < y < e^4 - 1, \\ 0, & \text{其他}. \end{cases}$

3. **解**　由 X 与 Y 相互独立及各自的概率密度,得 (X,Y) 联合概率密度函数为

$$f(x,y) = \begin{cases} e^{-y}, & 0 \leqslant x \leqslant 1, \quad y > 0, \\ 0, & \text{其他}. \end{cases}$$

设随机变量 $Z = X + Y$ 的分布函数为 $F_Z(z) = P\{Z \leqslant z\} = P\{X + Y \leqslant z\}$.

(1) 当 $z \leqslant 0$ 时,$F_Z(z) = P\{Z \leqslant z\} = 0$;

(2) 当 $0 < z \leqslant 1$ 时,

$$F_Z(z) = P\{Z \leqslant z\} = \int_0^z \mathrm{d}x \int_0^{z-x} e^{-y} \mathrm{d}y = \int_0^z (1 - e^{x-z}) \mathrm{d}x = z + e^{-z} - 1;$$

(3) 当 $z > 1$ 时,$F_Z(z) = P(Z \leqslant z) = \int_0^1 \mathrm{d}x \int_0^{z-x} e^{-y} \mathrm{d}y = \int_0^1 (1 - e^{x-z}) \mathrm{d}x = 1 + e^{-z} - e^{1-z}$.

综合 (1)(2)(3) 得随机变量 $Z = X + Y$ 的分布函数为

$$F_Z(z) = \begin{cases} 0, & z < 0, \\ z + e^{-z}, & 0 \leqslant z \leqslant 1, \\ 1 + (1-e)e^{-z}, & z > 1. \end{cases}$$

4. **解**

(1) $E(X+Y) = E(X) + E(Y) = 2 + 3 = 5$.

(2) $D(X) = E(X^2) - [E(X)]^2 = 20 - 4 = 16$,

$$D(Y) = E(Y^2) - [E(Y)]^2 = 34 - 9 = 25,$$

由 $\rho_{XY} = \dfrac{Cov(X,Y)}{\sqrt{D(X)} \sqrt{D(Y)}}$,得 $Cov(X,Y) = \rho_{XY} \sqrt{D(X)} \sqrt{D(Y)} = 10$,

$$D(X-Y) = D(X) + D(Y) - 2Cov(X,Y) = 16 + 25 - 20 = 21.$$

5. 解　已知 X 是连续型随机变量,则其分布函数 $F(x)$ 是连续函数,

由 $\begin{cases} F(-1-0) = F(-1+0) \\ F(1-0) = F(1+0) \end{cases}$　得 $\begin{cases} a - \dfrac{\pi}{2}b = 0 \\ a + \dfrac{\pi}{2}b = 1 \end{cases}$

解之,得 $a = \dfrac{1}{2}, b = \dfrac{1}{\pi}.$

(2)X 的密度函数 $f(x) = F'(x) = \begin{cases} \dfrac{1}{\pi \sqrt{1-x^2}}, & |x| < 1, \\ 0, & \text{其他}, \end{cases}$

$$E(X) = \int_{-\infty}^{+\infty} x f(x) \mathrm{d}x = \int_{-1}^{1} \frac{x}{\pi \sqrt{1-x^2}} \mathrm{d}x = 0,$$

$$E(X^2) = \int_{-\infty}^{+\infty} x^2 f(x) \mathrm{d}x = \int_{-1}^{1} \frac{x^2}{\pi \sqrt{1-x^2}} \mathrm{d}x = \frac{1}{2},$$

$$D(X) = E(X^2) - [E(X)]^2 = \frac{1}{2}.$$

6. 解　(1) 当 $0 < x < 1$ 时,$f_X(x) = \int_{-\infty}^{+\infty} f(x,y)\mathrm{d}y = \int_{-x}^{x} 1\mathrm{d}y = 2x,$

当 $x \leqslant 0$ 或 $x \geqslant 1$ 时,$f_X(x) = 0,$

即 $f_X(x) = \begin{cases} 2x, & 0 < x < 1, \\ 0, & \text{其他}. \end{cases}$

(2) 当 $x \leqslant 0$ 或 $x \geqslant 1$ 时,$f_X(x) = 0, f_{Y|X}(y \mid x) = 0,$

当 $0 < x < 1, |y| < x$ 时,$f_{Y|X}(y \mid x) = \dfrac{f(x,y)}{f_X(x)} = \dfrac{1}{2x},$

即 $f_{Y|X}(y \mid x) = \begin{cases} \dfrac{1}{2x}, & |y| < x, \quad 0 < x < 1, \\ 0, & \text{其他}. \end{cases}$

(3)$P\left\{X > \dfrac{1}{2} \mid Y > 0\right\} = \dfrac{P\left\{X > \dfrac{1}{2}, Y > 0\right\}}{P\{Y > 0\}} = \dfrac{\displaystyle\int_{\frac{1}{2}}^{+\infty} \int_{0}^{+\infty} f(x, y)\mathrm{d}x\mathrm{d}y}{\displaystyle\int_{-\infty}^{+\infty} \int_{0}^{+\infty} f(x, y)\mathrm{d}x\mathrm{d}y}$

$$= \frac{\displaystyle\int_{\frac{1}{2}}^{1} \left[\int_{0}^{x} 1\mathrm{d}y\right]\mathrm{d}x}{\displaystyle\int_{0}^{1} \left[\int_{0}^{x} 1\mathrm{d}y\right]\mathrm{d}x} = \frac{\displaystyle\int_{\frac{1}{2}}^{1} x\mathrm{d}x}{\displaystyle\int_{0}^{1} x\mathrm{d}x} = \frac{3}{4}.$$

7. 解　已知 $X \sim P(\lambda_1), Y \sim P(\lambda_1),$

所以 $P\{X = m\} = \dfrac{\lambda_1^m}{m!} \mathrm{e}^{-\lambda_1}, m = 0, 1, 2, \cdots,$

$$P\{Y = n\} = \frac{\lambda_2^n}{n!} \mathrm{e}^{-\lambda_2}, n = 0, 1, 2, \cdots,$$

于是,$P\{X+Y = k\} = \displaystyle\sum_{m=0}^{k} P\{X = m, Y = k-m\}.$

由独立性，上式 $= \sum_{m=0}^{k} P\{X = m\} P\{Y = k - m\} = \sum_{m=0}^{k} \frac{\lambda_1^m}{m!} e^{-\lambda_1} \cdot \frac{\lambda_2^{(k-m)}}{(k-m)!} e^{-\lambda_2}$

$$= \frac{e^{-(\lambda_1 + \lambda_2)}}{k!} \sum_{m=0}^{k} \frac{k!}{m!(k-m)!} \lambda_1^m \lambda_2^{(k-m)} = \frac{(\lambda_1 + \lambda_2)^k}{k!} e^{-(\lambda_1 + \lambda_2)},$$

所以 $Z = X + Y \sim P(\lambda_1 + \lambda_2)$.

模拟试卷七答案

一、选择题

1. C； 2. B； 3. D； 4. A； 5. D.

二、填空题(每个空格 3 分,共 30 分)

1. 0.3； 2. $a - b + c = 0.3, a \geqslant -0.1, b \leqslant 0.4, c \geqslant 0$； 3. $E(X) = 4, D(X) = 2.4$；

4. 0.3； 5. $\frac{1}{2}$； 6. $\alpha = \frac{2}{9}, \beta = \frac{1}{9}$； 7. $\frac{5}{12}, \frac{13}{32}$.

三、计算题

1. **解** (1) 由随机变量的函数的数学期望的计算公式,有

$$E(X) = -1 \times \frac{1}{4} + 2 \times \frac{1}{2} + 3 \times \frac{1}{4} = \frac{3}{2},$$

$$E(X^2) = (-1)^2 \cdot \frac{1}{4} + 2^2 \cdot \frac{1}{2} + 3^2 \cdot \frac{1}{4} = \frac{9}{2},$$

故方差 $D(2 - 2X) = 4D(X) = 4\{E(X^2) - [E(X)]^2\} = 4\left(\frac{9}{2} - \frac{9}{4}\right) = 9$.

(2) 由分布函数的定义得

$$F(x) = \begin{cases} 0, & x < -1, \\ \dfrac{1}{4}, & -1 \leqslant x < 2, \\ \dfrac{1}{4} + \dfrac{1}{2} = \dfrac{3}{4}, & 2 \leqslant x < 3, \\ \dfrac{1}{4} + \dfrac{1}{2} + \dfrac{1}{4} = 1, & x \geqslant 3. \end{cases}$$

(3) $P\{2 \leqslant X \leqslant 3\} = P\{X = 2\} + P\{X = 3\} = \dfrac{1}{2} + \dfrac{1}{4} = \dfrac{3}{4}$.

2. **解** (1) $\displaystyle\int_{-\infty}^{+\infty} \int_{-\infty}^{+\infty} f(x, y) \mathrm{d}x \mathrm{d}y = 1 \Rightarrow c = 1$.

(2) $P\{X + Y < 1\} = \displaystyle\iint_{x+y<1} f(x, y) \mathrm{d}x \mathrm{d}y = \int_0^1 e^{-x} \mathrm{d}x \int_0^{1-x} e^{-y} \mathrm{d}y$

$$= \int_0^1 (e^{-x} - e^{-1}) \mathrm{d}x = 1 - \frac{2}{e}.$$

(3) 当 $0 \leqslant x < +\infty$ 且 $0 \leqslant y < +\infty$ 时,有

$$F(x, y) = \int_0^x \int_0^y e^{-(u+v)} \mathrm{d}u \mathrm{d}v = (1 - e^{-x})(1 - e^{-y}),$$

当 $x<0$ 或 $y<0$ 时，$F(x,y)=0$，

即 $F(x,y)=\begin{cases}(1-\mathrm{e}^{-x})(1-\mathrm{e}^{-y}), & 0\leqslant x,y<+\infty,\\ 0, & \text{其他}.\end{cases}$

四、应用题

1. **解**　(1) 因为 σ^2 未知，采用统计量 $t=\dfrac{\bar{x}-\mu}{s/\sqrt{n}}$，

相应地，μ 的置信区间为

$$\left(\bar{x}-\frac{s}{\sqrt{n}}t_{\frac{\alpha}{2}}(n-1),\bar{x}+\frac{s}{\sqrt{n}}t_{\frac{\alpha}{2}}(n-1)\right).$$

$\bar{x}=2,s=2.404,\alpha=0.1,t_{0.05}(9)=1.833,\sqrt{10}=3.1623$，

所求 μ 的置信区间为

$$\left(\bar{x}\pm\frac{s}{\sqrt{n}}t_{\frac{\alpha}{2}}(n-1)\right)=\left(2\pm1.833\times\frac{2.404}{3.1623}\right)=(0.067,3.393).$$

(2) 因为 μ 未知，采用统计量 $\dfrac{(n-1)s^2}{\sigma^2}\sim\chi^2(n-1)$，

相应地，σ^2 的置信区间为

$$\left(\frac{(n-1)S^2}{\chi^2_{\frac{\alpha}{2}}(n-1)},\frac{(n-1)s^2}{\chi^2_{1-\frac{\alpha}{2}}(n-1)}\right),$$

所求 σ^2 的置信区间为

$$\left(\frac{(n-1)s^2}{\chi^2_{\frac{\alpha}{2}}(n-1)},\frac{(n-1)s^2}{\chi^2_{1-\frac{\alpha}{2}}(n-1)}\right)=\left(\frac{9\times2.404^2}{16.919},\frac{9\times2.404^2}{3.325}\right)=(3.07,15.64).$$

2. **解**　根据题意，建立检验假设

$H_0:\mu=\mu_0=50$ v. s.　$H_1:\mu\neq\mu_0$，

$t=\dfrac{\bar{x}-\mu_0}{s/\sqrt{n}}\sim t(n-1).$

又由于 $\bar{x}=49.9,n=9,s^2=0.2875.$ 故 t 的观测值为

$$|t|=\left|\frac{\bar{x}-50}{s/\sqrt{n}}\right|=0.56<2.306=t_{0.025}(8).$$

因此接受 H_0，即认为包装机工作正常.

五、应用题

解　设 $A=\{$取出一球为白球$\}$，$B_i=\{$盒子中有 i 个白球$\}$，$i=0,1,2,\cdots,12.$

由已知条件，$P(B_i)=\dfrac{1}{13},P(A|B_i)=\dfrac{i}{12},i=0,1,2,\cdots,12.$

由全概率公式，$P(A)=\displaystyle\sum_{i=0}^{12}P(B_i)P(A|B_i)=\frac{1}{13}\sum_{i=0}^{12}\frac{i}{12}.$

由贝叶斯公式得到，$P(B_{12}|A)=\dfrac{P(B_{12})P(A|B_{12})}{P(A)}=\dfrac{\dfrac{1}{13}}{\dfrac{1}{13}\displaystyle\sum_{i=0}^{12}\dfrac{i}{12}}=\dfrac{2}{13}.$

六、证明题

证明   由于 $E(X) = \theta, D(X) = \theta^2$，于是 $E(X_i) = \theta, D(X_i) = \theta^2, i = 1, 2, 3, 4.$

又 $D(T_1) = D\left(\dfrac{X_1 + X_2}{6} + \dfrac{X_3 + X_4}{3}\right) = \dfrac{1}{36} D(X_1 + X_2) + \dfrac{1}{9} D(X_3 + X_4)$

$= \dfrac{1}{36}\left[D(X_1) + D(X_2)\right] + \dfrac{1}{9}\left[D(X_3) + D(X_4)\right] = \dfrac{2\theta^2}{36} + \dfrac{2\theta^2}{9} = \dfrac{5\theta^2}{18},$

而 $D(T_2) = D\left[\dfrac{1}{4}(X_1 + X_2 + X_3 + X_4)\right] = \dfrac{1}{16} \sum_{i=1}^{4} D(X_i) = \dfrac{1}{4}\theta^2 < D(T_1),$

所以，统计量 T_2 比 T_1 有效.

模拟试卷八答案

一、选择题

1. D； 2. D； 3. A； 4. A； 5. B； 6. B.

二、填空题

1. 1； 2. $\dfrac{1}{3}$； 3. 0.79； 4. $\dfrac{1}{4}$； 5. 0.2； 6. 5.76.

三、判断题

1. ×； 2. ×； 3. ×； 4. √； 5. √.

四、解答题

1. **解**   设事件 $A = \{$老人活到 80 岁$\}, B = \{$老人活到 85 岁$\}$，

则由题意有 $B \subseteq A, P(A) = 0.6, P(B) = 0.4,$

故所求概率为

$P(B \mid A) = \dfrac{P(AB)}{P(A)} = \dfrac{P(B)}{P(A)} = \dfrac{0.4}{0.6} = \dfrac{2}{3} \approx 0.667,$

即现年 80 岁的老人能活到 85 周岁的概率为 0.667.

2. **解**   由题意知：

$P\{X = 0, X + Y = 1\} = P\{X = 0\}P\{X + Y = 1\} \Rightarrow \alpha = (0.4 + \alpha)(\alpha + \beta).$

又因为 $0.4 + \alpha + \beta + 0.1 = 1,$

从而有 $\alpha = 0.4, \beta = 0.1.$

3. **解**   (1) 依题意有

$E(X) = 1, D(X) = 9, E(Y) = 0, D(Y) = 16,$

所以 $E(Z) = E\left(\dfrac{X}{3} + \dfrac{Y}{2}\right) = \dfrac{1}{3} E(X) + \dfrac{1}{2} E(Y) = \dfrac{1}{3}.$

$D(Z) = D\left(\dfrac{X}{3} + \dfrac{Y}{2}\right) = D\left(\dfrac{X}{3}\right) + D\left(\dfrac{Y}{2}\right) + 2Cov\left(\dfrac{X}{3}, \dfrac{Y}{2}\right)$

$\qquad = \dfrac{1}{9} D(X) + \dfrac{1}{4} D(Y) + \dfrac{1}{3} Cov(X, Y)$

$\qquad = \dfrac{1}{9} D(X) + \dfrac{1}{4} D(Y) + \dfrac{1}{3} \rho_{XY} \sqrt{D(X)} \cdot \sqrt{D(Y)} = 1 + 4 - 2 = 3.$

$$(2) Cov(X,Z) = Cov\left(X, \frac{X}{3} + \frac{Y}{2}\right)$$

$$= \frac{1}{3}Cov(X,X) + \frac{1}{2}Cov(X,Y)$$

$$= \frac{1}{3}D(X) + \frac{1}{2}\rho_{XY}\sqrt{D(X)} \cdot \sqrt{D(Y)}$$

$$= 3 - 3 = 0,$$

故 $\rho_{XZ} = \dfrac{Cov(X,Z)}{\sqrt{D(X)} \cdot \sqrt{D(Z)}} = 0.$

4. 解   设 X 表示考生的数学水平测试成绩,且 $X \sim N(72,\sigma^2)$,故有 $\dfrac{X-72}{\sigma} \sim N(0,1).$

又根据题意有

$$P\{X > 96\} = 1 - P\{X \leqslant 96\} = 1 - P\left\{\frac{X-72}{\sigma} \leqslant \frac{24}{\sigma}\right\} = 1 - \Phi\left(\frac{24}{\sigma}\right) = 0.023,$$

即 $\Phi\left(\dfrac{24}{\sigma}\right) = 0.977 \Rightarrow \dfrac{24}{\sigma} = 2,$ 即 $\sigma = 12,$

故 $P\{60 \leqslant X \leqslant 84\} = P\left\{-1 \leqslant \dfrac{X-72}{12} \leqslant 1\right\} = 2P\left\{\dfrac{X-72}{12} \leqslant 1\right\} - 1$

$$= 2\Phi(1) - 1 = 2 \times 0.841 - 1 = 0.682.$$

5. 解   记事件 $A = \{$第一次考试超过80分$\}$,事件 $B = \{$重考超过80分$\}$,则由题意条件知:

$$P(A) = 0.6, P(B \mid A) = 0.6, P(\bar{A}) = 0.4, P(B \mid \bar{A}) = 0.3.$$

而所求事件的概率应为

$$P(A \mid B) = \frac{P(A)P(B \mid A)}{P(A)P(B \mid A) + P(\bar{A})P(B \mid \bar{A})} = \frac{0.6 \times 0.6}{0.6 \times 0.6 + 0.4 \times 0.3} = 0.75,$$

即该同学若重考超过了80分,他第一次考试就超过80分的概率为0.75.

6. 解   因 $x_1, x_2, \cdots, x_9$ 相互独立且同分布,均服从 $N(0,2^2)$,故

$x_1 + x_2 \sim N(0, 2^2 + 2^2) = N(0,8),$

$x_3 + x_4 + x_5 \sim N(0, 2^2 + 2^2 + 2^2) = N(0,12),$

$x_6 + x_7 + x_8 + x_9 \sim N(0, 2^2 + 2^2 + 2^2 + 2^2) = N(0,16),$

从而有

$\dfrac{x_1 + x_2}{\sqrt{8}} \sim N(0,1), \left(\dfrac{x_1 + x_2}{\sqrt{8}}\right)^2 \sim \chi^2(1),$

$\dfrac{x_3 + x_4 + x_5}{\sqrt{12}} \sim N(0,1), \left(\dfrac{x_3 + x_4 + x_5}{\sqrt{12}}\right)^2 \sim \chi^2(1),$

$\dfrac{x_6 + x_7 + x_8 + x_9}{\sqrt{16}} \sim N(0,1), \left(\dfrac{x_6 + x_7 + x_8 + x_9}{\sqrt{16}}\right)^2 \sim \chi^2(1).$

所以

$$\left(\frac{x_1 + x_2}{\sqrt{8}}\right)^2 + \left(\frac{x_3 + x_4 + x_5}{\sqrt{12}}\right)^2 + \left(\frac{x_6 + x_7 + x_8 + x_9}{\sqrt{16}}\right)^2 \sim \chi^2(1+1+1) = \chi^2(3),$$

从而有 $a = \dfrac{1}{8}, b = \dfrac{1}{12}, c = \dfrac{1}{16}, n = 3$.

7. 设 $x_1, x_2, \cdots, x_n$ 是取自总体 X 的一个样本, 由

$$X \sim P(k; \lambda) = \frac{\lambda^k}{k!} e^{-\lambda} \quad (k = 0, 1, 2, \cdots),$$

故似然函数为 $(k_i = 0, 1, 2, \cdots; i = 1, 2, \cdots, n)$

$$L(\lambda) = \prod_{i=1}^{n} P(k_i; \lambda) = e^{-n\lambda} \frac{\lambda^{\sum\limits_{i=1}^{n} k_i}}{\prod\limits_{i=1}^{n} (k_i!)},$$

故 $\ln L(\lambda) = -n\lambda + \left(\sum\limits_{i=1}^{n} k_i\right) \ln \lambda - \ln \left(\prod\limits_{i=1}^{n} (k_i!)\right)$,

即 $\dfrac{d(\ln L(\lambda))}{d\lambda} = -n + \dfrac{\sum\limits_{i=1}^{n} k_i}{\lambda} = 0$,

从而 λ 的极大似然估计量为

$$\hat{\lambda} = \frac{1}{n} \sum_{i=1}^{n} x_i = \bar{x} = \frac{100(1 + 100)}{200} = 50.5.$$

模拟试卷九答案

一、选择题

1. C； 2. A； 3. C； 4. A； 5. B； 6. B.

二、填空题

1. 0.8； 2. $A = 0.5$； 3. 1.4； 4. $c = 0.3$； 5. $B = -4$.

三、计算题

1. **解** （1）由于 X, Y 相互独立, 有 $p_{ij} = p_i. \, p_{.j}$,

其中 $p_{12} = p_1. \, p_{.2} \Rightarrow \dfrac{1}{9} = \dfrac{1}{3}\left(\dfrac{1}{9} + A\right)$,

$p_{13} = p_1. \, p_{.3} \Rightarrow \dfrac{1}{18} = \dfrac{1}{3}\left(\dfrac{1}{18} + B\right)$,

可得 $A = \dfrac{2}{9}, B = \dfrac{1}{9}$.

（2）$X + Y$ 的分布律如下：

$X + Y$	2	3	4	5
p	$\dfrac{1}{6}$	$\dfrac{4}{9}$	$\dfrac{5}{18}$	$\dfrac{1}{9}$

2. **解** （1）令 $\displaystyle\int_{-\infty}^{+\infty} f(x)\,dx = \int_0^1 (a + bx^2)\,dx = a + \dfrac{b}{3} = 1$, 得 $a = 1, b = 0$.

$(2) E(X^2) = \int_{-\infty}^{+\infty} x^2 f(x) \mathrm{d}x = \int_0^1 x^2 \mathrm{d}x = \frac{1}{3} x^3 \Big|_0^1 = \frac{1}{3}$,

$D(X) = E(X^2) - [E(X)]^2 = \frac{1}{12}$.

$(3) P\{X \geqslant 0.5\} = \int_{0.5}^{+\infty} f(x) \mathrm{d}x = \int_{0.5}^1 \mathrm{d}x = \Big|_{0.5}^1 = 0.5$.

3. 解 $(1) E(X) = \int_{-\infty}^{\infty} x f(x, \theta) \mathrm{d}x = \int_0^1 \theta(\theta+1) x^\theta (1-x) \mathrm{d}x$

$$= \theta x^{\theta+1} \Big|_0^1 - \frac{\theta(\theta+1)}{\theta+2} x^{\theta+2} \Big|_0^1 = \frac{\theta}{\theta+2}.$$

令 $A_1 = \mu_1 \Rightarrow \dfrac{\hat{\theta}}{\hat{\theta}+2} = \bar{x}$，得 $\hat{\theta} = \dfrac{2\bar{x}}{1-\bar{x}}$.

(2) 似然函数：

$$L(\theta) = \prod_{i=1}^n f(x_i, \theta) = \theta^n (\theta+1)^n \prod_{i=1}^n x_i^{\theta-1} (1-x_i) \quad 0 < x_i < 1, i = 1, 2, \cdots, n,$$

$$l(\theta) = \ln(L(\theta)) = n\ln\theta + n\ln(\theta+1) + \left(\sum_{i=1}^n (\theta-1) \ln x_i + \sum_{i=1}^n \ln(1-x_i) \right),$$

$$\frac{\partial l(\theta)}{\partial \hat{\theta}} = \frac{n}{\hat{\theta}} + \frac{n}{\hat{\theta}+1} + \sum_{i=1}^n \ln x_i = 0, \frac{1}{\hat{\theta}} + \frac{1}{\hat{\theta}+1} = -\frac{1}{n} \sum_{i=1}^n \ln x_i.$$

四、应用题

1. 解 设 A_1 表示从第一批中随机地取 2 个球为"一白一黑"，A_2 表示从第一批中随机地取 2 个球为"两白"，A_3 表示从第一批中随机地取 2 个球为"两黑"，B 表示从混合后的球中随机地取出 1 个球为白球. 则 $P(A_1) = \dfrac{32}{90}, P(A_2) = \dfrac{2}{90}, P(A_3) = \dfrac{56}{90}, P(B \mid A_1) = \dfrac{4}{17}$,

$P(B \mid A_2) = \dfrac{5}{17}, P(B \mid A_3) = \dfrac{3}{17}$.

由全概率公式 $P(B) = \displaystyle\sum_{i=1}^3 P(A_i) P(B \mid A_i) = 0.2$,

$P(A_1 \mid B) = \dfrac{P(B \mid A_1) P(A_1)}{P(B)} = 0.42$.

2. 解 由样本得：$n = 5, \bar{x} = \dfrac{6\,064}{5} = 1\,212.8, s^2 = 99.7, s = 9.985$,

(1) 已知 $\sigma = 11$，置信度 $1 - \alpha = 0.95, \mu$ 的置信区间为 $\left(\bar{x} \pm \dfrac{\sigma}{\sqrt{n}} \cdot u_{\frac{\alpha}{2}} \right)$.

查表得 $u_{\frac{\alpha}{2}} = u_{0.025} = 1.96$，所求的置信区间为 $\left(1\,212.8 \pm \dfrac{11}{\sqrt{5}} \times 1.96 \right)$，即

$$(1\,203.158, \ 1\,222.442).$$

(2) 未知 σ，置信度 $1 - \alpha = 0.95, \mu$ 的置信区间为 $\left(\bar{x} \pm \dfrac{s}{\sqrt{n}} \cdot t_{\frac{\alpha}{2}}(n-1) \right)$.

查表得 $t_{\frac{\alpha}{2}}(n-1) = t_{0.025}(4) = 2.776\,4$，所求的置信区间为 $\left(1\,212.8 \pm \dfrac{9.985}{\sqrt{5}} \times 2.776\,4 \right)$，

即

$$(1\ 200.402,1\ 225.198).$$

3. **解** (1) 检验假设：$H_0:\sigma^2=\sigma_0^2=0.05^2$ v. s. $H_1:\sigma^2\neq\sigma_0^2$.

(2) 统计量：$z=\dfrac{(n-1)s^2}{\sigma_0^2}\sim\chi^2(n-1)$.

(3) 查临界值：$\chi_{0.975}^2(5)=0.831,\chi_{0.025}^2(5)=12.833$,接受域为$(0.831,12.833)$.

(4) 判断：

$(n-1)s^2=0.001,\overline{x}=2.13$,

得$\dfrac{(n-1)s^2}{\sigma_0^2}=0.4\notin(0.831,12.833)$,故拒绝域$H_0$,即认为在$\alpha=0.05$ 显著性水平下,

新工艺产品的均方差有显著变化.

模拟试卷十答案

一、选择题

1. D; 2. C; 3. A; 4. A; 5. D; 6. C; 7. B; 8. A.

二、填空题

1. $\dfrac{3}{7}$; 2. $a=0.125$; 3. 0.35; 4. $\dfrac{1}{8}$; 5. $\lambda=1$; 6. $\rho_{XY}=\dfrac{\sqrt{15}}{15}$; 7. $\geqslant\dfrac{1}{2}$.

三、解答题

1. **解** 设 $A=\{$甲市为雨天$\},B=\{$乙市为雨天$\}$,则

$P(A)=0.2,P(B)=0.18,P(AB)=0.12$. 于是,

$(1)P(A\mid B)=\dfrac{P(AB)}{P(B)}=\dfrac{0.12}{018}=\dfrac{2}{3}$.

$(2)P(B\mid A)=\dfrac{P(AB)}{P(A)}=\dfrac{0.12}{0.2}=\dfrac{3}{5}$.

$(3)P(A\bigcup B)=P(A)+P(B)-P(AB)=0.2+0.18-0.12=0.26$.

2. **解** 由题意可知$Y\sim B(5,p)$,其中$p=P\{X>10\}$,

而,$X\sim E\left(\dfrac{1}{5}\right)$,于是

$$f_X(x)=\begin{cases}\dfrac{1}{5}\mathrm{e}^{-\frac{1}{5}x}, & x\geqslant0,\\0, & x<0.\end{cases}$$

因此,$p=P\{X>10\}=\displaystyle\int_{10}^{+\infty}\dfrac{1}{5}\mathrm{e}^{-\frac{1}{5}x}\mathrm{d}x=\mathrm{e}^{-2}$.

于是,Y 的分布律为

$$P\{Y=k\}=\mathrm{C}_5^k\ (\mathrm{e}^{-2})^k\ (1-\mathrm{e}^{-2})^{5-k},k=0,1,\cdots,5.$$

所以,$P\{Y\geqslant1\}=1-P\{Y=0\}=1-(1-\mathrm{e}^{-2})^5\approx0.516\ 7$.

3. **解** (1) 由于 $\int_{-\infty}^{+\infty}\int_{-\infty}^{+\infty}f(x,y)\mathrm{d}x\mathrm{d}y = 1$,而

$$\int_{-\infty}^{+\infty}\int_{-\infty}^{+\infty}f(x,y)\mathrm{d}x\mathrm{d}y = \int_0^1\mathrm{d}x\int_{x^2}^1 kxy\mathrm{d}y = \frac{k}{6},$$

所以,$k=6$.

(2) $P\{(X,Y)\in G\} = \iint_G f(x,y)\mathrm{d}x\mathrm{d}y = \int_0^1\mathrm{d}x\int_{x^2}^x 6xy\mathrm{d}y = \frac{1}{4}$.

4. **解** (1) X 的边缘密度函数 $f_X(x) = \int_{-\infty}^{+\infty}f(x,y)\mathrm{d}y$.

当 $0 < x < \sqrt{3}$ 时,$f_X(x) = \int_x^{\sqrt{3}}2x\mathrm{d}y = 2x(\sqrt{3}-x)$;

当 $x\leqslant 0$ 或 $x\geqslant\sqrt{3}$ 时,$f_X(x) = 0$.

所以,$f_X(x) = \begin{cases} 2x(\sqrt{3}-x), & 0 < x < \sqrt{3}, \\ 0, & 其他. \end{cases}$

同理:$f_Y(y) = \begin{cases} y^2, & 0 < y < \sqrt{3}, \\ 0, & 其他. \end{cases}$

(2) $P\left\{\max\{X,Y\} < \frac{1}{2}\right\} = P\left\{X < \frac{1}{2}, Y < \frac{1}{2}\right\} = \int_0^{1/2}\mathrm{d}y\int_0^y 2x\mathrm{d}x = \frac{1}{24}$.

5. **解** (1) 因为 X 和 Y 均服从正态分布 $N(1,0.5)$,所以,$E(X) = E(Y) = 1$.

又 $D(X-aY+2) = E(X-aY+2)^2 - (E(X-aY+2))^2$,

而 $D(X-aY+2) = E(X-aY+2)^2$,

所以 $E(X-aY+2) = E(X) - aE(Y) + 2 = 1 - a + 2 = 0$,

所以,$a = 3$.

(2) 因为 X,Y 相互独立且都服从正态分布 $N(1,0.5)$,

所以,令 $Z = X - aY + 2 = X - 3Y + 2$,则 Z 服从正态分布 $N(0,5)$.

于是,Z 的密度函数 $f_Z(z) = \frac{1}{\sqrt{10\pi}}\mathrm{e}^{-\frac{z^2}{10}}$,

所以,

$$E(|X-aY+2|) = E(|z|) = \int_{-\infty}^{\infty}\frac{1}{\sqrt{10\pi}}|z|\mathrm{e}^{-\frac{z^2}{10}}\mathrm{d}z = \frac{2}{\sqrt{10\pi}}\int_0^{+\infty}z\mathrm{e}^{-\frac{z^2}{10}}\mathrm{d}z = \sqrt{\frac{10}{\pi}}.$$

6. **解** 由题意 $X\sim U[0,20], Y\sim U[0,20]$,所以

$$f_X(x) = \begin{cases} \frac{1}{20}, & x\in[0,20], \\ 0, & 其他, \end{cases} \quad f_Y(y) = \begin{cases} \frac{1}{20}, & y\in[0,20], \\ 0, & 其他. \end{cases}$$

由于 X,Y 相互独立,所以 X,Y 的联合密度函数为

$$f(x,y) = \begin{cases} \frac{1}{400}, & 0\leqslant x\leqslant 20, 0\leqslant y\leqslant 20, \\ 0, & 其他. \end{cases}$$

设商店每周的利润为 Z,则

$$Z = \begin{cases} 1\,000Y, & X\geqslant Y, \\ 1\,000X+500(Y-X), & X < Y, \end{cases}$$

即 $Z = g(X,Y)$,而 $\quad g(x,y) = \begin{cases} 1\ 000y, & x \geqslant y, \\ 500x + 500y, & x < y, \end{cases}$

于是, $E(Z) = \int_{-\infty}^{+\infty} \int_{-\infty}^{+\infty} g(x,y)f(x,y)\mathrm{d}x\mathrm{d}y$

$\qquad = \int_0^{20} \mathrm{d}x \int_x^{20} 500(x+y) \frac{1}{400}\mathrm{d}y + \int_0^{20} \mathrm{d}x \int_0^x 1\ 000y \cdot \frac{1}{400}\mathrm{d}y$

$\qquad = 5\ 000 + \frac{10\ 000}{3} \approx 8\ 333.$

模拟试卷十一答案

一、选择题

1. B； 2. C； 3. B； 4. D； 5. C； 6. B.

二、填空题

1. $\frac{1}{2}$ ； 2. $k = \frac{3}{8}$ ； 3. $E(X-Y) = -\frac{1}{3}$, $E(XY) = 0$, $D(3Y-1) = \frac{1}{3}$ ；

4. $b = \frac{1}{4}$ ； 5. $p = P\{0 < X < 2\} \geqslant 0.9$.

三、计算题

1. **解** （1）令 $\int_{-\infty}^{+\infty} \int_{-\infty}^{+\infty} f(x,y)\mathrm{d}x\mathrm{d}y = 1 \Rightarrow \int_0^{+\infty} \int_0^{+\infty} K\mathrm{e}^{-(2x+3y)}\mathrm{d}x\mathrm{d}y = 1 \Rightarrow K = 6.$

先求 $f_X(x)$.

当 $x \leqslant 0$, $f_X(x) = \int_{-\infty}^{+\infty} f(x,y)\mathrm{d}y = \int_0^{+\infty} 0\mathrm{d}y = 0$ ；

当 $x > 0$, $f_X(x) = \int_{-\infty}^{+\infty} f(x,y)\mathrm{d}y = \int_0^{+\infty} 6\mathrm{e}^{-(2x+3y)}\mathrm{d}y = 2\mathrm{e}^{-2x}.$

所以, $f_X(x) = \begin{cases} 2\mathrm{e}^{-2x}, & x > 0, \\ 0, & x \leqslant 0, \end{cases}$ 同理得 $f_Y(y) = \begin{cases} 3\mathrm{e}^{-3y}, & y > 0, \\ 0, & y \leqslant 0. \end{cases}$

故有 $f(x,y) = f_X(x) \cdot f_Y(y)$,因而 X,Y 是相互独立的.

2. **解** （1） X 的实际取值为 $1,2,3$,对应概率分别为

$P\{X=1\} = \frac{C_4^1 C_2^2}{C_6^3} = \frac{1}{5}$, $P\{X=2\} = \frac{C_4^2 C_2^1}{C_6^3} = \frac{3}{5}$, $P\{X=3\} = \frac{C_4^3 C_2^0}{C_6^3} = \frac{1}{5}$,

故 X 的分布律为

X	1	2	3
p	$\frac{1}{5}$	$\frac{3}{5}$	$\frac{1}{5}$

（2） $F(x) = \begin{cases} 0, & x < 1, \\ \dfrac{1}{5}, & 1 \leqslant x < 2, \\ \dfrac{4}{5}, & 2 \leqslant x < 3, \\ 1, & 3 \leqslant x. \end{cases}$

$(3)E(X) = 1 \times \dfrac{1}{5} + 2 \times \dfrac{3}{5} + 3 \times \dfrac{1}{5} = 2, E(1 + 2X) = 5,$

$E(X^2) = 1^2 \times \dfrac{1}{5} + 2^2 \times \dfrac{3}{5} + 3^2 \times \dfrac{1}{5} = \dfrac{22}{5},$

$D(X) = E(X^2) - E^2(X) = \dfrac{2}{5}.$

3. 解　$(1)\mu_1 = E(X) = \displaystyle\int_{-\infty}^{+\infty} x f(x) \mathrm{d}x = \int_0^1 x \lambda x^{\lambda-1} \mathrm{d}x = \dfrac{\lambda}{\lambda+1} x^{\lambda+1} \Big|_0^1 = \dfrac{\lambda}{\lambda+1},$

$A_1 = \bar{x} = \dfrac{1}{n} \displaystyle\sum_{i=1}^n x_i,$ 于是,有

$\dfrac{\hat{\lambda}}{\hat{\lambda}+1} = \bar{x},$ 即 $\hat{\lambda} = \dfrac{\bar{x}}{1-\bar{x}}.$

（2）似然函数为

$L = \displaystyle\prod_{i=1}^n \lambda x_i^{\lambda-1} = \lambda^n \prod_{i=1}^n x_i^{\lambda-1} \Rightarrow \ln L = n\ln\lambda + (\lambda-1) \sum_{i=1}^n \ln x_i.$

令 $\dfrac{\mathrm{d}\ln L}{\mathrm{d}\lambda} = 0,$ 得 $\dfrac{n}{\lambda} + \displaystyle\sum_{i=1}^n \ln x_i = 0,$ 于是有

$\hat{\lambda} = -\dfrac{n}{\displaystyle\sum_{i=1}^n \ln x_i}.$

四、应用题

1. 解　设 A_1, A_2, A_3 表示任取一件零件是甲、乙、丙车床加工的, B 表示任取一件是不合格品,则

$P(A_1) = \dfrac{3}{10}, P(A_2) = \dfrac{3}{10}, P(A_3) = \dfrac{4}{10},$

$P(B \mid A_1) = 5\%, P(B \mid A_2) = 4\%, P(B \mid A_3) = 3\%.$

（1）由全概率公式得

$P(B) = P(A_1)P(B \mid A_1) + P(A_2)P(B \mid A_2) + P(A_3)P(B \mid A_3)$

$\qquad = \dfrac{3}{10} \cdot 5\% + \dfrac{3}{10} \cdot 4\% + \dfrac{4}{10} \cdot 3\% = 0.039.$

（2）由条件概率公式得 $P(A_1 \mid B) = \dfrac{P(A_1 B)}{P(B)} = \dfrac{P(A_1)P(B \mid A_1)}{P(B)} = \dfrac{\dfrac{3}{10} \cdot 5\%}{0.039} = \dfrac{5}{13}.$

2. 解　由样本得: $n = 6, \bar{x} = 213, s^2 = 4.$

若已知 $\sigma^2 = 1,$ 置信度 $1 - \alpha = 0.95,$

μ 的置信区间为 $\left(\bar{x} \pm \dfrac{\sigma}{\sqrt{n}} \cdot u_{\frac{\alpha}{2}}\right).$

查表得 $u_{\frac{\alpha}{2}} = u_{0.025} = 1.96,$ 故 μ 的置信度为 0.95 的置信区间为

$\left(\bar{x} \pm \dfrac{1}{\sqrt{6}} u_{0.025}\right) = \left(213 \pm \dfrac{1}{2.45} \times 1.96\right) = (212.2, 213.8).$

（2）若 σ^2 未知, 置信度 $1 - \alpha = 0.95,$

μ 的置信区间为 $\left(\bar{x} \pm \dfrac{s}{\sqrt{n}} \cdot t_{\frac{\alpha}{2}}(n-1)\right).$

查表得 $t_{\frac{\alpha}{2}}(5) = t_{0.025}(5) = 2.57$,

故 μ 的置信度为 0.95 的置信区间为

$$(\bar{x} \pm \frac{2}{\sqrt{6}} t_{0.025}) = (213 \pm \frac{2}{2.45} \times 2.57) = (210.9, 215.1).$$

3. 解 (1) 检验假设:$H_0 : \sigma^2 = \sigma_0^2 = 0.1^2$ v.s. $H_1 : \sigma^2 \neq \sigma_0^2$.

(2) 统计量:$z = \dfrac{(n-1)s^2}{\sigma_0^2} \sim \chi^2(n-1)$.

(3) 查临界值:$\chi_{0.975}^2(3) = 0.216, \chi_{0.025}^2(3) = 9.348$,接受域为 $(0.216, 9.348)$.

(4) 判断:

$(n-1)s^2 = 0.1, \bar{x} = 4.3$,

得 $\dfrac{(n-1)s^2}{\sigma_0^2} = 10 \notin (0.216, 9.348)$,故拒绝域 H_0,即认为在 $\alpha = 0.05$ 显著性水平下,这天铁水含碳量的均方差有显著变化.

模拟试卷十二答案

一、选择题

1. B; 2. D; 3. C; 4. A; 5. C; 6. C; 7. C.

二、填空题

1. $\dfrac{1}{3}$; 2. 1; 3. $\dfrac{1}{4}$; 4. 0.4; 5. $\dfrac{3}{4}$; 6. $\dfrac{7}{9}$; 7. $\dfrac{2}{n}\sum\limits_{i=1}^{n} x_i - 1$(或者 $2\bar{x} - 1$).

三、判断题

1. $\checkmark$; 2. $\times$; 3. $\times$; 4. $\checkmark$; 5. $\times$.

四、解答题

1. 解 已知 $P\{X_1 X_2 = 0\} = 1$,故有

$P\{X_1 X_2 \neq 0\} = 1 - P\{X_1 X_2 = 0\} = 0$.

从而由随机变量 X_1, X_2 的分布可设联合分布表如下:

X_2 \ X_1	-1	0	1	$P(X_2)$
-1	0	a	0	1/4
0	b	c	d	1/2
1	0	e	0	1/4
$P(X_1)$	1/4	1/2	1/4	1

从而有 $a = b = d = e = \dfrac{1}{4} \Rightarrow c = 0$.

$$P\{X_1 = X_2\} = P\{X_1 = -1, X_2 = -1\} + P\{X_1 = 0, X_2 = 0\} + P\{X_1 = 1, X_2 = 1\}$$
$$= 0 + c + 0 = 0.$$

2. **解**　随机变量 Z 的分布函数为

$$
\begin{aligned}
F_Z(z) &= P\{Z \leqslant z\} = P\{X + Y \leqslant z\} \\
&= P\{X = 0, Y \leqslant z\} + P\{X = 1, Y \leqslant z - 1\} \\
&= P\{X = 0\}P\{Y \leqslant z\} + P\{X = 1\}P\{Y \leqslant z - 1\} \\
&= \frac{1}{2}\big[P\{Y \leqslant z\} + P\{Y \leqslant z - 1\}\big] \\
&=
\begin{cases}
1, & z \geqslant 2, \\
\dfrac{z}{2}, & 0 \leqslant z < 2, \\
0, & z < 0.
\end{cases}
\end{aligned}
$$

从而,随机变量 Z 的概率密度函数为

$$
f_Z(z) = \frac{\mathrm{d}}{\mathrm{d}z}F_Z(z) =
\begin{cases}
\dfrac{1}{2}, & z \in [0, 2], \\
0, & \text{其他.}
\end{cases}
$$

3. **解**　设 $A_i(i = 1, 2, 3, 4)$ 分别表示此人乘坐火车,轮船,汽车,飞机事件,而 B 表示此人迟到事件. 则

$$
P(A_1) = \frac{3}{10}, P(A_2) = \frac{1}{5}, P(A_3) = \frac{1}{10}, P(A_4) = \frac{2}{5},
$$

$$
P(B \mid A_1) = \frac{1}{4}, P(B \mid A_2) = \frac{1}{3}, P(B \mid A_3) = \frac{1}{12}, P(B \mid A_4) = 0,
$$

$$
P(B) = \sum_{i=1}^{4} P(A_i)P(B \mid A_i) = \frac{3}{40} + \frac{1}{15} + \frac{1}{120} + 0 = \frac{3}{20},
$$

从而根据贝叶斯公式有:

$$
P(A_1 \mid B) = \frac{P(A_1 B)}{P(B)} = \frac{P(B \mid A_1)P(A_1)}{P(B)} = \frac{\dfrac{1}{4} \times \dfrac{3}{10}}{\dfrac{3}{20}} = \frac{1}{2}.
$$

同理可得:

$$
P(A_2 \mid B) = \frac{4}{9}, P(A_3 \mid B) = \frac{1}{18}, P(A_4 \mid B) = 0.
$$

从而可以判断此人乘火车来此地的可能性最大.

4. **解**　设每车最多装 n 箱,每箱重为 X_i,则 $X_1, X_2, \cdots, X_n$ 可看作独立同分布的随机变量,且 $E(X_i) = 50, \sqrt{D(X_i)} = 5$,从而由中心极限定理知:

$$
T_n = X_1 + X_2 + \cdots + X_n \overset{\text{近似}}{\sim} N(50n, 25n).
$$

从而所求问题转化为求 n 的最大值使:

$$
P\{T_n \leqslant 5\,000\} > 0.977.
$$

即 $P\{T_n \leqslant 5\,000\} = P\left\{\dfrac{T_n - 50n}{5\sqrt{n}} \leqslant \dfrac{5\,000 - 50n}{5\sqrt{n}}\right\} \approx \Phi\left(\dfrac{1\,000 - 10n}{\sqrt{n}}\right) > 0.977.$

查正态分布表有:$\Phi(2) = 0.977$,所以

$$
\frac{1\,000 - 10n}{\sqrt{n}} > 2 \Rightarrow n < 98.01.
$$

因此每车最多可装 98 箱.

5. 解 因为随机变量 $x_1, x_2, \cdots, x_n$ 相互独立且

$E(x_i) = 0, D(x_i) = 1, \bar{x} \sim N\left(0, \frac{1}{n}\right).$

$(1) D(Y_i) = D(x_i - \bar{x}) = D\left(x_i - \frac{x_1 + x_2 + \cdots + x_n}{n}\right)$

$$= D\left(-\frac{x_1}{n} + \cdots + \frac{n-1}{n}x_i + \cdots + \left(-\frac{x_n}{n}\right)\right)$$

$$= (n-1)D\left(-\frac{x_1}{n}\right) + D\left(\frac{n-1}{n}x_i\right)$$

$$= (n-1) \cdot \frac{1}{n^2} + \left(\frac{n-1}{n}\right)^2 = \frac{n-1}{n}.$$

(2) 协方差

$Cov(Y_1, Y_n) = Cov(x_1 - \bar{x}, x_n - \bar{x})$

$$= Cov(x_1, x_n) - Cov(x_1, \bar{x}) - Cov(\bar{x}, x_n) + Cov(\bar{x}, \bar{x})$$

$$= 0 - Cov\left(x_1, \frac{x_1 + \cdots + x_n}{n}\right) - Cov\left(\frac{x_1 + \cdots + x_n}{n}, x_1\right) + D(\bar{x})$$

$$= -\frac{1}{n}\left[Cov(x_1, x_1) + 0 + \cdots + 0\right] - \frac{1}{n}\left[0 + \cdots + 0 + Cov(x_n, x_n)\right] + \frac{1}{n}$$

$$= -\frac{1}{n} \times 1 - \frac{1}{n} \times 1 + \frac{1}{n} = -\frac{1}{n}.$$

6. 解 由题意知，$f(x, \beta) = \begin{cases} \beta x^{-(\beta+1)}, & x > 1, \\ 0, & x \leqslant 1. \end{cases}$

(1) 似然函数为

$$L(\beta) = L(x_1, x_2, \cdots, x_n; \beta) = \begin{cases} \beta^n \cdot \left(\prod\limits_{i=1}^{n} x_i\right)^{-(\beta+1)}, & x_i > 1, \\ 0, & \text{其他.} \end{cases}$$

当 $x_i > 1$ 时，有

$$\ln L(\beta) = n\ln \beta - (\beta + 1)\sum_{i=1}^{n} \ln x_i,$$

故

$$\frac{\mathrm{d}\ln L(\beta)}{\mathrm{d}\beta} = \frac{n}{\beta} - \sum_{i=1}^{n} \ln x_i = 0 \Rightarrow \hat{\beta} = \frac{n}{\sum\limits_{i=1}^{n} \ln x_i}.$$

即 β 的极大似然估计量为

$$\hat{\beta} = \frac{n}{\sum\limits_{i=1}^{n} \ln x_i}.$$

$(2) E(X) = \int_{-\infty}^{+\infty} xf(x)\mathrm{d}x = \int_{1}^{+\infty} \beta x^{-\beta}\mathrm{d}x = \frac{\beta}{\beta - 1}.$

记 $\bar{x} = \frac{1}{n}\sum_{i=1}^{n} x_i$，令 $\frac{\beta}{\beta - 1} = \bar{x}$，

从而 β 的矩估计量为

$$\hat{\beta} = \frac{\overline{x}}{\overline{x} - 1}.$$

7. 解 由题意知：$X \sim P(\lambda)$，则 $E(X) = \lambda, D(X) = \lambda$.

因为 $\overline{x}$ 为样本均值，则 $E(\overline{x}) = E(X) = \lambda$.

s^2 为样本方差，所以 $E(s^2) = D(X) = \lambda$.

故

$$E\left[\frac{1}{2}(\overline{x} + s^2)\right] = \frac{1}{2}E(\overline{x} + s^2) = \frac{1}{2} \cdot 2\lambda = \lambda.$$

所以 $\frac{1}{2}(\overline{x} + s^2)$ 是 λ 的无偏估计.

模拟试卷十三答案

一、选择题

1. A； 2. D； 3. C； 4. B； 5. D.

二、填空题

1. 0.75； 2. $c = 0.4$； 3. $\frac{1}{3}$； 4. 4.4； 5. $n - 1$.

三、判断题

1. ×； 2. ×； 3. √； 4. ×； 5. √.

四、计算题

1. 解 (1) 因 $P\{\xi = 1\} = \frac{3}{5}, P\{\xi = 2\} = \frac{7}{25}, P\{\xi = 3\} = \frac{12}{125}, P\{\xi = 4\} = \frac{27}{1\,250}$,

$P\{\xi = 5\} = \frac{3}{1\,250}$,

故 ξ 的分布律为

ξ	1	2	3	4	5
p	$\frac{3}{5}$	$\frac{7}{25}$	$\frac{12}{125}$	$\frac{27}{1\,250}$	$\frac{3}{1\,250}$

2. 解 由 $\xi \sim f(x)$，则 $E(\xi) = 1, D(\xi) = 1$,

$E(\xi^2) = D(\xi) + [E(\xi)]^2 = 2$,

所以

$$E(\eta) = E(2\xi + e^{-3\xi}) = \int_{-\infty}^{+\infty} (e^{-3x} + 2x)e^{-x}\,dx = 2 + \frac{1}{4} = \frac{9}{4},$$

$$E(\eta^2) = E(2\xi + e^{-3\xi})^2 = 4E(\xi^2) + E(4\xi e^{-3\xi} + e^{-6\xi})$$

$$= 8 + \int_0^{+\infty} (4x e^{-3x} + e^{-6x})e^{-x}\,dx = 8 + \frac{1}{7} + \frac{1}{4} = \frac{235}{28},$$

$$D(\eta) = E(\eta^2) - [E(\eta)]^2 = \frac{373}{112}.$$

3. **解**　(1)$E(\xi) = \int_{-\infty}^{+\infty} x f(x) \mathrm{d}x = \int_0^1 x(\alpha+1) x^\alpha \mathrm{d}x = \frac{\alpha+1}{\alpha+2}.$

记 $\bar{\xi} = \frac{1}{n} \sum_{i=1}^{n} \xi_i$, 令 $E(\xi) = \bar{\xi} = \frac{\alpha+1}{\alpha+2}$,

解得: $\hat{\alpha} = \frac{1-2\bar{\xi}}{\bar{\xi}-1}.$

(2) 取 $L(\theta) = \prod_{i=1}^{n} (\alpha+1) x_i^\alpha = (\alpha+1)^n \left(\prod_{i=1}^{n} x_i \right)^\alpha,$

$\ln L(\alpha) = n\ln(\alpha+1) + \alpha\ln \prod_{i=1}^{n} x_i,$

令 $\frac{\partial \ln L(\alpha)}{\partial \alpha} = -\frac{n}{\alpha+1} + \ln \left(\prod_{i=1}^{n} x_i \right) = 0,$

得 $\hat{\alpha} = -\frac{n + \ln\left(\prod_{i=1}^{n} x_i \right)}{\ln\left(\prod_{i=1}^{n} x_i \right)}$, 即 $\hat{\alpha}$ 是 α 的极大似然估计量.

4. **解**　由于 $\sum_{k=0}^{\infty} P\{\xi=k\} = \sum_{k=0}^{\infty} C\left(\frac{1}{4}\right)^k = C\sum_{k=0}^{\infty} \left(\frac{1}{4}\right)^k = \frac{4}{3}C = 1,$

所以 $C = \frac{3}{4}.$

$$P\{1 \leqslant \xi \leqslant 2\} = P\{\xi=1\} + P\{\xi=2\} = \frac{3}{4}\left(\frac{1}{3} + \frac{1}{16}\right) = \frac{15}{64}.$$

五、证明题

证明　(1)$E(\xi) = \int_{-\infty}^{+\infty} x f(x,\theta) \mathrm{d}x = \int_0^{+\infty} x \frac{\theta^\alpha}{T(\alpha)} \mathrm{e}^{-\theta x} x^{\alpha-1} \mathrm{d}x = \frac{\alpha}{\theta},$

易知 $E(\bar{\xi}) = E(\xi) = \frac{\alpha}{\theta}$($\xi_i$ 之间是相互独立的),

则 $E\left(\frac{\bar{\xi}}{\alpha}\right) = \frac{1}{\alpha} E(\bar{\xi}) = \frac{1}{\alpha} \cdot \frac{\alpha}{\theta} = \frac{1}{\theta} = g(\theta),$

故 $\frac{\bar{\xi}}{\alpha}$ 是 $g(\theta)$ 的无偏估计.

(2)$E(\xi^2) = \int_{-\infty}^{+\infty} x^2 f(x,\theta) \mathrm{d}x = \frac{T(\alpha+2)}{T(\alpha)\theta^2},$

$D(\xi) = E(\xi^2) - [E(\xi)]^2 = \frac{\alpha}{\theta^2},$

故 $D\left(\frac{\bar{\xi}}{\alpha}\right) = \frac{1}{\alpha^2} D\left(\frac{1}{n} \sum_{i=1}^{n} \xi_i\right) = \frac{1}{n\theta^2\alpha}.$

取 $\ln f(x,\theta) = \ln \frac{\theta^\alpha}{T(\alpha)} \cdot \mathrm{e}^{-\theta x} \cdot x^{\alpha-1},$

则 $\dfrac{\partial \ln f(x,\theta)}{\partial \theta} = \dfrac{\alpha}{\theta} - x.$

$\dfrac{\partial^2 \ln f(x,\theta)}{\partial \theta^2} = -\dfrac{\alpha}{\theta^2},$

$I(\theta) = -E\left(\dfrac{\partial^2 \ln f(x,\theta)}{\partial \theta^2}\right) = -\alpha,$

下界为 $\dfrac{g'(\theta)}{nI(\theta)} = \dfrac{1}{n\alpha\theta^2},$

所以 $\dfrac{\bar{\xi}}{\alpha}$ 是 $g(\theta)$ 的有效估计.

模拟试卷十四答案

一、选择题

1. C； 2. A； 3. B； 4. C； 5. B； 6. B； 7. B； 8. A.

二、填空题

1. $\dfrac{3}{8}$； 2. 0.94； 3. 0,4, $f(x) = \begin{cases} 2x, & 0 < x < 1, \\ 0, & \text{其他}; \end{cases}$

4. $P\{X > 2\} = 0.4$； 5. 稳定性； 6. $E(X^2) = 1.525$； 7. $\dfrac{7}{9}$.

三、解答题

1. **解** 设 $A = \{$恰好取到一只白球一只红球$\}$，显然，每一只球被抽到的可能性是一样的，这是一古典概型.

基本事件总数：$n_\Omega = \dbinom{10}{2}$，

A 中所含基本基本数：$n_A = \dbinom{4}{1}\dbinom{6}{1}$，

故 $P(A) = \dfrac{n_A}{n_\Omega} = \dfrac{\dbinom{4}{1}\dbinom{6}{1}}{\dbinom{10}{2}} = \dfrac{8}{15}.$

2. **解** 设 $A_i, i = 1,2,3$ 分别表示车间甲、乙、丙生产的产品，B 表示抽到次品，
由贝叶斯公式，得

$P(A_1 \mid B) = \dfrac{P(A_1 B)}{P(B)} = \dfrac{P(A_1)P(B \mid A_1)}{P(A_1)P(B \mid A_1) + P(A_2)P(B \mid A_2) + P(A_3)P(B \mid A_3)}$

$\qquad\qquad = \dfrac{0.25 \times 0.05}{0.25 \times 0.05 + 0.35 \times 0.04 + 0.40 \times 0.02} = \dfrac{25}{69}.$

3. **解**

(1) 由于 $\displaystyle\int_{-\infty}^{+\infty} f(x)\mathrm{d}x = 1$，而 $\displaystyle\int_{-\infty}^{+\infty} c\mathrm{e}^{-|x|}\mathrm{d}x = 2c\int_0^{+\infty} \mathrm{e}^{-x}\mathrm{d}x = 2c,$

所以,$c = \dfrac{1}{2}$.

(2)$P\{-1 < X < 1\} = \displaystyle\int_{-1}^{1} f(x)\mathrm{d}x = \dfrac{1}{2}\int_{-1}^{1} \mathrm{e}^{-|x|}\mathrm{d}x = \int_{0}^{1} \mathrm{e}^{-x}\mathrm{d}x = 1 - \mathrm{e}^{-1}$.

(3)$F(x) = P\{X \leqslant x\} = \dfrac{1}{2}\displaystyle\int_{-\infty}^{x} \mathrm{e}^{-|t|}\mathrm{d}t$,于是

当 $x < 0$ 时,$F(x) = \dfrac{1}{2}\displaystyle\int_{-\infty}^{x} \mathrm{e}^{-|t|}\mathrm{d}t = \dfrac{1}{2}\int_{-\infty}^{x} \mathrm{e}^{t}\mathrm{d}t = \dfrac{1}{2}\mathrm{e}^{x}$,

当 $x \geqslant 0$ 时,$F(x) = \dfrac{1}{2}\Big[\displaystyle\int_{-\infty}^{0} \mathrm{e}^{t}\mathrm{d}t + \int_{0}^{x} \mathrm{e}^{-t}\mathrm{d}t\Big] = 1 - \dfrac{1}{2}\mathrm{e}^{-x}$,

所以,$F(x) = \begin{cases} \dfrac{1}{2}\mathrm{e}^{x}, & x < 0, \\[2mm] 1 - \dfrac{1}{2}\mathrm{e}^{-x}, & x \geqslant 0. \end{cases}$

4. 解 X,Y 都服从$[0,1]$上的均匀分布,于是 $f_X(x) = f_Y(y) = \begin{cases} 1, & x \in [0,1], \\ 0, & \text{其他}. \end{cases}$

由于 X,Y 相互独立,于是,由卷积公式得

$$f_Z(z) = \int_{-\infty}^{+\infty} f_X(x)f_Y(z-x)\mathrm{d}x = \int_{0}^{1} f_Y(z-x)\mathrm{d}x.$$

当 $z \leqslant 0$ 或 $z > 2$ 时,$f_Z(z) = 0$;

当 $0 < z \leqslant 1$ 时,$f_Z(z) = \displaystyle\int_{0}^{z} f_Y(z-x)\mathrm{d}x = \int_{0}^{z} 1 \cdot \mathrm{d}x = z$;

当 $1 < z \leqslant 2$ 时,$f_Z(z) = \displaystyle\int_{z-1}^{1} f_Y(z-x)\mathrm{d}x = \int_{z-1}^{1} 1 \cdot \mathrm{d}x = 2 - z$.

所以,

$$f_Z(z) = \begin{cases} z, & 0 < z \leqslant 1, \\ 2 - z, & 1 < z \leqslant 2, \\ 0, & \text{其他}. \end{cases}$$

5. 解 (1)X 的分布律为

X	-1	1
p	$1 - P(A)$	$P(A)$

Y 的分布律为

Y	-1	1
p	$1 - P(B)$	$P(B)$

XY 的分布律为

XY	-1	1
p	$P(A) + P(B) - 2P(AB)$	$1 + 2P(AB) - P(A) - P(B)$

(2)**证明** 由于 X,Y 不相关,所以,$Cov(X,Y) = E(XY) - E(X) \cdot E(Y) = 0$,

从而 $\qquad E(XY)=E(X)\cdot E(Y)$,

而 $E(XY)=-1\cdot(P(A)+P(B)-2P(AB))+(1+2P(AB)-P(A)-P(B))$

$\qquad\qquad =1+4P(AB)-2P(A)-2P(B)$,

$E(X)\cdot E(Y)=[P(A)-1+P(A)]\cdot[P(B)-1+P(B)]$

$\qquad\qquad =4P(A)P(B)-2P(A)-2P(B)+1$,

于是 $1+4P(AB)-2P(A)-P(B)=4P(A)P(B)-2P(A)-2P(B)+1$,

从而得 $P(AB)=P(A)P(B)$,

即 A 与 B 相互独立.

6. 解 设每年应该生产这种产品 s 吨,显然 $2\,000\leqslant s\leqslant 4\,000$ 设利润为 Y,则 Y 是 X 的

函数 $Y=g(X)$,$Y=g(X)=\begin{cases}3s, & X\geqslant s,\\ 3X-(s-X), & X<s,\end{cases}$ 所以,

$$E(Y)=E[g(X)]=\int_{-\infty}^{+\infty}g(x)f(x)\mathrm{d}x$$

$$=\int_{2\,000}^{s}(4x-s)\frac{1}{2\,000}\mathrm{d}x+\int_{s}^{4\,000}3s\frac{1}{2\,000}\mathrm{d}x$$

$$=-\frac{1}{1\,000}(s^2-7\,000s+4\,000\,000),$$

于是 $\dfrac{\mathrm{d}E(Y)}{\mathrm{d}s}=-\dfrac{1}{1\,000}(2s-7\,000)=0$,故 $s=3\,500$(吨),

即当 $s=3\,500$ 吨时,平均利润最大.

模拟试卷十五答案

一、选择题

1. B; 2. D; 3. B; 4. C; 5. A; 6. D.

二、填空题

1. $\dfrac{1}{2}$; 2. $\dfrac{1}{4}$; 3. 0.62; 4. $\dfrac{1}{\mathrm{e}}$; 5. $\dfrac{1}{3\sqrt{2\pi}}\mathrm{e}^{-\frac{(z-2)^2}{18}}$, $-\infty<z<+\infty$; 6. $-\dfrac{1}{2\,010}$.

三、判断题

1. ×; 2. √; 3. ×; 4. ×; 5. √.

四、解答题

1. 解 设事件 $A=\{$作弊被监视器发现$\}$,$B=\{$作弊被监考教师发现$\}$,

则由题意有 $P(A)=0.6,P(B)=0.4,P(AB)=0.2$,

故作弊考生被发现的概率为

$P(A\bigcup B)=P(A)+P(B)-P(AB)=0.6+0.4-0.2=0.8$,

即作弊考生被发现的概率为 0.8.

2. 解 由题意知:

$$\frac{1}{8}+\frac{3}{8}+\frac{1}{12}+A+\frac{1}{24}+B=1.$$

若 X 与 Y 独立,应有

$P\{X = 1, Y = 2\} = P\{X = 1\} \cdot P\{Y = 2\}$

$\Rightarrow \dfrac{1}{12} = \left(\dfrac{1}{8} + \dfrac{1}{12} + \dfrac{1}{24}\right) \cdot \left(\dfrac{1}{12} + A\right).$

于是,$A = \dfrac{1}{4}, B = \dfrac{1}{8}.$

3. 解　$E(Z) = 3E(X^2) - 2E(XY) + E(Y^2) - 2$

$\qquad\qquad = 3[D(X) + [E(X)]^2] - 2[E(X) \cdot E(Y) + \rho_{XY}\sqrt{D(X)}\sqrt{D(Y)}] +$

$\qquad\qquad\quad [D(Y) + [E(Y)]^2] - 2$

$\qquad\qquad = 69,$

$D(W) = 4D(X) + D(Y) + 2Cov(2X, -Y)$

$\qquad\qquad = 4 \times 4 + 9 - 4Cov(X, Y)$

$\qquad\qquad = 25 - 4\rho_{XY}\sqrt{D(X)}\sqrt{D(Y)}$

$\qquad\qquad = 37.$

4. 解　记事件 $A = \{$第一次考试超过 80 分$\}$,事件 $B = \{$重考超过 80 分$\}$,则由题意条件知:

$P(A) = 0.6, P(B \mid A) = 0.6, P(\overline{A}) = 0.4, P(B \mid \overline{A}) = 0.3,$

而所求事件的概率应为

$P(A \mid B) = \dfrac{P(A)P(B \mid A)}{P(A)P(B \mid A) + P(\overline{A})P(B \mid \overline{A})} = \dfrac{0.6 \times 0.6}{0.6 \times 0.6 + 0.4 \times 0.3} = 0.75,$

即该同学若重考超过了 80 分,他第一次考试就超过 80 分的概率为 0.75.

5. 解　由已知条件有 X 的分布密度函数为

$f(x) = \begin{cases} \dfrac{1}{4}, & 1 \leqslant x \leqslant 5, \\ 0, & \text{其他}. \end{cases}$

令 Y_3 表示三次独立观测中观测值大于 2 的次数,则 $Y_3 \sim B(3, p)$,

其中 p 为 $p = P\{X > 3\} = \displaystyle\int_3^5 \left(\dfrac{1}{4}\right)\mathrm{d}x = \dfrac{1}{2}.$

故有 $P\{Y_3 > 2\} = C_3^2\left(\dfrac{1}{2}\right)^2\left(1 - \dfrac{1}{2}\right) + \left(\dfrac{1}{2}\right)^3 = \dfrac{1}{2}.$

6. 解　(1) 因为 $E(X) = \displaystyle\int_{-\infty}^{+\infty} xf(x)\mathrm{d}x = \int_0^1 (\theta + 1)x^{\theta+1}\mathrm{d}x = \dfrac{\theta + 1}{\theta + 2},$

即 $\theta = \dfrac{2E(X) - 1}{1 - E(X)}$,所以 $\hat{\theta} = \dfrac{2\overline{x} - 1}{1 - \overline{x}}$ 为所求的矩估计量.

(2) 似然函数为 $L(x_1, \cdots, x_n, \theta) = (\theta + 1)^n (x_1 \cdots x_n)^\theta, 0 < x_i < 1,$

令 $\dfrac{\partial \ln L}{\partial \theta} = \dfrac{n}{\theta + 1} + \ln(x_1 \cdots x_n) = 0,$

解得 $\hat{\theta} = -\dfrac{n}{\ln(x_1 \cdots x_n)} - 1$ 为所求的极大似然估计量.

7. 解　设 X 为 n 次掷硬币正面出现的次数,则

$X \sim B(n, p)$,其中 $p = \dfrac{1}{2}.$

（1）由切比雪夫不等式知

$$P\left\{0.4\leqslant\frac{X}{n}\leqslant0.6\right\}=P\left\{\left|\frac{X}{n}-0.5\right|\leqslant0.1\right\}=P\{|X-0.5n|\leqslant0.1n\}$$

$$\geqslant1-\frac{D(X)}{(0.1n)^2}=1-\frac{n\times\frac{1}{4}}{0.01\cdot n^2}=1-\frac{25}{n},$$

令 $1-\dfrac{25}{n}\geqslant90\%$. 则得 $n\geqslant250$.

由中心极限定理, 得

$$P\left\{0.4\leqslant\frac{X}{n}\leqslant0.6\right\}=P\{0.4n\leqslant X\leqslant0.6n\}$$

$$=P\left\{\frac{0.4n-0.5n}{\sqrt{0.25n}}\leqslant\frac{X-0.5n}{\sqrt{0.25n}}\leqslant\frac{0.6n-0.5n}{\sqrt{0.25n}}\right\}$$

$$\approx2\Phi\left(\frac{0.1n}{0.5\sqrt{n}}\right)-1=2\Phi\left(\frac{\sqrt{n}}{5}\right)-1\geqslant90\%$$

$$\Rightarrow\Phi\left(\frac{\sqrt{n}}{5}\right)\geqslant0.95.$$

从而有 $\dfrac{\sqrt{n}}{5}\geqslant1.605$, 即 $n\geqslant64.4\Rightarrow n\geqslant65$.

模拟试卷十六答案

一、选择题

1. D；ᅟ 2. B；ᅟ 3. A；ᅟ 4. D；ᅟ 5. B；ᅟ 6. C；ᅟ 7. C；ᅟ 8. C.

二、填空题

1. 0.29；ᅟ 2. 0.75；ᅟ 3. $\dfrac{10}{3}$；ᅟ 4. 0.75；ᅟ 5. $\dfrac{\sigma^2}{n}$；ᅟ 6. $\dfrac{2}{3}$；ᅟ 7. e^{-3}；ᅟ 8. 4.

三、判断题

1. √；ᅟ 2. √；ᅟ 3. ×；ᅟ 4. ×；ᅟ 5. √；ᅟ 6. ×.

四、解答题

1. **解** 设 A_1, A_2, A_3 分别表示被保险人是"谨慎的""一般的"和"冒险的"，B 表示一年内被保险人出事故, 则由题意

$$P(A_1)=0.2, P(A_2)=0.5, P(A_3)=0.3,$$

$$P(B\mid A_1)=0.05, P(B\mid A_2)=0.15, P(B\mid A_3)=0.3,$$

$$P(A_1\mid B)=\frac{P(A_1)P(B\mid A_1)}{\sum\limits_{i=1}^{3}P(A_i)P(B\mid A_i)}$$

$$=\frac{0.2\times0.05}{0.2\times0.05+0.5\times0.15+0.3\times0.3}=\frac{2}{215}.$$

2. **解** （1）由题意 $XY\sim\begin{pmatrix}0 & 1\\1-b & b\end{pmatrix}$,

于是 $\dfrac{1}{12} = E(XY) = b$，故 $b = \dfrac{1}{12}$.

又 $a + b + \dfrac{2}{3} + \dfrac{1}{12} = 1$，则 $a = \dfrac{1}{6}$.

(2)X, Y 的边缘分布律为

$$X \sim \begin{pmatrix} 0 & 1 \\ \dfrac{3}{4} & \dfrac{1}{4} \end{pmatrix}, \quad Y \sim \begin{pmatrix} 0 & 1 \\ \dfrac{5}{6} & \dfrac{1}{6} \end{pmatrix},$$

$$E(X) = \dfrac{1}{4}, E(X^2) = \dfrac{1}{4}, D(X) = \dfrac{3}{16},$$

$$E(Y) = \dfrac{1}{6}, E(Y^2) = \dfrac{1}{6}, D(Y) = \dfrac{5}{36},$$

$$\rho_{XY} = \dfrac{Cov(X,Y)}{\sqrt{D(X)}\sqrt{D(Y)}} = \dfrac{E(XY) - E(X)E(Y)}{\sqrt{D(X)}\sqrt{D(Y)}} = \dfrac{\sqrt{15}}{15}.$$

3. **解** 由归一性，

$$1 = \int_0^1 dx \int_0^x k dy = \dfrac{k}{2}, 解得 k = 2,$$

$$E(X+Y) = \int_0^1 dx \int_0^x 2(x+y) dy = 1.$$

4. **解** $f_X(x) = \begin{cases} \int_x^1 6x dy = 6x(1-x), & 0 < x < 1, \\ 0, & 其他, \end{cases}$

$$f_Y(y) = \begin{cases} \int_0^y 6x dx = 3y^2, & 0 < y < 1, \\ 0, & 其他, \end{cases}$$

$$P\{X+Y < 1\} = \int_0^{\frac{1}{2}} dx \int_x^{1-x} 6x dy = \dfrac{1}{4}.$$

5. **解** 设 X_i 表示该商品第 i 周的销售量，$i = 1, \cdots, 36$，

设 X 表示该商品在 36 周内的总销售量，则依题意

$X_i \sim P(1), E(X_i) = 1, D(X_i) = 1, i = 1, \cdots, 36$，且 X_i 相互独立，$i = 1, \cdots, 36$，故

$$X = \sum_{i=1}^{36} X_i, E(X) = 36, D(X) = 36,$$

由中心极限定理知 $X \sim N(36, 36)$（近似）

$$P\{30 < X < 42\} \approx \Phi\left(\dfrac{42-36}{6}\right) - \Phi\left(\dfrac{30-36}{6}\right) = 2\Phi(1) - 1 \approx 0.6826.$$

模拟试卷十七答案

一、选择题

1. C; 2. D; 3. D; 4. C; 5. B; 6. A; 7. B; 8. C; 9. D; 10. C.

二、填空题

1. 0.62; 　2. $1 + F(a,b) - F(a, +\infty) - F(+\infty, b)$; 　3. $\bar{x} - \dfrac{s}{\sqrt{n}} t_{\frac{a}{2}}(n-1)$;

4. 0.5; 　5. 0.2; 　6. $\dfrac{1}{3} e^x$; 　7. 6; 　8. 3; 　9. 0.25; 　10. $\dfrac{\sigma^2}{n}$.

三、计算题

1. **解**　由 $\begin{cases} \displaystyle\int_0^1 c x^a \mathrm{d}x = 1 \\ \displaystyle\int_0^1 c x^{a+1} \mathrm{d}x = 0.75 \end{cases}$ 可得 $\begin{cases} \dfrac{c}{\alpha+1} = 1 \\ \dfrac{c}{\alpha+2} = 0.75 \end{cases}$

解得 $\alpha = 2, c = 3$.

2. **解**　(1) 边缘概率密度为

$$f_X(x) = \int_{-\infty}^{+\infty} f(x,y)\mathrm{d}y = \begin{cases} \displaystyle\int_0^{+\infty} \mathrm{e}^{-y}\mathrm{d}y = \mathrm{e}^{-x}, & x > 0, \\ 0, & x \leqslant 0, \end{cases}$$

$$f_Y(y) = \int_{-\infty}^{+\infty} f(x,y)\mathrm{d}x = \begin{cases} \displaystyle\int_0^y \mathrm{e}^{-y}\mathrm{d}x = y\mathrm{e}^{-y}, & y > 0, \\ 0, & y \leqslant 0. \end{cases}$$

(2) 由于 $f(x,y) \neq f_X(x) \cdot f_Y(y)$, 故 X 与 Y 不独立.

(3) $P\{X+Y \leqslant 1\} = \iint\limits_{x+y \leqslant 1} f(x,y)\mathrm{d}x\mathrm{d}y = \int_0^{\frac{1}{2}} \mathrm{d}x \int_x^{1-x} \mathrm{e}^{-y}\mathrm{d}y$

$$= 1 + \mathrm{e}^{-1} - 2\mathrm{e}^{-\frac{1}{2}}.$$

3. **解**　$x_i \sim N(0, 0.3^2), \dfrac{x_i}{0.3} \sim N(0,1), \displaystyle\sum_{i=1}^{10} \left(\dfrac{x_i}{0.3}\right)^2 \sim \chi^2(10)$,

$$P\left\{\sum_{i=1}^{10} X_i^2 > 1.44\right\} = P\left\{\sum_{i=1}^{10} \left(\dfrac{X_i}{0.3}\right)^2 > \dfrac{1.44}{0.3^2}\right\} = P\{\chi^2(10) > 16\} \approx 0.1.$$

4. **解**　(1) 期望天数

$E(X) = 1 \times 0.05 + 2 \times 0.20 + 3 \times 0.35 + 4 \times 0.30 + 5 \times 0.10 = 3.2$（天）.

(2) $E(X^2) = 1^2 \times 0.05 + 2^2 \times 0.20 + 3^2 \times 0.35 + 4^2 \times 0.30 + 5^2 \times 0.10 = 11.3$,

完成天数的方差 $D(X) = E(X^2) - [E(X)]^2 = 11.3 - (3.2)^2 = 1.06$,

标准差 $\sqrt{D(X)} = \sqrt{1.06} \approx 1.03$.

(3) 用 Y 表示完成项目的费用，则 $Y = 2\,000X + 20\,000$，整个项目费用的期望值为

$E(Y) = E(2\,000X + 20\,000) = 2\,000E(X) + 20\,000 = 26\,400$（元）.

5. **解**　设 X_i 为第 i 盒的价格 $(i = 1, 2, \cdots, 200)$，则 X_i 独立同分布其概率分布为

X_i	4	4.5	5
p	0.3	0.2	0.5

总收入

$$X = \sum_{i=1}^{200} X_i,$$

$$E(X_i) = 4.6, D(X_i) = 0.19,$$

$$E(X) = \sum_{i=1}^{200} E(X_i) = 200 \times 4.6 = 920,$$

$$D(X) = \sum_{i=1}^{200} D(X_i) = 200 \times 0.19 = 38,$$

X 近似服从正态分布 $N(920, 38)$,

$$P\{910 \leqslant X \leqslant 930\} = P\left\{\frac{910-920}{\sqrt{38}} \leqslant \frac{X-920}{\sqrt{38}} \leqslant \frac{930-920}{\sqrt{38}}\right\}$$

$$= 2\Phi\left(\frac{10}{\sqrt{38}}\right) - 1 \approx 2\Phi(1.62) - 1 = 2 \times 0.947\,4 - 1 = 0.894\,8.$$

6. 解 似然函数为

$$L(x_1, \cdots, x_n; \lambda) = \prod_{i=1}^{n}(\lambda+1)x_i^{\lambda} = (\lambda+1)^n \left(\prod_{i=1}^{n} x_i\right)^{\lambda},$$

$$\ln L = n\ln(\lambda+1) + \lambda\ln\prod_{i=1}^{n} x_i,$$

$$\frac{\mathrm{d}\ln L}{\mathrm{d}\lambda} = \frac{n}{\lambda+1} + \sum_{i=1}^{n}\ln x_i = 0,$$

求得 λ 的极大似然估计值 $\hat{\lambda} = -\dfrac{n + \sum\limits_{i=1}^{n}\ln x_i}{\sum\limits_{i=1}^{n}\ln x_i}.$

模拟试卷十八答案

一、选择题

1. C； 2. C； 3. B； 4. B； 5. C.

二、填空题

1. $1-p$； 2. $\dfrac{2}{5}$； 3. $\dfrac{2}{3}$； 4. 4；

5.

Z	0	1
p	$\dfrac{1}{4}$	$\dfrac{3}{4}$

6. $\dfrac{1}{4}$； 7. $2\bar{x}$； 8. $\dfrac{1}{2}\bar{x}$； 9. 增加； 10. $z = \dfrac{\bar{x}-10}{1.2/\sqrt{n}}$.

三、计算题

1. 设 X 的分布函数为 $F_X(x)$，Y 的分布函数为 $F_Y(y)$，则有

$$F_X(x) = \begin{cases} 1-\mathrm{e}^{-x}, & x \geqslant 0, \\ 0, & x < 0, \end{cases}$$

$$F_Y(y) = P\{Y \leqslant y\} = P\{\mathrm{e}^X \leqslant y\} = P\{X \leqslant \ln y\} = F_X(\ln y) = \begin{cases} 1-\dfrac{1}{y}, & y \geqslant 1, \\ 0, & y < 1, \end{cases}$$

这样，Y 的概率密度为

$$f_Y(y) = F'_Y(y) = \begin{cases} \dfrac{1}{y^2}, & y \geqslant 1, \\ 0, & y < 1. \end{cases}$$

2. **解** （1）在发车时有 n 个乘客的条件下，中途有 m 人下车的概率为 $C_n^m p^m (1-p)^{n-m}, 0 \leqslant m \leqslant n, n = 0, 1, 2, \cdots$.

（2）设发车时有 n 个乘客，则 Y 的概率分布为

$$P\{Y = m\} = C_n^m p^m (1-p)^{n-m}, 0 \leqslant m \leqslant n, n = 0, 1, 2, \cdots.$$

X 服从参数为 $\lambda(\lambda > 0)$ 的泊松分布，X 和 Y 相互独立，(X, Y) 的概率密度为

$$P\{X = n, Y = m\} = P\{X = n\} \cdot P\{Y = m\} = C_n^m p^m (1-p)^{n-m} \cdot \frac{e^{-\lambda}}{n!} \lambda^n, 0 \leqslant m \leqslant n, n = 0, 1, 2, \cdots.$$

四、应用题

1. 设总体 X，样本 $x_1, x_2, \cdots, x_{12}$，则

$$\begin{cases} \hat{\mu}_1 = A_1 = \dfrac{1}{2} \sum_{i=1}^{12} x_i = \hat{\mu}, \\ \hat{\mu}_2 = A_2 = \dfrac{1}{12} \sum_{i=1}^{12} x_i^2 = \hat{\mu}^2 + \hat{\sigma}^2, \end{cases}$$

由此解得

$$\begin{cases} \hat{\mu} = \dfrac{1}{12} \sum_{i=1}^{12} x_i, \\ \hat{\sigma}^2 = \dfrac{1}{12} \sum_{i=1}^{12} x_i^2 - \bar{x}^2, \end{cases}$$

代入数据

$$\hat{\mu} = \frac{1}{12}(232.53 + 232.45 + 232.47 + 232.45 + 232.30 + 232.48 + 232.30 + 232.50 + 232.48 + 232.05 + 232.45 + 232.15) = 232.397,$$

$$\hat{\sigma}^2 = \frac{1}{12}(232.53^2 + 232.45^2 + 232.47^2 + 232.45^2 + 232.30^2 + 232.48^2 + 232.30^2 + 232.50^2 + 232.48^2 + 232.05^2 + 232.45^2 + 232.15^2) - 232.397^2 = 0.003\ 44.$$

2. 能.

五、应用题

X 的分布律为

$$P\{X = k\} = (1-p)^{k-1} p, k = 1, 2, 3, \cdots$$

$$E(X) = \sum_{k=1}^{\infty} k(1-p)^{k-1} p$$

$$= p \sum_{k=1}^{\infty} k(1-p)^{k-1}$$

$$= p \left\{ -\left[\sum_{k=1}^{\infty} (1-p)^k \right]' \right\}$$

$$= p\left[-\left(\frac{1-p}{p}\right)'\right]$$

$$= p \cdot \frac{1}{p^2}$$

$$= \frac{1}{p}.$$

六、证明题

当 $P(B) \cdot P(\overline{B}) \neq 0$ 时,由 $P(A \mid B) = P(A \mid \overline{B})$,得 $\dfrac{P(AB)}{P(B)} = \dfrac{P(A\overline{B})}{P(\overline{B})}$.

由 $P(A\overline{B}) = P(A-B) = P(A) - P(AB), P(\overline{B}) = 1 - P(B)$,

得 $\dfrac{P(AB)}{P(B)} = \dfrac{P(A) - P(AB)}{1 - P(B)}$,

得 $P(AB) = P(A)P(B)$,即事件 A 与 B 互相独立.

当 $P(B) = 0$,即 $P(\overline{B}) = 1$ 时,$0 = P(A \mid B) = P(A \mid \overline{B}) = P(A)$,得 A 是不可能事件,B 是不可能事件,显然事件 A 与 B 互相独立.

当 $P(\overline{B}) = 0$,即 $P(B) = 1$ 时,$P(A) = P(A \mid B) = P(A \mid \overline{B}) = 0$,得 A 是不可能事件,B 是必然事件,显然事件 A 与 B 互相独立.

模拟试卷十九答案

一、选择题

1. D; 2. A; 3. D; 4. A; 5. A; 6. C; 7. B; 8. B.

二、填空题

1. $\dfrac{4}{7}$; 2. $1 - (1-p)^n$ 或 $\sum\limits_{k=1}^{n} C_n^k p^k (1-p)^{n-p}$;

3. $F(x_0^+) - F(x_0^-)$ 或 $F(x_0) - F(x_0^-)$ 或 $F(x_0) - F(x_0 - 0)$ 或 $F(x_0) - P\{X < x_0\}$ 或 $F(x_0) - \lim\limits_{x \to x_0^-} F(x)$ 或 $F(x_0) - P\{X < x_0\}$ 或 0;

4. 4; 5. 1; 6. $\Phi(x)$ 或 $\dfrac{1}{\sqrt{2\pi}} \displaystyle\int_{-\infty}^{x} e^{-\frac{t^2}{2}} dt$.

三、判断题

1. ×; 2. ×; 3. ×; 4. √; 5. ×.

四、解答题

1. **解** 设 A 表示该同学会做该题,$\overline{A}$ 表示该同学不会做该题,B 表示同学答对该题,则
$$P(B) = P(BA) + P(B\overline{A}) = P(A)P(B \mid A) + P(\overline{A})P(B \mid \overline{A})$$
$$= \frac{1}{2} \times 1 + \frac{1}{2} \times \frac{1}{4} = \frac{5}{8}.$$

2. **解** 以 $A_i (i = 1, 2, 3)$ 记此信在文件夹 i 中这个事件,而 E 是通过对文件夹 1 搜索但并未看到信这个事件. 我们要求 $P(A_1 \mid E)$,由贝叶斯公式,得

$$P(A_1 \mid E) = \frac{P(E \mid A_1)P(A_1)}{\sum_{i=1}^{3} P(E \mid A_i)P(A_i)} = \frac{(1-a_1)\frac{1}{3}}{(1-a_1)\frac{1}{3} + \frac{1}{3} + \frac{1}{3}} = \frac{1-a_1}{3-a_1}.$$

3. 解 （1）$Z = X + Y$ 的分布律为

$$Z \sim \begin{pmatrix} -2 & 0 & 1 & 3 & 4 \\ \dfrac{1}{10} & \dfrac{2}{10} & \dfrac{5}{10} & \dfrac{1}{10} & \dfrac{1}{10} \end{pmatrix}.$$

（2）$W = XY$ 分布律为

$$W \sim \begin{pmatrix} -2 & -1 & 1 & 2 & 4 \\ \dfrac{5}{10} & \dfrac{2}{10} & \dfrac{1}{10} & \dfrac{1}{10} & \dfrac{1}{10} \end{pmatrix}.$$

（3）$E(X) = \dfrac{2}{10}, D(X) = \dfrac{216}{100}$,

$$E(Y) = \frac{8}{10}, E(XY) = E(W) = -\frac{5}{10},$$

则 $Cov(Z, X) = Cov(X + Y, X) = D(X) + Cov(X, Y)$

$$= D(X) + E(XY) - E(X) \cdot E(Y) = 1.5.$$

4. 解 （1）$1 = \int_{-\infty}^{+\infty} f(x)\mathrm{d}x = \int_0^{\pi} a\sin x\mathrm{d}x$,解得 $a = \dfrac{1}{2}$.

$$(2)F(x) = \int_{-\infty}^{x} f(t)\mathrm{d}t = \begin{cases} 0, & x \leqslant 0, \\ \displaystyle\int_0^x \frac{1}{2}\sin t\mathrm{d}t = -\frac{1}{2}\cos x + \frac{1}{2}, & 0 < x < \pi, \\ 1, & x \geqslant \pi. \end{cases}$$

（3）$P\{X > k\} = P\{X < k\}$

$$\Rightarrow \int_k^{\pi} \frac{1}{2}\sin x\mathrm{d}x = \int_0^k \frac{1}{2}\sin x\mathrm{d}x$$

$$\Rightarrow k = \frac{\pi}{2}.$$

（或利用密度图形的对称性得出结论也可）

$$(4)E(X) = \int_{-\infty}^{+\infty} \frac{1}{2}x\sin x\mathrm{d}x = \frac{1}{2}\int_0^{\pi} x\sin x\mathrm{d}x = \frac{\pi}{2},$$

$$E(X^2) = \int_{-\infty}^{+\infty} \frac{1}{2}x^2\sin x\mathrm{d}x = \frac{1}{2}\pi^2 - 2,$$

$$D(X) = E(X^2) - [E(X)]^2 = \frac{1}{2}\pi^2 - 2 - \left(\frac{\pi}{2}\right)^2 = \frac{\pi^2}{4} - 2.$$

5. 解 （1）

$$X \sim E(3), f(x) = \begin{cases} 3\mathrm{e}^{-3x}, & x > 0, \\ 0, & \text{其他}, \end{cases}$$

$$P\{X > 2\} = \int_2^{+\infty} f(x)\mathrm{d}x = \int_2^{+\infty} 3\mathrm{e}^{-3x}\mathrm{d}x = \mathrm{e}^{-6}.$$

（2）$P\{X > 2 + 2 \mid X > 2\} = P(X > 2)$（指数具有无记忆性）

$$= \mathrm{e}^{-6}.$$

五、证明题

证明　因为 $P(A \cup B) = P(A) + P(B) - P(AB)$，

所以 $P(AB) = P(A) + P(B) - P(A \cup B)$.

又因为 $P(A \cup B) \leqslant 1$，故

$P(AB) = P(A) + P(B) - P(A \cup B) \geqslant P(A) + P(B) - 1 = 0.9 + 0.8 - 1 = 0.7.$

模拟试卷二十答案

一、选择题

1. B;　2. A;　3. C;　4. A;　5. C;　6. B;　7. B;　8. B.

二、填空题

1. $\dfrac{3}{7}$;　2. $\dfrac{1}{2}$;　3. 38;　4. 1.71;　5. $\dfrac{2}{15}$;　6. $\dfrac{28}{45}$;

7. $F(1,m)$;　8. $f(z) = \dfrac{1}{2\sqrt{3\pi}} e^{-\frac{(x-1)^2}{12}}$.

三、判断题

1. √;　2. ×;　3. ×;　4. ×;　5. √;　6. ×.

四、解答题

1. 解　B:机床需要修理,

$A_k: k = 1,2,3,4$ 分别表示事件:任取一台机床是车床、钻床、磨床、刨床.

易知 A_1, A_2, A_3, A_4 是 Ω 的一个划分,

$$P(A_1) = \frac{9}{15}, P(A_2) = \frac{3}{15}, P(A_3) = \frac{2}{15}, P(A_4) = \frac{1}{15},$$

$$P(B \mid A_1) = \frac{1}{7}, P(B \mid A_2) = \frac{2}{7}, P(B \mid A_3) = \frac{3}{7}, P(B \mid A_4) = \frac{1}{7},$$

由贝叶斯公式得

$$P(A_1 \mid B) = \frac{P(A_1 B)}{P(B)} = \frac{P(A_1)P(B \mid A_1)}{\sum\limits_{i=1}^{4} P(A_i)P(B \mid A_i)} = \frac{9}{22}.$$

2. 解　边缘密度为 $X \sim \begin{pmatrix} 0 & 1 \\ \dfrac{3}{4} & \dfrac{1}{4} \end{pmatrix}, Y \sim \begin{pmatrix} 0 & 1 \\ \dfrac{5}{6} & \dfrac{1}{6} \end{pmatrix},$

$$E(X) = \frac{1}{4}, D(X) = \frac{3}{16}, E(Y) = \frac{1}{6}, D(Y) = \frac{5}{36}, E(XY) = \frac{1}{12},$$

$$\rho_{XY} = \frac{Cov(X,Y)}{\sqrt{D(X)}\sqrt{D(Y)}} = \frac{E(XY) - E(X) \cdot E(Y)}{\sqrt{D(X)}\sqrt{D(Y)}} = \frac{\sqrt{15}}{15}.$$

3. 解　$P\left\{ X \leqslant \dfrac{1}{2} \right\} = \displaystyle\int_0^{\frac{1}{2}} 2x \mathrm{d}x = \dfrac{1}{4},$

于是, $N \sim B\left(3, \dfrac{1}{4}\right),$

$$P\{N = 2\} = C_3^2 \left(\frac{1}{4}\right)^2 \left(\frac{3}{4}\right) = \frac{9}{64}.$$

4. **解**　因为 $\int_0^2 \mathrm{d}x \int_0^4 k(6 - x - y)\mathrm{d}y = 1$，所以 $k = \frac{1}{24}$．

$$P\{X + Y \leqslant 4\} = \int_0^2 \mathrm{d}x \int_0^{4-x} \frac{1}{24}(6 - x - y)\mathrm{d}y = \frac{8}{9}.$$

5. **解**　设结黄果的植株个数为 X，则 $X \sim B\left(400, \frac{1}{4}\right)$，

$E(X) = 100, D(X) = 75$，

由中心极限定理，近似地有 $X \sim N(100, 75)$，

$$P\{85 < X < 115\} \approx \Phi\left(\frac{115 - 100}{\sqrt{75}}\right) - \Phi\left(\frac{85 - 100}{\sqrt{75}}\right) = 2\Phi(\sqrt{3}) - 1 \approx 0.916\ 4.$$

6. **解**　似然函数为 $X \sim f(x) = \begin{cases} \theta x^{\theta-1}, & 0 < x < 1, \\ 0, & \text{其他}, \end{cases}$

$$L(\theta) = \prod_{i=1}^n \theta x_i^{\theta-1} = \theta^n \left(\prod_{i=1}^n x_i\right)^{\theta-1},$$

对数似然函数为 $\ln[L(\theta)] = n\ln\theta + (\theta - 1)\sum_{i=1}^n \ln x_i$，

求导并令其为 0，

即 $\dfrac{\mathrm{d}\ln[L(\theta)]}{\mathrm{d}\theta} = \dfrac{n}{\theta} + \sum_{i=1}^n \ln x_i = 0$，于是，

$$\hat{\theta} = -\frac{n}{\sum\limits_{i=1}^n \ln x_i},$$

即为 θ 的极大似然估计．

附
概率论与数理统计公式整理

第一章　随机事件及其概率

（1）排列组合公式	$A_m^n = \dfrac{m!}{(m-n)!}$　　从 m 个人中挑出 n 个人进行排列的可能数. $C_m^n = \dfrac{m!}{n!(m-n)!}$　　从 m 个人中挑出 n 个人进行组合的可能数.
（2）加法和乘法原理	① 加法原理（两种方法均能完成此事）：$m+n$ 某件事由两种方法来完成，第一种方法可由 m 种方法完成，第二种方法可由 n 种方法来完成，则这件事可由 $m+n$ 种方法来完成. ② 乘法原理（两个步骤分别不能完成这件事）：$m \cdot n$ 某件事由两个步骤来完成，第一个步骤可由 m 种方法完成，第二个步骤可由 n 种方法来完成，则这件事可由 $m \times n$ 种方法来完成.
（3）一些常见排列	重复排列和非重复排列（有序） 对立事件（至少有一个） 顺序问题
（4）随机试验和随机事件	如果一个试验在相同条件下可以重复进行，而每次试验的可能结果不止一个，但在进行一次试验之前却不能断言它出现哪个结果，则称这种试验为随机试验. 试验的可能结果称为随机事件.
（5）基本事件、样本空间和事件	在一个试验下，不管事件有多少个，总可以从其中找出这样一组事件，它具有如下性质： ① 每进行一次试验，必须发生且只能发生这一组中的一个事件； ② 任何事件，都是由这一组中的部分事件组成的. 这样一组事件中的每一个事件称为基本事件，用 ω 来表示. 基本事件的全体，称为试验的样本空间，用 Ω 表示. 一个事件就是由 Ω 中的部分点（基本事件 ω）组成的集合. 通常用大写字母 $A,B,C,\cdots$ 表示事件，它们是 Ω 的子集. Ω 为必然事件，$\varnothing$ 为不可能事件. 不可能事件（$\varnothing$）的概率为零，而概率为零的事件不一定是不可能事件；同理，必然事件（Ω）的概率为1，而概率为1的事件也不一定是必然事件.
（6）事件的关系与运算	① 关系： 如果事件 A 的组成部分也是事件 B 的组成部分，（A 发生必有事件 B 发生）：$A \subset B$ 如果同时有 $A \subset B, B \supset A$，则称事件 A 与事件 B 等价，或称 A 等于 B：$A = B$. A、B 中至少有一个发生的事件：$A \bigcup B$，或者 $A+B$. 属于 A 而不属于 B 的部分所构成的事件，称为 A 与 B 的差，记为 $A-B$，也可表示为 $A-AB$ 或者 $A\overline{B}$，它表示 A 发生而 B 不发生的事件.

续表

	A、B 同时发生：$A \bigcap B$，或者 AB．$A \bigcap B = \varnothing$，则表示 A 与 B 不可能同时发生，称事件 A 与事件 B 互不相容或者互斥．基本事件是互不相容的． $\Omega - A$ 称为事件 A 的逆事件，或称 A 的对立事件，记为 $\overline{A}$．它表示 A 不发生的事件．互斥未必对立． ② 运算： 结合率：$A(BC) = (AB)C$，$A \bigcup (B \bigcup C) = (A \bigcup B) \bigcup C$． 分配率：$(AB) \bigcup C = (A \bigcup C) \bigcap (B \bigcup C)$，$(A \bigcup B) \bigcap C = (AC) \bigcup (BC)$． 德摩根率：$\overline{\bigcap\limits_{i=1}^{\infty} A_i} = \bigcup\limits_{i=1}^{\infty} \overline{A_i}$，$\overline{A \bigcup B} = \overline{A} \bigcap \overline{B}$，$\overline{A \bigcap B} = \overline{A} \bigcup \overline{B}$．
（7）概率的公理化定义	设 Ω 为样本空间，A 为事件，对每一个事件 A 都有一个实数 $P(A)$，若满足下列三个条件： ① $0 \leqslant P(A) \leqslant 1$，② $P(\Omega) = 1$，③ 对于两两互不相容的事件 $A_1,A_2,\cdots$ 有 $P(\bigcup\limits_{i=1}^{\infty} A_i) = \sum\limits_{i=1}^{\infty} P(A_i)$，常称为可列（完全）可加性．则称 $P(A)$ 为事件 A 的概率．
（8）古典概型	① $\Omega = \{\omega_1,\omega_2,\cdots,\omega_n\}$， ② $P(\omega_1) = P(\omega_2) = \cdots = P(\omega_n) = \dfrac{1}{n}$． 设任一事件 A，它是由 $\omega_1,\omega_2,\cdots,\omega_m$ 组成的，则有 $P(A) = P\{(\omega_1) \bigcup (\omega_2) \bigcup \cdots \bigcup (\omega_m)\} = P(\omega_1) + P(\omega_2) + \cdots + P(\omega_m)$ $= \dfrac{m}{n} = \dfrac{A \text{所包含的基本事件数}}{\text{基本事件总数}}$．
（9）几何概型	若随机试验的结果为无限不可数并且每个结果出现的可能性均匀，同时样本空间中的每一个基本事件可以使用一个有界区域来描述，则称此随机试验为几何概型．对任一事件 A，$P(A) = \dfrac{L(A)}{L(\Omega)}$，其中 L 为几何度量（长度、面积、体积）．
（10）加法公式	$P(A+B) = P(A) + P(B) - P(AB)$ 当 $P(AB) = 0$ 时，$P(A+B) = P(A) + P(B)$．
（11）减法公式	$P(A-B) = P(A) - P(AB)$ 当 $B \subset A$ 时，$P(A-B) = P(A) - P(B)$． 当 $A = \Omega$ 时，$P(\overline{B}) = 1 - P(B)$．
（12）条件概率	定义设 A，B 是两个事件，且 $P(A) > 0$，则称 $\dfrac{P(AB)}{P(A)}$ 为事件 A 发生条件下，事件 B 发生的条件概率，记为 $P(B \mid A) = \dfrac{P(AB)}{P(A)}$． 条件概率是概率的一种，所有概率的性质都适合于条件概率． 例如 $P(\Omega \mid B) = 1 \Rightarrow P(\overline{B} \mid A) = 1 - P(B \mid A)$．
（13）乘法公式	乘法公式：$P(AB) = P(A)P(B \mid A)$ 更一般地，对事件 $A_1 A_2 \cdots A_n$，若 $P(A_1 A_2 \cdots A_{n-1}) > 0$，则有 $P(A_1 A_2 \cdots A_n) = P(A_1)P(A_2 \mid A_1)P(A_3 \mid A_1 A_2)\cdots P(A_n \mid A_1 A_2 \cdots A_{n-1})$．

（14）独立性	① 两个事件的独立性 设事件 A,B 满足 $P(AB)=P(A)P(B)$，则称事件 A,B 是相互独立的. 若事件 A,B 相互独立，且 $P(A)>0$，则有 $$P(B\mid A)=\frac{P(AB)}{P(A)}=\frac{P(A)P(B)}{P(A)}=P(B).$$ 若事件 A,B 相互独立，则可得到 $\overline{A}$ 与 B，A 与 $\overline{B}$，$\overline{A}$ 与 $\overline{B}$ 也都相互独立. 必然事件 Ω 和不可能事件 $\varnothing$ 与任何事件都相互独立. $\varnothing$ 与任何事件都互斥. ② 多个事件的独立性 设 ABC 是三个事件，如果满足两两独立的条件， $P(AB)=P(A)P(B)$，$P(BC)=P(B)P(C)$，$P(CA)=P(C)P(A)$， 并且同时满足 $P(ABC)=P(A)P(B)P(C)$， 那么 A,B,C 相互独立. 对于 n 个事件类似.
（15）全概公式	设事件 $B_1,B_2,\cdots,B_n$ 满足： ① $B_1,B_2,\cdots,B_n$ 两两互不相容，$P(B_i)>0,i=1,2,\cdots,n$， ② $A\subset\bigcup_{i=1}^{n}B_i$， 则有　$P(A)=P(B_1)P(A\mid B_1)+P(B_2)P(A\mid B_2)+\cdots+P(B_n)P(A\mid B_n)$.
（16）贝叶斯公式	设事件 $B_1,B_2,\cdots,B_n$ 及 A 满足： ① $B_1,B_2,\cdots,B_n$ 两两互不相容，$P(B_i)>0,i=1,2,\cdots,n$， ② $A\subset\bigcup_{i=1}^{n}B_i$，$P(A)>0$， 则　$P(B_i\mid A)=\dfrac{P(B_i)P(A\mid B_i)}{\sum\limits_{j=1}^{n}P(B_j)P(A\mid B_j)},i=1,2,\cdots,n$. 此公式即为贝叶斯公式. 　　$P(B_i)(i=1,2,\cdots,n)$ 通常叫先验概率. $P(B_i\mid A)(i=1,2,\cdots,n)$ 通常称为后验概率. 贝叶斯公式反映了"因果"的概率规律，并作出了"由果朔因"的推断.
（17）贝努利概型	我们作了 n 次试验，且满足： ① 每次试验只有两种可能结果，A 发生或 A 不发生； ② n 次试验是重复进行的，即 A 发生的概率每次均一样； ③ 每次试验是独立的，即每次试验 A 发生与否与其他次试验 A 发生与否是互不影响的，这种试验称为贝努利概型，或称为 n 重贝努利试验. 用 P 表示每次试验 A 发生的概率，则 $\overline{A}$ 发生的概率为 $1-p=q$，用 $P_n(k)$ 表示 n 重贝努利试验中 A 出现 $k(0\leqslant k\leqslant n)$ 次的概率，则 $$P_n(k)=\mathrm{C}_n^k p^k q^{n-k},k=0,1,2,\cdots,n.$$

第二章　一维随机变量及其分布

(1) 离散型随机变量的分布律	设离散型随机变量 X 的可能取值为 $x_k(k=1,2,\cdots)$ 且取各个值的概率,即事件 $\{X=x_k\}$ 的概率为 $$P\{X=x_k\}=P_k,k=1,2,\cdots$$ 则称上式为离散型随机变量 X 的概率分布或分布律.有时也用分布律的形式给出: $\begin{array}{c\|c} X & x_1,x_2,\cdots,x_k,\cdots \\ \hline P\{X=x_k\} & p_1,p_2,\cdots,p_k,\cdots \end{array}$ 显然分布律应满足下列条件: ① $p_k \geqslant 0,k=1,2,\cdots$; ② $\sum\limits_{k=1}^{\infty} p_k=1$.
(2) 连续型随机变量的分布密度	设 $F(x)$ 是随机变量 X 的分布函数,若存在非负函数 $f(x)$,对任意实数 x,有 $$F(x)=\int_{-\infty}^{x} f(x)\mathrm{d}x,$$ 则称 X 为连续型随机变量. $f(x)$ 称为 X 的概率密度函数或密度函数,简称概率密度. 密度函数具有如下性质: ① $f(x) \geqslant 0$; ② $\int_{-\infty}^{+\infty} f(x)\mathrm{d}x=1$.
(3) 离散与连续型随机变量的关系	$$P\{X=x\} \approx P\{x<X\leqslant x+\mathrm{d}x\} \approx f(x)\mathrm{d}x$$ 积分元 $f(x)\mathrm{d}x$ 在连续型随机变量理论中所起的作用与 $P\{X=x_k\}=p_k$ 在离散型随机变量理论中所起的作用相类似.
(4) 分布函数	设 X 为随机变量, x 是任意实数,则函数 $$F(x)=P\{X\leqslant x\}$$ 称为随机变量 X 的分布函数,本质上是一个累积函数. $P\{a<X\leqslant b\}=F(b)-F(a)$ 可以得到 X 落入区间 $(a,b]$ 的概率.分布函数 $F(x)$ 表示随机变量落入区间 $(-\infty,x]$ 内的概率. 分布函数具有如下性质: ① $0 \leqslant F(x) \leqslant 1, -\infty<x<+\infty$; ② $F(x)$ 是单调不减的函数,即 $x_1<x_2$ 时,有 $F(x_1) \leqslant F(x_2)$; ③ $F(-\infty)=\lim\limits_{x\to-\infty} F(x)=0,F(+\infty)=\lim\limits_{x\to+\infty} F(x)=1$; ④ $F(x+0)=F(x)$,即 $F(x)$ 是右连续的; ⑤ $P(X=x)=F(x)-F(x-0)$. 对于离散型随机变量, $F(x)=\sum\limits_{x_k\leqslant x} p_k$; 对于连续型随机变量, $F(x)=\int_{-\infty}^{x} f(x)\mathrm{d}x$.

（5）八大分布	0－1分布	$P\{X=1\}=p,P\{X=0\}=q,p+q=1.$
	二项分布	在 n 重贝努利试验中,设事件 A 发生的概率为 p.事件 A 发生的次数是随机变量,设为 X,则 X 可能取值为 $0,1,2,\cdots,n$. $$P\{X=k\}=P_n(k)=C_n^k p^k q^{n-k},$$ 其中 $q=1-p,0<p<1,k=0,1,2,\cdots,n$, 则称随机变量 X 服从参数为 n,p 的二项分布.记为 $X\sim B(n,p)$. 当 $n=1$ 时,$P(X=k)=p^k q^{1-k},k=0.1$,这就是（0－1）分布,所以（0－1）分布是二项分布的特例.
	泊松分布	设随机变量 X 的分布律为 $P\{X=k\}=\dfrac{\lambda^k}{k!}e^{-\lambda},\lambda>0,k=0,1,2,\cdots$,则称随机变量 X 服从参数为 λ 的泊松分布,记为 $X\sim\pi(\lambda)$ 或者 $P(\lambda)$.泊松分布为二项分布的极限分布（$np=\lambda,n\to\infty$）.
	超几何分布	$P\{X=k\}=\dfrac{C_M^k\cdot C_{N-M}^{n-k}}{C_N^n},k=0,1,2\cdots,l,l=\min\{M,n\}$ 随机变量 X 服从参数为 n,N,M 的超几何分布,记为 $H(n,N,M)$.
	几何分布	$P\{X=k\}=q^{k-1}p,k=1,2,3,\cdots$ 其中 $p\geqslant0,q=1-p$. 随机变量 X 服从参数为 P 的几何分布,记为 $G(P)$.
	均匀分布	设随机变量 X 的值只落在 $[a,b]$ 内,其密度函数 $f(x)$ 在 $[a,b]$ 上为常数 $\dfrac{1}{b-a}$,即 $f(x)=\begin{cases}\dfrac{1}{b-a},&a\leqslant X\leqslant b,\\0,&\text{其他},\end{cases}$ 则称随机变量 X 在 $[a,b]$ 上服从均匀分布,记为 $X\sim U(a,b)$. 分布函数为 $$F(x)=\int_{-\infty}^x f(x)\mathrm{d}x=\begin{cases}0,&x<a,\\\dfrac{x-a}{b-a},&a\leqslant x\leqslant b,\\1,&x>b.\end{cases}$$ 当 $a\leqslant x_1<x_2\leqslant b$ 时,X 落在区间 (x_1,x_2) 内的概率为 $$P\{x_1<X<x_2\}=\dfrac{x_2-x_1}{b-a}.$$
	指数分布	$f(x)=\begin{cases}\lambda e^{-\lambda x},&x>0,\\0,&x\leqslant0,\end{cases}$ 其中 $\lambda>0$,则称随机变量 X 服从参数为 λ 的指数分布,记为 $X\sim E(\lambda)$. X 的分布函数为 $$F(x)=\begin{cases}1-e^{-\lambda x},&x>0,\\0,&x\leqslant0.\end{cases}$$ 记住积分公式: $$\int_0^{+\infty}x^n e^{-x}\mathrm{d}x=n!$$

续表

		设随机变量 X 的密度函数为 $$f(x) = \frac{1}{\sqrt{2\pi}\sigma}e^{-\frac{(x-\mu)^2}{2\sigma^2}}, \quad -\infty < x < +\infty,$$ 其中 $\mu,\sigma > 0$ 为常数,则称随机变量 X 服从参数为 μ,σ 的正态分布或高斯(Gauss)分布,记为 $X \sim N(\mu,\sigma^2)$. $f(x)$ 具有如下性质: ①$f(x)$ 的图形是关于 $x = \mu$ 对称的; ② 当 $x = \mu$ 时,$f(\mu) = \dfrac{1}{\sqrt{2\pi}\sigma}$ 为最大值. 若 $X \sim N(\mu,\sigma^2)$,则 X 的分布函数为 $$F(x) = \frac{1}{\sqrt{2\pi}\sigma}\int_{-\infty}^{x} e^{-\frac{(t-\mu)^2}{2\sigma^2}} \, dt.$$ 参数 $\mu = 0, \sigma = 1$ 时的正态分布称为标准正态分布,记为 $X \sim N(0,1)$,其密度函数记为 $$\phi(x) = \frac{1}{\sqrt{2\pi}}e^{-\frac{x^2}{2}}, \quad -\infty < x < +\infty,$$ 分布函数为 $$\Phi(x) = \frac{1}{\sqrt{2\pi}}\int_{-\infty}^{x} e^{-\frac{t^2}{2}} \, dt.$$ $\Phi(x)$ 是不可求积函数,其函数值,已编制成表可供查用. $$\Phi(-x) = 1 - \Phi(x) \text{ 且 } \Phi(0) = \frac{1}{2}.$$ 如果 $X \sim N(\mu,\sigma^2)$,则 $\dfrac{X-\mu}{\sigma} \sim N(0,1)$. $$P\{x_1 < X \leqslant x_2\} = \Phi\left(\frac{x_2 - \mu}{\sigma}\right) - \Phi\left(\frac{x_1 - \mu}{\sigma}\right).$$
正态分布		
(6)分位数		下分位表:$P\{X \leqslant u_a\} = \alpha$; 上分位表:$P\{X > u_a\} = \alpha$.
(7)函数分布	离散型	已知 X 的分布律为 $\begin{array}{c\|c} X & x_1, x_2, \cdots, x_n, \cdots \\ \hline P\{X = x_k\} & p_1, p_2, \cdots, p_n, \cdots \end{array}$ $Y = g(X)$ 的分布律($y_i = g(x_i)$ 互不相等)如下: $\begin{array}{c\|ccccc} Y & g(x_1), & g(x_2), & \cdots, & g(x_n), & \cdots \\ \hline P\{Y = y_k\} & p_1, & p_2, & \cdots, & p_n, & \cdots \end{array}$ 若有某些 $g(x_i)$ 相等,则应将对应的 p_i 相加作为 $g(x_i)$ 的概率.
	连续型	先利用 X 的概率密度 $f_X(X)$ 写出 Y 的分布函数 $$F_Y(y) = P\{g(X) \leqslant y\},$$ 再利用变上下限积分的求导公式求出 $f_Y(y)$.

第三章 多维随机变量及其分布

<table>
<tr>
<td rowspan="2">（1）联合分布</td>
<td>离散型</td>
<td>

如果二维随机变量 $\xi = (X,Y)$ 的所有可能取值为至多可列个有序对 (X,Y)，则称 ξ 为离散型随机变量.

设 $\xi = (X,Y)$ 的所有可能取值为 $(x_i, y_j)(i, j = 1,2,\cdots)$，且事件 $\{\xi = (x_i, y_j)\}$ 的概率为 p_{ij}，称

$$P\{(X,Y) = (x_i, y_j)\} = p_{ij}(i, j = 1,2,\cdots)$$

为 $\xi = (X,Y)$ 的分布律或称为 X 和 Y 的联合分布律. 联合分布有时也用下面的概率分布表来表示：

X \ Y	y_1	y_2	$\cdots$	y_j	$\cdots$
x_1	p_{11}	p_{12}	$\cdots$	p_{1j}	$\cdots$
x_2	p_{21}	p_{22}	$\cdots$	p_{2j}	$\cdots$
$\vdots$	$\vdots$	$\vdots$	$\vdots$	$\vdots$	$\vdots$
x_i	p_{i1}	p_{i2}	$\cdots$	p_{ij}	$\cdots$
$\vdots$	$\vdots$	$\vdots$	$\vdots$	$\vdots$	$\vdots$

这里 p_{ij} 具有下面两个性质：

① $p_{ij} \geqslant 0 (i, j = 1,2,\cdots)$；

② $\sum_i \sum_j p_{ij} = 1$.

</td>
</tr>
<tr>
<td>连续型</td>
<td>

对于二维随机变量 $\xi = (X,Y)$，如果存在非负函数 $f(x,y)(-\infty < x < +\infty, -\infty < y < +\infty)$，使对任意一个其邻边分别平行于坐标轴的矩形区域 D，即 $D = \{(x,y) \mid a < x < b, c < y < d$ 有

$$P\{(X,Y) \in D\} = \iint\limits_D f(x,y)\mathrm{d}x\mathrm{d}y,$$

则称 ξ 为连续型随机变量；并称 $f(x,y)$ 为 $\xi = (X,Y)$ 的分布密度或称为 X 和 Y 的联合分布密度.

分布密度 $f(x,y)$ 具有下面两个性质：

① $f(x,y) \geqslant 0$；

② $\displaystyle\int_{-\infty}^{+\infty} \int_{-\infty}^{+\infty} f(x,y)\mathrm{d}x\mathrm{d}y = 1$.

</td>
</tr>
<tr>
<td>（2）二维随机变量的本质</td>
<td colspan="2">

$$P\{X = x, Y = y\} = P\{X = x \bigcap Y = y\}$$

</td>
</tr>
<tr>
<td>（3）联合分布函数</td>
<td colspan="2">

设 (X,Y) 为二维随机变量，对于任意实数 X,Y，二元函数

$$F(x,y) = P\{X \leqslant x, Y \leqslant y\}$$

称为二维随机变量 (X,Y) 的分布函数，或称为随机变量 X 和 Y 的联合分布函数.

分布函数是一个以全平面为其定义域，以事件 $\{(\omega_1, \omega_2) \mid -\infty < X(\omega_1) \leqslant x, -\infty < Y(\omega_2) \leqslant y\}$ 的概率为函数值的一个实值函数. 分布函数 $F(x,y)$ 具有以下的基本性质：

</td>
</tr>
</table>

		①$0 \leqslant F(x,y) \leqslant 1$; ②$F(x,y)$分别对 X 和 Y 是非减的,即 当 $x_2 > x_1$ 时,有 $F(x_2,y) \geqslant F(x_1,y)$;当 $y_2 > y_1$ 时,有 $F(x,y_2) \geqslant F(x,y_1)$; ③$F(x,y)$分别对 x 和 y 是右连续的,即 $$F(x,y) = F(x+0,y), F(x,y) = F(x,y+0);$$ ④$F(-\infty,-\infty) = F(-\infty,y) = F(x,-\infty) = 0, F(+\infty,+\infty) = 1$; ⑤ 对于 $x_1 < x_2, y_1 < y_2, F(x_2,y_2) - F(x_2,y_1) - F(x_1,y_2) + F(x_1,y_1) \geqslant 0$.
(4) 离散型与连续型的关系		$P\{X = x, Y = y\} \approx P\{x < X \leqslant x + \mathrm{d}x, y < Y \leqslant y + \mathrm{d}y\} \approx f(x,y)\mathrm{d}x\mathrm{d}y$
(5) 边缘分布	离散型	X 的边缘分布为 $$P_{i\cdot} = P\{X = x_i\} = \sum_j p_{ij} \, (i = 1,2,\cdots);$$ Y 的边缘分布为 $$P_{\cdot j} = P\{Y = y_j\} = \sum_i p_{ij} \, (j = 1,2,\cdots).$$
	连续型	X 的边缘分布密度为 $$f_X(x) = \int_{-\infty}^{+\infty} f(x,y)\mathrm{d}y;$$ Y 的边缘分布密度为 $$f_Y(y) = \int_{-\infty}^{+\infty} f(x,y)\mathrm{d}x.$$
(6) 条件分布	离散型	在已知 $X = x_i$ 的条件下,Y 取值的条件分布为 $$P\{Y = y_j \mid X = x_i\} = \frac{p_{ij}}{p_{i\cdot}};$$ 在已知 $Y = y_j$ 的条件下,X 取值的条件分布为 $$P\{X = x_i \mid Y = y_j\} = \frac{p_{ij}}{p_{\cdot j}}.$$
	连续型	在已知 $Y = y$ 的条件下,X 的条件分布密度为 $$f(x \mid y) = \frac{f(x,y)}{f_Y(y)};$$ 在已知 $X = x$ 的条件下,Y 的条件分布密度为 $$f(y \mid x) = \frac{f(x,y)}{f_X(x)}.$$
(7) 独立性	一般型	$F(X,Y) = F_X(x)F_Y(y)$
	离散型	$p_{ij} = p_{i\cdot} \cdot p_{\cdot j}$ 有零不独立
	连续型	$f(x,y) = f_X(x)f_Y(y)$ 直接判断,充要条件: 　① 可分离变量; 　② 正概率密度区间为矩形.

续表

	二维正态分布	$f(x,y) = \dfrac{1}{2\pi\sigma_1\sigma_2\sqrt{1-\rho^2}} e^{-\frac{1}{2(1-\rho^2)}\left[(\frac{x-\mu_1}{\sigma_1})^2 - \frac{2\rho(x-\mu_1)(y-\mu_2)}{\sigma_1\sigma_2} + (\frac{y-\mu_2}{\sigma_2})^2\right]}, \rho = 0$
	随机变量的函数	若 $X_1, X_2, \cdots X_m, X_{m+1}, \cdots, X_n$ 相互独立，h, g 为连续函数，则：$h(X_1, X_2, \cdots, X_m)$ 和 $g(X_{m+1}, \cdots, X_n)$ 相互独立.
		特例：若 X 与 Y 独立，则 $h(X)$ 和 $g(Y)$ 独立.
		例如：若 X 与 Y 独立，则 $3X+1$ 和 $5Y-2$ 独立.
(8) 二维均匀分布		设随机变量 (X,Y) 的分布密度函数为 $$f(x,y) = \begin{cases} \dfrac{1}{S_D}, & (x,y) \in D, \\ 0, & \text{其他,} \end{cases}$$ 其中 S_D 为区域 D 的面积，则称 (X,Y) 服从 D 上的均匀分布，记为 $(X,Y) \sim U(D)$.
(9) 二维正态分布		设随机变量 (X,Y) 的分布密度函数为 $$f(x,y) = \dfrac{1}{2\pi\sigma_1\sigma_2\sqrt{1-\rho^2}} e^{-\frac{1}{2(1-\rho^2)}\left[(\frac{x-\mu_1}{\sigma_1})^2 - \frac{2\rho(x-\mu_1)(y-\mu_2)}{\sigma_1\sigma_2} + (\frac{y-\mu_2}{\sigma_2})^2\right]},$$ 其中 $\mu_1, \mu_2, \sigma_1 > 0, \sigma_2 > 0, |\rho| < 1$ 是 5 个参数，则称 (X,Y) 服从二维正态分布，记为 $(X,Y) \sim N(\mu_1, \mu_2, \sigma_1^2, \sigma_2^2, \rho)$. 　　由边缘密度的计算公式，可以推出二维正态分布的两个边缘分布仍为正态分布，即 $X \sim N(\mu_1, \sigma_1^2), Y \sim N(\mu_2, \sigma_2^2)$. 但是若 $X \sim N(\mu_1, \sigma_1^2), Y \sim N(\mu_2, \sigma_2^2)$，$(X,Y)$ 未必是二维正态分布.
(10) 函数分布	$Z = X+Y$	根据定义计算：$F_Z(z) = P\{Z \leqslant z\} = P\{X+Y \leqslant z\}$ 对于连续型，$f_Z(Z) = \displaystyle\int_{-\infty}^{+\infty} f(x, z-x)\,\mathrm{d}x$ 两个独立的正态分布的和仍为正态分布 $N(\mu_1 + \mu_2, \sigma_1^2 + \sigma_2^2)$. n 个相互独立的正态分布的线性组合，仍服从正态分布. $$\mu = \sum_i C_i\mu_i, \quad \sigma^2 = \sum_i C_i^2\sigma_i^2$$
	$Z_1 = \max\{X_1, X_2, \cdots, X_n\}$ $Z_2 = \min\{X_1, X_2, \cdots, X_n\}$	若 $X_1, X_2, \cdots, X_n$ 相互独立，其分布函数分别为 $F_{x_1}(x)$, $F_{x_2}(x), \cdots, F_{x_n}(x)$，则 $\max\{X_1, X_2, \cdots, X_n\}$ 和 $\min\{X_1, X_2, \cdots, X_n\}$ 的分布函数为：$F_{\max}(x) = F_{x_1}(x) \cdot F_{x_2}(x) \cdot \cdots \cdot F_{x_n}(x)$ $F_{\min}(x) = 1 - [1 - F_{x_1}(x)] \cdot [1 - F_{x_2}(x)] \cdot \cdots \cdot [1 - F_{x_n}(x)]$

第四章　　随机变量的数字特征

<table>
<tr><td colspan="2" rowspan="2"></td><td>离散型</td><td>连续型</td></tr>
<tr></tr>
<tr>
<td rowspan="13">(1)
一维
随机
变量
的数
字特
征</td>
<td>期望

期望就是平均值</td>
<td>设 X 是离散型随机变量,其分布律为 $P\{X = x_k\} = p_k, k = 1,2,\cdots,n,$

$$E(X) = \sum_{k=1}^{n} x_k p_k.$$

(要求绝对收敛)</td>
<td>设 X 是连续型随机变量,其概率密度为 $f(x)$,

$$E(X) = \int_{-\infty}^{+\infty} x f(x)\,\mathrm{d}x.$$

(要求绝对收敛)</td>
</tr>
<tr>
<td>函数的期望</td>
<td>$Y = g(X)$
$$E(Y) = \sum_{k=1}^{n} g(x_k) p_k$$</td>
<td>$Y = g(X)$
$$E(Y) = \int_{-\infty}^{+\infty} g(x) f(x)\,\mathrm{d}x$$</td>
</tr>
<tr>
<td>方差
$D(X) = E[X - E(X)]^2,$
标准差
$\sigma(X) = \sqrt{D(X)}.$</td>
<td>$$D(X) = \sum_k [x_k - E(X)]^2 p_k$$</td>
<td>$$D(X) = \int_{-\infty}^{+\infty} [x - E(X)]^2 f(x)\,\mathrm{d}x$$</td>
</tr>
<tr>
<td>矩</td>
<td>① 对于正整数 k,称随机变量 X 的 k 次幂的数学期望为 X 的 k 阶原点矩,记为 V_K,即
$$V_k = E(X^k) = \sum_i x_i^k p_i,$$
$$k = 1,2,\cdots$$
② 对于正整数 k,称随机变量 X 与 $E(X)$ 差的 k 次幂的数学期望为 X 的 k 阶中心矩,记为 μ_k,即
$$\mu_k = E(X - E(X))^k$$
$$= \sum_i (x_i - E(X))^k p_i,$$
$$k = 1,2,\cdots$$</td>
<td>① 对于正整数 k,称随机变量 X 的 k 次幂的数学期望为 X 的 k 阶原点矩,记为 V_K,即
$$V_k = E(X^k) = \int_{-\infty}^{+\infty} x^k f(x)\,\mathrm{d}x,$$
$$k = 1,2,\cdots$$
② 对于正整数 k,称随机变量 X 与 $E(X)$ 差的 k 次幂的数学期望为 X 的 k 阶中心矩,记为 μ_k,即
$$\mu_k = E(X - E(X))^k$$
$$= \int_{-\infty}^{+\infty} (x - E(X))^k f(x)\,\mathrm{d}x,$$
$$k = 1,2,\cdots$$</td>
</tr>
<tr>
<td>(2)
期望
的性
质</td>
<td colspan="3">① $E(C) = C$
② $E(CX) = CE(X)$
③ $E(X + Y) = E(X) + E(Y)$, $E(\sum_{i=1}^{n} C_i X_i) = \sum_{i=1}^{n} C_i E(x_i)$
④ $E(XY) = E(X)E(Y)$,充分条件:X 和 Y 独立;充要条件:X 和 Y 不相关.</td>
</tr>
<tr>
<td>(3)
方差
的性
质及
方差
与期
望的
差异</td>
<td colspan="3">① $D(C) = 0$; $E(C) = C$
② $D(aX) = a^2 D(X)$; $E(aX) = aE(X)$
③ $D(aX + b) = a^2 D(X)$; $E(aX + b) = aE(X) + b$
④ $D(X) = E(X^2) - E^2(X)$
⑤ $D(X \pm Y) = D(X) + D(Y)$,充分条件:X 和 Y 独立;充要条件:X 和 Y 不相关.
　　$D(X \pm Y) = D(X) + D(Y) \pm 2E[(X - E(X))(Y - E(Y))]$,无条件成立.
　　而 $E(X + Y) = E(X) + E(Y)$,无条件成立.</td>
</tr>
</table>

续表

		期望	方差
（4）常见分布的期望和方差	$0-1$分布 $B(1,p)$	p	$p(1-p)$
	二项分布 $B(n,p)$	np	$np(1-p)$
	泊松分布 $P(\lambda)$	λ	λ
	几何分布 $G(p)$	$\dfrac{1}{p}$	$\dfrac{1-p}{p^2}$
	超几何分布 $H(n,M,N)$	$\dfrac{nM}{N}$	$\dfrac{nM}{N}\left(1-\dfrac{M}{N}\right)\left(\dfrac{N-n}{N-1}\right)$
	均匀分布 $U(a,b)$	$\dfrac{a+b}{2}$	$\dfrac{(b-a)^2}{12}$
	指数分布 $e(\lambda)$	$\dfrac{1}{\lambda}$	$\dfrac{1}{\lambda^2}$
	正态分布 $N(\mu,\sigma^2)$	μ	σ^2
	χ^2 分布	n	$2n$
	t 分布	0	$\dfrac{n}{n-2}(n>2)$
（5）二维随机变量的数字特征	期望	$E(X)=\sum\limits_{i=1}^{n}x_ip_{i\cdot}$ $E(Y)=\sum\limits_{j=1}^{n}y_jp_{\cdot j}$	$E(X)=\int_{-\infty}^{+\infty}xf_X(x)\mathrm{d}x$ $E(Y)=\int_{-\infty}^{+\infty}yf_Y(y)\mathrm{d}y$
	函数的期望	$E[G(X,Y)]=$ $\sum\limits_{i}\sum\limits_{j}G(x_i,y_j)p_{ij}$	$E[G(X,Y)]=$ $\int_{-\infty}^{+\infty}\int_{-\infty}^{+\infty}G(x,y)f(x,y)\mathrm{d}x\mathrm{d}y$
	方差	$D(X)=\sum\limits_{i}[x_i-E(X)]^2p_{i\cdot}$ $D(Y)=\sum\limits_{j}[x_j-E(Y)]^2p_{\cdot j}$	$D(X)=\int_{-\infty}^{+\infty}[x-E(X)]^2f_X(x)\mathrm{d}x$ $D(Y)=\int_{-\infty}^{+\infty}[y-E(Y)]^2f_Y(y)\mathrm{d}y$
	协方差	对于随机变量 X 与 Y,称它们的二阶混合中心矩 μ_{11} 为 X 与 Y 的协方差或相关矩,记为 σ_{XY} 或 $Cov(X,Y)$,即 $$\sigma_{XY}=\mu_{11}=E[(X-E(X))(Y-E(Y))].$$ 与记号 σ_{XY} 相对应,X 与 Y 的方差 $D(X)$ 与 $D(Y)$ 也可分别记为 σ_{XX} 与 σ_{YY}.	
	相关系数	对于随机变量 X 与 Y,如果 $D(X)>0,D(Y)>0$,则称 $$\frac{\sigma_{XY}}{\sqrt{D(X)}\sqrt{D(Y)}}$$ 为 X 与 Y 的相关系数,记作 ρ_{XY}(有时可简记为 ρ). $\vert\rho_{XY}\vert\leqslant1$,当 $\vert\rho_{XY}\vert=1$ 时,称 X 与 Y 完全相关: 完全相关 $\begin{cases}$正相关,当 $\rho_{XY}=1$ 时,$\\$负相关,当 $\rho_{XY}=-1$ 时,$\end{cases}$ 而当 $\rho_{XY}=0$ 时,称 X 与 Y 不相关. 以下五个命题是等价的:	

续表

		① $\rho_{XY} = 0$; ② $Cov(X,Y) = 0$; ③ $E(XY) = E(X)E(Y)$; ④ $D(X+Y) = D(X) + D(Y)$; ⑤ $D(X-Y) = D(X) + D(Y)$.
	协方差矩阵	$\begin{pmatrix} \sigma_{XX} & \sigma_{XY} \\ \sigma_{YX} & \sigma_{YY} \end{pmatrix}$
	混合矩	对于随机变量 X 与 Y,如果有 $E(X^k Y^l)$ 存在,则称之为 X 与 Y 的 $k+l$ 阶混合原点矩,记为 u_{kl};$k+l$ 阶混合中心矩记为 $$u_{kl} = E\left[(X - E(X))^k (Y - E(Y))^l\right].$$
(6) 协方差的性质		① $Cov(X,Y) = Cov(Y,X)$; ② $Cov(aX,bY) = abCov(Y,X)$; ③ $Cov(X_1 + X_2, Y) = Cov(X_1,Y) + Cov(X_2,Y)$; ④ $Cov(X,Y) = E(XY) - E(X)E(Y)$.
(7) 独立和不相关		① 若随机变量 X 与 Y 相互独立,则 $\rho_{XY} = 0$;反之不真. ② 若 $(X,Y) \sim N(\mu_1,\mu_2,\sigma_1^2,\sigma_2^2,\rho)$,则 X 与 Y 相互独立的充要条件是 X 和 Y 不相关.

第五章　　大数定律与中心极限定理

(1) 大数定律 $\overline{X} \to \mu$	切比雪夫不等式	设随机变量 X 具有数学期望 $E(X) = \mu$,方差 $D(X) = \sigma^2$,则对于任意正数 ε,有下列切比雪夫不等式 $$P\{|X - \mu| \geqslant \varepsilon\} \leqslant \frac{\sigma^2}{\varepsilon^2}.$$ 切比雪夫不等式给出了在未知 X 的分布的情况下,对概率 $$P\{|X - \mu| \geqslant \varepsilon\}.$$ 的一种估计,它在理论上有重要意义.
	切比雪夫大数定律	设随机变量 $X_1, X_2, \cdots$ 相互独立,均具有有限方差,且被同一常数 C 所界:$D(X_i) < C(i = 1,2,\cdots)$,则对于任意的正数 ε,有 $$\lim_{n \to \infty} P\left\{\left| \frac{1}{n}\sum_{i=1}^{n} X_i - \frac{1}{n}\sum_{i=1}^{n} E(x_i) \right| < \varepsilon\right\} = 1.$$ 特殊情形:若 $X_1, X_2, \cdots, X_n, \cdots$ 具有相同的数学期望 $E(X_i) = \mu$,则上式成为 $$\lim_{n \to \infty} P\left\{\left| \frac{1}{n}\sum_{i=1}^{n} X_i - \mu \right| < \varepsilon\right\} = 1.$$

续表

	贝努利大数定律	设 μ 是 n 次独立试验中事件 A 发生的次数, p 是事件 A 在每次试验中发生的概率,则对于任意的正数 ε,有 $$\lim_{n\to\infty}P\left\{\left|\frac{\mu}{n}-p\right|<\varepsilon\right\}=1.$$ 贝努利大数定律说明,当试验次数 n 很大时,事件 A 发生的频率与概率有较大判别的可能性很小,即 $$\lim_{n\to\infty}P\left\{\left|\frac{\mu}{n}-p\right|\geqslant\varepsilon\right\}=0.$$ 这就以严格的数学形式描述了频率的稳定性.
	辛钦大数定律	设 $X_1,X_2,\cdots,X_n,\cdots$ 是相互独立同分布的随机变量序列,且 $E(X_n)=\mu$,则对于任意的正数 ε 有 $$\lim_{n\to\infty}P\left\{\left|\frac{1}{n}\sum_{i=1}^{n}X_i-\mu\right|<\varepsilon\right\}=1.$$
(2)中心极限定理 $\overline{X}\to N\left(\mu,\frac{\sigma^2}{n}\right)$	列维-林德伯格定理	设随机变量 $X_1,X_2,\cdots,X_n,\cdots$ 相互独立,服从同一分布,且具有相同的数学期望和方差: $E(X_k)=\mu,D(X_k)=\sigma^2\neq0(k=1,2,\cdots)$,则随机变量 $$Y_n=\frac{\sum_{k=1}^{n}X_k-n\mu}{\sqrt{n}\sigma}$$ 的分布函数 $F_n(X)$ 对任意的实数 x,有 $$\lim_{n\to\infty}F_n(x)=\lim_{n\to\infty}P\left\{\frac{\sum_{k=1}^{n}X_k-n\mu}{\sqrt{n}\sigma}\leqslant x\right\}=\frac{1}{\sqrt{2\pi}}\int_{-\infty}^{x}e^{-\frac{t^2}{2}}dt.$$ 此定理也称为独立同分布的中心极限定理.
	棣莫弗－拉普拉斯定理	设随机变量 X_n 为具有参数 $n,p(0<p<1)$ 的二项分布,则对于任意实数 x,有 $$\lim_{n\to\infty}P\left\{\frac{X_n-np}{\sqrt{np(1-p)}}\leqslant x\right\}=\frac{1}{\sqrt{2\pi}}\int_{-\infty}^{x}e^{-\frac{t^2}{2}}dt.$$
(3)二项定理		若当 $N\to\infty$ 时, $\frac{M}{N}\to p(n,k$ 不变),则 $$\frac{C_M^k C_{N-M}^{n-k}}{C_N^n}\to C_n^k p^k(1-p)^{n-k}\quad(N\to\infty).$$ 超几何分布的极限分布为二项分布.
(4)泊松定理		若当 $n\to\infty$ 时, $np\to\lambda>0$,则 $$C_n^k p^k(1-p)^{n-k}\to\frac{\lambda^k}{k!}e^{-\lambda}\quad(n\to\infty).$$ 其中 $k=0,1,2,\cdots,n,\cdots$ 二项分布的极限分布为泊松分布.

第六章　　数理统计的基本概念

<table>
<tr><td rowspan="8">(1) 数理统计的基本概念</td><td>总体</td><td>在数理统计中,常把被考察对象的某一个(或多个)指标的全体称为总体(或母体). 我们总是把总体看成一个具有分布的随机变量(或随机向量).</td></tr>
<tr><td>个体</td><td>总体中的每一个单元称为样品(或个体).</td></tr>
<tr><td>样本</td><td>我们把从总体中抽取的部分样品 $x_1, x_2, \cdots, x_n$ 称为样本. 样本中所含的样品数称为样本容量,一般用 n 表示. 在一般情况下,总是把样本看成是 n 个相互独立的且与总体有相同分布的随机变量,这样的样本称为简单随机样本. 在泛指任一次抽取的结果时,$x_1, x_2, \cdots, x_n$ 表示 n 个随机变量(样本);在具体的一次抽取之后,$x_1, x_2, \cdots, x_n$ 表示 n 个具体的数值(样本值). 我们称之为样本的两重性.</td></tr>
<tr><td>样本函数和统计量</td><td>设 $x_1, x_2, \cdots, x_n$ 为总体的一个样本,称 $\phi = \phi(x_1, x_2, \cdots, x_n)$ 为样本函数,其中 ϕ 为一个连续函数. 如果 ϕ 中不包含任何未知参数,则称 $\phi(x_1, x_2, \cdots, x_n)$ 为一个统计量.</td></tr>
<tr><td rowspan="4">常见统计量及其性质</td><td>样本均值　　　　　　$\bar{x} = \dfrac{1}{n} \sum\limits_{i=1}^{n} x_i$

样本方差　　　　　　$s^2 = \dfrac{1}{n-1} \sum\limits_{i=1}^{n} (x_i - \bar{x})^2$

样本标准差　　　　　$s = \sqrt{\dfrac{1}{n-1} \sum\limits_{i=1}^{n} (x_i - \bar{x})^2}$

样本 k 阶原点矩　　　$A_k = \dfrac{1}{n} \sum\limits_{i=1}^{n} x_i^k, k = 1, 2, \cdots$

样本 k 阶中心矩　　$B_k = \dfrac{1}{n} \sum\limits_{i=1}^{n} (x_i - \bar{x})^k, k = 2, 3, \cdots$

$$E(\bar{x}) = \mu, D(\bar{x}) = \dfrac{\sigma^2}{n},$$
$$E(s^2) = \sigma^2, E(s^{*2}) = \dfrac{n-1}{n} \sigma^2,$$
其中 $s^{*2} = \dfrac{1}{n} \sum\limits_{i=1}^{n} (x_i - \bar{x})^2$ 为二阶中心矩.</td></tr>
</table>

<table>
<tr><td rowspan="2">(2) 正态总体下的四大分布</td><td>正态分布</td><td>设 $x_1, x_2, \cdots, x_n$ 为来自正态总体 $N(\mu, \sigma^2)$ 的一个样本,则样本函数
$$u = \dfrac{\bar{x} - \mu}{\sigma / \sqrt{n}} \sim N(0, 1).$$</td></tr>
<tr><td>t 分布</td><td>设 $x_1, x_2, \cdots, x_n$ 为来自正态总体 $N(\mu, \sigma^2)$ 的一个样本,则样本函数
$$t = \dfrac{\bar{x} - \mu}{s / \sqrt{n}} \sim t(n-1),$$
其中 $t(n-1)$ 表示自由度为 $n-1$ 的 t 分布.</td></tr>
</table>

续表

	χ² 分布	设 $x_1,x_2,\cdots,x_n$ 为来自正态总体 $N(\mu,\sigma^2)$ 的一个样本,则样本函数 $$\chi^2 = \frac{(n-1)s^2}{\sigma^2} \sim \chi^2(n-1),$$ 其中 $\chi^2(n-1)$ 表示自由度为 $n-1$ 的 χ^2 分布.
	F 分布	设 $x_1,x_2,\cdots,x_n$ 为来自正态总体 $N(\mu,\sigma_1^2)$ 的一个样本,而 $y_1,y_2,\cdots,y_n$ 为来自正态总体 $N(\mu,\sigma_2^2)$ 的一个样本,则样本函数 $$F = \frac{s_1^2/\sigma_1^2}{s_2^2/\sigma_2^2} \sim F(n_1-1,n_2-1),$$ 其中 $$s_1^2 = \frac{1}{n_1-1}\sum_{i=1}^{n_1}(x_i-\bar{x})^2, \quad s_2^2 = \frac{1}{n_2-1}\sum_{i=1}^{n_2}(y_i-\bar{y})^2,$$ $F(n_1-1,n_2-1)$ 表示第一自由度为 n_1-1,第二自由度为 n_2-1 的 F 分布.
(3) 正态总体下分布的性质	$\bar{x}$ 与 s^2 独立.	

第七章　参数估计

(1) 点估计	矩估计	设总体 X 的分布中包含有未知数 $\theta_1,\theta_2,\cdots,\theta_m$,则其分布函数可以表成 $F(x;\theta_1,\theta_2,\cdots,\theta_m)$. 它的 k 阶原点矩 $v_k = E(X^k)(k=1,2,\cdots,m)$ 中也包含了未知参数 $\theta_1,\theta_2,\cdots,\theta_m$,即 $v_k = v_k(\theta_1,\theta_2,\cdots,\theta_m)$. 又设 $x_1,x_2,\cdots,x_n$ 为总体 X 的 n 个样本值,其样本的 k 阶原点矩为 $$\frac{1}{n}\sum_{i=1}^{n}x_i^k \quad (k=1,2,\cdots,m).$$ 这样,我们按照"当参数等于其估计量时,总体矩等于相应的样本矩"的原则建立方程,即有 $$\begin{cases} v_1(\hat{\theta}_1,\hat{\theta}_2,\cdots,\hat{\theta}_m) = \frac{1}{n}\sum_{i=1}^{n}x_i, \\ v_2(\hat{\theta}_1,\hat{\theta}_2,\cdots,\hat{\theta}_m) = \frac{1}{n}\sum_{i=1}^{n}x_i^2, \\ \cdots \\ v_m(\hat{\theta}_1,\hat{\theta}_2,\cdots,\hat{\theta}_m) = \frac{1}{n}\sum_{i=1}^{n}x_i^m. \end{cases}$$ 由上面的 m 个方程中,解出的 m 个未知参数 $(\hat{\theta}_1,\hat{\theta}_2,\cdots,\hat{\theta}_m)$ 即为参数 $(\theta_1,\theta_2,\cdots,\theta_m)$ 的矩估计量. 若 $\hat{\theta}$ 为 θ 的矩估计,$g(x)$ 为连续函数,则 $g(\hat{\theta})$ 为 $g(\theta)$ 的矩估计.

	极大似然估计	当总体 X 为连续型随机变量时,设其分布密度为 $f(x;\theta_1,\theta_2,\cdots,\theta_m)$,其中 $\theta_1,\theta_2,\cdots,\theta_m$ 为未知参数. 又设 $x_1,x_2,\cdots,x_n$ 为总体的一个样本,称 $$L(\theta_1,\theta_2,\cdots,\theta_m) = \prod_{i=1}^{n} f(x_i;\theta_1,\theta_2,\cdots,\theta_m),$$ 为样本的似然函数,简记为 L_n. 当总体 X 为离型随机变量时,设其分布律为 $P\{X=x_i\} = p(x_i;\theta_1,\theta_2,\cdots,\theta_m)$,则称 $$L(x_1,x_2,\cdots,x_n;\theta_1,\theta_2,\cdots,\theta_m) = \prod_{i=1}^{n} p(x_i;\theta_1,\theta_2,\cdots,\theta_m),$$ 为样本的似然函数. 若似然函数 $L(x_1,x_2,\cdots,x_n;\theta_1,\theta_2,\cdots,\theta_m)$ 在 $\hat{\theta}_1,\hat{\theta}_2,\cdots,\hat{\theta}_m$ 处取到极大值,则称 $\hat{\theta}_1,\hat{\theta}_2,\cdots,\hat{\theta}_m$ 分别为 $\theta_1,\theta_2,\cdots,\theta_m$ 的极大似然估计值,相应的统计量称为极大似然估计量. $$\frac{\partial \ln L_n}{\partial \theta_i}\bigg|_{\theta_i=\hat{\theta}_i} = 0, i=1,2,\cdots,m,$$ 若 $\hat{\theta}$ 为 θ 的极大似然估计,$g(x)$ 为单调函数,则 $g(\hat{\theta})$ 为 $g(\theta)$ 的极大似然估计.
(2) 估计量的评选标准	无偏性	设 $\hat{\theta} = \hat{\theta}(x_1,x_2,\cdots,x_n)$ 为未知参数 θ 的估计量. 若 $E=(\hat{\theta})=\theta$,则称 $\hat{\theta}$ 为 θ 的无偏估计量. $$E(\bar{x}) = E(X), E(s^2) = D(X).$$
	有效性	设 $\hat{\theta}_1 = \hat{\theta}_1(x_1,x_2,\cdots,x_n)$ 和 $\hat{\theta}_2 = \hat{\theta}_2(x_1,x_2,\cdots,x_n)$ 是未知参数 θ 的两个无偏估计量. 若 $D(\hat{\theta}_1) < D(\hat{\theta}_2)$,则称 $\hat{\theta}_1$ 比 $\hat{\theta}_2$ 有效.
	一致性	设 $\hat{\theta}_n$ 是 θ 的一串估计量,如果对于任意的正数 ε,都有 $$\lim_{n\to\infty} P\{|\hat{\theta}_n - \theta| > \varepsilon\} = 0,$$ 则称 $\hat{\theta}_n$ 为 θ 的一致估计量(或相合估计量). 若 $\hat{\theta}$ 为 θ 的无偏估计,且 $D(\hat{\theta}) \to 0 (n \to \infty)$,则 $\hat{\theta}$ 为 θ 的一致估计. 只要总体的 $E(X)$ 和 $D(X)$ 存在,一切样本矩和样本矩的连续函数都是相应总体的一致估计量.
(3) 区间估计	置信区间和置信度	设总体 X 含有一个待估的未知参数 θ. 如果我们从样本 $x_1,x_2,\cdots,x_n$ 出发,找出两个统计量 $\theta_1 = \theta_1(x_1,x_2,\cdots,x_n)$ 与 $\theta_2 = \theta_2(x_1,x_2,\cdots,x_n)(\theta_1<\theta_2)$,使得区间 $[\theta_1,\theta_2]$ 以 $1-\alpha(0<\alpha<1)$ 的概率包含这个待估参数 θ,即 $$P\{\theta_1 \leqslant \theta \leqslant \theta_2\} = 1-\alpha,$$ 那么称区间 $[\theta_1,\theta_2]$ 为 θ 的置信区间,$1-\alpha$ 为该区间的置信度(或置信水平).
	单正态总体的期望和方差的区间估计	设 $x_1,x_2,\cdots,x_n$ 为总体 $X \sim N(\mu,\sigma^2)$ 的一个样本,在置信度为 $1-\alpha$ 下,我们来确定 μ 和 σ^2 的置信区间 $[\theta_1,\theta_2]$. 具体步骤如下: ① 选择样本函数; ② 由置信度 $1-\alpha$,查表找分位数; ③ 导出置信区间 $[\theta_1,\theta_2]$.

		已知方差,估计均值	① 选择样本函数 $$u = \frac{\bar{x} - \mu}{\sigma_0 / \sqrt{n}} \sim N(0,1)$$ ② 查表找分位数 $$P\left\{ -\lambda \leqslant \frac{\bar{x} - \mu}{\sigma_0 / \sqrt{n}} \leqslant \lambda \right\} = 1 - \alpha.$$ ③ 导出置信区间 $$\left[\bar{x} - \lambda \frac{\sigma_0}{\sqrt{n}}, \bar{x} + \lambda \frac{\sigma_0}{\sqrt{n}} \right]$$
		未知方差,估计均值	① 选择样本函数 $$t = \frac{\bar{x} - \mu}{s / \sqrt{n}} \sim t(n-1).$$ ② 查表找分位数 $$P\left\{ -\lambda \leqslant \frac{\bar{x} - \mu}{s / \sqrt{n}} \leqslant \lambda \right\} = 1 - \alpha.$$ ③ 导出置信区间 $$\left[\bar{x} - \lambda \frac{s}{\sqrt{n}}, \bar{x} + \lambda \frac{s}{\sqrt{n}} \right]$$
		已知均值,估计方差	① 选择样本函数 $$\chi^2 = \frac{1}{\sigma^2} \sum_{i=1}^{n} (x_i - \mu)^2 \sim \chi^2$$ ② 查表找分位数 $$P\left\{ \frac{\sum_{i=1}^{n}(x_i - \mu)^2}{\chi^2_{\frac{\alpha}{2}}(n)} < \sigma^2 < \frac{\sum_{i=1}^{n}(x_i - \mu)^2}{\chi^2_{1-\frac{\alpha}{2}}(n)} \right\} = 1 - \alpha.$$ ③ 导出 σ^2 的置信区间 $$\left(\frac{\sum_{i=1}^{n}(x_i - \mu)^2}{\chi^2_{\frac{\alpha}{2}}(n)}, \frac{\sum_{i=1}^{n}(x_i - \mu)^2}{\chi^2_{1-\frac{\alpha}{2}}(n)} \right).$$
		未知均值,估计方差	① 选择样本函数 $$w = \frac{(n-1)s^2}{\sigma^2} \sim \chi^2(n-1).$$ ② 查表找分位数 $$P\left\{ \lambda_1 \leqslant \frac{(n-1)s^2}{\sigma^2} \leqslant \lambda_2 \right\} = 1 - \alpha.$$ ③ 导出 σ 的置信区间 $$\left[\sqrt{\frac{n-1}{\lambda_2}} s, \sqrt{\frac{n-1}{\lambda_1}} s \right].$$

第八章　假设检验

基本思想		假设检验的统计思想是,概率很小的事件在一次试验中可以认为基本上是不会发生的,即小概率原理. 　　为了检验一个假设 H_0 是否成立.我们先假定 H_0 是成立的.如果根据这个假定导致了一个不合理的事件发生,那就表明原来的假定 H_0 是不正确的,我们拒绝接受 H_0;如果由此没有导出不合理的现象,则不能拒绝接受 H_0,我们称 H_0 是相容的.与 H_0 相对的假设称为备择假设,用 H_1 表示. 　　这里所说的小概率事件就是事件 $\{K \in R_\alpha\}$,其概率就是检验水平 α,通常我们取 $\alpha = 0.05$,有时也取 0.01 或 0.10.
基本步骤		假设检验的基本步骤如下: ① 提出零假设 H_0; ② 选择统计量 K; ③ 对于检验水平 α 查表找分位数 λ; ④ 由样本值 $x_1, x_2, \cdots, x_n$ 计算统计量之值 K; 将 K 与 λ 进行比较,作出判断:当 $|K| > \lambda$(或 $K > \lambda$)时否定 H_0,否则认为 H_0 相容.
两类错误	第一类错误	当 H_0 为真时,而样本值却落入了否定域,按照我们规定的检验法则,应当否定 H_0.这时,我们把客观上 H_0 成立判为 H_0 为不成立(即否定了真实的假设),称这种错误为"以真当假"的错误或第一类错误,简称为"弃真"错误,记 α 为犯此类错误的概率,即 $$P\{\text{否定 } H_0 \mid H_0 \text{ 为真}\} = \alpha,$$ 此处的 α 恰好为检验水平.
	第二类错误	当 H_1 为真时,而样本值却落入了相容域,按照我们规定的检验法则,应当接受 H_0.这时,我们把客观上 H_0 不成立判为 H_0 成立(即接受了不真实的假设),称这种错误为"以假当真"的错误或第二类错误,简称为"取伪"错误,记 β 为犯此类错误的概率,即 $$P\{\text{接受 } H_0 \mid H_1 \text{ 为真}\} = \beta.$$
	两类错误的关系	人们当然希望犯两类错误的概率同时都很小.但是,当容量 n 一定时,α 变小,则 β 变大;相反地,β 变小,则 α 变大.取定 α 要想使 β 变小,则必须增加样本容量. 　　在实际使用时,通常人们只能控制犯第一类错误的概率,即给定显著性水平 α,而 α 大小的选取应根据实际情况而定.当我们宁可"以假为真"而不愿"以真当假"时,则应把 α 取得很小,如 0.01,甚至 0.001.反之,则应把 α 取得大些.

单正态总体均值和方差的假设检验

条件	零假设 H_0	统计量	H_0 为真是时统计量的分布	拒绝域
已知 σ^2	$H_0: \mu = \mu_0$	$u = \dfrac{\bar{x} - \mu_0}{\sigma_0 / \sqrt{n}}$	$N(0,1)$	$\lvert u \rvert > u_{1-\frac{\alpha}{2}}$
	$H_0: \mu \leqslant \mu_0$			$u > u_{1-\alpha}$
	$H_0: \mu \geqslant \mu_0$			$u < - u_{1-\alpha}$
未知 σ^2	$H_0: \mu = \mu_0$	$t = \dfrac{\bar{x} - \mu_0}{s / \sqrt{n}}$	$t(n-1)$	$\lvert t \rvert > t_{1-\frac{\alpha}{2}}(n-1)$
	$H_0: \mu \leqslant \mu_0$			$t > t_{1-\alpha}(n-1)$
	$H_0: \mu \geqslant \mu_0$			$t < - t_{1-\alpha}(n-1)$
未知 μ	$H_0: \sigma^2 = \sigma^2$	$\chi^2 = \dfrac{(n-1)s^2}{\sigma_0^2}$	$\chi^2(n-1)$	$\chi^2 \geqslant \chi^2_{\frac{\alpha}{2}}(n-1)$ 或 $\chi^2 \leqslant \chi^2_{1-\frac{\alpha}{2}}(n-1)$
	$H_0: \sigma^2 \leqslant \sigma_0^2$			$\chi^2 \geqslant \chi^2_{1-\alpha}(n-1)$
	$H_0: \sigma^2 \geqslant \sigma_0^2$			$\chi^2 \leqslant \chi^2_{\alpha}(n-1)$
已知 μ	$H_0: \sigma^2 = \sigma^2$	$\chi^2 = \dfrac{\sum\limits_{i=1}^{n} (x_i - \mu)^2}{\sigma_0^2}$	$\chi^2(n)$	$\chi^2 \geqslant \chi^2_{\frac{\alpha}{2}}(n)$ 或 $\chi^2 \leqslant \chi^2_{1-\frac{\alpha}{2}}(n)$
	$H_0: \sigma^2 \leqslant \sigma_0^2$			$\chi^2 \geqslant \chi^2_{1-\alpha}(n)$
	$H_0: \sigma^2 \geqslant \sigma_0^2$			$\chi^2 \leqslant \chi^2_{\alpha}(n)$